entstand. Nicht weit davon entfernt, östlich der Scheidter Straße, liegt der alte St. Johanner Friedhof, auf dem neben vielen imposanten Grabstätten der wilhelminischen Zeit die bescheidene Grabstätte von Willi Graf liegt, der als Angehöriger der Widerstandsgruppe Weiße Rose 1943 hingerichtet und 1946 hier beigesetzt wurde.

(26) Meerwiesertal: Das Waldhaus, Clubhaus des St. Johanner Turnvereins, stammt noch aus der Zeit, als das Tal überwiegend der Naherholung diente. In der Nachkriegszeit wurden weite Teile mit dem Trümmerschutt der zerstörten Innenstadt, die eine Feldbahn hierherbrachte, aufgefüllt. Seitdem wird das Tal zunehmend zum Tal der Jugend. Jugendherberge, Fachhochschule, Gymnasium, Sportanlagen, Studentenwohnheime, Tiergehege und Landessportschule helfen, die starke räumliche Trennung der Universität zum Stadtrand zu überwinden. Das Grün der gepflegten Parkanlagen reicht bis an die ersten Häuser des Wohn- und Gewerbegebietes, ein angenehmer Kontrast zu den meisten anderen Einfallstraßen zur Innenstadt.

Auf dem Stuhlsatzenhausweg vorbei am Tiergehege „Wildpark", dem, in einem Seitentälchen versteckt, die Landessportschule gegenüberliegt, geht es zur Universität.

(27) Universität des Saarlandes: Seit 1948 dienen die Gebäude der 1938 erbauten Below-Kaserne der Universität, die 1946 in Homburg als Fortbildung für Mediziner ihren Anfang nahm. Als Tochter der Universität Nancy war ihre weitere Existenz nach der Rückgliederung nicht unumstritten. Seit 1957 gehört sie in den Verband der deutschen Universitäten und wird vom Saarland getragen. Zum WS 1988/89 zählte die Universität in ihren vier Fakultäten, zu denen eine fünfte hinzukommen soll, knapp 19 000 Studierende, darunter etwa 7 % Ausländer. Unter diesen 1 314 Studierenden waren 257 aus Frankreich und 123 aus Luxemburg. Mit knapp 12 000 Studierenden stellt das Saarland nach der Herkunft die größte Gruppe.

Unter den markanten Neubauten, die zu den Kasernenbauten hinzukamen, sei auf die Universitätsbibliothek von 1954/55 und den Mensabau, der 1970 von dem Saarbrücker Architekten Walter Schrempf entworfen wurde, besonders hingewiesen.

Der Rückweg zur Innenstadt erfolgt durch das Meerwiesertal zur Dudweilerstraße, über die wir in das Wohn- und Gewerbegebiet der Innenstadt eintreten. Am Beethovenplatz liegt die neue Synagoge. Hier sind wir bereits in der Saarbrücker City, die wir auf der Kaiserstraße bis zum Bahnhof durchqueren.

Hier wird die Stadtrundfahrt beendet.

Errata zum Beitrag von Werner Habicht

Durch ein bedauerliches Versehen sind auf den Seiten 119 – 121 einige Textstellen entfallen. Hinzu kommt eine mit der Übersichtskarte (Abb. 2) nicht übereinstimmende Numerierung. Korrekt muß es heißen:

(18) Saarländisches Landestheater: 1949 als Privatunternehmen gegründet, seit 1962 in der Trägerschaft des Landes, Gebäude in einem umgebauten Anwesen der Kaserne ...

(19) Stiftskirche: [in der letzten Zeile dieses Absatzes muß es heißen „Gebäude" statt „Gelände"]

(20) Am Staden

(21) Fernheizwerk

(22) Römerkastell

(23) Halberg

(24) Eschberg: Der 332 m über NN gelegene Berg ist ein Zeugenberg der Buntsandsteinstufe, dem der untere Muschelkalk bereits aufliegt. Das im hohen Mittelalter begründete Dorf Espenberg, später Eschberg, entwickelte sich in der frühen Neuzeit zu einem landesherrlichen Hof zurück, von dem aus die landwirtschaftliche Nutzung, darunter auch ausgedehnter Rebanbau, betrieben wurde. Hof und landwirtschaftliche Nutzfläche gingen durch Kauf 1937 in das Eigentum der Stadt Saarbrücken über. Das städtische Baudezernat unter der Leitung von Hans Krajewski errichtete 1962/64 auf dem Areal ein Neubaugebiet nach der Idee der englischen Gartenstadt. Mit 12 000 Einwohnern auf 114 ha weist der Eschberg die höchste Wohndichte in der Stadt auf. Eine kreuzungsfreie Ringstraße bindet das Gebiet auf zwei Seiten an die Mainzer Straße an. Von den 3 000 Wohneinheiten wurde die eine Hälfte im Rahmen eines Ausstellungsprogramms als Eigenheime bzw. Eigentumswohnungen, die andere Hälfte als Mietwohnungen erstellt.

Es gibt nur Anliegerstraßen in Form von Sackgassen. Von diesen getrennt verläuft ein Fußwegenetz. Durch einen breiten Grünzug, auf dem die öffentlichen Gebäude, zwei Schulen, zwei Kirchen, Kindergärten, Cafe und Einkaufszentrum untergebracht sind, werden die beiden Flügel des Wohngebietes getrennt. Der östliche hält in seinen Strassennamen die Erinnerung an Städte des verlorenen deutschen Ostens wach, die Straßen im westlichen Teil tragen die Namen von Städten in der DDR. Um der Satellitenstadt den Charakter einer reinen Wohn-und Schlafstadt zu nehmen, wurde das Fernmeldeamt mit 600 Beschäftigten und das Praktikanten- und Studentenheim der Carl-Duisberg-Gesellschaft hierher verlegt.

Wir beginnen unsere Rundfahrt in der Breslauer Straße. Zur Linken am Südhang des Eschbergs erstreckt sich das 14 ha große Gelände des Saarbrücker Zoos, der mit seinen 300 Tierarten jährlich 250 000 Besucher anzieht.

Nach links biegen wir in den Schlesienring und erreichen über die Stettiner-und Küstriner Straße den Brandenburger Platz, wo wir am Cafe Woll wieder einen guten Ausblick auf den Halberg sowie Neuscheidt, Brebach und Bischmisheim haben. Hangaufwärts erreicht man zu Fuß den Eschberger Hof. Mit dem Wagen setzt man die Rundfahrt, wie man gekommen ist, fort und erreicht wieder die Breslauer Straße, der wir hangaufwärts folgen. Über Mecklenburg- und Pommernring verlassen wir den Eschberg und erreichen über die Pater-Delp-Straße den Kobenhüttenweg.

(25) Kobenhüttenweg: Am Westhang des 376 m ü. NN liegenden Schwarzenbergs gelegen, gehört er zusammen mit den Straßen weiter unterhalb zum Prominentenviertel der Stadt. Dem Besucher ist die von hier auf das Saartal bis Völklingen sich bietende Sicht nur noch im weiter hangaufwärts gelegenen Schwarzenbergbad (Totobad) möglich. Die Kirche Maria Königin, die 1956/57 von Rudolf Schwarz aus Köln im Kohlweg errichtet wurde, ist eine der eigenwilligsten Bauschöpfungen der letzten Jahrzehnte. Über das Sprebenwäldchen gelangt man dorthin. Wir setzen die Rundfahrt über die Scheidter Straße am Landesarchiv vorbei durch die Ilsestraße und über den Ilseplatz zum Waldhausweg fort. Hier sind wir auf dem Rotenbühl, einem Wohnviertel, das zwischen Jahrhundertwende und 30er Jahren

Das Saarland
Band 1

Arbeiten aus dem Geographischen Institut
der Universität des Saarlandes

Herausgegeben von:
W. Brücher, D. Fliedner, E. Löffler, P. Müller,
H. Quasten, C. Rathjens, D. Soyez

Schriftleitung:
D. Soyez

Band 36

DAS SAARLAND

BAND 1

BEHARRUNG UND WANDEL IN EINEM PERIPHEREN GRENZRAUM

Aus Anlaß des
47. Deutschen Geographentages in Saarbrücken
vom 2.-7.10.1989
herausgegeben von D. Soyez (federführend),
W. Brücher, D. Fliedner, E. Löffler, H. Quasten und J. M. Wagner

Selbstverlag des Geographischen Instituts
der Universität des Saarlandes

Saarbrücken 1989

CIP-Titelaufnahme der Deutschen Bibliothek

Das Saarland: aus Anlaß des 47. Deutschen Geographentages in Saarbrücken vom 2.-7.10.1989/hrsg. von D. Soyez (federführend) ... - Saarbrücken: Geograph. Inst.
NE: Soyez, Dietrich [Hrsg.]; Deutscher Geographentag < 47, 1989, Saarbrücken >

Bd. 1. Beharrung und Wandel in einem peripheren Grenzraum. - 1989
(Arbeiten aus dem Geographischen Institut der Universität des Saarlandes; Bd. 36)
ISBN 3-924525-36-6

NE: Geographisches Institut <Saarbrücken>: Arbeiten aus dem ...

Carl Rathjens zum 75. Geburtstag
in Dankbarkeit und Anerkennung

ISBN: 3-924525-36-6
ISSN: 0563-1491
Gedruckt mit Unterstützung des Ministers für Kultus, Bildung und Wissenschaft des Saarlandes und der Universität des Saarlandes.
© Alle Rechte vorbehalten
Universität des Saarlandes 1989
Imprimé en Allemagne/Printed in Germany
Satz und Druck: Bliesdruckerei, Blieskastel

Vorwort

Zum ersten Mal findet im Oktober 1989 der Deutsche Geographentag, die im zweijährigen Turnus durchgeführte größte Fachveranstaltung der geographischen Disziplin, im Saarland statt. Ausgerichtet wird diese Tagung vom Zentralverband der deutschen Geographen und dem Ortsausschuß Saarbrücken, organisiert von Mitgliedern der Fachrichtung Geographie der Universität des Saarlandes.

Aus diesem Anlaß hat es die Fachrichtung Geographie unternommen, über das jüngste deutsche Bundesland ein Sammelwerk in zwei Bänden vorzulegen, das einen weiten thematischen Bogen spannt. Zu den Verfassern gehören nicht nur Angehörige des Lehrkörpers, sondern auch zahlreiche außenstehende Geographinnen und Geographen, oft aus der Fachrichtung hervorgegangen, sowie eine Reihe von Praktikern aus Verwaltung, Wirtschaft und Planung, die sich dem Institut, dem Fach oder der Sache verbunden fühlen.

Zu den lohnendsten Aufgaben der Geographie gehört, sich den räumlichen Sachverhalten und Problemen zuzuwenden, die aus der Spannung zwischen gewachsenen Strukturen und neuen Entwicklungen entstehen, zumal an einer der wichtigsten politisch-historischen Nahtstellen Mitteleuropas. Hier liegt der Grund für die Wahl des Generalthemas des ersten Bandes: Beharrung und Wandel in einem peripheren Grenzraum. Aus diesem Ansatz — und in diesem Raum — lassen sich Fragestellungen und Ergebnisse von hohem allgemeinen Interesse ebenso ableiten wie solche von regionaler Reichweite. Dies gilt auch für den zweiten Band, in dessen Mittelpunkt die Veränderungen an und in der Saar stehen. Wegen des Gesamtumfangs der Beiträge haben die Herausgeber es für zweckmäßig gehalten, den sehr geschlossenen Schwerpunktbereich „Saar" als eigenständigen zweiten Band auszukoppeln. Die engen inhaltlichen Bezüge zum ersten Band und seinem Generalthema bleiben dennoch bestehen.

Es sei jedoch unterstrichen, daß mit den hier vorgelegten Bänden weder eine regionale noch eine thematische Vollständigkeit angestrebt wurde, auch keine gleichwertige oder vergleichbar vertiefte Abhandlung unterschiedlicher Themenfelder. Es liegt auf der Hand, daß die in Saarbrücken vertretenen fachlichen Interessen wie auch Kompetenzen für die Wahl der Themenbereiche bestimmend waren. Redaktionelle Vorgaben — außer dem Bezug zum Rahmenthema wie auch zum jeweiligen Schwerpunktbereich — gab es nicht. Die hierdurch entstandene Vielfalt und so manche persönliche Prägung oder dezidierte Meinungsäußerung sind beabsichtigt.

Ziel ist es, in fünf ausgewählten Schwerpunktbereichen solche Aspekte problemorientiert zu thematisieren, die für die Entwicklung dieses Raumes oder seine augenblicklichen Schwierigkeiten und Chancen von Bedeutung sind: historische Geographie, Grenzlage, Industrieentwicklung, Landschaftscharakter und Saar. Damit sind Erklärungshintergründe bereitgestellt nicht nur für die derzeit das Saarland charakterisierenden Raumstrukturen, sondern auch für heute ablaufende Entwicklungen mit räumlichen Folgen. In dieser Absicht, Verständnis zu schaffen für das Saarland und für die es prägenden Kräfte, wenden sich die Bücher nicht nur an die Fachkolleginnen und -kollegen, sondern auch an eine breitere interessierte Öffentlichkeit. Für sie alle sind überall dort, wo es sich anbot, kürzere oder längere Exkursionshinweise formuliert worden, mit deren Hilfe sich Ausflüge ebenso wie Fachexkursionen planen lassen.

Ein solches Werk ist undenkbar ohne die Mithilfe vieler engagierter Personen. Nicht alle können hier genannt werden. Die Herausgeber dieser Bände, selbst fast alle verantwortlich für jeweils einen Schwerpunktbereich, danken in erster Linie den Autoren. Diese mußten — trotz häufig bestehender anderer Belastungen — viel Zeit opfern und viel Mühe aufwenden, um ihre Manuskripte rechtzeitig fertigzustellen. Dank gebührt auch unserem Kartographen Walter Paulus, den studentischen Zeichnerinnen und Zeichnern Andrea Klausner, Susanne Klein, Klaus Baqué und Roland Wernig, Bruno Aust für die kartographische Endredaktion sowie Jutta Bauer für die Mithilfe in der letzten Phase von Korrektur und Umbruch.

Alle Mitwirkenden hoffen, daß den Interessierten innerhalb und außerhalb des Saarlandes mit den vorliegenden Bänden ein aktuelles und realistisches Bild wichtiger Züge unseres Bundeslandes vermittelt werden kann.

Dem Kultusminister des Saarlandes und auch der Universität sei sehr herzlich für Druckkostenzuschüsse gedankt.

Saarbrücken, im September 1989

| Dietrich Soyez | Wolfgang Brücher | Dietrich Fliedner |
| Ernst Löffler | Heinz Quasten | Juan Manuel Wagner |

Inhaltsverzeichnis

Grundmuster der Kulturlandschaft im Saarland und ihre Entwicklung von der keltischen Zeit bis in das 19. Jahrhundert

        Seite

Dietrich Fliedner:
Einführung   11

Petra Weber-Dicks:
Grundmuster der Kulturlandschaft im Saarland und ihre
Entwicklung von der keltischen Zeit bis in das 19. Jahrhundert   13

Werner Habicht:
Saarbrücken — eine historisch-geographische Skizze   93

Wirtschaft und Siedlung unter dem Einfluß der Grenze

        Seite

Wolfgang Brücher:
Einführung   125

François Reitel:
Die Veränderungen der politischen Grenzen im
Saar-Lor-Lux-Raum und ihre wirtschaftlichen
und regionalen Konsequenzen   127

Bruno Aust:
Saarlouis — Entwicklung und Struktur einer
saarländischen Grenzstadt   139

Ferdinand Morbach und Wolfgang Brücher:
Steinkohlenbergbau und leitungsgebundene Energiewirtschaft
im Saarland unter dem Einfluß der Grenze   159

Heiko Riedel:
Neuere Tendenzen des Rundfunks im saarländisch-lothringischen
Grenzgebiet   181

Industrielle Entwicklung im Saarland zwischen Fremdbestimmung und endogenen Potentialen und Hemmnissen

	Seite
Dietrich Soyez: Einführung	201
Peter Dörrenbächer: Entwicklung und räumliche Organisation der Saarbergwerke AG	203
Wolfgang Brücher: Struktur- und Standortveränderungen der saarländischen Eisen- und Stahlindustrie unter dem Druck der Krise	227
Paul Jost: Industrielle Entwicklung und räumliche Planung im Saarland	243
Volker Giersch: Saarwirtschaft im Wandel: Vom Montanstandort zu einer modernen Industrieregion	257
Dietrich Soyez: Zur Anziehungskraft industrieller Produktionsstätten auf externe Besucher: Das Beispiel Villeroy & Boch in Mettlach, Saar	269

Wege zur Erhaltung der Identität saarländischer Landschaften

	Seite
Heinz Quasten: Einführung	291
Jochen Kubiniok und Hans-Michael Weicken: Anthropogene Relief- und Bodenveränderungen im Saarland – dargestellt an Beispielen aus dem östlichen Bliesgau und dem Prims-Blies-Hügelland	293
Christa Goedicke und Ernst Löffler: Zur Erosivität der Niederschläge im Saarland	309
Jutta Bauer: Geomorphologisch orientierter Naturschutz. Ein Beitrag zum Konzept eines integrierten Landschaftsschutzes – Fallstudie Landkreis St.Wendel	315
Delf Slotta: Die räumlichen Auswirkungen der Bergeentsorgung im Saarkohlenwald	329

Heinz Quasten:
Dorferneuerung in Wochern — 347

Marlen Dittmann:
Stadtsanierung im Saarland — Stadtentwicklung im
Spannungsfeld von Denkmalpflege und Sanierung
am Beispiel von Blieskastel — 381

Verzeichnis der Autorinnen und Autoren — 407

Der zweite, getrennt erscheinende Band
„Die Saar — eine Flußlandschaft verändert ihr Gesicht"
enthält die folgenden Beiträge:

Juan Manuel Wagner:
Einführung

Hartmut Bohrer und Jörg Goedicke:
Geologie und Geomorphologie des Saartals

Rudolf Kretschmer:
Das Saartal als Verkehrsachse

Rudolf Kretschmer:
Relikte technischer Anlagen des Wasserwegs Sarreguemines — Ensdorf

Dieter Dorda und Stephan Maas:
Die Lebensgemeinschaften des Mittleren Saartals

Peter Nagel:
*Auswirkungen menschlicher Eingriffe auf die aquatische Fauna
und die Gewässergüte der Saar*

Sabine Bender:
*Die Berücksichtigung ökologischer Belange bei der Planfeststellung
des Saarausbaues*

Norbert Gelfi:
*Die Berichterstattung der Tagespresse über die ökologische
und wirtschaftliche Raumwirksamkeit des Saarausbaues*

Armin Kuphal:
*Und die „sozialen Ausgleichsmaßnahmen"?
Naturschutz ist Schutz vor Menschen —
Defizite am Beispiel des Ausbaus der Saar*

Carmen Dams:
Schutzdamm Rockershausen —
Was steckt hinter der „Landschaftsbildhauerei"?

Juan Manuel Wagner:
Die St. Arnualer Wiesen im Spannungsfeld zwischen
Freiraumerhaltung und gewerblicher Nutzung

Fritzi Koppelkamm, Wolfgang Steffen und Renate Talkenberg-Bodenstein:
Die Bürgerinitiative „Rettet die Daarler Wiesen".
Geschichte, Struktur, Motivation und Utopien in einer Selbstdarstellung

Marga Lösch und Erhard Sauer:
Die biotische Ausstattung der St. Arnualer Wiesen.
Beispiel für eine positive Entwicklung nach einem negativen Eingriff
in die Flußlandschaft der Saar

Hinweis:

In den folgenden Texten sind Querverweise auf andere Beiträge in diesem Band aus den in Großbuchstaben gesetzten Autorennamen ersichtlich (z.B.: vgl. Beitrag WEBER-DICKS).

Grundmuster der Kulturlandschaft im Saarland und ihre Entwicklung von der keltischen Zeit bis in das 19. Jahrhundert

Verantwortlicher Redakteur: Dietrich Fliedner

Einführung

In den folgenden Beiträgen wird die Entwicklung der Kulturlandschaft des Saarlandes behandelt; sie beginnt mit den Keltenwanderungen des 1. Jahrtausends v.Chr. und endet mit den für die heutige Zeit richtungsweisenden Fortschritten auf wirtschafts- und siedlungsgeographischer Ebene.

Der erste, von Petra Weber-Dicks verfaßte Teil gibt einen Überblick über die Gesamtentwicklung im Saarland. Der Zeitraum nach 1900 wird bewußt ausgeklammert, da diese Thematik in anderen Arbeiten des Bandes zur Sprache kommt. Der zweite Abschnitt, verfaßt von Werner Habicht, widmet sich dem Stadtgebiet Saarbrücken und führt bis in die Gegenwart hinein.

Ziel der Ausführungen ist es, die charakteristischen Merkmale der einzelnen Kulturepochen herauszuarbeiten, die sich durch — vor allem sozial und ökonomisch bedingte — Formungstendenzen unterscheiden. Die Kulturlandschaft bewahrt viele Spuren ihrer Vergangenheit — Siedlungsgrundrisse, Bauten, Wegetrassen, gewerbliche und bergbauliche Anlagen — und zeugt so von der Vielfalt und den komplexen Veränderungen der Kultur dieses Raumes.

Interessante Objekte, die als Ziele für Exkursionen besonders geeignet erscheinen, werden im Anschluß an die allgemeinen Ausführungen vorgestellt, ihre Lage in Karten dokumentiert.

SOYEZ, D./BRÜCHER, W./FLIEDNER, D./LÖFFLER, E./QUASTEN, H./WAGNER, J. M. (Hrsg.):
Das Saarland. Bd. 1: Beharrung und Wandel in einem peripheren Grenzraum, Saarbrücken
1989 (Arbeiten aus dem Geographischen Institut der Universität des Saarlandes, Bd. 36).

Grundmuster der Kulturlandschaft im Saarland und ihre Entwicklung von der keltischen Zeit bis in das 19. Jahrhundert

Petra Weber-Dicks

Inhaltsverzeichnis
Seite

1. Keltische Zeit (Hallstatt, Latène)	17
1.1. Die Keltenwanderung	17
1.2. Die Hallstattkultur	18
1.3. Die Latènekultur	18
1.4. Charakteristische Merkmale des keltischen Kulturkreises	18
1.4.1. Siedlung und Wirtschaft	18
1.4.2. Innovationen	20
1.4.3. Sozialstruktur	20
1.4.4. Kultstätten	21
1.5. Berührung der Kelten mit der Kultur der Römer	21
1.6. Der Ringwall von Otzenhausen — ein Dokument keltischer Kultur	22
1.6.1. Motive für die Entstehung der Anlage	22
1.6.2. Lage	22
1.6.3. Die spätkeltische Befestigungsanlage	24
1.6.4. Der Ringwall in römischer Zeit	25
2. Römische Zeit (1.-4. Jahrhundert)	26
2.1. Die Romanisierung	26
2.2. Das Siedlungswesen	26
2.2.1. Gruppensiedlungen („vici")	27
2.2.2. Einzelsiedlungen („villae")	27
2.2.3. Kleingehöfte	28
2.2.4. Nachweis römerzeitlicher Siedlungsplätze	28
2.3. Sozialstruktur	29
2.4. Wirtschaft	29
2.4.1. Landwirtschaft	30
2.4.2. Handwerk und Gewerbe	30
2.4.3. Der römische Bergbau unter besonderer Berücksichtigung des St. Emilianus-Stollen in Wallerfangen	31

	Seite
2.5. Flurformen	32
2.6. Verkehrswesen	32
2.6.1. Römerstraßen im Saarland	34
2.7. Verteidigungseinrichtungen	34
2.7.1. Pachten — ein römisches Kastell	34
2.8. Römerzeitliche Kultstätten	35
2.9. Die Römerstadt Schwarzenacker	36
2.9.1. Landschaftsraum	36
2.9.2. Besiedlung und Bewirtschaftung des Raumes	36
2.9.3. Forschungsgeschichte	36
2.9.4. Rekonstruktion der Römerstadt	37
2.9.5. Das Freilichtmuseum	37
2.10. Die römische Villa von Nennig und ihr Mosaik	38
2.10.1. Das Mosaik	38
2.10.2. Aufbau und Umfang des römischen Landhauses	38
3. Germanische Zeit (4.-7. Jahrhundert)	40
3.1. Die germanische Landnahme	40
3.1.1. Die Einfälle der Alemannen	40
3.1.2. Die Herrschaft der Franken (496-870)	40
3.1.3. Sozialstruktur	40
3.1.4. Siedlung und Wirtschaft	41
3.1.5. Die Ortsnamen der Landnahmezeit	42
3.2. Fundgut der germanischen Zeit	44
3.2.1. Die Reihengräberfriedhöfe	44
4. Früh- und Hochmittelalter (7.-14. Jahrhundert)	45
4.1. Siedlungstätigkeit und Grundherrschaft	45
4.1.1. Landesausbau und Rodungen im frühen und hohen Mittelalter	45
4.1.2. Grundherrschaft	45
4.2. Änderungen in der Sozialstruktur	46
4.3. Ländliche Siedlungen	47
4.3.1. Die Dorfformen	47
4.3.2. Die Flur und ihre Bewirtschaftung	48
4.4. Die Siedlungsnamen	50
4.4.1. Die Siedlungen der frühmittelalterlichen Ausbauzeit (-weiler-Orte)	50
4.4.2. Die Orte der Rodezeit	51

	Seite
4.5. Die mittelalterliche Entwicklung des ländlichen Siedlungsbildes im Saarland	53
4.5.1. Saar-Mosel-Gau	53
4.5.2. Bliesgau und Westrich	54
4.5.3. Hunsrück und Hunsrückvorland	54
4.5.4. Oberes Bliestal und Nordostsaarland	54
4.5.5. Mittleres Saartal	54
4.6. Das mittelalterliche Städtewesen	55
4.7. Beispiele mittelalterlicher Baukunst und ihre Bedeutung innerhalb der Siedlungsgeschichte	57
4.7.1. Kloster Wörschweiler	57
4.7.2. Die Klosterkirche von Böckweiler	58
4.7.3. Burg Berg bei Nennig	60
5. Spätmittelalter (14.-16. Jahrhundert)	60
5.1. Die spätmittelalterliche Wüstungsperiode	60
5.1.1. Der Wüstungsbegriff	60
5.1.2. Verbreitung der saarländischen Wüstungen	61
5.1.3. Ursachen des Wüstfallens	62
5.2. Arshofen — Beispiel einer saarländischen Wüstung	63
5.2.1. Lage des ehemaligen Dorfes	63
5.2.2. Funde	64
5.3. Die Kulturlandschaft am Ende des Spätmittelalters	64
6. Frühe Neuzeit und Absolutismus (16.-18. Jahrhundert)	65
6.1. Frühneuzeitliche Aufbauperiode	65
6.1.1. Erste Phase des Wiederaufbaus bis zum Dreißigjährigen Krieg	65
6.1.2. Einfluß des Krieges auf die Kulturlandschaft	65
6.1.3. Zweite Phase des Wiederaufbaus bis zum Ende des 17. Jahrhunderts	66
6.1.4. Entwicklung der einzelnen Regionen des Saarlandes in siedlungs- und wirtschaftsgeographischer Hinsicht	67
6.2. Siedlungen im Zeitalter des Absolutismus	68
6.2.1. Ländliche Siedlungen	68
6.2.2. Ludweiler — Beispiel einer neuzeitlichen Siedlung und ihrer Entwicklung	70
6.2.3. Städtische Siedlungen, Klöster und Schlösser	70

	Seite
6.3. Industrialisierung im Saarland	73
6.3.1. Die Eisenhütten	73
6.3.2. Achatschleifereien	74
6.3.3. Das Glashüttengewerbe	74
6.3.4. Der Steinkohlenbergbau im Saarkohlenwald	75
6.3.5. Die Nutzung der Wasserkraft für gewerbliche Betriebe	76
6.4. Relikte des Kohlenbergbaus und der Holzkohlengewinnung	76
6.4.1. Pingen	77
6.4.2. Meilerplätze	77
6.4.3. Ergebnisse einer Geländeaufnahme im Raum Merchweiler-Heiligenwald	80
7. Das 19. Jahrhundert	81
7.1. Kulturlandschaftswandel im 19. Jahrhundert	81
7.1.1. Ausbau des Verkehrsnetzes	81
7.1.2. Weiterentwicklung der bedeutenden Industriezweige	81
7.2. Siedlungsgeographische Folgen der Industrialisierung	82
7.2.1. Bevölkerungsbewegungen	82
7.2.2. Weiterentwicklung der alten Dorfkerne	82
7.2.3. Das Arbeiterbauerntum	83
7.2.4. Deckung des Arbeitskräftebedarfs	83
7.2.5. Wohnungspolitik	83
7.3. Städtewesen	84
7.4. Ausblick	85
Exkursionshinweise	86
Literatur	88

1. Keltische Zeit (Hallstatt, Latène)

1.1. Die Keltenwanderung

Die Kelten sind vermutlich zwischen 700 und 500 v.Chr. ins nördliche Gallien eingewandert. Als ihre Heimat sind die Landschaften zwischen Mittelfrankreich und oberer Donau anzunehmen. Im Verlauf des 5. Jh. hatten die meisten Volksstämme ihre endgültigen Siedlungsräume erreicht, in denen sie staatenähnliche Gebilde gründeten.

Im Saarraum berührten sich die Verbreitungsgebiete zweier keltischer Volksstämme, das der *Mediomatriker* und das der *Treverer*. Mittelpunkt der Mediomatriker war Divodorum (Metz), der Treverer das römische Augusta Treverorum (Trier).

Die Kelten ließen sich vorwiegend in den Muschelkalkgebieten des Saargaues im heutigen Kreis Merzig und im Bliesgau, aber auch im Hunsrück nieder. Die Flußnamen Saar, Blies, Prims, Nied und Rossel gehen wohl auf keltischen Ursprung zurück. Das Wort „Saar" bedeutet im Keltischen vielleicht das „Fließende". Ebenso mag in vielen Orts- und Flußnamen keltisches Sprachgut enthalten sein (z.B. Merzig, Auersmacher, Tholey, Theley, Lebach), weiterhin auch in einigen Berg- und Waldnamen (LIMBERG 1948, S. 32-34).

1.2. Die Hallstattkultur

Die Hallstattkultur entstand zwischen dem 8. und 5. Jh. durch ethnische Umschichtungen und Überlagerungen der urnenfelderzeitlichen Gesellschaften. Diese Kultur ist nach einem Gräberfeld am Hallstätter See im oberösterreichischen Salzkammergut benannt.

Prunkvolle Grabbeigaben sprechen für einen Güterzuwachs und das Fortbestehen der urnenfelderzeitlichen Sozialstruktur mit einer Oberschicht, deren Macht und Reichtum auf den Besitz von Rohstoffquellen und einen ausgedehnten Handel zurückzuführen sind. Die fortgeschrittene Technik der frühen Eisenzeit zeigt sich in einer hochentwickelten Bronzeindustrie und der spezialisierten Keramikherstellung. Brauchtum, Formengut und Kenntnis der Eisenverarbeitung sind auf südöstliche Impulse zurückzuführen (MENGHIN 1980, S. 89 f.).

Im Gegensatz zur Feuerbestattung der Urnenfelderzeit ging man zur Körperbestattung unter einem künstlichen Erdhügel über. Im Raum der späteren Hunsrück-Eifel-Kultur blieben neben dem Hügel auch Flachgräber in der älteren Hallstattzeit üblich. Der Hügelbau war offensichtlich eng mit der Idee des Totenhauses verbunden, worauf insbesondere die hausförmigen Grundrisse der Grabkammern hindeuten. Sozial höhergestellte Bevölkerungsgruppen bestatteten in räumlich getrennten *Hügelnekropolen*. Zu den besterforschten Grabhügelgruppen dieser Zeitstufe im Saar-Mosel-Raum gehört das Gräberfeld von Rubenheim-Wolfersheim mit 33 Grabhügeln, von denen 1923/24 durch den damaligen Landeskonservator H. Klein 14 und seit 1982 von dem Archäologischen Verein des Saarpfalzkreises neun Grabhügel untersucht wurden (Saarbrücker Zeitung vom 02.01.1989, Ausgabe Saarbrücken).

Die gesellschaftliche Komponente wird in den sogenannten *„Fürstenhügeln"* der späten Hallstattzeit besonders deutlich. Derartig große Grabtumuli (=Hügelgräber) mit bis zu 16 m Höhe sind besonders in Südwestdeutschland konzentriert (MENGHIN 1980, S. 96-98), fehlen aber im Saarland.

Der Übergang von der Hallstattzeit in die Latènezeit stellt sich nach archäologischen Kriterien im allgemeinen bruchlos dar.

1.3. Die Latènekultur

Nach einem klassischen Fundort am linken Ufer der Zihl, unmittelbar am Ausfluß aus dem Neuenburger See in der Schweiz, wird die letzte vorgeschichtliche Periode im südlichen Mitteleuropa als Latènezeit bezeichnet. Träger dieser Kultur, die in drei Perioden unterteilt wird, waren die Kelten. Die Periode, die man heute allgemein als Latènezeit I (= Frühlatène) bezeichnet und die von 475-450 bis spätestens 300 v.Chr. reicht, ist die Zeit der „Fürsten". Ihre Grabtumuli, die man in Ostfrankreich und auf deutscher Seite im Raume von Saar und Mosel erforscht hat, verraten ihre mächtige Position (vgl. Kapitel 1.4.3.).

Die befestigten Plätze vom Ende der älteren Eisenzeit waren auch noch in der ersten Phase von Latène II (= Mittellatènezeit, auf dem Festland um 300-250 bis 120-100 v.Chr.) bewohnt. Die Gräber der Kelten — Brand- und Körpergräber — lagen in größerer oder geringerer Anzahl beieinander. In der zweiten Phase von Latène II wurden die Toten in Flachgräbern mit vorwiegend Brandbestattungen beigesetzt.

Von der zweiten Hälfte des 2. Jh.v.Chr. an entstanden im Gefolge einer neuen Technik befestigte Hauptorte, die die Römer „oppida" nannten. Während des folgenden Jahrhunderts (Latène III oder Spätlatènezeit) nahmen sie an Zahl stark zu. Ein charakteristisches Beispiel für diese Kulturepoche liefert der *Ringwall* von *Otzenhausen*. Ein tiefgreifender Wandel machte sich bemerkbar, der u.a. auf die Bedrohung durch andere Stämme wie z.B. die Germanen (Cimbren und Teutonen) und Römer zurückzuführen ist. Die Anfänge einer urbanen Lebensweise zeichneten sich in dieser Epoche ab und bildeten eine wichtige Voraussetzung für die verschiedensten menschlichen Betätigungsfelder.

Körperbestattungen wurden nicht mehr vorgenommen. Bei den Brandgräbern ist eine relative Beigabenarmut festzustellen. Neben den Waffen und dem Schmuck kennzeichnet die überdurchschnittliche Zunahme von eisernen Werkzeugen und Hausgeräten, seriell produzierter und in großen Mengen hergestellter, teils bemalter Keramik und der Import von Bronzegeschirr aus Italien einen überaus bedeutenden wirtschaftlichen Fortschritt auf einer breiten ökonomischen Basis (MENGHIN 1980, S. 110-117).

1.4. Charakteristische Merkmale des keltischen Kulturkreises

1.4.1. Siedlung und Wirtschaft

In den keltischen und keltisierten Landschaften Mitteleuropas beruhen Wirtschaft und Siedlung anfänglich auf hallstattzeitlicher Grundlage.

Die Kelten lebten in Häusern aus Fachwerk und Lehm unter Strohdächern. Die Verwendung dieser vergänglichen Materialien hatte zur Folge, daß sich kaum Architekturreste erhalten haben.

In der Gegend des nördlichen Saarlandes und auch in den Muschelkalkzonen gab es neben den Großgütern auch Kleingehöfte, wie aus den vielen kleinen Siedlungsstellen hervorgeht, allerdings nicht so viele wie in den Waldgebieten. Die Kelten betrieben vermutlich Wanderfeldbau, wobei sie den Ort wechselten, wenn die Erträge nachließen.

Bei den keltischen Siedlungsstellen, in ländlichen Heiligtümern oder in der freien Landschaft finden sich Fragmente von *Jupitergigantensäulen* (vgl. Kapitel 1.5.). Diese Säulen waren wohl Votive der großen und kleinen Landwirte. Sie standen vor den Hütten, aber auch vor palastartigen Gebäuden und lassen sich als Anzeichen für Eigenbesitz deuten.

Grabungen an römischen Villenplätzen haben kaum vorrömische Spuren erbracht. Das Vorläuferhaus der betreffenden vermögenden Familie stand sicherlich an einem anderen Platz. Bei Grabungen an Kleingehöften ist eher mit vorrömischen Besiedlungszeugnissen zu rechnen.

Die Kelten verfügten aufgrund ihrer geringen Bevölkerungsdichte, die vielleicht eine Folge der Praxis des Wanderfeldbaus und ständiger kriegerischer Unruhen war, über einen großflächigen Landbesitz (KOLLING 1977, S. 32-34). An den Siedlungsstellen, die den politischen und zivilisatorischen Umschwung überdauerten, ist am ehesten mit keltischer Bautradition zu rechnen. SCHINDLER (1977, S. 95) brachte in die Erforschung des Siedlungswesens wichtige Erkenntnisse ein. Innerhalb der mittellatènezeitlichen Bergbefestigung Bundenbach (Kreis Birkenfeld) entdeckte er eine große Zahl in den Fels eingehauener Pfostenlöcher. Daraus ließen sich Grundrisse von vielen kleinen Häusern zusammenstellen, bei denen es sich um Notunterkünfte in Kriegszeiten gehandelt haben mochte.

Die Kelten hatten wohl Technik, Brauchtum, Glaubensvorstellungen, Kulturgüter, Landeskenntnis, Produktionsmittel etc. der jeweiligen Region übernommen. Wanderungen und Handelskontakte sorgten für eine starke Verbreitung latènezeitlicher Stile und Objekte (DUVAL 1978, S. 13-23). Das gehäufte Auftreten von Grabstätten in einzelnen Waldungen, z.B. in jenen zwischen Hornbach, Brenschelbach, Peppenkum und Altheim (43 Grabhügel), läßt einen gewissen Schluß auf die höhere Dichte der Bevölkerung der Umgegend zu oder vielleicht auch darauf, daß sich in den betreffenden Wäldern eine Kultstätte befand (PÖHLMANN 1925, S. 42 f.).

Auf die Zeit der Expansion im 5. und 4. Jh. folgte eine Periode der relativen Ruhe, bevor in der Spätlatènezeit die Oppidazivilisation aufkam. Die landwirtschaftliche Erzeugung scheint gegenüber den älteren Perioden erheblich gesteigert, wodurch die vermehrt arbeitsteilige handwerkliche Produktion überhaupt erst möglich wurde. Die Ausbeutung natürlicher Bodenschätze nahm im Verlauf der Latènezeit erheblich zu. Mit der Verdichtung der Besiedlung stieg der Bedarf an Rohstoffen an, so auch an Salz, das nicht nur für die Ernährung und Konservierung von Lebensmitteln benötigt wurde, sondern auch in der Gerberei und Metallurgie eine bedeutende Rolle spielte. Die spätlatènezeitlichen Zivilisationserscheinungen sind ohne straffe Gesellschaftsstruktur, weitläufige Handelsbeziehungen und vor allem ohne zentrale Orte als Herrschafts-, Wirtschafts- und Kulturmittelpunkte nicht denkbar. Die „oppida" haben nicht immer dasselbe Schema und unterscheiden sich auch nach Rang und Bedeutung; der Ringwall von Otzenhausen (vgl. Kapitel 1.6.) hat vielleicht ein wichtiges Oppidum umschlossen.

Mit dem Untergang der Oppidazivilisation, bedingt durch das Eindringen der Römer und Germanen im Laufe des letzten vorchristlichen Jahrhunderts, wurde die Entwicklung des Keltentums zur Hochkultur endgültig gebrochen (MENGHIN 1980, S. 118-129).

1.4.2. Innovationen

Auffälligste Neuerung im Fundbild der Hallstattkultur ist das Auftreten von Waffen und Gerätschaften aus *Eisen*. Die Werkzeuge, Waffen und auch Schmuckgegenstände sind in der Latènezeit in stufenweiser Entwicklung allmählich modifiziert und erneuert worden (MOREAU 1960, S. 20).

Bei Untersuchungen an der Befestigungsanlage von Otzenhausen erbrachte man den ersten Nachweis einer Verwendung von metallenen Nägeln im vorgeschichtlichen Festungsbau.

Infolge einer verbesserten Herstellungstechnik für Eisenwerkzeuge in der Spätlatènezeit war das Fällen von Bäumen leichter, und die Holzbearbeitung konnte verfeinert werden.

Eine zu damaliger Zeit schon hochentwickelte landwirtschaftliche Technik dokumentiert der Fund einer *Mähmaschine* der Treverer aus Buzenol (Belgien) (MOREAU 1960, S. 31).

Im 4. Jh.v.Chr. scheint das *Münzwesen* Eingang in die keltische Wirtschaft gefunden zu haben. Zur vollen Entfaltung ist es jedoch erst in der Spätlatènezeit gelangt (MENGHIN 1980, S. 124).

1.4.3. Sozialstruktur

Aus der Masse des keltischen Volkes hoben sich die Druiden (=Priester) und vornehmen Geschlechter heraus. Der große Einfluß der Priester beruhte darauf, daß nur sie opfern und in allen Rechtsfragen entscheiden durften. Es herrschte eine Aristokratie über eine zum großen Teil aus Besiegten bestehende Plebs. Die Aristokratie bediente sich einer hochentwickelten Metallurgie und besaß das Monopol, beritten zu sein. In reichen Gegenden wie Gallien setzte sich die keltische Sprache durch.

Interessante Aufschlüsse über die Gesellschaftsstruktur ergaben die zahlreichen Grabfunde, die bereits angesprochen wurden. Im Bliesgau ist eine Konzentration dieser Gräber festzustellen, meist auf Hochflächen in der Nähe von alten Höhenstraßen. Reiche Grabbeigaben verweisen auf *Fürstengräber*. Das sicherlich bedeutendste der hiesigen Fürstengräber ist das Grab der keltischen Fürstin, das 1954 in *Reinheim* an der unteren Blies zufällig beim Kiesabbau entdeckt wurde. Das latènezeitliche Grab weist einen Durchmesser von 23 m und eine Höhe von 4,60 m auf. Die Fürstin wurde in einer tiefen Grube in einer Kammer aus Eichenholz beigesetzt. Ihre Grabbeigaben waren kostbarer Schmuck und eine Ausstattung, die auf ihren fürstlichen Rang deutete. In unmittelbarer Nähe der Grabstätte führte ein alter Verkehrsweg vorbei (die spätere Römerstraße und mittelalterliche Salzstraße; KELLER 1955, S. 62).

Eine niedrigere gesellschaftliche Position vertreten z.B. die Schwertgräber (Mimbach). Ethnische Schichtungen verursachen eine weitere Differenzierung in Waffengräber und waffenlose Gräber. Das Schwert aus der Grabstätte von Mimbach könnte als Häuptlingsabzeichen anzusehen sein (KOLLING 1970, S. 52-54).

1.4.4. Kultstätten

Von der Urnenfelderkultur zur Hallstattkultur ist ein starker Umbruch in der Mythologie festzustellen. In der Hallstattzeit waren Kultmahle üblich, in deren Verlauf Menschen und Tiere geopfert wurden. Höhlen waren bevorzugte Plätze dieser Handlungen (MENGHIN 1980, S. 100).

Die latènezeitlichen Kultstätten fanden ihren Ausdruck in den *spätkeltischen Viereckschanzen*. Diese Geländedenkmäler erwiesen sich als eingefriedete heilige Bezirke mit tiefen Kultschächten und Opferfeuerstellen, in denen hölzerne Umgangstempel errichtet waren. Die Lage dieser Sakralorte war meist abseits der eigentlichen Siedlungen. Offensichtlich waren die Viereckschanzen, deren Hauptverbreitungsgebiete in Süddeutschland – sie fehlen aber im Saarland – lagen, die spirituellen Zentralpunkte der Spätlatènezeit und vielleicht auch Stätten der Rechtssprechung (MENGHIN 1980, S. 127).

Als weitere Kultstätten können an dieser Stelle die *Menhire* – große, aus einem einzigen Stein gefertigte säulenartige Monumente – genannt werden. Sie sind im Saarland in Rentrisch bei St. Ingbert („Spellenstein") und in Blieskastel („Gollenstein") anzutreffen. Ob diese Denkmäler der keltischen Zeit oder vielleicht noch der jüngeren Steinzeit entstammen, ist jedoch ungewiß.

Ein Bindeglied zur Kultur der Römer stellen die *gallorömischen Felsbilder* dar (vgl. Kapitel 1.5). Vielfach wurden die Gottheiten unter freiem Himmel, ohne eine Tempelanlage, verehrt.

1.5. Berührung der Kelten mit der Kultur der Römer

Bei den Eroberungszügen Cäsars in Gallien wurde im Jahre 52 v.Chr. das keltische Heer unter Vercingetorix bei Alesia besiegt. Diese Niederlage hatte die tiefgreifende Romanisierung Galliens und der linksrheinischen Gebiete zur Folge. Um die Jahrhundertwende trat die keltische Bevölkerung in allen Lebensbereichen in immer engeren Kontakt mit den römischen Eroberern. Nach anfänglichem Widerstand haben die Kelten ihre noch recht primitiven Hütten aufgegeben, um nach römischem Muster Häuser, Villen und Städte zu bauen.

Durch die Berührung der beiden Kulturen wurden viele Einzelelemente ausgetauscht und bisweilen eigenwillig umgestaltet. Dieser Vorgang bewirkte auch im Saarraum die Entstehung einer besonders interessanten Mischkultur, der keltorömischen oder *gallorömischen Kultur* (HOPPSTÄDTER/HERRMANN 1960, S. 45).

In der römischen Epoche gehen keltische Gottheiten in römische über oder römische Gottheiten werden keltischen Gottheiten gleichgesetzt, oder es werden keltische und römische Gottheiten nebeneinander gestellt (LIMBERG 1948, S. 34). Beispiele hierfür liefern die vielerorts vorkommenden gallorömischen Felsbilder wie z.B. „Hänsel und Gretel". Dieses in einem kleinen Waldtal bei Sengscheid

(St.Ingbert) liegende Kulturdenkmal wurde vielleicht im 3. Jh.n.Chr. angefertigt.

In diesem Zusammenhang sind noch die schon erwähnten Jupitergigantensäulen anzusprechen, die im 2. und 3. Jh.n.Chr. entstanden sind. Diese Säulen gehörten in die Stammesgebiete der von den Römern unterjochten Treverer und Mediomatriker. Im Saarland befindet sich ein Dichtezentrum dieser Denkmäler. Für 24 Orte sind 26 Jupitersäulen bezeugt. Zwischen Berus und dem lothringischen Ort Merten fanden sich knapp jenseits der Grenze in einem Brunnen außerordentlich viele Bruchstücke des größten bislang bekannt gewordenen Denkmals dieser Art. Es ist im Museum zu Metz ausgestellt. Die Kopie einer vollständig rekonstruierten Jupitersäule befindet sich im Blumengarten Bexbach (KOLLING 1978, S. 241 ff.).

1.6. Der Ringwall von Otzenhausen — ein Dokument keltischer Kultur

1.6.1. Motive für die Entstehung der Anlage

Die Gründung dieser Befestigungsanlage in der Spätlatènezeit ist eher aus dem Machtwillen und Herrschaftsanspruch eines Fürsten als aus dem Sicherheitsbedürfnis der umwohnenden Bauern zu erklären. Stammesrivalitäten oder Vorsorge gegen den römischen oder germanischen Feind sind jedoch auch weitere mögliche Ursachen (KOLLING 1977, S. 38-41).

Nach der Volkstradition heißt diese Anlage Hunnenring; die Hunnen sollen — so wurde irrtümlich angenommen — auf ihrem Rückmarsch von den Katalaunischen Feldern zwischen Rhein und Mosel Befestigungen angelegt haben, von denen die Anlage von Otzenhausen die bedeutendste gewesen sein soll (SCHINDLER 1965, S. 1).

Gibt es auch unterschiedliche Auffassungen über die Gründungsmotive dieser Anlage, so scheinen zumindest die machtpolitischen Bestrebungen, die den Bau veranlaßt haben, erwiesen zu sein.

1.6.2. Lage

Der Ringwall liegt an der Nordgrenze der Gemarkung Otzenhausen auf dem Dolberg, einem von Nord nach Süd gelagerten Quarzitrücken im Hunsrück. Er erreicht mit dem Friedrichskopf eine Höhe von 707 m und fällt bis zu seiner Südspitze, die den Steinring trägt, auf 621 m ab.

Die Dreiecksform des Steinrings ist bedingt durch die Situation des Geländes. Die Höhenbefestigung wird ihrem Typ nach in der Fachsprache als *Ringabschnittswall* bezeichnet (SCHINDLER 1965, S. 2) (Abb. 1).

Aus zweierlei Gründen erwies sich diese Platzwahl als vorteilhaft; zum einen war es die beherrschende, strategisch günstige Lage des Dolbergs und zum andern die Vorarbeit, die die Natur in vielfacher Hinsicht geleistet hatte. Der Bergsporn verstärkte mit seinen steilen Hängen, schroffen Felswänden und Klippen nicht nur die Abwehrmöglichkeiten, sondern lieferte zugleich wichtiges Baumaterial. Zwischen den Felsen und um sie herum hatten sich durch geologisch bedingte Abnutzungsvorgänge große Steinhalden, sogenannte Blockmeere gebildet, die Unmassen verwitterter Gesteinsbrocken zum Bau der Bergbefesti-

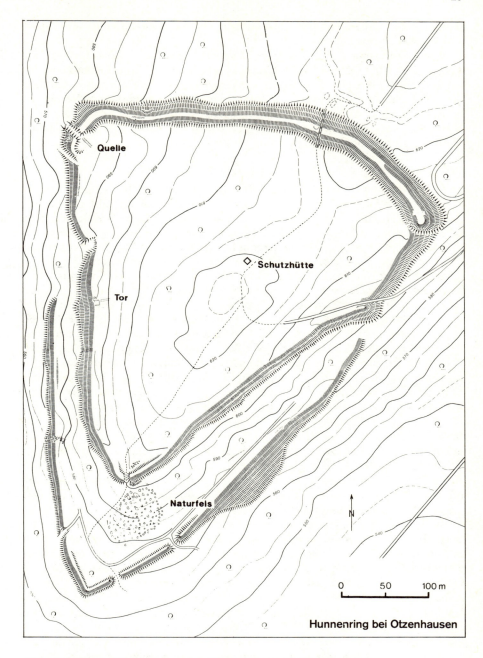

Abb. 1: Höhenschichtenplan des Ringwalles von Otzenhausen (KOLLING/SCHINDLER 1971).

gung geliefert haben. Die Natur begünstigte somit die Entstehung dieses Steinringes (SCHINDLER 1965, S. 4).

Die Umwallung der 10 ha großen Hauptburg hat eine Gesamtlänge von 1,5 km. Zählt man die Vorwälle hinzu, kommt man auf eine Länge von etwa 2,5 km, die ein Areal von 18 500 m² umgeben. Die Längswälle haben etwa auf gleicher Höhe und unmittelbar am Zusammentreffen der Haupt- und Vorbefestigung Durchlässe. Das langgestreckte Plateau ist nach Osten schwächer, nach Westen stärker geneigt. In der Nordwestecke liegt die tiefste Stelle innerhalb der Hauptburg mit einer Quelle (SCHINDLER 1965, S. 6).

1.6.3. Die spätkeltische Befestigungsanlage

F. Hettner, der erste Direktor des Rheinischen Provinzialmuseums Trier, hat 1882 die ersten Untersuchungen im Bereich der Anlage durchgeführt. Die bei den Ausgrabungen getätigten Funde, die teils als römisch, teils als mittelalterlich, schließlich aber auch dem 17. Jh. zugehörig betrachtet wurden, sagen nichts über das Alter der Gründung. Hettner begnügte sich bei seinen Untersuchungen mit der Abdeckung von knapp einem Fünftel der Wallhöhe. Im Bereich der Quelle gelang ihm der Nachweis römischer und vor allem vorrömischer Keramik, einer als Viehtränke gedeuteten Sammelstelle und eines unter dem Wall durchgeführten, in Stein gefaßten Ablaufs für das Quellwasser. Die Quelle ist heute versiegt (SCHINDLER 1965, S. 8-9). Die von DEHN (1958, S.187-195) bei seinen Forschungen (1936-1940) gewonnenen Erkenntnisse führen zu der Feststellung, daß der Ring von Otzenhausen als eine stark befestigte Höhensiedlung von den keltischen Treverern in der Zeit der gallischen Freiheitskriege gegen die Römer errichtet wurde. Die dabei angewandte Burgbautechnik entspricht dem Verfahren, das von Julius Cäsar als *„murus gallicus"* anschaulich beschrieben worden ist. Es sind Trockenmauern mit eingefügtem hölzernen Rahmenwerk. Die hölzernen Balkenlagen waren mit eisernen Nägeln zusammengefügt. Wie schon erwähnt wurde, ist dies die erste nachweisliche Verwendung von metallenen Nägeln im vorgeschichtlichen Festungsbau. Im Gegensatz zu den Holzbalken blieben die Nägel in günstigen Bodenlagen oft erhalten. Der 6 m breite Tordurchlaß an der Westseite war mit Steinen gepflastert und durch zwei Mittelpfosten in zwei Fahrbahnen unterteilt. Die Anordnung der Mittelpfosten läßt eine Art von Zwingerbau vermuten.

Wichtige Ergebnisse erbrachten die Grabungen der 30er Jahre über die Besiedlung der Hauptburg. In allen Suchgräben und Grabungsflächen auf dem Burgplateau zeichneten sich zahlreiche Standspuren von teils reihenweise angeordneten Holzständern ab, die in Verbindung mit Steinanhäufungen, Gruben und Kulturabfällen des letzten vorchristlichen Jahrhunderts wichtige Aufschlüsse vermitteln. Da ihre Häufung im Mittelteil der Hochfläche am dichtesten ist, kann hier sicher die intensivste Bebauung angenommen werden. Die Funde sind überwiegend vorrömisch. Römische Scherben treten nur vereinzelt auf und deuten somit auf eine sporadische Wiederbenutzung zu jener Zeit.

Fortlaufende bauliche Erneuerungen, die der reine Holzpfostenbau mit sich bringt, verursachten ein wirres Durcheinander der Bodenverfärbungen. 1936 gelang es jedoch, zwei sichere Grundrisse von Häusern zu gewinnen. Zuverlässige Angaben über die Art des Hausbaues lassen sich nicht machen.

Die Funde fügen sich ganz in den Rahmen der kulturellen Hinterlassenschaften in spätkeltischen Burgplätzen ein. Für Handelsbeziehungen zum Mittelmeer spricht das Bruchstück einer spitzbodigen Weinamphore aus den Werkstätten der römischen Republik. Der Fund von lediglich zwei keltischen Münzen kann allerdings ein Beweis dafür sein, daß die Handelsvitalität doch recht gering war. Häusliches Gewerbe ist durch eine größere Anzahl von Spinnwirteln belegt. Für die Ausübung eines ortsgebundenen Handwerks sprechen die Glas- und Eisenschlacken sowie Teile einer eisernen Gußplatte (SCHINDLER 1965, S. 9-15). Als Grundstoff für die Herstellung der metallenen Gegenstände (z.B. Hufeisen, Radschienen) fanden die Erze, die in den „Lebacher Eiern" vorhanden sind, Verwendung (vgl. Kapitel „Frühe Neuzeit und Absolutismus", 6.3.1.). Diese lagern heute noch am Fuße des Dolbergs und waren bis ins 19. Jh. die Basis für die Eisenverhüttung im Hunsrück und im Hunsrückvorland (SCHEER 1984, S. 5).

Die bisher gewonnenen Ergebnisse führen zu der Annahme, daß es sich bei der Anlage nicht um eine Fluchtburg, sondern um eine lange Zeit hindurch bewohnte Festung handelte. Die Anlage, die vermutlich im 5. oder 4. Jh.v.Chr. gegründet wurde, erlebte ihre Blütezeit in der zweiten Hälfte des ersten vorchristlichen Jahrhunderts.

Einen Hinweis auf die zeitliche Einordnung liefert auch der Name „Dolberg", der ein weitverbreitetes *keltisches Sprachrelikt* enthält. „tul" oder „tol" heißt soviel wie geschützte Stätte oder Befestigung. Dolberg würde somit Burgberg bedeuten, was einen Einklang zwischen sprachlicher Überlieferung und archäologischem Denkmal dokumentiert (SCHINDLER 1965, S. 6).

Ob Otzenhausen eine Stadt oder stadtartige Siedlung im Sinne eines Oppidums gewesen ist, läßt sich bis heute nicht eindeutig sagen. Während z.B. KOLLING dies ausschließt, sind SCHINDLER und DEHN von der Existenz eines Oppidums überzeugt. Ebenso ungeklärt ist die Beziehung der in Schwarzenbach gefundenen keltischen Fürstengräber, nur 2 km von Otzenhausen entfernt, zur ehemaligen Bevölkerung auf dem Dolberg.

Neben dieser Wallanlage gab es zu damaliger Zeit noch etliche kleinere Anlagen, die z.T. bis heute erhalten geblieben sind. Erwähnenswert ist hier noch die *„Birg"* bei *Limbach* (Kreis Saarlouis), deren Anfänge vermutlich bis in die Latènezeit zurückreichen. Die zu verschiedenen Zeiten genutzten Wehranlagen sind noch deutlich erkennbar (WEISGERBER 1966, S. 190 ff.).

1.6.4. Der Ringwall in römischer Zeit

Bei den Ausgrabungen 1936/37 stieß man auf die Spuren eines Heiligtums aus der Römerzeit.

Mit dem Sieg Cäsars über die Gallier und mit der Einverleibung des Terverergebietes in das römische Imperium hatte die Befestigung ihre Bedeutung verloren. Im verlassenen Burgring entstand eine *Weihestätte* für die Göttin Diana, der man einen kleinen viereckigen Tempel errichtete. Keramikreste von Opfergefäßen und eine Anzahl römischer Münzen verweisen die Weihestätte ins 3. Jh. Weiterhin fand man Stücke von der Steinskulptur eines Ebers, der als ständiger Begleiter galloromischer Waldgötter galt, und eine 13 cm hohe Bronzefigur der Diana.

Außerhalb der Weihestätte wurde zudem römisches Kulturgut aus dem 3. und 4. Jh. gefunden. Es stammt aus den Zeiten der germanischen Invasion, in denen die Bewohner der Umgebung in dem durch die Steinwälle geschützten Waldversteck Schutz suchten.

Die Funktion einer *Fluchtstätte* hat die Ringmauer wohl auch noch in späterer Zeit ausgeübt (Zeit der Merowingerkönige, Dreißigjähriger Krieg) (SCHINDLER 1965, S. 29 f.).

2. Römische Zeit (1.-4. Jahrhundert)

2.1. Die Romanisierung

Mit dem Vordringen der Römer an Rhein und Donau in den Jahrzehnten um die Zeitenwende wurden die Rheinlande, Südwestdeutschland und das Bayerische Alpenvorland bis zur Donau und dem Nordrand der Schwäbisch-Fränkischen Alb für Jahrhunderte Teil des *Imperium Romanum*. Verschiedenartige Motive trieben die Römer zur Eroberung dieser Gebiete wie z.B. Abwehr von Nachbarn, Machtstreben und wirtschaftlicher Nutzen. Die Eroberung Galliens bis zum Rhein war überwiegend das Werk eines Einzelnen, des Prokonsuls *G. Julius Cäsar*. Da die Treverer zur Verteidigung ihrer Selbständigkeit entschlossen waren, fanden jahrelange Auseinandersetzungen mit den Legionen Cäsars statt, denen es dann aber im Jahre 52 v.Chr. gelang, das Treverergebiet einzunehmen (PETRIKOVITS 1980, S. 47-50). Nach anfänglichen Widerständen machte die Romanisierung der einheimischen Bevölkerung vom 2. Jahrzehnt des 1. Jh.n.Chr. bis etwa zur Jahrhundertmitte große Fortschritte. In den wachsenden Städten und sonstigen Siedlungen fanden die Soldaten, die aus der einheimischen Bevölkerung vor allem für Hilfstruppen rekrutiert wurden, nach etwa 25 Jahren Dienstzeit die Möglichkeit, sich ein angenehmes Leben als Vollbürger aufzubauen und ihren Kindern und Nachkommen weitere Aufstiegschancen zu schaffen. Diejenigen, denen diese Aufstiegsmöglichkeit versagt blieb, suchten ihr Fortkommen im Handwerk und im Dienstleistungsbereich (PETRIKOVITS 1980, S. 67 f.).

Ein wesentlicher Bestandteil der Romanisierung war die Gründung und Förderung von *Städten*. Die römische Stadt brachte durch ihre Selbstverwaltung einen neuen gesellschaftlichen Fortschritt. Im 2. Jh. entstanden neben den Städten auch viele nichtstädtische Kleinsiedlungen, die Landwirtschaft, Handel und Gewerbe aufblühen ließen.

Durch steigenden Wohlstand erreichte die Romanisierung der Rheinprovinzen im 2. und in der ersten Hälfte des 3. Jh. ihren höchsten Stand. Danach führten die germanischen Beutezüge, die über zwei Jahrhunderte währten, zu wirtschaftlichem Stillstand und Verfall, schließlich zum Abzug der Römer.

2.2. Das Siedlungswesen

Die Römer ließen sich ungefähr in den gleichen Räumen wie die Kelten nieder. In der Saargegend sind dies die waldreichen Gebiete des Saar- und Bliesgaues sowie die Ränder des Saartales. Mehr und mehr traten aber auch das obere Bliestal und die Gegend um Tholey und St.Wendel in den Siedlungskreis

(LIMBERG 1948, S. 35). In ihrer Art der Siedlungsanlage lassen die Römer schon eine weitaus stärkere Differenzierung gegenüber ihren Vorgängern erkennen. So unterscheidet man nach der römerzeitlichen Siedlungskunde die „villae" (= Einzelsiedlungen) von den „vici" (= Gruppensiedlungen). Nach der Definition von BORN (1977a, S. 27) sind lediglich die „villae" als ländliche Siedlungen anzusprechen, da in ihnen der primäre Sektor (Landwirtschaft, Forstwirtschaft, Fischerei, Sammelwirtschaft) überwiegt. Als „vici" dagegen werden Siedlungen bezeichnet, in denen ein Überwiegen des sekundären und tertiären Sektors in Wirtschaftsleben oder Bevölkerungsstruktur gegeben ist.

Neben „villae" und „vici" gab es noch die „coloniae" oder „municipia" (z.B. Metz und Trier), denen ein Stadtrecht verliehen war. Mit einer Fläche von über 80 ha waren sie größer als die vici, deren Ausdehnung höchstens 60 ha betrug (PETRIKOVITS 1980, S. 118).

2.2.1. Gruppensiedlungen („vici")

Die Lage dieser Kleinstädte war durch das Straßennetz beeinflußt, wobei die Schnittpunkte wichtiger Verkehrsstraßen sowie Flußübergänge Ansatzpunkte für die Siedlungen boten. Als *Straßensiedlungen* wiesen die „vici" an beiden Seiten der Straße je eine Häuserreihe auf. Ihre Entstehung verdanken sie dem schon früh auftretenden Bedürfnis nach periodischen Märkten (= „nundinae"). Vielfach lehnten sie sich an einen Straßenposten an oder umgekehrt; ein Teil von ihnen war — nachweislich seit dem 3. und 4. Jh. — befestigt („castella"). Einige „vici" sind inschriftlich bezeugt, andere durch zugehörige Tempel und Friedhöfe belegt. Bei wenigen konnten die Häuser oder die ganze Anlage ausgegraben werden.

Viele Orte bewahren bis heute den alten Namen, vor allem die auf -âcus, -âcum (keltisch -acus, -acon, deutsch -ach und -ich) (HAGEN 1923, S. 13 f.). Zu nennen ist an dieser Stelle die heutige Stadt Merzig, die auf die römische Siedlung Martiacum (= Landgut des Martius) zurückgeht (PETRY 1959, S. 208). Das Kapitel „Germanische Zeit" (vgl. 3.1.5.) wird sich mit diesem Sachverhalt noch näher beschäftigen.

Die zur Römerzeit umfangreichsten Gruppensiedlungen gewerblichen Charakters im Saarland waren:
— „vicus contiomagus" bei Pachten
— „vicus saravus" bei Saarbrücken-Halberg
— „vicus" bei Einöd-Schwarzenacker
— „vicus" im Wareswald bei Tholey (vgl. Abb. 2).

Diese Siedlungen sind in den 50er und 60er Jahren dieses Jh. archäologisch untersucht worden. Weitere größere Siedlungen befanden sich in Borg, Schwarzerden, Bliesbrücken und bei Neunkirchen (Kasbruch). Die Ausgrabungen der Gruppensiedlung von Bliesbrücken, die zur Zeit durchgeführt werden, regten aufgrund ihres umfangreichen Fundmaterials die Einrichtung eines *europäischen Kulturparks* im Bereich Bliesbrücken-Reinheim an.

2.2.2. Einzelsiedlungen („villae")

Weitaus zahlreicher — man kennt im Saarland mehrere hundert Fundplätze — als die Gruppensiedlungen sind in diesem Raum die Einzelsiedlungen („villae").

Die Forschung unterscheidet die *„villa rustica"* — ein bäuerlicher Wirtschaftshof kleinerer bis mittlerer Größenordnung — und die *„villa urbana"* — der aufwendige Sitz und zugleich Gutshof eines reichen Großgrundbesitzers. Bisher sind an der Saar nur wenige „villae" ausgegraben worden. Man kennt zwei Ausführungen, den schmalen, langgestreckten Galeriebau (z.B. Sotzweiler) und die häufigere Risalitvilla (z.B. Ittersdorf) mit Portikus und großem, zentralen Wirtschaftsraum. Während der Galeriebau in die Anfangszeit der Romanisierung ländlicher Siedlungsformen zurückgeht, hat sich der kompaktere und mehr auf Symmetrie bedachte Risalitbau erst im Laufe des 2. Jh. entwickelt (SCHINDLER 1966a, S. 62 f.)

Die „villae rusticae" finden ihr Hauptverbreitungsgebiet auf den flachwelligen Hügeln von Saar- und Bliesgau. Kleinere Villen sind für Landschaften bezeugt, die über ein gewisses Mindestmaß an Bodenqualität verfügen. Sie standen inmitten ihres land- und forstwirtschaftlichen Areals. Enge Täler wurden gemieden, Hanglagen bevorzugt. Am liebsten besiedelte man von Quellmulden flankierte Randlagen der großen Talbecken (z.B. Merzig-Mechern, Dillingen, Bierbach). Paläste der „villae urbanae" des Stils von Nennig (vgl. Kapitel 2.10.) standen im Umkreis der Städte und „vici" oder in Gegenden, die eine reiche Landwirtschaft erlaubten (KOLLING 1977, S. 30).

Auch unter den luxuriösen Gutshäusern lassen sich unterschiedliche Grundformen erkennen wie z.B. der dreigestaffelte Bau von Ruhlingen (zwischen Saargemünd und Forbach) oder der langgestreckte Sommerpalast in Bierbach (SCHINDLER 1966a, S. 63 f.). Die „villae urbanae" sind im 2. Jh. und später entstanden und mit Mosaiken und teuren Einrichtungsgegenständen ausgestattet gewesen.

2.2.3. Kleingehöfte

Neben den Gruppen- und Einzelsiedlungen treten auch Kleingehöfte im römischen Siedlungsbild in Erscheinung. Sie liegen zumeist in den von der Natur weniger begünstigten Landschaften des Warndts und des Saarkohlenwaldes. Es handelt sich bei den Bauten um Holzlehmhäuser inmitten einer Waldrodung (KOLLING 1977, S. 31). Die von BORN (1972, S. 77 ff.) im Bereich Riegelsberg durchgeführten Untersuchungen bestätigen diesen Tatbestand mit dem Nachweis von drei wahrscheinlich kleineren Siedlungsstellen.

2.2.4. Nachweis römerzeitlicher Siedlungsplätze

Fragmente von Heizungskacheln und Hypokaustanlagen (=Warmluftheizungen) sind die Kennzeichen für die römische Herkunft eines Gebäuderestes und „Leitfossil" für die Feststellung römischer Wohnplätze. Bei Ausgrabungen, Feldarbeiten, Rodungen und Bauarbeiten entdeckt man außerdem häufig Mauerwerk mit Siedlungsschutt wie Ziegelstücke, Dachschieferstücke, Estrich-, Verputz- und Mörtelbrocken, die den Standort einer „villa" bezeugen. Aus den Siedlungsresten lassen sich Aussagen über das Erscheinungsbild von Wohn-, Bade- und Nebengebäuden einer „villa" ableiten. Größere Häuser sind dabei an Kellerkonstruktionen und Steinquaderwerk zu erkennen. Einen sicheren Hinweis auf die Existenz von Kleingehöften ergeben Keramikfunde.

2.3. Sozialstruktur

Das in römischer Zeit stärker differenzierte Siedlungswesen vermittelt wichtige Erkenntnisse über das Leben und den gesellschaftlichen Aufbau der Bevölkerung. Die „villae urbanae" verkörperten den Reichtum einer Gesellschaftsschicht, die sich aus dem Landadel, den Großhändlern oder reichen Italikern, die während der heißen Sommermonate in den kühleren Norden kamen, zusammensetzte.

Das Anwachsen der Bevölkerung förderte die Wirtschaft, die im 2. Jh. eine Blütezeit erlebte und für einen sozialen Aufstieg der ländlichen Bevölkerung verantwortlich war. Der *Großgrundbesitzer,* der seine Güter nicht selbst bewirtschaften konnte, setzte einen Verwalter ein oder verpachtete den Teil der Güter, den er nicht direkt verwalten wollte. Außer den Großgrundbesitzern und den *Pächtern* gab es auch mittlere und kleine *freie Bauern,* die ihr Land allein oder mit nur wenigen Angehörigen und Abhängigen bestellten. Diese Kleinbauern ließen sich in entlegenen Waldungen nieder und gründeten dort Kleingehöfte.

Neben den freien Landwirten gab es auch *Abhängige,* die sich entweder als freie Knechte und Mägde verdingten oder Unfreie oder Freigelassene waren. Die Sphären von Herr und Untergebenem sind dabei deutlich abzulesen. So wohnten die Angehörigen der ständigen ländlichen Dienstleistungen in den „Gesindewohnungen", die oft aus einem eigenen Wohnhaus beim oder im Wirtschaftsteil des Gutes bestanden. Für die frühere Kaiserzeit spielte sicherlich auch die *Sklavenwirtschaft* eine Rolle.

Zu Stoßzeiten, etwa während der Ernte oder beim Dreschen, wurden Saisonarbeiter eingestellt, die aus den umliegenden Städten und Kleinsiedlungen kamen (PETRIKOVITS 1980, S. 84 f.).

In der Landwirtschaft sowie in den gewerblichen Betrieben wurden die Kelten als Arbeiter beschäftigt. Die Römer schonten die Sitten, Gebräuche und religiösen Vorstellungen der Kelten und schufen damit eine Verbindung, die bevölkerungsmäßig und kulturell die Grundlagen für die kommenden Jahrhunderte schuf. Den Kelten wurde z.T. auch das römische Bürgerrecht verliehen (LIMBERG 1948, S. 37). Die einheimische Bevölkerung konnte somit das Gefühl haben, sich der überlegenen römischen Zivilisation anzugleichen. Die zunehmende Romanisierung und Verstädterung ließ auch in der Folgezeit keine ethnischen Spannungen hervortreten. Spannungen zwischen den sozialen Gruppen oder gar die Herausbildung von „Klassen" traten auch kaum in Erscheinung (PETRIKOVITS 1980, S. 87).

2.4. Wirtschaft

Der Anstieg der Bevölkerung und das damit verbundene Wachstum der Städte und Kleinsiedlungen führte dazu, daß die Wirtschaft vom Ende des 1. Jh. bis zum 3. Jahrzehnt des 2. Jh. ihre Blütezeit erlebte. Der Bevölkerungsanstieg hatte einen vermehrten Bedarf an landwirtschaftlichen Gütern zur Folge, dieser wieder belebte den Handel und verstärkte den Gütertransport. Das Wachstum der Wirtschaftskräfte führte dazu, daß die Saargegend in der 2. Hälfte des 2. Jh. unabhängig von der Einfuhr wurde (PETRIKOVITS 1980, S. 81 f.).

2.4.1. Landwirtschaft

Die Landwirtschaft wurde im Anschluß an die römischen Landhäuser betrieben. Wirtschaftliche Grundlage war der *Getreideanbau* auf fruchtbaren Lößböden, wobei Weizen (Einkorn, Emmer und Dinkel) und Gerste am weitesten verbreitet waren. Hinzu kam der Anbau von Hülsenfrüchten, Salat- und Gemüsepflanzen, Öl- und Gespinstpflanzen sowie Gewürzpflanzen (HINZ 1982, S. 7).

Das vorherrschende Bodennutzungssystem war eine wenig regelmäßige *Feldgraswirtschaft* mit freier Körnerfolge. In den bergigen, waldreichen und sumpfigen Landschaften mit ausgedehnten Weidegebieten waren die Villen auf Viehhaltung mit Roggen- bzw. Haferanbau ausgerichtet (HINZ 1982, S. 14). In diesen Mischbetrieben überwogen Schweine- und Schafzucht; die vorherrschende Form der Großviehhaltung war die Dauerweidewirtschaft. Die im Anschluß an die Kleingehöfte betriebene Waldweidewirtschaft basierte in der Hauptsache auf Schweine- und Pferdehaltung (KOLLING 1977, S. 31).

Das Verbreitungsbild der römerzeitlichen Siedlungsstellen im Saarland zeigt, daß es Mischbetriebe mit bevorzugter Viehhaltung im Hunsrück und Hunsrückvorland gegeben haben muß. Da eine inmitten eines Waldgebietes ausgegrabene Villa beträchtliche Ausmaße zeigte, ist sogar mit Viehzuchtfarmen zu rechnen. Ein Pollendiagramm, das aus einer römischen Kulturschicht in der Gegend von Lebach gewonnen werden konnte, läßt mit einer verstärkten Waldausbreitung im nördlichen Saarland rechnen. Die mit Erlen bestandenen Talsohlen und die weiter entfernten Hanglagen mit Eichenmischwald boten gute Voraussetzungen für eine ertragreiche Schweinezucht. Knochenfunde ergaben Hinweise auf die Haltung von Rind, Schaf, Schwein und Biber (KOLLING 1963, S. 84 f.).

Der Bedarf der Städte und der Streitkräfte förderte den Weinanbau sowie einen differenzierten Obstanbau (PETRIKOVITS 1980, S. 126 f.). Mit den Römern kamen mediterrane Pflanzen in die nördlichen Provinzen.

Festzustellen sind auch eingreifende Verbesserungen auf dem Agrarsektor. Zur Verbesserung der *Bodengüte* benutzte man einen *Dünger,* der aus Stallmist, Mergel oder umgedrehten Plaggen bestehen konnte.

Da man für die Bewirtschaftung der großen landwirtschaftlichen Güter nicht genügend Arbeitskräfte zur Verfügung hatte, mußte die Arbeit durch einfache Maschinen rationalisiert werden. Das führte zur Ausbildung einer *Erntemaschine* (= „vallus") (PETRIKOVITS 1980, S. 135).

In der Viehzucht kamen *neue Tierzüchtungsverfahren* zur Anwendung. Fortschritte bei der Rinder- und Schweinezucht bewirkten deutliche Größenzunahmen bei den Tieren.

2.4.2. Handwerk und Gewerbe

Die meisten Zivilisationsgüter wurden in Handwerksbetrieben hergestellt. Die in Stadt und Land stark spezialisierten Betriebe bedienten sich differenzierter Werkzeuge und einfacher Maschinen. Die Handwerker schlossen sich zu Zünften zusammen, um sich besser behaupten zu können und den hohen Anforderungen der Bevölkerung in Menge und Qualität nachzukommen (PETRIKOVITS 1980, S. 141).

Eine führende Stellung nahm zu dieser Zeit das *Töpfergewerbe* ein. Hauptprodukt war die *Terra Sigillata,* eine rotgefirniste, mit Figuren und Ornamenten verzierte Glanztonware, die oft am Boden mit einem Töpferstempel versehen war. Die Sigillata-Töpfereien konnten im Saarland an insgesamt sechs Stellen nachgewiesen werden, darunter Blickweiler, Schwarzenacker und Pachten. Dieser exportorientierte, gewinnträchtige Wirtschaftszweig stand an erster Stelle im Fernhandel. Die *Ziegeleien* waren der zweite große Fabrikationszweig auf der Basis von Ton. Verwendung fanden die Ziegel als Dacheindeckung, als Hohlziegel für Heizungssysteme, als Wandplatten, Bodenbeläge und Wasserleitungsröhren (CÜPPERS 1983, S. 28).

Zu erwähnen ist weiterhin die *Glasproduktion,* vor allem von blasig-grünem Fensterglas. Von größerer Bedeutung war auch das *Textilgewerbe.* Voraussetzung für die Erzeugung von Bekleidung waren Gespinstpflanzen und Schafe. Als Quelle für die Kenntnis des Romanisierungsvorganges in der Bekleidung (Toga, Tunica) dienen vor allem plastische und malerische Darstellungen, besonders auf Grab- und Weihedenkmälern (PETRIKOVITS 1980, S. 127).

Abschließend läßt sich feststellen, daß die technischen Erfindungen der damaligen Zeit zwar wichtig, aber nicht zahlreich waren. Man muß jedoch beachten, daß die Römer es verstanden, die bekannten Erfindungen für die *Massenproduktion* auszuwerten (PETRIKOVITS 1980, S. 142).

2.4.3. Der römische Bergbau unter besonderer Berücksichtigung des St. Emilianus-Stollen in Wallerfangen

Die im Saarland vorkommenden Bodenschätze haben für den Eigenbedarf ausgereicht, scheinen aber keine nennenswerte Ausfuhr erlaubt zu haben. In und bei St. Barbara und bei Wallerfangen wurden *Kupfererze* abgebaut. SCHINDLER (1964) konnte nachweisen, daß es sich beim Emilianus-Stollen-Aufschluß in Wallerfangen um konservierten römischen Bergbau aus dem 2.-3. Jh.n.Chr. handelte. Es wurde versucht, durch Abteufen des Schachtes — eine bei dem prähistorischen und auch römischen Bergbau typische Aufschlußart — das Erzvorkommen zu erreichen. Daß ein weitläufiger Abbau betrieben wurde, geht aus den sich über Tage abzeichnenden Absenkungen von 25-30 m nach beiden Seiten der Stollenrichtung hervor. Wie Funde ergeben haben, wurden die Erze im Emilianus-Stollen in Holztrögen gefördert.

Während die Wetterführung von den Römern kaum weiterentwickelt wurde, sind die Leistungen auf dem Gebiet der Wasserhaltung erstaunlich. Durch den Einsatz von Wasserhaltungsmaschinen und durch das Auffahren von besonderen Wasserlösungsstollen war es dem römischen Bergbau möglich, auch Tief- und Unterwerksbau zu betreiben. Der Aufbereitungsablauf der Erze setzte sich zusammen aus der Aufeinanderfolge von mehrmaligem Zerkleinern (Vermahlen) und Auswaschen, dem das Ausschmelzen in nahegelegenen Schmelzöfen folgte (CONRAD 1968, S. 117-125).

Neben Kupfererzen wurden in römischer Zeit auch *Eisenerze* verarbeitet. Aus den Erzen gewann man Luppen, die erst zu Roheisen ausgeschmiedet werden mußten. Im nördlichen Saarland gab es bedeutende Eisenerzabbaugebiete schon in römischer und vorrömischer Zeit. Spuren der Eisengewinnung sind die weit verbreiteten „Heidenschlacken", Abfälle der Schmelzen aus primitiven Rennöfen, so z.B. im Raum St.Wendel.

Der römische Bergbau hatte sowohl aus rechtlicher als auch aus technischer Sicht einen beachtlichen Stand und Umfang und kann mit dem mittelalterlichen Bergbau verglichen werden (CONRAD 1968, S. 125).

2.5. Flurformen

Die Kenntnis der Flurformen im Saarland zur römischen Zeit ist — trotz der großen Verbreitung der „villae" — sehr lückenhaft. An verschiedenen Stellen lassen sich Ackerterrassen (Stufenraine) und Wälle erkennen, die auf diese Zeit zurückgehen. In ärmlicheren Berglandschaften mögen sich *Blockfluren* aus vorrömischer Zeit gehalten haben (PETRIKOVITS 1980, S. 133).

Den einzig nennenswerten Fund von römischen Flurrelikten verdanken wir BORN (1972, S. 73-88); im Staatsforst Riegelsberg („Kampfhügel") durchgeführte Untersuchungen erbrachten den Nachweis einer „villa rustica" und einiger kleinerer Siedlungsstellen (vgl. Kapitel 2.2.3.). Neben Stufenrainen und Blockwällen scheinen auch Bachläufe Parzellengrenzen gewesen zu sein. Regellose Parzellen von blockförmiger oder breitstreifiger Gestalt lagen auf den mageren Böden der Saarbrücker Schichten neben regelhaften Parzellierungen. Geradlinige und etwa parallel zueinander angeordnete Raine, die sich mit anderen Begrenzungen rechtwinklig treffen, sind ihre Merkmale.

Die in anderen Gebieten verbreiteten Zenturiatssysteme und die mit ihnen verbundenen schematischen Parzellengliederungen (HINRICHS 1974) ließen sich im Saarland bisher nicht nachweisen.

2.6. Verkehrswesen

Bei der Besetzung der Rheinprovinz knüpften die Römer mit ihrem Straßenbau vielfach an vorgeschichtliche, zum Teil bis in die Steinzeit zurückreichende Wege bzw. Triften an. Für deren Verlauf waren hauptsächlich die Höhenrücken und Wasserscheiden, teilweise auch die Furten von Flüssen und Bächen bestimmend (HAGEN 1923, S. 1).

Vom technischen Gesichtspunkt aus unterscheiden die Römer:
— *„viae terrenae"* (= Erdwege),
— *„viae glarea stratae"* (= Kiesstraßen),
— *„viae silice stratae"* (= Pflasterstraßen).

Die Anlage bzw. Pflasterung der Straßen wird u.a. auch auf Meilensteinen hervorgehoben (HAGEN 1923, S. 9). Bezüglich der Straßenführung bei den Militärlagern gilt, daß eine *Heerstraße* in diese Befestigungen hineinführt, während eine *Verkehrsstraße* sie umgeht. Knüppeldämme zur Überbrückung nassen und moorigen Geländes sind mehrfach bezeugt. Zeugen für den Verlauf einer Straße sind die an ihr festgestellten Ansiedlungen und Gräber. Als Sicherung der Straßen dienten Straßenposten in einem Turm oder eine kleine Befestigung. Dazu kommen Befestigungen zum Schutze von Flußübergängen, Pässen und anderen wichtigen Stellen, teils unmittelbar an den Straßen, teils auf beherrschenden Höhen in der Nähe. An die Sicherungen lehnen sich die *„mansiones"* (= Abstiegen oder Herbergen) und die *„mutationes"* (= Pferdewechsel) an, beide

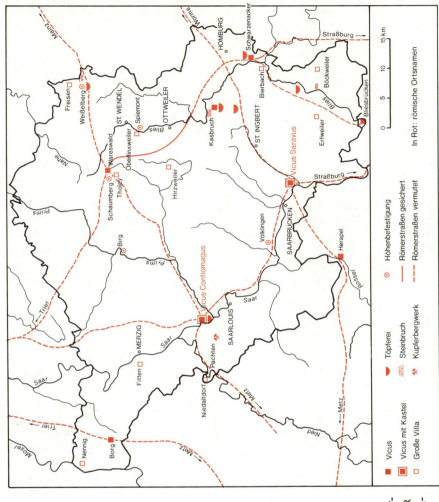

Abb. 2: Übersichtskarte der Römerzeit (KOLLING/SCHINDLER 1965 sowie eigene Ergänzungen).

möglichst an Wasserstellen. Weiterhin sind *„tabernae"* oder *„praetoria"* (= Einkehrhäuser) an den Straßen zu vermuten (HAGEN 1923, S. 11-13)

2.6.1. Römerstraßen im Saarland

Die wichtigste Verkehrsstraße war die von Metz nach Worms und Mainz. Sie führte von Metz über Pontigny, St.Avold und an dem durch die Ausgrabungen aus vorrömischer und römischer Zeit bekannt gewordenen Herapel vorbei (LIMBERG 1948, S. 35). Von Herapel zog die Straße über Forbach bis auf die Höhe von Saarbrücken und von da nach St.Arnual. Nach Überquerung der Saar erreichte sie den „vicus" am Halberg. Beim Halberg selbst sind keine Spuren der Römerstraße mehr vorhanden (HAGEN 1923, S. 11-13). In ihrem weiteren Verlauf bog die Straße dann in das Scheidter Tal ein, lief über Rentrisch, St.Ingbert nach Homburg und weiter über Kaiserslautern nach Worms bzw. Mainz.

Die zweite bedeutende Fernstraße kam von Trier, ging im nördlichen Saarland am späteren Klosterort Tholey vorbei und traf im Bereich des Homburger Vorortes Beeden auf die vorgenannte West-Ost-Straße. Sie folgte dann noch eine Strecke dem Bliestal und nahm südlich von Schwarzenacker den Anstieg zur Hochebene des Zweibrücker Westrich (KOLLING 1972, S. 238). Von Metz muß noch eine dritte Straße in die Saargegend gelaufen sein. Das spätrömische Kastell bei Pachten hatte vermutlich die Aufgabe, diese in Richtung Mainz verlaufende Straße zu sichern (vgl. Abb. 2).

2.7. Verteidigungseinrichtungen

Die Römer sicherten die eroberten Gebiete durch die Anlage von festen Stützpunkten mit kleinen Truppenverbänden und den Ausbau des strategischen Straßennetzes. Dadurch war ein leichtes Zusammenziehen der Truppen in aufständischen Landesteilen gewährleistet. Auf erhöhten Punkten wurden massive Wachtürme erbaut, die von einer Holzgalerie umgeben waren. *Fliehburgen* wurden zum Schutz der ländlichen Bevölkerung in ausgesprochenen Rückzugsgebieten und an unauffälligen Stellen in der Landschaft angelegt, oder es wurden ehemalige keltische Wallanlagen in diesem Sinne genutzt.

Als im 3. Jh. die Invasion germanischer Völker begann, legten die Römer *Kastelle* an. Die bekanntesten befanden sich am Halberg bei Saarbrücken und in Pachten.

2.7.1. Pachten — ein römisches Kastell

Die Kastellgrabungen des Landesmuseums Trier in den Jahren 1891 und 1935, die Ausgrabungen des Brandgräberfeldes in der Margarethenstraße zwischen 1954 und 1961 durch das Konservatoramt Saarbrücken und die Forschungsgrabungen des Konservatoramtes von 1960-63 unter der Leitung R. Schindlers brachten wichtige Erkenntnisse über den „vicus" von Pachten. Der „vicus" lag auf der untersten Saarterrasse unweit eines Flußüberganges und an der Kreuzung der Fernverkehrsstraßen Trier-Pachten-Straßburg und Metz-Pachten-Tholey-Mainz. Im 1. Jh.n.Chr. ging der „vicus" wahrscheinlich aus einer alten keltischen Siedlung hervor und gewann in mittel- und spätrömischer Zeit große Bedeutung (SCHINDLER 1964a, S. 7).

Die jüngeren Forschungen ergaben, daß die *Zivilsiedlung* 60-80 Baueinheiten umfaßte. Dieser Zustand mit einem System von Lang- und Querstraßen wurde jedoch erst im 3./4. Jh. erreicht. Im 2./3. Jh. wird man eine etwas lockere Besiedlung mit kleineren Häusern annehmen dürfen (SCHINDLER 1964a, S. 22). Innerhalb der Siedlung entdeckte man die Werkstatt eines Buntmetallgießers, der nebenbei anscheinend das „Münzfälschen" betrieb.

Das spätrömische Kastell lag am Westrand der römischen Zivilsiedlung auf der Kante der Saartalterrasse. Die Fundamente bestanden aus Quader- und Abdecksteinen, das Aufgehende aus Blendmauerwerk mit Handquadern im Inneren. Möglicherweise wurde das Kastell in der ersten Hälfte des 4. Jh. errichtet (SCHINDLER 1964a, S. 43-45). Es sollte den Brückenübergang der beiden Hauptstraßen über die Saar militärisch sichern.

Für das Bestehen einer *Siedlungskontinuität* zwischen dem römischen Altertum und dem germanischen Mittelalter sprechen der Fund eines frühchristlichen Grabsteins sowie das Vorhandensein merowingischer Gräber.

Weitere archäologische Untersuchungen sind in Pachten nicht mehr durchführbar, da die gesamte Fläche des ehemals römischen „vicus" überbaut ist. Am Halberg bei Saarbrücken liegen hingegen noch Teile der Kastellmauern offen zutage.

2.8. Römerzeitliche Kultstätten

Seit dem Ende des ersten nachchristlichen Jahrhunderts hat sich der *Mithraskult* mit großer Schnelligkeit in der westlichen Hälfte des römischen Reiches ausgebreitet und sich im 3. Jh. zur Weltreligion innerhalb des römischen Imperiums entwickelt. An der Saar erreichte der Mithraskult nur lokale Bedeutung. Die Mithrasdenkmäler von *Saarbrücken* (Halberg) und *Schwarzerden* (Gemeinde Freisen im nordöstlichen Saarland) bezeugen diese Religion und zählen zu den ältesten Kultstätten des Saarlandes.

Der Mithraskult ist die Religion einer persischen Gottheit, die als Lichtgott und Fruchtbarkeitsgott eine Mittlerstellung einnimmt zwischen dem Prinzip des Guten und der Welt. Die Religion breitete sich vorwiegend im römischen Heer aus. Lange Zeit war dieser antike Erlösungskult ein Konkurrent des *Christentums* (HINKELMANN 1976, S. 15-21). Seit dem Ende des 2. Jh., insbesondere in der Regierungszeit des Kaisers Konstantin, hat jedoch das Christentum zahlreiche Anhänger im römischen Deutschland gewonnen. Mit dem Zusammenbruch des römischen Reiches wurde auch der heidnische Glaube zurückgedrängt, und die christliche Kirche konnte sich endgültig durchsetzen (DRAGENDORFF 1919, S. 114 f.). Einen Eindruck über die römischen Glaubensvorstellungen vermitteln die punktuell auftretenden Tempelanlagen und Heiligtümer. Sie zeigen deutlich die schon erwähnte Verschmelzung mit dem keltischen Kulturkreis. Die Religiosität der Römer äußert sich weiterhin in Skulpturen, Reliefs und Inschriften.

2.9. Die Römerstadt Schwarzenacker

2.9.1. Landschaftsraum

Schwarzenacker ist ein Ortsteil der Stadt Homburg im Saarpfalz-Kreis. Zwei Gehöfte stammen aus älterer Zeit, sonst ist es eine Dorfgründung des 19. Jh.

Geologisch wird der Landschaftsraum vom Buntsandstein des Pfälzerwaldes und vom flachwelligen Muschelkalkgebirge des Zweibrücker Westrich bestimmt. Der Kalkboden östlich über Schwarzenacker wurde in römischer Zeit durch verstreute Gutshöfe bewirtschaftet. Das Buntsandsteingebirge jenseits der Blies war schon immer bewaldet (KOLLING 1974, S. 2-4).

Im nahegelegenen Beeden kreuzten sich die römischen Fernstraßen Metz-Mainz und Trier-Straßburg.

2.9.2. Besiedlung und Bewirtschaftung des Raumes

Hier, im östlichen Gebiet der Mediomatriker, existierte bereits eine Siedlung vor der Eroberung Galliens durch Cäsar. Ein in die Bronzezeit zurückreichendes *Mehrperiodengräberfeld* steht in unmittelbarem Zusammenhang mit der vorgeschichtlichen Besiedlung. Eine Siedlungskontinuität des Raumes von der vorgeschichtlichen zur römischen Zeit kann jedoch nicht angenommen werden.

Die in und um Schwarzenacker ansässige Altbevölkerung paßte sich den Sitten der römischen Eroberer an. Die Holzlehmhäuser einheimischer Bauweise wichen nach und nach soliden Steinhäusern. Infolge eines ständigen Bevölkerungsanstieges mußte auf dem „Heidenhübel" ein neues Gräberfeld angelegt werden.

Als wirtschaftliche Grundlage ist ein größerer *Marktbetrieb* zu vermuten, der den umliegenden Gutshöfen den Absatz von Getreide und Vieh ermöglichte.

Der im Grenzhorizont zwischen Sandstein und Kalkfels anstehende Ton ermöglichte das Töpfergewerbe und diente als Grundlage für die in *Blickweiler* gelegene *Sigillata-Manufaktur*.

Nahe der Oberfläche des mittleren Buntsandsteins bilden sich Eisengallensteine aus, die noch in neuerer Zeit in der saarländischen Eisenindustrie Verwendung fanden (KOLLING 1971, S. 12). Die Bearbeitung des Eisens in römischer Zeit belegt eine an der Blies vorgefundene Eisenschmelze mit Schmiede. Weiterhin fand man die bauliche Einrichtung einer Tuchwalkerei.

2.9.3. Forschungsgeschichte

Es wird angenommen, daß zisterziensische Bauernmönche vom nahen Wörschweiler Klosterberg das römerzeitliche Wüstungsareal erneut urbar machten. Bei den Kultivierungsarbeiten erkannten sie den Umfang der Römerstadt, die größenmäßig mit Worms vergleichbar war. 1751 weist der Straßburger Humanist SCHOEPFLIN in seinem Buch „Alsatia illustrata" erstmals konkret auf ein Bauwerk — ein hypokaustiertes Mauergeviert — hin. C. Klein, erster Landeskonservator im Saarland, grub zu Beginn des 20. Jh. in einem Wald nahe *Bierbach* einen *Tempelbezirk* aus und fand in Bierbach selbst eine herrschaftliche „villa" im Stil einer „villa urbana". Im Jahre 1934 konnte Klein am Bliesbergerhof bei Limbach, drei Kilometer nördlich von Schwarzenacker, eine Reihe von Brandbestattungen der frühen Kaiserzeit ausgraben. Nach dem 2. Weltkrieg gab es im Zuge einer Ortsausweitung von Schwarzenacker verstreute Mauerwerksfunde. 1954 entdeckte Landeskonservator J. Keller in der Nähe eines Straßenportikus eine Steinstele mit dem Bild der Pferdegöttin Epona. R. Schindler konnte in seinen zehn Jahre später erfolgten Grabungen ein längeres Stück eines Portikus verfolgen und unter der Straße den bereits erwähnten Mehrperiodenfriedhof aufdecken. In den folgenden Jahren wurde mit Hilfe der Deutschen Forschungsgesellschaft ein Großteil der einstmals besiedelten Fläche ausgegraben (KOLLING 1971, S. 14 f.).

2.9.4. Rekonstruktion der Römerstadt

Die zwischen 1965 und 1970 erfolgten Grabungen brachten wesentliche Erkenntnisse über den baulichen Bestand der Römerstadt.

Die bis zu 6 m breiten Straßen waren aus Sandsteinen gestückt und mit Kies überzogen. An den Straßen entlang gingen Kanäle für das Regen- und Brauchwasser, und unter einem der Gehsteige verliefen hölzerne Trinkwasserleitungen. Die Häuser stimmen in der Gesamtanordnung sowie den baulichen Details ziemlich überein; unterschiedlich sind jedoch ihre Grundrißformen. Es gab Gebäude, deren Räume sich hufeisenförmig um einen Hof gruppierten, aber auch schmale Reihenhäuser. Zur Straße hin lag der Wirtschaftstrakt, dem sich kleine Wohnräume anschlossen. Dahinter folgte ein freier Platz, und am Ende des Grundstücks stand die Latrine, ein separates Häuschen. Das Mauerwerk der Häuser war bis in Sockelhöhe durchweg massiv und auch darüber hinaus in Stein gehalten, falls nicht ein Fachwerk aufsaß. Die schweren Dächer aus Hohl- und Leistenziegeln erforderten eine stabile Konstruktion aus Eichenbalken (KOLLING 1974, S. 7 f.).

Spuren und Hinweise auf Gewerbe und Broterwerb sind u.a. ein Webgewicht, ein Rebmesser, Eisen- und Kupferschlacken, Schreiner- und Leitungsbauwerkzeuge sowie ärztliche Gegenstände (z.B. Augenarztstempel).

Den wahrscheinlichen Untergang der Römerstadt verraten die Fundmünzen. Die Reihe endet ziemlich abrupt um die Mitte der zweiten Hälfte des 3. Jh. Im Jahre 275 brandschatzten und plünderten die Germanen ganz Ostgallien, darunter wahrscheinlich auch Schwarzenacker. Die Ursache der Resignation ist in der nun ungünstig gewordenen Geländesituation der unbefestigten Stadt zu suchen.

Versucht man abschließend eine Deutung des Namens „Schwarzenacker", so läßt sich ein Zusammenhang mit dem Zeitpunkt der ersten Besiedlung nicht erkennen. Sicherlich verdankt der Ort seinen Namen dem Umstand, daß der Pflug beim „Ackern" schwarze Branderde hervorbrachte.

2.9.5. Das Freilichtmuseum

Die überraschenden Funde der Jahre 1965/66 regten zum Bau eines römischen Freilichtmuseums an. Mit der Anlage dieses Museums war die Chance gegeben, eine gute Anschauung über den baulichen Charakter einer keltisch-römischen Landstadt zu vermitteln.

Im derzeitigen Ausgrabungsfeld sind zwei Ortsstraßen mit angebauten

Wohn- und Gewerbehäusern aufgedeckt. Die Straßen sind von zwei Gehsteigen begleitet, von denen der eine unter einem langen Säulendach lief. Hinter den Säulen reihen sich dicht gedrängt die Häuser. Zunächst wurde ein 1966 entdecktes *Säulenkellerhaus* wieder aufgebaut. Dank vieler aus den Trümmern ersichtlich gewesener baulicher Merkmale war eine Rekonstruktion möglich. Auffällig war ein das ganze Haus unterziehender Keller. Bauform und Funde deuten auf eine religiöse Zweckbestimmung des Hauses. Desweiteren wurde das *„Haus des Augenarztes"* rekonstruiert, so genannt, weil in dessen Schutt ein Rezeptstempel für Augensalbe lag.

In den darauffolgenden Jahren war man damit beschäftigt, die einstige Römerstadt weiter aufleben zu lassen. Auch heute werden noch weitere Maßnahmen zur Vervollständigung des Museums durchgeführt. Das nächste Projekt soll der originalgetreue Aufbau der *„Taberna"* sein (Saarbrücker Zeitung vom 09.03.1988, Ausgabe Saarbrücken).

2.10. Die römische Villa von Nennig und ihr Mosaik

2.10.1. Das Mosaik

Das 1852 bei Erdarbeiten entdeckte Mosaik zählt mit seiner 160 m² großen, ornamental reich geschmückten Fläche zu den größten Schöpfungen römischer Mosaikkunst im Gebiet nördlich der Alpen. Umfassende Ausgrabungen der Jahre 1866 bis 1876 ergaben, daß dieser Mosaikboden als Prunkstück einer repräsentativen Empfangshalle im Mittelpunkt eines großen, prächtigen Schlosses gelegen hatte. Über der Mosaikfläche errichtete man 1874 den heute bestehenden Schutzbau (SCHINDLER 1962, S. 1).

Das Mosaik, das acht *Bildmedaillons* nebst einem Marmorbecken enthält, hat einen streng gegliederten geometrischen Aufbau. Die figuralen Gruppen in den Bildflächen behandeln ein Lieblingsthema des zeitgenössischen Gesellschaftslebens, das Amphitheather. Das Inschriftfeld ist an die Stelle eines vermutlich zerstörten Bildfeldes getreten.

Risse und Aufwölbungen der Mosaikdecke führten im Jahre 1960 zu einer totalen Restaurierung des Mosaikbodens. Um das Problem der Bodenfeuchtigkeit zu beheben, wurde das Mosaik auf eine von Pfeilern getragene Plattform gebettet.

2.10.2. Aufbau und Umfang des römischen Landhauses (vgl. Abb. 3)

Kaum eines der bisher ausgegrabenen römischen Landhäuser kann sich an Umfang und Ausstattung mit Nennig messen, weshalb zuweilen auch von einem Schloß oder Palast die Rede ist.

Die 140 m lange Fassade der *Portikusvilla* (1) war von zwei dreigeschossigen Eckrisaliten flankiert. Zwei vorgezogene Nebengebäude mit tempelartigem Säulenaufsatz bildeten den seitlichen Abschluß. Im Vordergrund setzen zwei niedrige *Wandelhallen* (2) nach den Seiten hin das architektonische Bild weit in die Landschaft fort. Die Gesamtanlage beläuft sich auf eine Ausdehnung von über 600 m. Nur die südliche, zum luxuriös ausgestatteten *Badehaus* (3) führende

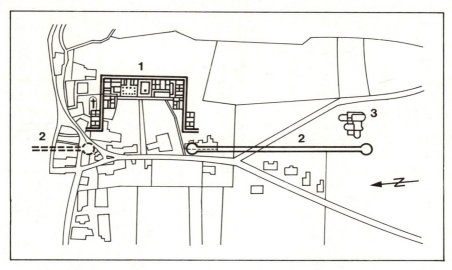

1 römische Villa   **2** Wandelgänge   **3** Badehaus

Abb 3: Situationsplan mit Teilausschnitt des Dorfes Nennig (SCHINDLER 1966b, S. 188) (Ziffern beziehen sich auf Texthinweise).

Wandelhalle ist ausgegraben worden. In einer Familiengruft, dem südlich der „villa" gelegenen „*Mahlknopf*", wurden die Grundbesitzer bestattet.

Den Mittelpunkt der Villa bildete der mit bunten Wanddekorationen reich geschmückte Mosaiksaal. Im Nordflügel, den man über einen Innenhof erreicht, lagen die zur Sommerwohnung gehörenden Räume. Daran schloß sich, gleichfalls um einen Innenhof kleineren Ausmaßes gruppiert, eine Reihe von Wirtschaftsgebäuden an. Die gleiche räumliche Aufgliederung wiederholt sich auf der Südwestseite des Mosaiksaales. Durch ihre Südlage, Untersatzsteine für Kohlenheizbecken und zwei Fußbodenheizungen geben sich diese Räume als Winteraufenthalt zu erkennen.

Der Treppenaufgang führte in das mehrräumige Obergeschoß, dessen Zimmer teilweise mit Mosaiken ausgeschmückt waren (SCHINDLER 1962, S. 12).

Dem vergrößerten Prachtbau des endenden 2. und beginnenden 3. Jh. ging ein sicher bescheideneres Gebäude voraus. In unmittelbarer Nähe dieses Platzes ist schon seit der Spätlatènezeit gesiedelt worden. Die Funde über dem Gewölbe lassen eine Bewohnung des Palastes bis ins 4. Jh. hinein vermuten (SCHINDLER 1961, S. 72).

3. Germanische Zeit (4.-7. Jahrhundert)

3.1. Die germanische Landnahme

Schon vor Beginn der Völkerwanderung unternahmen die Germanen immer intensiver werdende Beutezüge durch ganz Gallien. Diese Vorstöße waren eine der Ursachen für den Zusammenbruch des römischen Reiches. Eine gleichzeitige innere Schwächung des Imperium Romanum begünstigte diese Entwicklung.

Im 4. Jh. wurden die Germanen als Föderaten in das römische Reich aufgenommen. Die ihnen zugewiesenen Landesteile lagen inmitten des römischen Volkstums, so daß es bald zu einer Verschmelzung zwischen Germanen und Römern (=Romanen) kam. Die Germanen lösten sich allerdings bald aus dem Föderatenverhältnis und gründeten auf weströmischem Boden souveräne Königreiche. Einige Kultureigenschaften der Römer wurden dabei von den Germanen übernommen. Es darf jedoch nicht übersehen werden, daß die eingewanderten Germanen einen ganz anderen kulturellen Hintergrund hatten.

3.1.1. Die Einfälle der Alemannen

Mit der Schlacht auf den Katalaunischen Feldern im Jahre 451 wurde der Untergang des Hunnenreiches besiegelt und der Beginn der mehrere Jahrzehnte währenden alemannischen Herrschaft begründet.

Die von Nordosten vorgedrungenen Alemannen unterwarfen sich das linke Rheinufer bis nach Worms. Da sie weit nach Westen vordrangen, nimmt man an, daß sie über die Wasserscheide der Vogesen und des Pfälzerwaldes die Saar- und Bliesgegend erreichten. Die Herrschaft der Alemannen war jedoch nur von kurzer Dauer. Es wird vermutet, daß sie in der Bliesgegend mit den von Norden oder Nordwesten vordringenden Franken zusammenstießen, was dazu führte, daß dieser Raum schon vor dem Jahre 496, dem Zeitpunkt der endgültigen Niederlage, den Franken zufiel (PÖHLMANN 1925, S. 80). Neben dem Bliesgau, der bezüglich dieses Zeitraumes besonders gut erforscht ist, haben sich die Alemannen auch im gesamten übrigen Gebiet der Muschelkalkhochflächen niedergelassen.

3.1.2. Die Herrschaft der Franken (496 — 870)

Ursprünglich bestand das Reich der Franken aus mehreren Stämmen, von denen die *Ripuarier* die Landschaften an Rhein, Mosel und Saar besiedelten. Das fränkische Reich war in Gaue eingeteilt; diese wurden wiederum in Grafschaften bzw. Hundertschaften untergliedert.

3.1.3. Sozialstruktur

Beim Einbruch der Germanen schlossen sich die Vorbewohner, vor allem der unteren Schichten, wahrscheinlich zum großen Teil den neuen Herren an. Im Gegensatz zu der zentralistischen und autoritären Struktur des spätrömischen Reiches entwickelte sich die völkische Selbstregierung (AUBIN 1944, S. 34-38), eine auf *Gefolgschaft* gegründete Sozialstruktur.

Die Gefolgschaften wurden von einer Vereinigung junger Männer freien Standes gebildet. An die Stelle des Gehorsams trat nun die Treue. Das Verhältnis zwischen dem *„princeps"* (= Führer) und den Gefolgsleuten war auf Freiwilligkeit und gegenseitige Verpflichtung aufgebaut (WENSKUS 1961, S. 374). Der Führer hatte immer nur leitende, nicht wirkliche gebietende Macht.

Die Hauptaufgaben dieser Verbindung lagen in der Durchführung von Kriegs- und Beutezügen. Der Gefolgsherr schuldete dem Gefolgsmann Unterhalt, Ausrüstung, Schutz und Beuteanteil.

Man darf den Ursprung des Gefolgschaftswesens nicht erst im Mittelalter suchen. Die Gefolgschaft ist einer jener sozialen Grundtypen, die unter bestimmten Bedingungen unabhängig voneinander an verschiedenen Stellen entstehen können. Es wird angenommen, daß die Ausbildung der germanischen Gefolgschaft nach keltischem Vorbild geschah. So mußte zu damaliger Zeit der Gefolgsmann seinem Herrn auch einen Eid leisten (WENSKUS 1961, S. 355 ff.).

Bis zum Ende des 7. Jh. scheint sich der ständische Charakter nicht verändert zu haben. Erst die erstarkte Königsgewalt der frühen Karolingerzeit schuf ein differenzierteres soziales Gefüge (BOG 1956, S. 79).

3.1.4. Siedlung und Wirtschaft

Der Kontinuitätsnachweis zwischen der galloömischen und der germanischen Epoche gestaltet sich sehr schwierig, da der Zeitraum zwischen dem ausgehenden 4. und dem 6. Jh. fundarm, z.T. sogar fundleer ist. Gegen Ende des 4. Jh. erfolgte ein Bruch, der sowohl die Bevölkerungsstruktur wie die Zivilisation von Grund auf verwandelte (SCHINDLER 1964b, S. 42); die zahlreichen Frankeneinfälle des 5. Jh. bewirkten eine teilweise Entsiedlung, die vor allem die Muschelkalkhochflächen betraf (BORN 1980, S. 84 ff.).

Inwieweit die Siedlungstätigkeiten der Alemannen und Franken an die der Römer anknüpften, ist unklar. Die landwirtschaftlichen Flächen der „villae" mögen z.T. den Germanen als Ansatzpunkte für ihre dörflichen Siedlungen gedient haben. Beweise gibt es aber nicht. Die in spätrömischer Zeit ummauerten Orte blieben z.T. wahrscheinlich eine gewisse Zeit bestehen (z.B. Pachten/Dillingen, vgl. Kap. 3.2.).

Die Untersuchungen zur Siedlungsgenese in der Zeit der germanischen Landnahme erbrachten sehr unterschiedliche Ergebnisse. Man darf jedoch annehmen, daß sowohl die Alemannen als auch die Franken in *lockeren Gehöftgruppen mit Blockflur* siedelten (FLIEDNER 1976, S. 68 f.). Die Siedlungstätigkeit wurde von kleinen Gruppen, den schon erwähnten Gefolgschaften, aufgenommen.

Während die Ansiedlungen der Alemannen im Saarland wohl nur dünn gesät und schwach bevölkert gewesen sind, hat die fränkische Zeit schon deutlichere Spuren hinterlassen. Als Siedlungsplatz wurde von den Franken die unmittelbare Nähe kleiner Wasserläufe und Quellen bevorzugt. Es wurden dabei zunächst meist weilerartige Siedlungen gegründet, die wohl seit dem 6./7. Jh. zu Dörfern angewachsen sind. Die alten Ansiedlungen hatten noch keinen Mittelpunkt. Die Gebäude standen einzeln und wurden ursprünglich aus Holz, später aus Riegelfachwerk erstellt. Die Bodennutzung wurde auf kalkhaltigen Böden vielleicht in Form der *Feldgraswirtschaft* betrieben; ebenso war wohl noch die Landwechselwirtschaft verbreitet. Unter den Getreidearten spielte der Dinkel eine bedeutende Rolle. Neben dem Ackerbau wurde die *Weidewirtschaft* betrieben, wodurch sich die Lage der Siedlungen in der Nähe feuchter Niederungen erklären läßt (SICK 1972, S. 12).

Aufschlüsse über die Größe und Bewohnerzahl der Bauernhöfe vermitteln die *Reihengräberfriedhöfe* (vgl. Kap. 3.2.1.), die ab dem 6. Jh. angelegt wurden und fast ausschließlich in Gebieten mit fruchtbarem Boden (z.B. Bliesgau) ausfindig gemacht wurden.

3.1.5. Die Ortsnamen der Landnahmezeit (Abb. 4)

Die Ortsnamen haben für die Forschung eine besondere Bedeutung, da sie neben ihrem naturräumlichen Bezug auch Rückschlüsse auf die Sitten und Gewohnheiten der Bevölkerung zu den verschiedenen Zeiten und unter den sich allmählich verändernden wirtschaftlichen Verhältnissen erlauben.

Die Ortsnamen auf -ingen

Die im Saarland stark verbreiteten -ingen-Orte sind die ältesten Siedlungen dieser Region (5./6. Jh.). Meist ist die Endung -ing oder -ingen mit einem Personennamen im Bestimmungswort versehen und meint „Besitz von" oder „Zugehörigkeit zu". Die Siedlungen sind während der Völkerwanderung, d.h. vor der Landnahme, in den ersten nachchristlichen Jahrhunderten noch nicht bodenstet. Wichtiger ist zum damaligen Zeitpunkt die Gefolgschaft, d.h. die Zugehörigkeit zu einer Person. Die ersten Siedler haben natürlich bevorzugte Stellen gesucht, was sich an einer Konzentration der -ingen-Orte längs der großen Täler zeigt (BORN 1980, S. 82).

Mit dieser Endung gebildete Namen finden sich vor allem beiderseits der unteren Blies, im Saartal, im Saargau und im Gebiet des Köllerbaches mit einem Vorstoß nach Norden bis Marpingen, nach der Prims bis Bettingen und in das Haustadtertal bis Rimlingen. Sonst ist der ganze Nordosten frei von diesen Namen (HOPPSTÄDTER/MATHIAS 1957, S. 20). Auffallend ist, daß sich das Vorkommen der -ingen-Orte, die in der Gegenwart in der Regel auf -ingen, -ing oder -ange ausgehen, mit der Verbreitung der Reihengräberfriedhöfe deckt (vgl. Kap. 3.2.1.).

Bei der Landnahme folgten die Franken römischen Gewohnheiten und lehnten ihre Gründungen an die der -iacum-Orte an. Diese bei römischen Ortsnamen typische Endung war zwar oft mit einem Personennamen verbunden, meinte aber in erster Linie die Örtlichkeit (BORN 1980, S. 82). Das Nebeneinander von -iacum-Formen und -ingen-Ortsnamen (Martiacum = Gegend um Merzig) zeigt, daß eine siedlungsgeschichtlich bedeutende Auseinandersetzung zwischen Galloromanen und Franken in diesem Raum erfolgte und die Germanisierung dieser Region einleitete (PFISTER 1983, S. 147) (vgl. „Römische Zeit", Kap. 2.2.1.).

Die Ortsnamen auf -heim

Die Ortsnamenbildung mit dem Grundwort -heim findet sich bei vielen germanischen Stämmen, ist jedoch nicht so verbreitet wie die Gruppe der -ingen-Orte. Die Endung -heim geht zurück auf das indogermanische Wort „kei"=liegen, nutzen; -heim bedeutet somit Lager, Niederlassung, Siedlung. Während die Verbreitung der -heim-Orte im Bliesgau am stärksten ist, fehlen diese im Saargau vollständig (BORN 1980, S. 82).

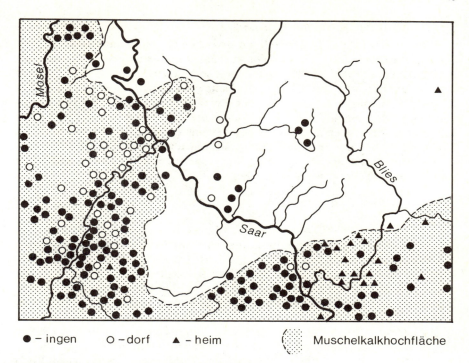

● – ingen ○ – dorf ▲ – heim   Muschelkalkhochfläche

Abb. 4: Ortsnamen auf -ingen, -dorf und -heim (HOPPSTÄDTER/MATHIAS 1957, S. 21).

Wie die -ingen-Orte orientieren sich die -heim-Orte an den naturgeographischen Voraussetzungen, an Wasser und an agrarischer Bodengunst (HAUBRICHS 1987, S. 105).

Da die -heim-Orte bereits eine Seßhaftigkeit voraussetzen, müssen sie jünger sein als die -ingen-Orte.

Die Ortsnamen auf -dorf

Die Ortsnamen auf -dorf bezeichnen in der Regel eine Siedlung. Ihre zeitliche Einordnung ist jedoch schwierig, da -dorf offenbar zu ganz verschiedenen Zeiten als Ortsnamengrundwort verwendet werden konnte (ENGELS 1961, S. 123). Das Aufkommen dieser Ortsnamengruppe ist allerdings in der Endphase der germanischen Landnahme zu vermuten.

Es besteht eine auffallende Übereinstimmung in der Lage der -dorf-Orte mit den -ingen- und -heim-Orten. Die Verbreitung der -dorf-Orte erweist sich jedoch als nicht einheitlich und weniger geschlossen als im Falle der -ingen-Ortsnamen. Im Saarland ist ihre Verbreitung am stärksten im Saargau.

3.2. Fundgut der germanischen Zeit

Wie bereits erwähnt, ist der Zeitraum zwischen dem ausgehenden 4. und dem 6. Jh. fast fundleer. Eine der wenigen Ausnahmen bilden die an der nördlichen Außenmauer der *Pachtener Pfarrkirche* vorgenommenen Grabungen, die *Münzen* des 4./5. Jh. hervorbrachten. Die in der Nähe gefundenen *beigabenlosen Gräber* lassen die Annahme zu, daß römische Bevölkerungsgruppen, die die Kriegswirren der Zeit bis 451 überlebt hatten, entweder Hörige der germanischen Eroberer wurden oder in den von den Germanen ausgesparten Siedlungsgebieten verblieben und ihre Selbständigkeit wahrten (SCHINDLER 1964b, S. 42).

Deutlichere Aussagen lassen die Reihengräberfriedhöfe zu, die in zahlreichen Ortschaften aufgedeckt werden konnten.

3.2.1. Die Reihengräberfriedhöfe

Die Friedhöfe mit diesen Bestattungen werden wegen der einheitlichen Ausrichtung ihrer Grabstätten „Reihengräberfriedhöfe" genannt. Die Beschäftigung mit den Reihengräbern ergab, daß sie vereinzelt am Ende des 5. Jh., in der Masse aber erst im 6. und 7. Jh. beginnen und in ihrer Belegung nur an der Peripherie des merowingischen Kulturgebietes über den Anfang des 8. Jh. hinausgehen.

Auffallend ist, daß die Reihengräberfriedhöfe vorwiegend in den Gemarkungen der -ingen, -heim und -dorf-Ortsnamen anzutreffen sind. Daraus läßt sich eine zeitliche Gleichstellung ableiten. Die *Grabbeigaben* lassen auch Rückschlüsse auf die *soziale Stellung* der Bestatteten zu. Der Reichtum der Bewaffnung und des Schmuckes spiegelt das Ansehen und den freien Stand ihrer Träger wieder, während ärmlicher ausgestattete Gräber abhängigen Bevölkerungsschichten zuzuschreiben sind.

Als etwa im 8. Jh. die kirchliche Organisation gestrafft wurde und Friedhöfe bei den Pfarrkirchen eingerichtet wurden, wurden die Reihengräber nicht mehr belegt und die Beigabensitte aufgegeben (WERNER 1950, S. 23).

Die Ortschaft Güdingen erweist sich durch ihren Ortsnamen als germanische Gründung der späten Völkerwanderungs- oder *Merowingerzeit*. Im Jahre 1961 konnten zwei merowingerzeitliche Frauengräber sowie die Reste einer dritten männlichen Bestattung festgestellt werden. Die teilweise geborgenen Inventare zählen zu den ansehnlichsten germanischen Funden im Saarland.

Die Grabbeigaben geben mit ihren verarbeiteten Materialien (Bronze, Gold, Glas usw.) einen anschaulichen Aufschluß über die handwerkliche Leistungsfähigkeit ihrer Zeit sowie über den Handel und seine an Maas und Rhein zu erschließenden Produktionszentren.

Die Güdinger Gräber sind im Kulturschutt einer abgegangenen römischen Siedlung angelegt. Dieser bei Franken und Alemannen häufig festzustellende Brauch ist leicht erklärbar mit der geringen landwirtschaftlichen Nutzbarkeit solcher Wüstungen. In den beiden Frauengräbern, die tiefer eingeschachtet waren als das männliche Grab, wurden als Grabbeigaben u.a. Perlen, Bronzemünzen und Scheibenfibeln ausfindig gemacht. Das etwas ärmlichere männliche Grab stellt mit der Beigabe der persönlichen Habe wie Tracht, Schmuck bzw.

Waffen, Utensilien und Gerät sowie Wegzehrung den üblichen Typus der germanischen Reihengräberbestattung dar.

Für alle drei Gräber ist aufgrund zahlreicher Indizien als Bestattungszeit ein Zeitraum zu erschließen, der das späte 6. Jh. und das 1. Viertel des 7. Jh. umfaßt. Die materielle Ausstattung und der soziale Status der bestatteten germanischen Bevölkerung stehen dabei den sozial gehobenen Schichten der bäuerlichen Gesellschaft in fränkischen Kerngebieten wie etwa am Mittelrhein und um Köln in nichts nach (SCHÄHLE 1961, S. 11-22).

Mit mindestens 115 Bestattungen ist das Gräberfeld von *Altheim*, das 1974 zufällig angeschnitten wurde, das *größte bekannte Gräberfeld der Merowingerzeit* zwischen Mosel und Rhein. 1985 und 1986 konnten in 88 Gräbern zum Teil einzigartige Funde geborgen werden. Die Toten lagen in bis zu 1,70 m tiefen Grabgruben einheitlich mit dem Kopf im Westen und Blick zur aufgehenden Sonne nach Osten. Während die Frauen reiche Perlengehänge trugen, waren den Männern ihre Waffen, vor allem das einschneidige Kurzschwert, Pfeil, Bogen sowie Lanze mit ins Grab gegeben worden.

Nach seiner endgültigen Auswertung stellt das Gräberfeld von Altheim ohne Zweifel einen wichtigen Beitrag zur Kenntnis der Epoche der Merowinger im südwestdeutschen Raum dar (REINHARD 1987, S. 44).

4. Früh- und Hochmittelalter (7.-14. Jahrhundert)

4.1. Siedlungstätigkeit und Grundherrschaft

4.1.1. Landesausbau und Rodungen im frühen und hohen Mittelalter

Die Epoche der Landnahme geht in die sogenannte Ausbauzeit über, welche die späte Merowinger- und die Karolingerzeit umfaßt. In der Ausbauzeit erfolgte durch *Innenkolonisation* eine Verdichtung des Ortsbestandes in den bisher besiedelten Räumen. Der Ausbau erfolgte z.T. unter der Leitung fränkischer Grundherrschaften (SICK 1972, S. 13). Diese z.T. ungelenkten Rodungen bilden eine zweite Welle der Landnahme.

Eine weitere Rodungsperiode läßt sich im hohen Mittelalter ab dem 11. bis zum 14. Jh. nachweisen. Hierbei zeigte sich in der Reichweite der Siedlungsräume eine geringere Anpassung an die Naturgegebenheiten als in vorherigen Zeitabschnitten. Lediglich die Buntsandsteingebiete wurden weitgehend ausgespart. Vermutlich wurde die Entwicklung der Agrarlandschaft in dieser Zeitepoche vor allem durch den hohen Bevölkerungszuwachs bestimmt. Der Bevölkerungsdruck begünstigte das Voranschreiten der Waldrodungen. Da die Waldrodungen den wachsenden Landbedarf nicht zu decken vermochten, mußte zusätzlich in vielen Gegenden Europas Neuland gewonnen werden (BORN 1974a, S. 38 ff.). Es kommt die Gründung zahlreicher Städte hinzu (vgl. Kap. 4.6.).

4.1.2. Grundherrschaft

Das vermutlich in der späten Merowingerzeit (7. Jh.) entstandene und in der Karolingerzeit ausgebaute *Villikationssystem* (= System der Grundherrschaft) förderte die Bildung von Gruppensiedlungen im fränkischen Herrschaftsbereich. Mittelpunkt einer Villikation war der *Fronhof* (=Salhof); der ihn leitende Meier bewirtschaftete mit der zur Grundherrschaft gehörenden Bevölkerung das Herrenland (= Salland). Die Bauern unterstanden häufig auch der Gerichtsbarkeit des Grundherrn und leisteten diesem Frondienste, verfügten aber auch über eigenes Land. Die Bindung der Bevölkerung an die Grundherrschaft minderte die Freizügigkeit und stabilisierte so das ländliche Siedlungswesen. Mit dem Aufkommen der Grundherrschaft scheint vielfach eine dauerhafte Ortsnamengebung verbunden gewesen zu sein (BORN 1977a, S. 42). Die Festigung der Grundherrschaft in der Karolingerzeit war auch mit einer Festigung der Staatsstruktur verknüpft.

Da freie Rodung sowie willkürliche Aufgabe von Ländereien in einer Grundherrschaft nicht mehr ausgeübt werden konnten, begannen sich vermutlich die *Kernfluren* der heutigen Siedlungen auszubilden.

Wichtige Träger gelenkter Rodungen waren dabei im frühen und hohen Mittelalter *geistliche Grundherren*. Nach der Verleihung großer Waldgebiete aus Königsbesitz suchten diese ihre Macht durch grundherrschaftliche Rodung und Ansetzung von unfreien Siedlern zu sichern und auszudehnen.

Hauptmotiv für die Rodungstätigkeit bildete das Streben nach wirtschaftlicher Erschließung der großen Waldregionen und der daraus resultierenden Steigerung der eigenen Einkünfte. Hinzu kamen wahrscheinlich auch ethische Motive (z.B. Ideal der Beschäftigung, BORN 1974a, S. 38).

Es kann angenommen werden, daß auch die Klöster im Saarland an der Erschließung neuen Siedlungslandes beteiligt waren, so das Benediktinerkloster Tholey (gegründet 7. Jh.), die Klöster St.Arnual (7. Jh.), Hornbach (8. Jh.), Mettlach (8. Jh.), Wörschweiler (12. Jh.) und Wadgassen (12. Jh.). Es fehlen aber noch Untersuchungen.

4.2. Änderungen in der Sozialstruktur

Ab dem 8./9. Jh. begann sich stellenweise die ländliche Gemeinde des Mittelalters zu formieren. Die Einrichtung der Villikationen und der Aufbau der kirchlichen Organisation bewirkten eine Stabilität der Siedlungsprozesse und erlaubten eine gelenkte Siedlungstätigkeit.

Im grundherrschaftlichen System galten Knechte und Bedienstete als Unfreie. Die freien Bauern waren zu Abgaben verpflichtet und rechtlich an den Grundherrn gebunden. In den Villikationen hat sich das Herrenland in der Regel formal von den stärker parzellierten Fluren der Hintersassen abgesetzt.

Die Rodetätigkeit mag dazu geführt haben, daß die ehemals stärker herrschaftlich bestimmte Gesellschaftsstruktur mehr *genossenschaftliche Züge* erhielt. Die sich aus Einzelfamilien zusammensetzenden Genossenschaften waren bestrebt, ihr Land so zu gestalten, daß sein Wert — entsprechend den Gegebenheiten in der Naturlandschaft — meßbar war, weil nur so eine gerechte Basis für das Gemeindeleben erreicht werden konnte.

Im Hochmittelalter, vielleicht seit dem 10./11. Jh., gelangte die genossenschaftliche Selbstverwaltung zur vollen Blüte. Das System der Grundherrschaft wandelte sich; die Grundherrschaften blieben zwar bestehen, waren aber nicht mehr räumlich geschlossen wie im Frühmittelalter. Durch Landzuteilung und Spenden hatten die Grundherren Anteil an einzelnen Höfen und Parzellen. Die Bauern konnten entsprechend ihrem Anteil an den Feldparzellen mehreren Grundherren zugeordnet sein und hatten meistens große finanzielle Belastungen zu tragen; sie mußten Zinsen an die Grundherren und den Zehnten als Steuer entrichten.

4.3. Ländliche Siedlungen

4.3.1. Die Dorfformen

Während zur Zeit der germanischen Landnahme in lockeren Gehöftgruppen gesiedelt wurde, haben sich gegen Ende der Ausbauzeit *Gruppensiedlungen* entwickelt, die teils selbständig, teils durch Ausbau entstanden sind. Sie bestanden vermutlich aus drei bis etwa 15 Wohnstätten in unregelmäßiger Anordnung.

Als Beispiel für einen derartigen Entwicklungsprozeß kann die Gemeinde *Schiffweiler* angeführt werden. Das Dorf ist vielleicht eine Gründung germanischer Eroberer, vielleicht in der Ausbauphase im frühen Mittelalter entstanden, und wird 893 erstmals urkundlich erwähnt. Die Karte aus dem Jahre 1782 (vgl. Abb. 5) zeigt ein aufgelockertes Haufendorf mit kleinen Hofgruppen, die ganz unregelmäßig zueinander liegen. Hinzu kommen einige außerhalb des eigentlichen Siedlungsraumes gelegene Höfe und Einzelhäuser (WEYAND 1969, S. 17).

Vielleicht noch im 9. Jh. mußte sich die Siedlung in die Gemarkung ausweiten, denn die Neusiedler konnten die Lücken zwischen den bestehenden Höfen nicht schließen, weil zu jedem Hofgut stets mehrere Garten- und Wiesenblöcke gehörten, die mit diesem Gut untrennbar verbunden waren. So entstanden *Einzelhöfe*, die sich zu kleineren Hofgruppen erweiterten, wenn in ihrem Umland genügend Grünland vorhanden war oder erschlossen werden konnte. Auf dem Wege des Auseinandersiedelns entstanden im Hochmittelalter schließlich *weilerartige Tochtersiedlungen*. Von der Muttergemeinde Schiffweiler gingen die Tochtersiedlungen Stennweiler und Landsweiler aus. Im Spätmittelalter schrumpften die lockeren weilerartigen Siedlungen, die Hofgruppen fielen wüst und die Tochtersiedlung Landsweiler wurde zur Wüstung (WEYAND 1969, S. 19 f.).

Die charakteristischen Siedlungsformen der hohen mittelalterlichen Rodezeit waren wohl kleine, geschlossene *Weiler*. Sie waren vermutlich auch in dieser Zeit die vorherrschende Ortsform im Altsiedland und bildeten die Vorstufe der heutigen Dörfer (SICK 1972, S. 27).

Eine ständige Bevölkerungszunahme bis etwa 1300 sowie wirtschaftliche Veränderungen führten dazu, daß viele Kleinsiedlungen zu *Haufendörfern* anwuchsen. Insbesondere sind für die Bildung von Haufendörfern aber Siedlungsprozesse des Spätmittelalters (vgl. Kap. 5.3.) und der frühen Neuzeit verantwortlich zu machen.

Mindestens seit dem 8. Jh. werden süddeutsche Ortschaften durch einen *Etter* (= geflochtener Zaun) von der Wirtschaftsfläche abgegrenzt. In Blieskastel-Böckweiler und Gersheim-Medelsheim gelang der Nachweis solcher Zäune (PÖHLMANN 1925, S. 85). Im Gegensatz zu Baden-Württemberg, wo man recht eindeutige Ergebnisse erzielt hat, ist eine zeitliche Einordnung hier nicht möglich.

Die Etter boten Schutz und markierten wohl auch die Reichweite des dörflichen Rechtsbezirks. Der zunächst bestehende Zwang, innerhalb des Dorfetters zu siedeln (HUTTENLOCHER, 1950/51, S. 149) bewirkte die gedrängte Gehöftanordnung bzw. die Verdichtung ursprünglich lockerer Gruppensiedlungen.

4.3.2. Die Flur und ihre Bewirtschaftung

Die Untersuchung saarländischer Fluren ergab für den weitaus überwiegenden Teil der Gemarkungen *Gewannfluren*; hier und da ist auch eine *Blockflur* zu erkennen. Damit ordnen sich die saarländischen Fluren in die des südwestdeutschen Altsiedelbereiches ein.

Die Blockflur ist eine der ältesten erkennbaren Flurformen im Saarland. Ihrer Entstehung und Entwicklung nach kann man mehrere Typen unterscheiden. Die frühe Form der Blockflur ist wohl feudalem oder kirchlichem Besitz zuzuordnen. Ihre Entstehung reicht in die Rodungszeit des Mittelalters, vielleicht sogar schon in die germanische Landnahmezeit zurück (RIED 1961, S. 80 ff.); während das Bauernland oft stärker parzelliert wurde, behielt das in der Nähe des Fronhofes gelegene Herrenland vielfach die alte blockförmige Gliederung (OTREMBA 1951, S. 376).

Im Verlaufe des Mittelalters entwickelte sich allmählich die komplexe Gewannflur, die aus der Parzellierung von Block- und Streifenfluren erwachsen ist.

Die Lockerungen in den Beziehungen zwischen Grundherrn und Bauern durch die Änderungen in der Villikationsverfassung und die damit verbundene Entstehung genossenschaftlicher Gesellschaftsstrukturen begünstigten die Gewannbildung. Außerdem führten sie in den *Realerbteilungsgebieten*, denen auch das Saarland zuzuordnen ist, zu Betriebsteilungen. Solche Gebiete sind gekennzeichnet durch eine starke Verbreitung kleinparzellierter, schmalstreifiger Fluren, eine fortgeschrittene Angliederung der Betriebsgrößen und enge Verbauung der Orte. Die Realerbteilung war vor allem in Zeiten rascher Bevölkerungszunahme — wie sie das hohe Mittelalter darstellte — flurprägend. Die Nachteile der durch dieses System verursachten Betriebsteilungen werden durch die Möglichkeiten der Anbauintensivierung und Kulturlandausweitung gemindert.

Die Vergewannung war ursächlich also mit dem Bevölkerungswachstum, der Realerbteilungssitte, aber auch mit der Ausbreitung der *Dreifelderwirtschaft* in Form der *Dreizelgenbrachwirtschaft* verbunden (KRENZLIN/REUSCH 1961, S. 108 ff.). Mit der Ausbildung der Kernfluren zu Beginn des frühen Mittelalters waren die Voraussetzungen für die Einführung der Dreifelderwirtschaft und eine damit verbundene Intensivierung der Landwirtschaft gegeben. Im hohen Mittelalter kam es, wie erwähnt, zu einem erneuten Bevölkerungswachstum, das einerseits die Rodungen auslöste (vgl. Kap. 4.1.1.), andererseits in den vorhandenen Siedlungen eine Ausweitung der Flur verursachte. Um die ganze Flur intensiver nutzen zu können, wurden auch die Wege mit in das Feldland einbezogen. Dies war nur möglich, indem man Flurabsprachen traf; die Flur wurde in drei

Abb. 5: Schiffweiler im Jahre 1782 (BORCHERDT/JENTSCH 1975).

Komplexe, die Zelgen eingeteilt, in denen alle Bauern auf ihren Parzellen dieselbe Frucht (Winterkorn oder Sommerkorn) anbauten bzw. das Land brach liegen ließen. Dies ist die Dreizelgenbrachwirtschaft. Sie setzt eine gewisse Besitzmobilität voraus, da jeder Bauer bestrebt sein mußte, in jeder der drei Zelgen Land zu besitzen.

Wichtigstes Arbeitsgerät stellte im Mittelalter der *Pflug* dar. Während der Scharpflug der streifigen Parzellierung angemessen ist, wird mit dem Hakenpflug kreuz und quer gepflügt.

Jede dauernde ackerbauliche Nutzung einer Fläche mit dem Scharpflug begünstigte die Entwicklung von Streifenparzellen. Dabei ist die Bearbeitung eines Stück Landes mit dem Pflug vorteilhafter, wenn die Länge ein Mehrfaches der Breite beträgt. Durch das Einsetzen des Pfluges wurden viele *morphologische Kleinformen* geschaffen, zu denen Stufenraine, Ackerberge, Wölbäcker und Lesesteinwälle gehören.

Weide, Wiesengründe und Ödflächen wurden von den Bewohnern gemeinsam genutzt, weshalb für diese Flächen der Name *Allmende* aufkam. Allmenden sind extensiv genutzte, wirtschaftliche Ergänzungsflächen. Mit der Formierung der ländlichen Gemeinde am Übergang zum Hochmittelalter und der Ausbildung der Markgenossenschaften erfuhr die Nutzung der Allmende ihre rechtliche Verfassung.

Auf Initiative der Klöster breitete sich in Südwestdeutschland auch der *Weinbau* aus (vgl. Kap. 4.7.1.).

4.4. Die Siedlungsnamen

4.4.1. Die Siedlungen der frühmittelalterlichen Ausbauzeit (-weiler-Orte)

Charakteristisch für die Siedlungsentwicklung in der frühmittelalterlichen Ausbauzeit sind die -weiler-Orte (Abb. 6). Sie sind meistens in das 8., z.T. auch in das 9. Jh. zu datieren. Nur in wenigen Fällen reichen die -weiler-Namen noch in das 7. Jh. zurück (HAUBRICHS 1983, S. 246).

Es ist festzustellen, daß die -weiler-Orte nicht an bestimmte Böden gebunden sind. Im Saarland finden sie sich auf Muschelkalk, aber auch im Saar-Nahe-Bergland; sie häufen sich südwestlich und nordöstlich von St. Wendel. Die -weiler-Orte sind nicht von einer Siedlergruppe getragen worden. Ihre genaue zeitliche Einordnung erweist sich als schwierig, da das Wort „weiler" zweifach gebraucht werden kann, nämlich einmal als Ortsnamenendung, zum anderen als Sachbezeichnung für ein kleines Dorf.

Das Wort Weiler stammt aus dem romanischen Sprachbereich und entwickelte sich aus „villa"-„villare" über „wilari" zu „weiler". „Villare" ist in spätrömischer Zeit Appellativum für „kleine Gehöftgruppe eines größeren Hofes". In merowingischer Zeit wird aus dem Appellativ eine Ortsnamenendung. Als Bestimmungswort tritt meist ein germanischer Personenname hinzu, der den Gründer oder Besitzer der Gebäudegruppe bezeichnet.

Im Laufe des Mittelalters wird das Wort „weiler" als Name für kleine Ausbausiedlungen innerhalb der Gemarkung oder am Gemarkungsrand bezeichnet (z.B.

Altheim-Böckweiler). Das Grundwort „weiler" ist auch noch in der frühen Neuzeit gebräuchlich (BORN 1980, S. 100 f.).

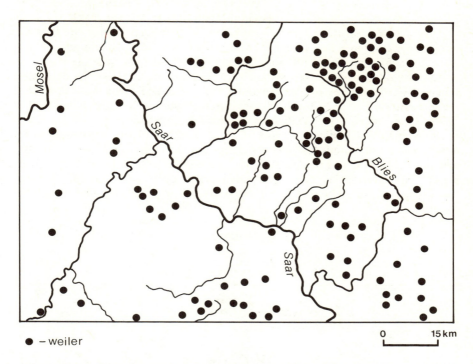

● – weiler

Abb. 6: Verbreitung der -weiler-Orte im Saarland (HOPPSTÄDTER/MATHIAS 1957, S. 22).

4.4.2. Die Orte der Rodezeit (-scheid-, -rath- und -bach-Orte) (Abb. 7)

Im Gegensatz zu den Ortsnamen des frühen Mittelalters spielen diejenigen der hochmittelalterlichen Ausbauzeit im Saarland eine weniger bedeutende Rolle. Zunächst bestimmten noch die -weiler-Orte die Entwicklung der Siedlungslandschaft im Saarland. Die mit den Endungen -bach, -scheid und -rath gebildeten Siedlungen stellen die charakteristischen Ortsnamengruppen der hochmittelalterlichen Ausbauzeit dar. Die -scheid-Orte sind dabei siedlungsgeschichtlich früher belegt als die -bach-Orte. Ergänzt wird das Bild des mittelalterlichen Siedlungsausbaues durch die vereinzelt auftretenden Ortsnamen auf -berg, -feld, -holz, -hausen und -hofen (vgl. Kap. 4.5.5.).

Die -hausen-Orte sind in dieser Gruppe noch am stärksten vertreten und gehören ungefähr der gleichen Epoche an wie die -weiler-Orte. Sie bezeichnen eine Einzel- oder Kleinstgruppensiedlung (LANGENBECK 1954, S. 181).

Die -hofen-Orte scheinen zeitlich mit den -weiler-Orten aufzutreten, sondern sich jedoch geographisch von diesen ab (RUG 1953, S. 66).

Die Ortsnamen auf -scheid

Die -scheid-Formen sind seit dem 9. Jh. belegt. Ihre ursprüngliche Bedeutung mag politische oder natürliche Grenze gewesen sein. Die Masse der urkundlichen Ersterwähnungen entstammt der hochmittelalterlichen Ausbauzeit (12.-14. Jh.). Nur wenige Namen führen mit Sicherheit einen Personennamen als Bestimmungswort; die meisten sind mit Appellativen gebildet. In einigen Fällen erscheint Scheid als Ortsname ohne Bestimmungswort (z.B. Scheidt).

Die -scheid-Orte sind vereinzelt im östlichen Saarland und in stärkerem Maße im Hunsrück verbreitet. Ein Vergleich der Verbreitung der -scheid-Orte mit den -weiler-Orten ergibt, daß die -scheid-Orte durchschnittlich 100-200 m höher als die -weiler-Orte liegen. Das Verhältnis beider Siedlungstypen zu den großen geschlossenen Waldgebieten ist auch unterschiedlich. Während die -weiler-Orte nur die Ränder ergreifen, dringen die -scheid-Orte tief in die Waldgebiete ein. Die -scheid-Orte sind damit in der Lage den -bach-Orten sehr nahe verwandt. Der wesentliche Unterschied zwischen beiden Typen liegt in der ausschließlichen Beschränkung der -scheid-Orte auf Höhen- und Waldgebiete (ENGELS 1961, S. 141 ff.).

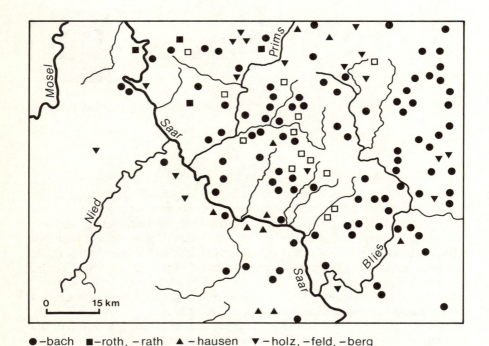

Abb. 7: Siedlungsnamen der Rodezeit (HOPPSTÄDTER/MATHIAS 1957, S. 24).

Die Ortsnamen auf -rath

Im Saarland lautet die heute gebräuchliche Form des Ortsnamengrundwortes -rath, doch kommt daneben auch -roth vor (z.B. bei Merzig).

Die -rath-Namen sind seit dem 9. Jh. bezeugt. Als Bestimmungswort erscheint in der Regel ein Personenname. Auffallend ist die Übereinstimmung in der Lage der -rath- und der -scheid-Ortsnamen in Bezug auf den Charakter der Landschaft. Beide Typen sind kaum zu trennen, schließen sich aber im wesentlichen aus. Der deutliche Unterschied zwischen den beiden Namentypen besteht darin, daß die -rath-Ortsnamen von Anfang an Siedlungsbezeichnungen gewesen sind, während die -scheid-Namen zunächst größtenteils Stellenbezeichnungen waren, die erst sekundär als Siedlungsbezeichnungen übernommen worden sind (ENGELS 1961, S. 145 ff.).

Die Ortsnamen auf -bach

Das Suffix -bach ist keine Siedlungsbezeichnung, sondern zunächst Flußnamengrundwort, das sich erst später zum Siedlungsnamengrundwort entwickelt hat. Die Masse dieser Orte ist zwischen dem 12. und 14. Jh. entstanden. Der Beginn ist in das 10. Jh. zu legen.

Man kann die -bach-Orte als mittelalterliche Ausbausiedlungen bezeichnen, die durch Rodung an kleinen Wasserläufen entstanden sind. Die Lage dieser Orte zeigt, daß sie im allgemeinen die Altsiedelgebiete meiden und — ähnlich wie die -weiler-Orte — oft an den Rändern der Waldgebiete liegen. Dabei gilt jedoch meistens, daß die -weiler-Orte eine günstigere Lage aufweisen als die -bach-Orte. Bevorzugte Verbreitungsgebiete sind die höher gelegenen, waldnahen Gebiete auf dem Hunsrück und südlich des Gebirges rechts der Saar, im Einzugsgebiet von Prims und Nahe (ENGELS 1961, S. 135 ff.).

4.5. Die mittelalterliche Entwicklung des ländlichen Siedlungsbildes im Saarland

Die Entwicklung der saarländischen Kulturlandschaft ist im Mittelalter in den einzelnen Räumen unterschiedlich verlaufen. Während in der germanischen Zeit zunächst die Muschelkalkhochflächen besiedelt wurden, greift die Besiedlung des hohen Mittelalters über diese Räume hinaus. Die am Übergang vom Früh- zum Hochmittelalter aufkommenden -weiler-Orte sind bereits nicht mehr an bestimmte Böden gebunden. Neben dem weiteren Ausbau dieser Altsiedelgebiete sind die Rodungsorte für das Hochmittelalter typisch. Sie sind vorwiegend rechts der Saar zu finden (vgl. Kap. 4.4.2.), kaum dagegen auf den schon stark besiedelten Muschelkalkhochflächen.

Entsprechend ihrer kulturgeographischen Gliederung soll die Entwicklung der einzelnen Regionen im Mittelalter aufgezeigt werden.

4.5.1. Saar-Mosel-Gau

Aus der Zeit der germanischen Landnahme besteht hier bereits eine dichte dörfliche Besiedlung (vgl. Kap. „Germanische Zeit"). Im Mittelalter kommen vor allem Einzelhöfe hinzu, die verschieden groß sein können. Ab dem 7. Jh. kommt es durch den Kirchenbau zum Funktionsgewinn einzelner Dörfer.

Im oberen Saargau ist der Ausbau im wesentlichen abgeschlossen, bevor die späteren Rodungsnamen dominant werden, also wohl vor dem Ende des 9. Jh. (HAUBRICHS 1983, S. 244 f.).

4.5.2. Bliesgau und Westrich

Auch hier gibt es seit der Zeit der germanischen Landnahme ein dichtes Netz von ländlichen Siedlungen. Die Siedlungsentwicklung im Mittelalter verläuft hier differenzierter als im Saargau, bedingt vor allem durch die Klöster Wörschweiler und Hornbach, die große Höfe einrichten. Die Verbreitung der Orte (bevorzugt -heim und -ingen) richtet sich nicht nur nach physisch-geographischen Gegebenheiten; die Dorfbildung vollzieht sich vielmehr auch in politisch wichtigen oder territorial begrenzten Einheiten. Für diese Tatsache spricht beispielsweise die starke Verbreitung der -heim-Orte westlich der Blies.

Erwähnenswert ist der im Mittelalter an den Bliesgauhängen betriebene *Weinbau*. Mit Steinmauern befestigte Terrassen an Süd- und Südwesthängen sowie viele kleine Parzellen zeugen heute noch von dieser Sonderkultur (BERNATH 1965, S. 17).

4.5.3. Hunsrück und Hunsrückvorland

Im frühen Mittelalter bleibt dieser Raum locker besiedelt. Möglicherweise überdauern im Gebiet südlich des Schwarzwälder Hochwaldes zwischen Saar und Prims auch galloromische Siedlungen (z.B. Losheim). Hieran schloß sich ein innerer Ausbau an, der um 1300 seinen Höhepunkt hatte und das ganze Gebiet mit Ausnahme der großen Waldungen auf den Quarzit-Höhenrücken erfaßte (ZSCHOCKE 1970, S. 159).

Zu umfangreichen Waldrodungen kommt es wohl erst in der frühneuzeitlichen Ausbauperiode (BORN 1980, S. 94).

4.5.4. Oberes Bliestal und Nordostsaarland

In diese Waldgebiete ist man vermutlich im 7. und 8. Jh. eingedrungen, wo man die -weiler-Orte gründete. Im hohen Mittelalter scheint es nur noch geringe Ausbaumöglichkeiten gegeben zu haben. Die Bodenbewirtschaftung erfolgte wohl in Form der Feldgraswechselwirtschaft, dazu trat in zunehmendem Maße die Dreifelderwirtschaft.

4.5.5. Mittleres Saartal

Neben den fruchtbaren Muschelkalkhochflächen boten die Gebiete der mittleren Saar vor allem durch ihre Verkehrsgunst schon für die fränkische Zeit die idealen Voraussetzungen in wirtschafts- und siedlungsgeographischer Hinsicht. Sie spielten für die Christianisierung des Saarlandes eine wichtige Rolle. Vermutlich war das Saartal zwischen dem Scheidterbach im Osten und dem Köllerbach im Westen von einem Königsgut eingenommen, das in Völklingen oder Malstatt seinen Mittelpunkt hatte (PETRY 1959, S. 317). Etliche auf -weiler und -hausen endende Ortsnamen weisen auf lebhafte Siedlungstätigkeit in dieser Zeit.

Vom Saartal her wurde eine ausgeprägte Wachstumsspitze in das fruchtbare und wasserreiche Köllertal vorgeschoben. Hier entstanden vermutlich schon früh die *Fronhöfe* von Kölln und Heusweiler als die wirtschaftlichen Mittelpunkte des ganzen Tales. Danach wurden die Seitenbäche des Köllerbaches erschlossen (SCHNUR 1930/31, S. 5).

Charakteristisch für dieses Gebiet ist das häufige Vorkommen der -hofen-Orte wie z.B. Walpershofen, Überhofen, Rittershof (RUG 1953, S. 64 ff.).

Vom frühmittelalterlich besiedelten Raum aus scheinen im hohen Mittelalter neue Siedlungsvorstöße in die mehr peripheren Teile des Köllertales sowie in den Saarkohlenwald und die benachbarten Buntsandsteintäler vorgenommen worden zu sein, worauf auch heute noch die -bach- und -scheid-Orte hinweisen.

4.6. Das mittelalterliche Städtewesen

Mit dem Bevölkerungswachstum war im Mittelalter auch eine zunehmende Arbeitsteilung verbunden. Sie fand ihren Ausdruck in der Herausbildung eines Städtewesens. Ausschlaggebend für die Entwicklung einer mittelalterlichen Stadt oder eines Marktes war in erster Linie die Lage innerhalb des *Verkehrsnetzes*, das seinen Ursprung in der römischen Zeit hatte. So entstanden unweit der verkehrsgünstig gelegenen römischen „vici" mittelalterliche Stadtsiedlungen:

— Saarbrücken an Stelle des „vicus" am Halberg
— Wallerfangen an Stelle des „vicus" von Pachten
— Homburg und Zweibrücken an Stelle des „vicus" bei Schwarzenacker (KEYSER 1964, S. 477).

Die Verleihung von *Marktprivilegien* förderte die Entwicklung von Städten. Im Jahre 999 wird das an einem Verkehrsknotenpunkt gelegene Saarbrücken als Burg erwähnt (KEYSER 1964, S. 508).

Die große Welle der Städtegründungen erreichte das Saarland jedoch erst gegen Ende des Hochmittelalters. Die ersten Stadtrechtsverleihungen gingen von den reichsromanischen Territorialherren aus.

Ein zusätzlicher Faktor, der die Anlage einer Siedlung begünstigte, war der Sitz eines Klosters oder die Nähe einer Burg, die das Verkehrsnetz sicherte. Dabei wurden vielfach die Namen der Burgen und Klöster auf die Siedlungen übertragen, die ihnen zugeordnet waren.

Im folgenden soll kurz erläutert werden, wie sich die einzelnen saarländischen Städte im Mittelalter entwickelt haben (auf die Stadt Saarbrücken wird hier nicht eingegangen, da sie das Thema eines eigenen Beitrags darstellt).

Der Ort *Merzig* war im frühen Mittelalter karolingisches Krongut, das durch Schenkung (870) an die trierische Kirche überging. Die mittelalterliche Siedlung war bedeutend als Sitz eines erzbischöflichen Forstamtes, Sitz eines Vogteigerichtes und als kirchlicher Mittelpunkt. Aus dem 13. Jh. stammt die ehemalige Stifts- und Prioratskirche St. Peter. Die Kirche ist eine Basilika mit Querhaus, an dem sich Seitenapsiden, Chortürme und Treppentürme befinden.

Die Landwirtschaft bildete eine der Hauptgrundlagen des Wirtschaftslebens. Daneben waren der Weinbau, die Fischerei, die Schiffahrt und der Schiffsbau für die wachsende Siedlung wichtig. Der seit dem Mittelalter abgehaltene Markt war

Umschlagplatz für den Güterverkehr aus dem Hochwald und dem Saargau (KEYSER 1964, S. 497 ff.).

Im 10. Jh., wahrscheinlich aber schon früher, war *Wallerfangen* Hauptort einer fränkischen Grafschaft, zu der u.a. Teile des unteren Saargaues gehörten. Nach der Auflösung der alten Gaugrafschaften wurde Wallerfangen gegen Ende des 13. Jh. mit städtischen Freiheiten ausgestattet. Es folgte die Befestigung mit Burg, Mauern, Wall und zwei Tortürmen (PETRY 1959, S. 349).

Blieskastel geht wahrscheinlich auf eine Burganlage der Bliesgaugrafen aus dem 10. Jh. zurück und war als Lehen des Hochstiftes Metz im Besitz dieser Grafen. Aus dem Jahre 1286 stammt eine Urkunde, die städtische Freiheiten gewährte.

Der oft vermutete Ursprung Blieskastels aus einem römischen Kastell konnte nicht nachgewiesen werden (KEYSER 1964, S. 483 ff.).

Die Siedlung *Homburg* entstand in Anlehnung an die gleichnamige, bereits 1172 bezeugte Burg, die den Verkehr auf der Straße von Metz zum Oberrhein sicherte. Im Jahre 1330 erhielt Homburg den Freiheitsbrief.

Der älteste Kern der Siedlung entstand unmittelbar nördlich des Schloßberges (KEYSER 1964, S. 493).

Eine Urkunde aus dem Jahre 1180 läßt auf den Kirchort *St.Wendel* und die dort vorhandene Kirche schließen. Der Name dieser Stadt geht auf den heiligen Wendelin zurück, dessen Reliquien in der Pfarrkirche St.Wendalinus in einem steinernen Sarkophag (um 1360) aufbewahrt werden und der Siedlung zu einer Bedeutung als Wallfahrtsort verhalfen. Die Pfarr- und Wallfahrtskirche stellt das schönste spätgotische Bauwerk des Saarlandes dar. Im 14. Jh. wurde sie anstelle einer älteren Kirche errichtet.

1274 wird eine bestehende Burg und Herrschaft St.Wendel erwähnt. Im Jahre 1388 wird ein erster Mauerring mit einem Flächeninhalt von 3,5 ha errichtet; es folgen zwei Stadtpforten und acht Türme (KEYSER 1964, S. 538 f.).

Die Stadt *Ottweiler* entstand wahrscheinlich auf Vogteigut des auf einer Anhöhe östlich der Blies um 870 gegründeten Chorherrenstifts und späteren Klosters Neumünster. Der alte Stadtkern zeigt im Grundriß ein unregelmäßiges Achteck. Eine Stadtbefestigung ist bereits für 1393 belegt; im gleichen Jahr wird auch eine Wasserburg erwähnt, die zu Anfang des 15. Jh. Verwaltungssitz wurde. 1550 erhielt die Stadt den Freiheitsbrief (KEYSER 1964, S. 504 ff.).

Neben diesen Siedlungen hatte auch der kleine Ort *Berus* im Mittelalter Stadtrechte. Heute zeugen nur noch einige Stadtmauerreste von der einstigen Bedeutung dieses Ortes.

Die beschriebenen Städte zeigen eine recht unterschiedliche Entwicklung. Während Wallerfangen dank seiner verkehrsgünstigen Lage und St.Wendel als Anziehungspunkt für viele Pilger schnell zu Ansehen gelangten, hat das Wachstum der Städte Blieskastel, Homburg und Merzig zu damaliger Zeit fast stagniert.

4.7. Beispiele mittelalterlicher Baukunst und ihre Bedeutung innerhalb der Siedlungsgeschichte

Im Mittelalter entstanden im Saarland viele Kirchen, Klöster und Burgen, die trotz Zerstörungen durch Kriege oder Naturkatastrophen meistens — wenn z.T. auch nur als Ruinen — erhalten geblieben sind. In diesem Kapitel wird je eine der angesprochenen Anlagen etwas ausführlicher beschrieben.

Darüber hinaus gibt es jedoch noch weitaus mehr sehenswerte Objekte, von denen einige vorab kurz erwähnt werden sollen: Mit der *Benediktinerabtei Tholey* verknüpft sich die älteste das Saarland betreffende mittelalterliche Urkunde. Die Abteikirche steht über den Resten einer alten römischen Badeanlage. Bei den mehrmaligen Restaurierungen sind Elemente des Barocks (Haube) und der französischen Gotik (Portal) eingeflossen (KLEWITZ 1968, S. 11 f.).

Gegen Ende des 10. Jh. entstand in *Mettlach* der „*Alte Turm*". Bei diesem Bauwerk handelt es sich jedoch nicht um einen Turm, sondern um Reste eines Klosters, das als Zentralbau angelegt wurde. Das Oktogon hatte im Erdgeschoß einen Nischenkranz und darüber einen Umgang, der sich in Arkaden zum Schiff hin öffnete (KLEWITZ 1968, S. 51).

Zu einem beliebten Ausflugsziel hat sich die frühere *Klosteranlage Gräfinthal* im Bliesgau entwickelt. Heute erinnern nur noch verfallene Mauerreste und alte Kreuze an die einstige Größe des Klosters. Zur Anlage gehörte auch eine romanische Basilika, deren Chorraum vor dem Verfall bewahrt und in eine Kapelle umgebaut werden konnte (KRACKENBERGER 1957, S. 28 f.).

Abschließend sei noch auf die zahlreichen Burganlagen hingewiesen, von denen u.a. die Burgruinen Kirkel, Siersburg, Nohfelden, Montclair (bei Mettlach) und Illingen (Wasserschloß) sehenswert sind.

4.7.1. Kloster Wörschweiler

Im Saarland ist Wörschweiler (Kreis Homburg) der einzige Ort einer Niederlassung des *Zisterzienserordens*. Die Lage der ehemaligen Abtei weicht von der Gewohnheit der Zisterzienser ab, stille Waldtäler für ihre Gründungen zu suchen. Diese Ausnahme erklärt sich aus der Übernahme einer älteren Gründung.

Im Jahre 1130 ließen sich auf der Höhenzunge Benediktiner des nahen Klosters Hornbach nieder, die aufgrund einer Schenkung hier ein Priorat bildeten. Die Benediktiner errichteten auf dem Klosterberg bereits eine kleine Steinkirche, womit die idealen Voraussetzungen für die Übersiedlung des neuen Zisterzienserkonvents gegeben waren (SCHMOLL 1962, S. 57).

Im Jahre 1171 begannen die Zisterziensermönche mit dem Bau einer neuen dreischiffigen Pfeilerbasilika im romanischen Übergangsstil. Im Zuge der Reformation wurde das Kloster im Jahre 1558 aufgelöst. Eine Brandkatastrophe am 29. März 1614 beschädigte die Klostergebäude schwer. Der Dreißigjährige Krieg führte mit seinen Plünderungen zum völligen Verfall der Klosteranlage. Heute sind nur noch wenige Trümmer und das Hofhaus zu sehen (KONZ 1983, S. 22).

Durch reiche Schenkungen von Wirtschaftsgütern gelangte das Kloster zu kultureller Bedeutung. Es hatte Liegenschaften und nutzbare Rechte im Saarland, in der Pfalz, der Rheinprovinz, in Rheinhessen und Elsaß-Lothringen. Zum engeren Klosterbesitz gehörten im Bereich des heutigen Saarlandes u.a. Güter im

Bliesgau (z.B. Alschbach, Ballweiler, Bebelsheim, Biesingen, Lautzkirchen, Altheim, Bliesbrücken).

Die Verwaltung der im Laufe der Zeit erworbenen Ländereien wurde auf der Grundlage der Villikationsverfassung geordnet. Mit Beginn der zweiten Hälfte des 13. Jh. ging man stellenweise zur Verpachtung über. Der aufblühende Handel des 14. und 15. Jh. sowie ein Mangel an Arbeitskräften führten dazu, daß die Mönche nur noch einen Teil der lebensnotwendigen Güter selbst anbauten und die restlichen Dinge kauften.

Mit der Vergrößerung des Klosterbesitzes nahm auch die Vergabe von Land gegen jährliche Leistung ständig zu. Neben den von den Mönchen bestellten Wirtschaftshöfen kamen jetzt die Leihgüter der Bauern auf. Im Hochmittelalter wurde jeder zum Hörigen des Grundherrn, der eine hofrechtliche Leihe erwarb (LITZENBURGER 1951, S. 162 f.).

Die Abgaben der abhängigen Bauern bestanden hauptsächlich aus den verschiedenen Getreidearten; zu ihnen sind Roggen (Winterfrucht), Hafer (Sommerfrucht) und Weizen zu zählen. Weiterhin wurden Hanf und Flachs zur Anfertigung der Kleider der Mönche angebaut. In den ausgedehnten Klostergärten wurde Gartenbau betrieben.

Ab dem 13. Jh. wurde am Südhang des Klosterberges Wein angebaut. In den Qualitätsweinbaugebieten an der Mosel und in der Pfalz, besonders aber am Rhein, wurde der Klosterbesitz im 14. und 15. Jh. noch bedeutend vergrößert.

Die zum Ackerbau notwendigen Ochsengespanne bedingten eine ausgedehnte Rinderzucht. Die Schweinezucht erfolgte in den ausgedehnten und intensiv genutzten Wäldern wie z.B. dem Kirkeler Wald (LITZENBURGER 1951, S. 166 ff.).

4.7.2. Die Klosterkirche von Böckweiler (Abb. 8)

Die romanische Stephanuskirche in Böckweiler wird im Jahre 1149 zum ersten Mal schriftlich erwähnt als Prioratskirche des Benediktinerklosters im 6 km östlich gelegenen Hornbach. Nach der Zerstörung des Dorfes mit der Kirche zu Beginn des Zweiten Weltkriegs begann man 1941/42 mit umfangreichen Ausgrabungen im Kirchenbereich (SCHENK 1953, S. 57).

Die Grabungen der Jahre 1949/50 beschäftigten sich ausschließlich mit dem römerzeitlichen Bau- und Fundkomplex. Die Funde deuteten darauf hin, daß sich am Platz der heutigen Kirche wahrscheinlich eine altheidnische Verehrungsstätte befand, die später in eine christliche Kirche umgewandelt wurde.

Der Ursprung der heute protestantischen Kirche geht auf eine karolingische, dreischiffige, querhauslose Dreiapsidenkirche aus der ersten Hälfte des 9. Jh. zurück. Als auffälligster Fund dieser Zeit gilt ein Architekturfragment (= Kapitell) mit betont karolingischer Prägung.

Als die Anlage der Karolingerzeit zugrunde gegangen war, entstand in frühromanischer Zeit ein kleiner einschiffiger Saalbau mit Ostapsis, den man um seitenschiffartige Gänge und nach 1149 um den Ostturm und einen Dreikonchenchor (Konche = Halbkuppel der Apsis) erweiterte (VOLKELT 1969, S. 17 ff.). Der Turm erhebt sich auf vier Pfeilern, an die sich die Konchen kleeblattförmig nach drei Seiten anlehnen.

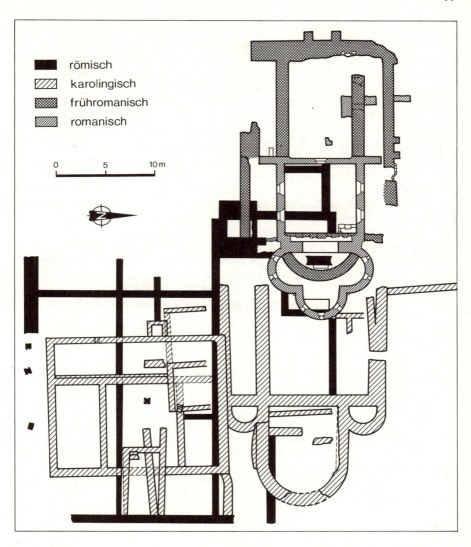

Abb. 8: Ausgrabungsplan des Kirchenbereiches von Böckweiler (KOLLING 1966, S. 141).

Der Dreißigjährige Krieg richtete schwere Schäden an der Kirche an, deren Ausbesserung viele Jahrhunderte dauerte. Nach dem Zweiten Weltkrieg, in dem die Kirche abermals zerstört und geplündert wurde, konnte sie 1950 wieder aufgebaut werden.

4.7.3. Burg Berg bei Nennig

Die Doppelburg Berg erhebt sich am flachgeneigten Hang des weiten Moseltales oberhalb des Dorfes Wies bei Nennig. Die zahlreichen Burgen und Schlösser in dieser Region sind ein Spiegelbild des Kampfes um die Trierer Vorherrschaft an Saar und Mosel (BACKES 1964, S. 5).

Burg Berg war Sitz einer lothringisch-luxemburgischen Lehensherrschaft. In unmittelbarer Nähe lag im Mittelalter auch ein Dorf („Clopp"). Die Burganlage muß schon im 12. Jh. als *Wasserburg* erbaut worden sein. Die Anlage teilte sich in zwei Bauten auf: die Oberburg und die Unterburg. Die heutigen Gebäude der Burg sind nach 1580 entstanden. In dieser Zeit ist die Burg entweder zerstört oder abgerissen und dann neu erbaut worden. Wahrscheinlich wurde sie auch im Dreißigjährigen Krieg in Mitleidenschaft gezogen und danach notdürftig wiederhergestellt und ausgebessert. Ende des 18. Jh. erfuhr die Burg eine durchgreifende Renovierung.

1944/45 wurde die Burg durch Artilleriefeuer weitgehend zerstört. Die Unterburg, in bäuerlichem Besitz, wurde bald wieder notdürftig hergerichtet. Die Ruine der Oberburg drohte zu verfallen, bis sie von der Regierung des Saarlandes 1950 angekauft wurde. Neben ihren ursprünglichen Funktionen als mittelalterlicher Wehrbau und späterer Feudalsitz dienten ihre Räumlichkeiten in den folgenden Jahren als Jugendherberge und Schullandheim (HOPPSTÄDTER 1958, S. 84 ff.).

5. Spätmittelalter (14.-16. Jahrhundert)

5.1. Die spätmittelalterliche Wüstungsperiode

Nach STAERK (1976) dauert im Saarland die spätmittelalterliche Wüstungsperiode bis etwa 1500; in ihr fielen vornehmlich *Gruppensiedlungen* wüst. In anderen Gebieten Mitteleuropas endet die spätmittelalterliche Wüstungsperiode im allgemeinen schon um 1450 (BORN 1977b, S. 201).

Im 15. und 16. Jh. (und dann in der Zeit vom 17.-19. Jh.) kamen im Saarland noch *Hofwüstungen* hinzu.

5.1.1. Der Wüstungsbegriff

SCHLÜTER (1903, S. 738-741) war einer der ersten, der sich mit dem Begriff „Wüstung" auseinandergesetzt hat. Nach seiner Definition ist eine Wüstung eine Ortschaft, die völlig verschwunden, wüst geworden oder verlassen ist. Diese Definition wurde später differenziert.

Im Jahre 1933 entwickelte SCHARLAU sein sogenanntes *„Wüstungsschema"*, das bis auf geringfügige Korrekturen und Ergänzungen auch heute noch angewendet wird. Im Gegensatz zu früheren Auffassungen bezieht SCHARLAU die Vorgänge in der Flur in die Untersuchungen mit ein und unterscheidet nach „Ortswüstungen" und „Flurwüstungen". Weiterhin unterscheidet SCHARLAU die „partielle Wüstung", d.h. das Wüstfallen von Dorfteilen, und die „totale Orts- und Flurwüstung", die den Endzustand des Wüstungsvorganges bezeichnet (SCHARLAU 1933).

5.1.2. Verbreitung der saarländischen Wüstungen

Im fruchtbaren Bereich des Köllertales sowie des Blies- und Saargaues konzentriert sich eine beachtliche Anzahl von untergegangenen Orten. Aber auch in den Flußtälern sind negative Siedlungsentwicklungen zu beobachten, während die siedlungsfeindlichen Bereiche wie Warndt und Saarkohlenwald relativ wenige Wüstungen aufweisen. Auffallend ist die Wüstungsarmut in der Gegend nördlich von Dillingen und im Gebiet von Sötern und die große Anzahl der aufgelassenen Orte in der St.Wendeler, Lebacher und Lockweiler Gegend (STAERK 1976, S. 48).

Das von STAERK erarbeitete Wüstungsverzeichnis weist 432 numerierte Wüstungen auf, von denen 364 als hinreichend gesicherte Ortswüstungen eingestuft werden können.

Wie Tab. 1 verdeutlicht, wurden sämtliche Siedlungsnamentypen von Wüstungen betroffen.

Tab. 1: Die Wüstungsanfälligkeit der einzelnen Siedlungstypen (nach STAERK 1976, S. 50 ff.).

Siedlungsnamen	Anzahl der Wüstungen		
	sicher	unsicher	insgesamt
-weiler	ca. 80	10	ca. 90
-ingen	ca. 47	23	ca. 70
-bach	ca. 52	8	ca. 60
-hausen	21	6	27
-hofen	24	2	26
-dorf	11	4	15
-heim	?	?	13
-scheid, -schied, -roth, -rath	?	?	13
-heck, -busch, -holz	?	?	10

Das Verbreitungsgebiet der wüstgefallenen -ingen-Orte liegt vorwiegend auf den Muschelkalkhochflächen und in den Flußtälern. Die eingegangenen -weiler-Orte sind heute vielfach noch als Tochtersiedlungen von älteren Ortschaften, z.B. Medelsheim-Willer, erhalten. Die abgegangenen Orte mit der Endung -dorf sind überwiegend im Saargau zu beobachten. Die Ortswüstungen mit der Endung -bach finden sich zumeist in den Seitentälern der großen Flußtäler und in den Waldgebieten. Aller Wahrscheinlichkeit nach ist ein Teil der Siedlungsnamen durch Wüstungsvorgänge des frühen oder hohen Mittelalters zu Flurnamen geworden (-ingen-, -heim- und -weiler-Orte).

Wegen des unbekannten Umfangs früh- oder hochmittelalterlicher Wüstungsvorgänge läßt sich die spätmittelalterliche Wüstungsperiode für das Saarland in ihrem quantitativen Ausmaß nicht hinreichend genau ermitteln. Berechnungen von Wüstungsquotienten (worunter man den Anteil der Wüstungen an allen Siedlungen des Gebietes versteht) erscheinen für den Gesamtbereich des Saarlandes deshalb nicht sinnvoll (BORN 1977b, S. 202 f.).

5.1.3. Ursachen des Wüstfallens

Das Wüstwerden ist ein langwieriger Vorgang, der sich in einzelnen Etappen vollzieht. Meist kann nicht eine Ursache allein als Auslöser dieses Prozesses angenommen werden. Für das Saarland kann auch keine Dominanz einer besonderen Ursache festgestellt werden (BORN 1977b, S. 198).

Eine naheliegende Erklärung für die Häufung der Wüstungen im ausgehenden Mittelalter bieten die zahlreichen Kriege dieser Zeit. Diese Vermutung ist jedoch nur bedingt richtig. Im Saarland scheidet der Dreißigjährige Krieg als wüstungsauslösender Faktor fast völlig aus. Nur etwa sieben Dörfer fallen zu dieser Zeit wüst. Die meisten Wüstungen bestanden zu dieser Zeit schon (STAERK 1976, S. 58).

Naturkatastrophen können im Saarland kaum als Ursache herangezogen werden. Lediglich die Überschwemmungsgefahr der mittleren Saar und einiger Nebenflüsse kann in wenigen Fällen die Menschen zum Verlassen ihrer alten Siedlungsstätten genötigt haben.

ABEL (1955, S. 91) bemerkt, daß man teils aus Landnot, teils auch aus fehlender Kenntnis der physisch-geographischen Gegebenheiten die Siedlungen in der Kolonisationsperiode des 11. bis beginnenden 14. Jh. in Gebiete vortrieb, deren Böden für eine dauernde Nutzung weniger geeignet waren.

Das Verlassen solcher benachteiligter Gebiete versucht man durch die *„Fehlsiedlungstheorie"* zu erklären. Im Saarland dürfte diese Theorie auf die untergegangenen Dörfer Metweiler, Morbach, Herhausen und Zinckweiler im Landkreis Ottweiler zutreffen (STAERK 1976, S. 60 f.).

Eine wichtige Ursache für diese negative Siedlungsperiode liegt auch bei den Klöstern, wobei vor allem Wörschweiler, Hornbach und Wadgassen (in geringerem Umfang) zu nennen sind: sie kauften nach und nach Dörfer auf und veranlaßten die Bauern zum Wegziehen (*„Bauernlegen"*). Dörfer und Höfe gingen ein, und an ihrer Stelle wurden klösterliche Eigenbetriebe errichtet. Um die Mitte des 16. Jh. war der größte Teil der klösterlichen Hofsiedlungen im saarpfälzischen Bereich wüst geworden. Über 100 Jahre später wurden die aufgelassenen Hofplätze von den Pfalz-Zweibrücker Landesherren neu besiedelt. Daher findet man heute vielfach noch Dorfnamen, die in jetzigen Hofnamen stecken, z.B. Eschweilerhof (STAERK 1976, S. 64 f.).

Eine Reihe von Wüstungen kann vielleicht auf die in den Jahren 1309 bis 1318 verbreitete *Hungersnot* zurückgeführt werden. Zeugnisse hierfür fehlen jedoch für das Saarland. Ebenso ist die Wirkung des *„Schwarzen Todes"*, der 1348 aus dem Orient nach Europa eingeschleppt wurde, nicht eindeutig. Von dieser Seuche wurden in erster Linie die Städte betroffen. Nach der Volksüberlieferung soll jedoch auch das Dorf Heimlingen bei Losheim an der Pest zugrunde gegangen sein (STAERK 1976, S. 62 f.).

Im Zusammenhang mit den Pestepidemien im 14. Jh. muß eine umfassende *Agrarkrise* gesehen werden. Sie wird von ABEL als Hauptgrund des Wüstfallens angesehen. Es wurden vom Bevölkerungsrückgang vor allem die Städte betroffen und in diesen ein Entleerungsprozeß verursacht. Infolge des mangelnden Bedarfs an agrarischen Gütern verfielen die Preise für Agrarprodukte. Gleichzeitig stiegen jedoch die Preise für die in der Stadt gefertigten gewerblichen Waren als Folge der Arbeitskräfteverknappung an. Durch diese Entwicklung erhöhten sich auch die Kosten für die Bauern immer mehr. Die geringen Erträge und die Hoffnung auf eine bessere rechtliche Stellung führten schließlich zur Abwanderung in die Städte. Die Veröödung mancher ländlicher Gebiete war nicht mehr aufzuhalten.

5.2. Arshofen — Beispiel einer saarländischen Wüstung

5.2.1. Lage des ehemaligen Dorfes

Das ehemalige Dörflein Arshofen im Köllertal lag in dem Winkel, der heute gebildet wird durch die Eisenbahnlinie Völklingen-Lebach und die in Walpershofen abzweigende, nun stillgelegte Bahn zur ehemaligen Grube Dilsburg. Die

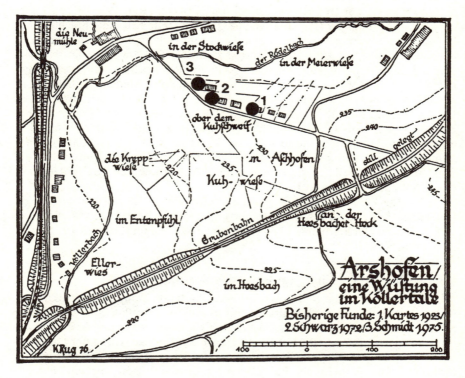

Abb. 9: Situation der Wüstung Arshofen mit den Fundstellen Kartes (1), Schwarz (2) und Schmidt (3) (KLEIN/RUG 1976, S. 77).

Gehöfte standen auf einem zungenartig von Osten her gegen den Köllerbach abfallenden Gelände.

Das Dorf lag offenbar zu beiden Seiten des von der Neumühle (um 1600 gebaut) nach Osten führenden ehemaligen Mühlenpfades. Die bisher einzig bekannt gewordene Erwähnung von ehemaligen Bewohnern dürfte die von 1437 sein (KLEIN/RUG 1976, S. 79).

5.2.2. Funde

Mehrfach wurden an der Gemarkungsgrenze zwischen Heusweiler-Dilsburg und Walpershofen archäologische Spuren einer abgegangenen Siedlung des Mittelalters angetroffen (TK 25 6607, Rechtswert 67 300, Hochwert 66 000).

Zwei der aufgeführten Untersuchungspunkte lieferten beachtliche Funde. Die erste Grabungsstelle (Parzelle Nr. 213/5, Baustelle Schwarz) liegt auf einem leicht nach Westen geneigten Gelände. 1972 wurde anläßlich eines Neubaues angeschnittenes Mauerwerk aufgedeckt, das aus rotem Sandstein mit Kalkmörtel aufgebaut war. Der Innenraum war mit umgestürztem Mauerwerk aufgefüllt. Dazwischen lagen viele dicke Holzkohlen wie von Holzgebälk, außerdem gebrannte Lehmbrocken mit den Abdrücken von Flechtwerk. Zu den Funden gehören Sandsteinquader, ein Gesimsbruchstück, ein mörserartiges Gefäß aus Sandstein sowie der Unterteil eines Tontopfes (KLEIN/RUG 1976, S. 79 f.). Der benachbarte Fundplatz (Parzelle Nr. 962/215, Baustelle Schmidt) brachte beim Pflügen und Beackern Keramikscherben und sehr viele und zum Teil sehr große behauene Sandsteine zum Vorschein (60 x 60 x 20 cm). Im Zuge der Baumaßnahme 1975 kamen hangaufwärts starke Anhäufungen von Sandstein in Streulage zutage. In der unteren Hanglage entdeckte man in einer Sandsteinanhäufung in einer Tiefe von 30-45 cm unter der Oberfläche eine *Herdstelle*. Innerhalb dieser Herdstelle fand sich die Wandscherbe eines Tongefäßes, die mit Vorsicht in den Zeitraum vom 10. bis zum 12. Jh. zu datieren ist. Die gesamte Herdfläche und ihre unmittelbare Umgebung waren von einer 20-30 cm starken Schicht aus gelbem Lehm überdeckt. Unter und in dieser Lehmschicht fand man fast ausschließlich Scherben von Tongefäßen, und zwar in einer Anhäufung, die den Verdacht auf einen Abfallhaufen nahelegt.

Die entdeckte mittelalterliche Keramik reicht von ca. 1200 (Kugeltopf) bis ca. 1400 (Kachel). Aus dem gesamten Befund ergibt sich als Betriebszeit für die Herdstelle mit hoher Wahrscheinlichkeit eine Zeit zwischen dem 11. und 13. Jh. (KLEIN/RUG 1976, S. 80 ff.).

5.3. Die Kulturlandschaft am Ende des Spätmittelalters

Nach 1350 dominierten die *Städte* absolut in der ökonomischen Struktur der Kulturlandschaft und drängten das Land in eine passive Position. Es kam zur Schrumpfung der Getreideanbauflächen, die auf der einen Seite zur Extensivierung, auf der anderen Seite ähnlich aber auch zur Intensivierung der Landwirtschaft führten und ganz allgemein einen Wandel in der Produktionsrichtung bewirkten. Die Formen der Extensivierungserscheinungen reichen über die extensiveren Formen des Getreidebaues und die Weide bis hin zum Wald und konnten aus der Landwirtschaft herausführen (ABEL 1967, S. 8). Wo ein hoher

Prozentsatz von Dauerwüstungen auftritt, ist es dabei zu stärkeren Diskontinuitäten in der Entwicklung der Kulturlandschaft gekommen.

Die Wüstungsperiode darf jedoch nicht nur als eine negative Siedlungsperiode angesehen werden; in ihr hat sich ein Umbau, Ausbau und auch Neubau vollzogen. So ist hervorzuheben, daß die für das Saarland so wichtigen Haufendörfer vermutlich durch Zusammenlegung verschiedener wüstgefallener Siedlungen ihre charakteristische unregelmäßige Gestalt erhielten. Insbesondere wurden solche Dörfer Zielgebiete der Zuwanderung, die Sitz eines Klosters oder einer Pfarrkirche waren.

Dem Wüstungsvorgang kommt weiterhin eine große beschleunigende Bedeutung bei der Anpassung der Flurformen an neue Nutzungssysteme zu. Das vorübergehend aufgegebene Land kann bei der Wiederinbetriebnahme leichter in seinem Flurgefüge den Notwendigkeiten neuer Nutzungssysteme angepaßt werden (KRENZLIN 1958, S. 264).

Der Einengung des offenen Kulturlandes im Spätmittelalter folgt in der frühen Neuzeit wieder eine Ausweitung, die mit einer Intensivierung der Landwirtschaft verbunden ist.

6. Frühe Neuzeit und Absolutismus (16.-18. Jahrhundert)

6.1. Frühneuzeitliche Aufbauperiode

6.1.1. Erste Phase des Wiederaufbaus bis zum Dreißigjährigen Krieg

Nach der spätmittelalterlichen Wüstungsperiode begann sich die Bevölkerungsbewegung in den Jahrzehnten um 1500 wieder umzukehren. Als Folge des Bevölkerungsanstiegs zogen die Getreidepreise wieder an. Der Einfluß der Städte, des Handels und Gewerbes auf die ökonomische Gesamtstruktur ging zurück. Wieder entstanden unregelmäßige kleine Siedlungen mit meist blockförmiger Flur in den Allmenden überkommener oder auf dem Gelände wüstgefallener Siedlungen.

Das großflächige Dorfsystem des Mittelalters mit gegliederter Gewannflur und geregelter Getreidewirtschaft wurde übernommen oder von den aufkommenden Landesherrschaften empfohlen und befolgt (MÜLLER-WILLE 1957, S. 189).

6.1.2. Einfluß des Krieges auf die Kulturlandschaft

Der Dreißigjährige Krieg unterbrach die positive Entwicklung des Siedlungswesens nur kurz, wenn die Bevölkerung auch große Verluste erlitt; größere Dörfer konnten diese besser auffangen als kleinere.

Besonders betroffen war die mittlere Saargegend (Raum Saarbrücken-Völklingen), die stärker in Mitleidenschaft gezogen wurde als die benachbarten Regionen. Dabei gingen auch einzelstehende Mühlen und wenige Einzel- und Doppelhöfe ab. In der unteren Saargegend (zwischen Serrig und Saarmündung bei Konz) z.B. konnte jedoch kein Ort nachgewiesen werden, der nach den Zerstörungen des Krieges auf die Dauer wüst geblieben wäre.

Nach Beendigung der Kämpfe des Dreißigjährigen Krieges wurden die verlassenen Wohnplätze und Fluren in der Regel noch vor 1700 erneut dauerhaft besiedelt. Die Grundherren leiteten eine Vermessung der Gemarkungen ein, wodurch eine Stabilisierung der Besitzverhältnisse erreicht wurde. Durch eine zusätzliche Kultivierung von Ländereien sollte dann der eingetretene Bevölkerungsverlust wieder aufgefangen werden. Die Besitzverteilung des Landes bildet den Abschluß solcher Renovationen (PREDIGER 1986).

Einige verödete Orte wurden durch Zuwanderer aus den *Alpenländern*, insbesondere jedoch aus den Nachbarregionen, vor allem aus dem *Trierer* und *Luxemburger Raum* neu besiedelt (JACOB 1962, S. 35 ff.).

In den Realteilungsgebieten, denen das Saarland zuzuordnen ist, kam es durch den hohen Bevölkerungsverlust zu merklichen Veränderungen im Besitzgefüge. Sie bestanden in einer Vergrößerung überdauernder Höfe und in der Bildung beträchtlichen ausmärkischen Besitzes durch Übergang des Grundbesitzes an Schuldner oder an Erben zweiter, dritter und fernerer Ordnungen. Wo die Folgen der Realteilung während des Dreißigjährigen Krieges nicht rückgängig gemacht wurden, sondern die Güterzersplitterung auch durch das 17. Jh. fortdauerte, bestanden um 1700 nur noch Fragmente der mittelalterlichen Höfe. Die Bevölkerungsverluste durch den Krieg bedingten somit eine nicht unbedeutende kulturlandschaftliche Dynamik (JÄGER 1967, S. 136 ff.).

6.1.3. Zweite Phase des Wiederaufbaus bis zum Ende des 17. Jahrhunderts

Nach dem Dreißigjährigen Krieg wurden beim Wiederaufbau nur selten neue geplante Siedlungsgestaltungen angestrebt. Die Landesherren wünschten meist eine Wiederherstellung der vor Kriegsbeginn bestehenden Zustände; für umfassende Neuplanungen fehlten meist die Voraussetzungen. Das in dieser Zeit vorhandene Streben der Landesherren nach *Peuplierung* führte dabei nicht nur zum Wiederaufbau zerstörter Dörfer und der Neubesiedlung mittelalterlicher Ortswüstungen, sondern auch zur Überlassung schlecht bewirtschafteter Domänen und Einzelhöfe an landfremde Siedler. Hierbei handelte es sich oft um Glaubensflüchtlinge (BORN 1977a, S. 55 f.).

Ein Beispiel aus dem Saarland stellt die 1604 gegründete Ortschaft Ludweiler dar, die zu dieser Zeit wiederbesiedelt wurde und Hugenotten aufnahm (vgl. Kap. 6.2.2.). Die Gründung Ludweilers sowie einiger anderer saarländischer Orte hängt mit der Entstehung von Glashütten oder Eisenschmelzen zusammen, durch die der Holzreichtum des Landes genutzt werden konnte. In der Nähe dieser industriellen Anlagen sind in Zusammenhang mit Ludweiler die folgenden Dörfer entstanden: Kreutzwald, Karlingen, Wilhelmsbronn, Karlsbrunn, Lauterbach, Klarenthal, Friedrichsweiler, Naßweiler, Jägersfreude, Fischbach und Friedrichsthal. Diese Siedlungen wurden ausschließlich in dem bisher siedlungsfeindlichen großen Waldgebiet angelegt, das sich vom Warndt bis zur mittleren Blies erstreckte. Auch als das Holz knapp wurde, blieben diese Siedlungen bestehen, weil sich andere Existenzgrundlagen fanden (HOPPSTÄDTER/MATHIAS 1957, S. 26).

Der frühneuzeitliche Landesausbau bot neben den altbäuerlichen Betrieben auch unterbäuerlichen Gruppen Gelegenheit zu Siedlungsaktivitäten. Sie wurden von den Landes- und Grundherren dann gefördert, wenn sie Verbesserungen der gewerblichen Wirtschaft erwarten ließen; eine straffe Lenkung fehlte jedoch meist. Weil der Bevölkerungsdruck zunächst noch nicht allzu stark war, konnten *Einzelhofsiedlungen* aufkommen, die sich jedoch häufig nur als Übergangslösung erwiesen und mit Zunahme der Bevölkerung durch Teilung oder Zersiedlung zu Dörfern anwuchsen. Zur bäuerlichen Einzelsiedlung trat die mit der *Gutsbildung* verbundene *Einzelsiedlung des Adels*. Mit der Einzelsiedlung werden *Landesausbau, Intensivierung der Bodennutzung und Förderung merkantilistischen Gewerbes* angestrebt (BORN 1977a, S. 101 ff.).

Geplante Siedlungsmaßnahmen werden erst seit dem Ende des 17. Jh. durchgeführt. Die Parzellierung der Flur in Plangewanne (vgl. Kap. 6.1.4.) wurde den Siedlern von der Landesherrschaft vorgeschrieben. Es sollte eine Verstärkung des Getreideanbaus durch eine geregelte *Dreizelgenbrachwirtschaft* erreicht werden, für die übersichtliche und gerechte Besitzgemengelagen in Plangewannfluren sinnvoll erschienen (BORN 1977a, S. 55).

Zusammenfassend läßt sich feststellen, daß sich in der frühen Neuzeit, wenn auch in geringerem Ausmaß, manche Vorgänge des hochmittelalterlichen Landesausbaus wiederholten (ABEL 1955, S. 74).

6.1.4. Entwicklung der einzelnen Regionen des Saarlandes in siedlungs- und wirtschaftsgeographischer Hinsicht

Im *Saargau* war im 17. Jh. die Dreifelderwirtschaft vorherrschend. Es waren sowohl Dörfer mit kompaktem Grundriß (vorwiegend Haufendörfer) als auch Straßendörfer vertreten. Bis zur Gegenwart erfolgten nur geringe Veränderungen (BORN 1980, S. 87).

Im *Bliesgau* kam es seit etwa 1700 nach dem hohen Bevölkerungsrückgang im 17. Jh. zur Neubesiedlung mit der Anlage von neuen Siedlungen, z.B. Neualtheim. Bei der Neuerrichtung der Dörfer wurden die Fluren in Plangewanne (vgl. Kap. 6.2.1.) unterteilt (BORN 1980, S. 91).

Während der Saargau bereits im Dreißigjährigen Krieg eine Umgestaltung der Kulturlandschaft erfuhr, geschah dies im Bliesgau hauptsächlich im 18. Jh. Die Flur wurde jedoch auch im Bliesgau von der Dreifelderwirtschaft bestimmt (BORN 1980, S. 90).

Die Entwicklung im *Hunsrück* sowie im *Hunsrückvorland* wurde in besonderem Maße durch die seit dem 15. Jh. auf der Grundlage des Eisenspats betriebenen *Eisenhämmer und -hütten* bestimmt. Alle Hütten gingen im Dreißigjährigen Krieg ein. Erst zu Beginn des 18. Jh. führte das merkantilistische Interesse der Landesherren zu einem Neubeginn des Eisenhüttengewerbes (BORN 1980, S. 95).

Ein Charakteristikum des *nördlichen Saarlandes* bildete das Vorkommen der *Gehöferschaften* (vgl. dazu ausführlicher Kap. 6.2.1.).

In der frühneuzeitlichen Ausbauperiode wurde im nördlichen und nordöstlichen Saarland auch auf ertragsarmen Böden gerodet. Sie wurden als *Wildland* oder *Willerungsland*, einer Form der Feldweidewirtschaft bestellt oder in Form der *Rotthecken* (*Feldwaldwechselwirtschaft*) genutzt. Auf Willerungsland konnte man infolge der kargen Böden keine besonderen Erträge erwirtschaften. Deshalb war man zum Nebenverdienst gezwungen, der vor allem durch den *Bergbau* gegeben war. Im Umkreis von Nohfeldener Massiv und Baumholderer Hochfläche gewann man *Achat* (vgl. Kap. 6.3.2.). Im 17. und 18. Jh. trat vereinzelt der *Steinkohlenbergbau* hinzu (BORN 1980, S. 103 ff.).

Die wirtschaftliche Entwicklung des *mittleren Saarlandes* war vor allem durch die *Glashütten* und den *Steinkohlenbergbau* gekennzeichnet. Vom Beginn des 17. bis zum Beginn des 18. Jh. stützten sich die Standorte der Glashütten zunächst auf das Vorkommen von Wald, der die Holzkohle lieferte, und weiterhin auf Sand, Kalk und Wasser. Umfangreiche Siedlungsgründungen sind mit dem Aufkommen dieses Wirtschaftszweiges verbunden gewesen (vgl. Kap. 6.1.3.).

Da die Rohstoffe für die Glashütten im Warndt gegeben waren, entstand hier ein erstes Zentrum dieses Gewerbes.

6.2. Siedlungen im Zeitalter des Absolutismus

6.2.1. Ländliche Siedlungen

Nach dem Dreißigjährigen Krieg bis zum Ende des 18. Jh. entstanden auf landesherrliche Initiative verschiedene neue Siedlungen. Aus dem Bestreben der Landesherren, die natürlichen Reichtümer des Landes möglichst vorteilhaft auszunutzen, wurden im ländlichen Bereich zahlreiche *Einzelhöfe* außerhalb der bestehenden Siedlungen angelegt (z.B. Furpacherhof bei Neunkirchen, Luisenthal bei Völklingen). Diese Hofgründungen traten z.T. an die Stelle alter Wüstungen (HOPPSTÄDTER/MATHIAS 1957, S. 26).

In verschiedenen Gebieten mußte die Flur neu gerodet werden. Um 1700 erschien die *Plangewannflur* (z.B. Neualtheim, vgl. Kap. 6.1.4.), offenbar als die einfachste Art, die im 17. Jh. in Verwirrung geratenen Besitz- und vor allem Belastungsverhältnisse übersichtlich neuzuordnen. Die Schaffung oder Wiederherstellung kontrollierbarer Belastungen war sicher ein nicht unwesentliches Motiv für den planmäßigen Aufteilungsmodus der Fluren (HARD 1964, S. 300).

Die Plangewannflur kommt durchweg bei der Neu-, seltener bei der Wiederbegründung von Siedlungen im Rahmen der jüngsten Epoche des neuzeitlichen Landesausbaues vor (HARD 1964, S. 294). In Walsheim bestanden beispielsweise schon im Flurkern Plangewannfluren. Diese Tatsache ist für den überwiegenden Teil des pfälzisch-saarländischen Muschelkalkgebietes festzustellen. Die Plangewannflur wurde den Gemarkungen durchweg von der Herrschaft aufgeprägt. Der Anstoß kann jedoch auch einer dörflichen Gruppe entsprungen sein, die sich zu Egalisierung und Neuverteilung des Besitzes entschloß (HARD 1964, S. 307).

Mitte des 18. Jh. ging man dazu über, die Weidewechselwirtschaft duch das *Dreizelgenbrachsystem* zu ersetzen. Die Plangewannflur war für dieses Vorhaben am geeignetsten. Aber auch ästhetische Motive bestimmten die Wahl dieser Flurform. Nicht nur in Städtebau und Gartenkunst, sondern auch in der Reglementierung des Flur-, Wald- und Dorfbildes fand das damalige Zeitideal Einzug (HARD 1964, S. 308 ff.).

Die geometrisch-rechteckigen Gewannumrisse herrschen bei den Dörfern vor, in deren Gemarkungen wiederholte Aufteilungen des Ackerlandes vorgenommen wurden. Untersuchungen haben gezeigt, daß planmäßige Anlagen nur für die Zeit nach 1630 vorkommen. Die älteren Fluren zeigen entweder durch Erbteilung geteilte Blöcke oder große streifenförmige Gewanne (ZSCHOCKE 1969, S. 60 ff.).

In den Gemarkungen mit früher, einmaliger Neuverteilung haben sich wie z.B. in Lockweiler noch alte Elemente (z.B. Blockfluren) in der Flurgliederung erhalten. In diesen Dörfern sind die Gewannumrisse der älteren Ländereien unregelmäßig.

Die schon erwähnten *Gehöferschaften* sind besonders charakteristisch für Veränderungen der Flur im 17. und 18. Jh. Bis zu dieser Zeit läßt sich Flurland nur und ausschließlich in Privatbesitz nachweisen. Mit zunehmend stärkerer Parzellierung als Folge der Realerbteilung wurde die Rentabilität der landwirtschaftlichen Betriebe immer fragwürdiger. Zur Abwehr dieser Gefahr griffen die Einwohner unter Zustimmung ihrer Grundherren, an die sie zinspflichtig waren, zur Neuregelung der bestehenden privaten Besitzverhältnisse. Die Gehöferschaften sind somit sowohl *Gemeinschaften von Besitzberechtigten* als auch *grundherrliche Zinsgemeinschaften*.

Bei dem Verbreitungsgebiet der Gehöferschaften handelt es sich um den südwestlichen Grenzbereich des Rheinischen Schiefergebirges. Im Dreieck Trier-Dillingen-St.Wendel kann man von einer geschlossenen Verbreitung der Dörfer mit Gehöferschaften zumindest im Wild- und Rottland sprechen. Dagegen ist die Zahl der Dörfer mit nachgewiesenem Gehöferschaftsbesitz im Ackerland nördlich und südlich des Schwarzwälder Hochwaldes und die Dörfer des Amtes Nohfelden auf insgesamt 19 beschränkt. Während der Beginn des gemeinsamen Besitzes im Dauerackerland und in den Wiesen eindeutig in das 18. Jh. datiert werden kann, bestehen die Gehöferschaften im Wild- und Rottland mindestens schon seit dem 16. Jh. (ZSCHOCKE 1969, S. 73).

Nach ZSCHOCKE (1969, S. 56 f.) kamen die Gehöferschaften vor allem im Spannungsgebiet zwischen Grundherrschaft und Landesherrschaft auf. Als Ursache für die erste Phase der einmaligen Neuverteilungen sind die enormen Verwüstungen des Dreißigjährigen Krieges zu sehen. Im Dreißigjährigen Krieg wurden die meisten Ortschaften des westlichen Hunsrücks und des Saar-Nahe-Berglandes verlassen oder zu temporären partiellen Ortswüstungen. Die Neubesiedlung geschah oft erst 20 Jahre nach dem Wüstfallen (BORN 1974b, S. 26).

Die zweite Phase (18. Jh.), bei der es sich um wiederholte Aufteilungen handelte, ist eine Folge der Realerbteilungssitte. Hierbei sind deutliche regionale Unterschiede festzustellen. In der Reichsgrafschaft Dagstuhl (z.B. Lockweiler) bewirkten die Leibeigenschaft und das Verbot der Teilung der Bauernhöfe, daß die Besitzverteilung des 17. Jh. bis ins 19. Jh. erhalten blieb. Im kurtrierischen Erzstift (z.B. Losheim) und den geistlichen Kleinterritorien dagegen waren die Bauern schon weit vor dem Dreißigjährigen Krieg persönlich frei und hatten gegen Zahlung des Zinses die Verfügungsgewalt über Acker- und Wiesenland. Daher konnte hier die Realteilung im Erbgang voll wirksam werden, die eine große Aufsplitterung und Gemengelage in der Flur zur Folge hatte.

6.2.2. Ludweiler — Beispiel einer neuzeitlichen Siedlung und ihrer Entwicklung

Die Gründung Ludweilers ist im Zusammenhang mit der aufkommenden *Glasindustrie* zu sehen, die im Warndtwald rohstoffbedingt günstige Entwicklungsmöglichkeiten vorfand. Mit der Errichtung einer ersten Glashütte im Jahre 1604 ist das Gründungsjahr dieser Siedlung belegt. Die ersten Siedler waren *hugenottische Glaubensflüchtlinge*, denen Graf Ludwig von Nassau-Saarbrücken (1602-1627) auf deren Bitte hin die Aufnahme in seine Grafschaft gewährte.

Die Siedlung erhielt die Form eines Einstraßendorfes. Bereits ein Jahr nach der Gründung erbauten die Siedler in Ludweiler eine Kirche und ein Pfarrhaus und errichteten die erste Mühle (BUCHLEITNER 1954, S. 13 f.).

1616 wurde im Lauterbachtal eine weitere Glashütte errichtet, deren Existenz jedoch nur von kurzer Dauer war. 1626 wurde die Glasfabrikation wieder aufgenommen. Hergestellt wurden Bleigläser, Flaschen und Kelche. Dieser Glashüttenbetrieb fand in den Wirren des Dreißigjährigen Krieges ein vorzeitiges Ende (WEISENSTEIN 1985, S. 42 ff.).

Für das Jahr 1661 kann bereits eine Wiederbesiedlung des Ortes festgestellt werden. Die günstigen Siedlungsbedingungen und die Möglichkeit zur Ausübung einer landwirtschaftlichen Tätigkeit förderten ein starkes Anwachsen der Bevölkerung.

Im Jahre 1685 erhielt Ludweiler wiederum erheblichen Zuzug durch Protestanten aus dem Metzer Land. Durch die Aufhebung des Duldungsedikts von Nantes im Jahre 1685 mußten die Protestanten in ihrem eigenen Land mit schweren Strafandrohungen rechnen. In Ludweiler wurde den aufgenommenen Glaubensflüchtlingen über einen Zeitraum von mehr als 200 Jahren (1604-1817) ungehinderte Religionsausübung gewährt (wenn auch im Jahre 1807 — nach der Einführung der Union zwischen der lutherischen und reformierten Konfession — die Gemeinde ihren betont reformierten Glaubenscharakter verlor).

Der im Jahre 1688 ausgebrochene Pfälzische Erbfolgekrieg führte abermals zu einer Bevölkerungsabnahme. Die darauffolgenden Jahrzehnte brachten für die Gemeinde keine weiteren positiven Impulse.

In der Zeit von 1800 bis 1855 fand eine bedeutende *Auswanderung* statt. Etwa 300 Bewohner suchten in Nordamerika eine neue Heimat. Die Gründe lagen u.a. bei der hiesigen Not und Teuerung, den Steuerlasten sowie dem Unwillen, Militärdienst abzuleisten (BUCHLEITNER 1954, S. 70).

Um die Mitte des 18. Jh. machte der Ort in landwirtschaftlicher Hinsicht eine bedeutende Entwicklung durch, was aus einer Statistik über die Zugvieh-Stückzahl hervorgeht. Zu Beginn des 19. Jh. wurde die Grundherrschaft abgeschafft. Die Stein-Hardenbergschen Reformen (1807-1815) bewirkten die Aufhebung der bäuerlichen Erbuntertänigkeit in ganz Preußen und beseitigten schließlich alle ständischen Beschränkungen.

6.2.3. Städtische Siedlungen, Klöster und Schlösser

Im 16. Jh. entstanden in den saarländischen Städten viele *Bürgerhäuser*, die in Alt-Saarbrücken, Ottweiler und St.Wendel ganz oder zumindest teilweise erhalten werden konnten.

Eindrucksvoll ist auch der zunehmende Bedeutungsverlust der Burgen und der Neubau zahlreicher Schlösser. Die Burgen wurden in Kriegen zerstört oder nach und nach verlassen und zerfielen. Manche von ihnen wurden auch zu Schlössern umgebaut wie z.B. die Wasserburg Dillingen. Saarbrücken, Neunkirchen und Ottweiler erhielten im 16. bzw. 17. Jh. große *Renaissanceschlösser*, die jedoch untergegangen sind.

Das 18. Jh. erweist sich als das eigentliche Jahrhundert des *Schloßbaus*. In *Saarbrücken* erbaute der nassauische Generalbaumeister *Friedrich Joachim Stengel* 1738-1748 einen Barockbau, der jedoch 1793 niederbrannte. Nach zwei Wiederaufbauphasen im 19. Jh. (1810/72) folgte eine weitere Renovierung, die — nach neuerlicher Zerstörung im Zweiten Weltkrieg — Anfang 1989 ihren Abschluß fand.

Höhepunkt der Tätigkeit Stengels war jedoch der Bau der *Ludwigskirche* in Saarbrücken(1762-1775). Die in kreuzförmigem Grundriß erbaute Kirche erlitt im Zweiten Weltkrieg schwere Schäden. Der Außenbau konnte in der ursprünglichen Gestalt wiederhergestellt werden (KLEWITZ 1968, S. 58).

In den Jahren 1778-1785 wurde nahe *Homburg* das *Schloß Karlsberg* von Herzog Karl II. August von Zweibrücken errichtet, eine der größten Barockanlagen Deutschlands. Es bestand aber nur wenige Jahre. 1793 wurde es von den französischen Revolutionstruppen zerstört, und heute zeugen nur noch wenige Ruinenreste von diesem einst imposanten Bau.

Zu den weiteren bedeutenden Schlössern dieser Zeit zählen u.a. das Schloß Münchweiler bei Nunkirchen (1752), Schloß Karlsbrunn (1783), Schloß Dagstuhl bei Wadern und die Schlösser in Hemmersdorf, Mondorf und Fremersdorf. Auch die heutigen Rathäuser in Saarwellingen, St.Wendel und Merzig entstanden ursprünglich als Schlösser. In Mettlach und Wadgassen wurden schloßartige Klostertrakte errichtet (KLEWITZ 1979, S. 55 ff.). Die Klostergebäude der Abtei Wadgassen wurden jedoch während der Französischen Revolution zum größten Teil zerstört. An der Stelle der Abtei steht heute die Kristallglasfabrik des Keramikunternehmens Villeroy & Boch (HILD 1966, S. 40).

Um dem Wunsch der absolutistischen Herrschaft nach Repräsentation Rechnung zu tragen, wurden die *Residenzstädte* ausgebaut. Unter Nachahmung italienischer und französischer Vorbilder wurden die Straßenzüge entsprechend geometrischer Grundmuster schematisch angeordnet und vielfach auf das Schloß des Landesherrn hin ausgerichtet. In diesem Sinne wurden auch *Saarbrücken* und das gegenüberliegende *St.Johann* durch die Grafen von Nassau-Saarbrücken umgestaltet.

Auch *Blieskastel* erhielt unter der Regentschaft der Grafen von der Leyen ein neues Gesicht. Sie erbauten im Jahre 1661-64 ein Renaissanceschloß, das sie 1771-78 zum Barockbau erweiterten. Während der Französischen Revolution (1793) wurde das Schloß jedoch geplündert, dann versteigert und abgebrochen; erhalten blieb noch die Orangerie. In der letzten Phase des Barocks wurde die Physiognomie der Stadt durch städtebauliche Maßnahmen geprägt. Unter dem Einfluß Stengels entstand die Schloßkirche (1776); es folgte eine Stadterweiterung um den Paradeplatz mit dem ehemaligen Waisenhaus (Rathaus), und an der Schloßbergstraße entstanden Hofrats- und Beamtenhäuser (PETRY 1959, S. 45 f.).

Teile des heutigen Saarlandes gehörten in der zweiten Hälfte des 17. Jh. zu Frankreich. Sie wurden in den breiten *Festungsgürtel* einbezogen, den Ludwig XIV. im Norden und Osten um sein Herrschaftsgebiet anlegte. Im Saarland sind Homburg und vor allem Saarlouis zu nennen.

Am 05. 08. 1680 erfolgte 3 km von der damaligen Stadt Wallerfangen die Grundsteinlegung der *französischen Festung Saarlouis*. Sie wurde von dem bekannten Baumeister Vauban errichtet und 1686 fertiggestellt.

Die in Form eines Sechsecks errichtete Festung wurde aus strategischen Gründen im Überschwemmungsgebiet der Saar angelegt. Ein ausgedehntes Graben- und Kanalnetz konnte von der Saar her mit Wasser gefüllt werden. Bei der Anlage der Festung wurde die Saar so verlegt, daß sie im Norden die Stadt umfloß. Die innerhalb der Befestigung gelegene Siedlung lag in regelmäßigen Rechtecken um den großen Paradeplatz, an dem das Kommandaturgebäude, das Rathaus und die Kirche standen (vgl. hierzu den Beitrag AUST und die dazugehörigen Karten).

Die ersten Besiedler der Stadt waren die Offiziere und Soldaten der französischen Garnison mit ihren Angehörigen, zahlreiche Gerichtsbeamte, Arbeiter, Kaufleute und Handwerker aus Deutschland. Durch den Bedarf der Garnison entwickelte sich das Handwerk sehr rasch. Infolgedessen war die Zahl der Nahrungsmittelgewerbe sehr hoch. Landwirtschaft wurde ebenfalls betrieben. Zu erwähnen ist auch eine Schiffhandelsfirma, die von 1732 bis 1815 bestand.

Im 19. Jh. hatten die Festungsmauern ihren Sinn verloren; sie behinderten sogar die Entwicklung der Stadt, zumal auch der Stadtbann nur eine geringe Ausdehnung hatte. Nach der Niederlegung der Festungsmauern im Jahre 1889 dehnte sich die Stadt weiter aus (KEYSER 1964, S. 530 ff.).

Die Einbeziehung *Homburgs* in den französischen Festungsgürtel löste eine starke Bautätigkeit zwischen 1680 und 1697 aus. Die Vauban'sche Festungsanlage reichte im Nordosten über die Hohenburg hinaus und bezog die im Tal liegende Stadt mit ein. Die Stadt selbst erfuhr in diesem Zusammenhang einen völligen Neuaufbau. Es entstanden damals der Stadtkern in seiner heutigen Struktur und der Marktplatz.

Die mit gewaltigen Kosten erbaute Festung behielt ihre Funktion jedoch nur bis zum Jahre 1697. Nach 1697 (Frieden von Rijswijk) und vor allem nach 1714 (Frieden von Baden) wurde die Festung geschleift; zur gleichen Zeit wurden auch die Stadtbefestigungen niedergelegt (KEYSER 1964, S. 493). Danach verlor Homburg seine politische und militärische Bedeutung (PETRY 1959, S.127).

Zwischen dem 11. und 17. Jh. entstanden in Homburg die *Schloßberghöhlen* mit ihren mächtigen Kuppelhallen und kilometerlangen Gängen, die in 12 Stockwerken übereinanderliegen und die größten Buntsandsteinhöhlen Europas sind. Das Höhlensystem hatte hauptsächlich Verteidigungsfunktionen; weiterhin dienten die Höhlen der Lagerung von Munitions- und Lebensmittelvorräten, zur Unterbringung der Besatzung der Festung und schließlich auch als Luftschutzbunker für die Bevölkerung Homburgs im letzten Weltkrieg.

6.3. Industrialisierung im Saarland

Wie bereits angesprochen wurde, hat sich der frühneuzeitliche Ausbau vorwiegend an den Rohstoffen des Landes orientiert, die Ansatzpunkte für eine frühe Industrialisierung boten. Zu Beginn der frühen Neuzeit war die Technisierung der Produktion noch kaum ausgebildet. In den Manufakturen wurde jedoch schon Massenproduktion angestrebt. Eine wichtigere Rolle als den Manufakturen kam allerdings den Gewerben zu, die die mineralischen Rohstoffe (vor allem Eisenerze, Kohle, Sande, Steine etc.), die Wälder und die Wasserkraft nutzten.

Im Anschluß an die vorindustrielle Phase folgt um die Mitte des 18. Jh. die erste große *industrielle Gründerzeit*, die ihre Bedeutung dem merkantilistischen Streben des Landesfürsten verdankt. In dieser Epoche sind die Wurzeln für die gesamte industrielle Entwicklung an der Saar zu suchen.

6.3.1. Die Eisenhütten

Die Verwendung von Eisen war schon in der Vor- und Frühzeit bekannt, und auch im Mittelalter gab es ein umfangreiches Eisengewerbe. Da diese alten Eisenhütten zunächst nicht standortgebunden waren, wurden sie auch als *„fliegende Eisenhütten"* oder *„Rennfeuer"* bezeichnet. Erst in späterer Zeit wurden ihre Standorte auf die natürlichen Produktionsfaktoren wie Erz, Holz und Wasser ausgerichtet. Bei den frühen Anlagen, die in besonderem Maße im Saar-Hochwald-Bezirk verbreitet waren, handelte es sich um kleinbetriebliche Eisenschmelzen und -hämmer, die oft von *Bauern im Nebenberuf* betrieben wurden (AMMON 1980, S. 171 f.).

Die erste urkundliche Erwähnung datiert in das Jahr 1430. Nach KLOEVEKORN (1929) wird 1431 auch von einer Eisenschmiede am Halberg berichtet. Eine bedeutende Hütte entstand 1572 in Geislautern; sie bestand bis 1866. Urkundlich nachweisbar ist auch die Errichtung eines Vorläufers der Dillinger Hütte von 1583, wobei man Toneisenstein aus den Lebacher Schichten verhüttete (MARTIN 1972, S. 181 f.). Im Jahre 1603 wird erstmals die Mariahütte erwähnt, die 1765 dem Hammerwerk in Nunkirchen angegliedert wurde.

Die Toneisensteine des Lebacher Erzlagers waren für die Eisenindustrie von besonderer Bedeutung. Dieses Flöz erstreckt sich zwischen Prims und Blies auf einer Länge von etwa 18 km und besitzt eine Mächtigkeit von etwa 15 m. Das Erz tritt in Form rundlicher Nieren und flacher Linsen auf, die unter der Bezeichnung *„Lebacher Eier"* (oder *„Lebacher Knollen"*) bekannt geworden sind. Die „Lebacher Eier" stellen Konkretionen aus feinkörnigem Eisenspat und Ton dar. Die wichtigsten Gruben im Toneisensteinflöz lagen bei Rümmelbach; der Abbau dort wurde in den 60er Jahren des 19. Jh. endgültig eingestellt. Im Bereich der Ortschaft Gresaubach treten die Lebacher Schichten offen zutage. Die Erze aus den Gresaubacher Erzfeldern konnten seit dem Beginn des 18. Jh. im regellosen Tagebau gewonnen und verkehrsgünstig abtransportiert werden. Abnehmer waren die Hüttenwerke in Dillingen, Bettingen, St. Ingbert, Fischbach, Mariahütte und auch kleinere Betriebe wie Nunkirchen und Münchweiler (SCHNUR 1981).

Im Dreißigjährigen Krieg kamen alle Unternehmen zum Erliegen. 1685 erfolgte die Gründung der *Dillinger Hütte*, die als Eisenlieferant für den Festungsbau in Saarlouis diente (vgl. Kap. 6.2.3.).

In der Folgezeit entstanden weitere meist kleinere Betriebe wie Sulzbach (1719) und Fischbach (1728). Die Roheisenstücke wurden zur Weiterverarbeitung zum Scheidter Hammer gefahren (MARTIN 1972, S. 200). Das Eisenerz wurde im 18. Jh. meist in der Nähe der Hüttenwerke im Tagebau (Pingen) gewonnen. Vereinzelt gab es aber schon einfache Stollen und kleine Schächte (SCHULER 1972, S. 205).

Besondere Verdienste um die Entwicklung der Eisenindustrie erwarb sich *Fürst Wilhelm Heinrich* (1741-68) von Nassau-Saarbrücken. Er versuchte die Vorteile des *Merkantilismus* auszunutzen, indem er vorhandene Betriebe förderte oder die Gründung neuer Unternehmen initiierte. Auf seine Anordnung wurde die *Halberger Hütte* (1756) gegründet. Durch die vielen Eisenwerke brauchte man erhebliche Mengen an Holzkohlen. Die Holzkohle ist nebem dem Eisenerz der zweite wichtige Rohstoff der traditionellen Eisenverhüttung. Durch die damals herrschende Holzkohlenverknappung und die fortschreitende Abholzung der Wälder mußten besonders in den 30er Jahren des 19. Jh. auch entlegene Gebiete in breiter räumlicher Streuung zur Holzkohlenlieferung herangezogen werden. So erklärt sich ein gehäuftes Vorkommen von Meilerplätzen aus dieser Epoche. Um Holzkohlen sparen zu können, war man beim Schmieden schon zur Verwendung von Steinkohlen übergegangen.

6.3.2. Achatschleifereien

Eine bedeutende Rolle spielten auch die Achatschleifereien. Hinzuweisen ist im besonderen auf die seit dem späten Mittelalter nachgewiesene hochintensive und spezialisierte Achatschleiferei in Idar-Oberstein (KAUFHOLD 1986, S. 149). Diese Schleiferei wurde nachweislich schon seit über 500 Jahren mit Rohsteinen aus der Umgebung versorgt, z.B. aus *Oberkirchen* (Weißelberg). Eine erste Mitteilung über dortige Edelsteinvorkommen stammt aus dem Jahre 1350. Die in Oberkirchen abgegrabenen Achate wurden über Oberstein, das zu damaliger Zeit noch keine herrschaftliche Schleife hatte, in die Schleifzentren Freiburg und Venedig weiterverkauft. Von 1628 bis 1749 ruhte die Achatgräberei und wurde danach bis ca. 1870 wieder betrieben. Danach konnte das Rohmaterial zu einem wesentlich niedrigeren Preis aus Südamerika bezogen werden (Brasilien, Uruguay und Paraguay) (MÜLLER 1983, S. 15 ff.).

Ein weiteres Zentrum dieses Gewerbezweiges befand sich in der frühen Neuzeit im Scheidterbachtal, wo schon im 17. Jh. 13 Achatschleifereien arbeiteten.

6.3.3. Das Glashüttengewerbe

In Lothringen ist das Glashüttengewerbe schon seit 1448 belegt. Um 1600 wanderten Glasmacherfamilien in das östliche Lothringen ein und gründeten eine Hütte in Kreutzwald. 1604 wurde im Warndt die bereits erwähnte Glashütte in Ludweiler und eine weitere in Wilhelmsbronn errichtet. 1660 schloß sich Klarenthal mit dem Bau einer weiteren Glashütte an. Um 1700 erfolgte ein weiterer Ausbau der Hütten im Warndt, und neue Hütten entstanden um St.Ingbert/Rohrbach.

Während bis dahin der Wald der wichtigste Standortfaktor dieser Betriebe war, erfolgte nun eine Umorientierung auf die Arbeit mit der *Steinkohle.* Diese Entwicklung bedeutete für die im Warndt angesiedelte Glasindustrie das Ende, und es erfolgte eine Verlagerung in das Gebiet des Saarkohlenwaldes oder in das Saartal (z.B. Völklingen-Fenne).

6.3.4. Der Steinkohlenbergbau im Saarkohlenwald

Der Steinkohlenbergbau ist der Wirtschaftszweig, der das Saarland geprägt hat. Infolge dieser Bedeutung soll eine nähere Betrachtung des Bergbaus unter besonderer Berücksichtigung des *Saarkohlenwaldes* erfolgen.

Der Saarkohlenwald ist ein stark reliefiertes, relativ niedriges, bewaldetes Bergland, das in Südwest-Nordost-Richtung angeordnet ist und dessen Breitenausdehnung ca. 8 km auf einer Länge von rund 20 km beträgt (zur naturräumlichen Gliederung vgl. SCHNEIDER 1972).

Das Relief wird geprägt von einer kräftigen Zerschneidung durch parallele Längstäler, z.B. des Sulzbachs und des Fischbachs sowie der Blies. Die Höhen halten ein durchschnittliches Niveau von 350-400 m, während die zur Saar und Blies entwässernden Täler auf 210-250 m eingetieft und durch quer- und längsverlaufende Wasserscheiden scharf getrennt sind. Kennzeichnend für den Raum ist die Überlagerung zweier Formenelemente. Der Buntsandstein liegt dem steilgestellten und überschobenen Saarbrücker Sattel des variskischen Grundgebirges in flach gelagerten Erosionsresten auf. Die Rücken sind als Konglomerat- und Sandsteinrippen der dem Oberkarbon zuzurechnenden Ottweiler und Saarbrücker Schichten herauspräpariert, die Täler vorwiegend in Schiefertonen, Tonsteinen und Kohlenflözen der Saarbrücker Schichten ausgeräumt. Das Deckgebirge besteht an der Basis aus dolomitführenden Kreuznacher Sandsteinen (Oberrotliegendes) und Hauptbuntsandstein (SCHNEIDER 1972, S. 78 f.).

Die *erste urkundliche Erwähnung* des Steinkohlenbergbaus in diesem Raum stammt aus dem Jahre 1429 („Schöffenweistum zu Neumünster") und beschreibt u.a. Gewinnungsarbeiten (SLOTTA 1979, S. 9). Bis zum Übergang des Steinkohlenbergbaus in fürstliche Regie 1751/54 erfolgte eine regellose Kohlengräberei in Form des Tagebaus. Es entstanden trichterförmige Hohlformen, die so lange genutzt wurden, bis die Flöze mit den damaligen technischen Mitteln nicht weiter abgebaut werden konnten. Der Abtransport erfolgte mit Pferdefuhrwerken über unbefestigte Wege. Diese urprüngliche Form des Kohlenabbaus wurde in Form der *Bauerngruben im Nebenerwerb* betrieben. Die Kohle fand zum Brennen von Kalk, als Schmiedekohle oder in der Glasindustrie Verwendung.

Das Zentrum des Abbaus lag im 16. Jh. um Sulzbach, Wellesweiler, Schiffweiler und Wiebelskirchen. 1599 gab es bereits Steinkohlentransporte in die Rheinpfalz. In St.Johann lag um 1600 der zentrale Kohlenumschlagplatz (=Kohlrech). Nach einem Rückgang im Dreißigjährigen Krieg erlebte der Steinkohlenbergbau nach 1680 einen neuen Aufschwung. Wieder lag das Zentrum im Umkreis von Sulzbach (BORN 1980, S. 115).

Bis zur Übernahme der Steinkohlengruben in die fürstliche Regie des Wilhelm Heinrich von Saarbrücken im Jahre 1751 konnte man jedoch kaum von einer regulären Gewinnung und einem planmäßig betriebenen Bergbau an der Saar sprechen.

Auf Initiative des Fürsten hin wurde die Kohle allgemein als Hausbrand eingeführt.

1766 bestanden Gruben in Schwalbach, Klarenthal, Gersweiler, Rußhütte, Jägersfreude, Friedrichsthal, Schiffweiler, Wellesweiler, Dudweiler, Sulzbach und Burbach. Mit Ausnahme von Dudweiler waren alle diese Gruben Stollenbetriebe, die im Flöz ansteigend in den Berg hineingetrieben wurden. Allein die Grube bei der Dudweiler Alaunhütte arbeitete erstmalig mit einem tiefen Stollen, von dem aus die Flöze mit einem Querschlag aufgeschlossen wurden. Erste Ansätze zum eigentlichen Tiefbau waren in den 60er und 70er Jahren des 18. Jh. in Schwalbach und Griesborn vorgenommen worden, wobei man versuchte, Pumpen zur Hebung der Wässer einzusetzen.

1793 gingen die Gruben an die französische Verwaltung über, lediglich die Gruben Hostenbach und Bauernwald blieben in Privatbesitz.

6.3.5. Die Nutzung der Wasserkraft für gewerbliche Betriebe

Seit dem Hochmittelalter wurden durch den Einsatz mechanischer, insbesondere mit Wasserkraft gelieferter Energie gewerbliche Produkte hergestellt. Mit Hilfe der Wasserkraft wurden zunächst natürlich landwirtschaftliche Produkte verarbeitet (insbesondere in Mahlmühlen).

Desweiteren sind die *Walkmühlen* zu erwähnen. Sie wurden von den Webern benutzt, um das gewebte Tuch durch Stampfen und Stauchen zu verdichten. Eine Mühle dieser Art ist beispielsweise auch heute noch in Oberlinxweiler amtlich eingetragen (RASSIER 1974, S. 11 und 119).

Dieser Antriebsart bedienten sich aber auch die Schmiede zum Betreiben des Blasebalges, des Schmiedehammers und des Schleifsteins. In diesem Zusammenhang sind auch noch einmal die Achatschleifereien in Oberstein zu nennen (RASSIER 1974, S. 11). Nicht zuletzt ist die Entstehung eines blühenden Eisenhüttenwesens auf die Wasserkraft – neben dem Vorkommen von Holz und Eisen – zurückzuführen.

Es gibt nur noch wenige Betriebe, die ihren Ursprung als wassergetriebene Mühlen erkennen lassen. Sie sind zumeist der modernen Technik zum Opfer gefallen.

6.4. Relikte des Kohlenbergbaus und der Holzkohlengewinnung

Zahlreiche unter Wald vorkommende Relikte veranschaulichen einige der bergbaulichen und gewerblichen Aktivitäten in der frühen Neuzeit. Von besonderem Interesse sind die *Pingen* und *Meilerplätze*, da sie im Gelände deutlich zu erkennen sind (Abb. 10-12).

6.4.1. Pingen

DÜSTERLOH (1967, S. 50 ff.) definiert die Pingen als „jene im Gelände deutlich erkennbaren Hohlformen, die auf den Bergbau zurückgehen, ohne Einschränkung bezüglich ihrer speziellen Form oder ihrer näheren Entstehungsursachen". Die Pingen sind morphologische Kleinformen, die trichter- oder kesselförmig, mitunter auch als kleine Bodenwelle erscheinen. Sie stellen Abbauorte dar, in denen manuell so lange nach Kohlen gegraben wurde, bis die Lagerstätte erschöpft war. Die Gewinnung setzte dabei vor allem an Stellen an, wo entweder Flöze an der Oberfläche ausstrichen oder ihr oberflächennaher Verlauf bekannt war und einen problemlosen Abbau garantierte. Die Pingen sind vorwiegend auf die Aktivitäten der Bauerngruben oder auch auf Einzelpersonen und -gruppen zurückzuführen. Aufgrund der unorganisierten Kohlengräberei sind unregelmäßige Verteilungsmuster charakteristisch (SLOTTA 1987, S. 82 f.). Eine Reihung der Pingen ist dort festzustellen, wo Schichten ausstreichen.

An die Pingen schließen sich Halden an, die aus dem Abraum bzw. Aushub aufgeworfen wurden. Sie sind als Vollformen die zugehörige Ergänzung zu den Hohlformen der Pingen (DÜSTERLOH 1967, S. 53 f.).

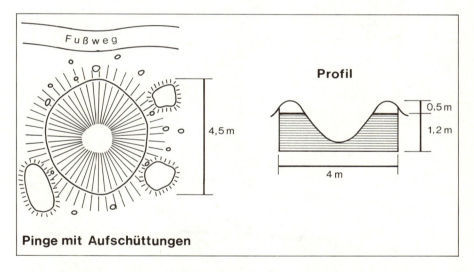

Abb. 10: Pinge mit Aufschüttungen (in Anlehnung an SLOTTA 1987, S.89).

6.4.2. Meilerplätze

Nach JÄGER (1969, S. 22) gehören diese anthropogenen Formen zu den zusammengesetzten Formen. Sie liegen auf geböschtem Gelände und bestehen aus einer runden, horizontalen Plattform. Ihre waagerechte Lage wurde dadurch geschaffen, daß für die Holzkohlenproduktion bergwärts Boden abgenommen und talwärts aufgeschüttet wurde (JÄGER 1965, S. 426). Im Profil besitzen diese *Platzmeiler* eine podestartige Gestalt und einen kreisförmigen Grundriß.

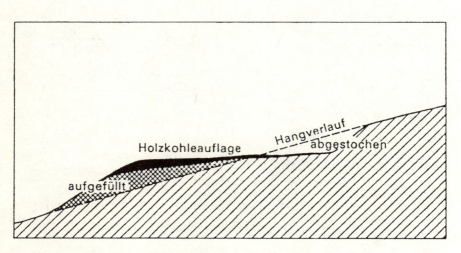

Abb. 11: Skizze des Platzmeilers (HILLEBRECHT 1982, S. 21).

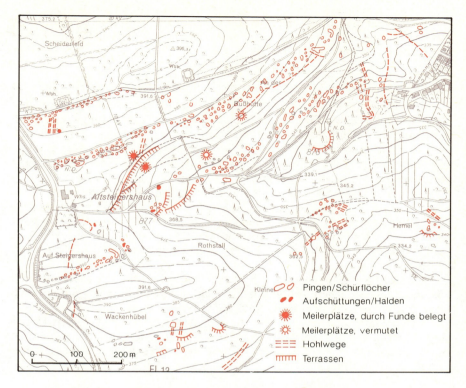

Abb. 12: Reliktformen des Bergbaus im Raum Merchweiler-Heiligenwald.

In großen Teilen des Saarkohlenwaldes lassen sich Meilerplätze nachweisen, vielfach sogar gruppenweise vergesellschaftet (z.B. in Riegelsberg) (MAURER 1985). Der Beweis für die Existenz eines Platzmeilers ist leicht durch Holzkohlenfunde und die typische Physiognomie zu erbringen. Macht man in der Verebnung selbst einen Einschlag, so trifft man in einer Tiefe von ca. 5-10 cm unter einer Humusschicht auf einen Horizont mit zerbröckelter Holzkohle. Unter dieser Schicht ist der Boden manchmal von Holzteer schwarz gefärbt.

Für die Meilerplätze sind folgende Lagemerkmale kennzeichnend (MAURER 1985, S. 74):

— auf Abhängen und Bergspornen; günstige Windverhältnisse gewährten hier eine gute und richtige Belüftung des Meilers,
— an Bachläufen; ob das Wasser zum Löschen des Meilers oder zur Deckung des Trinkwasserbedarfs des Köhlers gedient hat, läßt sich nur schwer sagen,
— in der Nähe eines größeren Potentials gut verwertbaren Holzes,
— an Wegen, Pfaden oder Wegerinnen; eine schnelle und bequeme Erreichbarkeit war somit gegeben.

Die Entstehung einer Vielzahl von Meilerplätzen im Saarland muß im Zusammenhang mit der Ausweitung der Eisenindustrie vor allem im 18. und frühen 19. Jh. gesehen werden.

6.4.3. Ergebnisse einer Geländeaufnahme im Raum Merchweiler-Heiligenwald

Die im folgenden aufgeführten Ergebnisse gehen zum größten Teil auf eine Geländekartierung im Rahmen eines Praktikums der Fachrichtung Geographie der Universität des Saarlandes (6/1983; Leitung: D. Fliedner) sowie auf eine Diplomarbeit (SLOTTA 1987) zurück. Zur Vervollständigung dieser Arbeiten wurde im Herbst 1988 eine eigene Kartierung vorgenommen, die die Erfassung noch vorhandener Meilerplätze zum Ziel hatte (Abb. 12).

Das Untersuchungsgebiet stellt ein nach Süden absinkendes, reliefiertes Waldgebiet dar, das vor allem im nördlichen Teil von einer Vielzahl unterschiedlich großer Pingen übersät ist. Das Gebiet zeigt verschiedene Generationen. Areale mit älteren Pingen lassen sich durch eine stärkere Verflachung der Formen nachweisen; guter Erhaltungszustand läßt auf ein jüngeres Alter der Hohlformen schließen.

Eine Kartierung der Hohlformen läßt ihre Anordnung in vier Reihen erkennen; hier streichen Kohlenflöze aus. Diese Pingen-Reihen werden durch Wege erschlossen, die dem Kohlentransport gedient haben dürften.

Die im Untersuchungsgebiet kartierten Meilerplätze haben einen Durchmesser von ca. 5-6 m. Oberflächennahe Grabungen ergaben das Vorkommen von Holzkohle. Ein nahe gelegener Hohlweg war sicherlich für eine gute Erreichbarkeit von Bedeutung.

7. Das 19. Jahrhundert

7.1. Kulturlandschaftswandel im 19. Jahrhundert

7.1.1. Ausbau des Verkehrsnetzes

Im 19. Jh. vollzog sich die Umwandlung des bisher agrarisch strukturierten Saarkohlengebietes in einen bergbaulichen und industriellen Wirtschaftsraum.

Der Aufstieg zu einem modernen und konkurrenzfähigen Industriegebiet erfolgte um 1850 und ist u.a. auf die verkehrsmäßige Erschließung zurückzuführen (OVERBECK 1934, S. 218 ff.).

In den 40er Jahren begann man mit dem *Eisenbahnbau* und konnte 1848 die pfälzische „Ludwigsbahn", die bis zur preußischen Grenze ging, in Betrieb nehmen. Im selben Jahr begann Preußen mit dem Bau einer Eisenbahn durch das bereits stark industrialisierte Sulzbachtal. 1852 war die Lücke zwischen dem pfälzischen und französischen Eisenbahnnetz über St.Johann geschlossen. Danach wurde sehr rasch die gesamte Region erschlossen. In der Folgezeit entstanden die sogenannten *„Eisenbahngruben"* und *„Eisenbahnglashütten"* (LAUFER 1981, S. 139).

7.1.2. Weiterentwicklung der bedeutenden Industriezweige

Eisenerzbergbau und Eisenhütten

Nach 1800 setzte bereits eine *Spezialisierung* in der Eisenindustrie ein. So wurden z.B. in Dillingen Sensen, Sicheln, Sägen und Kleineisenzeug gefertigt, am Halberg hingegen Wagenachsen und Gußwaren. Ab 1830 wird von ersten Erfolgen mit der *Verkokung* berichtet (MARTIN 1972, S. 201 f.).

Im Jahre 1834 entfiel ein Viertel der Gesamtförderung von Eisenerz in der Rheinprovinz auf die Eisensteingruben von St.Ingbert, Neunkirchen, Fischbach, Lebach und Geislautern. 1856 wurde die *Burbacher Hütte* gegründet; die Gründe waren politische Motive wie z.B. die Lage im Zollgebiet. Es folgte schließlich im Jahre 1881 der Bau der *Völklinger Hütte*. 1838 machte man in der Dillinger Hütte erfolgreiche Versuche, die Holzkohle beim Hochofenbetrieb teilweise durch Koks zu ersetzen. Die Einführung der Eisenbahn ermöglichte in der Folgezeit das Geschäft mit den Eisenbahnschienen und die Verbindung zu fernab gelegenen Märkten. Ab 1868 wurden die Produkte auch in der Schweiz, in Österreich und sogar Rußland und Amerika abgesetzt.

In der zweiten Hälfte des 19. Jh. ging die Blütezeit des saarländischen Erzbergbaus rasch zu Ende. Die primitiven Abbaumethoden konnten dem ständig wachsenden Erzbedarf nicht mehr gerecht werden. Das saarländische Erz war nicht mehr konkurrenzfähig. Die Erschließung der Verkehrswege zu den größeren und lohnenderen Erzlagerstätten ergab für die Saarhütten neue Möglichkeiten (SCHULER 1972, S. 209). Als der *Saarkohlenkanal* eröffnet wurde, der 1866 den Anschluß an das französische Kanalnetz brachte, konnte die billige *Minette* aus Lothringen und Luxemburg endgültig die teuren Saar-Erze verdrängen.

Kohlenbergbau

Nach dem zweiten Pariser Frieden des Jahres 1815 kam der größte Teil des Saarkohlengebietes an Preußen, einige Teile mit den Gruben St.Ingbert und

Bexbach an Bayern. In der Folgezeit wurden Abbau und Förderung wesentlich verbessert und das Straßennetz erweitert. Neben einer Verbesserung des Grubenbetriebes, bedingt u.a. durch die Einführung der *Dampfmaschine*, verstärkte die preußische Administration die Bemühungen um einen größeren Absatz und eine Ausweitung des Absatzgebietes. Weiterhin wurden wichtige und ausgedehnte Stollenbetriebe erschlossen (z.B. Ensdorfer Stollen im Jahre 1833). Seit 1833 machte auch der Übergang zum *Tiefbau* erhebliche Fortschritte.

Einen enormen Aufschwung erfuhr der Bergbau durch die Eröffnung der das Grubengebiet durchschneidenden Eisenbahn zu Beginn der 1850er Jahre; der Anschluß an die bayerische Linie Ludwigshafen-Bexbach und die Linie Nancy-Metz-Forbach war somit erreicht. Es entstanden die wichtigen sogenannten Eisenbahngruben Heinitz, Reden, Altenwald, Dudweiler und Von der Heydt sowie bis 1862 noch Dechen, Friedrichsthal, Itzenplitz, Sulzbach und Ziehwald. Der Aufschwung in der Stahl- und Eisenindustrie machte die Einrichtung großer Kokereianlagen auf den Fettkohlengruben notwendig. Ein weiterer Ausbau des Bahnnetzes eröffnete ein neues Absatzgebiet am Mittelrhein.

Einen Aufschwung erfuhr der Bergbau auch durch die 1863 einsetzende *Saarkanalisierung*.

Nach dem Deutsch-Französischen Krieg der Jahre 1870/71 nahm man die großen Tiefbauanlagen in Angriff, die bei den Gruben Camphausen (1871), Brefeld (1872) und Maybach (1873) vorgenommen wurden (SLOTTA 1979, S. 9 ff.).

7.2. Siedlungsgeographische Folgen der Industrialisierung

7.2.1. Bevölkerungsbewegungen

Nach 1800 verdichtete sich die Bevölkerung in der unmittelbaren Umgebung der Gruben stark. Die verkehrsgünstig gelegenen Nachbargemeinden gaben den Hauptteil ihres Bevölkerungsüberschusses dorthin ab. Die weiter entfernten Agrargemeinden wuchsen bis zur Mitte des 19. Jh. auch noch stark an. In der zweiten Hälfte des 19. Jh. verloren jedoch viele Agrargemeinden bis zu 25 % ihrer Bevölkerung von 1850. Diese wanderte zum größten Teil in das saarländische Bergbau- und Industriegebiet ab. Durch die Entwicklung im Kohlenbergbau wurde zunächst das Sulzbach- und Fischbachtal erheblich umstrukturiert, die weitere Nachbarschaft blieb aber noch weitgehend unberührt. In diesen Gebieten kam es zu ausgesprochenen Verelendungserscheinungen, die auch durch die Auswanderung nur gemildert werden konnten (FEHN 1974, S. 58 f.).

7.2.2. Weiterentwicklung der alten Dorfkerne

Im Einflußbereich der Industrie wurden viele alte Dörfer in Form und Größe weitgehend verändert. Der Ausbau der Dörfer erfolgte, indem in den Lücken *Arbeiterbauernhäuser* und *Arbeiterhäuser* entstanden. Im Zusammenhang mit dieser Entwicklung ist das Arbeiterbauerntum zu sehen (vgl. 7.2.3.).

Der weitere Ausbau folgte dann den vorhandenen Ausfallstraßen, in erster Linie in Richtung auf die Arbeitsstätten und den Bahnhof. So legte sich um den geschlossenen alten Dorfkern ein locker verteiltes Wohngebiet, das sich mit der Zeit immer mehr verdichtete. Eine planmäßige Erweiterung ist nicht zu erkennen. Typische Beispiele für eine derartige Entwicklung sind die saarländischen Dörfer Werbeln und Güdingen (HOPPSTÄDTER/MATHIAS 1957, S. 62 ff.).

7.2.3. Das Arbeiterbauerntum

Im 19. Jh. entstand das *Arbeiterbauerntum*, dessen Wurzeln bis ins 18. Jh. zurückreichen. Die natürlichen Bedingungen und die vorherrschende Realteilung hatten eine große Zahl von kleinen und kleinsten Betriebseinheiten hervorgebracht, die am Rande des Existenzminimums lebten. Deshalb wandten sich viele Saarländer schon frühzeitig einem Nebenerwerb zu, der sich in der Waldwirtschaft, im Verkehrswesen, aber auch in der Eisenindustrie und im Bergbau bot.

Charakteristisch für das Arbeiterbauerntum wurde die *Pendelwanderung*, die zur Überwindung der Entfernung zwischen dem Wohnort mit dem landwirtschaftlichen Betrieb und der Grube oder dem Industriewerk nötig war. Es bildeten sich zwei Gruppen von Nebenerwerbslandwirten heraus: die Kleinbauern und die gehobenen Arbeiter (FEHN 1974, S. 59 f.).

7.2.4. Deckung des Arbeitskräftebedarfs

Mit der fortschreitenden Industrialisierung um die Mitte des 19. Jh. stieg auch der Bedarf an Arbeitskräften. Zunächst konnte dieser Bedarf durch Arbeiter aus dem Hunsrück und der Pfalz gedeckt werden. Später wurden dann Facharbeiter aus anderen Teilen Deutschlands angeworben. Zahlreiche Bergleute wanderten aus dem Harz, dem Mansfeldischen, der Grafschaft Henneberg, aus Thüringen, Sachsen und Osnabrück in das Saarland ein (HILD 1960, S. 9).

7.2.5. Wohnungspolitik

Die Bergverwaltung suchte den Zustrom der Fremdarbeiter in den 30er Jahren des 19. Jh. zunächst durch die Errichtung von Schlafsälen aufzufangen. In den 1850er Jahren wurden sie durch *Schlafhäuser* ersetzt, in denen die Bergleute die Woche über wohnten. Einige dieser Gebäude sind bis heute erhalten geblieben wie z.B. in Von der Heydt und St. Ingbert. Da das Leben auf derart engem Raum soziale Konflikte mit sich brachte und auch keine Möglichkeiten zur Gründung einer Familie eröffnete, förderte man den Eigenheimbau, der auch zur Stabilisierung der Arbeitsverhältnisse beitrug (BUNGERT 1978, S. 117).

Bauinteressierten Bergleuten wurde auf dem Wege über ein Prämiensystem ein Baudarlehen gewährt. Die so entstandenen *„Prämienhäuser"* sind charakteristisch für die damalige Zeit. Da die Wohnungsnot durch die Einzelansiedlungen nicht behoben werden konnte, kaufte die Bergverwaltung im Jahre 1856 größere Ländereien in der Nähe der Gruben auf. Es wurden die Bergmannssiedlungen — *Kolonien* genannt — gegründet (HOPPSTÄDTER/MATHIAS 1957, S. 28 f.). Im Unterschied zu den gleichnamigen Siedlungen anderer Reviere setzen Kolonien sich im Saarland überwiegend aus Eigenheimen der Bergleute und nicht aus Werkswohnungen oder -häusern zusammen. Es entstanden so die Kolonie Elversberg (ein Distrikt zur Grube Sulzbach-Altenwald gehörig), ein weiterer Distrikt (Grube Heinitz), die Kolonien Herrensohr und Dieselten (Grube Jägersfreude-

Dudweiler) und die Kolonien Kleinheiligenwald und Großheiligenwald (Grube Reden). Im Jahre 1856 wurden die Bergmannsdörfer Elversberg, Heiligenwald, Altenwald, Hühnerfeld, Herrensohr und Friedrichsthal offiziell gegründet (HILD 1960, S. 9). Allen diesen Siedlungen ist – trotz erheblicher Veränderungsdynamik – ihre ursprüngliche Entstehung bis heute anzusehen.

Neben diesen aus umfassender Planung entstandenen Siedlungen gab es auch solche, die sich ohne staatliche Initiative bildeten. Ein Beispiel ist die Kolonie Michelsberg bei Wemmetsweiler. In der Regel haben die damals angelegten Arbeitersiedlungen den Flurnamen als Siedlungsnamen übernommen. Sie zeigen besonders im geschlossenen Saarkohlenwald den Charakter von jungen Rodungssiedlungen. Im Gegensatz zu den alten Dörfern sind sie auf den nebel- und flußfreien Höhen der Waldrücken angelegt worden (HOPPSTÄDTER/ MATHIAS 1957, S. 28 f. u. 64).

Neben den Bergmannssiedlungen sind als typische *Wohnsiedlungen* für Hütten- und Fabrikarbeiter Neufechingen, Neuscheidt und Schafbrücke entstanden.

7.3. Städtewesen

Die Französische Revolution und die Neuordnung der territorialen Verhältnisse auf dem linken Rheinufer durch den Wiener Kongreß brachten für Saarbrücken, Homburg und Blieskastel den Verlust der fürstlichen Residenz. Dafür zeigte sich die aufstrebende Industrie als städtebildende Kraft. Bereits 1838 wurde die bayerische Industriegemeinde St. Ingbert Stadt; 1875 wurde der Hüttenstadt Malstatt-Burbach die rheinische Städteordnung verliehen (KEYSER 1964, S. 478).

Im 19. Jh. wurde durch die industrielle Entwicklung der Grundstein für das Anwachsen der Städte entlang der mittleren Saar gelegt. Es bildete sich eine V-förmige Industrie- und Bevölkerungsagglomeration heraus, die sich von Dillingen über Völklingen und Saarbrücken nach Neunkirchen erstreckte.

Durch die bereits angesprochenen Hüttenwerke war insbesondere die Stadt *Dillingen* begünstigt. Die Siedlung dehnte sich bis zum Dillinger Wald nach Norden aus und wurde eine der größten Arbeiter- und Industriegemeinden des Saarlandes.

Die Stadt *Völklingen* war bis in die zweite Hälfte des 19. Jh. ein Dorf ohne nennenswerte gewerbliche Betätigung. Durch seine Eisenerzeugung erlangte dagegen der Nachbarort Geislautern schon früh industrielle Bedeutung. Einen enormen Aufstieg erfuhr die Siedlung Völklingen durch die Röchlingschen Eisen- und Stahlwerke. Als Folge dieser sehr schnellen Entwicklung wurde jedoch die bauliche Gestaltung der Stadt lange vernachlässigt (BORCHERDT/JENTSCH 1967, S. 189 f.). In den letzten Jahren allerdings wurden im Rahmen von Stadterneuerungsmaßnahmen erhebliche Anstrengungen unternommen, Bild und Funktionen der Stadt aufzuwerten.

St. Ingbert war ursprünglich eine von weiten Wäldern umgebene Straßensiedlung an einer wichtigen Verkehrsstraße, die Metz mit Mainz verband. Bis zum ersten Drittel des 18. Jh. beruhte die Bedeutung dieses Ortes fast ausschließlich auf dem Durchgangsverkehr (Zolleinnahmen, Vorspanndienste), z.T. auch auf

Waldnutzung (z.B. Schiffbauholz, Schweinemast). Einen bedeutenden Funktionsgewinn erfuhr die Stadt jedoch im 19. Jh mit dem Aufstieg der Grube St.Ingbert zum bedeutendsten Steinkohlenbergwerk im Königreich Bayern (KEYSER 1964, S. 535 f.). Aus der Mitte des 18. Jh. stammen die Glashütten und das Eisenwerk, das 1919 durch Verkauf an eine luxemburgische Gruppe überging (BORCHERDT/JENTSCH 1967, S. 168).

Durch den Ausbau des Eisenbahnnetzes entwickelte sich die Stadt *Homburg* zu einem Bahnknotenpunkt. Im Gefolge des Bahnbaues siedelten sich in Homburg große Industriewerke an. Besonders erwähnenswert sind die 1878 gegründete Karlsbergbrauerei sowie die Errichtung von eisenverarbeitenden Großunternehmen auf einem durch die Stadtverwaltung bereitgestellten Industriegelände um die Jahrhundertwende (BORCHERDT/JENTSCH 1967, S. 168).

Den östlichen Schwerpunkt der saarländischen Bevölkerungs- und Siedlungsagglomeration bildet die ebenfalls von der Eisenerzeugung geprägte Stadt *Neunkirchen*. Die Gemarkung gliedert sich in einen westlichen industriellen Teil und einen östlichen Wohnbereich. Die Stadt verdankt ihr schnelles Wachstum seit der Mitte des 19. Jh. gleichermaßen dem Steinkohlenbergbau wie der Eisenerzeugung, die, auf der Grundlage der Erzvorkommen im Sinnerthal, seit dem 15. Jh. zu belegen ist. Mit dem Anschluß an das pfälzische Eisenbahnnetz im Jahre 1850 wurde der Absatz der Industrien auf den süddeutschen Markt orientiert, und Neunkirchen erhielt gegenüber der kleineren Kreisstadt Ottweiler einen entscheidenden Verkehrsvorteil (BORCHERDT/JENTSCH 1967, S. 171 f.).

7.4. Ausblick

Das 19. Jahrhundert ist für die industrielle Entwicklung des Saarlandes von besonderer Bedeutung. Die erste Hälfte des Jahrhunderts ist gekennzeichnet von den technischen Erneuerungen und umfassenden Verbesserungen der lokalen Standortbedingungen; zwischen 1850 und 1890 kommt es dann zur Verkehrserschließung und dem Verbund zwischen Saarkohle, Hüttenstandorten und lothringischem Erz. Durch diesen Verbund wird jedoch eine *Einseitigkeit der Industriestruktur* verursacht, die bis weit ins 20. Jh. anhält (BORN 1980, S. 119, vgl. hierzu ausführlicher die Beiträge BRÜCHER, DÖRRENBÄCHER, JOST).

Die fortschreitende Industrialisierung mit dem damit verbundenen Arbeitskräftebedarf führt zu großen Bevölkerungsbewegungen. Während die Bevölkerungsverteilung zu Beginn des 19. Jh. noch ein Spiegelbild der naturräumlichen Verhältnisse darstellt, verursacht der um 1850 einsetzende Eisenbahnbau eine erste Mobilität, die sich in einer Abwanderung aus den industriefernen Gebieten ausdrückt. Im zweiten Drittel des 19. Jh. kommt es zu einer Bevölkerungsverdichtung in den Industriegebieten. Um 1900 zeigt sich bereits ein geschlossenes Band zwischen Neunkirchen, Saarbrücken und Dillingen.

Mit dem Anwachsen der Bevölkerung steigt auch der Bedarf an zentralen Einrichtungen in den Siedlungen. Seit dem 19. Jh. lassen sich Orte unterschiedlicher Zentralität ausgliedern, wobei Saarbrücken als wichtigstes Zentrum sowie die Städte Dillingen, Saarlouis, Völklingen, St.Ingbert und Neunkirchen innerhalb des Verdichtungsraumes, Homburg, Blieskastel, St.Wendel und Merzig außerhalb herausragen.

Exkursionshinweise

Auf die folgenden aus historisch-geographischer Sicht aussagekräftigen Exkursionsziele sei besonders hingewiesen (vgl. Abb. 13):

Berus: Stadtmauerreste
Bliesbrücken: Vicus
Blieskastel: Gollenstein, Stadtkern, ehem. Orangerie des Schlosses
Böckweiler: Klosterkirche
Dagstuhl: Schloß Dagstuhl bei Wadern
Dillingen: Wasserburg
Gräfinthal: Kapelle und Reste des Klosters
Heiligenwald: Relikte des Kohlenbergbaus
Homburg: Schloß Karlsberg, Schloßberghöhlen
Illingen: Wasserschloß
Karlsbrunn: Jagdschloß Karlsbrunn
Kirkel: Burgruine
Limbach: Wallanlage „Birg"
Merzig: Pfarrkiche St. Peter, Rathaus (ehem. Renaissanceschloß)
Mettlach: „Alter Turm", Benediktinerabtei, Burg Montclair
Münchweiler: Schloß Münchweiler bei Losheim
Nennig: römische Villa, Burg Berg
Nohfelden: Burgruine
Ottweiler: Stadtmauerreste, Bürgerhäuser
Otzenhausen: Ringwall
Reinheim: Fürstinnengrab
Rentrisch: Spellenstein
Riegelsberg: römische Flurrelikte
Saarbrücken: Mithrasdenkmal (Halberg), Barockschloß, Ludwigskirche
Saarlouis: Stadtkern, Vauban-Festung
Saarwellingen: Rathaus (ehem. Schloß)
Schwarzenacker: Vicus
Schwarzerden: Mithrasdenkmal
Siersburg: Bergfried der Burgruine
St.Ingbert: Felsrelief „Hänsel und Gretel"
St.Wendel: Pfarr- und Wallfahrtskirche, Bürgerhäuser, Rathaus (ehem. Schloß)
Tholey: Benediktinerabtei
Wadgassen: Reste der Abtei (heute Kristallglasfabrik Villeroy & Boch)
Wallerfangen: Kupferbergwerk
Wörschweiler: Ruine des Zisterzienserklosters

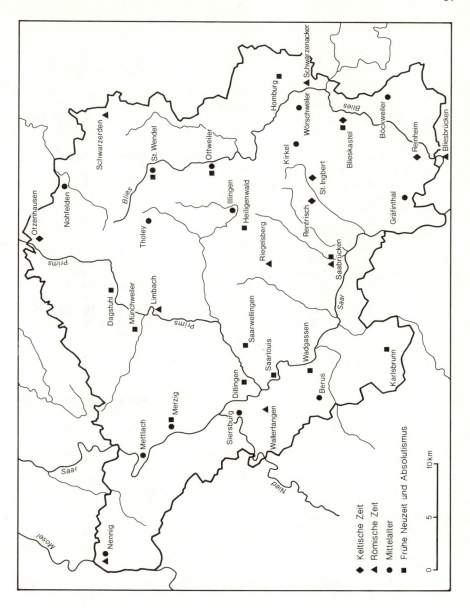

Abb. 13: Übersichtskarte mit Exkursionszielen.

Literatur

ABEL, W.: Die Wüstungen des ausgehenden Mittelalters, Stuttgart 1955.
-: Wüstungen in Deutschland. Ein Sammelbericht, Frankfurt 1967 (Zeitschrift für Agrargeschichte und Agrarsoziologie, Sonderheft 2).
AMMON, W.: Eisenerzeugende Industrie. – In: MATHIAS, K. (Hrsg.): Wirtschaftsgeographie des Saarlandes, Saarbrücken 1980, S. 170-207.
AUBIN, H.: Der Anteil der Germanen am Wiederaufbau des Abendlandes nach der Völkerwanderung, Brüssel 1944 (Veröffentlichungen des Deutschen Instituts, Kleine Schriften, Bd. 5).
BACKES, M.: Burgen und Schlösser an Mosel und Saar. Ein Burgen-und Reiseführer von Koblenz bis Saarbrücken, Neuwied 1964.
BERNATH, V.: Landwirtschaftliche Spezialkulturen im mittleren Saartal, Saarbrücken 1965 (Veröffentlichungen des Instituts für Landeskunde des Saarlandes, Bd. 12).
BOG, I.: Dorfgemeinde, Freiheit und Unfreiheit in Franken, Stuttgart 1956.
BORCHERDT, CHR./JENTSCH, CHR.: Die Städte im Saarland in geographisch-landeskundlichen Kurzbeschreibungen. – Berichte zur deutschen Landeskunde, 38 (1967), S. 161-191.
BORN, M.: Römerzeitliche Flurrelikte im Saarkohlenwald. – Berichte der Staatlichen Denkmalpflege im Saarland, 19 (1972), S. 73-88.
-: Die Entwicklung der deutschen Agrarlandschaft, Darmstadt 1974 (Erträge der Forschung, Bd. 29) (=1974a).
-: Zur Entstehung der Gehöferschaften. – In: GREES, H. (Hrsg.): Die europäische Kulturlandschaft im Wandel, Kiel 1974, S. 25-32 (Festschrift für K.H. Schröder) (= 1974b).
-: Geographie der ländlichen Siedlungen, Band 1, Stuttgart 1977 (= 1977a).
-: Stand und Aufgaben der Wüstungsforschung. – Zeitschrift für die Geschichte der Saargegend, 25 (1977), S. 193-206 (= 1977b).
-: Geographische Landeskunde des Saarlandes, Saarbrücken 1980.
BUCHLEITNER, H.-P.: Ludweiler-Warndt 1604-1954. Eine Quellenstudie zum 350-jährigen Bestehen der ehemaligen Hugenottensiedlung, Saarbrücken 1954.
BUNGERT, G.: Zur Sonderentwicklung der Saargegend im 19. Jahrhundert, Saarbrücken 1978.
CONRAD, H.-G.: Römischer Bergbau. – Berichte der Staatlichen Denkmalpflege im Saarland 15 (1968), S. 113-125.
CÜPPERS, H. (Red.) u.a.: Die Römer an Mosel und Saar, Mainz 1983 (Schriftenreihe der Regionalkommission Lothringen/Luxemburg/Rheinland-Pfalz/Saarland, Bd. 8).
DEHN, W.: Der Ring von Otzenhausen. – In: BECKER, E. (Hrsg.): 140 Jahre Amt Nonnweiler I, St. Wendel 1958, S. 187-195.
DRAGENDORFF, H.: Westdeutschland zur Römerzeit, 2. Auflage, Leipzig 1919.
DÜSTERLOH, D.: Beiträge zur Kulturgeographie des Niederbergisch-Märkischen Hügellandes, Göttingen 1967 (Göttinger Geographische Abhandlungen, H. 38).
DUVAL, P.-M.: Die Kelten, 1978.
ENGELS, H.: Die Ortsnamen an Mosel, Sauer und Saar und ihre Bedeutung für eine Besiedlungsgeschichte, 1961 (Schriftenreihe zur Trierischen Landesgeschichte und Volkskunde, Bd. 7).
FEHN, K.: Räumliche Bevölkerungsbewegung im saarländischen Bergbau- und Industriegebiet während des 19. und frühen 20. Jahrhunderts. – Mitteilungen der geographischen Gesellschaft in München, 59 (1974), S. 57-73.
FLIEDNER, D.: Aufgaben der genetischen Siedlungsforschung in Mitteleuropa aus der Sicht der Siedlungsgeographie. – Berichte zur deutschen Landeskunde, 50 (1976), S. 55-83.
HAGEN, J.: Römerstraßen der Rheinlande, Geschichtlicher Atlas der Rheinprovinz, Bonn 1923.

HARD, G.: Plangewannfluren aus der Zeit um 1700. Zur Flurformengenese in Westpfalz und Saargegend. – Rheinische Vierteljahresblätter, 29 (1964) 1/4, S. 293-314.
HAUBRICHS, W.: Siedlungsnamen und frühe Raumorganisation im oberen Saargau. -In: HAUBRICHS, W./RAMGE, H. (Hrsg.): Zwischen den Sprachen, Saarbrücken 1983, S. 221-287.
–: Germanophone Dialekte in Lothringen. – In: BRÜCHER, W./FRANKE, P. (Hrsg.): Probleme von Grenzregionen: Das Beispiel Saar-Lor-Lux-Raum, Saarbrücken 1987, S. 99-121.
HILD, H.: Die Entstehung der Industriedörfer im Sulzbachtal. – Saarheimat, 4 (1960), S. 8-9.
–: Dörfer, Städte, Schlösser an der Saar. Alte Karten und Ansichten, Saarbrücken 1966.
HILLEBRECHT, M.-L.: Die Relikte der Holzkohlewirtschaft als Indikation für Waldnutzung und Waldentwicklung, Göttingen 1982 (Göttinger Geographische Abhandlungen, H. 79).
HINKELMANN, D.: Das Mithrasdenkmal zwischen Reichweiler und Schwarzerden im Landkreis Kusel, Kusel 1976.
HINRICHS, F. T.: Geschichte der gromatischen Institutionen. Untersuchungen zu Landverteilung, Landvermessung, Bodenverwaltung und Bodenrecht im römischen Reich, Wiesbaden 1974.
HINZ, H.: Die Landwirtschaft im römischen Rheinland. – Rheinische Vierteljahresblätter, 36 (1972) 1/4, S. 1-27.
HOPPSTÄDTER, K.: Die Burgen Berg und Bübingen bei Nennig. – Saarbrücker Hefte 8 (1958), S. 84-92.
–:/HERRMANN, H.-W.: Geschichtliche Landeskunde des Saarlandes, Saarbrücken 1960 (Mitteilungen des Historischen Vereins für die Saargegend, Bd. 1).
–:/MATHIAS, K.: Siedlungskunde des Saarlandes. Eine geographische Darstellung der Siedlungsgeschichte und der Haus- und Siedlungsformen, Wiebelskirchen 1957.
HUTTENLOCHER, F.: Gewanndorf und Weiler. – 27. Deutscher Geographentag München 1948, S. 147-154 (Tagungsbericht und wissenschaftliche Abhandlungen 1950/51).
JACOB, A.: Wiederaufbau vor 300 Jahren (mit besonderer Berücksichtigung des saarlothringischen Grenzgebietes). – Neues Trierisches Jahrbuch 1962, S. 34-40.
JÄGER, H. (Hrsg.): Methodisches Handbuch für Heimatforschung in Niedersachsen, Hildesheim 1965.
–: Der Dreißigjährige Krieg und die deutsche Kulturlandschaft. – In: HAUSHOFER, H./ BOELCKE, W.A.: Wege und Forschungen der Agrargeschichte, Frankfurt 1967, S. 130-145.
–: Historische Geographie, Braunschweig 1969.
KAUFHOLD, K.-H.: Gewerbelandschaften der frühen Neuzeit. – In: POHL, H. (Hrsg.): Gewerbe- und Industrielandschaften vom Spätmittelalter bis ins 20. Jahrhundert, Stuttgart 1986, S. 112-202.
KELLER, J.: Das keltische Fürstengrab von Reinheim. – Saarbrücker Hefte 1 (1955), S. 62-69.
KEYSER, E. (Hrsg.): Deutsches Städtebuch, Band IV, Südwest-Deutschland, Stuttgart 1964.
KLEIN, W./RUG, K.: Die Wüstung Arshofen im Köllertal. Berichte der Staatlichen Denkmalpflege im Saarland 23 (1976), S. 77-83.
KLEWITZ, M.: Das Saarland, 2. Auflage 1968.
–: Schlösser im Saarland. – Saarbrücker Bergmannskalender (1979), S. 55-59.
KLOEVEKORN, F.: Das Saargebiet, seine Struktur, seine Probleme, Saarbrücken 1929.
KOLLING, A.: Die römische Villa in Sotzweiler. – Berichte der Staatlichen Denkmalpflege im Saarland, 10 (1963), S. 71-87.
–: Das römische und mittelalterliche Böckweiler. – In: *Führer zu vor- und frühgeschichtlichen Denkmälern*, Bd. V, Saarland, Mainz 1966, S. 139-144.
–: Ein neues Schwertgrab der späten Bronzezeit von Mimbach (Kreis Homburg-Saar). – Berichte der Staatlichen Denkmalpflege im Saarland 17 (1970), S. 41-55.
–: Funde aus der Römerstadt Schwarzenacker und ihrer nahen Umgebung. Bilder und Texte, Einöd/Saar 1971.

—: Schwarzenacker an der Blies. — Bonner Jahrbücher 172 (1972), S. 238-257.
—: Führer durch das Freilichtmuseum Römerhaus Schwarzenacker in Homburg-Saar, Schwarzenacker, Stiftung Römerhaus 1974.
—: Zum Bau- und Siedlungswesen im südlichen Teil der Provinz Belgica. — Berichte der Staatlichen Denkmalpflege im Saarland 24 (1977), S. 29-63.
—: Die Jupitergigantensäule im Blumengarten Bexbach. — Saarheimat 22 (1978) 8, S. 241- 243.
Konz, J.: Kloster Wörschweiler. — Saarpfalz-Blätter für Geschichte und Volkskunde, (1983), S. 18-25.
Krackenberger, H.: Das Kloster Gräfinthal. — Saarheimat, 1 (1957), S. 28-29.
Krenzlin, A.: Blockflur, Langstreifenflur und Gewannflur als Funktion agrarischer Nutzungssysteme in Deutschland. — Berichte zur deutschen Landeskunde, 20 (1958), S. 250-266.
—:/Reusch, L.: Die Entstehung der Gewannflur nach Untersuchungen im nördlichen Unterfranken. — Frankfurter Geographische Hefte, 35 (1961) 1.
Langenbeck, F.: Ortsnamenbewegungen und -wandlungen im südwestdeutschen Raum. — Berichte zur deutschen Landeskunde, 13 (1954), S. 171-198.
Laufer, W.: Bevölkerungs- und siedlungsgeschichtliche Aspekte der Industrialisierung an der Saar. — Zeitschrift für die Geschichte der Saargegend, XXIX (1981), S. 122-164.
Limberg, A. von: Geschichte des Saarlandes, Saarlouis 1948.
Litzenburger, L.: Die Wirtschaftsgeschichte des Zisterzienserklosters Werschweiler. — Archiv für Mittelrheinische Kirchengeschichte, 3 (1951), S. 145-186.
Martin, F.: Saarland — ein landeskundlicher Abriß. Die saarländische Wirtschaft. Die Eisenindustrie (2)+(3). — Saarheimat, 16 (1972), H. 9, S. 180-182 u. H. 10, S. 200-204.
Maurer, J.: Eine historisch-geographische Bestandsaufnahme von Riegelsberg, Saarbrücken 1985 (Diplomarbeit, Fachrichtung Geographie, Universität des Saarlandes).
Menghin, W.: Kelten, Römer und Germanen, 1980.
Moreau, J.: Die Welt der Kelten. — Saarbrücker Hefte 11 (1960), S. 17-32.
Müller, H.J.: Der Oberkirchener Achatbergbau, Saarbrücken 1983 (Wissenschaftliche Arbeit zur Prüfung für das Lehramt an Gymnasien, Fachrichtung Geographie, Universität des Saarlandes).
Müller-Wille, W.: Die spätmittelalterlich-frühneuzeitliche Kulturlandschaft und ihre Wandlungen. — Berichte zur deutschen Landeskunde, 29 (1957), S. 187-200.
Otremba, E.: Zur Entwicklungsgeschichte der Flurformen im deutschen Altsiedelland. — Berichte zur deutschen Landeskunde, 9 (1951), S. 363-381.
Overbeck, H.: Die Saarwirtschaft um 1800. Eine historisch-wirtschaftsgeographische Studie. — Vierteljahresschrift für Sozial- und Wirtschaftsgeschichte, 27 (1934) 3, S. 209-234.
Petrikovits, H. von: Die Rheinlande in römischer Zeit mit einem Überblick über die rheinische Urgeschichte, Düsseldorf 1980.
Petry, L. (Hrsg.): Handbuch der historischen Stätten Deutschlands, Bd. 5, Rheinland-Pfalz und Saarland, Stuttgart 1959.
Pfister, M.: Galloromanische Relikte in der Toponomastik Ostlothringens und des Saarlandes. — In: Haubrichs, W./Ramge, H. (Hrsg.): Zwischen den Sprachen, Saarbrücken 1983, S. 121-152.
Pöhlmann, C.: Die älteste Geschichte des Bliesgaues, Teil I, Saarbrücken 1925 (Veröffentlichungen der Pfälzischen Gesellschaft zur Förderung der Wissenschaft).
Prediger, A.: Neuerung und Erhaltung im ländlichen Raum, Saarbrücken 1986 (Arbeiten aus dem Geographischen Institut der Universität des Saarlandes, Bd. 30).
Rassier, P.: Geschichte der Ottweiler Mühlen. Mit Beiträgen zur Mühlengeschichte, Mühlentechnik und zum Zunft- und Innungswesen der Müller, Ottweiler 1974.
Reinhard, W.: Archäologische Projekte im Saar-Pfalz-Kreis. — Saarpfalz-Blätter für Geschichte und Volkskunde, (1987) 2, S. 44-53.

RIED, H.: Flurformen im Saarland. — Saarbrücker Hefte 13 (1961), S. 80-86.
RUG, K.: Siedlungsgeschichtliche Fragen im Saarbrücker Raum, erläutert am Beispiel des Köllertales. — Rheinische Vierteljahresblätter 18 (1953), S. 55-67.
SCHÄHLE, W.: Merowingerzeitliche Frauengräber aus Güdingen.—Berichte der Staatlichen Denkmalpflege im Saarland, 8 (1961), S. 11-22.
SCHARLAU, K.: Beiträge zur geographischen Betrachtung von Wüstungen. — Freiburg i.B./ Heidelberg 1933 (Badische Geographische Abhandlungen, Bd. 10).
SCHENK, C.: Die Klosterkirche von Böckweiler. — Berichte der Staatlichen Denkmalpflege im Saarland, 6 (1953), S. 57-82.
SCHEER, M. (Red.): Der Hunnenring — größte prähistorische Wallanlage Europas. — In: Beschreibungen der Sehenswürdigkeiten in den Gemeinden Nonnweiler und Tholey, Nonnweiler 1984.
SCHINDLER, R.: Restaurierung und Ausgrabung am römischen Mosaik in Nennig. — Berichte der Staatlichen Denkmalpflege im Saarland, 8 (1961), S. 66-72.
-: Das römische Mosaik von Nennig, Führungsblatt 1 des Staatlichen Konservatoramtes Saarbrücken, Saarbrücken 1962.
-: Bericht über die Forschungsgrabungen im römischen Pachten. — Berichte der Staatlichen Denkmalpflege im Saarland, 11 (1964), S. 5-49 (= 1964a).
-: Die galloromischen und germanischen Grundlagen der Kultur des Saarlandes.—Saarheimat, 8 (1964), S. 33-43 (= 1964b).
-: Der Ringwall von Otzenhausen, Führungsblatt 4 des Staatlichen Konservatoramtes Saarbrücken, Saarbrücken 1965.
-: Das Saarland in römischer Zeit. — In: *Führer zu vor- und frühgeschichtlichen Denkmälern*, Bd. V, Saarland, Mainz 1966 (= 1966a), S. 46-70.
-: Die römische Villa von Nennig und ihr Mosaik.—In: *Führer zu vor- und frühgeschichtlichen Denkmälern*, Bd. V, Saarland, Mainz 1966 (= 1966b), S. 185-188.
-: Die Altburg von Bundenbach, Mainz 1977 (Trierer Grabungen und Forschungen, Bd. 10).
SCHLÜTER, O.: Die Siedlungen im nordöstlichen Thüringen, Berlin 1903.
SCHMOLL, J. A.: Die mittelalterlichen Bauten der ehemaligen Zisterzienserabtei auf dem Wörschweiler Klosterberg. — Berichte der Staatlichen Denkmalpflege im Saarland, 9 (1962), S. 57-69.
SCHNEIDER, H.: Die naturräumlichen Einheiten auf Blatt 159 Saarbrücken, Saarbrücken 1972.
SCHNUR, C: Der mittelalterliche Ausbau des saarländischen Siedlungssystems. — Unsere Saar, 5/6 (1930/31), S. 4-6.
SCHNUR, W.: Der Eisenerzbergbau im 18. und 19. Jahrhundert am Beispiel des Eisenberges bei Wahlen und der Dörrenbacher Schütten bei Gresaubach aus historisch-geographischer Sicht, Saarbrücken 1981 (Wissenschaftliche Arbeit zur Prüfung für das Lehramt an Realschulen, Fachrichtung Geographie, Universität des Saarlandes).
SCHOEPFLIN, J. D.: Alsatia illustrata, Band 1, Colmar 1751.
SCHULER, H: Erzbergbau an der Saar im 18. und 19. Jahrhundert.—Saarheimat, 16 (1972) 10, S. 205-209.
SICK, W.-D.: Siedlungsschichten und Siedlungsformen. Vorarbeiten zum Sachbuch der alemannischen und südwestdeutschen Geschichte 1, Freiburg i. Br. 1972.
SLOTTA, D.: Die Auswirkungen des Steinkohlenbergbaus auf das Relief des Saarkohlenwaldes, Saarbrücken 1987 (Diplomarbeit, Fachrichtung Geographie, Universität des Saarlandes).
SLOTTA, R.: Förderturm und Bergmannshaus. Vom Bergbau an der Saar, Saarbrücken 1979.
STAERK, D.: Die Wüstungen des Saarlandes, Saarbrücken 1976.
VOLKELT, P.: Die Bauskulptur und Austattungsbildnerei des frühen und hohen Mittelalters im Saarland, Saarbrücken 1969 (Veröffentlichungen des Instituts für Landeskunde des Saarlandes, Bd. 16).

WEISENSTEIN, K.: Die Hugenotten im Warndt: eine religiös begründete Gemeinschaft und ihr Einfluß auf den Raum, Differten 1985 (Wissenschaftliche Arbeit zur Prüfung für das Lehramt an Gymnasien, Fachrichtung Geographie, Universität des Saarlandes).
WEISGERBER, G.: Die „Birg" bei Limbach, Kreis Saarlouis. — In: *Führer zu vor- und frühgeschichtlichen Denkmälern*, Bd. V, Saarland, Mainz 1966, S. 190-194.
WENSKUS, R.: Stammesbildung und Verfassung. Das Werden der frühmittelalterlichen Gentes, Köln/Graz 1961.
WERNER, J.: Zur Entstehung der Reihengräberzivilisation. — Archaeologia Geographica, 1 (1950), S. 23-32.
WEYAND, H.: Untersuchungen zur Entwicklung saarländischer Dörfer und ihrer Fluren, Saarbrücken 1969 (Arbeiten aus dem Geographischen Institut der Universität des Saarlandes, Bd.12).
ZSCHOCKE, R.: Siedlungsgeographische Untersuchungen der Gehöferschaften im Bereich von Saar-Ruwer-Prims, Wiesbaden 1969 (Kölner Geographische Arbeiten H. 22).
-: Die Kulturlandschaft des Hunsrücks, Wiesbaden 1970 (Kölner Geographische Arbeiten, H. 24).
Saarbrücker Zeitung vom 09.03.1988, Ausgabe Saarbrücken.
Saarbrücker Zeitung vom 02.01.1989, Ausgabe Saarbrücken.

Karten

BORCHERDT, CHR./JENTSCH, CHR.: Ortsformenbeispiele I. Schiffweiler 1782.—In: AMMANN, H./MEYNEN, E. (Hrsg.): Geschichtlicher Atlas für das Land an der Saar, Institut für Landeskunde des Saarlandes, Saarbrücken 1975.
KOLLING, A./SCHINDLER, R.: Vor- und Frühgeschichte III. Übersichtskarte zur Römerzeit. —In: AMMANN, H./MEYNEN, E.: Geschichtlicher Atlas für das Land an der Saar, Institut für Landeskunde des Saarlandes, Saarbrücken 1965.
-: Vor- und Frühgeschichte V. Vorgeschichtliche Bergbefestigungen. Hunnenring bei Otzenhausen.—In: AMMANN, H./MEYNEN, E.Geschichtlicher Atlas für das Land an der Saar, Institut für Landeskunde des Saarlandes, Saarbrücken 1971.
Deutsche Grundkarte 1:5000, Blatt 7868 Heiligenwald.

SOYEZ, D./BRÜCHER, W./FLIEDNER, D./LÖFFLER, E./QUASTEN, H./WAGNER, J. M. (Hrsg.): Das Saarland. Bd. 1: Beharrung und Wandel in einem peripheren Grenzraum, Saarbrücken 1989 (Arbeiten aus dem Geographischen Institut der Universität des Saarlandes, Bd. 36).

Saarbrücken — eine historisch-geographische Skizze

Werner Habicht

1. Die Großstadt Saarbrücken im Industriezeitalter

Durch einen *Verwaltungsakt* wurden am 1. April 1909 die drei selbständigen, unmittelbar aneinandergrenzenden Saarstädte *Saarbrücken* mit dem 1896 eingemeindeten St.Arnual, *St.Johann* mit dem südlichsten Teil von Jägersfreude und *Malstatt-Burbach* mit dem Ortsteil Rußhütte zu einer Großstadt zusammengeschlossen (HERRMANN 1989, S. 7). Neben Straßburg, Mainz und Köln war Saarbrücken die größte Stadt des damaligen Deutschen Reiches links des Rheines (FEHN 1974, S. 105 f., KLEIN 1983, S. 57).

Jede der drei Teilstädte verwaltete ein *anderes Erbe*, brachte *andere Funktionen* und eine *andersartig zusammengesetzte Bevölkerung* mit. Saarbrücken gewann dadurch — ungleich mehr als andere Großstädte dieser Zeit — an *Vielfalt*: es war zugleich Industrie-, Handels-, Verwaltungs- und Garnisonstadt. Es war längst der wichtigste Verkehrsknotenpunkt und der bedeutendste Güterumschlagplatz im Regierungsbezirk Trier geworden und dies nicht nur für Produkte der Montanindustrie. Zudem war es Mittelpunkt sowohl des Saarbrücker Kohlenreviers als auch — seit dem Frankfurter Frieden (1871) — für das westlich unmittelbar anschließende lothringische Kohlenrevier. Mit wesentlich mehr als einer Million Menschen nahmen beide Reviere hinter dem Ruhrgebiet und Oberschlesien innerhalb der Schwerindustriegebiete des Reiches den dritten Platz ein. Als sich die beiden Reviere sowie das benachbarte Luxemburg — obwohl seit 1867 als Staat selbständig, gehörte es noch zum deutschen Zollgebiet — zum *Südwest-Industrieverbund* zusammenschlossen, erschien Saarbrücken den Führungskräften von Bergbau und Industrie als geeigneter Verwaltungssitz (Saarbrücken 1960, S. 17 f.).

Bergbau sowie Eisen- und Stahlerzeugung waren in dieser Zeit nicht nur Arbeitgeber für mehr als 100 000 Arbeitskräfte, sie schufen auch die Nachfrage nach Produkten der eisenverarbeitenden Industrie, insbesondere des Maschinenbaues. Zahlreiche Handwerksbetriebe stellten sich darauf ein und entwickelten sich zu Industriebetrieben mit hohen Beschäftigtenzahlen. Mehrere von ihnen gewannen über den regionalen Markt hinaus auch Bedeutung für den nationalen und internationalen Markt. Es war nur die Frage, wie lange Saarbrücken für diese expandierenden Betriebe die nötige Infrastruktur und den Raum zur Erweiterung würde bereithalten können. Die zunehmende Bevölkerung schuf auch die entsprechende Nachfrage auf dem Bau- und Wohnungsmarkt sowie für die Konsumgüterindustrie (Saarbrücken 1960, S. 18 ff.).

Die hoffnungsvolle *Aufwärtsentwicklung* kam im zweiten Jahrzehnt unseres Jahrhunderts zum *Erliegen*; seither haben sich alle Lebens- und Wirtschaftsbereiche an der Saar grundlegend geändert (Saarbrücken 1959, S. 167 ff.). Durch zwei verlorene Kriege wurde Saarbrücken – wie vor 1871 – wieder zur *Grenzstadt*, einer funktionalen Weiterentwicklung nach Süden stand damit die Staatsgrenze entgegen. Seitdem ist die Grenzlage im Guten wie im Schlechten ein bestimmendes Merkmal der Stadtentwicklung geblieben. Saarbrücken wurde durch die Grenze zwar Regierungssitz, aber es wurde Hauptstadt eines Grenzlandes, das zweimal von Deutschland abgetrennt und viermal in wenigen Jahrzehnten seine Zugehörigkeit zu einem Wirtschafts- und Währungsraum wechseln mußte (KRAJEWSKI 1959, S. 9 ff., Saarbrücken 1989, S. 163).

Durch Bombardierung und zweimalige Evakuierung seiner Bevölkerung gingen wesentliche Teile des alten Saarbrückens zugrunde. Eine glückliche Fügung wollte es, daß der Wiederaufbau und die Weiterentwicklung des Stadtkörpers weder den bombastischen städtebaulichen Planungen Nazi-Deutschlands noch den Überlegungen Frankreichs, so wie sie zunächst vorgesehen waren, folgen mußten. Gleich anderen mitteleuropäischen Großstädten, die durch den Krieg weitgehend zerstört waren, durfte es in Versuch und Irrtum seinen eigenen Weg suchen, der sich zeitweise auch dem Konzept der autogerechten Stadt verpflichtet sah, der aber im letzten Jahrzehnt konsequent dem dauernden Aufenthalt des Menschen in der Innenstadt Priorität einräumt und an dessen vorläufigem Endpunkt heute ein sehr individuell geprägter, stark durchgrünter Stadtkörper steht, der viel gewachsene Struktur aufzuweisen hat (NIEDNER 1989, S. 7).

Wirtschaftlich haben sich durch die *Kohlen- und Stahlkrise* in der Gegenwart erhebliche Veränderungen ergeben. Der Rückgang der Bevölkerungszahl von 205 000 nach der letzten Eingemeindung (1974) auf 184 353 Einwohner (1987) signalisiert die *Probleme der wirtschaftlichen Umstrukturierung*: Der Bergbau ist unter der gesamten Saarbrücker Gemarkung eingestellt, die Übertageanlagen bestehen noch aus einem Wetterschacht und einem Reparaturbetrieb für den Schildausbau unter Tage, die Burbacher Hütte hat ihre Flüssigphase stillgelegt, d.h. sie stellt weder Eisen noch Stahl her, sondern walzt mit ca. 600 Beschäftigten Stahl zu Stabstahl und Draht (vgl. Beiträge BRÜCHER, DÖRRENBÄCHER, JOST). Noch immer ist Saarbrücken der wichtigste und vielseitigste Industriestandort des Landes, aber die Branchen haben sich stark verändert (s. hierzu vor allem GIERSCH). Die Ausweitung des tertiären Wirtschaftsbereiches hat die in der Schwerindustrie verlorengegangenen Arbeitsplätze zwar ausgleichen können, trotzdem zeigt die Zahl von 22 000 Arbeitslosen (1988), daß die wirtschaftlichen und sozialen Probleme der Umstrukturierung noch nicht gelöst sind.

Neue Funktionen als Landeshauptstadt, als Messe- und Kongreßstadt, als Schul- und Universitätsstandort wurden hinzugewonnen, dafür gingen andere verloren: so die Funktion einer Garnison und eines Standortes für höhere militärische Stäbe, die des Hafens und des Hauptumschlagplatzes für Produkte der Montanindustrie, ebenso, wie erwähnt, die Funktion eines Hüttenstandortes und eines Förderstandortes für Steinkohle (SCHLEIDEN 1973, 1989).

Das herausragendste politische Ereignis der letzten Jahrzehnte war die *Rückkehr des Saarlandes nach Deutschland* und die darauf aufbauende *Aussöhnung zwischen Deutschland und Frankreich* (vgl. auch REITEL), die die Saarländer zu verläßlichen Partnern der Franzosen und zu nimmermüden Vermittlern französischer Kultur und Lebensart nach Deutschland hinein werden ließ.

Anzeichen dafür liefert unter anderem das *Stadtbild*, die *Verhaltensweise* der Saarbrücker und nicht zuletzt ihre *Gastronomie*. Das Winterbergdenkmal, das die Erinnerung an den Sieg von 1871 über Frankreich wachhalten sollte, wurde nicht wieder errichtet; an seiner Stelle setzt heute das Winterbergkrankenhaus einen nicht zu übersehenden Akzent in der Saarbrücker Stadtsilhouette. Der Umdenkungsprozeß, der hier sichtbar wird, läßt sich auch am Ehrental beobachten: Der Begräbnisplatz für die Gefallenen von 1870 war bis nach dem Ersten Weltkrieg ein Wallfahrtsort des wilhelminischen Schlachtfeldtourismus (*Illustrierter Fremdenführer* 1895, S. 7, LICHNOK 1900, S. 49); auch im Zweiten Weltkrieg wurde dieser Bereich noch einmal Kampfgebiet deutscher und französischer Soldaten. Heute bildet das Ehrental den Kern des *Deutsch-Französischen Gartens*: der seit 1960 bestehende sogenannte DFG ist der Begegnung der Menschen beiderseits der Grenze gewidmet; jährlich zählt man dort über 250 000 Besucher.

Die zum 1. Januar 1974 in Kraft getretene *Gebiets- und Verwaltungsreform*, die, seit Jahrzehnten überfällig (KLEIN 1975, S. 138 ff.), einer dringenden Ausweitung der Saarbrücker Gemarkung und der Zahl der Steuerpflichtigen Rechnung trug, verdreifachte die Größe des Stadtgebietes von 53,03 km² auf 168,12 km². Die Eingemeindung der Mittelstadt Dudweiler (23 324 Einwohner) und weiterer 11 selbständiger Gemeinden in der näheren Umgebung, vorzugsweise beiderseits der Saar, brachte der Bevölkerung Saarbrückens einen Zuwachs um 85 656 Einwohner auf 209 104 Einwohner (KLEIN 1985, S. 374 ff.).

Unter den eingemeindeten Orten gab es sowohl solche mit intensiven Pendlerbeziehungen zu Saarbrücken als auch solche, die stärker auf die benachbarten Mittelzentren ausgerichtet waren. Viele der daraus resultierenden Probleme konnten bis heute noch nicht gelöst werden. Die Bevölkerung der bereits auf dem Muschelkalk des Bliesgaues gelegenen ehemals bayerischen Dörfer, die sich in Mundart, Tradition und Verhaltensweise von den Saarbrückern stark unterscheidet, wird noch Jahrzehnte brauchen, ehe sie ihre neue Zugehörigkeit akzeptiert. Aber auch in anderen mit Saarbrücken soziokulturell seit Generationen stärker verbundenen Gemeinden wie Dudweiler und Gersweiler sind — im Gegensatz zur Bevölkerung von Malstatt-Burbach im Jahre 1909 — Bestrebungen erkennbar, die *Integration* von 1974 *rückgängig* zu machen.

Die Gemarkung von Saarbrücken (BAUER 1957), die seit 1909 im wesentlichen auf das Saartal, seine Hänge und die unteren Talweitungen seiner Nebenbäche beschränkt war, greift seit der Gebietsreform von 1974 erheblich darüber hinaus. Die Ausweitung der Stadt flußabwärts setzte den 1909 mit der Eingemeindung von Malstatt-Burbach eingeschlagenen Weg fort. Der Hüttenstandort Brebach wurde zusammen mit den benachbarten Pendlerwohngemeinden Saarbrücken angegliedert. Mit der Eingemeindung von Güdingen und Bübingen kam das Motiv, das 1896 für die Eingemeindung von St. Arnual maßgebend war, nämlich ländliche Gebiete mit erheblichen Landreserven für die Ausweisung sowohl von Wohn- als auch von Gewerbegebieten zu bekommen, erneut zum Tragen. Die Eingemeindung der Orte im unteren Scheidtertal ist in diesen Zusammenhang zu stellen.

Die Eingemeindung hat den bisher von der Stadt Saarbrücken im Tal und an den Talhängen der Saar und ihren unteren Nebentälern eingenommenen Naturräumen neue hinzugefügt. Im Osten greift die Stadt seitdem bis auf die agrarisch genutzten Hochflächen und die tief eingeschnittenen Täler des Bliesgaues aus, im Norden und Westen wurden traditionelle Bergarbeiterwohngemeinden auf dem Oberkarbon des Saarbrücker Kohlensattels eingemeindet, die ihre monofunktionale Struktur verloren haben und zu Pendlerwohngemeinden geworden sind. Die Errichtung zweier neuer Trabantenstädte (Eschberg und Folsterhöhe) mit etwa 12 000 bzw. 7 000 Einwohnern lösten in den 1960er Jahren die dringendsten Wohnprobleme (KRAJEWSKI 1968, S. 64 ff.).

Wenn die Land- und Forstwirtschaft auf der Gemarkung von Saarbrücken wirtschaftlich auch keine Rolle spielt, so sind doch 46,6% des Stadtgebietes mit Wald bedeckt und weitere 30% mit Grünland. Dies sind Werte, die das hohe *Naherholungsangebot* des Stadtgebietes ausweisen. Saarbrücken ist im Bereich von oberem Sandstein und Karbon von Wald umgeben, der an mehreren Stellen bis an den Kern der Stadt heranreicht und alte und erst seit kurzem zugehörige Stadtteile trennt.

Heute hat sich die Stadt Saarbrücken wirtschaftlich und kulturell gegenüber den benachbarten großen Städten Trier, Mainz, Kaiserslautern, Nancy und vor allem Metz zu behaupten, die sich ihrerseits in den letzten Jahren stark entwickelt haben. Aber auch an den Angeboten saarländischer Mittelstädte, vorab von Homburg und Saarlouis, muß die Stadt sich messen lassen, wenn heute Wohn-und Investitionsstandorte gewählt werden. Saarbrücken weist noch immer Rückstände auf, die aus seiner *geschichtlichen Benachteiligung* herrühren. Viele Probleme wie das der Verkehrsbewältigung und -beruhigung, die Beseitigung industrieller Altlasten, Neuansiedlung von Industrie und Gewerbe und damit Gewinnung neuer Arbeitsplätze, Sanierung und Revitalisierung innerstädtischer Bereiche stellen sich auch andernorts; in Saarbücken aber stellen sie sich extremer und damit sichtbarer.

2. Die geographische Lage

Saarbrücken entstand an der Grenze zweier *unterschiedlicher*—von Buntsandstein und Oberkarbon geprägter — *Naturräume* am Mittellauf der Saar, deren erodierende Tätigkeit hier ein breites Tal mit weiten Terrassenflächen ausgeräumt hatte (RIED 1958, S. 17 ff., LIEDTKE 1974, S. 27 ff., vgl. auch Beitrag BOHRER/GOEDICKE, Bd. 2). Hier treffen im Südwesten Pariser Becken und im Nordosten das Saar-Nahe-Bergland zusammen. Letzteres, selbst nur von mäßiger Verkehrsgunst, schiebt sich zwischen die verkehrsfeindlichen Blöcke des Rheinischen Schiefergebirges und des Pfälzer Waldes und bietet sich damit als Verkehrsraum zwischen Oberrhein und innerem Pariser Becken an.

Die aus den Vogesen kommende Saar verläßt hier das lothringische Schichtstufenland und schneidet quer zum varistischen Streichen, das den Verlauf der Täler und Höhenzüge bestimmt, die älteren Gesteine an, die hier den Saarkohlensattel aufbauen. Das Hindernis, das der Fluß dem Verkehr bietet, wird dadurch gemindert, daß er durch seine westlichen Zuflüsse alle triadischen Schichtstufen zerlegt und damit leichter überwindbar macht. Seine östlichen Zuflüsse erschließen in ihren Tälern das produktive Karbon und vergrößern die Verkehrsgunst nach Osten.

Die *Altstraße*, die das innere Pariser Becken mit dem nördlichen Oberrheingraben seit vorrömischer Zeit verbindet, kreuzte östlich der Saar eine flußbegleitende Straße, die über das Elsaß Oberitalien mit Flandern (Flandrische bzw. Lampartische Straße) in Beziehung brachte. Die an ihre Stelle getretene B 51 kreuzt noch immer die B 40 (Kaiserstraße) mit ihrer lothringischen Fortsetzung N 3; sie stellt noch immer die Bedeutung dieser Verbindung unter Beweis.

Die Anordnung der Industrie des Landes folgt schwerpunktmäßig zwei *Verkehrsachsen*: der Saarachse, die von Dillingen die Saar aufwärts bis Güdingen zieht und die Achse, die sich in ihrem Verlauf an das Sulzbachtal und die Eisenbahn bzw. Autobahn über St. Ingbert nach Homburg anlehnt. Beide Achsen schneiden sich in Saarbrücken, wo sich ihre Effekte verstärken und der wichtigste Industriestandort mit der stärksten Verkehrsausstattung entstanden ist.

Im heutigen Fernverkehrsnetz Mittel- und Westeuropas liegt Saarbrücken randlich. Es besitzt eine gewisse *Brückenfunktion* in West-Ost-Richtung, entsprechend der Verkehrsspannung zwischen Rhein-Main-Neckar-Raum und dem Pariser Becken. Hier sind in erster Linie die Eisenbahn und Bundesautobahnen sowie Straßen zwischen Mannheim und Paris zu nennen. Quer dazu, zwischen den Räumen Trier-Luxemburg und Straßburg, bestehen Autobahn- und Straßenverbindungen sowie Eisenbahnen, doch ist das Verkehrsaufkommen merklich geringer.

Die Qualität der internationalen Fernstraßen und Eisenbahnen wird den gegenwärtigen Anforderungen nicht gerecht und vermag daher die allen gegenteiligen Beteuerungen zum Trotz bestehende Randlage Saarbrückens noch nicht zu beseitigen. Ein Teil des internationalen Transitverkehrs umfährt Saarbrücken großräumig. Die deutsche Verkehrspolitik hat das Saarbrücker Industrierevier nicht immer so versorgt wie es notwendig gewesen wäre. In den Zeiten der territorialen Abtrennung verstärkten sich die Defizite. Wenn das Saarland aus dieser teilweise peripheren Lage herauskommen soll, müssen die Fernverkehrsverbindungen entscheidend verbessert werden. Dazu zählt insbesondere auch die Anbindung der Eisenbahnstrecke Saarbrücken-Mannheim an das französische und deutsche Schnellbahnsystem.

Noch auffälliger als bei Straße und Schiene sind die Benachteiligungen im Schiffahrtsverkehr. Auch in der Versorgung mit Kanälen litt der Saarraum unter seinem Grenzlandschicksal. Der wirtschaftlich besonders wichtige Kanal von Saarbrücken über Kaiserslautern nach Ludwigshafen, der Saar-Pfalz-Kanal, ließ sich bis heute nicht durchsetzen, die Kanalisierung der Saar in ihrem Unterlauf, um den Anschluß über Mosel und Rhein zum Ruhrgebiet und nach Belgien und Holland herzustellen, ist bislang erst bis Dillingen realisiert. Die augenblickliche Planung sieht vor, die Kanalisierung der Saar im Westen Saarbrückens zu beenden, um das Stadtbild zu schonen; der Beschluß bedeutet freilich den Verzicht auf die Modernisierung des Wasserstraßenanschlusses an den Oberrhein und das französische Kanalnetz. Der Saarkohlenkanal, der 1862-66 auf Betreiben Frankreichs zustandekam und den Rhein-Marne-Kanal mit Saarbrücken, Völklingen und Bous verbindet, ist nur für Schiffe bis 350 t befahrbar. Ihre Eigentümer haben überwiegend auf Grund der geringen Auftragslage in den letzten Jahren ihr Gewerbe abgemeldet (von 1976 bis 1988 gingen die Transporte von 58 000 t auf 36 000 t Fracht zurück).

Der seit der 1974 erfolgten Eingemeindung von Ensheim wieder auf der Saarbrücker Gemarkung gelegene *Flughafen* leidet trotz deutlich steigender Fluggastzahlen (1985: 150 188; 1988: 208 124 Fluggäste) unter der Konkurrenz des Flughafens Luxemburg-Findel, der ihm im internationalen Geschäft in den 1950er Jahren den Rang abgelaufen hat.

Der ursprünglich in den St.Arnualer Wiesen eingerichtete Flughafen Saarbrücken hatte am 17. September 1928 seinen Flugbetrieb mit regelmäßigen Flugverbindungen nach Frankfurt a.M., Paris und Berlin aufgenommen, denen bald Fluglinien nach München und Düsseldorf folgten. Da die Saarwiesen jedoch nicht die notwendig werdende Ausdehnung der Rollbahn erlaubten, wurde der Flughafen noch vor dem Krieg an seinen jetzigen Standort verlegt. Der Flugbetrieb kam aber bereits bei Kriegsbeginn zum Erliegen und wurde nach dem Kriege nur schleppend wieder aufgenommen. Trotz steigender Bedeutung des Saarbrücken-Ensheimer Flughafens für Wirtschaft und Tourismus im Saarraum ist die an Luxemburg verlorene internationale Bedeutung auch dann kaum zurückzugewinnen, wenn sich die französischen Pläne zu einem überregionalen lothringischen Flughafen nicht verwirklichen lassen sollten.

Die Lage Saarbrückens an der Grenze zweier bedeutender europäischer Staaten — mit etwa 100 km gleichweit von Straßburg und Luxemburg entfernt — ließ bei wohlwollender Bewertung der Wirklichkeit mitunter die Vorstellung aufkommen, *„im Herzen Europas"* zu liegen. Unter dem Einfluß der in den letzten Jahrzehnten auf immer mehr Gebieten erfolgreichen Verbesserung der Beziehungen zwischen Frankreich und der Bundesrepublik Deutschland konnte der Eindruck entstehen, Saarbrücken sei eine Stadt des Brückenschlages und „vom Rand in die Mitte" gerückt (EVEN/SECK 1970). Ob sich diese Vision nach 1992 — dem Jahr der Verwirklichung des gemeinsamen europäischen Marktes — erfüllen läßt, muß sich noch erweisen.

3. Die topographische Lage

Das Gebiet der Großstadt erstreckt sich zwischen den Stadtteilen Bübingen und Altenkessel auf beiden Talhängen der Saar sowie den Unterläufen ihrer rechten Zuflüsse. Die von Süden die Muschelkalkschichten des Bliesgaus durchbrechende Saar tritt oberhalb von Bübingen (191 m über N.N.) in die Saarbrücker Gemarkung ein und verläßt sie unterhalb der Luisenthaler Schleuse (185 m über N.N.), nachdem sie im Verbreitungsbereich des mittleren Buntsandsteins einen breiten Talbereich ausgeräumt hat. Dieser breite Talausraum setzt sich auf dem westlich anschließenden Oberkarbon, dem nur geringe Flächen von Oberrotliegendem aufliegen, fort. Im Verein mit den wasserreichen rechten Zuflüssen hat die Saar auf dieser Seite den größeren Teil des Siedlungsraumes geschaffen und breite Terrassen hinterlassen. Die wasserarmen Zuflüsse auf der Südseite der Saar vermochten zwar im Bereich von Tabaksmühlen- und Deutschmühlental (Großer Exerzierplatz) die weichen Gesteine des mittleren Buntsandsteins großflächig auszuräumen, im Bereich der härteren Gesteine, die den südlich das Saartal begleitenden Höhenzug aufbauen, aber nur kleinere Kerbtäler und Wasserrisse einzutiefen. Die auf diese Weise mit asymmetrischem Querschnitt ausgebildete Talweitung stellte dem Menschen auf engem Raum ganz unterschiedliche Siedlungsräume zur Verfügung.

Die höchsten Erhebungen der Umgebung der Stadt erreichen eine Höhe von etwa 340-380 m über N.N. Eine Reihe kleinerer Hügel und Rücken mit Höhen zwischen 220 und 300 m über N.N. beleben das Relief des Saarbrücker Ausraumbeckens.

4. Die Siedlungsentwicklung im Saarbrücker Talraum

4.1. Einleitung

Schon die ältesten Zeugnisse für eine dauerhafte Besiedlung des Saarbrücker Talraumes zeigen eine Anlehnung an die Gunst der Verkehrslage (SEYLER 1977, S. 117 ff.). Die *Verkehrsorientierung* ist auch das wichtigste, alle Epochen durchziehende Motiv der hier anzutreffenden Siedlungstätigkeit. Die Bewertung der sich kreuzenden Fernhandelsstraßen war freilich nicht zu allen Zeiten gleich. Ihr Verlauf wurde ebenso verlagert wie die Übergänge über die Saar. Einmal standen militärische Überlegungen, ein anderes Mal mehr merkantile oder Kostengründe im Vordergrund.

Wenn auch seit der Hallstattzeit alle Kulturepochen im Siedlungsraum der Stadt vertreten sind (vgl. Beitrag WEBER-DICKS), so gilt dies nicht für einen einzelnen Siedlungsteil. Kein Siedlungsteil der Stadt kann für sich in Anspruch nehmen, seit dem Beginn einer dauerhaften Besiedlung des Saarbrücker Talraumes an allen Epochen beteiligt zu sein. Die unterschiedliche Naturausstattung und die darauf basierende unterschiedliche Verteilung von Bodengunst und Bodenschätzen hatte eine unterschiedliche Inwertsetzung durch den Menschen zur Folge. Entstehen, Verlagerung und Vergehen von Siedlungszellen können deshalb bis zum Ausgang des Mittelalters beobachtet werden, berücksichtigt man die Standorte von Bergwerken, Industrie- und Gewerbebetrieben, sogar bis in die Gegenwart. Zeitweise lag der Schwerpunkt der Siedlungsentwicklung im Osten, seit der Industrialisierung ist er eher im Westen der Gemarkung zu suchen.

Stärker als die naturräumlichen Grenzen haben *Territorialgrenzen* — dies gilt mindestens seit merowingischer Zeit — die Siedlungstätigkeit im Saarbrücker Talraum behindert, Sonderentwicklungen erzwungen und im Konfliktfall Zerstörungen mit sich gebracht. Eine die heutige Gemarkung insgesamt berücksichtigende Raumplanung wurde erst seit 1974 möglich. In einem politisch geeinten Europa wird man freilich die heutige Staatsgrenze, die auf 19 km im Süden die Gemarkungsgrenze ist, nicht anders bewerten können als die früheren administrativen Grenzen. Die Benachteiligung durch politische Grenzen hält also noch an.

4.2. Die frühe Entwicklung im östlichen Talbecken

Die im frühen ersten nachchristlichen Jahrhundert nördlich der steinernen Saarbrücke am Fuße des Halbergs entstandene gallo-römische Siedlung zeigt eine Verdichtung an der Kreuzung der Fernhandelsstraße (KOLLING 1971, S. 11 ff.).

Die Handwerker- und Fuhrleutesiedlung, in deren massiven Kellern sich schon Steinkohlen fanden, erhielt nach Zerstörungen während der Germaneneinfälle im 3. und 4.Jh. um die Mitte des 4.Jh. ein Kastell (KOLLING 1966, S. 106), das, noch nicht fertiggestellt, im gleichen Jahrhundert zerstört wurde. Im frühen 5.Jh. brach hier die Siedlungstätigkeit ab, die römische Besiedlung des Saarbrücker Talraumes blieb Episode (KOLLING 1971, S.39). Der Siedlungsraum im Bereich der Fernhandelsstraßen wurde während der Völkerwanderungszeit gemieden. Daran änderte auch die Tatsache nichts, daß die merowingischen Könige sich diese Gebiete als *Königsland* vorbehielten. In dem menschenarmen Waldland ließen sie die *Königshöfe* von Völklingen, Merkingen und Behren (HAUBRICHS 1977, S. 5 ff.) anlegen und in Malstatt die zuständige *Gerichtsstätte* (HERRMANN/NOLTE 1971, S. 52 ff.). Die stückweise Vergabe ihres Besitzes an die Kirche und ihre weltlichen Gefolgsleute bestimmte in den folgenden 500 Jahren die Siedlungsentwicklung.

Um 600 erhielt Bischof Arnual von Metz das westlich der Römerbrücke angelegte Merkingen. Dieser gründete zur Christianisierung des Landes eine Kirche und berief an sie eine Klerikergemeinschaft. Die Neugründung wurde im 10.Jh. in ein Chorherrenstift umgewandelt (HERRMANN/NOLTE 1971, S.52 ff.). Zu diesem Zeitpunkt hatte sie von dem hier bestatteten Bischof den Namen übernommen, der auch den älteren Namen der zugehörigen Siedlung überdeckte (HAUBRICHS 1976, S.23 ff.). St.Arnual – mit einer großräumigen Grundherrschaft ausgestattet – wurde zum *kirchlichen und wirtschaftlichen Mittelpunkt* im östlichen Teil des Saarbrücker Talraumes und der angrenzenden Gauhochflächen beiderseits der Saar. Hier hatten die Könige inzwischen weitere Teile ihres Eigentums an fränkische Adlige und an kirchliche Institutionen in und vor Paris, Reims, Metz und Verdun vergeben (JÄSCHKE 1977, S. 132). Die Verbreitung ihrer Villikationen und Kirchengründungen zeigt aber im Gegensatz zur gallo-römischen Epoche eine Begrenzung auf die fruchtbaren Böden des unteren und mittleren Muschelkalkes. Die Siedlungsnamen auf -ingen, Bübingen, Eschringen, Fechingen, Güdingen, aber auch auf das Grundwort -heim, Bischmisheim, das seinen Gründer, den Bischof von Reims, noch verrät, und Ensheim, gehören hierzu. Die ebenfalls durch fränkische Reihengräberfriedhöfe dieser Gründungsepoche zuzuordnenden Siedlungen mit dem Suffix -dorf liegen bereits außerhalb der Saarbrücker Gemarkung.

4.3. Das Mittelalter im östlichen Talbecken (St.Arnual, Saarbrücken und St. Johann)

Das westlich an den Metzer Besitz in St.Arnual anschließende Königsland erhielt, nachdem Malstatt an das Reichskloster St.Peter in Metz vergeben war, als neuen Mittelpunkt den 2 000 m unterhalb der Römerbrücke steil aus dem Flußbett der Saar herausragenden Sandsteinfelsen. Wie die Bodenfunde ausweisen, reicht seine Besiedlung in die karolingische Zeit zurück (KOLLING 1960, S. 112 f.). Die dauernde Anwesenheit eines königlichen Beamten oder Gaugrafen macht einen besonders gestalteten Verwaltungssitz auf dem Saarbrücker Burgfelsen, zu dem im 10.Jh. schon Marktrechte gehörten, wahrscheinlich. Die *Konkurrenz* der beiden eng benachbarten Territorien war für die weitere Siedlungsentwicklung von Belang, eines suchte das andere zu annektieren. Die Beschwerden des Bischofs über die Übergriffe der Gaugrafen auf den metzischen Besitz in St.Arnual wurden 999 von Kaiser Otto III. dahingehend entschieden, daß das Metzer Bistum das Castellum Sarabruca mit Völklingen, dem Warndt und weiterem Zubehör erhielt. In der Folge änderten die Gaugrafen ihr Verhalten gegenüber dem Bistum Metz. Was mit Gewalt nicht gelang, gelang auf dem Wege der Diplomatie. Seit 1058 besaßen sie als Metzer Lehen die Saarbrücker Burg, seit 1088 waren sie die Vögte des Stiftes St.Arnual (KLEIN 1977, S. 370 f.). Wen wundert es da, wenn es trotz Fernhandelsstraße, Saarbrücke und Marktrecht in der Folgezeit nicht in St.Arnual zur Stadtbildung kam, sondern auf wesentlich weniger geeignetem Gelände bei der Burg, deren Herren sich seit 1123 Grafen von Saarbrücken nannten.

Es erstaunt, daß sie und später auch die Stadt sich nach einer Brücke benannten, die weder auf ihrem Burgbann noch in ihrem Territorium lag, während die Siedlung an der Saarbrücke in ihrem Namen darauf nicht Bezug nimmt und seit dem 5./6.Jh. Merkingen und seit dem 10.Jh. St.Arnual genannt wurde. Nach 1300 nannten sich Graf und Stadt sogar nach einer Saarbrücke, die gar nicht mehr existierte und die sie auch nicht wiederherzustellen bereit waren. Erst 1546/48 wurde zwischen Saarbrücken und St.Johann tatsächlich eine Brücke über die Saar gebaut. Eine Erklärung dafür liefert allenfalls die Erwerbspolitik der Saarbrücker Grafen (KLEIN 1977, S. 370 f.). Die ältere Burganlage von Saarbrücken war, wie ihr Zugang von der Spichererbergstraße ausweist, talaufwärts orientiert (KLEWITZ 1971, S. 292). Dazu gehörte auch eine 1317 urkundlich „das Tal" genannte Burgsiedlung an der Straße nach St.Arnual (KLEIN 1977, S. 371, KLEIN 1979, dort Karte Wachstumsphasen).

Nach 1171 legten die Grafen westlich der Burg auf der oberen Niederterrasse planmäßig eine Stadt mit *leiterförmigem Grundriß* an (KLOEVEKORN 1934, S. 37). Hinter-, Vorder- und Küfergasse durchzogen in NW-SE-Richtung die Stadt. Die schmalrechteckige Parzellierung wurde senkrecht auf die Straßen ausgerichtet. Das zügige Wachstum der Stadt hatte bereits vor 1290 vor der Marktpforte die Anlage einer Vorstadt zur Folge. Eine planmäßige Stadterweiterung führte 1412 zur Integration der Neugasse in den neuen Mauerring. 1328 stattete Graf Simon III. den Deutschherrenorden westlich vor der Stadt mit beträchtlichem Grundbesitz aus. Die darauf errichtete Kommende bestand bis zur Französischen Revolution. Von ihr gingen nur geringe siedlungsbildende Impulse aus.

Mit der Verkürzung der Handelsstraße zwischen Flandern und der Lombardei, durch die Eröffnung der Paßstraße 1234 über den St.Gotthard, wird die Steigerung des Verkehrs durch das Saartal zwischen Trier und Straßburg in Verbindung gebracht (KLEIN 1977, S. 371), aus der offenbar das seit karolingischer Zeit bestehende St.Johann Gewinn zog. In der Zeit des Interregnums oder nicht lange danach ließen die Grafen die römische Saarbrücke nicht mehr erneuern und lenkten den Verkehr über den heutigen Trillerweg und die Mainzer Straße durch Saarbrücken und St.Johann hindurch (SCHWINGEL 1960, S. 564 ff.).

Im März 1322 bestätigte der Graf der Stadt Saarbrücken ihre *Stadtrechte* und dehnte sie auf das gegenüberliegende Dorf St.Johann aus. Bis 1798 unterstand die Doppelstadt einer gemeinsamen Verwaltung. Die größere Bedeutung besaß dabei Saarbrücken, dessen Burg seit etwa 1400 *ständige Residenz* wurde.

4.4. Saarbrücken und St.Johann in der Neuzeit

Der Bau einer steinernen Brücke 1546/48 brachte zwischen Saarbrücken und St.Johann die längst fällige Verbesserung der Verkehrssituation. Der Bau mehrerer Renaissanceschlösser in der Grafschaft gipfelte 1617 in dem *Neubau des Saarbrücker Schlosses* (PURBS-HENSEL 1975).

Verheerend wirkten sich die Kriege des 17.Jh. aus. 1635 gab es in beiden Städten nur noch 70 Haushaltungen, 1677 brannten bei der Eroberung der Saarstädte durch die Reichstruppen die Franzosen Saarbrücken bis auf 7 oder 8 Häuser nieder. Die Stadtmauer von St.Johann wurde festungsmäßig mit Bastionen verstärkt (HERRMANN 1971, S.209 f.).

Der noch in der Reunionszeit einsetzende Wiederaufbau fand seinen glanzvollen Höhepunkt in dem *barocken Ausbau* beider Städte unter dem Fürsten Wilhelm-Heinrich und seinem genialen Hofbaumeister Friedrich Joachim Stengel (1694-1787) (LOHMEIER 1911, HEINZ 1954, S. 16 f. u. 1961, S. 19 f.). Noch vor Vollendung des neuen Barockschlosses, das als Dreiflügelanlage an die Stelle des Renaissanceschlosses trat, begann Stengel mit der Anlage einer *Neustadt*, in deren städtebauliche Konzeption die beiden Saarstädte und die beiden Lustschlösser Monplaisir und Ludwigsberg einbezogen wurden (SCHUBART 1971, S. 430 f.). Unter den öffentlichen Bauten sind die drei kirchlichen Neubauten besonders zu erwähnen. Während Saarbrücken am Schloß und am Ludwigsplatz seine städtischen Zentren erhielt, wurde in St.Johann 1759 der Marktplatz neu gestaltet. Vor dem Untertor von St.Johann entstand noch unter Friedrich Joachim Stengel eine Vorstadt, vor dem Obertor erst unter seinem Sohn. Das beide Saarstädte optisch einende Band war eine *einheitliche Farbgebung* aller Gebäudefronten in Grau und Weiß, zu denen die dunklen Schieferdächer in angenehmem Kontrast standen (SCHUBART 1971, S.429 f.).

Die aus 17 Großhändlern bestehende *Kranenkompagnie* ließ 1761/62 für den Holz- und Transithandel einen Kran an der Saar errichten, der in den nächsten Jahren wiederhergestellt werden soll.

Der Brand des Saarbrücker Schlosses 1793, verursacht durch die Parteigänger der Französischen Revolution, signalisierte das *Ende der Fürstenherrschaft*. Für Saarbrücken bedeutete dies den Verlust der Hofhaltung. Immerhin wurde Saarbrücken Hauptort eines Arrondissements und einer Mairie, die den Saarbrücker Talraum von Güdingen bis Gersweiler umfaßte.

Erst im Zweiten Pariser Frieden konnte die von weiten Teilen der Bevölkerung gewünschte Trennung von Frankreich Wirklichkeit werden. Sie brachte den Saarstädten den von der Kaufmannsschaft wenig begrüßten *Anschluß an Preußen* und damit die *Randlage* im südlichsten Zipfel der Rheinprovinz. Als preußische Kreisstadt unterschied sich Saarbrücken trotz einer kleinen Garnison nur unwesentlich von anderen Kreisstädten des heutigen Saarlandes. Daran änderte auch der Sitz verschiedener Behörden, darunter das Bergamt, zunächst noch wenig. Erst die 1852 eröffnete Eisenbahnlinie Saarbrücken-Ludwigshafen, die nach Metz weitergeführt wurde, leitete den wirtschaftlichen Aufschwung ein. Der Bahnhof wurde aus militärischen Überlegungen auf der rechten Saarseite nahe der 1823 bei dem Kohlrech entstandenen Bergfaktorei angelegt (KLEIN 1977, S. 374). Durch die Bebauung entlang der alten Grühlingstraße innerhalb von

St. Johann – nun Kaiserstraße genannt – und der Saartalstraße – nun Bahnhofstraße genannt – wuchs St. Johann auf den Bahnhof zu. Saarbrücken schaffte den Anschluß durch die Eisenbahnstraße und die 1865 erbaute Luisenbrücke. Mit diesen neuen bedeutenden Straßen waren den beiden Städten neue Leitlinien für ihre städtebauliche Entwicklung gegeben. Das weitere Wachstum, das nun stürmisch einsetzte, vollzog jede Stadt für sich ohne Rücksicht auf die Schwesterstadt auf der anderen Seite der Saar. Vorschub leistete dieser fatalen Entwicklung die auf Betreiben St. Johanns erfolgte Zerschlagung der Bürgermeisterei Saarbrücken. Erst 1974 konnten die 1862 voneinander getrennten Gemarkungen endlich wieder zusammengefügt werden. So betrachtet, war die Eingemeindung von St. Arnual 1896 und der Zusammenschluß der drei Saarstädte 1909 nur eine *Wiedervereinigung*. Städtebaulich konnten aber bis heute nicht alle Versäumnisse der 47 dazwischenliegenden Jahre aufgeholt werden.

St. Johann wurde als Verkehrsknotenpunkt die *Handels- und Einkaufsstadt*. Alt-Saarbrücken, wie die linke Saarstadt seit 1909 zur Unterscheidung von der Gesamtstadt genannt wird, wurde die *Behördenstadt*; Malstatt-Burbach, auf deren Gemarkung 1856/57 die Burbacher Hütte und 1865 der Kohlenhafen angelegt wurde, wurde *Industriestadt*.

Zwischen Alt-Saarbrücken und St. Arnual sowie an den Steilhängen von Triller (Schutzberg), Reppersberg und Winterberg entstand die Villengegend, nach Westen bis zur Malstatter Brücke die Miethausbebauung.

Die aus der kommunalen Vereinigung 1909 hervorgegangene Großstadt übernahm zentrale Funktionen im Wirtschafts- und Kulturleben des Industrieraumes und seines weitreichenden Einzugsgebietes. Als infolge des Versailler Vertrages das neugeschaffene „Saargebiet" für 15 Jahre der Verwaltung des Völkerbundes unterstellt wurde, wurde Saarbrücken *Landeshauptstadt*. Von 1930 bis 1945 war Saarbrücken Sitz des Reichsstatthalters. 1939/40 und 1944/45 lag die Stadt im Frontbereich und wurde evakuiert. 43% der Stadt waren völlig zerstört. Die zurückkkehrende Bevölkerung hatte die Probleme des Wiederaufbaues unter erschwerten Bedingen (NIEDNER 1989) zu lösen. Die 1942 von den Nationalsozialisten entworfenen Pläne zur Neuentwicklung der Gauhauptstadt hatten infolge des Krieges nicht weiter verfolgt werden können. Teile der Verkehrskonzeption wurden von dem Le Corbusier-Schüler Pingusson, der mit dem Wiederaufbau der zerstörten Stadt beauftragt war, aufgegriffen. Diese längst fällige Neuordnung des Straßenverkehrs konnte, zum Nachteil der Stadt, ebenso wenig durchgesetzt werden wie die flächendeckende Bebauung der zerstörten Innenstadt mit Wohnmaschinen. Das heutige Kultusministerium, als französische Botschaft für das halbautonome Saarland vorgesehen, sowie die Wohnblöcke in der Preußenstraße legen noch Zeugnis ab von der für die Innenstadt vorgesehenen Bauweise (*Bund deutscher Architekten* 1982, S. 19).

Die Arbeit der Sprengkommandos, die einsturzgefährdete Häuserfronten niederlegen sollten, artete in der City zur *Abrechnung* mit dem wilhelminischen Baustil aus. Der Wiederaufbau der Stadt durch eine demoralisierte Bevölkerung, die schnellstens zurückkehren und ein Dach über dem Kopf haben wollte, litt unter Zeitnot, Material- und Fachkräftemangel.

Die von den Nazis wie vor dem Ersten Weltkrieg vorgesehene Erweiterung des Stadtgebietes nach Weseten wurde durch das Kriegsende gegenstandslos. Die

Erweiterung der Gemarkung der Stadt bis zur Landesgrenze im Süden wurde nicht verwirklicht (HERRMANN 1959, S. 29). Die 1974 verfügten Eingemeindungen gaben der Stadt den dringend notwendig gewordenen administrativen Rahmen.

4.5. Das westliche Talbecken in Mittelalter und Neuzeit

In dem alten Siedlungskern Malstatt, zwei Kilometer saarabwärts von Saarbrücken gelegen, sind wir schon auf den schlechteren Böden des Saarkohlenwaldes. Für die im Anschluß an eine frühmerowingische Gerichtsstätte entstandene Siedlungszelle mochte die naturräumliche Benachteiligung ohne Bedeutung gewesen sein, zumal die Verkehrslage gut war. Mit der Aufhebung der Gerichtsfunktion in karolingischer Zeit mag der Übergang an das Reichskloster St. Peter in Metz verbunden sein, das hier früh eine Pfarrkirche besaß. Von ihr erfolgte eine 977 bereits bestätigte Kirchengründung in Dudweiler (JÄSCHKE 1977, S. 132 ff.). Die Siedlungen auf das Grundwort „-villare" werden dem fränkischen Landesausbau des ausgehenden 7. und frühen 8. Jh. zugerechnet (STEINBACH 1953, S. 300). Die in Dudweiler erfolgte Gründung einer Filialkirche zeigt die bachaufwärts erfolgende Erschließung des Sulzbachtales von Malstatt aus. Dagegen gehört das auf der anderen Saarseite gelegene Gersweiler, das von der St. Arnualer Rodungsinsel Asbach auf Stiftsland gegründet wurde, einer späteren Gründungsphase an (HERRMANN/NOLTE 1971, S. 107).

Zum hochmittelalterlichen Landesausbau, der bergwärts in die geschlossenen Waldgebiete und auf die schlechteren Böden voranschritt, werden die Siedlungsnamen auf -bach, -berg und -Escheid gezählt.

Auf der Gemarkung des heutigen Saarbrücken entstanden Asbach, Brebach, Breitenbach, Burbach und Schönbach. Eschberg und Scheidterberg sind aus der Gruppe der Siedlungsnamen auf -berg zu nennen, und zur Gruppe auf das Grundwort -scheid gehören Habschied und Scheidt.

Die Siedlungsnamen auf das Grundwort -hausen, vertreten durch Ottenhausen und Rockershausen, gehören, obwohl sonst zeitlich nicht eindeutig einzuordnen, zu Siedlungen der hochmittelalterlichen Gründungsperiode (HERRMANN/NOLTE 1971, S. 107).

Dem hochmittelalterlichen Siedlungsvorstoß folgte der Rückgang, der, von der Sogwirkung der Saarstädte unterstützt, den zahlreichen Adelsfamilien, die in Saarbrücken ansässig waren, auch dem Landesherrn, nicht ungelegen kam. Alsweiler, Aschbach, Benningen, Breitenbach, Dieffenthal, Frauweiler, Friedrichingen, Habschied, Langweiler, Schönbach, Wäcklingen fielen wüst, andere wurden ohne Extensivierung der landwirtschaftlichen Nutzung zu Höfen im Besitz des Adels oder des Landesherrn (STAERK 1976, S. 119). Zu ihnen traten weitere Hofgründungen, die wie z.B. der Rodenhof im Namen eines Stadtteils oder auch nur einer Flur oder Straße weiterleben.

Der Neuzeit blieb es vorbehalten, durch die Anlage von *Glas- und Eisenhütten* auf dem Buntsandstein und durch die Gewinnung der Steinkohle auf dem Karbon das Nutzungsgefüge sowie das Siedlungsbild grundlegend zu verändern (OVERBECK/SANTE 1934).

Noch ins ausgehende Mittelalter gehören die am Scheidterbach aufgereihten Schleifmühlen der *Edelsteinschleifer*. In Aschbach und Bischmisheim wurden die ersten *Ziegeleien* angelegt, bei letzteren wurde auch Kalk gebrannt. Am unteren Fischbach gibt es noch vor dem Dreißigjährigen Krieg Hinweise auf die Existenz eines *Eisenhammers* (BAUER 1957, S. 76).

Eine planmäßig anzulegende Siedlungsneugründung im Großwald kam 1625 nicht zur Ausführung, doch wurden dort wenig später in größerem Umfang *Steinkohlen* gegraben (LIEDTKE 1974, S. 45). Sie wurden über einen steil zum Saartal über Rockershausen führenden Weg transportiert. Bereits 1606 werden von hier aus Kohlen auf dem Schiffahrtswege befördert. Entlang dieses Transportweges entstand 1771 die Kohlengräbersiedlung Neudorf.

Als Umschlagplatz für die Kohlen aus den Bauerngruben des Sulzbach- und Fischbachtales entstand zwischen der Einmündung beider Bäche in die Saar der „Kohlrech", die Keimzelle für den späteren Kohlenhafen.

1662 entstand das *Glasmacherdorf* Klarenthal, 1721 die *Glashütte* „auf der Fischbach" (SCHERER 1971, S.220 ff.) mit einem Wohnplatz für acht Familien. Das im gleichen Jahr gegründete Krughütte verrät wie die nur wenige Jahre später entstandenen Siedlungszellen Schleifmühle, Rußhütte und Blechhammer ihren gewerblichen Ursprung. Ottenhausen wurde im 18. Jh. auf landwirtschaftlicher Grundlage neu belebt.

Gemeinsam ist allen Siedlungen bis zur Mitte des 19.Jh. ihre isolierte Lage und ihre geringe räumliche Ausdehnung. Das Wachstum in der zweiten Hälfte des 19.Jh. wurde ganz wesentlich von der Nähe zu Industrie und Bergbau bestimmt. Dabei kam den beiden *Hütten* am West- und Ostrand der Stadt eine besondere Bedeutung zu, im Westen und Norden auch den dort angelegten *Bergwerken* in Luisenthal, Von der Heydt und Jägersfreude. In der Nähe der Hütten entwickelte sich entlang der bestehenden Straßen und Feldwege eine spontane Bebauung mit mehrgeschossigen Mietshäusern für Arbeiter.

Der *preußische Bergfiskus* erschloß um die Mitte des 19. Jh. in Grubennähe planmäßig *Baugelände*, das er Bergarbeitern zum *Eigenheimbau* zur Verfügung stellte. Der vorgeschriebene Haustyp war das *Saarbrücker Prämienhaus* in ein-und zweigeschossiger Ausführung. Die *Bergmannskolonien* Altenkessel, 1856 westlich an Neudorf anschließend angelegt, und Herrensohr, 1857 westlich von Dudweiler begonnen, tragen noch die Namen der Forstdistrikte, auf denen sie entstanden. Die für Herrensohr umgangssprachliche Bezeichnung „Kaltnaggisch" bringt die Unwirtlichkeit des dem Walde abgerungenen Wohnplatzes treffend zum Ausdruck. Im deutlichen Kontrast dazu steht die für die Grubensteiger errichtete *Werkssiedlung* an der Grube Von der Heydt. Bergarbeiter aus entfernten Gebieten wurden als Wochenpendler in kasernenartigen *Schlafhäusern* untergebracht. Während der Bergfiskus den Bau von Bergmannssiedlungen durch die Ausweisung von Rayons lenkte, bauten die Hütten in Burbach und Brebach Werkssiedlungen, die sie ihren Betriebsangehörigen zur Verfügung stellten. Da diese bei weitem die Nachfrage nicht deckten, entstanden in großem Umfang *Arbeiterviertel*. So wuchsen Malstatt und Burbach durch den Zuzug von Arbeitern aus dem ländlichen Raum, die auf der 1856 gegründeten Burbacher Hütte eine Beschäftigung fanden, so stark, daß sie die beiden Saarstädte zahlenmäßig überflügelten und 1875 selbst zur Stadt erhoben wurden. Auch die Reichsbahnverwaltung legte an verschiedenen Stellen Werkssiedlungen an. Unter ihnen ist die als Gartenstadt angelegte Werkssiedlung am Eisenbahnausbesserungswerk in

Burbach die interessanteste. Die Arbeiter der Industriebetriebe und der Halberger Hütte siedelten sich in Brebach, in Schafbrücke und in den neu entstehenden Siedlungen Neubrebach, Neufechingen und Neuscheidt an. Aber auch in den umliegenden Bauerndörfern gingen immer mehr landwirtschaftliche Arbeiter und Bauernsöhne zur Grube, zur Hütte und zur weiterverarbeitenden Industrie. Gestützt auf ihre mithelfenden Familienmitglieder betrieben sie als *Arbeiterbauern* ihre Nebenerwerbslandwirtschaft weiter. Der Arbeitslohn wurde zum Erwerb weiterer Grundstücke und zum Bau von Arbeiterbauernhäusern genutzt.

Aus diesen arbeiterbäuerlich geprägten Dörfern sind längst *Pendlerwohngemeinden* und *städtische Vororte* mit eigenen Gewerbe- bzw. Industriegebieten geworden. Im Zuge der Umstrukturierung haben die wenigen verbliebenen Vollerwerbslandwirte das Dorf verlassen und sind auf neu errichtete *Aussiedlerhöfe* gezogen. Die Bauernhäuser, durchweg vom Typ des *südwestdeutschen Einhauses*, wurden an moderne Wohnansprüche angepaßt und dabei in vielen Fällen bis zur Unkenntlichkeit verändert. Wettbewerbe und staatliche Hilfsprogramme sollen dabei mithelfen, die letzten Bauern- und Arbeiterhäuser in ihrem überkommenen Äußern zu bewahren.

5. Ausblick

Es ergibt sich um die Jahrhundertwende im Saarbrücker Talraum das Bild eines vielgliedrigen Siedlungskörpers. Der Innenbereich Saarbrückens südlich der Saar mit seinen Verwaltungsfunktionen wuchs mit dem Innenbereich St. Johanns mit seinen Geschäftsvierteln und dem Verkehrsknoten des Bahnhofs auf der nördlichen Saarseite zu einer das ganze spätere Saarland sowie randliche Teile Lothringens bedienenden City zusammen. Um sie schloß sich ein breiter Wohngürtel, stellenweise von kleineren gewerblichen Arbeitsstätten unterschiedlichster Art durchsetzt. Weiter außen hatten sich an der Saar und an den Eisenbahnen — wie ausgeführt — die größeren Betriebe — Bergwerke, Hüttenwerke, metallverarbeitende Fabriken etc. — angesiedelt. Diese Industrien weiteten sich stark aus, vor allem im Westen und Nordwesten (Burbach, Malstatt, Rußhütte, Jägersfreude etc.) sowie im Osten und Südosten (Brebach, Schafbrücke etc.). Sie bildeten die Basis für neue Siedlungen oder für Siedlungserweiterungen, die ihrerseits zu den gleichfalls wachsenden benachbarten Verdichtungsräumen des Völklinger Raumes, der Talschaften des Saarkohlenwaldes und des lothringischen Kohlenbeckens überleiteten.

Zwischen den Siedlungen blieben aber weite Landstriche von dieser Entwicklung ausgespart, landwirtschaftlich genutzte Gebiete auf den Ausläufern der Muschelkalkplatten des Saargaus, Lothringens und des Bliesgaus sowie — von langer Übernutzung genesende — Waldgebiete auf den Höhenrücken sowie in manchen engen Tälern des Saarkohlenwaldes und Buntsandsteingebirges; sie lockerten, z.T. bis nahe an das Zentrum Saarbrückens heranreichend, den Siedlungskörper auf und bildeten einen Erholungsraum für die hier lebenden Menschen. Dies ist auch heute noch so.

Der eingangs erwähnte, in mehreren Stufen erfolgende Zusammenschluß der Siedlungen des Talraumes zur Großstadt Saarbrücken besiegelte so auf administrativer Ebene eine Entwicklung, die sich auf sozialer und ökonomischer Ebene bereits vollzogen hatte oder doch vorgezeichnet war.

Exkursionshinweise

Stadtrundgang im Stadtkern von Saarbrücken
(Dauer 1-2 Stunden, vgl. hierzu Abb. 1)

(1) *Kongreßhalle*: Wir beginnen unseren Rundgang an der Südostecke der 1967 nach Plänen des Architekten D. Oesterlen zur Erinnerung an die politische Eingliederung des Saarlandes in die Bundesrepublik Deutschland errichteten Kongreßhalle. Die Stelle bietet saarabwärts den Blick auf den neu eingerichteten Bürgerpark, die Malstatter Schleuse mit dem als technisches Denkmal einzustufenden Nadelwehr, die Westspange und das Kultusministerium. Saaraufwärts reicht die Sicht über die Luisenbrücke und die Berliner Promenade bis zur Wilhelm-Heinrich-Brücke. Durch die Faktoreistraße hindurch ist das alte Gebäude der Bergwerksdirektion zu sehen und gegenüber der Kongreßhalle das neue. Die Umgebung der Kongreßhalle heißt die Hafeninsel. Sie zeigt die Entwicklung Saarbrückens von der Industrie- zur Dienstleistungsstadt. Der Kohlenhafen wurde zugeschüttet, das Gelände von der Stadt erworben und zu einem citynahen Parkgelände umgestaltet. Das 1978/80 von F. Follmar erbaute Kongreßhotel unterstreicht — unmittelbar neben der Kongreßhalle gelegen — die Tendenz zur Ausbildung eines eigenen Kongreßviertels am Rande der City.

(2) *Geologisches Museum*: Vorbei an dem neuen Hauptverwaltungsgebäude der Saarbergwerke AG, vor der Kohlenkrise größter Arbeitgeber an der Saar, zur früheren Bergschule, heute Bergingenieurschule. Der Weg wird gesäumt von großformatigen Proben der im Saarraum vorkommenden Gesteine. Das Museum enthält eine bedeutende Sammlung von Fossilien sowie aller Gesteine, insbesondere solcher, die durch den Bergbau im Saarland erschlossen wurden.

(3) *Preußische Bergwerksdirektion*: Sie ist das ältere der beiden Hauptverwaltungsgebäude der Saarbergwerke AG, 1878/80 von den Architekten Gropius und Schmieden aus Berlin an der repräsentativsten Stelle des damaligen St.Johann errichtet, in den Blickachsen vom Untertor von St.Johann und vom Bahnhof her. Die umfangreiche Bauplastik dokumentiert die Namen aller Bergwerke sowie die Portraits der bedeutenden Lenker des preußischen Bergbaus. In den 60er Jahren sollte dieses hervorragende Kulturdenkmal, früher eine der entscheidenden Schaltstellen der Macht im Saarrevier, einem Kaufhausneubau weichen. Die Erhaltung markiert zeitlich den Umdenkungsprozeß in der Bewertung der Innenstadt. Blick durch die Reichsstraße hangaufwärts zum 1852 aus strategischen Überlegungen auf der rechten Saarseite — Distanz zur französischen Grenze — angelegten Bahnhof. Die Verbindung zwischen Altstadt von St.Johann und Bahnhof wurde zur Hauptgeschäftsstraße (Geschäftscity), an beiden Enden durch große Kaufhäuser markiert. Die Kaiserstraße (B 51), die Verbindungsstraße zwischen St.Johanner Rathaus und Bahnhof, wurde zur Bankencity. In beiden Straßen wurde nach dem Zweiten Weltkrieg der Verkehrsraum für die Fußgänger durch den Einbau von Arkaden erweitert. Nach Westen wird durch Neubauten für die Saargalerie mit Parkhaus, die neue Hauptpost, den Straßentunnel für die Nordtangente und die Neugestaltung des Bahnhofsvorplatzes eine Erweiterung der Geschäftscity angestrebt. Am Bahnhofsvorplatz steht das Verwaltungsgebäude der Bundesbahndirektion aus den späten 30er Jahren (von dem östlich davon beginnenden Saarstollen, über den die Bergwerke des Sulzbachtales mit der Saar in Verbindung standen, ist an der Oberfläche nichts mehr zu sehen). Die Wunden des Zweiten Weltkrieges sind im Gebäudebestand der Hauptgeschäftsstraßen noch zu erkennen. Die Auslagen und

Verkaufsflächen in der City werden durch Passagen zusätzlich erweitert. Gegenüber der Sulzbachstraße, die über dem verrohrten Sulzbach verläuft, wendet sich unser Rundgang der Saarseite der Geschäftshäuser an der Bahnhofstraße zu.

(4) *Berliner Promenade*: Sie ist der Ersatz der Fußgängerzone der Saarbrücker City, die in der Bahnhofstraße noch nicht durchgesetzt werden konnte. Hier liegt das Stadtkino „Camera", das sich als Uraufführungskino und durch das jährlich stattfindende Max-Ophüls-Festival mit Preisverleihung für den jungen deutschen Film einen Namen gemacht hat. Die Berliner Promenade, eine städtebauliche Leistung der 60er Jahre, die an die Stelle der zerstörten St.Johanner Hinterhofbebauung aus der Zeit vor 1909 getreten ist, leidet unter der Lärmbelastung durch die Stadtautobahn. Saaraufwärts vor uns die Wilhelm-Heinrich-Brücke, die die Erinnerung an den bedeutendsten Saarbrücker Landesherrn wachhält. Sie ist die Hauptverkehrsbrücke der Innenstadt, die die Stadtautobahn (A 620) (E 42) mit den Bundesstraßen B 40, 41, 51 und 406 sowie den französischen Nationalstraßen 3 und 61 sowie der Autobahn nach Metz (A 6) (E 12) verbindet. Hauptverkehrsknoten der Stadt mit groß dimensionierter Verkehrsfläche und entsprechendem Verkehrsaufkommen — einschließlich Abgas-, Lärm- und Staubbelastung. Etwas saaraufwärts entsteht auf der linken Seite des Flusses erneut der 1762 errichtete Saarkran, der an den Handel zu Schiff, der flußabwärts bis in die Niederlande führte, erinnert. Brücke und Autobahn gehören zu den großen Bauaufgaben der 60er Jahre, denen zwar die flußbegleitenden Saaranlagen und die Bebauung am Neumarkt geopfert wurden, die aber Versäumnisse der früheren Verkehrsplanung wiedergutmachen sollten.

Der Rundgang wendet sich nach links in die Dudweilerstraße und führt vor dem Betreten der Bahnhofstraße hinunter durch die Diskontopassage, ein weiteres Stück verkehrsfreier Einkaufscity mit starkem Passantenstrom. Vor dem Eingang zum Kaufhaus Karstadt steigen wir zur Bahnhofstraße hinauf.

(5) *Vor dem ehem. Untertor von St.Johann*: Das Warenhaus Karstadt wurde nebst Parkdecks und Auffahrt 1970/71 errichtet, das daneben errichtete Diskontohochhaus 1970/73, beide von den Architekten R. und K. Krüger, Rieger und Nobis. Beide Bauten werteten die Saarbrücker Geschäftscity auf und ermöglichten die Sanierung der Altstadt um den St.Johanner Markt. Auf der gegenüberliegenden Straßenseite haben sich neben der nach dem Zweiten Weltkrieg oft praktizierten Art des Wiederaufbaus von Geschäften in der City noch barocke Häuser der unteren Vorstadt (von St.Johann) erhalten. Es handelt sich um traufständige Wohn-und Geschäftshäuser mit Innenhofbebauung und umlaufender Galerie auf tiefer, schmalrechteckiger Parzelle. Es sind Beispiele für den unter dem fürstlichen Baudirektor Friedrich Joachim Stengel üblichen Bau von Bürgerhäusern. Über die Betzenstraße erreichen wir das Rathaus.

(6) *St.Johanner Rathaus*: Erbaut 1897/99 von Georg Hauberisser aus München als Mittelpunkt eines nördlich vor der damaligen Stadt in den Gärten errichteten Zentrums, zu dem noch die Ev. Johanniskirche und die Hauptpost neben zahlreichen Bürgerhäusern gehörte. Nach der Städtevereinigung 1909 das Hauptrathaus der Stadt, nach dem Ersten Weltkrieg bereits um zwei Flügel im Osten und Süden erweitert. Die handwerklich gediegen ausgeführte Innenausstattung nebst Wandgemälden und Glasfenstern hat sich weitgehend erhalten und wurde 1989 restauriert.

Vor dem Rathaus zeigen sich verschiedene Ensembles von Wohn- und Geschäftshäusern der Jahrhundertwende in der Betzen- und in der Stefanstraße. Die Ev. Johanniskirche, errichtet um die Jahrhundertwende von dem St.Johanner Architekten Heinrich Güth, belegt das starke Anwachsen der Bevölkerung. Daß das alte Postgebäude und die diagonal gegenüberliegende Drogerie Hellenthal entgegen dem Verkehrskonzept der 60er Jahre vor dem Abriß bewahrt und wiederhergestellt werden konnten, war ein wichtiges Signal für den Umgang mit alter Bausubstanz.

Vom Rathausvorplatz kann man in die Johannisstraße blicken, deren Achse auf das Rathaus ausgerichtet ist und damit verrät, wie man um die Jahrhundertwende das Nauwie-

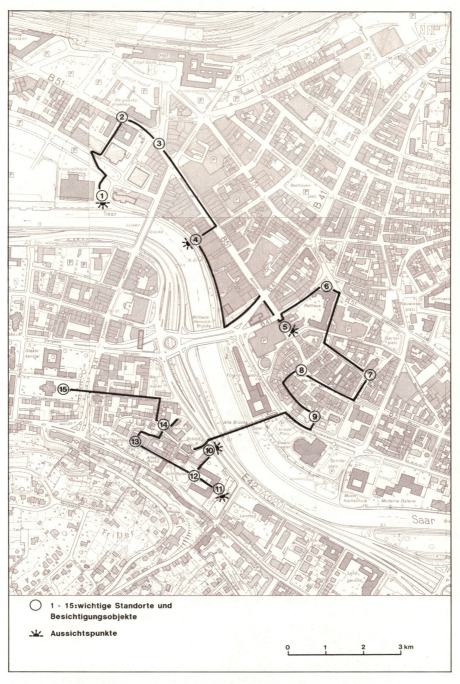

Abb. 1: Saarbrücken, Rundgang durch die Innenstadt.

serviertel im Zwickel zwischen Nassauer- und Nauwieserstraße, die bereits seit langem bestanden, auf dem Reißbrett regelhaft entwarf. In diesem citynahen Wohn-und Gewerbegebiet hat sich trotz Kriegszerstörung viel ursprüngliche Bausubstanz und trotz der Nähe der City sehr viel eigenständige Lebens- und Wirtschaftsweise erhalten können. Auch die inzwischen fortgeschrittene Sanierung hat die bunte Mischung der Bevölkerung („Chinesenviertel") nicht verändert. Weiter durch die Kaltenbachstraße entlang einem Parkhaus, das Voraussetzung für Altbausanierung und Einrichtung der Fußgängerzone war, die seit 10 Jahren die gesamte Altstadt von St.Johann umfaßt. Starke Eingriffe in die vorhandene Bausubstanz gab es hier vor den Kriegszerstörungen bereits Mitte der 30er Jahre durch eine Alstadtsanierung, während der Bauten abgerissen und zahlreiche Bauten am St.Johanner Markt mit einer barocken Fassade versehen worden waren. Durch die Kath.-Kirch-Straße, dem ältesten Siedlungsraum in St.Johann, an der Rückseite der Marktpassage vorbei.

(7) *Kath. Pfarrkirche St.Johannes Bapt.*: Der heutige Bau wurde 1754/58 von Friedrich Joachim Stengel als rechteckiger Saal mit eingezogenem Chor für die kath. Pfarrgemeinde anstelle eines älteren Baues auf dem alten Kirchhof errichtet. Ein gut restaurierter Bau mit sehr guter Innenausstattung trotz zahlreicher Verluste und Zerstörungen, seit seiner kirchenrechtlichen Erhebung „die Basilika" genannt. Von dem Begräbnisplatz, der infolge des Neubaues vor den Stadtgraben auf den späteren Gerberplatz verlegt wurde, blieb nur ein Grabstein für den St.Johanner Scharfrichter erhalten (heute an der Westseite der Kirche). Durch die Türkenstraße mit einem bemerkenswerten Beispiel für die Wiederherstellung und Revitalisierung heruntergekommener Bausubstanz (Türkenstraße 7) zum St.Johanner Markt.

(8) *St.Johanner Markt*: Kern der 1979 in der Altstadt von St.Johann eingerichteten Fußgängerzone mit erhaltener Marktfunktion nebst zahlreichen Geschäften, Restaurants, Kneipen und Straßencafés mit dem ältesten erhaltenen Ensembles bürgerlicher Bausubstanz. Durch die Anlage des Obertores erhielt die Straßenführung den heutigen Verlauf, der im wesentlichen von barocken und jüngeren Baufassaden begleitet wird. Fassaden mit spätgotischen Fenstergewänden haben sich nur im nordwestlichen Bereich (Ecke Kappengasse) erhalten. Das auf dem Tiefpunkt städtischer Bauentwicklung zugunsten der Erweiterung der innerstädtischen Verkehrsachse abgebrochene Gasthaus Keltermann entstand im Zuge der Altstadtsanierung neu, der den Straßenbahnschienen gewichene barocke Marktbrunnen konnte an seinen alten Standort zurückversetzt werden. Das Stammhaus der Brauerei Bruch, das Gasthaus „Zum Stiefel", wurde wiederhergestellt. Die Fröschengasse ist heute vorwiegend Treffpunkt der jungen Leute am Abend; Kino, Theater, Antiquariate, Kunsthandel und Boutiquen schaffen vielseitige Anreize kulturellen Lebens.

(9) *Stadtmauer von St.Johann*: In der Ev.-Kirch-Straße haben sich außer Resten noch nicht sanierter Gebäude auch Reststücke der Stadtmauer und der bastionären Verstärkung der Mauer aus der Zeit um 1680/83 erhalten. Durch sie hindurch verlassen wir die Altstadt und queren die hier Schillerplatz genannte Straße, die hier auf dem zugeschütteten Stadtgraben verläuft. Wir stehen vor dem 1989 restaurierten Staatstheater, das als Gautheater Saar-Pfalz 1936-38 nach dem Entwurf des Berliner Architekten Paul Baumgarten mit Unterstützung der Reichsregierung als Dank für das Wahlverhalten der Bevölkerung des Saargebiets am 13. Januar 1935 errichtet wurde. Nach starken Kriegszerstörungen als Stadttheater wiederaufgebaut, ist es inzwischen in die Obhut des Landes gekommen. Ehe wir an dem Tifliser Platz vorübergehen, der an die Städtepartnerschaft zwischen Saarbrücken und Tiflis in Georgien erinnert, sei noch der Hinweis auf die Gebäude gegeben, die sich hinter dem Theater zwischen Bismarckstraße und den Saaranlagen erstrecken. Es ist dies zunächst die Musikhochschule, sodann die 1964/79 von Hanns Schönecker erbaute Moderne Galerie, die wichtige Sammlungen an Gemälden und Plastiken (aus dem 19. und 20. Jh.) der Stiftung Saarländischer Kulturbesitz ausstellt sowie das ihr gegenüberliegende Gebäude in der Karlstraße, das die Alte Sammlung des Saarlandmuseums beherbergt. Beim Gang über die

Alte Brücke lassen wir die Stelle, an der bis ins erste Jahrzehnt des 19.Jh. das Saartor stand, hinter uns, haben zur Rechten den Bau des Ministeriums der Finanzen, das eine städtebaulich wichtige Blickachse der barocken Stadterweiterung unterbricht, zur Linken die flußaufwärts die Saar begleitenden Saaranlagen mit Anlegestellen für die Saarkähne (bis 350 t) und das Fahrgastschiff „Stadt Saarbücken". Saarabwärts erblicken wir hinter dem Finanzministerium das Finanzamt, eines der ersten Gebäude, das nach dem Zweiten Weltkrieg erbaut wurde, und links über die Stadtautobahn die unruhige Kulisse des z.T. lieblos wiederaufgebauten Alt-Saarbrückens, dem vor allem in den 60er Jahren eine lenkende Hand während des Wiederaufbaus fehlte. Die 1546/48 errichtete Brücke war bis zur Errichtung der Luisenbrücke die einzige Brücke im mittleren Saartal. 1677 und 1813 wurde sie von den abziehenden französischen Soldaten gesprengt, im Frühjahr 1945 von den deutschen. Mehrmals wurde die Brücke von Hochwasser und Eisgang in Mitleidenschaft gezogen, aber nach allen Zerstörungen wiederhergestellt. Den jüngsten Eingriff erfuhr die Brücke beim Bau der Stadtautobahn 1963, als im Zuge der Rückverlegung der Schloßmauer auch zwei Bögen der Brücke abgebrochen und durch eine Stahlkonstruktion ersetzt wurden. Seitdem ist die Brücke Fußgängern vorbehalten, der steinerne Kopf des „geizigen Bäckers" wurde an die Schloßmauer unterhalb der Treppe zur Schloßterrasse versetzt. Als Wasserspeier hat er ausgedient. Die Weiterführung des Saarkanals, der bisher nur bis Burbach vorgesehen ist, bis zum Osthafen würde für die Alte Brücke den Abriß bedeuten. Ein Standbild Kaiser Wilhelm I., für das man um die Jahrhundertwende keinen besseren Standort als die Gemarkungsgrenze zwischen beiden Städten mitten auf der Brücke fand, wurde — wie auch die anderen Erinnerungen und Denkmäler aus der wilhelminischen Epoche — nach 1945 beseitigt.

Das vor der Schloßmauer gelegene Amtshaus, in dem Goethe 1770 bei seinem Besuch die ihm von Frankfurt bekannte Familie von Günderode besuchte, wurde ebenso abgebrochen wie das Saartor, durch das man früher Saarbrücken von der Saarseite betrat. Um die Wiederherstellung der Schloßmauer herbeizuführen, bildete sich ein Verein, der sich auch für den Schutz und die Wiederherstellung anderer Kulturdenkmäler verdient gemacht hat. Die im Kriege zerstörte Schloßkirche ist weitgehend wiederhergestellt. Die verlorene welsche Haube des Turmes war ein besonderer Akzent der Stadtsilhouette und sollte wiederhergestellt werden. Seit der Bischof von Metz im Zuge der französischen Reunionen an der Saar die seit der Reformation evangelische Stiftskirche wieder beanspruchte, diente die Schloßkirche den Saarbrücker Fürsten als Grablege. Die Kirche steht heute den Studierenden der Musikhochschule zum Orgelspielen zur Verfügung.

(10) *Schloßterrasse*: Sie bietet einen hervorragenden Überblick über das Saartal und die gegenüberliegende Stadt St.Johann bis zu den markanten Höhen: Halberg, Eschberg, Kaninchenberg, Schwarzenberg, Homburg und Ludwigsberg sowie im Nordwesten die Höhenzüge des Saarkohlenwaldes. Saaraufwärts reicht die Sicht bis in den Bliesgau. Durch den Bau der Stadtautobahn ab 1962 rückten Fluß und Schloßfelsen auseinander. Dazwischen schoben sich zwei Fahrbahnen mit insgesamt acht Fahrspuren. Die Saar wurde dazu etwas nach Norden verschoben, der Schloßfelsen zurückverlegt. Der früher flußüberschreitende Verkehr wurde an eine andere Stelle verlegt, die alte Brücke am südlichen Brückenende gekappt. Der Besucher wird empfindlich durch den Verkehrslärm der Stadtautobahn gestört. Die Beseitigung dieses Übels durch eine Überbauung, die zugleich diese zentralen Teile der Saarbrücker Innenstadt für weitere Funktionen erschließt, ist eine vordringliche Aufgabe einer umfassenden Stadterneuerung.

(11) *Schloß*: Auf der 20 m über dem Wasserspiegel der Saar steil herausragenden Strukturterrasse deuten dort gemachte Keramikfunde auf eine karolingische Besiedlung. 999 wird urkundlich erstmalig eine Burg genannt. Der Eingang durch einen erhaltenen Tunnel von der Spichererbergstraße zeigt, daß die Burg zunächst nur saaraufwärts nach St.Arnual zur namengebenden Saarbrücke und zu einer zu Füßen der Burg entstandenen Burgsiedlung („das Tal") orientiert war. Erst die im hohen Mittelalter weiter ausgebaute Burganlage

wendete ihren Zugang über einen tiefen Halsgraben nach NW der inzwischen planmäßig angelegten Stadt zu. 1602/17 wurde die Burg durch ein Renaissanceschloß ersetzt, das, in den Kriegen des 17.Jh. mehrmals stark beschädigt, um 1696 wiederhergestellt wurde. 1738 wurde es auf Anraten F.J. Stengels abgebrochen und bis 1748 durch einen von ihm entworfenen neuen Schloßbau ersetzt. Dieses dreiflügelige Barockschloß auf einem entsprechend gestalteten Schloßplatz, der von den Neubauten des Rathauses und des Erbprinzenpalais gerahmt wurde, sollte der Stadt Saarbrücken eine neue Mitte geben; saarseitig krönte dieser Bau die Bebauung der Stadt. Das Schloß wurde 1792 in den der Französischen Revolution folgenden Wirren durch einen Brand zum Teil zerstört. Im Zuge der Wiederherstellung durch J.A. Knipper ab 1810 wurden Ballustrade und oberstes Geschoß abgetragen und in den verbleibenden beiden Geschossen die früheren drei eingerichtet. Dieser Verlust an Höhe veränderte nicht nur die Proportionen des Baues, er veränderte ganz wesentlich die Silhouette der Stadt. Der Nordflügel wurde größtenteils abgebrochen und durch einen klassizistischen Bau für mehrere Wohnparteien ersetzt. Der Mittelbau, der sich als Bürgerwohnung nicht eignete, wurde abgebrochen; 1872 trat an seine Stelle ein von H. Dihm entworfener neuer Mittelteil, der zwar die Lücke zwischen den beiden verbliebenen Flügeln schloß, aber den ursprünglichen Zustand noch weiter veränderte. Der Landkreis Saarbrücken erwarb die unter mehrere Eigentümer aufgeteilten Baulichkeiten in den Jahren 1908/20 und richtete seine Verwaltung darin ein. Die Nazis barockisierten den Mittelbau und unterteilten den Schloßplatz durch eine Rampe, um ihn für ihre Aufmärsche besser nutzen zu können. Im Nordflügel quartierte sich die Gestapo ein. Die Gestapozelle im Keller ist heute Bestandteil des inzwischen eingerichteten Regionalgeschichtlichen Museums. Das im Kriege zum Teil zerstörte Gebäude wurde 1947/48 wiederhergestellt, mußte aber Ende der 60er Jahre wegen Baufälligkeit baupolizeilich gesperrt werden. Der über 15 Jahre währende Versuch, den Stengelbau äußerlich wiederherzustellen, scheiterte 1980 an der sozialdemokratischen Mehrheit im Saarbrücker Stadtrat. Nun wurde durch den Architekten Gottfried Böhm aus Köln — ohne der bestehenden Bausubstanz, die von Grund auf erneuert wurde, Gewalt anzutun — dem Mittelbau von Hugo Dihm ein Mittelrisalit übergestülpt, das dem Schloßbau im Sinne Stengels eine Mitte gibt, ohne zu verleugnen, Architektur der Gegenwart zu sein.

Vom Festsaal des neuen Mittelrisalits hat man eine gute Sicht über den Barockgarten auf das Behördenviertel, das sich auf dem Gelände des ehemaligen Residenzgartens mit Landtag des Saarlandes, Industrie- und Handelskammer, Staatsanwaltschaft, Land- und Oberlandesgericht, Umwelt- und Wirtschaftsministerium, Innen- und Arbeitsministerium bis zur Oberfinanzdirektion erstreckt. Der Blick nach Westen vollzieht die barocke Sichtachse durch die Schloßstraße zum Turm der Ludwigskirche nach.

(12) *Schloßplatz*: In seiner 1989 erhaltenen Gestalt verdeckt er die Fundamente der mittelalterlichen Burg, deren Bergfried mit staufischen Buckelquadern bei der Neugestaltung wieder sichtbar geworden war. Die Wasserspiele zur Rechten halten die Erinnerung an einen der beiden barocken Wachpavillions wach. Kreisständehaus und Kreiskulturhaus (1954 errichtet), dienen ebenso wie das Alte Rathaus, 1748/50 errichtet, den Weiterbildungseinrichtungen der Volkshochschule. Letzteres enthält außerdem das Saarbrücker Abenteuermuseum. Im wiederhergestellten Erbprinzenpalais ist die Verwaltung des Stadtverbandes untergebracht.

(13) *Schloßstraße*: Zentrum der im 12.Jh. planmäßig begründeten, aus drei parallelen Straßen angelegten Stadt, früher Vordergasse. Kern der 1944 zugrundegegangenen Altstadt von Saarbrücken. Die hier entstandene Grünanlage dient Kindern und Erwachsenen zur Erholung und während des Weihnachtsmarktes zum Aufstellen der Stände. Nach der französischen Partnerstadt wird sie Nanteser Platz genannt. Die Probsteigasse erinnert an die Niederlassung der Abtei Wadgassen, die hier stand. Kriegszerstörung und Wiederaufbau haben nahezu nichts an alter Bausubstanz übriggelassen außer einem Ziehbrunnen und einem giebelständigen, entlang der Firstlinie geteilten Gebäude. Hangabwärts wird ein

Rest der Stadtmauer des 13.Jh. sichtbar, dahinter die Gartenseite der kleinparzellierten Bebauung entlang der Altneugasse.

(14) *Altneugasse*: Von der Küfergasse führt eine Treppe hinunter in die Altneugasse. Diese war die mittelalterliche Verbindung hinunter zur Fähre, und war als Neugasse 1412 in die Ummauerung der ersten Stadterweiterung einbezogen worden. Als Stengel 1746 die heutige Wilhelm-Heinrich-Straße, die umgangssprachlich Neugasse genannt wurde, errichten ließ, erhielt die „alte" Neugasse zur Unterscheidung die heutige Bezeichnung.

Die platzartige Erweiterung vor dem städtischen Altersheim aus den 50er Jahren und dem von Stengel 1743 erbauten Palais Bode wurde unlängst bereichert durch den Luisenbrunnen, der, schon mehrmals versetzt, nun in der Altneugasse die Erinnerung an die preußische Königin wachhält, deren Großmutter zwar eine Saarbrückerin war, die aber selbst nie in Saarbrücken gewesen ist. Die Hohenzollernverehrung kam erst nach der Reichsgründung durch Bismarck auf, als sich das bis dahin liberale Bürgertum mit dem Obrigkeitsstaat aussöhnte.

Die Markthallenstraße erinnert an die Markthalle auf dem Neumarkt, der dritten, erst im 19.Jh. angelegten repräsentativen Platzanlage Alt-Saarbrückens. Die bedeutenden öffentlichen Einrichtungen auf der Saarseite des Platzes mußten der Stadtautobahn und der Stengelstraße weichen.

Durch die nach der Zerstörung im Zweiten Weltkrieg langweilig barockisierend wiederaufgebaute Wilhelm-Heinrich-Straße geht es zum Endpunkt des Stadtrundganges. Mit dieser Straße begann in den 40er Jahren des 18.Jh. F.J. Stengel die barocke Stadterweiterung von Saarbrücken. Die Sicht wurde im Osten jenseits der Saar durch die Ev. Kirche in St.Johann und den Kaninchenberg begrenzt, im Westen durch die 1743/63 errichtete Kirche für das reformierte Bekenntnis und das die Straße abriegelnde Ludwigsgymnasium. Um den dahinter angelegten Ludwigsplatz an diese Blickachse anzuschließen, wurde das erst 1749/52 errichtete Gymnasium schon 1768 in der Mitte durchbrochen.

(15) *Ludwigsplatz*: Mit der Anlage des auf das Vorbild des Place Royale in Nancy zurückgehenden Platzes wurde 1762 zugleich mit der Grundsteinlegung zur Ludwigskirche als der Hof- und Pfarrkirche begonnen. Schöpfer von Platz, Kirche und der ihn umgebenden Bebauung ist F.J. Stengel, der die Einweihung der Kirche 1775 noch erlebte. Kirche und Bebauung des Platzes wurden 1944 stark zerstört. Die Diskussion nach dem Kriege bewegte sich 20 Jahre zwischen dem anfänglichen Wunsch nach völliger Beseitigung der ruinierten Bausubstanz und völliger stilgerechter Wiederherstellung. Die Entscheidung, den Amtssitz des Ministerpräsidenten an den Ludwigsplatz zu verlegen, die bereits von der Regierung Johannes Hoffmanns getroffen wurde, begünstigte die weitgehende Wiederherstellung.

Zwischen die Palais auf der Nordseite des Platzes ist die Staatskanzlei eingeschoben; der Bau, der den Platz im Westen abschließt, war zur Erbauungszeit Armen-, Zucht- und Waisenhaus (1760-75), später Kaserne, Museum und Hochschule. Mit ihm beginnt an Stelle der früheren Garnison für das Saarbrücker Dragonerregiment ein Schulviertel mit der Kunsthochschule und mehreren Gymnasien. Dahinter, weiter nach Westen, erstreckt sich das Wohn- und Gewerbegebiet von Alt-Saarbrücken, dessen städtebaulich geplante Anlage nach 1870 erfolgte. Die Straßen, die die Namen der preußischen Offiziere der Schlacht von Spichern tragen, liefern den Hinweis auf die Erbauungszeit. Die an der Ecke von Kepler-und Stengelstraße 1887 errichtete Jakobskirche ist die zweitälteste kath. Kirche im Stadtkern. Sie wurde in der bis dahin überwiegend evangelischen Bürgerschaft der Stadt notwendig durch den starken Zuzug von Industriearbeitern aus den ländlichen Räumen des nördlichen und westlichen Saarlandes sowie aus Lothringen, wodurch sich das Konfessionsverhältnis zugunsten der Katholiken verschob.

Vorschlag für eine Stadtrundfahrt (s. Abb. 2)
(Dauer ca. 2-3 Stunden reine Fahrzeit; die Fahrt ist auch in Etappen durchzuführen)

Vom Ludwigsplatz durch die Stengelstraße, zur Linken und vor uns Schulviertel, in die Roonstraße, heute Zufahrt zur Westspange, als solche schon in der Verkehrsplanung von 1942 und 1947 enthalten, rechts Gewerbeförderungsanstalt der Handwerkskammer des Saarlandes (1973/75), danach rechts die ehem. französische Botschaft, 1955 von dem französischen Städtebauer Gustave H. Pingusson und H.B. Baur errichtet, heute Kultusministerium, über die kanalisierte Saar hinweg, die Malstatter Schleuse links der Brücke ist nicht zu sehen, über den Bürgerpark (Landschaftsarchitekten Latz und von Pattay, 1989) hinweg, der an die Stelle des Kohlehafens, dessen Hafenbecken 1958 zugeschüttet wurden, getreten ist. Nach W in die St.Johanner Straße zum

(1) *Malstatter Markt*: Versuch, den nach Kriegszerstörung und Wiederaufbau ungegliederten Arbeitswohn- und Gewerbevierteln in der Unterstadt von Malstatt eine Mitte zu geben. Gaststätten, Restaurants, Geschäfts- und Wohnhausbebauung umgeben einen Platz, der zum Verweilen einlädt. Am Standort der Ev. Kirche auf dem Hang jenseits der Straße wird die frühfränkische Gerichtsstätte (Malstatt), die dem Ort zu seinem Namen verholfen hat, vermutet. Durch die Breitestraße zur Hochstraße, die über die Eisenbahnstrecke nach Metz, die frühere Erzbahn, führt; zur Linken beginnt das Gelände der 1857 hier begründeten Burbacher Hütte. Nach rechts über die Von-der-Heydter Brücke in die Von-der-Heydt-Straße, parallel zur Eisenbahn nach Trier. Von ihr zweigt die Eisenbahn zum ehem. Bergwerk Von-der-Heydt und zum Eisenbahnausbesserungswerk ab.

(2) *Hubert-Müller-Straße*: Diese Altstraße war im dorfnahen Teil bis zum Bau der Eisenbahn die Brunnenstraße. In ihrer unteren Hälfte wurde sie von Prämienhäusern (ca. 1857/60) begleitet. Die weitere Bebauung der westlich anschließenden Straßen geschah durch die Burbacher Hütte als Werkssiedlung für ihre Betriebsangehörigen. Kriegszerstörung und Wiederaufbau haben dem Viertel viel von seiner früheren architektonischen Geschlossenheit genommen. Durch die Langfuhr- und Seebohmstraße zur Von-der-Heydt-Straße. Der hier gelegene Güterbahnhof war vor dem Ersten Weltkrieg der bedeutendste der Rheinprovinz. Durch die Von-der-Heydt-Straße geht die Fahrt weiter an mehreren Industriebetrieben vorbei.

(3) *Burbacher Waldweiher*: Attraktives Naherholungsgebiet mit großer vielbesuchter Teichanlage (der Fußweg durch das Weiherbachtal zur Werkssiedlung Von-der-Heydt mit gut erhaltenem Schlafhaus, ca. 1-2 Stunden, ist zu empfehlen). Wir fahren zurück und überqueren die Eisenbahn über eine Brücke, durch die Straße Im Malhofen in die Pfaffenkopfstraße, der wir bis in die Vollweidstraße folgen.

(4) *Eisenbahnerwerkssiedlung am Eisenbahnausbesserungswerk*: Kleine, architektonisch geschlossene, gut erhaltene Werkssiedlung der Deutschen Reichsbahn, nach der Gartenstadtidee aus Doppeleinfamilienhäusern vor dem Ersten Weltkrieg angelegt.

(5) *Jakobshütte*: Kleiner Wohnplatz mit Ausflugslokal (Gartenwirtschaft) aus Prämienhäusern auf der Gemarkungsgrenze der Stadt an Stelle eines landesherrlichen Torhauses zum Staatswald und zum Kohlenabbau im Großwald. Durch Jakobshütter Weg am Eisenbahnausbesserungswerk vorbei durch die Pfaffenkopfstraße in die Altenkesselerstraße.

(6) *SITZ und Alsbachschacht*: Auf dem Gelände der 1984 geschlossenen Firma Georg Heckel, die ihrerseits dieses Gelände des in der Zwischenkriegszeit aufgegebenen Gußstahlwerkes übernommen hatte, wurde 1985 durch die Gesellschaft für Innovations- und Unternehmensförderung mbH, das SITZ (Saarbrücker Innovations- und Technologie-Zentrum) geschaffen. In dem 11 ha großen Gelände soll jungen Technologiefirmen die Möglichkeit zur unternehmerischen Entwicklung geboten werden. Neben günstigen Mietkosten werden Rechenzentrum und Kommunikationszentrale zur Unternehmensförderung angeboten. Seit der Begründung haben sich hier 27 Firmen mit zusammen 220 Beschäftigten niedergelassen.

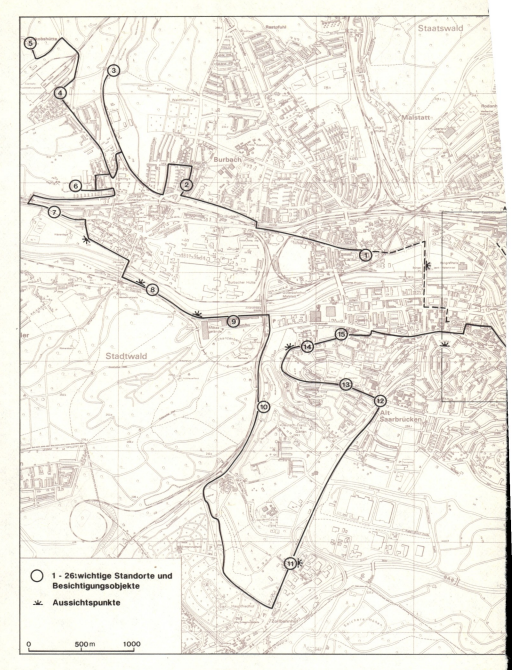

Abb. 2: Saarbrücken, Stadtrundfahrt (Ausschnitt aus dem amtlichen Stadtplan der La Saarbrücken, Maßstab 1:12 500; mit freundlicher Genehmigung des Stadtverme

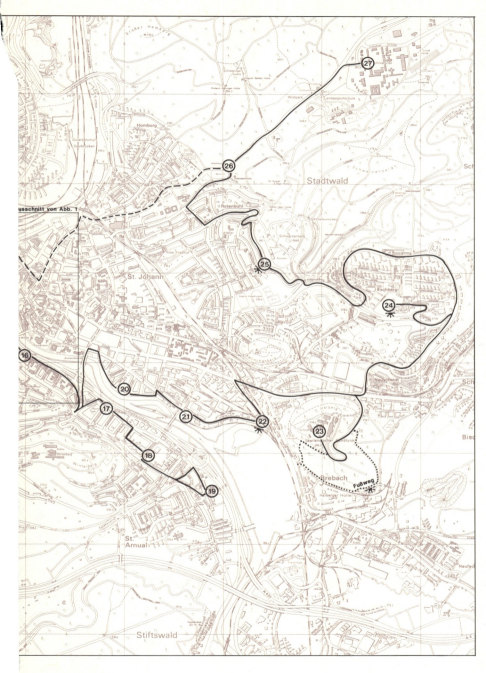

andeshauptstadt
ssungsamtes).

Hinter den noch vor wenigen Jahren funktionsfähigen Werksgebäuden, die man gegen Vandalismus nicht schützen konnte, erstreckt sich das Gelände des Alsbachschachtes. Es ist ein Wetterschacht der weiter westlich schon auf der Gemarkung von Völklingen gelegenen Grube Luisenthal. Es ist der letzte Förderturm auf der Gemarkung von Saarbrücken. In seiner Umgebung hat man den Kleingartenanlagen, die infolge der Saarkanalisierung aus dem Saartal verlegt werden mußten, eine neue Bleibe gegeben. Durch die Fenner Straße zum Bärental und über die Eisenbahnlinie nach Völklingen in die Luisenthaler Straße und durch diese zum alten Ortskern von Burbach zurück.

(7) *Prämienhäuser in der Luisenthaler Straße*: Im Rayon der Grube Von-der-Heydt konnten zahlreiche Bergarbeiter in der Zeit zwischen 1850 und 1900 durch die Förderung des Bergfiskus mittels eines verbilligten Darlehens und eines verlorenen Zuschusses (Prämie) zu einem Eigenheim gelangen. Als Baugelände wurden Grundstücke im Außenbereich entlang der Anmarschwege zu den Gruben bevorzugt. Die Häuser sind eineinhalbgeschossige, massive Bruchsteinbauten auf hoch herausragendem, meist landwirtschaftlich genutztem Keller, daher die hohe Eingangstreppe. Dieser Haustyp, der früher ganze Viertel von Burbach und Malstatt prägte, ist durch Wiederaufbau nach den Zerstörungen im letzten Krieg und Modernisierung im Verschwinden begriffen.

Auf dem weiteren Weg bietet sich in der Merziger und Mettlacher Straße eine gute Sicht auf den am westlichen Talhang der Saar gelegenen Stadtteil Gersweiler. Das Nebeneinander von Sportanlage, Kläranlage und Campingplatz unterstreicht die Notwendigkeit der Raumplanung. Über die 1907 gebaute Gersweiler Brücke zur Saarautobahn und über diese nach Osten in die Innenstadt.

(8) *Am Engenberg*: Der Steilhang dieser vom Oberkarbon aufgebauten, mit pleistozänen Lehmen bedeckten Saarterrasse bietet mannigfache Ausblicke auf das gegenüberliegende Industriegelände, auf dem östlich an die verschwundene Burbacher Mühle und den verrohrten Weiherbach (Burbach) 1857 der für die Entwicklung von Saarbrücken wichtigste Industriebetrieb entstand. Zwischen Straße (B 51), den wichtigsten Bahnlinien und der kanalisierten Saar hervorragend ausgesuchter Industriestandort mit eigenem Schienenanschluß und Werksbahn zur Schlackenhalde auf der deutsch-französischen Grenze. Seit der Aufgabe der Flüssigphase noch ca. 600 Beschäftigte im Stahlwalzwerk. Das überwiegend aufgelassene Hüttengelände soll einer der Schwerpunkte des ökologischen Stadterneuerungsprogrammes für Saarbrücken werden. Da nur ein geringer Teil der Gemarkung für Gewerbezwecke ausgewiesen ist, ist dieses gut erschlossene, zusammenhängende Terrain für eine Neuinwertsetzung im Rahmen der ökologischen Stadterneuerung unverzichtbar. Auch der westlich davon gelegene Betrieb der Stahl- und Waggonfabrik Burbach Gebr. Luttgens beschäftigt etwa 600 Mitarbeiter.

(9) *Messegelände am Schanzenberg*: Südlich der Saar zwischen Saarautobahn und Schanzenberg erstreckt sich das Messegelände, über die Schanzenbergbrücke und die Bahnlinie auf der linken Saarseite auch mit Bahnanschluß ausgestattet. Die seit 30 Jahren jährlich stattfindende internationale Saarmesse zieht viele Aussteller und Besucher aus dem In- und Ausland an. Zu dieser wichtigen Messe sind inzwischen weitere Veranstaltungen ähnlicher Art getreten, so eine europäische Verbrauchermesse „Welt der Familie" sowie Fachmessen. Das Einzugsgebiet der jährlich ca. 300 000 Besucher aus dem Saar-Lor-Lux-Raum wird auf 4 Mio. Einwohner geschätzt. Die gute Zusammenarbeit mit Metz soll dazu führen, daß Ausstellungen im jährlichen Wechsel dort und in Saarbrücken stattfinden.

(10) *Deutschmühlental*: Tal des Pulverbaches der, zum Weiher aufgestaut, hier eine Mühle antrieb, die im Besitz des Deutschen Ordens war. 1870 Bereitstellungsgelände für die Schlacht an den Spicherer Höhen, im Ehrental Begräbnisplatz für die Gefallenen der Schlacht und Kriegsveteranen, unter ihnen auch Schulze-Kathrin, eine Magd, die ohne Rücksicht auf ihr eigenes Leben („die schieße ja net uff mich"), die verwundeten Soldaten auf dem Schlachtfeld betreute. Das Gelände, 1938 in den Westwall einbezogen, wurde 1960 zum Deutsch-Französischen Garten, der jährlich mehr als 250 000 Besucher anzieht. Der

Naherholungswert soll durch die Renaturierung des Tales, die Anlage eines „Spaßbades" und die Verlegung der Spielbank von der Saarlandhalle hierher aufgewertet werden. Am Drahtzugweiher, Standort der Eisenverarbeitung im 18. Jh., bis vor kurzem Obdachlosenasyl und Elendsviertel. Es gereicht der Stadt Saarbrücken zur Ehre, dieses früher als unvermeidlich hingenommene marginale Wohnviertel inzwischen beseitigt zu haben. An der Nordseite des Hauptfriedhofes, der bis zur Staatsgrenze reicht, entlang bis zur Metzer Straße (B 41) jenseits des Grenzüberganges Goldene Bremm (N 3).

(11) *Neue Bremm*: Die Stele auf der Straße und der Feuerlöschteich östlich davon erinnern an das KZ, in dem 1942-1945 französische Juden und Widerstandskämpfer auf ihrem Weg nach Dachau und Auschwitz eingesperrt waren. Nach Norden gute Sicht auf den Südrand von Alt-Saarbrücken, dessen Bebauung in diesem Jahrhundert den Höhenzug südlich der Saar überstieg, auf den Petersberg und den dahinter ansteigenden Winterberg, mit den Hochbauten des Krankenhauses. Das Gelände im Vordergrund diente der Saarbrücker Garnison als großer Exerzierplatz. Die separatistische Regierung vor 1955, die für das Saarland eine Eigenstaatlichkeit anstrebte, hielt dieses Saarbrücker Naherholungsgebiet für die Anlage europäischer Einrichtungen und ein Diplomatenwohnviertel von sonstiger Nutzung frei. Nach der Wiedereingliederung des Saarlandes in die Bundesrepublik zum 1. Januar 1957 konnte dieses Gelände für die Anlage des Autobahnanschlusses nach Frankreich mit Zollbahnhof sowie das Gewerbegebiet Süd vorgesehen werden (ca. 3 000 Arbeitsplätze). Das Gelände wird nach Süden durch den Verlauf der Schichtstufe des oberen Buntsandsteins abgeschlossen. Als Spicherer Höhen erhielt gerade der hier vorspringende Teil durch die Schlacht am 06.08.1870 traurige Berühmtheit. Die taktisch voreilige Schlacht hatte für Saarbrücken zur Folge, daß es, in den Mittelpunkt des Nationalgefühls gehoben, touristisch bedeutsam wurde und dadurch trotz der Überlegenheit der wirtschaftlich bedeutenderen Schwesterstädte St.Johann und Malstatt-Burbach einen höheren Bekanntheitsgrad erhielt. Bei der Entscheidung 1909 für einen gemeinsamen Namen der drei vereinigten Städte gab er den Ausschlag für Saarbrücken.

Auf dem damals umkämpften Rothenberg, zu dem der Spicherer Weg, eine Altstraße hinaufzieht, die als Marktweg nach Saarbrücken für die Versorgung der Stadt bis in die Zwischenkriegszeit eine Bedeutung besaß, erinnern Denkmäler, vereinzelte Gräber im Gelände und ein deutscher Soldatenfriedhof an die Kriege zwischen Deutschland und Frankreich. Seit Jahrzehnten liegt dort oben eines der beliebtesten Saarbrücker Ausflugslokale, die Gaststätte Woll mit Gartenwirtschaft unter hohen Kastanien. Der Aufstieg oder die Auffahrt von der Metzer Straße über die Straße zum Zollstock an dem jüngeren der beiden israelitischen Friedhöfe Saarbrückens vorbei wird durch die gute Aussicht auf den Warndt und das Bergbau- und Industrierevier beiderseits der Grenze belohnt. Das Gelände zwischen dem Gewerbegebiet Süd und der Saar, das über das Tabaksmühlental entwässert wird, ist ein wichtiges Naherholungsgebiet. Man sollte deshalb hier das Auto am Campingplatz stehen lassen und zu Fuß zu den Ausflugsgaststätten gehen.

Wir fahren auf der Metzer Straße stadteinwärts und sehen im Westen die Hochhaussiedlung Folsterhöhe, die, 1962 geplant, ca. 7 000 Menschen, vorzugsweise kinderreiche Familien und Leute mit geringem Einkommen, aufgenommen hat. Zur Linken liegt das Ehrental und einer der Eingänge des Deutsch-Französischen Gartens.

(12) *Die Bellevue*: Die alte und die neue Bellevue sind zwei Ausflugsgaststätten, die man früher nach dem Besuch des Schlachtengeländes aufsuchte. Im Giebel der ehem. Gaststätte Alte Bellevue zeugen noch zwei Geschosse, die man früher den Kindern zeigte, von den Kämpfen von 1870. Die Fahrtroute wendet sich nach Westen in die Zeppelinstraße.

(13) *Kleiner Exerzierplatz*: Nach der Aufgabe der Saarbrücker Garnison konnte dieses Gelände in der Zwischenkriegszeit mit Wohnhäusern und Sportanlagen für den Altsaarbrücker Turnverein ausgestattet werden. Der Lulustein erinnert an den französischen Kronprinzen, Sohn Kaiser Napoleons III., der von hier aus 1871 einen Kanonenschuß hinunter nach Saarbrücken gelöst haben soll. Eine Inschrift ganz in der Nähe erinnert an

das Schicksal der 16 Obersekundaner, die am 11. Mai 1944 als Flakhelfer an dieser Stelle bei einem Bombenangriff den Tod fanden. Durch die Dr.-Eckner-Straße zur Moltkestraße, an deren Beginn sich die gute Aussicht auf Burbach und Malstatt wieder einstellt, sobald die am Hang stehenden Gehölze zurückgeschnitten sind.

(14) *Moltkestraße*: Die ausgedehnten Backsteinkasernen des Infanterieregimentes 70 dienten nach dem Ende des Ersten Weltkrieges als Sozialwohnungen. Sie wurden inzwischen beseitigt und durch interessante Neubauten ersetzt. 1956 wurde die Kath.-Kirch-Straße Mauritius durch die Architekten A. Dietz und B. Grothe errichtet, die Kirchenfenster schuf Boris Kleint.

(15) *Deutschherrnkapelle*: Die kleine Saalkirche mit gewölbtem Chor ist der älteste der Saarbrücker Sakralbauten. Er entstand nicht lange nachdem 1227 einer der Saarbrücker Grafen dem Deutschen Orden, den er im Heiligen Land kennengelernt hatte, das Gelände zu einer Niederlassung schenkte. Diese vergrößerte sich im Laufe des Mittelalters beträchtlich und wurde mit einer Befestigung ausgestattet, in der ein Komtur befehligte. Das im Verlauf der Französischen Revolution enteignete Gelände Am Ordensgut nahm den Saarbrücker Friedhof auf, einen Judenfriedhof, das Waisenhaus sowie den großen Kasernenbereich für das IR 70. Durch die Deutschherrn- und Vorstadtstraße gelangen wir in die ehem. Altstadt von Saarbrücken, durch die Eisenbahnstraße zur Friedenskirche, wo wir rechts in die Wilhelm-Heinrich-Straße abbiegen und durch diese hindurch uns erneut nach rechts wendend an der Alten Brücke und dem Schloßfelsen vorbei in die Franz-Josef-Röder-Straße gelangen. Der nach dem Ministerpräsidenten des Saarlandes, der von 1959-1979 die Geschicke des Landes lenkte, genannte Straßenabschnitt bis zur Christ-König-Kirche gehörte früher zur Hindenburgstraße.

(16) *Der Landtag des Saarlandes*: Als Gebäude für die Saarbrücker Casinogesellschaft errichtet, dient es seit Einrichtung des halbautonomen Saarlandes 1948 als Parlamentsgebäude. Saaraufwärts zieht sich hier das Saarbrücker Behördenviertel bis zur Oberfinanzdirektion. Zunehmend werden auch Häuser in der Talstraße und den benachbarten Querstraßen zur Unterbringung von Behörden der Regierung und der Justiz angemietet oder erworben. Unter den zahlreichen Bauten dieser Behördencity sei auf das 1960/62 und 1976/77 errichtete Anwesen der Industrie- und Handelskammer von den Architekten Alt und Kugelmann hingewiesen sowie auf den wilhelminischen Bau des Land- und Oberlandgerichts, der 1920-35 die Regierungskommission des Saargebietes war. Neben dem Regierungsgebäude, das man während des Dritten Reiches als Sitz des Reichsstatthalters errichtete und das man um die überdimensionierten Hoheitssymbole entfrachtet hat, wurde 1975/78 von den Architekten Alt und Kugelmann der hervorragend in den zur Verfügung stehenden Raum komponierte Bau der Oberfinanzdirektion hineingestellt, kongenial zur gegenüberliegenden Christ-König-Kirche, mit der der Stadtteil St.Arnual beginnt. Entlang der Hindenburgstraße lernt man das Honoratiorenviertel kennen, das man nach der Eingemeindung des Bauerndorfes St.Arnual 1896 zwischen Gemarkungsgrenze und Artilleriekaserne errichtete. Durch die Koßmannstraße, die an den Vertreter des Saargebietes in der Regierungskommission des Völkerbundes erinnert, geht es in die Lützowstraße und von dieser in den Stockenbruch, wo 1951 durch die Architekten Hirner und Dietz ein halbrundes Wohngebäude sowie das damalige Frauenwohnheim mit vielgestaltigem Grundriß besondere Beachtung verdienen. Letzteres, im Volksmund Drachenburg genannt, war auf Initiative der Frauenbeauftragten der Hoffmann-Regierung in einer Zeit entstanden, die für die Probleme alleinlebender Frauen überwiegend patriarchalische Lösungen bereithielt.

(17) *Landestheater*: Theatergebäude in einem umgebauten Gebäude der Kaserne des Feldartillerieregimentes von Holtzendorff, die weitgehend abgetragen ist. In der Barbarastraße sind die Wohnhäuser für die Unterbringung der Mannschaftsdienstgrade des Artillerieregimentes gut erhalten. Wir queren die Julius-Kiefer-Straße, die Autobahn und Winterbergkrankenhaus miteinander verbindet, und biegen nach links in die Brühl-, dann in die Arnulfstraße ein und gelangen zum St.Arnualer Markt.

(18) *Stiftskirche*: Sie ist eine dreischiffige gotische Gewölbebasilika. Chor und Querhaus gehören der zweiten Hälfte des 13. Jh., das Langhaus der ersten Hälfte des 14. Jh. an. Der Turm wurde 1315 begonnen. Er erhielt 1746 von F.J. Stengel die heutige welsche Haube. Seit der Mitte des 15. Jh. war die Kirche die Grablege der Saarbrücker Grafen und der Angehörigen des Hofes. Bedeutende Grabdenkmäler haben sich erhalten. Wie die zur Zeit noch andauernden Grabungen ausweisen, gingen dem heutigen Bau mehrere Vorgängerbauten voraus, die in den Ruinen eines römischen Geländes errichtet wurden.

Von der in der Nähe gelegenen Römerbrücke hat sich nichts erhalten, auch nicht von den Gebäuden der Stiftsfreiheit, in der die Stiftsherren bis 1569, als der Landesherr das Stift auflöste, wohnten. Das Vermögen des säkularisierten Stiftes wurde zur Unterhaltung des Ludwigsgymnasiums und zur Pfarrerbesoldung verwandt. Umfangreiche Ländereien haben sich bis heute erhalten.

Die östlich der Stiftskirche gelegenen umgestalteten Industriegebäude dienten früher einer Kettenfabrik. In Straßengestaltung, Bausubstanz und Verhalten seiner Bewohner hat sich viel eigenständig Ländliches erhalten, was dem Stadtteil einen eigenen dörflichen Charakter verleiht, obwohl das Arbeiterviertel auf dem Wackenberg und die Wohnviertel am Winterberg dazu in denkbar schroffstem Gegensatz stehen. Unter den ehemaligen Bauernhäusern überwiegt das Südwestdeutsche Einhaus. Vom St.Arnualer Markt verlassen wir den alten Dorfkern durch die Saargemünder Straße bis zur Präsident-Baltz-Straße und wechseln über die Bismarckbrücke auf die St.Johanner Seite der Saar. Über die Bismarckstraße und die Obere Lauerfahrt geht es zum Staden.

(19) *Am Staden*: Von der Jahrhundertwende bis in die Zwischenkriegszeit war dieses Viertel eines der Begüterten. Die die Saar begleitenden Parkanlagen haben seitdem ihre Anziehungskraft nicht eingebüßt. Zur Attraktivität tragen auch die beiden Boots- und Vereinshäuser der verschiedenen Ruderclubs bei. Auf der Bismarckstraße nähern wir uns dem Gewerbegebiet Ost, das mit eigenem Bahnanschluß ausgestattet an B 51 und B 40 angeschlossen ist. In seinem westlichen Teil liegt es auf dem von den Nazis aufgefüllten Befreiungsfeld, in seinem östlichen Teil auf dem ausgegrabenen Römerkastell.

(20) *Fernheizwerk*: Am östlichen Kopf der als Schlageterbrücke 1935/36 errichteten Daarler Brücke wurde das Fernheizwerk mit seinem weithin sichtbaren Schornstein gebaut. Von hier aus werden die öffentlichen Gebäude, darunter seit 1988 auch die Universität sowie Stadtteile (Eschberg) mit Fernwärme versorgt. Das mit heimischer Steinkohle betriebene Heizwerk verwertet auch Abwärme der Halberger Hütte. Die Straße des 13. Januar erinnert an die Saarabstimmung 1935. Das Gewerbegebiet Ost mit Schlachthof und Großmarkt besitzt einen eigenen Eisenbahnanschluß zum Güter- und Hauptbahnhof Saarbrücken sowie eine gute Verkehrsanbindung durch die Bundesstraßen 40 und 51. In seinem westlichen Teil liegt es am Verlauf der Hochflutrinne der Saar, die Mitte der 30er Jahre aufgefüllt wurde, um als Befreiungsfeld den Parteiaufmärschen der N.S.D.A.P. zu dienen. In seinem östlichen Teil liegt das Gewerbegebiet auf dem Gebiet des römischen Saarbrückens.

(21) *Das Römerkastell*: Zum Schutze der im frühen 1. Jh.n.Chr. angelegten Steinbrücke wurde nach den Germaneneinfällen um 275 und 353 n.Chr., durch die die gallo-römische Siedlung um die Kreuzung der West-Ost und Nord-Süd ziehenden Straßen entstanden war, ein Kohortenkastell errichtet. Es wurde, noch unfertig, im 4. Jh. bei einem der zahlreichen Germanenvorstöße zerstört. Obwohl die Brücke bis ins hohe Mittelalter als einzige Brücke im mittleren Saartal ihre Bedeutung behielt, blieb der Standort des gallo-römischen Saarbrückens bis in dieses Jahrhundert unbesiedelt. 1924 wurde das Kastell von dem Saarbrücker Konservator Carl Klein ausgegraben. Die offengehaltenen Keller und Fundamente einiger Häuser liegen unter Bäumen in einem kleinen Park und sind zu besichtigen. Der Schlüssel ist im benachbarten Raiffeisenlager während der Geschäftszeiten zu bekommen.

Über die Gleise und den für den Osthafen vorgesehenen Altarm der Saar sind die Daarler Wiesen, das ehemalige Flughafengelände 1928-38, zu sehen, um dessen Erhaltung als Naturschutzgebiet noch gerungen wird. Über St.Arnual und die Stiftskirche hinweg ist der Wackenberg, eine geröllbedeckte Saarterrasse mit der Arbeitersiedlung aus der Zwischenkriegszeit zu sehen und dahinter der Bergsporn des Sonnenberges, auf dem als ältestes Saarbrücker Siedlungszeugnis eine La-Tène-zeitliche Fliehburg liegt. Über die Straße Am Römerkastell zur Mainzer Straße und über diese bis zum Paß zwischen den Tälern von Saar und Scheidter Bach.

(22) *Halberg*: Waldbedeckter Zeugenberg aus Schichten des mittleren und oberen Buntsandsteins, 278 m über N.N., rundum von Straßen, Wohn- und Gewerbegebieten, im Süden sogar von Industrieanlagen umgeben. Ein lohnender Spaziergang beginnt in der Brebacher Landstraße und führt über die am Hang schräg hinaufziehende Stummstraße mit Werkswohnungen für die leitenden Angestellten der Halberger Hütte. Über die profanierte Kirche, die am Weg rechts liegen bleibt, reicht der Blick über das Hüttengelände und das zwischen Scheidter und Fechinger Bach gelegene Brebach. Über das Kolbenholz mit seinen Schlackenhalden kann man Bischmisheim und den Westrand des Bliesgaues erkennen. Folgt man dem Weg weiter aufwärts, so erreicht man wenige Schritte unterhalb der Straße das Erbbegräbnis des Hüttenherrn Carl Ferdinand Freiherr von Stumm-Halberg und seiner Familie. Die gediegene Schlichtheit des Begräbnisplatzes überrascht den Besucher ebenso wie der Kontrast zwischen diesem verwahrlosten Friedhof und den sorgfältig gepflegten Parkanlagen des hangaufwärts gelegenen Saarländischen Rundfunks auf der Spitze des Halbergs. Stumm war als Hüttenherr in Neunkirchen und Brebach nicht nur einer der reichsten Industriellen; als Politiker war er eine der einflußreichsten Persönlichkeiten in der zweiten Hälfte des 19. Jh. Von seinen Kritikern wurde er wegen seines patriarchalischen Führungsstils nicht ohne Respekt „König Stumm von Saarabien" genannt. Auf dem Halberg ließ er sich 1878-82 anstelle des in der Franz. Revolution zerstörten fürstlichen Lustschlosses Monplaisir ein Schloß im neugotischen Stil errichten. 1938 wurde es für den Reichssender Saarbrücken gekauft. Die französische Militärverwaltung erhob es zur Residenz für ihren Gouverneur Gilbert Grandval. Inzwischen residiert hier oben der Saarländische Rundfunk und die ARD mit dem Ersten Deutschen Fernsehen. Verwaltungsgebäude, Studios und Konferenzgebäude sind neben dem Schloß errichtet worden. Eine hoch herausragende Antenne macht den Halberg schon von weitem kenntlich. Der Erbprinz Heinrich von Nassau-Saarbrücken, der infolge der Franz. Revolution die Landesherrschaft in Saarbrücken nicht mehr antreten konnte, fand seinem testamentarisch hinterlassenen Wunsch gemäß im Schloßpark seine letzte Ruhestätte. Nur wenige hundert Meter entfernt hat sich im Südhang des Halberges die Heidenkapelle erhalten, eine Felsengrotte, die in römischer Zeit Teil eines Mithrastempels war, der im ausgehenden 4. Jh.n.Chr. einer vielleicht christlich motivierten Zerstörung anheimfiel, im späten Mittelalter als Eremitenklause und Wallfahrtskapelle diente und im Rokoko in die Parkanlagen von Schloß Monplaisir einbezogen war. Weiter talwärts stößt man auf die Brebacher Landstraße und damit auf den Ausgangspunkt der Wanderung. An der der B 40 zugewandten Ostseite des Halberges wurde 1956 der noch stehende Gasbehälter errichtet. Bei den Fundamentierungsarbeiten wurde ein mannshoher Stollen mit 11 Einstiegsschächten im Felsen freigelegt. Zwei Schächte konnte man erhalten und zugänglich machen. Die Deutung dieses Stollens ist kontrovers: Während die einen darin die Wasserleitung des „*vicus saravus*", wie die römische Siedlung zwischen Halberg und Kaninchenberg hieß, sehen, sprechen andere mit guten Gründen von einem Stollensystem, das der Gewinnung von Kupfer oder Salz („Halberg") diente. Die Funde gallo-römischer Götterstatuen, es wurde ein Merkur und eine Jupitergigantensäule zwischen Eschberg und Halberg gefunden, lassen auf einen römischen Kultbezirk schließen.

Am Schneidershof verlassen wir die Mainzer Straße, um einen Abstecher wie zuvor beschrieben auf den Halberg zu machen oder in die Breslauer Straße abzuzweigen, um zum Saarbrücker Zoo und zum Eschberg zu gelangen. Beiderseits der Eisenbahnlinie nach St.Ingbert zeigen auch hier große Verbrauchermärkte, die an die Stelle von eisenverarbeitender Industrie getreten sind, die Veränderung des Industriestandortes Saarbrücken an.

Literatur

BAUER, G.: Die Flurnamen der Stadt Saarbrücken, Bonn 1957.
Bund Deutscher Architekten (Hrsg.): Architekturführer Saarland, Saarbrücken 1982.
EVEN, J./SECK, D.: Vom Rand in die Mitte gerückt, Saarbrücken 1970.
FEHN, K.: Großstadtbildung im grenznahen Bergbau- und Industriegebiet. — Stadt und Stadtraum 1974 (Veröffentlichungen der Akademie für Raumforschung und Landesplanung, Bd. 97, S. 105-124).
HAUBRICHS, W.: Die bliesgauischen Ortsnamen des Fulrad-Testamentes und die frühere Pfarrorganisation der Archipresbyterate Sankt Arnual und Neumünster im Bistum Metz. — Jahrbuch für westdeutsche Landesgeschichte, 2 (1976), S. 23-76 und 3 (1977), S. 5-59.
HEINZ, D.: Aus der Stadtplanung Friedrich Joachim Stengels. — Saarheimat, 3 (1959) 7-8, S. 16-21.
-: Gärten der Barockresidenz Saarbrücken. — Saarheimat, 5 (1961) 3-4, S. 18-23.
HERRMANN, H.-W.: Gedanken zum Aufstieg Saarbrückens. — Saarbrücker Hefte, 9 (1989), S. 7-33.
-: Saarbrücken — französische Festung? — Zeitschrift für die Geschichte der Saargegend, XIX (1971), S. 201-219.
HERMANN, H./NOLTE, E.: Zur Frühgeschichte des Stiftes St. Arnual und des Saarbrücker Talraumes. — Zeitschrift für die Geschichte der Saargegend, XIX (1971), S. 52-123.
Illustrierter Fremdenführer für die Besucher des Spicherer Schlachtfeldes sowie der Städte Saarbrücken und St. Johann, Saarbrücken und St. Johann 1895.
JÄSCHKE, K.-U.: Kirchengründung und Lothringische Klosterreform — Dudweilers erste Erwähnung. — In: 1000 Jahre Dudweiler 977-1977, Saarbrücken 1977, S. 132-148.
KLEIN, H.: Saarbrücken — territoriales und wirtschaftliches Zentrum der Saar. — Blätter für Deutsche Landesgeschichte, 111 (1975), S. 138-158.
-: Saarbrücken. — In: STOOB, H. (Hrsg.): Deutscher Städteatlas, Lieferung II, Nr. 13: Saarbrücken, Karten und Begleittext, Dortmund 1979.
-: Saarbrücken — Vom Burgflecken zur Saarmetropole. Ein siedlungsgeschichtlicher Überblick. — Saarbrücker Hefte, 54 (1983), S. 57-67.
-: Die Landeshauptstadt Saarbrücken. — In: STAERK, D.: Das Saarlandbuch, Saarbrücken 1985, S. 370-376.
KLEWITZ, M.: Die mittelalterliche Burg in Saarbrücken. — Zeitschrift für die Geschichte der Saargegend, XIX (1971), S. 284-292.
KLOEVEKORN, F.: Saarbrückens Vergangenheit im Bild, Saarbrücken 1934.
KOLLING, A.: Burg und Stadt Saarbrücken. — In: *Führer zu vor- und frühgeschichtlichen Denkmälern*, Bd. V, Saarland, Mainz 1966, S. 112-118.
-: Das römische Kastell Saarbrücken. — In: *Führer zu vor- und frühgeschichtlichen Denkmälern*, Bd. V, Saarland, Mainz 1966, S. 106-108.
-: Das römische Saarbrücken — Vicus Saravus. — In: *Führer zu vor- und frühgeschichtlicher Denkmälern*, Bd. V, Saarland, Mainz 1966, S. 98-105.
-: Die vor- und frühgeschichtliche Besiedlung des Saarbrücker Talraumes. — Zeitschrift für die Geschichte der Saargegend, XIX (1971), S. 11-51.
KRAJEWSKI, H.: Saarbrücken, Gestaltwandel einer Stadt. — Saarheimat, 3 (1959) 7-8, S. 9-21.
-: Probleme des Städtebaus. — Saarbrücker Hefte, 28 (1968), S. 64 ff.
LAFONTAINE, O.: Zum 75jährigen Bestehen der Großstadt Saarbrücken. — Saarbrücker Hefte, 55 (1984), S. 5-8.
LEHNERT, CH.: Großer Stadtführer Saarbrücken. Wegweiser mit allen wichtigen Informationen für die Gäste der Landeshauptstadt, die Saarländer und Saarbrücker, Lebach 1984/85.
LEROY, A.: Sarrebruck, L'exemple d'une métropole frontalière, Metz 1980.
LICHNOCK, W.: Führer durch die Städte St. Johann — Saarbrücken, Saarbrücken 1900.
LIEDTKE, H. u.a.: Das Saarland in Karte und Luftbild, Neumünster 1974.

Lohmeyer, K.: Friedrich Joachim Stengel, Düsseldorf 1911.
-: Südwestdeutsche Gärten des Barock und des Rokoko, Saarbrücken 1937.
Loth, W.: 75 Jahre Großstadt Saarbrücken. — Saarbrücker Hefte, 55 (1984), S. 9-14.
Niedner, G.: Stadtentwicklung. Gestern — heute — morgen. Hrsg. von der Landeshauptstadt Saarbrücken 1989.
Overbeck, H./Sante, G. (Hrsg.): Saaratlas, Gotha 1934.
Purbs-Hensel, B.: Verschwundene Renaissance-Schlösser in Nassau-Saarbrücken, Saarbrücken 1975.
Rauh, E.: Städtebauliche Leitbilder im Wandel, Saarbrücken und seine Hafeninsel, Saarbrücken 1989.
Ried, H.: Die Siedlungs- und Funktionsentwicklung der Stadt Saarbrücken, Saarbrücken 1958 (Arbeiten aus dem Geographischen Institut der Universität des Saarlandes, Bd. 3).
Ruppersberg, A.: Saarbrücker Kriegschronik. Ereignisse in und bei Saarbrücken und St. Johann sowie am Spicherer Berg 1870, Neuauflage, Saarbrücken 1978.
Saarbrücken 1909-1959, 50 Jahre Großstadt, hrsg. vom Kulturdezernat der Stadt Saarbrücken 1959.
Saarbrücken, Wirtschaftsraum an der Grenze, hrsg. von der Sparkasse der Stadt Saarbrücken 1960.
Saarbrücken Nauwieserviertel, im Auftrag der Landeshauptstadt Saarbrücken, Mannheim 1979.
Schindler, R.: Die Mithrashöhle bei Saarbrücken. — In: *Führer zu vor- und frühgeschichtlichen Denkmälern*, Band V, Saarland, Mainz 1966, S. 108-111.
Scherer, N.: Die Glashütte auf der Fischbach. 250 Jahre Stadtteil Rußhütte. — Ein Beitrag zur Siedlungs- und Wirtschaftsgeschichte der Stadt Saarbrücken. — Zeitschrift für die Geschichte der Saargegend, XIX (1971), S. 220-229.
Schleiden, K.-A.: Saarbrücken so wie es war, Düsseldorf 1973.
Schleiden, K.-A. u.a.: Saarbrücken. Stationen auf dem Weg zur Großstadt, Saarbrücken 1989.
Schubart, R.H.: Beobachtungen zur Bautätigkeit des Fürsten Wilhelm-Heinrich und seines Baumeisters Friedrich Joachim Stengel in Saarbrücken. — Zeitschrift für die Geschichte der Saargegend, XIX (1971), S. 394-440.
Schwingel, K.: Die Bedeutung der Straße Metz-Mainz im nassau-saarbrückischen Reichsgebiet. — In: Festschrift für Franz Steinbach, Bonn 1960, S. 564-569.
Seyler, R.: Vor- und frühgeschichtliche Siedlungszeugnisse im Sulzbachtal. — In: 1000 Jahre Dudweiler 977-1977, Saarbrücken 1977, S. 117-131.
Städtebauliche Leitbilder im Wandel. Saarbrücken und seine Hafeninsel, Dokumentation einer Ausstellung der Landeshauptstadt Saarbrücken 1989.
Staerk, D.: Die Wüstungen des Saarlandes, Saarbrücken 1976.
-: Das Saarlandbuch, Saarbrücken 1985.
Steinbach, F.: Die Weiler-Orte an der Saar. — In: Festschrift 50 Jahre Realgymnasium Dillingen/Saar 1953, S. 300-302.
Zimmermann, W.: Die Kunstdenkmäler der Stadt und des Landkreises Saarbrücken, Düsseldorf 1932.

Wirtschaft und Siedlung unter dem Einfluß der Grenze

Verantwortlicher Redakteur: Wolfgang Brücher

Einführung

In den letzten Jahren beschäftigt sich die Geographie zunehmend mit Grenzen und Grenzräumen, speziell im Bereich der EG. Bedingt ist dies vor allem durch die fortschreitende Auflösung der politischen Demarkationslinien und die absehbare Aufhebung der wirtschaftlichen Schranken. Damit rücken die innerhalb der Nationalstaaten einst peripher gelegenen, oft wirtschaftlich benachteiligten und deshalb auch wenig beachteten Grenzsäume in eine günstigere, manchmal sogar zentrale Lage zwischen mehreren kooperierenden Staaten. Nun, da die Barriere zerfällt, erwecken ihre negativen räumlichen Auswirkungen der Vergangenheit, ihre anhaltenden Nachwirkungen, aber auch der Raum beiderseits der Grenzen auf einmal ein weit größeres wissenschaftliches Interesse als zuvor.

Heute wachsen einst nebeneinander liegende, jedoch gegeneinander abgeschottete Grenzgebiete zweier oder mehrerer Staaten zu Grenzregionen zusammen, wie sie sich vorher nicht hätten bilden können. Zwischen den strukturell oft sehr unterschiedlichen Territorien entwickeln sich Kontakte und grenzübergreifende Verflechtungen, sowie, wenn auch sehr langsam, Anpassungsprozesse. Es entstehen aber auch — was vorher wegen der Trennung ebensowenig möglich war — Interessengegensätze, ja Spannungen zwischen nun benachbarten Gebieten, die lediglich beiderseits einer unsichtbaren Linie liegen. Die zerbröckelnde alte Staatsgrenze bekommt damit innerhalb der Grenzregionen im Grunde eine neue, kaum beachtete Rolle und lebt weiter.

Die Geschichte beweist dieses Weiterleben und Nachwirken von Grenzen, vor allem solcher, die lange bestanden haben. Dabei verändern sie ihr Gesicht, ihre Funktionen, können aber auch neue erhalten. Im Saar-Lor-Lux-Raum, der in der jüngeren Geschichte wie kein zweiter in Westeuropa durch Grenzverschiebungen geprägt wurde, lassen sich räumliche Wirkungen und Persistenz von Grenzen besonders gut untersuchen. Die folgenden vier Beiträge sind nicht ausschließlich „grenzgeographische" Untersuchungen, beschäftigen sich jedoch in sehr verschiedenen Themenstellungen mit der Grenze. François Reitel schildert, aus französischer Sicht, die Entwicklung der saarländischen Grenzen seit 1871. In der stadtgeographischen Darstellung der Vauban'schen Festung Saarlouis, durch Bruno Aust, wird die Nähe der Grenze als entwicklungshemmender Faktor deutlich. Dagegen ergibt sich aus dem Artikel von Ferdinand Morbach und Wolfgang Brücher, daß ihre Funktion im Energiesektor sehr unterschiedlich sein kann: Wurde die räumliche Entwicklung des Steinkohlenbergbaus im saarländisch-lothringischen Grenzbereich durch die Grenzverschiebungen bestimmend geprägt, so arbeiten beide staatliche Bergbaugesellschaften heute weitgehend so zusammen und nebeneinander, als gäbe es die politische Grenze nicht mehr. Für die leitungsgebundenen Energiewirtschaft dagegen bildet die Grenze nach wie vor eine politische, administrative und wirtschaftliche Barriere, vermutlich über 1993 hinaus. In seiner Untersuchung über die räumlichen Wirkungen des Rundfunks wirft Heiko Riedel die Frage auf, ob nicht gerade die überwiegend national ausgerichteten Medien Hörfunk und Fernsehen, parallel zum Rückgang des deutschen Dialekts in Lothringen, zu einer Verschärfung der kulturellen Grenze beitragen.

SOYEZ, D./BRÜCHER, W./FLIEDNER, D./LÖFFLER, E./QUASTEN, H./WAGNER, J. M. (Hrsg.):
Das Saarland. Bd. 1: Beharrung und Wandel in einem peripheren Grenzraum, Saarbrücken
1989 (Arbeiten aus dem Geographischen Institut der Universität des Saarlandes, Bd. 36).

Die Veränderungen der politischen Grenzen im Saar-Lor-Lux-Raum und ihre wirtschaftlichen und regionalen Konsequenzen*

François Reitel

1. Einführung

Lothringen war nie eine Einheit, und in Umwandlung eines Wortes von Metternich könnte man sagen, daß es nur eine *geographische Bezeichnung* war.

Zur römischen Zeit war der Süden Lothringens mit der Hauptstadt Toul von den Leukers besetzt, während im Norden mit der Hauptstadt Metz die Mediomatriker herrschten. Die von Süden nach Norden fließenden Wasserläufe Maas und Mosel sowie deren Nebenfluß Seille bestimmten den kulturellen und wirtschaftlichen Austausch. Lothringen stellte ein *Zwischenglied* zwischen dem Rhône-und dem Rheintal dar und verlieh dadurch den drei Flußstädten Metz, Toul und Verdun, die ab römischer Zeit zu Bischofssitzen aufstiegen, eine frühzeitige Bedeutung. Das Eindringen der französischen Monarchie nach Lothringen im 16. Jahrhundert zog tiefgreifende Veränderungen in diesen Austauschbeziehungen nach sich, die — vereinfacht und schematisiert — durch die Revolution von 1789 konsolidiert werden. Das Gebiet des heutigen Lothringen wurde 1790 in vier Départements aufgeteilt: Meuse, Meurthe, Moselle und Vosges. Neun Distrikte, darunter der von Saarlouis, bildeten das Département Moselle, das sich von dem heutigen in Größe und Struktur unterschied. Die Distrikte Briey und Longwy, heute im Département Meurthe-et-Moselle gelegen, waren ein Teil des Départements, während die von Sarrebourg und Château-Salins nicht dazu gehörten. Die Abgrenzung der Départements zur damaligen Zeit war wesentlich logischer und der Geographie angemessener. Durch Eroberungen der Revolutionstruppen wurde die Gegend um Saarbrücken ebenfalls an Frankreich angegliedert. Aufgrund der Vereinbarungen des *Zweiten Pariser Friedens* vom 20. November 1815 fielen die linksrheinischen Gebiete mit Saarlouis und Saarbrücken an Preußen. Saarbrücken, Sitz der Grafen von Nassau-Saarbrücken, konnte auf eine lange Unabhängigkeit zurückblicken. Saarlouis hingegen, 1660 von Vauban auf Anordnung Ludwigs XIV. errichtet, war tiefgreifenden, noch heute spürbaren französischen Einflüssen ausgesetzt. Aufgrund der Tatsache, daß Nassau-Saarbrücken sich 1574 zum Protestantismus bekannt hatte, blieb dieser hier dominant,

---

*aus dem Französischen übersetzt von Dipl.-Geogr., Dipl.-Psych. H. Riedel, Saarbrücken.

während das „lothringische" Saarlouis eher katholisch war; erst die spätere Zuwanderung in das aufblühende Montanrevier führte zu einem allgemeinen Übergewicht der Katholiken an der Saar.

2. Der Krieg von 1870/71 und seine Auswirkungen

Die französische Niederlage wird im Frankfurter Frieden vom 10. Mai 1871 besiegelt. Zum Beraterkreis Bismarcks während der Friedensverhandlungen gehörte auch der Freiherr von Stumm, ein saarländischer Hüttenbesitzer. Frankreich mußte auf das Territorium des heutigen Départements Moselle verzichten, das jedoch nicht den 1790 festgelegten Ausdehnungen entsprach (s.o.). Wenn Frankreich die Gebiete um Briey und Longwy behalten konnte, so erklärt sich dies aus der Tatsache, daß die *Einheit des geologischen Beckens noch unbekannt war und erst 1881 nachgewiesen wurde*. Bis dahin nahm man an, daß es sich bei den erzführenden Schichten, der *Minette*, nur um nicht zusammenhängende Flöze geringer Mächtigkeit handele. Andererseits wurde das *Thomas-Verfahren zur Verhüttung phosphorhaltiger Erze* erst 1878 erfunden. Bei den zuvor üblichen Verfahren war das Roheisen bei einem Phosphoranteil von bis zu 2% relativ brüchig und gegenüber solchem aus anderen Erzen von minderer Qualität geblieben. Diese zur Zeit der Frankfurter Friedensverhandlungen noch unzureichenden geologischen und tektonischen Kenntnisse erklären mit hoher Wahrscheinlichkeit, warum Bismarck die gewaltigen Eisenerzvorkommen im Becken von Briey-Longwy Frankreich beließ.

Ab 1881 wurde der erste Konverter mit dem Thomasverfahren in Hayange-St.Jacques eingesetzt. Ab dem gleichen Zeitpunkt erlebten das Saarland und Luxemburg einen raschen *Aufschwung ihrer Schwerindustrie*. Er wurde dadurch erleichtert, daß beide Länder und das besetzte Moseldépartement Teile eines gemeinsamen Zollgebiets, des *Zollvereins*, waren. Folglich wirkte sich die Teilung Lothringens von 1871 auf seine einzelnen Bereiche unterschiedlich aus.

2.1. Das Département Moselle: ein Aderlaß, dessen Folgen noch sichtbar sind

Der Friede von Frankfurt ließ den Bewohnern des Moseldépartements die Möglichkeit, sich für Frankreich zu entscheiden, unter der Bedingung, dorthin zu emigrieren. Ab 1871 verließen rund 18 000 Metzer Bürger ihre Stadt, um nicht Deutsche zu werden. Dabei handelte es sich insbesondere um Angehörige der Bourgeoisie und frankophone Intellektuelle. Unter den Umsiedlern befanden sich die Besitzer bedeutender Mühlen aus Metz, die sich in Nancy niederließen, sowie einige andere Industrielle, fast alle Künstler und viele Handwerker. Einige Beispiele seien angeführt: die Familie Alcan, die eine Verlagsdruckerei in der Nähe der Kathedrale von Metz besaß, zog 1873 nach Paris, wo sie das Verlagshaus Presses Universitaires de France (PUF) gründete. Die Hüttenbesitzer Dupont und Dreyfus aus Ars-sur-Moselle emigrierten ebenfalls und errichteten nördlich von Nancy das Werk von Pompey, aus dem der Stahl zum Bau des Eiffelturms stammt. Die Kristallfabrik von Vallerysthal wurde nach Porteux in den Vogesen verlagert. Die Keramikwerke von Sarreguemines erwarben einen Betrieb in

Digoin an der Loire, um ihre französische Kundschaft zu halten. Die Brüder Auguste und Antonin Daum verließen Bitche mit dem Ziel Nancy, um die bekannten gleichnamigen Kristallwerke zu errichten.

So verlor das Département Moselle seine industrielle und intellektuelle Elite. Wahrscheinlich wurde von der anderen Seite die Einwanderung Deutscher gefördert, und bis 1914 hatte sich erneut eine deutsch dominierte Elite etabliert, die dann Opfer des Ersten Weltkriegs wurde. Zu Ende der Feindseligkeiten, 1918, waren im Mosel-Département mehr als 100 000 Deutsche oder Deutschstämmige registriert. Mehr als 35 000 Personen wurden gezwungen, die zu diesem Zeitpunkt auf 85 000 Einwohner angewachsene Stadt Metz zu verlassen oder gingen freiwillig. In weniger als einem halben Jahrhundert wurde die demographische und wirtschaftliche Kraft dieser Stadt brutal gebrochen. Zwischen 1871 und 1918-19 mußten mehr als 50 000 Menschen die Stadt Metz verlassen oder gingen aus politischen Gründen. Diese Zahl entspricht der gesamten Bürgerschaft von 1871! Keine andere französische Stadt hatte einen derartigen Aderlaß zu erleiden. Nach 1918 gewährte auch keine Regierung einen angemessenen Ausgleich für die erlittenen Verluste, weder auf wirtschaftlichem noch auf kulturellem Gebiet.

2.2. Das Beispiel des Département Meurthe-et-Moselle: ein unverhoffter Gewinn

Nach 1871 wurde das Département Meurthe, verringert um die Arrondissements Sarrebourg und Château-Salins, jedoch erweitert um das Arrondissement Briey-Longwy, in Meurthe-et-Moselle umbenannt. Die ungewöhnliche und unförmige Gestalt dieses Départements ergibt sich also aus dem Vertrag von 1871. Seit dem Frieden von Rijswijk (1697), der dem Herzog von Lothringen das Schleifen der Festungsbauten auferlegte, konnte die nunmehr offene Stadt Nancy die Flüchtlinge aus den Mosel- und Rheindépartements aufnehmen. Im Gegensatz zu Metz wurde die bauliche Entwicklung hier nicht durch einschränkende Bestimmungen nach dem *Rayongesetz* (Beschränkungen des Grundeigentums) behindert, so daß sich die Stadt frei entfalten konnte und die Einwohnerzahl von 50 000 im Jahre 1850 auf 120 000 in 1913 anwuchs. Neben Metzer Bürgern und Personen aus dem Département Moselle wanderte auch eine bedeutende Zahl Elsässer zu. So entstand das Verlagshaus Berger-Levrault in Nancy. Da die Professoren der medizinischen und pharmazeutischen Fakultät der Universität Straßburg sich weigerten, eingedeutscht zu werden, wurden beide Fakultäten nach Nancy verlegt. Aufgrund des Verlustes von Straßburg, Mulhouse und Metz wurde Nancy zur größten Stadt Ostfrankreichs und des französischen Teils Lothringens; daher stammt die zweideutige Titulierung Nancys als „Hauptstadt Lothringens". Dennoch blieb Nancy eine Frontstadt, in der die Regierung nicht das Risiko einging, strategisch bedeutsame Investitionen zu tätigen.

Der Verlust von Erzlagerstätten und der Eisen- und Stahlindustrie im Département Moselle förderte im Gegenzug die Entwicklung der Schwerindustrie in Neuves-Maisons, Pompey und Frouard sowie im Becken von Briey-Longwy; beide Reviere richteten sich auf Nancy aus.

3. Die Entstehung des Saarlandes: Die Ernte unheilvoller politischer Beziehungen zwischen Frankreich und Deutschland

Vor 1918 kann im eigentlichen Sinne nicht von einem „Saarland" gesprochen werden. Erst mit der Besetzung dieses Gebietes 1920 durch Frankreich beginnt die Ausgliederung dieser Region als *„Sarre"* bzw. *„Saargebiet"*. Mit der Rückgliederung ans Reich 1935 ist dieses Problem scheinbar endgültig gelöst. Das Ende des Zweiten Weltkriegs gestattet Frankreich jedoch, das „Land an der Saar" erneut zu besetzen. Handelt es sich hierbei um ein Überbleibsel des alten französischen Traums, die „natürlichen Grenzen" bis an den Rhein hinauszuschieben? Ist es eine einfache Verteidigungsreaktion? Oder eine Kompensation für die erlittenen Kriegsschäden im nordfranzösischen Kohlebecken? Auf alle Fälle ist das Ergebnis nicht identisch mit dem von 1920. Da Frankreich die Mosel kanalisieren möchte, um damit die Wettbewerbslage der lothringischen Schwerindustrie zu verbessern, ist es gezwungen, mit der Bundesrepublik zu verhandeln. Es ist offensichtlich, daß Frankreich, das sich als demokratischer Staat sieht, sich gegenüber der Bundesrepublik nicht in einer Weise verhalten kann wie die UdSSR der DDR gegenüber. Daher ist das *europäische Statut* des Saargebiets (*Saarstatut*) das Ergebnis eines Kompromisses zwischen Frankreich und der Bundesrepublik Deutschland. Am 23. Oktober 1955 jedoch lehnen die Saarländer mit 67,7% der abgegebenen Stimmen das von Frankreich favorisierte Statut ab und forderten damit die *Rückgliederung an Deutschland*. Diese Entscheidung beinhaltet zwei bedeutende Auswirkungen für den Saar-Lor-Lux-Raum:

1. Mit der Gründung des Saarlandes als *Bundesland* erhält dieses eine eigene *Verfassung*, eine *Regierung* mit Ministerien und Haushalt, eine *Universität* und eine *Hauptstadt*. Frankreich unterstützte damit die Entwicklung einer Struktur mit starken *Regionen*, die es für sein eigenes Staatsgebiet niemals gewollt hätte. Was Frankreich als Versuch der Schwächung Deutschlands vorgesehen hatte, stellt sich als lebensfähige und dynamische Konstruktion dar.
2. Die *deutsch-französische Versöhnung* wurde dadurch wesentlich erleichtert. Sobald die Differenzen bezüglich des „Saargebiets" beseitigt waren, verbesserten sich die Beziehungen zwischen den beiden Staaten beständig. Die Lösung der Saarfrage gestattet im Januar 1963 die Unterzeichnung des als *„Elysée-Vertrag"* bekannten Freundschaftsvertrages. Damit stellten die deutsch-französischen Beziehungen im allgemeinen kein Hindernis mehr für eine regionale Zusammenarbeit in unserem Grenzraum dar.

4. Das Beispiel Luxemburg

Zur Erinnerung sei darauf verwiesen, daß aus Luxemburg mehrere Kaiser des Heiligen Römischen Reiches Deutscher Nation stammen: Heinrich VII. (1288-1309), Karl IV. (1346-1353), Wenzel II. (1373-1419), Sigismund (1419-1437) und Albert II. von Österreich (1437-1439).

Diese Kaiser zogen die kaiserliche Würde und ein ausgedehnteres Handlungsfeld ihrem gebürtigen Großherzogtum vor. Wahrscheinlich ist dies der Grund, weshalb sie versäumten, aus dem Großherzogtum eine bedeutendere politische Einheit zu machen. Das Herzogtum Luxemburg besaß im 17. Jahrhundert, ohne daß es zu den Großmächten gehörte, eine größere Ausdehnung als heute. Eine erste Zerstückelung erfolgte mit dem *Pyrenäenfrieden* (7. November 1659). Das Herzogtum verlor an Frankreich die Städte Thionville, Montmédy, Damvillers, Ivoy und Marville einschließlich der dazu gehörigen Ländereien. Luxemburg wurde unter der Bezeichnung „*Walddepartement*" (Département des Forêts) in der Zeit zwischen 1795 und 1814 nach Frankreich eingegliedert. Am 9. Juni 1815 konstituiert sich Luxemburg als „*Großherzogtum*" unter der Herrschaft des niederländischen Hauses von Oranien-Nassau. Doch im selben Jahr wurde die Stadt Luxemburg im Rahmen des Deutschen Bundes als *Bundesfestung* ausgerufen. Infolge des *Wiener Friedens* erfuhr das Großherzogtum seine zweite Teilung, wobei alle Territorien jenseits der Our, der Sauer und der Mosel an Preußen verloren gingen; mit einem Teil des früheren Herzogtums von Bouillon und dem Bistum von Lüttich wurde eine nur unvollständige Entschädigung geleistet. Eine dritte Teilung erfolgte am 13. April 1839 durch die Abtretung eines Gebietes an Belgien, der heutigen belgischen Provinz Luxembourg mit der Hauptstadt Arlon. Insgesamt nimmt das Luxemburg von heute nur noch ein Viertel seiner früheren Fläche ein. Wenn man bedenkt, daß das Land im Laufe der Jahrhunderte von den Burgundern, Spaniern, Franzosen, Österreichern und Preußen besetzt war, so versteht man umso leichter die Öffnung des Großherzogtums nach Europa.

Die räumliche Nähe zu Preußen und die wirtschaftlichen Beziehungen zu den Rheinlanden erklären sicherlich den Beitritt von Luxemburg zum *Deutschen Zollverein* 1842. Nach dem preußischen Sieg von Königgrätz erreichte Napoléon III. aufgrund des 1867 unterschriebenen Friedensvertrags von London, daß die Befestigungen von Luxemburg-Stadt geschleift und damit Stadterweiterungen möglich wurden. Derselbe Vertrag garantierte die dauerhafte *Neutralität* des Großherzogtums.

Die Bindungen zu den Niederlanden wurden definitiv erst durch die Thronbesteigung von Herzog Adolf, aus dem älteren Zweig des Hauses Oranien, beendet. Nach der Niederlage Deutschlands 1918 verließ Luxemburg den Zollverein. In einem von der luxemburgischen Regierung durchgeführten Referendum stimmen zwei Drittel der Befragten für eine Zollunion mit Frankreich. Letzteres reagiert aber nicht auf diese Entscheidung, so daß Luxemburg sich nach Belgien wendet, mit dem 1928 ein Vertrag über eine Zollunion abgeschlossen wird. Diese Tatsachen erklären sicherlich die territoriale Entwicklung des Großherzogtums. Sie beleuchten aber auch besonders die europäische Haltung der Einwohner des Großherzogtums, die sicherlich für die Territorialentwicklung von gleich hoher Bedeutung ist.

5. Die militärischen Aspekte

5.1. Militärische und wirtschaftliche Grenze

Grenzfragen sind eng mit militärischen Sachverhalten verbunden. So führte die neue Grenze von 1871 zur Errichtung zweier gigantischer *Befestigungssysteme*.

Auf *französischer Seite* wurden um die Verteidigungsanlagen der alten Festungsstädte Longwy, Toul und Verdun drei *Rayons* („de servitudes défensives") gelegt. Der innere, in dem *jegliche Bebauung untersagt* war, hatte einen Radius von 250 m. Daran schloß sich ein Rayon von weiteren 237 m an, in dem ausschließlich *hölzerne Bauten* gestattet waren, die schon auf die erste Anweisung des Platzkommandanten auf eigene Kosten und ohne Entschädigung abzureißen waren. Der dritte, äußere Rayon hatte eine Tiefe von 487 m, fügte also noch einmal die Summe von Rayon I und II (= 250 m + 237 m) hinzu, d. h. die Gesamttiefe der drei Rayons maß 974 m. Gebaut werden durfte hier nur unter Zustimmung der Militärverwaltung, die selbst den Verlauf der Straßen festlegte. Darüber hinaus legte man außerhalb der genannten Städte und von Epinal nach dem System des Generals Serré de Rivières einen oder zwei Gürtel detachierter, also den eigentlichen Stadtbefestigungen vorgelagerter Forts an. Diese waren, jedes für sich, ebenfalls von dem System der drei gestaffelten Rayons umgeben.

Auf der *deutschen Seite* besaßen die neu errichteten Forts, die berühmten *Festen*, nur zwei Verteidigungszonen: die erste, mit einem Rayon von 600 m, kommt dem ersten französischen Rayon gleich, die zweite erstreckt sich über 1650 m und entspricht etwa der dritten französischen. Diese Vorschriften betrafen die damals zum Deutschen Reich gehörenden Städte Metz und Thionville. Die Verteidigungszonen werden erst spät, teilweise nach 1918, insbesondere aber nach 1945 aufgehoben. Diese *Blockierung* und die Tatsache, daß die *Militärverwaltung sich gegen den Ausbau von Mosel und Maas zu Großwasserstraßen stellte*, verhinderten die *Industrialisierung* dieser Festungsstädte, obwohl sie sehr günstig gelegen waren. Daher wird verständlich, daß Metz, Toul und Verdun das Ende des Zweiten Weltkrieges abwarten mußten, bevor der Beginn einer wirklichen Industrialisierung einsetzte. Ihre aktuellen wirtschaftlichen Schwierigkeiten erklären sich zum großen Teil aus diesen Verzögerungen.

Die Rückkehr des Moseldépartements nach Frankreich 1918 führte zur Wiederherstellung der alten Staatsgrenze mit Deutschland. Für das Moseldépartement bedeutete dies eine Verlagerung der Staatsgrenze vom Süden in den Norden. Die Mosel behielt also ihren Grenzcharakter bei. Da die deutsch-französischen Beziehungen sich kaum zehn Jahre nach der Unterzeichnung des Versailler Vertrages verschlechterten, wurde 1929 der Bau der *Maginot-Linie* aufgenommen, die nördlich des Eisenerzbeckens mit seiner Schwerindustrie verlief. Ziel war es, die bedeutendste französische Eisen- und Stahlregion zu schützen, denn Stahl war zu jener Zeit ein strategisch entscheidendes Gut. Dagegen verlief die Maginot-Linie südlich des Kohlereviers und trennte es vom übrigen Lothringen ab – Frankreich verfügte über andere Kohlevorkommen: im Norden, dem Pas-de-Calais, und in den Becken um das Zentralmassiv. Für das Erz- wie für das Kohlerevier ergab sich jedoch ein identisches Ergebnis: *Aus strategischen Gründen unterblieb jegliche industrielle Diversifizierung*. Hinzufügen ist, daß die französische Regierung nach 1919 beschlossen hatte, die neue, strategisch wichtige Luftfahrtindustrie südlich der Loire anzusiedeln. Damit verfügte Lothringen, die bedeutendste Militärregion Frankreichs, über keine Rüstungsindustrie. Nur die an Bodenschätze gebundenen Industrien wurden, im wahrsten Sinne des Wortes, ausgebeutet. Die fehlende bzw. verspätete Industrialisierung Lothringens erklärt sich somit hauptsächlich aus militärisch-politischen Gründen.

5.2. Das Saargebiet zwischen 1871 und 1918

Das Saargebiet war von solchen militärischen Einflüssen weniger betroffen, denn nach der Verschiebung der Grenze des Deutschen Reiches zwischen 1871 und 1918 nach Westen war es nicht mehr Grenzgebiet. Seine industriellen Gebiete lagen damit außerhalb der Reichweite der französischen Artillerie. Dies erklärt, warum sich im Saargebiet zwischen 1871 und 1918 im Vergleich zu Lothringen mehr weiterverarbeitende Industrien ansiedelten. Obwohl dessen periphere Lage ebenfalls abträglich für Standorte der nicht an die Bodenschätze gebundenen Branchen war — es kam deshalb nicht einmal zum Aufbau einer Kohlechemie — gewann der Saarraum seit jener Zeit einen Vorsprung vor Lothringen.

5.3. Am Vorabend des Ersten Weltkriegs ist der Saar-Lor-Lux-Raum eine große industrielle Einheit, aber politisch zerstückelt

Den militärischen Aspekten kam eine um so größere Bedeutung zu, als die deutsch-französischen Gegensätze zur Zeit einer *dreifachen Revolution* stattfanden: einer industriellen, einer Verstädterungsrevolution und einer Revolution der Massentransportmittel. Gerade zu dieser Zeit aber war Lothringen in zwei „Regionen" unterschiedlicher Struktur gespalten. 1913 betrug die Jahresstahlproduktion aller Hütten im Saar-Lor-Lux-Raum 12,1 Mio. t, während das gesamte Deutsche Reich ohne das Saarland 12,9 Mio. t produzierte. Die Grenzen und die auf nationaler Ebene erstellten Statistiken verdeckten die Existenz einer großen Industrieregion. Man bedenke, was aus dem Saar-Lor-Lux-Raum hätte werden können, wenn nicht diese militärisch-politischen Zwänge bestanden hätten.

6. Die Veränderungen der Grenzen des Saarlandes

Das Gebiet des heutigen Saarlandes stellte weder eine natürliche Region noch eine historische Einheit dar und setzt sich gegen Ende des Ancien Regime aus verschiedenen Elementen zusammen. Sein Kernstück bildet die Grafschaft Nassau-Saarbrücken, die sich als einziger Gebietsteil des Saar-Lor-Lux-Raumes zum Protestantismus bekannt hatte (1574) (Abb. 1). Einige nördliche Teile gehörten zu Kurtrier, einige östliche zu Pfalz-Zweibrücken. Das Gebiet um Saarlouis ist in französischem Besitz. Während der französischen Revolution wurde das Land an der Saar in drei Départements gegliedert: das Mosel-, das Saar- und das Donnersberg-Département. Bildete nach dem Ersten Pariser Frieden (1814) die Flußmitte der Saar die Grenze, so wurde eine dem heutigen Grenzverlauf entsprechende Grenze erst infolge des *Zweiten Pariser Friedens* (1815) erreicht. Ihr jetziger Verlauf wird durch strategisch-militärische Gründe und aus dem

Mißtrauen gegenüber Frankreich bestimmt. Zur gleichen Zeit gelangte die Festung Saarlouis in preußischen Besitz. Aufgrund des *Wiener Friedens* (1815) wurde das Gebiet des heutigen Saarlandes der Provinz Rheinpreußen zugeschlagen mit Ausnahme seines südöstlichen Teils (Homburg), der an Bayern fiel. Von 1815-1920 besaßen die „Länder an der Saar" keine politische Eigenständigkeit. Die Grenzen veränderten sich während dieses Zeitabschnittes nicht.

6.1 Die erste „Annexion" des Saarlandes durch Frankreich

Während des Ersten Weltkrieges (1914-1918) betonten verschiedene französische Kreise, daß im Falle eines Sieges die Beziehungen zwischen Frankreich und der saarländischen Industrieregion neu geordnet werden müßten. Verschiedentlich wurde die *Forderung nach einer Annexion* laut. Neben alten historischen Argumenten zur Sicherheit der französischen Grenzen stellte die saarländische Kohle, die in ganz Ostfrankreich verbraucht wurde, das wirtschaftliche Motiv dar.

Während der Friedensverhandlungen zwischen den Alliierten kamen die amerikanischen und englischen Experten überein, daß die saarländischen Kohlegruben in französisches Eigentum übergehen sollten und daß das „Saargebiet" ein besonderes politisches Statut erhalten sollte. Präsident Wilson wandte sich jedoch gegen weitergehende französische Forderungen. Der schließlich erzielte Kompromiß findet sich im *Versailler Vertrag* (Teil III, Abschnitt 4, Art. 45-50). Darin wird bestimmt, daß Deutschland die Eigentumsrechte an den saarländischen Kohlengruben an Frankreich abtreten muß als *Entschädigung* für die Zerstörung der Kohlegruben im Raum Nord-Pas-de-Calais und als *Vorauszahlung* für Kriegsentsschädigungsleistungen. Hierzu wird ein Gebiet mit einer Fläche von 1 900 km^2 bestimmt, das alle Kohlegruben, den gesamten Industriebereich sowie die Siedlungsräume der Bergleute umfaßt.

Das neue *„Saargebiet"* besteht nunmehr aus den preußischen Kreisen Saarbrücken, Ottweiler, Saarlouis, Teilen der Kreise Merzig und St.Wendel, dem bayrischen Bezirksamt St.Ingbert, sowie Teilen der Bezirksämter Homburg und Zweibrücken. Deutschland verzichtet zugunsten des Völkerbundes auf seine

1 Kurfürstentum Trier

2 Fürstentum Nassau-Saarbrücken

3 Herzogtum Pfalz-Zweibrücken

4 Königreich Frankreich bzw. Lothringen und Provinz „Drei Bistümer"

5 Kleinere Territorien und Enklaven

6 Saargebiet (1920-1935; 1945)

7 Gebietserweiterungen nach 1945

8 Vorübergehende Gebietserweiterung

9 Grenze des Saarlandes seit 1949

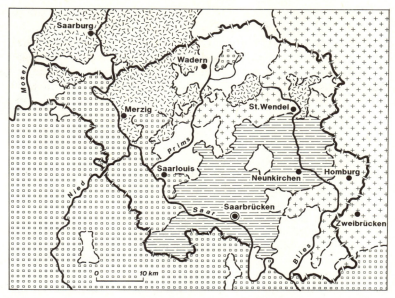

Abb. 1: Die territoriale Gliederung im saarländisch-lothringischen Grenzraum 1789 (verändert nach HERRMANN/SANTE 1972).

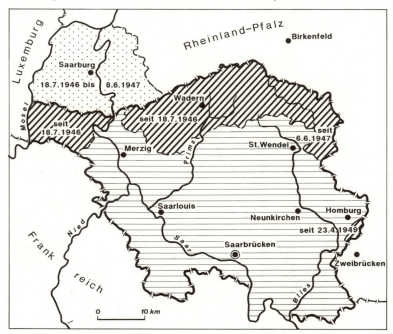

Abb. 2: Vom Saargebiet zum Saarland: Gebietsveränderungen seit 1920 (verändert nach HERRMANN/SANTE 1972).

Regierungshoheit über dieses Gebiet. Nach Ablauf von 15 Jahren soll sich die Bevölkerung in einer Abstimmung entweder für einen Status quo oder die Rückkehr nach Deutschland entscheiden. Die Regierung des Saargebiets wird einer Kommission aus fünf vom *Völkerbund* ernannten Mitgliedern übertragen (ein Franzose, ein Saarländer und drei weitere, weder deutsche noch französische Mitglieder). Frankreich erhält das Recht, französische Schulen für die Kinder des Bergwerkpersonals einzurichten. Die Eisenbahn wird an das Netz von Elsaß-Lothringen angeschlossen. Ab dem 1. Juli 1923 wird der französische Franc zur *alleinigen Währung* im Saargebiet. Die Eisen- und Stahlindustrie mit Ausnahme der Röchlingschen Hütte (Völklingen) fällt französischen Kapitaleignern zu, die damit 60% der saarländischen Industrie kontrollieren. Verschiedene französische Banken und Versicherungen eröffnen Filialen im Saargebiet.

Die Beziehungen zwischen den Saarländern und den französischen Behörden sind gespannt. Währenddessen fordern alle politischen Parteien des Saargebietes die Rückkehr nach Deutschland. In der Saarabstimmung vom 13. Januar 1935 verlangen 90,76% der Saarländer die *Rückgliederung ins Reich*. Wenige Monate nach der von Hitler im März 1936 befohlenen Entsendung deutscher Truppen ins Saargebiet beginnen die Arbeiten am Westwall. Am 1. September 1939 wird die Bevölkerung der Grenzzone evakuiert. Am 15. Mai 1941 wird die Saarpfalz und das Département Moselle unter der Herrschaft des Reichsstatthalters in der Westmark und Chefs der Zivilverwaltung Lothringens, Gauleiter Bürckel, vereint.

Die letzten deutschen Truppen verlassen das Saargebiet am 21. Mai 1944. Die amerikanischen Truppen setzen die deutsche Verwaltung wieder ein, bevor in der Konferenz von Potsdam die Besatzungszonen einschließlich der französischen festgelegt werden.

6.2. Der zweite Anschluß an Frankreich und die Entstehung des Saarlandes (Abb. 2)

Die Franzosen bedienen sich 1945 fast identischer Argumente wie 1918/19, um den Anschluß des Saarlandes erneut einzufordern. Während der Außenministerkonferenz in London im September 1945 verlangt Frankreich die *Annexion des Saargebietes*. Die übrigen Alliierten lehnen dies jedoch erneut ab, was die französische Regierung zwingt, eine andere Lösung zu suchen. Sie beschließt daher am 18. Juli 1946, dem Saargebiet in seiner Ausdehnung während des Zeitraums von 1920-35 weitere 152 Gemeinden mit einer Gesamtfläche von 888 km^2 und 97 000 Einwohnern zuzuordnen. Es handelt sich dabei um die verbleibenden Teile der Kreise Wadern und Saarburg sowie einiger Gemeinden der Kreise Trier-Land und Birkenfeld. Aufgrund der britischen und amerikanischen Proteste gibt Frankreich am 8. Juni 1947 61 Gemeinden der Kreise Saarburg und Trier-Land an Rheinland-Pfalz zurück. Jedoch behält das Saarland den an Luxemburg grenzenden Gebietsstreifen. Am 8. März 1947 weiht der französische Hochkommissar das *Centre Universitaire* in Homburg/Saar ein, aus dem die *Universität des Saarlandes* entstehen wird. Obwohl die saarländische Wirtschaft durch Frankreich dominiert wird (Kohle, Einführung des Franc, Verpflichtung der Sparkassen, ihre Einlagenüberschüsse an die Caisse des Dépôts et Consignations in Paris abzuführen etc.), fördert Frankreich die Entwicklung eines *autonomen Statuts*. Die hieraus sich ergebende Wahl einer *verfassungsgebenden Versammlung* (5. Oktober 1947) stimmt am 8. November für eine *saarländische Verfassung*. Am 23. Oktober 1955 sprechen sich in einer erneuten Volksabstimmung 67,7% der Wähler gegen ein europäisches Statut des Saarlands und somit für die Rückkehr nach Deutschland aus. Das saarländische Problem wird am 27. Oktober 1956 definitiv durch die Unterzeichnung des *Saarvertrags* in Luxemburg gelöst. Letzterer beinhaltet auch die *Kanalisierung der Mosel* von Koblenz bis Thionville. Der Zeitpunkt der politischen Rückgliederung des Saarlandes wird auf den 1.1.1957 gelegt, der der wirtschaftlichen Rückgliederung auf den 31.12.1959, die aber bereits vorzeitig am 5. Juli 1959 vollzogen wurde. Das Saarland wird mit allen Attributen eines *autonomen Bundeslandes* ausgestattet, womit es sich stark von seinem lothringischen Nachbarn unterscheidet. Der glückliche Ausgang des deutsch-französischen Streitfalls führt somit zur Bildung des 10. Bundeslandes.

Literatur

BONNEFONT, J.-CL.: La Lorraine, Paris 1984 (Collection „La question régionale").
FRÉCAUT, R. (Hrsg.): Géographie de la Lorraine, Metz 1983.
HERRMANN, H.-W./SANTE, G.W.: Geschichte des Saarlandes, Würzburg 1972.
LE MOIGNE, F.-Y. (Hrsg.): Histoire de Metz, Toulouse 1986.
REITEL, F.: Krise und Zukunft des Montandreiecks SAAR-LOR-LUX, Frankfurt u.a. 1980.
  -: La Lorraine, Paris 1982, 1988 (Collection Que sais-je? Nr. 2033).
ROTH, F.: La Lorraine annexée, Nancy 1976.
  -: Les Lorrains entre la France et l'Allemagne, Metz 1981.

SOYEZ D./BRÜCHER, W./FLIEDNER, D./LÖFFLER, E./QUASTEN, H./WAGNER, J. M. (Hrsg.):
Das Saarland. Bd. 1: Beharrung und Wandel in einem peripheren Grenzraum, Saarbrücken
1989 (Arbeiten aus dem Geographischen Institut der Universität des Saarlandes, Bd. 36).

Saarlouis — Entwicklung und Struktur einer saarländischen Grenzstadt

Bruno Aust

1. Einführung

Saarlouis, die Stadt mit dem französischen Namen, liegt in einer Ausweitung des Saartales etwa 25 km nordwestlich, saarabwärts von Saarbrücken. Die Grenzlage der Stadt und ihre wechselnde territoriale Zugehörigkeit prägten sie nachhaltig. 1680 wurde sie von Ludwig XIV. als Festung gegründet. Das Schrägluftbild (Abb. 1) zeigt die Innenstadt von Westen her gesehen. Im Vordergrund liegt der heutige *Altarm* der Saar mit der Brücke. Hier stand früher die Schleusenbrücke, die zum Deutschen Tor führte. Im Mittelgrund liegt der *Große Markt*, der Straßenverlauf um die Altstadt markiert das *Sechseck der ehemaligen Festung*. Einige ehemalige Kasernen und militärische Anlagen, z.B. Kasematten, sind innerhalb des Straßenringes zu erkennen. Die Flächen am unteren Bildrand mit den Gebäuden des Gymnasiums wurden früher von dem ehemaligen *Hornwerk*, den Befestigungsanlagen auf der anderen Saarseite, eingenommen. Oben im Bild sind die intensiv gärtnerisch genutzten Flächen der *Lisdorfer Au* zu erkennen.

Heute ist Saarlouis Kreissitz, Verwaltungs-, Ausbildungs- sowie Einkaufszentrum und hier leben 37 700 Einwohner auf einer Fläche von 43,3 km^2 (Ende 1988). In unmittelbarer Nähe des Stadtgebietes liegen einige Großstandorte des für das Saarland so typischen Montanbereiches (vgl. Abb. 2): im Norden die Dillinger Hütte, im Osten das Bergwerk Ensdorf mit seiner eindrucksvollen Bergehalde und im Südosten das Kraftwerk Ensdorf mit seinen weithin sichtbaren Schornsteinen und dem Kühlturm. Auf Saarlouiser Stadtgebiet selbst befindet sich der größte Betrieb des Saarlandes aus dem nichtmontanen Bereich, das Fordwerk.

Das Bild der Stadt wird vor allem durch die freundliche und anziehende Atmosphäre der Innenstadt geprägt. Die Verbindung von weitgehend erhaltener Kleinteiligkeit der Bebauung mit Zeugen der Vergangenheit wie Großer Markt, Kasematten oder Vauban-Insel sowie mit attraktiven Geschäften und Restaurants verleihen Saarlouis eine besondere Ausstrahlung.

Die wechselvolle Geschichte der Stadt im Grenzbereich und ehemaligem Spannungsfeld zwischen Deutschland und Frankreich drückt sich bereits im mehrfachen Wechsel des Stadtnamens aus: bei Gründung 1680 Sarre-Louis, nach der Französischen Revolution 1793 Sarre-Libre, nach der Übernahme durch die Preußen 1815 Saarlouis, während der nationalsozialistischen Zeit ab 1936 Saarlautern und seit 1945 wieder Saarlouis.

Heute umfaßt das Stadtgebiet von Saarlouis acht Stadtteile (vgl. Abb. 2 und Tab. 1): die Innenstadt, Roden, Fraulautern, Lisdorf, Beaumarais, Picard, Neuforweiler und Steinrausch.

2. Die Festung
(die nachfolgenden Ausführungen stützen sich auf die Publikationen insbes. von KRETSCHMER 1985 und auch von HUBER 1980)

Im Rahmen der Friedensschlüsse zu Nimwegen 1678/79 wird Frankreich unter anderem auch das bereits besetzte Lothringen zugesprochen. Die neuen Erwerbungen sollen durch den Bau von Festungen abgesichert werden. Auf Vorschlag des französischen Generalleutnants und Ingenieurs Choisy wird das Gebiet an der Saar zwischen Wallerfangen und Fraulautern für den Bau einer Festung ausgewählt. Die Saar hat hier im Mittleren Buntsandstein zwischen dem Lothringischen Stufenland und dem Saar-Nahe-Bergland einen weiten *Ausraum* geschaffen, in dem sich eine breite und versumpfte, mit Altarmen durchsetzte Talaue befindet. Andererseits sind die benachbarten Höhenzüge so weit entfernt, daß die Mitte der Ebene von Geschützen nicht erreicht werden kann. Großräumig gesehen schließt eine Festung in diesem Raum die Lücke zwischen Longwy im Nordwesten und Phalsbourg im Südosten, sie kontrolliert den Weg entlang der Saar und hat gute Verbindungen nach Metz und Thionville, den Stützpunkten einer inneren Befestigungslinie. Bereits 1679 beschließt Ludwig XIV. die Gründung der Festung Sarre-Louis. Das Terrain gehört jedoch zur Grafschaft Nassau-Saarbrücken. Nach einem auf fragwürdigen Quellen beruhenden Spruch der Reunionskammer zu Metz 1680 wird sie als ein vom Bistum Metz abhängiges Lehen angesehen.

Im damaligen Frankreich ist der Festungsbau durch den Baumeister Vauban geprägt. Dieser kommt 1680 selbst nach Wallerfangen, um entsprechende Anweisungen zu geben. Noch im selben Jahr wird mit dem Bau der Festung begonnen. Sie ist bereits 1686 weitgehend fertiggestellt, wird jedoch in den folgenden Jahren weiter vervollkommnet. Die beim Festungsbau eingesetzten verschiedenen Regimenter wohnen in Barackensiedlungen, aus denen sich später die Orte Beaumarais (Schönbruch, Altarm der Saar), Picard (Soldaten aus der Picardie) und Bourg-Dauphin (B.= kl. Ort, D.=Kronprinz), das heutige Neuforweiler, entwickelten.

Den Kern der Festung bilden sechs miteinander verbundene *Bastionen*, die die Eckpunkte eines regelmäßigen Sechsecks markieren (vgl. Abb. 3). Zwei Bastionen mit der dazwischenliegenden Kurtine (befestigter Wall mit Gang) grenzen an das Saarufer. Hier führt auch die Brücke über die Saar. Sie ist als *Schleusenbrücke* der funktionell wichtigste Teil der Wasserfestung: durch ihre Schließung kann das Wasser der Saar aufgestaut werden und so durch direkt abzweigende und durch unterirdische Kanäle die Gräben um die Festung mit Wasser füllen. Der notwendige Schutz dieser Brücke und der Saarseite der Festung wird durch ein umfangreiches Hornwerk auf der Nordwestseite der Saar gewährleistet. Hinzu kommt noch das Fort Choisy oberhalb und die inmitten der Saar unterhalb der Brücke errichtete Demilune (Befestigung mit halbmondförmigem Grundriß), die Contregarde Vauban. Zwischen den landseitig orientierten

Abb. 1: Saarlouis-Stadtmitte, Schrägluftbild 1987
(Foto E. Müller, Freigabe Nr. 138/87 Ministerium für Wirtschaft, Bildarchiv des Städtischen Museums).

Bastionen werden die Kurtinen noch durch vorgelagerte Tenaillen (Zangen) geschützt. Das Ganze wird durch den Hauptgraben von 36 m Breite und 28 m Tiefe umgeben. Weiter nach außen ist das Vorfeld durch weitere Ravelins (kl. Halbmonde), Wälle und Gräben gesichert.

Die innere Struktur der Festung wird zunächst von dem großen *quadratischen Aufmarsch- und Exerzierplatz* („place d'armes") bestimmt. An der Nordwestseite des Platzes liegt die Kommandantur, auf der gegenüberliegenden Seite die Kirche. Der Platz wird umgeben vom zivilen Teil der Stadt. Dieser gliedert sich in relativ kleine Blöcke, die weitgehend geschlossen mit maximal zweistöckigen Häusern bebaut waren, denn die Höhe der Wallanlagen begrenzt die Höhe der Häuser. Am Rande, also zwischen den Häusern und den Wallanlagen, befindet sich die militärisch relevante Bebauung: Kasernen, Magazine, Wachgebäude u.a.m. Die Tore, das Deutsche Tor an der Saarbrücke und das Französische auf der Gegenseite, sind baulich in die Kurtinen integriert.

Die beigefügte Karte (Abb. 3) zeigt die Festung etwa um 1700, bezogen auf die heutige Topographie. Das Gebiet um die Vauban-Insel (Demilune), die Platzanlage des Großen Marktes, zahlreiche Einzelgebäude und vor allem der Stadtgrundriß lassen noch heute zahlreiche Strukturen der alten Festung erkennen. Auf den zugeschütteten Wallgräben markiert der Innere Ring die sternförmige Gestalt der Festung, weiter innen zeichnen mehrere Straßen große Teile des Sechsecks nach. Die Platzanlage beherrscht auch heute die Innenstadt. Der Zuschnitt der Blöcke und die Kleinteiligkeit der Bausubstanz weisen ebenfalls auf die alten Strukturen hin. Das ehemalige Kommandanturgebäude wird von der Post genutzt, die restaurierte Kaserne VI beherbergt das Stadtmuseum, die städtische Bibliothek, die Polizeiinspektion und ein Möbelgeschäft. In den Kasematten am ehemaligen Deutschen Tor sind gastronomische Betriebe untergebracht. Auf dem ehemaligen Festungsglacis sind ausgedehnte Grünanlagen entstanden. Die Mauern an der Saar (seit der Flußbegradigung 1971 ein Altarm) hat man restauriert. Heute kann vor allem die Vauban-Insel mit ihrer direkten Umgebung dem Besucher auch optisch einen Eindruck von dem Ausmaß und der Gestaltung der Festungsanlagen vermitteln.

——	Grenze der Stadt Saarlouis
----	Grenzen der Stadtteile
Picard	Name eines Stadtteils
☐	Großstandorte im Raum Saarlouis
⑬	Punkt 13 der Exkursionsroute

Abb. 2: Saarlouis, Übersichtskarte (Maßstab 1:50 000).

0   1   2   3 km

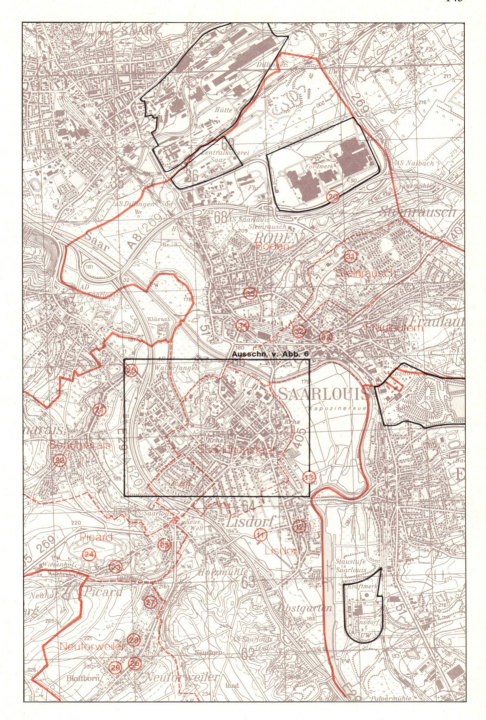

3. Die Entwicklung nach dem Bau der Festung

(im Zusammenhang mit den folgenden Ausführungen sei auf die Arbeiten von SCHU 1980, BALZER 1964 und KRETSCHMER 1982 verwiesen; zu den historischen Hintergründen vgl. den Beitrag REITEL)

Bereits 1697 muß Frankreich im Frieden von Rijswijk die Souveränität über Lothringen wieder abgeben, kann aber die Festung Saarlouis mit einer halben Meile (rd. 2 km) im Umkreis behalten. Saarlouis wird zusammen mit den unmittelbar angrenzenden Ortschaften *französische Exklave*. Ein wirtschaftlicher Niedergang setzt ein.

Die erste große militärische Bedeutung erlangt die Festung in den spanischen Erbfolgekriegen. 1706 beabsichtigt der Herzog von Marlborough, von Trier aus die Festung anzugreifen. Daraufhin wird sie gut ausgerüstet und auf 6 000 Mann verstärkt. Durch ihre machtvolle Präsenz verhindert sie einen Angriff auf sich und auf das nordöstliche Frankreich.

Die wirtschaftliche Situation verbessert sich etwas, als Lothringen 1738, nach dem Friedensvertrag von Wien, wieder unter französischen Einfluß gerät, die volle Souveränität über das Territorium erhält Frankreich dann 1766. Der industrielle Aufschwung beginnt an der Saar etwa um 1750. Er erfaßt Saarlouis jedoch nicht, da die Existenz der Festung die Ansiedlung entsprechender Betriebe verhindert.

Während der *Französischen Revolution* kommt es auch in Saarlouis zu größeren Unruhen. Der bourbonische Name wird verdrängt, die Stadt nennt sich von 1793 bis 1814 Sarre-Libre.

Die Kriegsschauplätze Napoleons liegen von der Stadt weit entfernt, aber zahlreiche in Saarlouis geborene Offiziere dienen in seinem Heer. Unter ihnen der berühmteste ist Marschall Ney, der sich durch besondere Tapferkeit (Prince de la Moskova) auszeichnet. 1814 tritt er in die Dienste der Bourbonen (Louis XVIII.), 1815 unterstützt er aber den zurückgekehrten Napoleon und wird nach dessen Niederlage wegen Hochverrats hingerichtet.

Am Ende der Napoleonischen Kriege wird Saarlouis 1814 und 1815 von den Preußen und den mit ihnen verbündeten Russen angegriffen. Die Festung hält über den Zeitpunkt der Abdankung Napoleons hinaus den Angriffen stand. Mit dem Zweiten Pariser Frieden kommt Saarlouis 1815 zu Preußen.

Die nunmehr *preußische Festung* wird baulich verstärkt. Militärische Bedeutung erlangt die Festung für kurze Zeit zu Beginn des deutsch-französischen Krieges 1870. Die Wallgräben werden geflutet, im Vorfeld wird sogar ein Palisadenzaun errichtet. Aufgrund des schnellen deutschen Vorrückens gehört Saarlouis aber bald zum Hinterland (Gefangenenlager, Lazarett). 1871 kommt Lothringen zu Deutschland. Die Lithographie in Abb. 4 zeigt den Großen Markt um 1870. Das dazugefügte Foto (Abb. 5) ist im Herbst 1988 aufgenommen worden.

Da Lothringen nun zum deutschen Einflußbereich gehört, verliert Saarlouis seine Bedeutung als Grenzfestung. Zudem hat sich die Waffentechnik weiterentwickelt. 1889 kann daher die Genehmigung ergehen, die Festungsanlagen zu schleifen. Die Stadt erhält die Möglichkeit, sich auszudehnen und gewinnt erst jetzt die räumliche Grundlage für den Anschluß an die allgemeine wirtschaftliche Entwicklung. Die Abrißarbeiten nehmen acht Jahre in Anspruch. An der Saar

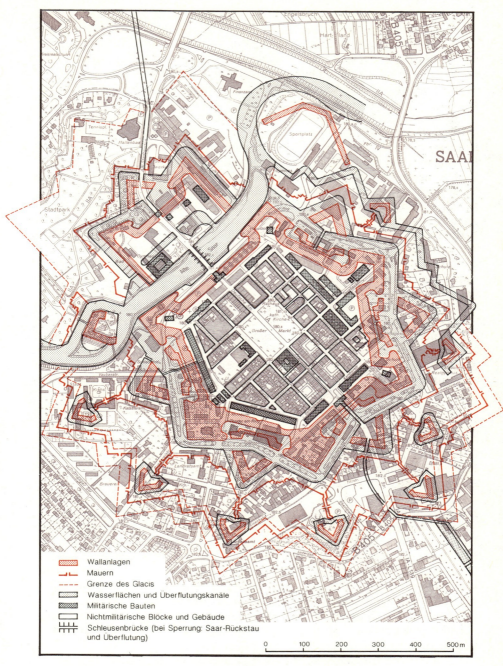

Abb. 3: Saarlouis, Festung um 1700, Maßstab 1:10 000
(Entwurf B. Aust auf der Grundlage von KRETSCHMER 1985).

allerdings bleiben die Mauern erhalten, weil sich die Stadt an dieser Stelle ohnehin nicht ausdehnen kann. Viele öffentliche Einrichtugen entstehen (Schulen, Wasserwerk, Gaswerk, Schlachthof), auch der private Wohnungsbau wird aktiv, so z.B. um die Lisdorfer Straße. Im Inneren der Stadt stockt man zahlreiche Häuser auf, da die Höhenbegrenzung nun aufgehoben ist.

Eine deutliche Verbesserung der Verkehrsverhältnisse gelingt 1899 durch den Bau einer *Kleinbahn*, die von der heutigen Eisenbahnstraße aus in Fraulautern die Staatsbahn erreicht. Der Saarlouiser Staatsbahnhof wird erst 1909 eröffnet, liegt aber noch immer weit vom Stadtzentrum entfernt. Industrieansiedlungen gelingen in dieser Zeit nicht (außer Brauerei), da die gründerzeitliche Ansiedlungsphase nach Abbruch der Festung bereits verstrichen ist.

Die insgesamt dennoch positive Entwicklung wird durch den *Ersten Weltkrieg* unterbrochen. Die Truppen werden verstärkt, wegen seiner Frontnähe wird Saarlouis Lazarettstadt. Nach dem Waffenstillstand 1918 rücken französische Besatzungstruppen ein. Die Bevölkerung verhält sich ablehnend. Zu Beginn des Jahres 1920 wird aufgrund des Saarstatuts des Versailler Vertrages das „Saargebiet" für 15 Jahre einer *Völkerbundsregierung* unterstellt, in der der französische Einfluß dominiert. Aufgrund der Bemühungen der Franzosen um die ehemals französische Stadt und in Fortsetzung der Tradition des früheren Präsidialgerichts erhält Saarlouis einen Obersten Gerichtshof. Auch heute lebt diese Tradition fort: das Oberverwaltungsgerichts des Saarlandes hat seinen Sitz in Saarlouis.

Industrieansiedlungen gelingen auch nach dem Ersten Weltkrieg kaum, lediglich kleinere Betriebe kommen nach Saarlouis. Der Versuch, ein Walz- und Hüttenwerk eines französischen Unternehmens anzusiedeln, schlägt fehl. 1927 ziehen die französischen Besatzungstruppen ab. Die Kasernen werden als Wohnungen genutzt, im Lazarett entsteht das Gertraudenstift, die ehemalige Kommandantur dient als Post.

1935 votieren 90% der Saarländer für eine *Rückgliederung* ins Deutsche Reich (Saarlouis 88%). Der Große Markt wird in Adolf-Hitler-Platz umbenannt. Ein Jahr später werden die Gemeinden Fraulautern, Lisdorf, Picard und Schönbruch (Beaumarais) mit Saarlouis zu einer neuen Kreisstadt vereinigt, die bis 1945 den Namen Saarlautern trägt. Durch die Eingemeindungen umfaßt die Stadt nun 38 km^2 Fläche, sie hat 32 500 Einwohner.

1936 wird Saarlouis wieder deutsche Garnisonsstadt. Der Bau des Westwalls bringt zahlreiche Arbeiter aus ganz Deutschland nach Saarlouis. Der Westwall wird auf der rechten Saarseite errichtet, er quert die Stadtteile Roden und Fraulautern. Die Innenstadt liegt dadurch vor der Hauptverteidigungslinie. Da der 1940 beginnende Westfeldzug die Maginot-Linie umgeht, wird das Saarland zunächst nicht zur Kampfzone. 1943 treffen die ersten Bombenangriffe die Stadt. Ende 1944 erobern die Amerikaner Metz. Wegen der Ardennen-Offensive ziehen sich die Kampfhandlungen noch bis zum März 1945 hin. Saarlouis gleicht einer Geisterstadt. Am Ende der Kampfhandlungen sind 60% des Gebäudebestandes der Innenstadt zerstört, noch härter sind Roden (87%) und Fraulautern (80%) betroffen.

Französische Truppen lösen die amerikanischen ab. Das Saarland wird unter *französische Verwaltung* gestellt. Die Bevölkerung verhält sich anders als 1918, nun ist die Überwindung der materiellen Nöte wichtiger als das Nationalitätsproblem

(SCHU 1980, S. 120). Saarlouis wird Zentrum für französische Aktivitäten im Saarland: Truppenparaden, Feste, MRS (Mouvement pour le Rattachement de la Sarre à la France). Wirtschaftliche Not kennzeichnet die Situation. Die Einführung der Franc-Währung erzeugt Unmut bei der Bevölkerung.

In den frühen 50er Jahren läuft die *Wiederaufbauphase* an. Die Innenstadt wird nach einem einheitlichen Konzept wieder- und z.T. neuaufgebaut. Der rechtwinklige Straßengrundriß bleibt erhalten, die bauliche Ausführung nimmt Rücksicht auf Maß und Gestalt der historischen Substanz. 1954 wird das neue Rathaus fertiggestellt, das Grundstück mit der ehemaligen Kommandantur wird an die Post verkauft.

In den folgenden Jahren kommt es zu Auseinandersetzungen über das Saarstatut. Aufgrund dessen Ablehnung in einer Volksabstimmung im Jahre 1955 erklärt sich Frankreich mit der *Eingliederung* des Saarlandes als 10. Bundesland in die Bundesrepublik Deutschland einverstanden. Dies wird staatsrechtlich 1957 wirksam, die wirtschaftliche Eingliederung erfolgt 1959. Bereits zu Beginn dieser Entwicklung, 1956, ernennt die Stadt, aus der zahlreiche französische Offiziere stammten, den hier geborenen deutschen General von Lettow-Vorbeck zum Ehrenbürger. Er erlangte im Ersten Weltkrieg in Ostafrika militärische Berühmtheit. In dieser Phase werden 1957 auch zahlreiche französische Straßennamen durch deutsche ersetzt.

4. Die wirtschaftlichen Grundlagen der Stadt

Für die Festung in Grenzlage waren traditionell *strategische Gesichtspunkte* dominant. Hinsichtlich der *wirtschaftlichen Entwicklung* wirkte sich dies jedoch sehr *nachteilig* aus. Innerhalb der Festung selbst konnten sich schon allein aus Platzgründen nur Handwerksbetriebe ansiedeln, außerhalb war das Glacis freizuhalten. Die Lage in der leicht zu überschwemmenden Ebene bot der Festung Schutz, die Straßen aber mußten diesen Raum umgehen. Auch die später gebaute Eisenbahn mit dem Bahnhof lag daher weitab vom Stadtzentrum. Saarlouis bot der Industrie keine geeigneten Standorte, Niederlassungen erfolgten lediglich in Fraulautern und Roden. Nach der Schleifung der Festungsanlagen konnte sich die Stadt aus ihrer Enge befreien, erst die Eingemeindungen (Roden 1907, andere 1936, vgl. Tab.1) schufen die Voraussetzungen, der Industrie genügend Flächen anzubieten.

Nach der wirtschaftlichen Eingliederung des Saarlandes 1959, verbunden mit der Einführung der DM-Währung, setzt ein allgemeiner wirtschaftlicher Aufschwung ein. Die bisher wirtschaftlich nachteilige *Grenzlage* wirkt sich nun *positiv* aus. Aus französischer Sicht bietet sich nämlich die Möglichkeit, von hier aus Positionen im deutschen Markt zu beziehen, aus deutscher Sicht werden die Verbindungen zu Frankreich als vorteilhaft bewertet. Vorerst bleibt jedoch der Montanbereich dominant. Die Kohlenkrise mit ihrem ersten Höhepunkt 1959 verstärkt Anfang der 60er Jahre die Bemühungen um Diversifizierung der Wirtschaft (vgl. hierzu die Beiträge GIERSCH, JOST, DÖRRENBÄCHER).

Nun erhält Saarlouis seine große Chance. Das Unternehmen Ford plant ein neues *Automobilmontagewerk*. Wegen der seinerzeitigen französischen Abneigung gegen amerikanisches Kapital kommt ein potentieller lothringischer Stand-

Abb. 4: Saarlouis, Großer Markt um 1870 (Lithographie von D. Rausch, Bildarchiv des Städtischen Museums Saarlouis).

Abb. 5: Saarlouis, Großer Markt 1988 (Foto B. Aust).

ort nicht zum Zuge (HORSTICK 1980, S. 36). Das Saarland mit seinem technisch qualifizierten Arbeitskräftepotential, seinem vergleichsweise niedrigeren Lohnniveau und guter Infrastrukturausstattung bietet günstige Standortvoraussetzungen. Für derartige Werke verlangte man seinerzeit Standorte von über 100 ha Flächengröße, da man Erweiterungsmöglickeiten einplant. Saarlouis kann die erforderlichen Flächen auf dem Röderberg in Roden, nach Zukäufen 140 ha, bereitstellen. Den Grundstock bilden dabei die Flächen, die die Stadt bereits in den 20er Jahren für das damals geplante Walzwerk erworben hat. 1966 erfolgt die Grundsteinlegung, 1970 wird mit der Produktion begonnen. Die höchste Beschäftigtenzahl erreicht das Werk 1977 mit 8 100 Personen. Im Juni 1989 sind nach Angaben der Werksleitung bei Ford-Saarlouis 7 500 Beschäftigte tätig, es werden 1 300 PKW pro Tag produziert, die Jahresproduktion beläuft sich auf 310 000 PKW, seit der Gründung des Werkes sind 4,8 Mio. PKW hergestellt worden. Die *Herkunft der Beschäftigten* hat HORSTICK (1980, S. 98-102) analysiert. Die meisten Mitarbeiter (7 500 erfaßte Adressen von 8 000) wohnen in Saarlouis (1 300) und in den angrenzenden Gemeinden, fast 2/3 kommen aus dem Landkreis Saarlouis. Deutlich weniger leben in daran anschließenden saarländischen, rheinland-pfälzischen und lothringischen Gemeinden. Gering sind die Pendlerzahlen aus weiter entfernten Gebieten, wie dem östlichen Saarland. Die französischen Mitarbeiter (1980: 715) nehmen längere Wege auf sich, Wechselkursvorteil und geringere französische Besteuerung bieten höheren Anreiz.

Die wirtschaftliche Gesamtsituation stellt sich 1989 nach Angaben der Stadt wie folgt dar: ca. 26 000 Personen arbeiten in Saarlouis. Der mit Abstand größte Betrieb ist das Fordwerk. Die nach der Beschäftigtenzahl nächstgrößten Betriebe sind die Schokoladenfabrik Ludwig (ehem. Poser, 850 Beschäftigte) und der Kollektorenhersteller Kautt und Bux (700 Beschäftigte). Aber auch zahlreiche kleinere und mittlere Betriebe haben sich in der Stadt angesiedelt. So arbeiten in 325 Handwerksbetrieben ca. 3 000 Beschäftigte (1983). Ein wesentliches Arbeitsplatzpotential stellt auch der Handel und die öffentlichen Einrichtungen.

Konkrete Zahlen über die *Erwerbstätigenstruktur* von 1989 liegen nicht vor. Die genauesten Angaben dazu lassen sich dem 1989 erschienenen Erläuterungsbericht zum Flächennutzungsplan entnehmen (*Kreisstadt Saarlouis* 1987). Auf der Grundlage der Zahlen von 1961, 1970, z.T. 1983 und der Einschätzung von Entwicklungstrends werden dort für 1990 angegeben:

Nach Arbeitsverhältnissen

   15 500 in Saarlouis wohnende Erwerbstätige
-   4 000 Auspendler

   11 500 in Saarlouis arbeitende und wohnende Erwerbstätige
+ 14 200 Einpendler

   25 700 in Saarlouis arbeitende Erwerbstätige (= Arbeitsplätze)

Nach Wirtschaftsbereichen
Von den insgesamt 25 700 Arbeitsplätzen entfallen:
1,7% auf die Land- und Forstwirtschaft
52,9% auf das Produzierende Gewerbe
20,9% auf den Handel und Verkehr
24,5% auf Sonstige Dienstleistungen.

Diese Daten weisen Saarlouis als *Industriestadt* aus. Jedoch umfaßt allein das am Rand des Gemeindegebietes gelegene Fordwerk rd. 30% aller Arbeitsplätze. Ford ist für das Saarland ein wichtiger Industriebetrieb auf Saarlouiser Gebiet. Ohne Ford stellt der Dienstleistungsbereich die meisten Arbeitsplätze (25%), in gleicher Größenordnung folgen dann das Produzierende Gewerbe (23%) sowie Handel und Verkehr (21%).

Die Kernstadt, das eigentliche Saarlouis, ist *Einkaufs-, Dienstleistungs- und Verwaltungsstadt*. Die Kreisstadt Saarlouis ist als Mittelzentrum ausgewiesen, sie liegt im Bereich des Oberzentrums Saarbrücken. Ihr Einzugsgebiet wird im Norden durch das Mittelzentrum Dillingen und im Süden durch das Mittelzentrum Völklingen begrenzt. Im Verflechtungsbereich des Mittelzentrums Saarlouis wohnen knapp 110 000 Einwohner (*Kreisstadt Saarlouis* 1987).

5. Die räumliche Struktur der Stadt

Die Stadt Saarlouis setzt sich aus insgesamt acht Stadtteilen zusammen (vgl. Abb. 2 und Tab. 1), die durchaus unterschiedlich strukturiert sind. Die Innenstadt bildet das Einkaufs-, Dienstleistungs- und kulturelle Zentrum, ist aber auch zugleich Wohnstadt und umfaßt Gewerbeflächen und Bereiche für die Naherholung. In Roden und Fraulautern sind Wohnen, Industrie und Gewerbe konzentriert, aber auch Dienstleistungsbetriebe und Freiflächen vorhanden. Das Fordwerk und die Zentralkokerei liegen auf Rodener Gebiet. Lisdorf ist vorwiegend Wohnort, trägt aber noch starke landwirtschaftlich, insbesondere vom Gartenbau geprägte Züge. Beaumarais, Picard und Neuforweiler sind ehemalige Dörfer, die vor allem nach dem Zweiten Weltkrieg, z.T. jedoch schon früher, zu Wohngebieten erweitert und umgestaltet worden sind. Landwirtschaftliche Betriebe existieren noch heute. Diese Stadtteile stellen das größte Freiflächenpotential der Stadt. Der jüngste Stadtteil, Steinrausch, wurde in den 60er Jahren konzipiert und zu einer Großwohnsiedlung mit reinen Wohnbauflächen und einem Geschäftszentrum ausgebaut.

Die folgenden Ausführungen konzentrieren sich auf das eigentliche Saarlouis (vgl. Abb. 6), also das Gebiet zwischen der Autobahn, dem heutigen Saarlauf und der Lisdorfer Au. Von den acht Stadtteilen wird die Innenstadt auf der Karte nahezu vollständig abgebildet. Erfaßt werden zudem noch Stadtviertel, die verwaltungsmäßig zu Roden, Fraulautern, Lisdorf, Picard und Beaumarais gehören.

Das auf der Karte (Abb. 6) dargestellte Gebiet läßt sich räumlich-strukturell in folgende größere Bereiche gliedern:

— die Altstadt mit dem Geschäftszentrum,
— ein Ring mit öffentlichen Standorten um die Altstadt,
— ein Bereich verschiedener Nutzungskomplexe zwischen dem Ring mit den öffentlichen Standorten und der Autobahn sowie
— die Gartenbau- und Landwirtschaftsflächen.

Die *Altstadt* ist durch den aus der Festung stammenden Grundriß mit dem Großen Markt in der Mitte, durch ihre kleinteilige Bausubstanz sowie durch einige noch erhaltene historische Gebäude gekennzeichnet. Hier liegt das Geschäftszentrum der Stadt. Kleinere und mittlere Geschäfte, Restaurants und Kneipen sowie Wohnungen, meist in den oberen Geschossen, nutzen die kleinteilige Substanz. Dazwischen befinden sich die größeren Standorte des Eizelhandels wie das Kaufhaus Pieper, größere Bekleidungshäuser oder der Shop-in-Shop-Neubau Galerie Kleiner Markt. Auch öffentliche Einrichtungen von Bedeutung liegen in der Altstadt und zwar direkt am Großen Markt: das 1954 fertiggestellte

Tab. 1: Die Stadtteile von Saarlouis (Eingemeindung, Flächen und Einwohner).

	km²	Ende 1988 Einwohner
Saarlouis-Innenstadt, bestehend aus dem Festungsbereich 1680 (135 ha) und den Gebieten der ersten Erweiterung 1892 (85 ha)	2,20	6 939
Roden, eingemeindet 1907 (1008 ha) abzgl. Teile Steinrausch 1972 (26 ha)	9,82	8 696
Fraulautern, eingemeindet 1936 (573 ha) abzgl. Teile Steinrausch 1972 (107 ha)	4,66	7 806
Lisdorf, eingemeindet 1936	10,72	3 244
Beaumarais, eingemeindet 1936	5,65	4 089
Picard, eingemeindet 1936	2,21	1 151
Neuforweiler, eingemeindet 1970	5,38	1 629
Steinrausch, innerhalb des Stadtgebietes (Rod./Fraul.) 1972 neugegründet	1,33	4 105
Flächenarrondierungen im Rahmen der Gebiets- und Verwaltungsreform 1973	1,28	
Saarlouis insgesamt:	43,25	37 659

Rathaus, die Post in der ehemaligen Kommandantur und ihr gegenüber die katholische Kirche. In das Zentrum miteinzubeziehen sind Parkplätze und Parkhäuser am Rande der Altstadt, soweit sie der Öffentlichkeit zugänglich sind.

Ein *Ring* mit einer auffällig hohen Konzentration öffentlicher Standorte umschließt die Altstadt mit dem Geschäftszentrum. Das hier befindliche Theater und die evangelische Kirche können funktional auch dem Zentrum zugerechnet werden. Charakteristisch sind mehrere weiterführende Schulen, das Städtische Krankenhaus und die St.-Elisabeth-Klinik, das Verwaltungsgericht und das Amtsgericht, das Landratsamt und das Kreisbauamt, das Katasteramt, das Hauptzollamt sowie die Kraftfahrzeugzulassungsstelle. Hinzu kommen auch Standorte wie die Stadtwerke, der Betriebshof der Stadt und das Busdepot. Der Altarm der Saar teilt den Ring in zwei unterschiedlich strukturierte Gebiete, südöstlich sind die öffentlichen Standorte vor allem mit Wohnbauflächen durchsetzt, nordwestlich davon wechseln sie sich mit z.T. größeren Grünflächen sowie mit Sport- und Freizeitanlagen ab. Nach außen hin ist dieser Ring im Norden von der Saar, im Osten von der B 405 vor der Lisdorfer Au und im Westen von der Wallerfanger Straße und dem nördlichen Teil des Saaraltarms begrenzt. Eingebunden in diesen Bereich sind wenige andere Standorte: im Süden die Brauerei, im Nordosten ein Gewerbegebiet u.a. mit einem Druck- und Verpackungswerk (Astra) und im Norden das Gelände eines Großeinkaufszenrums (Globus) mit zahlreichen Parkplätzen, das Kunden aus dem ganzen Saarlouiser Raum anzieht.

Zwischen dem Ring mit den öffentlichen Standorten und der Autobahn lassen sich mehrere Teilbereiche ausgliedern. Im Süden schließt sich an die Wallerfanger Straße und Ludwigstraße ein größeres Wohngebiet an. Östlich davon beginnt der durch die alte Ortslage von Lisdorf geprägte Bereich mit kleineren Gärtnereien und Gartenbauflächen. Bemerkenswert ist der Übergangsbereich zwischen Wohngebiet und Gartenbauflächen (I. bis VII. Gartenreihe). Von der Stadt her (Ludwigstraße) sind die Gartenbauflächen mit z.T. aufwendigen Villen bebaut worden. Nach außen, zum Südrand der Karte hin, ist dies noch nicht flächendeckend erfolgt, so daß die jüngeren Villen noch zwischen kleineren Gartenbauflächen stehen. Weiter im Süden sind die Gartenbauflächen noch vollständig erhalten.

Nordwestlich des Wohngebietes liegt an der Wallerfanger Straße ein großes Kasernengelände. Zwischen diesem und der Autobahn erstreckt sich ein größeres Gewerbegebiet, in dem eine Kollektorenherstellerfirma (Kautt und Bux, 700 Beschäftigte) und mehrere kleinere und mittlere Betriebe ihre Standorte haben. Nördlich davon sind die gewerblichen Standorte mit Wohnbauflächen durchmischt. Daran schließen sich weiter nach Norden hin zwischen Autobahn und Saaraltarm Gärtnereibetriebe und Gartenbauflächen an. Auch die städtische Gärtnerei hat hier ihren Standort. Typisch und wegen der Vielzahl der Fälle erwähnenswert ist die Lage zahlreicher Niederlassungen verschiedener Autofirmen an den Ausfallstraßen.

Östlich der B 405 (Von-Lettow-Vorbeck-Str.) schließen sich die Gartenbauflächen der *Lisdorfer Au* und westlich der Autobahn die Landwirtschaftsflächen von Beaumarais an. Der Gemüseanbau in Lisdorf läßt sich bis in das 10. Jahrhundert zurückverfolgen. Eine entscheidende Belebung erfuhr er durch Vauban, der außerhalb der Festung ein großes Gartengelände anlegen ließ, das zunächst zur

Versorgung der Arbeiter diente, dann aber auch von den Festungsbewohnern genutzt wurde. 1835 wurde in Lisdorf die erste landwirtschaftliche Schule Preußens eröffnet. Noch heute reicht der Gartenbau bis nahe an das Stadtzentrum heran. Hier liegt der große Gartenbaubetrieb Marion (im Südosten der Karte). Über eine Wärmetransportleitung ist er mit dem Kraftwerk Ensdorf verbunden und kann dadurch die *Abwärme* im Unterglasgartenbau nutzen (vgl. GUICHARD 1988). Die Böden der Lisdorfer Au haben Richtwertzahlen zwischen 51 und 80 und gehören damit zu den besten Böden im Saarland. Auch die klimatischen Voraussetzungen (9,1° C, 700 mm Niederschläge im Jahresdurchschnitt) sind sehr günstig. Zudem ist die gesamte Lisdorfer Au mit einer Beregnungsanlage versehen.

Exkursionshinweise

Als Ausgangs- und Treffpunkt für eine Exkursion bietet sich der Brunnen auf dem Großen Markt an. Von hier aus sind wichtige strukturelle Fixpunkte erkennbar und es gibt ausreichend Parkplätze. Die nachfolgenden Exkursionsvorschläge sind verschiedenen Themen zugeordnet. Die erwähnten Punkte sind in den entsprechenden Karten vermerkt (Abb. 2 und 6).

Zeugen der alten Festung

Der Rundgang beginnt am Großen Markt (1) und führt an der Post in der ehemaligen Kommandantur und dem Kaufhaus Pieper vorbei zu den Befestigungsanlagen am Ufer der Alten Saar (2). Über eine kleine Fußgängerbrücke erreicht man die Vauban-Insel (3), die als Festungsteil inmitten der Saar die ehemalige Schleusenbrücke schützte. Von dort aus gelangt man in den Stadtpark (4), in dem sich noch Grundrisse des ehemaligen Hornwerks nachvollziehen lassen. Am Rand des Stadtparks konzentrieren sich Schulen und Freizeiteinrichtungen (5) auf den alten Flächen des Hornwerks und im früheren Vorfeld der Festung. Der Weg führt zurück über die Brücke (6), die die Position der alten Schleusenbrücke einnimmt und zum ehemaligen Deutschen Tor (7); die dort anschließenden Wälle und Kasematten sind noch z.T. erhalten. Von dort sind es nur wenige Schritte zurück zum Großen Markt.

Stadtmodelle

Im Städtischen Museum (8), das in einem restaurierten Kasernengebäude untergebracht ist, sind zwei Stadtmodelle ausgestellt. Sie zeigen die ehemalige Festung und die heutige Stadt Saarlouis. Öffnungszeiten: Dienstag u. Donnerstag 9-12 Uhr und 15-18 Uhr, Sonntag 15-18 Uhr.

Innenstadtrundgang

Die Altstadt mit der kleinteiligen Bausubstanz, das Geschäftszentrum sowie Restaurants und Kneipen sind auf engem Raum konzentriert, so daß sich das Gebiet leicht flächendeckend begehen läßt. Dabei kann zudem der Festungsgrundriß nachvollzogen werden. Eine bestimmte Routenangabe erscheint nicht notwendig. Der Innenstadtrundgang läßt sich gut mit einer Mittagspause verbinden.

Die Umgebung der Innenstadt

Dieser Exkursionsteil läßt sich leichter mit einem Fahrzeug durchführen, jedoch ist er bei Kürzung der Route auch als Fußexkursion möglich.

Bei Verlassen der Altstadt passiert man den Ring mit den öffentlichen Standorten. Beginnt man am Busdepot (9), so hat man die Fläche des Endbahnhofes der ehemaligen Kleinbahn vor sich; der Name Eisenbahnstraße weist noch darauf hin. Weiter durch die III. Gartenreihe (10) kann man den Übergang vom Villengebiet zu den Gartenbauflächen (11) nachvollziehen. Über den Ortskern von Lisdorf (12) gelangt man zur Lisdorfer Au (13). Von hier aus hat man einen guten Rundblick über die Au, auf den Gartenbaubetrieb Marion, das Bergwerk Ensdorf mit der Halde im Nordosten und das Kraftwerk Ensdorf im Süden.

Die Route wird fortgesetzt über die B 405 an der Lisdorfer Au vorbei zum Choisy-Ring (14) und über den Anton-Merziger-Ring zur Brücke über die Alte Saar (6). Dabei passiert man zahlreiche öffentliche Standorte und eine größere Gewerbefläche und gelangt hinter der Brücke an kleineren Betrieben und dem Globusgelände vorbei zum Friedensweg (5). Es folgen mehrere Schulen und Freizeiteinrichtungen.

An der Wallerfanger Straße (15) ist das große Kasernengelände erreicht. Im Verlauf der Schillerstraße (16) passiert man ein Gebiet mit Sozialwohnungen. Auf der gegenüberliegenden Seite beginnt das große innenstadtnahe Gewerbegebiet, das über die Zeppelinstraße durchquert werden kann. An der Lilienstraße (17) beginnt ein größeres Wohngebiet, das über die Fasanenallee und Taubenstraße, vorbei an einer Ladenzeile (18), durchfahren werden kann. Über die Von-Schütz-Straße erreicht man die Wallerfanger Straße an dem Brauereigelände (19).

Die äußeren Stadtteile

Entsprechend der größeren Wegstrecken ist dieser Teil der Exkursion mit einem Fahrzeug durchzuführen.

Ausgehend vom Punkt 19 folgt man der Wallerfanger Straße nach Nordwesten. Hinter Punkt 15 ist entlang der Ausfallstraße eine Aufreihung verschiedener Automobilvertretungen zu beobachten. Nach der Unterfahrung der Autobahn wird der Ortsausgang von Beaumarais (20) erreicht. Der Ortskern (21) wird von einem Straßendorf gebildet, in dem auch alte Lothringerhäuser zu finden sind. Dies gilt auch für Picard und Neuforweiler. Die Dörfer sind heute vor allem Wohngebiete, auch neuere, ausgedehnte Viertel (22) mit meist jüngerer Bausubstanz sind entstanden. Zu empfehlen ist ebenfalls eine Ortsdurchfahrt von Picard (23), auffällig ist dort zudem die Größe eines Bebauungsplangebietes zwischen der B 405 und dem Ortskern (24). Die Wohngebiete von Picard schließen sich in Richtung Saarlouis an (25). In Neuforweiler können neben dem Ortskern (26) Wohnviertel entsprechend ihrer Entstehungsphase räumlich differenziert betrachtet werden: aus der Zwischenkriegszeit (27), aus den 50er und z.T. 60er Jahren (28) und aus den jüngeren Phasen (29).

Über die A 620 und A 8 erreicht man das Fordwerk (30). Das ausgedehnte Gelände ist von der A 8 aus gut einzusehen. Im Süden schließt sich der Stadtteil Steinrausch (31) an. Ein Überblick über diese Großwohnsiedlung mit Einkaufszentrum läßt sich durch Befahren der Ringstraße gewinnen. In Richtung Südwesten erreicht man das Gewerbegebiet an der Bahn in Fraulautern (32). Hier haben auch ältere Niederlassungen ihren Platz. Das Zentrum von Fraulautern (33) schließt sich östlich an. Entlang der B 51, etwa parallel zur Bahn, umfährt man das Gewerbegebiet an seinem Südrand und erreicht Rodener Gebiet. Der Hauptbahnhof (34) ist relativ weit vom Saarlouiser Zentrum entfernt, der Rodener Ortskern (35) liegt nördlich des Bahnhofs. Über die Brücke über den heutigen Saarlauf gelangt man direkt zum Großen Markt zurück.

Danksagung

Herrn Gerald Motsch, Amt für Stadtplanung und Hochbau, und Herrn Ludwig Karl Balzer, Städtisches Museum (beide Saarlouis), sei für ihre Unterstützung mein herzlicher Dank ausgesprochen.

Literatur

BALZER, L.K.: Saarlouis. Aktuelle und historische Berichte über die Stadt Saarlouis, eingeschlossen alle Stadtteile, Saarlouis 1964.
GUICHARD, V.: Nutzungsmöglichkeiten industrieller Abwärme in der Landwirtschaft, Saarbrücken 1988 (Diplomarbeit, Fachrichtung Geographie, Universität des Saarlandes).
HORSTICK, H.: Das Fordwerk in Saarlouis und seine räumlichen Auswirkungen, Saarbrücken 1980 (Staatsexamensarbeit, Fachrichtung Geographie, Universität des Saarlandes).
HUBER, T.: Saarlouis. Beispiel einer barocken Festungsstadt im Vergleich mit Longwy, Landau und Neubreisach. Saarbrücken 1980.
Kreisstadt Saarlouis: Flächennutzungsplan 1987. Erläuterungsbericht, Saarlouis 1989.
KRETSCHMER, R.: Saarlouis 1680-1980. Geschichte der Kreisstadt Saarlouis, Bd. 4., Saarlouis 1982.
 -: Festungen des 17. und 18. Jahrhunderts: Saarlouis. — In: QUASTEN H./HERRMANN, H. W.: Geschichtlicher Atlas für das Land an der Saar, Institut für Landeskunde des Saarlandes, Saarbrücken, Lieferung 4, 1989.
SCHU, H.-J.: Chronik der Stadt Saarlouis 1680-1980. Ein chronologischer Bericht über die Entwicklung der Festungsstadt, Saarbrücken 1980.
SCHU, H.-J./SCHWARZ, M.: Saarlouis — gestern und heute. — Rheinische Heimatpflege, 26 (1989), Neue Folge, S. 89-95.

Abb. 6:
Saarlouis-Kernstadt,
Nutzung 1989,
Maßstab 1:10 000
(eigene Geländeerhebung)

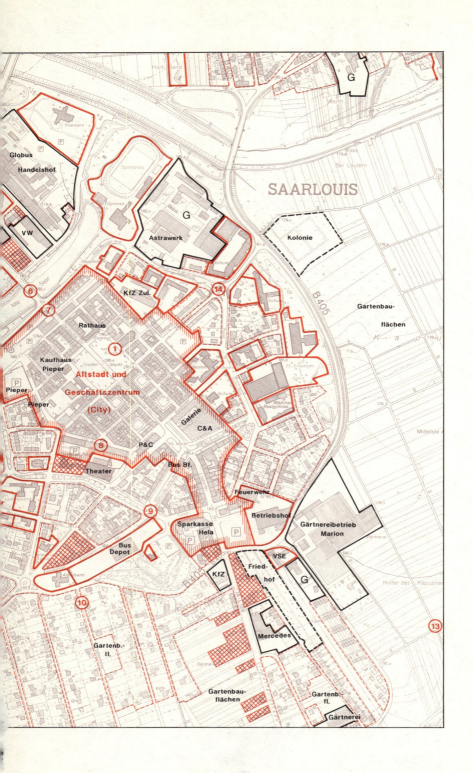

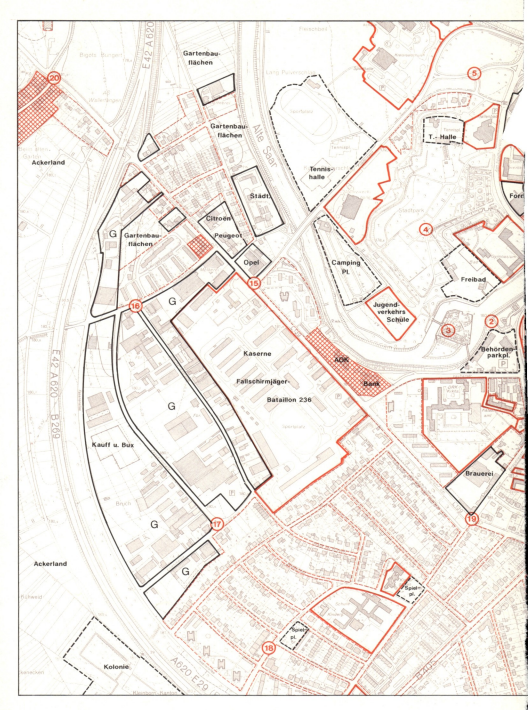

SOYEZ, D./BRÜCHER, W./FLIEDNER, D./LÖFFLER, E./QUASTEN, H./WAGNER, J. M. (Hrsg.):
Das Saarland. Bd. 1: Beharrung und Wandel in einem peripheren Grenzraum, Saarbrücken
1989 (Arbeiten aus dem Geographischen Institut der Universität des Saarlandes, Bd. 36).

Steinkohlenbergbau und leitungsgebundene Energiewirtschaft im Saarland unter dem Einfluß der Grenze

Ferdinand Morbach und Wolfgang Brücher

Neben der stets besonderen Situation der Energiewirtschaft in einem Grenzraum ergaben sich für deren Entwicklung im Saarland zusätzliche spezifische Bedingungen: Hier trennt die Grenze auch ein geologisch einheitliches, zusammenhängendes Kohlenbecken in zwei Reviere, und sowohl der Bergbau als auch die leitungsgebundene Energiewirtschaft wurden durch die mehrfachen Grenzverschiebungen nachhaltig geprägt. Dadurch kam es zu wesentlich komplexeren Zusammenhängen als in vergleichbaren Grenzraumrevieren wie Nordfrankreich-Belgien oder Aachen-Limburg.

1. Grenze und Steinkohlenbergbau

Von SW nach NE streichend, 80 km lang und maximal 40 km breit, erstreckt sich das Saarkohlenbecken zwischen Faulquemont und Neunkirchen, mit etwa 1/3 seiner Fläche in Lothringen und 2/3 im Saarland. Die bauwürdigen Vorräte, rund 2 Mrd. t (1), entfallen je zur Hälfte auf Flamm- und Fettkohlen (darunter versteht man im Saarland die Kohlen mit 38-42% bzw. 33-39% flüchtigen Bestandteilen); für letztere benötigt man jedoch zur Verkokung Zugaben von rund einem Viertel Magerungskohle und sonstiger Zusätze, die größtenteils importiert werden müssen (Ruhr, Übersee etc.). Die verschiedenen Kohlensorten stehen beiderseits der Grenze an. Im NE der Saar, wo die Flöze gebietsweise ausstreichen, baut man sie schon seit Jahrhunderten ab (vgl. die Beiträge von WEBER-DICKS und SLOTTA); im SW der Saar dagegen, also im Warndt und im gesamten lothringischen Bereich, liegt das Karbon unter stark wasserführendem Deckgebirge. So gelang der erste *Schachtbau* in Lothringen erst 1856.

Gefördert wird die Kohle auf französischer Seite von den *Houillères du Bassin de Lorraine* (HBL), einer regionalen Tochtergesellschaft des Staatskonzerns Charbonnages de France (CDF), auf deutscher Seite von der *Saarbergwerke AG*, zu 74% im Eigentum des Bundes und zu 26% des Saarlandes. Die mit dem Saarvertrag 1956 festgelegte Aufteilung des Saarkohlenbeckens auf diese zwei vollstaatlichen Gesellschaften mit getrennten Revieren bedeutet den definitiven Abschluß *mehrfach wechselnder Zugehörigkeit* seit der Verstaatlichung der Kohlengräberei an der Saar Mitte des 18. Jh.: Die Bergwerke in Lothringen unterstanden zweimal deutscher Hoheit (1871-1918, 1940-1945), die Saargruben dreimal französischer Hoheit, nämlich 1793-1815, 1920-1935 und 1945-1954, sowie französisch-saarländischer Gemeinschaftsverwaltung 1954-1957. Abgesehen von der dadurch generell behinderten wirtschaftlichen Entwicklung des Bergbaus hatte dieser häufige Wechsel auch interne Auswirkungen. So fiel das lothringische Revier während der Zugehörigkeit zum Deutschen Reich in eine ungünstige periphere Lage, die Industrie an Ruhr und Saar nutzte ihre politischen und wirtschaftlichen Vorteile, um seine Entwicklung zu behindern (HABY 1965, S. 32). Auf dem damaligen Förderhöhepunkt, 1913, erreichte man in Lothringen mit 3,8 Mio. t nur ein knappes Drittel der Saar-Förderung. Umgekehrt bauten nach beiden Weltkriegen französische Gesellschaften Kohle an der Saar ab.

Heute haben beide Reviere etwa die gleiche Bedeutung mit 9,0 Mio. t Förderung der HBL und 9,9 Mio. t der Saarbergwerke sowie 16 800 bzw. 21 700 Beschäftigten (1988).

Eine äußerst *komplexe Situation im Bereich der Staatsgrenze* zwischen Saarbrücken und Creutzwald ergab sich durch die tektonischen Strukturen, die Vorräte und die Qualität der Kohlevorkommen, die genannten territorialen Verschiebungen und die Ausbuchtung des saarländischen Warndt nach Süden. In diesem Grenzbereich steht relativ hochwertige Kohle an, auf französischer Seite jedoch nur auf einem sehr eingeschränkten Areal im Bereich des Merlebacher Sattels und des südlich parallel verlaufenden Simon-Sattels. Südlich des Simon-Sattels tauchen die Flöze nach SE in nicht mehr ausbeutbare Teufen ab. Es ist deshalb nur konsequent, daß sich *die französischen Schachtanlagen in die günstigsten Abbauzonen drängen*, nämlich auf den *Kamm des Merlebacher Sattels* zwischen Petite-Rosselle und Faulquemont, der allerdings teilweise auch durch den südlichen Zipfel des deutschen Warndt verläuft. So erklärt sich die auffallende Konzentration der lothringischen Bergwerke in den Bereichen von Forbach — Petite-Rosselle und Merlebach — Carling in unmittelbarer Nähe zur Grenze: Beispielsweise liegen die Schächte Reumaux und Peyerimhoff nur einen Steinwurf von ihr entfernt, mehrere Bergmannskolonien („cités") drängen sich auf den letzten Quadratmetern französischen Territoriums, und die Sandgruben, aus denen Material für den Spülversatz gewonnen wird, enden mit einer Steilwand direkt neben den Grenzsteinen (vgl. Abb. 1 und 2). Im Kontrast dazu erstreckt sich auf der deutschen Seite geschlossenes Waldgebiet — kaum eine nichtmilitärische Demarkationslinie in Europa dürfte ebenso landschaftsprägend sein!

Abgesehen von dem generellen historischen Interesse Frankreichs an den Kohlenvorräten an Ruhr und Saar richtete es sich hier speziell auf die Kohlenvorkommen im deutschen Warndt: Sie stehen dort im Bereich des Merlebacher Sattels relativ oberflächennah an und sind von den lothringischen Bergwerken leicht über Stollen zu erreichen. So kam es unter der französischen Wirtschaftshoheit nach beiden Weltkriegen zu *grenzunterschreitendem* Abbau, nach 1945 auch zur *Abteufung französischer Schächte im deutschen Warndt* (2). Es ist hier zu betonen, daß die extrem grenznahen Standorte der Schächte auf französischer Seite *allein* auf die genannten tektonischen Verhältnisse, nicht aber, wie THIEL (1980, S. 131) behauptet, auf die kürzeste Entfernung zu den deutschen Feldern zurückzuführen sind; überdies bestanden die weitaus meisten Schachtanlagen bereits vor 1914, als von Pachtfeldern noch keine Rede sein konnte.

Auf der Basis des deutsch-französischen *Saarvertrags* von 1956 wurde zwischen HBL und Saarbergwerken ab dem 1.1.1957 diese Form des *Pachtfeldbaus* neu geregelt: Die HBL durften nur noch in drei Feldern, die 1962, 1972 und 1982 an die Saarbergwerke zurückfielen, insgesamt 66 Mio. t Kohle pachtzinsfrei abbauen. Die daraus für die HBL resultierenden Probleme waren so gravierend, daß HABY (1965) sie „als in ihrer Art wahrscheinlich einmalig in der Geschichte des Bergbaus der ganzen Welt" bezeichnet: Mitten in einer Expansionsphase der HBL – der Vertrag fiel ja noch in die Hochkonjunktur des Kohlenbergbaus – mußten nun etwa drei Viertel des Abbauprogramms geändert, die Erschließung neuer Vorkommen auf französischem Territorium begonnen und die Ausrichtung des untertägigen Streckennetzes entsprechend verändert werden. HABY schätzte die reale finanzielle Belastung der HBL infolge des Warndt-Abkommens auf rund 30 Mrd. alte Francs, nach heutiger Kaufkraft etwa 2,1 Mrd. FF! Gleichzeitig galt es, „in einem Wettlauf mit der Zeit" soviel wie möglich von der vereinbarten Höchstmenge von 66 Mio. t aus den Pachtfeldern herauszuholen (HABY 1965, S. 241, 243).

Aus dieser Situation erklärt sich, daß die HBL weiterhin starkes Interesse an den Pachtfeldern behielten. Von deutscher Seite kam dem entgegen, daß in dem südlichsten, 1982 zurückzugebenden Pachtfeld größtenteils steile Lagerung vorliegt, deren Abbau eine andere Technik als in den zur Zeit betriebenen Feldern des Bergwerks Warndt erfordert (4). So wurde 1978 – die Kohle hatte in der damaligen zweiten Energiekrise erneut gute Konjunktur – der Vertrag für das verbleibende südliche Pachtfeld von 1982 *bis 2006 verlängert*. Obwohl die HBL seit 1982 erstmals einen Pachtzins an die Saarbergwerke AG zu entrichten haben (*Saarbergwerke AG* 1988), bleibt der Abbau im Pachtfeld für die HBL interessant: Die Entwicklung des Schachtanlagenkomplexes Merlebach – heute aufgeteilt in die Bergwerke Vouters und Reumaux (3) – kann unter Einbezug des Pachtfeldes wesentlich günstiger gestaltet werden als bei Beschränkung auf die Kohlenvorräte unter französischem Territorium, denn die erreichbare Förderung und die wirtschaftlichen Erträge werden dadurch gesteigert. Dies hat positive Auswirkungen auf das gesamte Revier Lothringen (4). Von dort wurden 1920 bis 1987 grenzunterschreitend insgesamt 126 Mio. t Kohle gefördert, nach dem Zweiten Weltkrieg pro Jahr bis zu 5 Mio. t, entsprechend einem Drittel der Gesamtmenge, 1987 noch 850 000 t (4). Allerdings würden die HBL in der aktuellen Situation niedriger Energiepreise und wachsender Konkurrenz der Kernenergie vermutlich keine Pachtfelder mehr übernehmen (5).

Die Warndt-Kohle war aber ebenso für das Saarland von Interesse, denn hier lagern rund 300 Mio. t abbauwürdiger Flöze. Da den Saarbergwerken durch den Saarvertrag der Zugang zu diesen Reserven dauerhaft gesichert worden war, begann man sofort mit der Planung der *Schachtanlage Warndt*. Den Standort wählte man auf dem Kamm des Merlebacher Sattels. Daß die Aufnahme der Förderung in der ungewöhnlich kurzen Zeit von etwas mehr als fünf Jahren gelang, war nur möglich durch untertägige Ausrichtungsarbeiten von der Grube Velsen der Saarbergwerke AG und parallel – in grenzunterschreitender Kooperation – von der HBL-Grube Vuillemin (*Saarbergwerke AG* 1988). Es ist nur scheinbar paradox, daß die Grube Warndt zum ersten Mal just in dem Zeitraum zu fördern begann, nämlich 1963, als mehrere Gruben im Saarland geschlossen wurden. Denn der Krise sollte nicht nur durch Stillegungen, sondern, gerade umgekehrt, auch durch den Bau einer neuen, hochmodernen Anlage begegnet

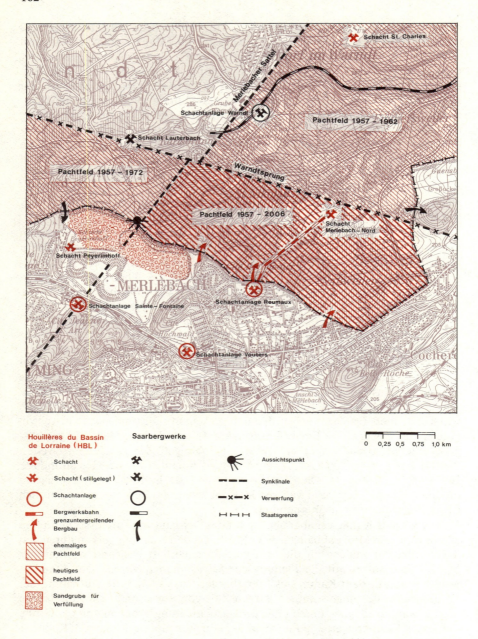

Abb. 1: Der saarländische und lothringische Steinkohlenbergbau im Grenzraum des Warndt.

Abb. 2: Steinkohlenbergbau an der deutsch-französischen Grenze. Die Steilwand der Sandgrube verläuft genau auf der Staatsgrenze. Links oben das Bergwerk Warndt (Saarbergwerke AG), im Vordergrund das inzwischen stillgelegte HBL-Bergwerk Sainte-Fontaine. Im Mittelgrund Bergehalden (vgl. hierzu Abb. 1) (Foto F. Buchel 13839/1 vom 28.10.1980; Copyright und Freigabe: Houillères du Bassin de Lorraine).

werden. Außerdem konnten zahlreiche Bergleute von aufgegebenen Gruben übernommen werden. Diese behielten in der Tradition saarländischer Seßhaftigkeit ihre Wohnsitze bei und pendeln über z.T. große Entfernungen. So entstanden nur einige Neubauten in den nahen Ortschaften und ein Wohnviertel der Saarbergwerke auf der Westseite von Dorf im Warndt, jedoch ohne jeden Vergleich zu jener flächenhaften Siedlungstätigkeit, mit der der Bergbau einst weite Bereiche des Saarlandes geprägt hatte. Der geschlossene Wald ist das bestimmende Element im „Hufeisen" des Warndt geblieben und steht – auch darin manifestiert sich die Grenze – in scharfem Gegensatz zu der „totalen Bergbaulandschaft" auf der französischen Seite (vgl. Abb. 2).

Ohne die geschilderten Einflüsse des lothringischen Bergbaus und der Grenzlage würde die Grube Warndt nicht existieren (1), zumindest nicht in ihrer heutigen Form und an diesem Standort. Wäre die bereits 1938 „bis in alle Einzelheiten projektierte neue Großschachtanlage im Warndtkerngebiet", die wegen des Krieges nicht ausgeführt wurde (DIETRICH et al. 1975, S. 532), gebaut worden, so hätte man vielleicht auch diese in den 60er Jahren stillegen müssen ...

Unter Tage bestehen keinerlei Übergänge zwischen den offenen Grubenbauen der beiden Bergwerksgesellschaften, jedoch sind Verbindungen durch den „Alten Mann", d.h. bereits aufgegebene Grubenbaue, nicht auszuschließen. Bei Bedarf leisten sich die Gesellschaften problemlos gegenseitig Hilfe. Gemäß Pachtvertrag ist die Saarbergwerke AG berechtigt, die über- und untertägigen Anlagen auf deutscher Seite zu befahren und die Planung der HBL auf ihre Vertragskonformität zu prüfen. Über Tage wird die Bergbautätigkeit der HBL im Warndt durch den Versorgungsschacht Merlebach-Nord gestützt, der über eine Bahnlinie mit der Zeche Reumaux an der Grenze verbunden ist. Mit dem Ablaufen des Pachtvertrages gehen diese Anlagen in das Eigentum der Saarbergwerke AG über, wie bereits der Schacht Saint-Charles 4. Alle Auswirkungen des Bergbaus unter deutschem Territorium fallen unter Recht und Gerichtsbarkeit der Bundesrepublik, was vor allem die Bergschäden im Bereich von Naßweiler betrifft. Die HBL leisten Schadenersatz und sind dazu auch nach ihrem Rückzug verpflichtet. Saarberg unterstützt die HBL bei der Abwicklung der Bergschadensregulierung. Von beiden Bergwerksgesellschaften noch zu regeln ist das in den Pachtverträgen nicht erfaßte Problem der Wasserzuflüsse aus französischen Grubenbauen zum Bergwerk Warndt, wenn einmal auf französischer Seite der Abbau und damit auch die Wasserhebung eingestellt werden (4).

Kurz nach dem Saarvertrag, 1959, schlossen HBL und Saarbergwerke als Ergänzung zum „Großen Pachtvertrag" den weniger bekannten „Kleinen Pachtvertrag". Darin wurden kleine, vom „Großen Pachtvertrag" nicht erfaßte Areale und die darin abzubauenden Mengen festgelegt. Erstmals erhielten auch die Saarbergwerke zwei kleine Pachtfelder unter französischem Boden (im NW und NE von Freyming-Merlebach), aus denen sie Kohle im selben Umfang fördern dürfen wie die HBL in kleinen Pachtfeldern auf deutscher Seite. Während die HBL den Abbau bereits eingestellt haben, beabsichtigen die Saarbergwerke, damit in den nächsten Jahren zu beginnen. Insgesamt handelt es sich jedoch nur um geringe Mengen (4).

Aus der Distanz betrachtet, sind dies *Abmachungen wie zwischen zwei benachbarten Bergbaugesellschaften auf demselben nationalen Territorium. Die Grenze zwischen den Staaten als solche spielt dabei keine Rolle mehr, nur die der Konzession.* Überhaupt arbeiten die beiden staatlichen Gesellschaften, die wie private Unternehmen agieren müssen, im Grunde auch auf dieser Basis und in diesem Stil zusammen. Von beiden Seiten wird diese *Kooperation* als problemlos und angenehm geschildert (4) (5). Man berät sich gegenseitig bei gemeinsamen Grubenfahrten und in Arbeitskreisen, z.B. im Sicherheitswesen, in bergtechnischen Fragen oder in der Verkokungstechnologie. Bis zur Stillegung der Kokerei Marienau floß von dort Kokereigas über eine Leitung der Saarbergwerke durch den Warndt zum karbochemischen Komplex im lothringischen Carling (5). Die Saarbergwerke wiederum verkaufen dorthin über eine HBL-Leitung Grubengas, um es nicht abfackeln oder für die Verstromung einsetzen zu müssen (was zu Lasten des Kohleabsatzes ginge). In Kürze soll eine Verbindung zur Stickstoffleitung der HBL hergestellt werden, die der Löschung von Grubenbränden dient (4).

Diese vielschichtige Zusammenarbeit wurde zusätzlich durch *zwei weitere Hauptpunkte des Saarvertrags* gestützt:

1. durch die wechselseitige Verpflichtung, bis 1981 33% der verkaufsfähigen Kohleförderung der Saarbergwerke zu Listenpreisen an Frankreich zu liefern bzw. durch Frankreich abzunehmen;
2. durch die Gründung der gemeinsamen Verkaufsorganisation für Kohle und Koks „Saarlor" mit Doppelsitz in Straßburg und Saarbrücken sowie paritätisch beteiligtem deutsch-französischem Kapital (nach ROLSHOVEN/JEHNE 1980).

Eine schädliche Konkurrenz beider Reviere wäre aber auch ohne die Saarlor-Kooperation kaum gegeben, denn zwangsläufig sind ihre Märkte de facto getrennt: Während in der Bundesrepublik der Absatz der Kohle subventioniert wird, nämlich z.Zt. über Kokskohlenbeihilfe und „Kohlepfennig", beziehen die französischen Bergbaugesellschaften, also auch die HBL, seit langem feste Subventionen; sie müssen ihre Produkte jedoch in freier Konkurrenz auf dem Weltmarkt verkaufen (5).

Bekanntlich befindet sich die Kohle in beiden Ländern auf dem Rückzug, ganz besonders in Frankreich, wo sie nie ein vergleichbares wirtschaftliches und politisches Gewicht besaß wie in Deutschland. Im lothringischen Revier werden heute bereits zwei Drittel der französischen Kohle gefördert; neben einigen unbedeutenden Tagebauen und der Tiefbaugrube Gardanne (im N von Marseille) wird es in wenigen Jahren als einziges überleben, aber bedroht bleiben. Die *Zusammenarbeit zwischen HBL und den Saarbergwerken* bietet sich folglich geradezu an, nicht nur wegen ähnlicher Probleme und wegen der Nachbarschaft. Möglicherweise werden die auf beiden Seiten wachsenden Schwierigkeiten die Zusammenarbeit noch verstärken. In diesem Sinne spielt die nationale Grenze keine Rolle mehr, lange vor 1993.

2. Die leitungsgebundene Energieversorgung

Die leitungsgebundene Energieversorgung der saarländisch-lothringischen Grenzregion hat sich auf der Grundlage der Montanwirtschaft entwickelt. Zu Beginn dieses Jahrhunderts führten die Verwertung der Überschüsse an Kokereigas sowie die stark steigende Bedeutung der Elektrizität zum Aufbau einer flächendeckenden, überregionalen Gas- und Stromversorgung. Zur Förderung des Steinkohlenabsatzes in der Kohlenkrise setzte insbesondere im Saarland Anfang der 60er Jahre der Ausbau der Fernwärmeversorgung ein, der sich auch an der verstärkten Nutzung der Abwärme aus Kraftwerken, Kokereien und Hüttenwerken orientierte.

2.1. Die Gasversorgung

Der Schritt zur Ferngasversorgung erfolgte durch die Zusammenfassung der Gasüberschußmengen aus den saarländischen Kokereien und der Gründung der Ferngasgesellschaft Saar (FGS) im Jahre 1929. Aus der Verschmelzung der FGS mit der Pfälzischen Gas AG im Jahre 1937 entstand die Saar Ferngas AG, die seither die Gasversorgung im Saarland sowie in der Nord- und Südpfalz betreibt (VIELER 1954). Dabei versorgt sie im Saarland 12 Städte und Gemeinden direkt und beliefert weitere 12 kommunale Verteilerunternehmen (*Saar Ferngas* 1988).

Die Saar Ferngas AG bezieht ihre Gasmengen von zwei Vorlieferanten: Erdgas von der Ruhrgas AG und Koksgas aus der Kokerei Fürstenhausen der Saarbergwerke AG. Beide Gesellschaften sind gleichzeitig Anteilseigner mit 20% bzw. 25,1% am Aktienkapital der Saar Ferngas AG, das in seiner Mehrheit von den Stadtwerken Saarbrücken AG, den Ländern Rheinland-Pfalz und Saarland, den Saarhütten und weiteren kommunalen Beteiligungen gehalten wird.

Während heute der bei weitem überwiegende Teil (75%) der saarländischen Gasversorgung auf Erdgas basiert, verbleiben Püttlingen, Völklingen und ein Teil von Saarbrücken noch als sogenannte *Koksgasinseln*. Sie bilden letzte Überbleibsel aus der Zeit, als allein Koksgas zur Verfügung stand. Dieses überstieg bis in die 70er Jahre den saarländischen Bedarf und ermöglichte der Saar Ferngas AG neben Lieferungen in die Pfalz auch eine Einspeisung in das Netz der Einheitsgesellschaft Gaz de France (GDF), die in Frankreich seit der Verstaatlichung im Jahre 1946 das ausschließliche Transport- und Verteilungsmonopol besitzt. Zum Netzausgleich bei Erzeugungsschwankungen wurden auch Koksgasmengen aus dem Ruhrgebiet und aus Lothringen wieder ins Saarland eingeführt. Solche grenzüberschreitenden Koksgaslieferungen waren ein Teil der intensiven Wirtschaftsbeziehungen, die sich während der Zugehörigkeit des Saarlandes zum französischen Wirtschaftsgebiet von 1945 bis 1959 insbesondere auf dem Gebiet der Energiewirtschaft und der Eisen- und Stahlindustrie herausbildeten. Zu dieser Zeit hatte Frankreich ein wesentliches Interesse, die saarländische Energiewirtschaft zum Aufbau der eigenen Wirtschaft heranzuziehen.

Zur Belieferung Lothringens baute die Saar Ferngas AG deshalb im Jahre 1950 in Richtung Nancy eine *Mitteldruckgasleitung* (Leitungsquerschnitt 300 mm [DN 300]) von Rohrbach über die Grenze bei Bliesmengen-Bolchen nach Saargemünd. Im Jahre 1953 folgte eine *Höchstdruckleitung* (DN 200) von der Burbacher Hütte zur Kokerei Marienau im NW von Forbach (VIELER 1954, S. 52, 55) als Verbindung

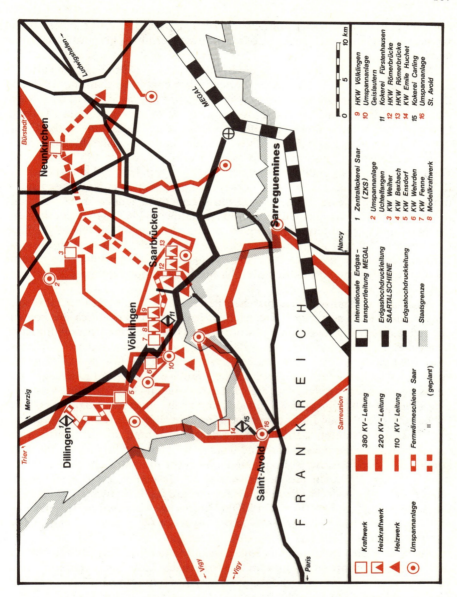

Abb. 3: Leitungsgebundene Energieversorgung im saarländisch-lothringischen Grenzraum.

zwischen dem saarländischen und dem französischen Gashochdrucknetz (Abb. 3); saarländisches und lothringisches Koksgas wurden vermischt bis nach Paris transportiert (6).

Der wirtschaftliche Anschluß an die Bundesrepublik 1959 brachte für das Saarland eine erhebliche *Umorientierung* bei den Absatz- und Beschaffungsmärkten. Da die Gaslieferungen nach Frankreich nun eine *Staatsgrenze überschritten*, wurden sie für die französische Gasversorgung zu *Importen* aus dem Ausland. Frankreich unternahm aber schon zu dieser Zeit große Anstrengungen, den Grad der Selbstversorgung mit Energie zu erhöhen, um von ausländischen Lieferungen unabhängiger zu werden. So sollte das Erdgas aus den 1951 entdeckten Vorkommen bei Lacq am Pyrenäenrand zusammen mit dem im Land erzeugten Koksgas den steigenden Gasbedarf decken. Entgegen den ursprünglichen Erwartungen reichten die in Lacq geförderten Gasmengen jedoch nicht aus und mußten durch langfristige Lieferungen aus Algerien (ab 1965), den Niederlanden (ab 1967) und der Sowjetunion (ab 1976) ergänzt werden (GDF 1986, S. 9). Der Einsatz von Koksgas ging mit wachsendem Markt relativ, aber auch absolut zurück, denn zum einen nahmen die verfügbaren Koksgasmengen ab, zum anderen mußten die vertraglich vereinbarten Erdgasimporte abgesetzt werden (Take-or-Pay-Verträge).

Auch die saarländische Gaswirtschaft hatte sich im Laufe der 60er Jahre auf abnehmende Koksgasmengen einzustellen. Bedingt war dies durch die Folgen des reduzierten Einsatzes von Koks pro Tonne Roheisen im Hochofenprozeß. Denn damit verringerte sich zwangsläufig auch der Ausstoß an Hochofengas (Gichtgas), das nun für die Hüttenkokereien in geringerem Umfang zu Verfügung stand. Entsprechend mußte dieser Rückgang durch eigenes (wertvolleres) Kokereigas kompensiert werden, das folglich der regionalen Gasversorgung verloren ging (THIEL 1980, S. 161). Diese Entwicklung zeigte auch beim Koksgasexport Wirkung. Umfaßten die Lieferungen nach Frankreich in den 1950er Jahren rund die Hälfte der gesamten saarländischen Koksgasausfuhren, so verringerten sich diese seit Anfang der 1960er Jahre und wurden 1972 eingestellt. Im gleichen Jahr konnte die saarländische Koksgaserzeugung nicht einmal mehr den eigenen Bedarf decken. Vielmehr mußte der wachsende Gasbedarf seit 1970 mit wachsenden Importen gedeckt werden. So stieg die Erdgaseinfuhr von 1970 bis 1980 um das Neunzigfache auf 709 000 t SKE (*Minister für Wirtschaft* 1983, Anlage 13, eig. Berechnungen). *Das Saarland hatte sich von einem Gasexport- zu einem Gasimportland gewandelt* (*Minister für Wirtschaft* 1960 f.).

Auch nach der Einstellung der Koksgasexporte der Saar Ferngas AG hielten die beiden Transportleitungen vom Saarland nach Lothringen weiterhin den Verbund mit dem französischen Gasversorgungsnetz aufrecht. Während der Einführungsphase des Erdgases im Saarland bezog die Saar Ferngas AG über das Netz der Gaz de France auch Erdgasmengen aus Belgien, bis durch langfristige Bezugsverträge mit der Ruhrgas AG in der zweiten Hälfte der 70er Jahre die für die Saar notwendigen Erdgasmengen gesichert waren (6).

Über die Ruhrgas AG war damit auch die Anbindung des Netzes der Saar Ferngas AG an die Transportleitungen des überregionalen und internationalen Gasverbundes möglich. Erdgaseinspeisungen erfolgen über die TENP, die von den Niederlanden nach Italien führt (Beteiligung der Ruhrgas AG: 51%) und sich

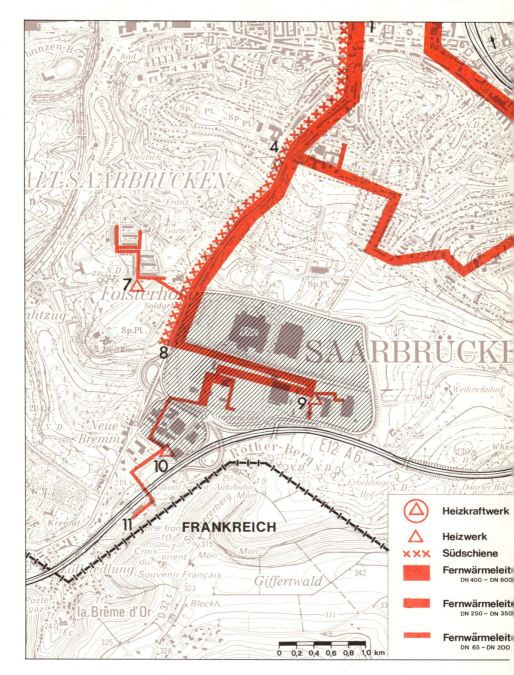

Abb. 4: Fernwärmeversorgung in Saarbrücken.

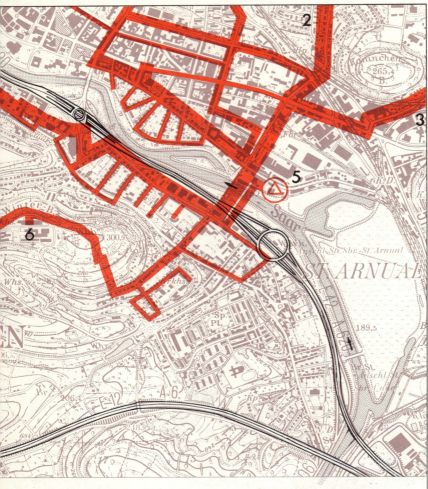

⊢—⊣	Staatsgrenze	
1	Richtung Übernahmestation Westspange	
2	Richtung Universität	
3	Richtung Wohngebiet Eschberg	
4	Auskupplungsstation Bellevue	
5	Heizkraftwerk Römerbrücke	
6	Winterberg - Klinik	
7	Heizwerk Folsterhöhe	
8	Auskupplungsstelle Industriegebiet - Süd	
9	Heizwerk Industriegebiet – Süd	
10	Heizwerk Gewerbegebiet – Süd	
11	Zollbahnhof	
		Industriegebiet- Süd

bei Ramstein dem Saarland nähert, sowie aus der MEGAL (Beteiligung: Ruhrgas AG 50%, GDF 43%), die sowjetisches Erdgas bis nach Paris führt (*Minister für Wirtschaft* 1983, S. 50 f). Auf dem Gebiet der Bundesrepublik Deutschland wird in diese Transportleitungen zusätzlich Erdgas aus weiteren europäischen Fördergebieten zugemischt.

Seit 1981 besteht ein Anschluß der Saar Ferngas AG an das *europäische Gasverbundnetz* an der MEGAL-Übergabestation im saarländischen Seyweiler. Für eine weitere Erschließung baute die Saar Ferngas AG bis zum Jahre 1985 eine 74 km lange Haupttransportleitung mit hoher Kapazität (DN 600/DN 500), die sogenannte „Saartalschiene", von Medelsheim-Seyweiler über Saarbrücken-Süd nach Merzig (Abb. 3) (THOLL 1985, S. 7). Davon ausgehend führt eine weitere Hochdruckleitung (DN 200) zur Versorgung der ländlichen Gebiete entlang dem nördlichen und östlichen Rand des Verdichtungsraumes nach Saarbrücken.

Die Saar Ferngas AG hatte 1986 einen Gesamtgasabsatz von rund 7,0 Mrd. kWh allein im Saarland; knapp ein Viertel bestand aus Koksgas. Regional setzte sie 21% ihres Gases im Saarland, 58% in Rheinland-Pfalz und den Rest in anderen Bundesländern ab (*Saar Ferngas* 1988).

Gegenwärtig wird *kein Gas mehr ins französische Netz* geliefert, obwohl die beiden grenzüberschreitenden Leitungen, die über mehr als zwei Jahrzehnte Adern jenes regen Austauschs waren, noch immer vorhanden sind. Die saarländische und die lothringische Gaswirtschaft üben ihre Tätigkeit heute *getrennt und unabhängig voneinander* aus. Die Zugehörigkeit der beiden Unternehmen Gaz de France und Saar Ferngas AG zu zwei verschieden reglementierten Energiemärkten und die unterschiedliche Ausrichtung bei den Beschaffungsaktivitäten (mit den daraus resultierenden vertragsrechtlichen und kaufmännischen Konsequenzen) führten zu dieser Entwicklung.

Eine Versorgungstätigkeit der Saar Ferngas AG in Frankreich ist nach dort geltendem *Energierecht* nicht möglich (*Journal Officiel* 1946, S. 2951), könnte aber nach herrschender Meinung zumindest für französische Grenzgemeinden mit Hilfe des europäischen Wettbewerbsrechtes (EWG 1957) vor dem Europäischen Gerichtshof durchgesetzt werden. Umgekehrt gehört das Saarland zum Versorgungsgebiet der Saar Ferngas AG, das über bilaterale Verträge gegen die anderen bundesdeutschen Gasversorger, nicht aber gegen die GDF abgegrenzt ist. Das heißt, das ausschließliche Belieferungsrecht der Saar Ferngas AG in diesem Gebiet gilt damit gegenüber den bundesdeutschen Gasversorgern, nicht aber gegenüber der GDF. Die Saar Ferngas AG kann allerdings über einen zeitlich begrenzten Konzessions- oder Liefervertrag mit einer Gemeinde Konkurrenten von der Versorgung dieser Gemeinde abhalten. Nach Ablauf des Vertrages ist die Gemeinde frei in ihrer Entscheidung; auch die GDF könnte dann nach deutschem Wettbewerbsrecht und ohne den Umweg über den EWG-Vertrag zum Zuge kommen. Bis heute war dies jedoch noch nicht der Fall. Gerade für Grenzgemeinden ist diese Möglichkeit von besonderem Interesse, da der Anschluß an das fremde Netz ausschließlich über eigenes Gebiet geführt werden kann und umstrittene Fragen, wie die Inanspruchnahme gemeindefremden Gebietes für die Gasleitung oder die Durchleitung des Gases durch fremde Netze, nicht berührt werden. *Die Grenze hat hier zwei Funktionen*: Sie trennt zum einen zwei nach nationaler Rechtsprechung unterschiedlich geordnete Energiemärkte, die aber über das EG-Recht durchaus miteinander verbunden sind, zum anderen hat sie den Charakter einer Demarkationslinie, da sie die Versorgungsgebiete der beiden Gesellschaften dauerhaft voneinander trennt, obwohl dies vertraglich nicht festgelegt ist.

Erdgaslieferungen der GDF an die Saar Ferngas AG sind ebenfalls nicht möglich, da letztere per Vertrag ihr Erdgas bei der Ruhrgas AG beziehen muß. Abgesehen von den gesetzlichen Barrieren würden Erdgaslieferungen der Saar Ferngas AG an die Gaz de France auch wirtschaftlich keinen Sinn ergeben. Beide Gesellschaften entnehmen Erdgas aus der MEGAL. Die GDF bezieht das Gas aber direkt vom Produzenten und kann mit niedrigeren Einstandspreisen arbeiten als die Saar Ferngas AG, die ihr Gas auf der zweiten Handelsstufe über die Ruhrgas AG erhält.

So bleibt gegenwärtig die MEGAL die einzige aktive, wenn auch auf übergeordneter Ebene betriebene grenzüberschreitende Verbindung, und zwar weniger zwischen der saarländischen und der lothringischen als zwischen der deutschen und der französischen Gaswirtschaft.

2.2. Die Fernwärmewirtschaft

Die saarländische Fernwärmewirtschaft wird seit Anfang der 1960er Jahre kontinuierlich ausgebaut. Inzwischen bieten in Saarbrücken und Völklingen die jeweiligen Stadtwerke Fernwärme für große Teile des Stadtgebiets an. In zahlreichen anderen Orten werden Inselversorgungen durch die Saarberg Fernwärme GmbH (SFW), eine hundertprozentige Tochtergesellschaft der Saarbergwerke AG, betrieben. In Dillingen und Saarlouis wird z.Zt. eine flächendeckende Fernwärmeversorgung von der Fernwärmeverbund Saar GmbH (FVS), die wiederum eine Tochtergesellschaft der SFW ist, aufgebaut. Die erforderlichen Wärmemengen werden in Heizwerken (HW) und Heizkraftwerken (HKW) (HKW Römerbrücke in Saarbrücken, Modellkraftwerk Völklingen und ab Ende 1989 HKW Völklingen) erzeugt sowie in bedeutendem Maß als Abwärme aus industriellen Produktionsprozessen erfaßt (Zentralkokerei Dillingen, Kokerei Völklingen-Fürstenhausen, Dillinger Hütte) (Abb. 3).

Die „Fernwärmeschiene Saar", die von der FVS aufgebaut wird und bereits in drei Stufen im Saartal zwischen Dillingen und Saarbrücken in Betrieb ist, bildet dabei als System von Wärmesammlung, -besicherung, -transport und -verteilung ein wichtiges Element der geplanten Versorgung über ein zusammenhängendes Netz. Bei Fertigstellung sollen alle wichtigen Verbrauchszentren von Dillingen bis Homburg verbunden sein (BOTHE 1982). Dabei wird dem Gedanken Rechnung getragen, daß bei einem parallelen Betrieb verschiedener Wärmequellen, einer Einspeisung von Wärmeenergie unterschiedlicher Herkunft und einer zeitlich verschiedenen Wärmeabnahme nur ein *Verbundsystem* einen Ausgleich schaffen und die Gewähr für eine ausreichende und sichere Wärmeversorgung geben kann.

Der Ausbau der *„Fernwärmeschiene Saar"* erfolgt aufgrund von Wirtschaftlichkeitsüberlegungen in einzelnen Stufen (7). Es gilt, über eine Schiene diejenigen Gebiete vorrangig zu erschließen, die in einem engen räumlichen Zusammenhang mit vorhandenen bedeutenden Wärmequellen stehen. Gerade die in der westlichen Hälfte des Verdichtungsraumes vorhandenen Wärme- bzw. Abwärmequellen der Kraftwerke, der Eisen- und Stahlindustrie und der Kokereien boten sich für einen vorrangigen Ausbau der „Fernwärmeschiene Saar" an. Begünstigt wird diese Verbundkonzeption durch die räumliche Lage der fernwärmewürdigen Gebiete in dem bandartigen Verdichtungsraum. Dessen Fortsetzung über die Staatsgrenze ins lothringische Kohlebecken mit seiner Hauptachse Forbach-St.Avold bietet die Möglichkeit, die „Fernwärmeschiene Saar" im Süden des Stadtgebietes von Saarbrücken an das dort vorhandene Fernwärmeversorgungsnetz der HBL/CALFOR anzubinden. Unter diesem *grenzüberschreitenden Gesichtspunkt ist die zweite Ausbaustufe der „Fernwärmeschiene Saar" von besonderer Bedeutung*, denn durch die Anbindung ließen sich die Wärmeerzeugungskapazitäten beiderseits der Grenze zugunsten einer höheren Wirtschaftlichkeit des Gesamtsystems zusammenfassen. Dieser Möglichkeit wurde von der Stadtwerke Saarbrücken AG (SWS) durch eine gezielte Höherdimensionierung des Leitungssystems „Südschiene" in Richtung Landesgrenze zukunftsweisend berücksichtigt (8): Ausgehend von der „Fernwärmeschiene Saar" wurde von der Übergabestelle Roonstraße/Westspange in Saarbrücken ein kurzes Stück Leitung in DN 600, der Rest bis zur Auskupplungsstelle Industriegebiet-Süd (1,2 km vor der Grenzstation „Goldene Bremm"), dem derzeitigen Endpunkt der „Südschiene", in DN 400 ausgeführt (Abb. 4). Zur Versorgung des Raumes im deutschen Bereich und für eine mögliche Erweiterung des vorhandenen Netzes hätten hier Leitungen von etwa DN 250 bis DN 300 ausgereicht. Die „Südschiene" kann also bei Bedarf leicht bis zur Landesgrenze verlängert werden und bildet damit *für die französischen Fernwärmeversorger eine Anschlußmöglichkeit an das saarländische Netz*, die sozusagen als Dauerangebot vor deren Tür liegt.

Überlegungen, beide Fernwärmenetze grenzüberschreitend zu verbinden, reichen bis in die 70er Jahre zurück (9). Nach der Anbindung des Saarbrücker Südraumes Ende 1985 und den damit geschaffenen technischen Voraussetzungen schien auf beiden Seiten der Grenze das grundsätzliche Interesse an einer konkreten Zusammenarbeit auf dem Gebiet der Fernwärme vorhanden zu sein, zumal rechtliche Hemmnisse, wie bei Strom und Gas vorhanden, für einen *grenzüberschreitenden Fernwärmeverbund nicht zu befürchten* waren; Fernwärme unterliegt nämlich weder den Bedingungen des deutschen Kartell- und Energiewirtschaftsgesetzes, noch bestehen in Frankreich gesetzliche Restriktionen über den Import von Fernwärme.

So wurden 1986 mehrere Gespräche zwischen den Vertretern der saarländischen und der lothringischen Fernwärmewirtschaft geführt. Letztere zeigten Interesse an einem vertraglichen Bezug von ca. 30 MW saarländischer Fernwärmeleistung. Die saarländische Fernwärmewirtschaft unterbreitete auch ein entsprechendes Lieferangebot (7). Auf lothringischer Seite kamen dann aber Umstände zum Tragen, die eine *Realisierung dieses Projektes verhinderten*: Der Rückgang der lothringischen Kohleförderung um ein Viertel von 1970 bis 1987, der parallele Stellenabbau im Bergbau um ein Drittel (CDF 1988) sowie der erklärte politische Wille, die Kohleförderung um weitere 40% bis auf 6 Mio. t SKE pro Jahr zu senken, ließen die Bevölkerung in dieser weitgehend monostrukturierten Region um den Erhalt ihrer Lebensgrundlage fürchten. Sie war in dieser wirtschaftlichen Lage nicht bereit, den indirekten Import von saarländischer

Steinkohle, nämlich in Form von Fernwärme, hinzunehmen. Auch der Vorschlag, die saarländische Fernwärme direkt an der Grenze zu übergeben und zum Ausgleich 20 000 t SKE lothringischer Ballastkohle pro Jahr ins Saarland einzuführen, vermochte diese Haltung nicht zu ändern. Außerdem gab es Unstimmigkeiten mit im Grenzraum tätigen deutschen Energieversorgungsunternehmen über die Behandlung solcher Ausgleichslieferungen nach dem Dritten Deutschen Verstromungsgesetz (*Gesetz über die weitere* ... *1974*) (5).

Ein wegweisendes Signal der zuständigen Regierungs- und Verwaltungsstellen in Metz und Paris zugunsten dieses grenzüberschreitenden Projektes blieb auch im Hinblick auf eine Verbesserung der schwierigen Situation in dieser Grenzregion Frankreichs aus. Statt Fernwärme auf Kohlebasis genießen der verstärkte Einsatz von Erdgas und vor allem von Nuklearstrom im französischen Wärmemarkt *politische Priorität*. Von all dem abgesehen, machen gegenwärtig niedrige Heizölpreise und geringe staatliche Hilfen den Ausbau der Fernwärme fast unmöglich und gestalten den wirtschaftlichen Betrieb schwierig.

Eine Realisierung der grenzüberschreitenden Fernwärmeversorgung kam unter den genannten Umständen nicht zustande. Man einigte sich schließlich darauf, die Verhandlungen wieder aufzunehmen, wenn im lothringischen Kohlebecken nach Beispiel des Saarlandes ebenfalls ein Energieversorgungskonzept für die Versorgung mit Niedertemperaturwärme erarbeitet sein wird (9). Ansätze dazu sind gegenwärtig allerdings nicht zu erkennen.

2.3 Die Stromwirtschaft

Im Saarland konzentrierte sich der Ausbau der Schlüsselenergie Elektrizität auf der Basis von Steinkohle zunächst an den Standorten der Eisen- und Stahlindustrie sowie des Bergbaus. Von dort wurden die umliegenden Siedlungen und Gemeinden erschlossen. Aber ebenso wie andere Wirtschaftsbereiche blieb die Stromwirtschaft im Saarland von der wechselhaften politischen Vergangenheit dieser Grenzregion nicht verschont (vgl. Abb. 3).

Nach dem Zweiten Weltkrieg hatte der wirtschaftliche Anschluß des Saarlandes an Frankreich auch auf die Stromwirtschaft erhebliche Auswirkungen. Die Vereinigte Saar-Elektrizitäts-AG (VSE) strebte damals zunächst an, den Standortvorteil der Nähe zu den noch fördernden Steinkohlengruben für den Stromexport in die unter Strommangel leidenden Nachbarregionen zu nutzen. Damit hätten sich die notwendigen finanziellen Mittel für Erneuerung und Ausbau der durch Kriegseinwirkungen sehr in Mitleidenschaft gezogenen Stromverteilungsanlagen beschaffen lassen. Auf Weisung der französischen Besatzungsbehörden mußte aber die VSE über 60% (1949) ihres Stromaufkommens allein an die Electricité de France (EDF) liefern, die seit 1949 auch an der VSE beteiligt ist, zunächst mit 4%, seit 1962 mit 2,67%. Allerdings konnten die von den französischen Behörden genehmigten Kilowattstundenpreise, die an den in Frankreich geltenden Voraussetzungen ausgerichtet waren, die tatsächlichen Kosten nur zu 60% decken. So fehlten gerade in den 50er Jahren die notwendigen Einnahmen für einen angemessenen Aufbau der saarländischen Stromversorgung. Erst nach der wirtschaftlichen Rückgliederung des Saarlandes 1959 konnte sich die VSE durch die Übernahme der höheren RWE-Tarife aus dieser nachteiligen Entwicklung befreien.

Da leistungsfähige Übertragungsmöglichkeiten zum französischen Netz nicht vorhanden waren, wurden eine 220 kV-Verbindung von Merzig über Diefflen (im NW von Dillingen) nach St. Avold sowie eine 35 kV-Leitung zwischen dem bei Völklingen gelegenen Umspannwerk Geislautern und dem lothringischen Carling gebaut, das direkt an der Staatsgrenze liegt (HERZIG 1987, S. 257). Dabei bildete die Verbindung nach St. Avold die Verlängerung der 220 kV RWE-Leitung Koblenz-Trier-Merzig und diente damals ausschließlich dem Verbundbetrieb zwischen der RWE und der EDF (LAUER 1956, S. 53).

In den 50er Jahren gingen die grenzüberschreitenden Lieferungen nach Frankreich stetig zurück bis fast auf Null (1947 bis 1961 von 179 Mio. kWh auf 0,3 Mio. kWh), während die in die Bundesrepublik gerichteten seit 1954 stark anstiegen (1954 bis 1961 von 13 Mio. kWh auf 775 Mio. kWh) (HERZIG 1987, S. 282). Trotz dieser positiven Exportentwicklung hatte die saarländische Stromwirtschaft in den 50er Jahren mit großen Schwierigkeiten zu kämpfen und mußte 1952/53 sogar mehr Strom aus Frankreich und der Bundesrepublik einführen, als es dorthin ausführte.

Mit der Beteiligung der RWE am Aktienkapital der VSE 1962 (41,3%) wurden die bisherigen Versorgungsgebiete der VSE und der RWE-Merzig zusammengeführt. Damit wurde die VSE zum größten Gebietsversorger des Saarlandes mit einem Anteil von 90% an der gesamten Stromabgabe. Einzig die Landesteile an der Grenze zu Rheinland-Pfalz werden größtenteils von der Pfalzwerke AG beliefert (restliche 10%). Die VSE bediente 1986 im Saarland 84% der Fläche und 86% der Bevölkerung (VSE 1988). Im selben Jahr wurden 12,5 Mrd. kWh erzeugt. Rund 5,4 Mrd. kWh bezog man von außerhalb des Saarlandes, davon 0,3 Mrd. kWh aus Frankreich; 9,9 Mrd. kWh wurden wieder ausgeführt, davon 1,6 Mrd. kWh nach Frankreich (*Minister für Wirtschaft* 1988). Die Kraftwerke der öffentlichen Stromversorgung, betrieben von der Saarbergwerke AG, der VSE und den Stadtwerken Saarbrücken, arbeiten teilweise nach dem Prinzip der Kraft-Wärme-Kopplung und setzen als Brennstoff fast ausschließlich heimische Steinkohle ein (95,5%).

Die Zusammenarbeit zwischen RWE und VSE ermöglichte 1962 auch die Anbindung des Saarlandes an den europäischen Stromverbund. Somit kann heimische Steinkohle in großem Maß verstromt (ca. 4 Mio. t SKE pro Jahr) und als Mittellaststrom in den Verbund eingespeist werden; umgekehrt werden diesem Grund- und Spitzenlaststrom entnommen (10). In einer Region mit derart ausschließlich auf der Kohle gewachsenen und beruhenden Stromerzeugung bestehen gegen Kernkraftwerke vehemente Widerstände, was die energiewirtschaftlichen Beziehungen zum heute vorwiegend kernkraftorientierten Nachbarn Frankreich nicht gerade erleichtert. Die *grenzüberschreitende Zusammenarbeit war jedoch für die saarländische Elektrizitätswirtschaft stets von besonderem Interesse.* Sie zeigte sich in der zeitweiligen Versorgung lothringischer Gebiete, dem intensiven Stromaustausch während der Zugehörigkeit des Saarlandes zum französischen Wirtschaftsgebiet und in der Beteiligung der EDF am Aktienkapital der VSE. Die saarländischen Lieferungen an die EDF erfolgten bis zur

Anbindung an das Verbundnetz 1962 weitgehend über die zu diesem Zweck mit 150 kV betriebene Leitung Geislautern-Carling (HERZIG 1987, S. 257).

Da das Höchstspannungsnetz der RWE im Rahmen des europäischen Verbundes grenzüberschreitende Verbindung zum EDF-Netz hat, mußte nach der Anbindung des VSE-Netzes an das der RWE die Verbindung der VSE zur EDF aufgegeben werden, um Ringschlüsse bei einem möglichen Parallelbetrieb beider Netzverbindungen zu vermeiden. Die Leitung wurde im S von Lauterbach an der Landesgrenze im Warndt vom französischen Netz getrennt, das französische Teilstück zwischen Landesgrenze und Carling abgebaut. Die genannte RWE-Verbindung Diefflen-St.Avold blieb auch nach der Inbetriebnahme der 380 kV-Verbindung Uchtelfangen-Vigy (F) bestehen. Das Kraftwerk Ensdorf liefert gelegentlich über diese Leitung im sogenannten Richtbetrieb elektrischen Strom direkt an die EDF-Umspannanlage St.Avold (Abb. 3) (unter Richtbetrieb versteht man, daß über eine Leitung die Leistung eines Kraftwerks an einen bestimmten Ort transportiert wird, wobei es sich um eine einzelne Leitung handelt, die nicht im vermaschten Netz geschaltet ist).

Seit der Unterbrechung der Warndt-Leitung besteht *keine direkte grenzüberschreitende Zusammenarbeit mehr zwischen VSE und EDF*. Strombezüge und -lieferungen gehen ausschließlich über die 220/380 kV-Verbindungen zwischen RWE und EDF (10). Während in der öffentlichen Stromversorgung der Stromaustausch also nur noch über die großen Verbundleitungen, sozusagen auf *nationaler Ebene*, geschieht, haben die Saarbergwerke AG und die HBL ihre eigenen 65 kV-Netze, die sie zur Versorgung ihrer Betriebsstätten betreiben, grenzüberschreitend gekuppelt und leisten sich gegenseitig stromwirtschaftliche Hilfe. Netzverbindungen bestehen zwischen dem Warndtschacht der Saarbergwerke AG und den HBL-Anlagen in St.Nikolaus (noch auf saarländischem Gebiet, vgl. Kap. 1.), St.Avold und Schacht Wendel III sowie zwischen dem Kraftwerkskomplex Fenne und den Schächten Simon I, II und IV. Die Zusammenarbeit zwischen den beiden Bergwerksunternehmen funktioniert auch in der Stromwirtschaft problemlos, die nationale Grenze hat keine Bedeutung mehr (vgl. Kap. 1.).

Auf der *europäischen Verbundebene hat die Staatsgrenze ebenfalls ihren trennenden Charakter verloren*. An den jeweiligen Netzkupplungen werden die über die Grenze ausgetauschten Strommengen genau registriert. Die gegenseitige Reservehaltung und die Optimierung des Kraftwerkseinsatzes zwischen den Verbundpartnern funktionieren von Norwegen bis Italien und Portugal ohne Schwierigkeiten. Solche entstehen erst, wenn einer der Verbundpartner im Gebiet eines anderen *Stromversorgung* betreiben möchte. Unter diesem Aspekt tritt auch die deutsch-französische Staatsgrenze zwischen dem Saarland und Lothringen wieder in Erscheinung. Zahlreiche Faktoren technischer, rechtlicher, wirtschaftlicher und politischer Natur sind hier raumwirksam. Einige wurden schon angesprochen, andere sollen im weiteren exemplarisch aufgezeigt werden.

Nach geltendem nationalem Recht ist die Staatsgrenze im Hinblick auf eine grenzüberschreitende Stromversorgung zumindest einseitig durchlässig. In Frankreich hat die EDF, ähnlich wie die GDF beim Gas, qua Gesetz (*Journal Officiel* 1946, S. 2951) die alleinige Zuständigkeit für den Transport von elektrischem Strom und, bis auf wenige Ausnahmen (z.B. Bergbau), auch für seine Erzeugung (ca. 91%, EDF 1988a) und Endverteilung (ca. 93%, EDF 1988a). Stromlieferungen nach Frankreich sind demnach möglich; sie werden jedoch ab Staatsgrenze von der EDF — wie gesetzlich vorgeschrieben — in das eigene Hochspannungsnetz übernommen und von dieser weiterverteilt; *eine unmittelbare Versorgung lothringischer Abnehmer von saarländischer Seite aus ist nach französischem Recht nicht gestattet.* Dennoch könnte diese in gleicher Weise wie beim Gas auf europäischer Ebene durchgesetzt und eine wechselseitige Zusammenarbeit zwischen EDF und saarländischen Gemeinden bei der Stromversorgung ermöglicht werden. Würde somit die EDF (z.B. wegen niedriger Strompreise) mit der Versorgung einer deutschen Grenzgemeinde beauftragt, so käme es zur Ausdehnung des EDF-Versorgungsgebietes über die Staatsgrenze auf deutsches Gebiet. Die Demarkationslinie zwischen den Versorgungsgebieten der VSE und der EDF — auch hier besteht kein Demarkationsvertrag! — würde weg von der Staatsgrenze, mit der sie bisher zusammenfällt, an den Teil der Gemeindegrenze verlegt, der nicht zugleich Staatsgrenze ist. Obwohl das deutsche Recht weiterhin für die Versorgung Gültigkeit behielte, begänne damit ein Aufbrechen der bisherigen nationalen Versorgungsstruktur, und die *Staatsgrenze verlöre ihren versorgungswirtschaftlich trennenden Charakter.* Eine Diskussion der möglichen Konsequenzen würde den Rahmen dieser Arbeit sprengen. Im Saarland ist es noch nicht zu einer solchen grenzüberschreitenden Strom- und Gasversorgung gekommen, im Aachener Raum aber hat ein unmittelbar an der Grenze liegendes Industrieunternehmen diesen Schritt bereits vollzogen und bezieht künftig Strom aus den Niederlanden.

Die kontroversen Diskussionen über Stromimporte aus Frankreich, die im Hinblick auf den europäischen Binnenmarkt ab 1993 auch an der Saar heftig geführt werden, gründen auf dem *hohen französischen Exportüberschuß* von 30 Mrd. kWh bzw 8,3% der Stromproduktion (1987, nach EDF 1988a). Die Stromexporte sollen dazu beitragen, die großen Kraftwerksüberkapazitäten im nuklearen Bereich besser auszulasten. Besondere Brisanz für die saarländisch-lothringische Grenzregion brachte der Bau des Kernkraftwerks Cattenom 10 km nordöstlich von Thionville im Moseltal. Nur 12 km von der deutsch-französischen Staatsgrenze entfernt arbeiten dort (Mitte 1989) bereits zwei Blöcke mit zusammen 2600 MW elektrischer Leistung, bis 1992 soll die Kraftwerksleistung auf insgesamt 5 200 MW ansteigen. Das ist mehr als das Doppelte der bisher in Lothringen ausschließlich auf Steinkohlebasis installierten Leistung (EDF 1985). Insgesamt werden dann rund 7 600 MW in Lothringen ungefähr 3 000 MW im Saarland gegenüberstehen.

Welche Bedeutung das Kernkraftwerk Cattenom für die Stromwirtschaft der Region hat, wird an wenigen Zahlen deutlich: 1987 war Block I erstmals ganzjährig am Netz. Die Stromproduktion überstieg in jenem Jahr mit rund 18 Mrd. kWh den Verbrauch im Departement Moselle um mehr als 100%. Von 1971 bis 1985 hatte die Produktion den Verbrauch nie mehr als 25% überstiegen und sogar darunter gelegen (EDF 1988a). Diese enorme Ballung von Kraftwerkskapazität in der Grenzregion hat für Wirtschaft und Bevölkerung wichtige Konsequenzen. Insbesondere für den Fortbestand des Bergbaus im saarländisch-lothringischen Kohlebecken, der derzeit rund 45% seiner Förderung verstromt (1987 ca. 5 Mio. t SKE), *bildet das Kernkraftwerk Cattenom eine existentielle Bedrohung.*

3. Schlußbetrachtung

Die besonderen Bedingungen der saarländischen Energiewirtschaft beruhen auf mehrfachen Grenzverschiebungen. Zeitweise kam es zu grenzübergreifenden Verflechtungen. Sie wurden zur Grundlage für die heutige Kooperation zwischen HBL und Saarbergwerken, auf die die Grenze keine nennenswerte Auswirkung mehr hat. *Für die leitungsgebundene Energiewirtschaft dagegen bildet die Grenze nach wie vor eine politische, administrative und wirtschaftliche Barriere.* Diese behindert die Nutzung der Standortvorteile, die sich aus der zentralen Lage in der EG ergeben, unterstützt auf beiden Seiten die Verfolgung eigennütziger Interessen und hält die Eigenarten der jeweiligen nationalen Politik lebendig. Eine schlagartige Veränderung nach Öffnung des EG-Binnenmarktes ab 1993 ist kaum zu erwarten. Denkbar ist aber auch, parallel zum Verblassen der *nationalen* Grenze, eine Etablierung neuer *wirtschaftlicher* Demarkationslinien.

Exkursionshinweise

Die Einwirkungen der Staatsgrenze auf den Bergbau lassen sich am besten im Bereich des Kartenausschnitts von Abb. 1 erkennen. Als sehr hilfreiche Grundlage wird die Karte 1:50 000 mit dem Aufdruck der HBL-Anlagen (s. Lit. Verz.) empfohlen. Einen eindrucksvollen Aussichtspunkt (vgl. Abb. 1) erreicht man zu Fuß über einen Waldweg („Katzenweg"), ausgehend von der Straße Karlsbrunn – Lauterbach 200 m südlich des Versorgungsschachts Lauterbach: Direkt von der Staatsgrenze blickt man über die ausgedehnte Sandgrube der nahen Schachtanlagen, die z.T. mit Berge aufgefüllt wird. Im W sieht man den zum 1986 stillgelegten Bergwerk Sainte-Fontaine gehörenden Schacht Peyerimhoff, im E gelangt man über einen Weg entlang dem Abgrund zur Schachtanlage Reumaux, umgeben von zwei Bergmannskolonien (Cité Reumaux, Cité Cuvelette). Unmittelbar neben dem Schacht bzw. der Grenze endet die Werksbahn, die auf deutschem Boden mit dem Versorgungsschacht Merlebach-Nord verbindet. Der an die Saarbergwerke zurückgefallene Schacht Saint-Charles 4 liegt dicht neben der Straße zwischen Dorf im Warndt und Großrosseln.

Ein Blick auf die Grube Warndt (vgl. Abb. 2 links oben) bietet sich von der Brücke über die Bahnlinie; linkerhand, hinter Bäumen, liegt ein kleiner Schlammweiher. Die zur Grube gehörige Werkssiedlung bildet die Westhälfte von Dorf im Warndt, das im Dritten Reich als Eigenheimsiedlung für Völklinger Hüttenarbeiter gegründet wurde. Ansonsten hat der Bergbau den Warndt kaum verändert, abgesehen von den ausgedehnten Bruchfeldern im Wald, innerhalb derer man auf keinen Fall von den festen Wegen abweichen darf!

Gut übersehen läßt sich der Kraftwerkspark Fenne von der Straßenbrücke zwischen Völklingen-City und dem Ortsteil Fürstenhausen (über die BAB 620, Ausfahrt Völklingen-City): im Vordergrund der Kühlturm des Modellkraftwerks, über den zugleich die entschwefelten Rauchgase in die Atmosphäre geleitet werden, dahinter das gelbe Kesselhaus und das Kraftwerk Fenne III, dazwischen das künftige HKW Völklingen mit Rauchgasentschwefelungsanlage. Im S sieht man die Kokerei Fürstenhausen. Dicht neben dem Modellkraftwerk liegt auch die Verteilungsanlage für die Fernwärmeleitungen in Richtung Völklingen, Saarbrücken und künftig auch Saarlouis/Dillingen; ihre Doppelrohre begleiten die BAB nach Saarbrücken (vgl. Abb. 3).

Die Auswirkung der Staatsgrenze auf die Elektrizitätsversorgung wird deutlich an der Verbindungsstraße zwischen dem saarländischen Naßweiler und dem lothringischen Rosbruck im SE des Warndt (vom Grenzübergang Naßweiler an der französischen N 3 in Richtung Großrosseln, dann erste Straße rechts); beide Grenzorte sind hier lückenlos zusammengewachsen. Den Verlauf der Grenze kann man eindrucksvoll daran erkennen, daß auf französischer Seite die Stromleitungen entlang der Straße über Masten geführt werden, von denen Verbindungsleitungen zu den Häusern gehen. Auf deutscher Seite verlaufen die Stromleitungen über die Hausdächer. Beide Netze haben keine Verbindung miteinander.

Anmerkungen

(1) SCHUSTER, G.: Die Kohlenvorkommen im saarländischen Warndt im Spannungsfeld der deutsch-französischen Beziehungen. Vortrag am 03.07.1987, Universität des Saarlandes, Fachrichtung Geographie.
(2) vgl. dazu HABY 1965, LIEDTKE 1974 und ausführlich DIETRICH et al. 1975.
(3) Die Schachtanlage Merlebach wurde 1981 aus organisatorischen Gründen getrennt in die Schachtanlagen Reumaux und Vouters, mit zusammen 4,8 Mio. t Förderung 1987.
Wir danken vielmals für mündliche Informationen:
(4) sowie für kritische Durchsicht und Ergänzungen von Kap. 1. Herrn Abt. Direktor Dr.-Ing. H. Haas, Saarbergwerke AG, Saarbrücken,
(5) Herrn Direktor J. Dietrich, HBL, Freyming-Merlebach,
(6) Herrn Abt. Leiter Dr. Bylda, Saar Ferngas AG, Saarbrücken,
(7) Herrn Prokurist A. Wierzbinski, Fernwärmeverbund Saar GmbH, Völklingen,
(8) Herrn Abt. Leiter Dr. F. Heinrich, Stadtwerke Saarbrücken AG,
(9) Herrn Brenner, Saarberg Fernwärme GmbH, Saarbrücken, und
(10) Herrn Vorstandsmitglied Dr. R. Bierhoff, VSE, Saarbrücken.

Literatur

BOTHE, K.: Stand und Entwicklung der Fernwärmeversorgung im Saarland unter besonderer Berücksichtigung des Grenzraumes.- In: *Grenzüberschreitende Fernwärme Sarreguemines-Dillingen*, Luxemburg 1982, S. 1-12 (IRI = Innergemeinschaftl. Regionalinstitut, Symposium Nr.1).
CDF (Charbonnages de France): Statistique annuelle, édition 1988.
DIETRICH, W./SCHUSTER, G./GLAES, M.: Fünfzig Jahre Pachtverträge im Warndt.–Glückauf 111 (1975), S. 530-536.
DVG (Deutsche Verbundgesellschaft): Deutsches Verbundnetz, Heidelberg 1985.
EDF (Electricité de France): La centrale nucléaire de Cattenom, Paris 1985.
-: Statistiques production/consommation Lorraine-Moselle. – 1988 (= 1988a).
-: Résultats techniques d'exploitation 1987. – Paris 1988 (=1988b).
EWG (Europäische Wirtschaftsgemeinschaft): Vertrag zur Gründung der Europäischen Wirtschaftsgemeinschaft vom 25. März 1957 (*BGBl.* II S. 766) mit allen Änderungen.– In: *Beck Texte*, München 1987 (dtv 5014, Europarecht, 8. Aufl.).
FVS (Fernwärmeverbund Saar): Fernwärmeschiene Saar-West, Städteversorgung Saarlouis/Dillingen. Die dritte Ausbaustufe der Fernwärmeschiene Saar, Völklingen 1984.
GDF (Gaz de France): Gaz de France – Entreprise nationale, Paris 1986.
Gesetz über die weitere Sicherung des Einsatzes von Gemeinschaftskohle in der Elektrizitätswirtschaft (=„Drittes Verstromungsgesetz") v. 03.12.1974 *(BGBl. I S. 3473) i.d.F. vom 17.11.1980 (BGBl. I S. 2137) u.i.d.F. vom 15.07.1987 (BGBl. I S. 1671).*
HABY, R.: Les houillères lorraines et leur région, Paris 1965, 2 Bde.
HBL (Houillères du Bassin de Lorraine): Rapport annuel 1987, Freyming-Merlebach 1988.
-: Le bassin houiller lorrain. Inst. Géogr. National, Paris 1985 [topogr. Karte 1:50.000 mit thematischem Aufdruck der Anlagen der HBL].
HERZIG, TH.: Geschichte der Elektrizitätswirtschaft des Saarlandes unter besonderer Berücksichtigung der VSE, Diss. Saarbrücken 1987.
Journal Officiel: Loi no. 46-628 du 8 avril 1946 sur la Nationalisation de l'Electricité et du Gaz. – Paris 1946, S. 2951.

LAUER, W.: Die Elektrizitätswirtschaft des Saarlandes im europäischen Rahmen, Diss. Innsbruck 1956.
LEONHARDT, W.: Das Saarbrücker Zukunftskonzept Energie, unveröff. Vortragsmanuskript, 1.Internat. Energieforum, Hamburg 08.07.1987.
LIEDTKE, H.: Die Grube Warndt und die französischen Grubenpachtfelder. – In: LIEDTKE, H./JENTSCH, CHR.: Das Saarland in Karte und Luftbild, Neumünster 1974, S. 48-49.
Minister für Wirtschaft (Hrsg.): Hauptwerte der Energiebilanz, Saarbrücken 1960 ff.
-: Energiekarte des Saarlandes, Saarbrücken 1972.
-: Kraftwerke im Saarland, Stand März 1988, Saarbrücken 1988 (=1988a).
-: Die Elektrizitätswirtschaft im Saarland. Vergleich zwischen dem Jahr 1987 und dem Jahr 1986, Saarbrücken 1988 (=1988b).
Minister für Wirtschaft u.a.: Energieprogramm für das Saarland vom 30.08.1983. Dritte Fortschreibung der energiepolitischen Konzeption vom 25.10.1972, Saarbrücken 1983.
REITEL, F.: Krise und Zukunft des Montandreiecks Saar-Lor-Lux, Frankfurt a.M. u.a. 1980.
RIED, H.: Das lothringische Kohlenrevier. – Geogr. Rundschau 16 (1964), S. 423-428.
ROLSHOVEN, H./NEU, T.: 100 Jahre Montanwirtschaft in der Großregion Saar-Lor-Lux-Westpfalz-Trier. – Erzmetall 41 (1988), S. 239-248.
ROLSHOVEN, H./JEHNE, W.: Saarlor – Eine europäische Gesellschaft besonderen Rechts. – Glückauf 116 (1980), S. 1016-1024.
RUTH, K.-H./SCHUSTER, G./TOUSSAINT, J.: Bergbau jenseits der Grenze. Lage und Entwicklung des lothringischen Steinkohlenbergbaus. – SAARBERG 1987, H. 8, S. 41-44.
Saar Ferngas: Zahlenspiegel 1987, Saarbrücken 1988.
Saarbergwerke AG: 25 Jahre Bergwerk Warndt, Saarbrücken 1988.
Saarberg Fernwärme GmbH: Standorte der SFW im Saarland, Saarbrücken 1988.
Stadtwerke Saarbrücken: Fernwärmeversorgungsnetz, Saarbrücken 1987.
THIEL, H.: Bergbau, Energie-und Wasserwirtschaft. – In: MATHIAS K. (Hrsg.): Wirtschaftsgeographie des Saarlandes, Saarbrücken 1980, S. 125-169.
THOLL, W.: Grundsätzliche Überlegungen zur Energiepolitik der Bundesrepublik Deutschland und im speziellen für Gas und Erdgasversorgung, Saar Ferngas (Hrsg.): Auszug aus der Begrüßungsansprache von Dr. Walter Tholl, Vorstandssprecher der Saar Ferngas AG, Saarbrücken, anläßlich der offiziellen Inbetriebnahme der Saartalschiene am 10. Dezember 1985 in Saarlouis, Saarbrücken 1985.
VIELER, F.: Grundgedanken und erste Entwicklung der Ferngasgesellschaft an der Saar. – In: *25 Jahre Saar Ferngas AG*, Denkschrift der Saar Ferngas AG, Saarbrücken 1954.
VSE (Vereinigte Saar-Elektrizitäts-AG): VSE-Hochspannungsnetz, Saarbrücken 1984.
-: Zahlenspiegel 1987, Saarbrücken 1988.

SOYEZ, D./BRÜCHER, W./FLIEDNER, D./LÖFFLER, E./QUASTEN, H./WAGNER, J. M. (Hrsg.):
Das Saarland. Bd. 1: Beharrung und Wandel in einem peripheren Grenzraum, Saarbrücken 1989 (Arbeiten aus dem Geographischen Institut der Universität des Saarlandes, Bd. 36).

Neuere Tendenzen des Rundfunks im saarländisch-lothringischen Grenzgebiet

Heiko Riedel

1. Einleitung

„Und nun die Wettervorhersage für den Saar-Lor-Lux-Raum" — mit diesem Satz werden die auf die stündlichen Nachrichten folgenden Wetterangaben auf SR 1 „Europa-Welle Saar" eingeleitet.

Gehören großräumige, die nationalen Grenzen überschreitende Wetterübersichten heutzutage zum alltäglichen Service vieler Rundfunkanstalten, so unterscheidet sich die Situation im regionalen, grenzüberschreitenden Kontext jedoch erheblich. Die Besonderheit dieser Situation im saarländisch-lothringischen Grenzraum soll nach einigen Bemerkungen zum geographischen Forschungsstand des Bereichs „Information und Kommunikation" am Beispiel der elektronischen Medien eingehender untersucht werden. Unter „Rundfunk" ist dabei sowohl der Hörfunk als auch das Fernsehen zu verstehen.

Die Medien, insbesondere die Presse und der Rundfunk, waren bis vor kurzem nur vereinzelt Objekt geographischer Forschung (z.B. MINGHI 1962, SEVRIN 1970). Erst in jüngerer Zeit finden sich zu dieser Thematik deutschsprachige Veröffentlichungen (z.B. ELLGER 1988, GRAMM 1987, KORDEY/KORTE 1989, Themenheft „Räumliche Wirkungen neuer Medien" der *Informationen zur Raumentwicklung* 1982). Obwohl Kommunikationsmedien bereits in der Vergangenheit für geographische Untersuchungen und Theoriebildung von Bedeutung waren (z.B. das Telefon bei W. Christaller), wurden ihre medialen Eigenschaften sowie ihre jüngere Entwicklung aus geographischer Sicht kaum hinterfragt. Gründe für diese lange Vernachlässigung sind u.a.:

— Medien prägen nur mittelbar die räumliche Struktur,
— ihre Erscheinungsformen sind schlecht im Raum lokalisierbar,
— die Erhebung empirischer Daten ist beschwerlich und
— schließlich sind Wirkungszusammenhänge erst zum Teil erkannt
  (GRÄF 1988, S. 191).

In anderen Sozialwissenschaften hingegen wird der Dimension „Raum" als Variable in Bezug auf Medien und Kommunikation mittlerweile große Bedeutung zugeschrieben (ELLGER 1988, S. 87). Insbesondere der Zugang zu den Massenmedien wird häufig als *wertender Ausstattungsindikator* z.B. für die „Lebensqualität" herangezogen.

Eine „Geographie der Kommunikation" (GRÄF 1988), die der zunehmenden Bedeutung von Information und Kommunikation Rechnung tragen würde, hätte zunächst einmal Grundlagenforschung zu betreiben, um den beklagten Mangel an empirischen Daten dieser „in ihrem Wesen zwar immateriellen, in ihrer Durchführung aber materiellen Variable" auszugleichen (GRÄF 1988). Erst aufgrund empirischer Daten lassen sich Informationsräume sinnvoll ausgrenzen und beschreiben, ebenso wie beispielsweise die Einflüsse von Information und Kommunikation auf zentralörtliche Hierarchien. So wird bereits auf die Wirkung von Massenmedien auf das Funktions-Standort-System der privaten Haushalte verwiesen (GRÄF 1988, S. 46). Elektronische Massenmedien sind als solche kartographisch im Raum nicht zu erfassen. Als Alternative bietet sich neben *Direkterhebungen* eine *Lokalisierung der technischen Ausstattung* zur Übermittlung und zum Empfang der Massenmedien an (vgl. ELLGER 1988, S. 104). Eine zusätzliche Attraktivität bei der Untersuchung elektronischer Medien ergibt sich im hier speziell betrachteten Raum durch das Vorhandensein einer *Staatsgrenze* sowie durch das *Aufeinanderstoßen* und teilweise auch das gegenseitige *räumliche Überlagern der Ausstrahlungsbereiche nationaler Mediensysteme*. Diesem Aspekt grenzübergreifender Verflechtungen, der von GRAMM (1987) bereits im Hinblick auf die Verbreitung von Tageszeitungen in der Euregio untersucht wurde, soll im saarländisch-lothringischen Grenzraum am Beispiel des Rundfunks nachgegangen werden.

Ausgangspunkt dieses Beitrags ist die von SCHMIDT (1978) vorgelegte Veröffentlichung mit dem Titel „Grenzüberschreitende Publizistik in Rundfunk, Tagespresse und Zeitschriften der Großregion Saarland-Westpfalz-Lothringen-Luxemburg-Trier — Spiegel und Motor der Zusammenarbeit". Aufgezeigt werden soll, welche neueren Entwicklungen während des vergangenen Jahrzehnts auf dem „non-print"-Mediensektor zu verzeichnen sind und welche *durch die Grenze bedingten Aktivitäten, Interaktionen und Wirkungen* festzustellen sind.

Es sei hier noch unterstrichen, daß die (statistischen) Angaben zu den einzelnen Bereichen, insbesondere bei grenzübergreifenden Sachverhalten oder Fragestellungen, unvollständig sind.

2. Das Fernsehen

Zunächst sind die Voraussetzungen zum Empfang von Programmen näher zu betrachten. Insbesondere handelt es sich dabei um die *technische Reichweite*, d.h. die Entfernung vom Sendestandort, bis zu welcher die ausgestrahlten elektronischen Signale vom Rundfunkempfänger noch in Bild und Sprache umsetzbar sind. Hiervon zu unterscheiden ist die *Personenreichweite* (oder Medienanalysereichweite, in ähnlichem Sinne auch: Haushaltsreichweite), die bestimmt, wieviele Personen (Haushalte) in festgelegten Zeittakten, z.B. pro Viertelstunde, mit einem Medium Kontakt aufnehmen. Die neueste technische Entwicklung, der direkte *individuelle Satellitenempfang*, ist zur Zeit (noch?) kaum von Bedeutung. Eine entsprechende technische Ausstattung ist relativ teuer, auch besteht auf internationaler Ebene noch keine verbindliche Einigung über das zukünftige Sendesystem, so daß Kosten und Risiko zur Zeit für private Haushalte beträchtlich sind. Daher wird der individuelle Satellitenempfang hier nicht berücksichtigt.

Die *kollektive Nutzung* von über Satelliten ausgestrahlten Programmen ist demgegenüber weit vorangeschritten; so konnten 1987 87,9% der ca. 2,5 Mio. verkabelten bundesdeutschen Haushalte auch derartige Programme nutzen. Im Saarland können sogar 93,3% der verkabelten Haushalte die ausgestrahlten Programme von mindestens einem der beiden dafür vorgesehenen Satelliten ECS-F1 und VF 12 empfangen (nach *Media-Perspektiven* 1987, *Neue Medien* 1988).

2.1. Das Fernsehen im Saarland

Das Saarland selbst wird flächendeckend für das 1. Fernsehprogramm vom *Grundnetzsender* Göttelborner Höhe und für das 2. und 3. Fernsehprogramm vom *Grundnetzsender* Schocksender versorgt. Bedingt durch die Topographie des Saarlandes sind derzeit für das 1. Programm 48 und für das 2. und 3. Programm jeweils 103 *Fernsehfüllsender* in Betrieb. Die Fernsehnetze stehen vor ihrem Endausbau. Die technische Reichweite des SR geht weit über das Saarland hinaus: Bis in den Hunsrück, den Pfälzer Wald, im W bis Metz und im S bis Nancy sind die Sendungen zu empfangen.

Anders stellt sich die Lage für Fernsehstationen dar, die keinen Sender im Saarland unterhalten. Der kommerzielle Sender RTL+ beispielsweise kann eine derartige Flächendeckung nicht erreichen, da das entsprechende Netz an Grund- und Füllsendern nicht vorhanden ist. Für den Empfang ungünstig gelegene, aber dicht besiedelte (Tal-)Lagen werden nicht mehr vollständig versorgt. Der zunächst einzige Sender dieser Station in Dudelange (Luxemburg) konnte das Saarland relativ flächendeckend nur westlich einer Linie Wadern-Saarbrücken versorgen, östlich davon entstanden große Sendeschatten; dies wurde durch Computersimulationen ermittelt, die die für die technische Reichweite relevanten Parameter (Topographie, Oberflächenform etc.) integrieren. Erst durch die Neuerrichtung und Erhöhung des Sendemastes sowie den Bau eines weiteren, von der DBP betriebenen Sender bei Kaiserslautern, konnte eine verbesserte, aber dennoch nicht flächendeckende, Versorgung des Saarlandes gewährleistet werden. RTL+ erreicht laut Statistik mittlerweile 82% der saarländischen Haushalte, zu einem bedeutenden Teil über Kabel.

Zur technischen Reichweite französischer Sender im Saarland außerhalb der verkabelten Haushalte sind keine Angaben verfügbar. Es ist aber anzunehmen, daß diese geringer ist als die der saarländischen Sender in Lothringen. Bei terrestrischer Übermittlung geht die technische Reichweite über den Bereich deutschen Dialekts (1) in Lothringen hinaus und versorgt auch das östliche Luxemburg. Obwohl sich der SR als Heimatsender der Grenzregion versteht, kann eine flächendeckende Versorgung großer Teile Lothringens nicht angestrebt werden, denn das Saar-Fernsehen hat keinen Versorgungsauftrag für jenseits der Grenze gelegene Gebiete. Ein solcher Anspruch würde in mindestens zweifacher Hinsicht zu Konflikten führen. *Zum einen* könnte er als Einmischung in die inneren Angelegenheiten eines anderen Staates, hier Frankreich, aufgefaßt werden. Auf regionaler Ebene hat es bereits diplomatische Interventionen seitens der französischen Regierung beim SR gegeben, wenn von einer Verletzung der Territorialität ausgegangen wurde (etwa bei der Berichterstattung über besonders sensible Themenbereiche). Aufgrund ihrer besonderen Bedeutung unterlagen die elektronischen Medien in der Vergangenheit, in geringerem Ausmaß auch bis heute, der staatlichen Aufsicht. Das Rundfunkwesen wurde immer als Staatsangelegenheit verstanden. Die zähe Verteidigung des Rundfunkmonopols durch den Staat verdeutlicht dies anschaulich. *Zum anderen* reicht das Gebühreneinzugsgebiet nur bis an die Staatsgrenze, und den Gebührenzahlern kann nicht zugemutet werden, daß mit ihren Beiträgen ein weiteres Versorgungsgebiet mitfinanziert wird.

Für den Fernsehempfang im saarländisch-lothringischen Grenzraum kommt als einschränkende Bedingung hinzu, daß beide nationalen Fernsehsysteme mit unterschiedlichen Tonfrequenzen, Bildmodulationen und Farbsystemen arbeiten, der terrestrische Empfang von Programmen aus beiden Staaten also nur mit *Mehrnormengeräten* möglich ist. Die von SCHMIDT (1978, S. 54) gemachten Bemerkungen treffen auch ein Jahrzehnt später noch zu: Die vergleichsweise teueren Mehrnormengeräte sind in Lothringen häufig vertreten, im Saarland nur gering. Es werden in saarländischen Geschäften zwar vermehrt Mehrnormengeräte angeboten, doch ist fraglich, ob dies als Indikator für ein steigendes Interesse an französischen Sendungen zu werten ist. Vielmehr steht zu vermuten, wie Nachfragen des Autors bei verschiedenen Händlern bestätigten, daß diese Angebote aufgrund der bedeutenden Unterschiede bei den Mehrwertsteuersätzen beiderseits der Grenze von französischen Kunden vermehrt im Saarland nachgefragt werden, insbesondere wenn die Preise unterhalb des Zollfreibetrags liegen. Das vergleichsweise geringe Interesse saarländischer Fernsehteilnehmer an *französischen* Programmen ist auch durch mangelnde Kenntnisse der französischen Sprache begründet.

Die in der Zwischenzeit durchgeführten Verkabelungen mit der Einspeisung einer größeren Anzahl unterschiedlicher Fernseh- und Hörfunkprogramme haben jedoch zu einer Veränderung der Empfangssituation beigetragen: Die einzuspeisenden ausländischen Programme werden, soweit dies notwendig ist, in den Kopfstationen auf die jeweilige nationale Norm ummoduliert, Mehrnormengeräte sind dann nicht mehr nötig. Inwieweit diesen neuen Empfangsmöglichkeiten französischer Sender veränderte Nutzungsgewohnheiten gegenüberstehen, konnte nicht ermittelt werden.

Der aktuelle Stand der Verkabelung im Saarland (Stichtag 30.06.1988, OPD 1988) wird in Abb. 1 wiedergegeben. Beim *Versorgungsgrad*, d.h. dem Quotient aus anschließbaren zu vorhandenen Wohnungen, liegt das Saarland weitab an letzter Stelle mit 24,1% gegenüber dem führenden Bundesland Berlin mit 70,3% und dem Bundesdurchschnitt von 36%. Als „anschließbar" werden alle diejenigen Wohneinheiten bezeichnet, für die an einem bereits verlegten Kabelnetz Übergabepunkte vorgesehen sind. Auf Gemeindebasis zeigt sich, daß nur in 65,4% der Gemeinden des Saarlandes überhaupt Verkabelungen durchgeführt werden (Tab. 1).

Die Tabelle veranschaulicht, daß in den verkabelten Gemeinden der Versorgungsgrad in der Regel relativ gering ist und nur in 1,9% der Fälle Werte zwischen 91% und 100% erreicht werden.

Die Gemeinden mit Kabelnetzen konzentrieren sich auf den saarländischen Verdichtungsraum mit seinen hohen Bevölkerungsdichten sowie, in geringerem Ausmaß, auf den östlichen und nordöstlichen Landesteil. Der Westen und Nord-

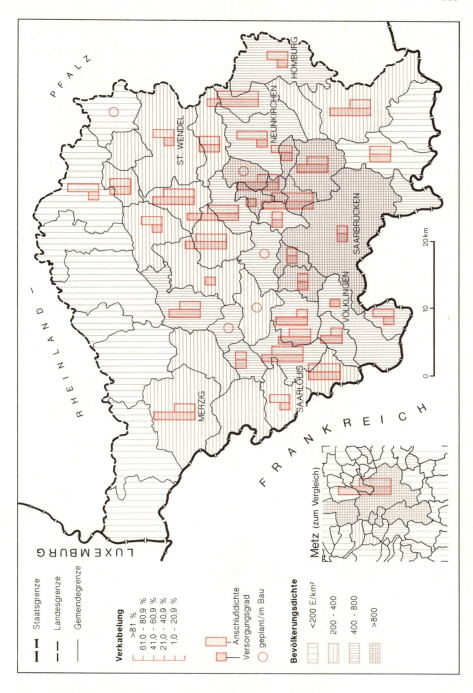

Abb. 1: Der Stand der Verkabelung im Saarland 1988.

westen des Saarlandes mit ihrer sehr geringen Bevölkerungsdichte sind hingegen kaum verkabelt.

Führend beim Versorgungsgrad ist die Gemeinde Sulzbach, ein Pilotprojekt (100%), den letzten Platz nimmt Merchweiler ein (4,0%). Zu fragen bleibt, woraus sich dieser geringe Teil überhaupt anschließbarer Wohnungen ergibt. Ein Hinweis könnte der vergleichsweise sehr hohe Eigenheimanteil im Saarland sein, d.h. die relativen Kosten beim Anschluß von Eigenheimen insbesondere in Streulagen sind so hoch, daß sich die Verkabelungen nur in bestimmten, dicht besiedelten und vorzugsweise mit Mehrfamilienhäusern bestandenen Gebieten wirtschaftlich lohnen. 1989 soll ein Kabelnetz auch in den Gemeinden Heusweiler, Schiffweiler, Freisen, Nalbach und Saarwellingen aufgebaut werden, womit dann 71,2% der saarländischen Gemeinden von dieser Technik profitieren können (OPD 1988).

Tab. 1: Dichte und Nutzung der Verkabelung in saarländischen Gemeinden.

Rangklasse (in %)	Versorgungsgrad		Anschlußdichte	
	Anzahl	%	Anzahl	%
0	17	34,6	3 (21)	8,8 (40,4)
1 — 10	8	15,4	2 (2)	5,9 (3,8)
11 — 20	8	15,4	4 (4)	11,8 (7,7)
21 — 30	2	3,4	8 (8)	23,5 (15,4)
31 — 40	1	1,9	6 (6)	17,6 (11,5)
41 — 50	2	3,4	5 (5)	14,7 (9,6)
51 — 60	4	7,7	2 (2)	5,9 (3,4)
61 — 70	1	1,9	3 (3)	8,8 (5,8)
71 — 80	4	7,7	1 (0)	2,9 (1,9)
81 — 90	3	5,8	0 (0)	0,0 (0,0)
91 — 100	1	1,9	0 (0)	0,0 (0,0)
0 — 100 %	52	100,0	52 (34)	100,0

Quelle: Mitt. der Pressestelle der OPD Saarbrücken 30. 06. 1988

Bezogen auf die *Anschlußdichte*, d.h. den Quotient aus angeschlossenen zu anschließbaren Wohneinheiten, steht das Saarland nach Bayern und mit geringem Abstand nach Berlin an 3. Stelle mit 39,8%, der Bundesdurchschnitt liegt bei 37,7%. Die Anschlußdichte variiert sehr stark von 3,3% in Wallerfangen bis zu 74% in Sulzbach. Hier ergibt sich ein Maximum in der Klasse 21-30. Die Anschlußdichte ist sicherlich im Zusammenhang mit den terrestrischen

Empfangsmöglichkeiten zu werten. Die Verkabelung mag hier die Alternative zum Erwerb einer aufwendigen Antennenanlage sein, ohne daß der zusätzliche Vorteil der Verkabelung, d.h. die Möglichkeit zum Empfang einer wesentlich größeren Zahl von Programmen, nachgefragt wird. Dies könnte auch erklären, weshalb in verschiedenen Gemeinden keine ausländischen Programme eingespeist werden, wie in Püttlingen, Riegelsberg, Völklingen, Ottweiler oder Schmelz (s.u.).

Der Anschlußdichtewert gibt aber zum anderen sicherlich auch Auskunft über die Akzeptanz dieser neuen Technik und der Medienmöglichkeiten, die sie eröffnet. Daß das Saarland in dieser Hinsicht als *medienfreundlich* einzustufen ist, zeigt sich ebenfalls an folgenden Parametern: Beim Ausstattungsgrad mit Video-Recordern lag dieses Bundesland 1986 nach den Stadtstaaten Bremen und Berlin an 3. Stelle mit 23,2%, deutlich über dem bundesdeutschen Durchschnittswert von 19,6%. Allerdings ergaben Untersuchungen, daß die Videogeräte in der Regel nur als Zusatzmedien genutzt werden und die auf den Direktempfang entfallenden Sehdauerwerte kaum beeinflussen. Die Haushaltsreichweite bei Video-Recordern beträgt 20% pro Tag bei einer durchschnittlichen täglichen Nutzungsdauer von 17 Minuten (1987). Schließlich liegt die durchschnittliche tägliche Einschaltdauer der saarländischen Fernsehgeräte knapp 20 Minuten über dem Bundesdurchschnitt (Tab. 2).

Der Anstieg des Fernsehkonsums zwischen 1983 und 1985 im Saarland ist dabei fast völlig RTL+ zugute gekommen (FUCHS 1987, S. 134). Der Marktanteil von RTL+ geht praktisch als eine Art *Nullsummenspiel* zu Lasten der übrigen Sender (Substitutionshypothese).

Tab. 2: Fernsehkonsum im Saarland.

Einschaltdauer der Fernsehgeräte (Mo – So) in Min. / Tag			
	1983	1984	1985
Saarland	200	202*	228
Bundesgebiet	179	183	208

* ab 2. 1. 1984 Sendebeginn von RTL+
Quelle: FUCHS 1987, S. 133.

Die Verkabelung führt nicht nur zu einer qualitativen Verbesserung der Empfangsmöglichkeiten und einer Erweiterung der Angebotspalette, sondern verändert ebenfalls die Konsumgewohnheiten: Die tägliche Sehdauer erhöht sich nicht nur im bundesdeutschen Mittel um 10 Minuten, sondern verteilt sich auch unterschiedlich auf die eingespeisten Sender (Tab. 3).

Die öffentlich-rechtlichen Fernsehanstalten verlieren mit Ausnahme der III. Programme an Marktanteilen, gleichzeitig vergrößern die ungleich höheren Verluste beim ZDF den Führungsvorteil des I. Programms. Unter den Kommerzsendern gewinnt bundesweit SAT 1 am meisten, gefolgt von RTL+. Der Verlust der Kategorie „Sonstige" erklärt sich teilweise dadurch, daß die zuvor hier subsumierten ausländischen Stationen nunmehr teilweise in der neuen Kategorie „Ausland" zusammengefaßt werden, insoweit sie bundesweit ausgestrahlt werden.

Tab. 3: Anteil verschiedener Programme an der Sehdauer in der Bundesrepublik.

Hausch.*/Progr.	ARD	ZDF	III.	SAT 1	RTL+	3SAT	Ausl.	Sonst.	Gesamt
nicht verkabelt	42,7	40,8	10,5	-	-	-	-	5,9	100,0
verkabelt	39,9	25,9	10,5	11,7	9,3	3,7	4,3	-2,2	100,0
Differenz	-11,8	-14,9	0	11,7	9,3	3,7	4,3	-2,2	-

*Bezugsgröße: bundesdeutsche Haushalte,
Erwachsene ab 14 Jahren, Jan. – Sept. 1987

Quelle: umgerechnet nach *Media-Marketing:* ARW report 7/87

Seit 1985 werden in saarländische Kabelnetze auch französische Sender eingespeist. In 7 der 32 verkabelten Gemeinden werden keine ausländischen Fernsehprogramme angeboten (s. o.); in den übrigen umfaßt das Angebot neben dem französischsprachigen RTL in der Regel die drei nationalen französischen Sender (TF 1, A 2, FR 3) sowie die Satellitenprogramme Eureka, Sky Channel und Super Channel. Die beiden französischsprachigen Sender Belgiens RTBF 1 und RTBF 2 können über Kabel ausschließlich in Neunkirchen empfangen werden. Das Saarbrücker Kabelnetz bietet dem Verbraucher 18 Fernsehprogramme: hiervon stammen 6 aus öffentlich-rechtlichen Anstalten, 7 sind Satellitenprogramme. Hinzukommen die drei nationalen französischen Stationen, sowie zwei luxemburgische Sender (RTL und RTL+). Die Kanalbelegung der eingespeisten Sender ist allerdings so vorgenommen, daß nur 50% des Angebots mit normalen Fernsehgeräten genutzt werden kann. Die übrigen Stationen liegen in Sonderkanalbereichen, die nur mit neueren, speziell dafür ausgerüsteten Geräten (Kabeltuner) empfangen werden können (DBP 1988, HAUCH-FLECK 1989).

2.2. Fernsehen in Lothringen

Besondere Frequenzprobleme bestehen in Ostfrankreich, bedingt durch die Topographie, Schattenlagen infolge von Schichtstufen, Tallagen in Gebirgen etc. und schließlich die Grenznähe; daher ist hier, wie eine Aufstellung der DATAR (*La lettre de la DATAR* 1988) belegt, die Verkabelung im Vergleich zum übrigen Frankreich flächenhaft am weitesten fortgeschritten, insbesondere im Elsaß und in Lothringen. Verkabelt sind oder werden in absehbarer Zeit folgende Städte: Metz, Hayange, Joeuf, Montigny-lès-Metz, Epinal, Munster und Sainte-Marie-aux-Mines. Geplant ist die Verkabelung in Nancy, Bar-le-Duc, Strasbourg, Kaysersberg, Colmar und Mulhouse. Hier dürften die oben gemachten Bemerkungen ebenfalls zutreffen: Ein Großteil der bereits verkabelten Gemeinden liegt in den genannten, für den Empfang von Rundfunksignalen ungünstigen Lagen Lothringens und der Vogesen. Hier dient die Verkabelung u.a. auch zur ausreichenden *flächenhaften Grundversorgung* der Bevölkerung. Die vorgesehenen wie die bereits durchgeführten Verkabelungen in den größeren Städten sind in Verbindung mit der relativen Kostensenkung pro Anschluß bei hohen Wohndichten zu verstehen.

Im regionalen Vergleich spielt die Stadt Metz eine *Vorreiterrolle*. Nach sechsjähriger Planung konnte bereits 1979 das dortige Kabelnetz in Dienst gestellt werden. Von 52 000 Wohnungen sind bis Mitte 1988 über 85% (Versorgungsgrad) anschließbar. Die hier erreichte Anschlußdichte von 49,56% übersteigt damit sowohl den entsprechenden Wert für das Saarland im allgemeinen als auch für die Stadt Saarbrücken mit 16,8% im besonderen. Ein Preisvergleich zeigt, daß in Metz die Anschlußkosten mit 450 FF 4,5mal geringer sind als Einzelanschlüsse im Saarland. Die monatlichen Nutzungsgebühren liegen nach der zu Beginn des Jahres verfügten Gebührenerhöhung im Bundesgebiet um 15% unter denen des deutschen Nachbarn. Unter den 18 eingespeisten TV-Stationen befinden sich neben den sechs nationalen, terrestrisch ausstrahlenden Sendern (TF1, A2, FR3, Canal+, La 5, M6), dem Kabelkanal J und drei Satellitenprogrammen (Sky Channel, Super Channel, TV 5), auch drei deutsche Programme (ARD, ZDF, Saar 3), ein italienisches (Rai Uno), zwei belgische (RTB 1, Télé 21) sowie RTL und RTL+. Geplant ist nach der „Mission Câble", dem nationalen Verkabelungsplan von 1983, daß bis 1992 insgesamt 7 Mio. französische Haushalte anschließbar sind. Angaben über jeweilige effektive Nutzung der in Frage kommenden Programme konnten jedoch nicht ermittelt werden (nach DBP 1988, *Cenod-Tv Cable*).

3. Der Hörfunk

Im Bereich des Hörfunks ist auf unterschiedliche Strukturen zu verweisen. In der föderalistischen Bundesrepublik wird für den Hörfunk der qualitativ besser zu nutzende, aber mit geringeren Reichweiten einhergehende UKW-Bereich bevorzugt. Relativ wenige Sender strahlen auf MW und LW aus (mit bundesdeutschem oder internationalem Versorgungsgebiet: z. B. Saarländischer Rundfunk, Deutsche Welle, Deutschlandfunk). In Frankreich dagegen konnten sich, sicherlich auch aufgrund der größeren Landesfläche und geringeren Besiedlungsdichte, die nationalen Sender auf MW und LW stärker entwickeln. Die kommerziellen

Peripheriesender (RTL, Europe I, RMC, Sud Radio) waren, um große Gebiete Frankreichs von einem einzigen Sendestandort aus versorgen zu können, ebenfalls auf die Ausstrahlung im qualitativ schlechteren längerwelligen Bereich angewiesen. Erst in jüngster Vergangenheit veränderte sich diese Struktur mit der Freigabe neuer Frequenzbereiche für die Lokalradios (RLP)(2) und der Regionalisierung nationaler Sender zugunsten einer größeren Inanspruchnahme des UKW-Bereichs. Er allein gestattet die Ausstrahlung in Stereoqualitität.

3.1. Der Hörfunk im Saarland

Eine flächendeckende Versorgung des Saarlandes mit den drei Hörfunkprogrammen des Saarländischen Rundfunks im UKW-Bereich ist gesichert. Zur Verbesserung des Stereoempfangs sind im Moseltal (Raum Perl-Nennig), im Bliestal (Einöd bis Gersheim), im Merziger Becken und im Talkessel Mettlach UKW-Füllsender (Tochterstationen) in Betrieb. Die Sender sind z.T. noch bis nach Nancy (Lothringen) zu empfangen. Ausgangssendestärken von 40 KW in Richtung Frankreich werden toleriert. Genaue Angaben zu den technischen Reichweiten ausländischer Hörfunkstationen fehlen. So umfaßt die Palette des Hörfunkangebots bei Verkabelung in Saarbrücken 12 Programme, wovon 8 öffentlich-rechtlich sind. Neben RTL werden die drei französischen Stationen France Culture, France Inter und France Musique angeboten, von denen letztere aufgrund ihrer hochwertigen Musiksendungen und des geringen Sprachanteils im Saarland geschätzt wird. In 5 der 32 verkabelten Gemeinden werden überhaupt keine ausländischen Hörfunkprogramme eingespeist. In anderen saarländischen Kabelnetzen sind außerdem noch z.T. das französischsprachige Programm von RTL, ein französischsprachiges Programm aus Belgien (RTBF 3), sowie der amerikanische Armeesender AFN vertreten (OPD 1988). Die drei zuletzt genannten Stationen werden aber relativ weniger häufig angeboten.

3.2. Der Hörfunk in Lothringen

Es ist davon auszugehen, daß sich die in der Vergangenheit beklagte Unterversorgung des dialektophonen Teils Lothringens mit nationalen Hörfunksendern infolge der Regionalisierung in diesem Bereich und mit dem Entstehen von Lokalsendern (RLP) stark verringert hat. So informiert France Inter Province (FIP) aus Metz eingehend auch über lokale Kulturangebote im lothringischen Grenzraum. Bei den RLP erweist sich die Reichweitenermittlung als schwierig. Die Sendeleistung und deren Reichweite ist aufgrund des „Fillioud-Gesetzes" beschränkt (s.u.). Höhere Sendeleistungen sind unter bestimmten Bedingungen legal möglich, jedoch nicht die Regel. Die tatsächliche Sendeleistung der RLP und damit deren Reichweite wird aber, wie CAZENAVE (1984, S. 112) bestätigt, in vielen Fällen erheblich überschritten. In Kabelnetze eingespeist werden beispielsweise in Metz 16 Stationen: Neben den nationalen staatlichen Sendern France Musique, France Culture, France Inter, den regionalisierten Stationen Metz FM, France Inter Lorraine, dem Nachrichtenkanal France Info, den RLP NRJ (s.u.), Radio L, Radio Nostalgie, Europe 2 auch die belgischen Sender RTB 1, RTB 2 sowie die vier deutschen Stationen SR 1, SR 2, SR 3 und SWF 2. Die Einspeisung hat, soweit dies die Sender gestatten, Stereoqualität (*Cenod-Tv Cable*).

3.2.1. Radios locales d'initiative privée (RLP)

Mit der Veröffentlichung im *Journal Officiel* vom 9. 11. 1981 beendet das nach dem damaligen sozialistischen Informationsminister Fillioud benannte Gesetz („Loi Fillioud") das Staatsmonopol über den Rundfunk in Frankreich. Vorausgegangen waren mehrfache Versuche, dieses Monopol zu unterlaufen. Bereits in den 30er Jahren gelang es für kurze Zeit, einige Privatradios zu betreiben. Die nach heutigem Verständnis erste Lokalstation war 1969 „Radio Campus" im Ballungsraum von Lille; das eigentliche Aufkommen dieser Stationen begann erst ab 1977 als soziale Protestbewegung. In Lothringen sendete als erstes RLP ab 1979 die Station „SOS Emploi", die durch die Beteiligung der Gewerkschaften entstanden war. Starke politische Unterstützung erhielten die zu diesem Zeitpunkt noch illegal sendenden Stationen durch die sozialistische Partei. Der heutige Staatspräsident Mitterand selbst wurde 1979 wegen des Verstoßes gegen das Rundfunkmonopol strafrechtlich verfolgt (CAZENAVE 1984, S. 52).

Aufgrund dieses neuen Gesetzes und seiner Folgebestimmungen ist die Ausstrahlung von Sendungen unter bestimmten, inzwischen mehrfach geänderten Bedingungen („Cahier des Charges") möglich. So darf die Sendestärke 500 W und die technische Reichweite einen Radius von 30 km nicht überschreiten. Es bedarf des weiteren einer staatlichen Genehmigung, die zurückgezogen werden kann, u. a. auch bei zu geringer Nutzung der zugeteilten Frequenz (mind. 84 h/Woche). Anzugeben ist, ob Werbung gesendet werden soll. Die Sender haben spätestens zwei Monate nach Erteilung der Sendegenehmigung ihren Betrieb aufzunehmen. Diese Bedingungen werden von einer speziellen staatlichen Stelle („Service d'Observation des Programmes") überwacht, z. T. durch das regelmäßige Abhören der Frequenzen (nach *Bulletin de l'Idate* 1982, CAZENAVE 1984).

Möglich wurde das Entstehen einer großen Zahl neuer Sender erst durch die Zuteilung weiterer Frequenzen. Dies geschah durch eine allmähliche Freigabe des UKW-Bereichs von 100-108 MHZ. Dieser Frequenzbereich wurde in Frankreich zuvor vom Verteidigungsministerium genutzt; zum 01.01.1985 erfolgte die Freigabe des Bereichs von 100-104 MHZ, ab 1996 soll der Bereich bis 108 MHZ ebenfalls zur nicht-militärischen Nutzung geöffnet werden. Der bisher geöffnete Bereich bot zum 01.01.1986 Platz für 1486 zugelassene RLPs. Den Peripheriesendern, die zwar Studios in Frankreich unterhalten, aber von grenznah gelegenen starken MW-und LW-Sendern im Ausland senden (Europe I vom Saarland aus, RMC von einem Standort in Roumoules, Alpes-de-Haute-Provence(3), Sud-Radio von Andorra), wurden zunächst keine UKW-Frequenzen zugeteilt. Einige senden nunmehr dennoch auch auf UKW wie z.B. RMC in Paris. Es bestehen bereits Frequenzvereinbarungen für den ab 1996 freiwerdenden Bereich. Das Besondere an diesen Stationen ist, daß sie ausschließlich auf Frankreich gerichtet sind und Abschirmungen gegenüber dem Staatsgebiet, aus dem sie senden, vorgenommen werden. Diese Stationen bestehen z.T. bereits seit Kriegsende und nutz(t)en die politisch-geographischen Besonderheiten ihrer Standorte (z.B. Europe 1 im damals durch Frankreich verwalteten Saargebiet oder Sud-Radio in Andorra, das einen Teil seiner hoheitlichen Aufgaben durch Frankreich wahrnehmen läßt). Sie werden indirekt durch den französischen Staat über Privatgesellschaften kontrolliert: die SOFIRAD hält gut 80% der Anteile von RMC und 99,9% von Sud-Radio; die Agentur HAVAS, die selbst zu 56% Eigentum des französischen Staates ist, kontrolliert über die „Compagnie luxembourgeoise de Télévision" den Sender RTL. Durch eine enge Kontrolle dieser französischen „Radiokonkurrenz" aus dem Ausland über Kapitalbeteiligungen sichert der französische Staat sein Rundfunkmonopol (CAZENAVE 1984, S. 98 f.).

Nunmehr bietet dieselbe (zentral-)staatliche TDF („Télédiffusion de France"), die zuvor die Sendungen der damals noch illegalen Stationen störte und deren Material beschlagnahmen ließ, für ein entsprechendes Entgelt technische Hilfe an und übernimmt die Ausstrahlung der Programme bei Stationen mit genehmigten Sendestärken über 500 W. Die Kosten für eine adäquate Materialausstattung der Privatsender, deren Standards sich ständig verbesserten, haben erheblich zugenommen. Eine Finanzierung durch Werbeeinnahmen, die bis 1984 verboten war, ist nunmehr zulässig, schließt aber staatliche Subventionen aus. Solche finanziellen Hilfen durch den Staat, die aus einer 1985 neu geschaffenen Besteuerung aus Werbeeinnahmen gedeckt werden, können bis zu 100 000 FF/a pro zugeteilter Frequenz betragen. Teilen sich, was insbesondere in den großen Ballungsräumen vorkommt, mehrere Sender eine Frequenz, verringern sich die Zuschüsse pro Station dementsprechend. Die aktuelle gesetzliche Regelung schreibt den Sendern eine Konstituierung als Verein vor. Gebietskörperschaften können sich beteiligen, dürfen jedoch nicht eine Majorität stellen. Gleichzeitig ist es einem einzelnen Mitglied nicht gestattet, mehr als einen 25%igen Anteil zu halten, was einer Sperrminorität gleichkäme.

Das Verbot, sich zu Netzwerken zusammenzuschließen, wurde ebenfalls zwischenzeitlich aufgehoben. Die Netzwerke, Vernetzung kleinerer Einheiten zu einem übergreifenden System, sind nunmehr stark im Vormarsch, wie es die Bedeutung des RLP „Nouvelle Radio pour la Jeunesse" belegt, dessen geschickt gewählte Abkürzung „NRJ" wie „énergie" ausgesprochen wird. NRJ erreicht in seiner hörerstärksten Zeit, zwischen 22 und 24 Uhr, bis zu 16% Marktanteil und liegt zu diesem Zeitpunkt höher als die nationalen Stationen wie z.B. France Inter mit 13%. Die übrigen RLPs ohne NRJ können zu diesem Zeitpunkt 35% der Hörer auf sich vereinigen. Der typische Durchschnittshörer zu dieser Zeit ist jung, männlichen Geschlechts, geht einem gehobenen Beruf nach oder ist beschäftigungslos (nach *Médiamétrie 1988*, *Neue Medien* 1988). Acht dieser Netzwerke beherrschen zur Zeit den Radiomarkt (*Dokumente* 1988, S. 219).

Bei den Netzwerken wird das Programm zentral von einem Anbieter produziert und über Satelliten in die Lokalsender eingespeist. In diesem Konzentrationsprozeß verlieren immer mehr lokale Sender ihre Unabhängigkeit. So verlangt das Netzwerk KISS-FM eine monatliche Gebühr von bis zu 11 000 FF für seine Programme (*Dokumente* 1988, S. 219). Es verbleiben regionale und lokale Fenster für Nachrichten und insbesondere für Werbung. Bis 1984 galt auch hier das Verbot, regionale Werbung zu treiben. Man fürchtete, daß die RLP sonst zu einem Konkurrenten für die kommerziellen Peripheriesender hätten werden können. Daß diese Sorge nicht gegenstandslos ist, zeigen die Beteiligungen dieser Stationen an verschiedenen RLP (z. B. Europe I am RLP „Europe II").

Untersuchungen über das Phänomen der Lokalsender, soweit es sich um professionalisierte Netzwerksender handelt, zeigen, daß diese Stationen als

„Ergänzungssender" („radio d'appoint") genutzt werden (TIEVANT 1986). Ihr Erfolg auf Seiten der Hörer ist auch im Kontext der regionalen oder lokalen Identität zu sehen. Dieser Kontext wird auch bei Netzwerken durch die lokalen Fenster für Werbung und Nachrichten und Informationen nicht gänzlich unterdrückt. Sie sind z.T. – und dies gilt wohl weniger für die in Netzwerken verbundene RLP – *Zielgruppenmedien*, indem sie mit großem Erfolg bestimmte Sozialgruppen ansprechen, z.B. die der Pensionäre bei „Radio Bleue". Die Motivation der zumeist ehrenamtlichen Mitarbeiter bei den (nicht vernetzten) RLP ist – wie nicht anders zu erwarten – aus sehr unterschiedlichen Quellen gespeist: Neben dem Bedürfnis, lokale Interessen zu vertreten, scheint die Motivation, als Moderator vor dem Mikrophon zu sitzen, mit starken narzißtischen Anteilen durchsetzt zu sein. Ebenso ist eine stark einseitige Geschlechtsrollenverteilung zugunsten von Männern festzustellen. Insgesamt gesehen zeigt die bisherige Entwicklung, daß diese neuen Medien sich nicht als Zugangsmöglichkeit vieler Bevölkerungsschichten zur Information und Verbreitung lokaler Belange im Sinne von offenen Bürgerkanälen bewiesen haben. Wichtige Bevölkerungsgruppen sind nicht vertreten. Professionalisierung und De-Lokalisierung, die mit dem Zusammenschluß zu Netzwerken einhergehen, lassen eine derartige Entwicklung auch in Zukunft nicht erwarten.

4. Nutzung der Medien im Grenzraum

Zuverlässige statistische Angaben zur Nutzung der elektronischen Medien und zur Personenreichweite, existieren im Grenzraum, wenn überhaupt, nur für die jeweils eigenen nationalen Anstalten. Die grundsätzlichen Bemerkungen von SCHMIDT (1978) sind weiterhin gültig: Auf saarländischer Seite besteht nur ein gemäßigtes Interesse an französischsprachigen Medien. Eine Programmbeobachtung des täglichen regionalen Fensters, das gleichzeitig im II. und III. französischen Fernsehprogramm ausgestrahlt wird, über einen Zeitraum von zweimal einer Woche ergab, daß weniger als 10% der Beiträge sich auf die Themen beziehen, die im französischen Grenzraum lokalisierbar sind. Beim Hörfunk hat sich die Versorgung des Grenzraums, wie oben angeführt, in letzter Zeit verbessert.

Grenznahe, aus Frankreich sendende RLP könnten für das Saarland die Funktion einnehmen, die die Peripheriestationen bisher für Frankreich hatten, wie es das RLP „RVN" auf 102,4 MHZ belegt. Das Informationseinzugs-und Verbreitungsgebiet dieser Station liegt dann (fast) ausschließlich im Saarland: Es wird z.T. nur in deutscher Sprache gesendet, die Programme sind auf deutsche Hörer abgestimmt und die lokale Werbung saarländischer Anbieter ist für die saarländische Kundschaft gedacht. Auch werden bereits Direktsendungen aus dem Saarland weitergegeben. Feste Studios im Empfangsland scheinen, im Gegensatz zu den französischen Peripherieradios, allerdings noch nicht zu existieren. Diese RLP können bei günstigem Senderstandort in Grenznähe aufgrund ihrer Reichweite bis auf einen geringen Streifen im nördlichen Landesteil das gesamte Saarland abdecken.

Angaben zur effektiven Nutzung des Rundfunks, z.B. anhand von Personenreichweiten, beruhen i.d.R. auf stichprobenartigen elektronischen Erhebungen in ausgewählten Haushalten oder auf den wesentlich ungenaueren, repräsentativen Befragungen. Die Angaben zur Fernsehnutzung stammen überwiegend von der Gesellschaft für Konsumforschung (GfK) in Nürnberg. In ausgewählten Haushalten sind bundesweit 2 800, im Saarland 236 sogenannte „GfK-Meter" installiert (mündl. Mitteilung von B. Gilgen). Diese Geräte speichern im Minutenrhythmus die Fernsehnutzung bei einer Maximalkapazität von bis zu 99 Programme für bis zu 9 Personen und übermitteln ihre Daten an die zentrale Datenverarbeitung in Nürnberg. Diese von der GfK durchgeführten Erhebungen sind aber nicht unwidersprochen geblieben. Vergleichsstichproben durch die INFAS mittels anderer Erhebungsmethoden kommen z.T. zu unterschiedlichen Ergebnissen (vgl. hierzu auch die Kontroverse um die Personenreichweite von RTL+, s. GILGEN 1984, S. 7 ff.). Es scheint, als ob die GfK-Erhebungen insbesondere die großen Fernsehanstalten bevorteilen. Kommerzielle Sender werden zwar einbezogen, aber in der Endauswertung ausgeschieden. Für die nichtöffentlich-rechtlichen Sender finden sich nur Angaben in der Rubrik „Sonstige", in der bis 1984 auch RTL+ vermerkt war. Hieraus lassen sich keine differenzierten Schlüsse ziehen.

Für den Hörfunk lassen sich zur Zeit noch keine GfK-Meter-Erhebungen durchführen. Man ist daher gezwungen, auf Repräsentativbefragungen zurückzugreifen, so wie sie der SR für seine Reichweitenermittlungen einsetzt. Bezogen auf die bundesdeutsche Grundgesamtheit entfallen bei einer durchschnittlichen täglichen Hördauer pro Hörer von 188 Minuten auf den SR 1 1,4%, den SR 2 0,1% und den SR 3 0,6% Hörer, das ist weniger, als der HR 1 allein auf sich vereinigen kann. Für die saarländischen Sender mit Hörfunkwerbung, SR 1 und SR 3, werden pro Tag 1 240 000 Hörer erreicht, davon 630 000 im Saarland (*Media-Perspektiven* 1987). Diese Hörerreichweiten beziehen sich nur auf das nationale Gebiet, für den die Staatsgrenze überschreitenden Teil des Sendegebietes werden sie nicht erhoben. Derartige Untersuchungen, die mit einem erheblichen finanziellen Aufwand verbunden sind, werden natürlich nur dann durchgeführt, wenn potentielle Abnehmer der Ergebnisse vorhanden sind. Ein bedeutender Abnehmer solchen Datenmaterials ist die Werbewirtschaft. Entsprechend werden die Preise nach den Hörerreichweiten pro Werbeminute festgesetzt.

Dies erklärt, warum kaum Zahlenangaben über das Hörer- oder Seherverhalten im jeweiligen Nachbarraum vorhanden sind: Für die Werbewirtschaft ist der jenseitige Grenzraum nicht von Interesse. Auf dem nationalen Markt angebotene Produkte eines Anbieters werden auf einem anderen nationalen Markt z.T. von unterschiedlichen Anbietern vertrieben, d.h. grenzüberschreitende Anbieter würden sich teilweise selbst Konkurrenz machen. Außerdem umgeben die Anbieter ihre Prdukte im jeweiligen nationalen Rahmen mit unterschiedlichen Produktimages; ja die gesamte Werbung scheint anders aufgebaut zu sein, wie ein vergleichender Blick in die deutsche und französische Fernsehwerbung veranschaulicht. Auch stellt sich das Saarland aufgrund seiner relativen Abgeschlossenheit, im Süden und Westen von nationalen Grenzen umgeben sowie durch naturräumliche Begrenzungen und eine historische Abkapselung im Norden und Osten gekennzeichnet, als idealer Testmarkt für Werbeprodukte dar, zumal es gleichzeitig ein homogenes Gebühreneinzugsgebiet des SR ist. An grenzüberschreitenden Informationen besteht daher kaum ein Interesse.

Schließlich scheint grenzüberschreitende Werbung, die sich nicht auf ein eigenes nationales Vertriebssystem stützt, sondern von Nachfragern erwartet, daß sie sich zum Kauf von Produkten in das jeweilige Nachbarland begeben, in keinem Verhältnis zum erwarteten Absatz zu stehen. Dieses schließt aber individuelle Initiativen einzelner Anbieter nicht aus, die dann i.d.R. nicht produktspezifisch sind, sondern sich auf alle Produkte oder Dienstleistungen des Anbieters beziehen. Beispiele sind lothringische Gastronomiebetriebe, die mit französischer Küche werben, saarländische Kaufhäuser, die in lothringischen Gratisblättern inserieren, oder die episodische Werbung lothringischer Einrichtungshäuser zur Zeit deutscher Feiertage mit einem Kundenservice, der die Frei-Haus-Lieferung der hochwertigen Ware beinhaltet.

Das Zahlenmaterial über die Nutzung von Medien im Nachbarland wurde seit der Untersuchung von SCHMIDT (1978) nicht mehr fortgeschrieben und ist somit nur noch bedingt aussagefähig, ähnlich wie die auch noch heute zitierte Repräsentativbefragung des *Institut für Sozialforschung und Sozialwirtschaft* (ISO-Gutachten) von 1972. Neue Repräsentativerhebungen sind aufgrund der oben angegebenen Argumente auch in Zukunft nicht zu erwarten. Allenfalls liegen Schätzungen vor, deren Zuverlässigkeit aber stark bezweifelt werden muß.

Insgesamt 84% der Elsässer und 62% der Lothringer können laut einer repräsentativen Erhebung ausländische Programme empfangen; auf das Deutsche Fernsehen entfallen 860 000 potentielle Seher aus dem Elsaß (=55%) und 740 000 aus Lothringen (=32%). Das Département Moselle, in dem 10% der Bevölkerung mindestens drei ausländische Stationen sehen können, nimmt im nationalen Vergleich eine Spitzenstellung ein (nach *Le Figaro* 1988). Die Befragungsergebnisse sind hier leider auf Departementsebene aggregiert. In Wirklichkeit ist, abgesehen von den verkabelten Haushalten, aber davon auszugehen, daß diese Sendungen des Nachbarlandes nur dort gesehen werden, wo deutschsprachige Hörer und Seher ansässig sind, also insbesondere diesseits der Sprachgrenze. Die Nutzung der deutschen Medien ist hier auch nicht homogen, sie ist in ländlichen Bereichen ausgeprägter (KLEINSCHMAGER 1989). Außerdem sind die Aussagen zu allgemein gehalten, zeitspezifische Angaben fehlen. Die im Saarland erhobenen Daten weisen jedoch für die drei nationalen Programme sowie für RTL+ die Nutzung pro Minute (Minutenreichweiten) auf, so daß über den Tages- und Wochentagsverlauf genaue Angaben gemacht werden können. Die ISO-Untersuchung hatte 1972 noch eine Reichweite von 125 000 Lothringern für deutsche Fernsehprogramme ermittelt.

5. Die Programmaktivitäten des SR als Spiegel seiner regionalen grenzüberschreitenden Bedeutung

Der SR als Grenzstation erhielt vom Gesetzgeber den Auftrag, die internationale Verständigung zu fördern (vgl. RASCHKE 1986). Daher sind hier deutsch-französische Programmaktivitäten von besonderem Gewicht. Seit 1983 werden die sogenannten französischen Wochen durchgeführt, die 1985 den Raum „Lothringen" zum Thema hatten. In dieser Zeit werden verstärkt Beiträge aus und über das Nachbarland in Hörfunk und im Fernsehen koordiniert. Eine Auswertung der Programmatrix der deutsch-französischen Aktivitäten im Hörfunk über ein ganzes Jahr (Oktober 1986 bis September 1987) zeigt für die auswertbaren Angaben folgendes Bild.

Insgesamt wurden in diesem Zeitraum 405 Sendungen aufgelistet mit einer Sendedauer von fast 300 Stunden. Die Länge der Beiträge variiert stark von wenigen Minuten bis über 2 Stunden, insbesondere bei Musiksendungen. Bezogen auf die Anzahl der Sendungen sowie auf die Länge der Beiträge liegen Sendungen mit hohem Musikanteil stark im Vordergrund, d.h. Sendungen in denen der verbal zu moderierende Anteil verständlicherweise gering bleibt. Zum Verständnis dieser Sendungen ist die Beherrschung der deutschen Sprache nicht unumgänglich. Bezogen auf die Sparten mit ausschließlich Wortbeiträgen stehen Wirtschaftsbeiträge mit ca. 17% eindeutig im Vordergrund. Die durchschnittliche Sendelänge beträgt 3 1/2 Minuten, Sendungen der Sparte „Regionale Kultur" mit durchschnittlich 28 Minuten Dauer nehmen nur 3,2% der Gesamtsendezahl ein. Die geringsten Anteile entfallen auf den Kirchenfunk mit 0,2% und auf Wissenschaftsbeiträge sowie Hörspielsendungen mit je 0,9% (nach SR-INTENDANZ 1987). Vier deutsch-französische Radioseminare mit z.T. deutsch-französischer Berichterstattung wurden bisher durchgeführt. Der Breiteneffekt ist aufgrund der geringen Teilnehmerzahlen derartiger Veranstaltungen allerdings stark eingeschränkt. Die Kooperation mit französischen Anstalten kommt häufig nur durch individuelle Initiativen zustande (s.u.). Aufgrund der Tendenz der RLP, sich in Netzwerken zusammenzuschliessen und bis zu 2/3 des Budgets in die Werbung zu investieren, was die Investitionen für die Programme erheblich einschränkt, besteht auf Seiten des SR, so das Fazit der Gespräche mit Mitarbeitern des Senders, kein Interesse an einer Kooperation mit (grenznahen, von Frankreich aus sendenden) Lokalradios.

SCHMIDT (1978, S. 22 f.) betont die Bedeutung des SR 2 (Studiowelle Saar) im regionalen, transnationalen Kontext, während SR 1 nur relativ selten einschlägige Sendungen ausstrahle. Dies kann hier nicht mehr bestätigt werden. Denn nur gut die Hälfte der Beiträge dieses Bereichs werden über SR 2 ausgestrahlt. Damit soll nicht in Frage gestellt werden, daß SR 2 eher zielgruppenorientiert ist und ein anderes Image hat. Die Kosten dieses Senders liegen daher über denen von SR 1 und SR 3 zusammen. Die Hörerreichweite ist z.T. so gering, daß sie in den Befragungen nicht mehr nachweisbar ist. Auf das 1. Programm, in dem sie am größten ist, entfallen immerhin noch fast $^1/_3$ der Sendungen, vor allem aus den Sparten „Politik" und „Wirtschaft". Die Auswertung zeigt ebenfalls, daß $^4/_5$ der Beiträge als reine Eigenproduktion ausgestrahlt werden und 17% als Kooperationen, der Rest als Übernahmen. Das heißt, daß ein Großteil der Beiträge im Hause mit den vorhandenen personalen und technischen Ressourcen realisiert wird, was ebenfalls auf das „Heimatsender"-Image des SR verweist. Bei den übernommenen Sendungen handelt es sich insbesondere um Hörspiele sowie Beiträge zu den Sparten „Erziehung und Bildung" sowie Musikbeiträge, bei denen der Moderatoranteil ebenfalls relativ gering bleibt.

Für eine ähnlich differenzierte Aufschlüsselung im Bereich des Fernsehens fehlt konkretes Zahlenmaterial. Die Analyse des Regionalprogramms zeigt, daß bei Bedarf in unregelmäßigen Abständen Beiträge aus Ost-Lothringen gesendet werden. Bei Sendungen mit regelmäßigen Beiträgen aus oder über Frankreich handelt es sich um den Kulturspiegel mit einem Einzugsgebiet bis Strasbourg, sowie das seit Anfang 1987 im 3. Fernsehprogramm ausgestrahlte „Saar-Lor-Lux-Magazin" mit deutsch-französischer Doppelmoderation in Kooperation mit FR 3 Nancy. Dessen Reichweite liegt zwischen 3% und 6%. Geplant sind ab Anfang 1987 jährlich zehn Beiträge mit einer je 50%igen Beteiligung und deutsch-französischer Doppelmoderation.

Kennzeichnend für derartige Sendungen und Kooperationen ist — und dies gilt sowohl für den Hörfunk als auch für das Fernsehen — daß sie nur aufgrund individueller Initiativen entstanden sind. Damit bleiben sie auch häufig personenabhängig. Auf offizieller Ebene sind für die nächste Zukunft keine weiteren Kooperationen geplant. Als Hindernis für eine regere Zusammenarbeit wurde in den Gesprächen immer wieder die starke Orientierung der französischen Regionalstationen und -studios auf Paris genannt. Gleichseitig verhindern die relativ häufigen Umbesetzungen in den Spitzenpositionen der Sender, zumeist als Folge parteipolitischer Veränderungen, das Entstehen der für eine Zusammenarbeit notwendigen, längerandauernden, intensiven persönlichen Kontakte.

Allgemein scheint das Interesse an einer grenzüberschreitenden Zusammenarbeit auf saarländischer Seite stärker ausgeprägt zu sein. Daß Initiativen zu einer regionalen, grenzübergreifenden Programmgestaltung auch durch nationalstaatliche Hemmnisse und Regelungen stark behindert oder sogar verhindert werden können, verdeutlicht das Beispiel der „Regionalwettervorhersage" des SR.

5.1. Die regionale Wettervorhersage als Beispiel grenzüberschreitender Medientätigkeit?

Die Erweiterung des Vorhersagegebietes für die Wettermeldungen des SR vom bisherigen nationalen Sendegebiet auf den Saar-Lor-Lux-Raum mag bei oberflächlichem Zuhören zunächst als eine wenig bedeutende Ausdehnung dieser Serviceleistung des SR erscheinen. Dazu bedurfte es aber überraschend langer Vorverhandlungen und Korrespondenz. Die Wetterberichte für den Sendebereich des SR werden vom Wetteramt Trier, der regionalen Zweigstelle des Deutschen Wetterdienstes in Offenbach, der selbst dem Bundesverkehrsministerium unterstellt ist, als Dienstleistung an Rundfunkstationen verkauft. Für jährliche Kosten von weit über 20 000 DM, werden pro Tag fünf Wetterberichte, mehrfach aktuelle Wetterdaten aus dem In- und Ausland, eine Wettervorhersage für das regionale Fernsehen, bei Bedarf ein Wintersportbericht bzw. eine Straßenverkehrsvorhersage geliefert. Kürzungen, Auszüge oder sonstige Veränderungen des übermittelten Inhalts bedürfen der Zustimmung des Deutschen Wetterdienstes. Die Wettervorhersage für den bundesdeutschen Sendebereich des SR stellt wegen der klimageographischen Inhomogenität dieses Raums ein Problem dar. Der Großteil des Sendebereichs zeigt eher eine meteorologische Affinität zu Lothringen. Daher – und dies äußerte sich auch in entsprechender Nachfrage von Hörern – erschien eine räumliche Anpassung des Sendegebiets an den Vorhersagebereich, d. h. das Saarland sowie einem Gebiet im 100 km-Radius darüber hinaus, notwendig. Dem entgegen standen zuvor internationale Vereinbarungen, daß Wettervorhersagen, quasi als Monopol der nationalen Wetterdienste, nur innerhalb der jeweiligen nationalen Grenzen zulässig sind. Diese Begrenzung beruht nicht etwa auf der meteorologischen Datenlage, der Hauptgrund liegt vielmehr in den unterschiedlichen nationalen Gebührenregelungen. Eine Konkurrenz ist unerwünscht!

Damit der Deutsche Wetterdienst dem Anliegen einer regionalen, grenzüberschreitenden Wettervorhersage zustimmen konnte, bedurfte es mehrfacher Vorstöße. Erst eine Intervention auf Ministerebene gestattete schließlich nach mehr als sechsmonatigen Bemühungen, daß eine Übereinkunft zwischen den Direktionen des deutschen, französischen und luxemburgischen Wetterdienstes möglich wurde. Die hieraus erarbeiteten vertraglichen Regelungen beinhalten

— das Recht auf Gegenseitigkeit,
— die Begrenzung des Vorhersagebereichs auf einen jenseits der Staatsgrenze sich erstreckenden Streifen von 100-150 km in Nord-Lothringen,
— die Zusicherung, daß die Vorhersage für das fremdsprachliche Gebiet genauso formuliert sein muß wie die sonstige Vorhersage, d. h. ohne räumlich differenziertere Angaben, und
— daß sie ausschließlich in deutscher Sprache zu erfolgen hat.

Auch hier hat sich gezeigt, daß das Zustandekommen von entsprechenden Projekten in diesem sensiblen Bereich, individuellen Initiativen zu verdanken ist. Soweit bekannt ist, wird dieses Recht auf Gegenseitigkeit von französischer Seite (bisher noch ?) nicht genutzt. Gibt dies nicht Anlaß zu Skepsis angesichts der großen Pläne für 1992?

6. Perspektiven

Die bisherigen Ausführungen verdeutlichen, welche bedeutenden Entwicklungen im Bereich des Rundfunks seit dem Erscheinen der Untersuchung von SCHMIDT (1978) zu verzeichnen sind. Zu fragen bleibt abschließend, mit welchen zukünftigen Veränderungen zu rechnen ist.

Die Bedeutung der Verkabelung im regionalen, transnationalen Kontext ist schwierig einzuschätzen. Aufgrund des lückenhaften Datenmaterials war es nicht möglich, Angaben über die effektive Programmnutzung in verkabelten Haushalten zu erhalten. Unklar bleibt, ob die Einspeisung ausländischer Fernsehprogramme in Kabelnetze in Relation zu einer wirklichen Nachfrage steht oder ob sie nur zur Hebung der Attraktivität dieser Kabelnetze dienen soll. Auch fragt man sich, wie sich die Nutzung der elektronischen Medien des Nachbarlandes verändern wird, wenn, wie ein Zeitungsbeitrag (HAUCH-FLECK 1989) vermuten läßt, die Kosten für die individuelle Nutzung von Satellitenprogrammen sich in Zukunft erheblich verringern werden. Gleichzeitig scheinen die französischen Lokalradios, die, würden sie in Grenznähe installiert, einen Großteil des saarländischen Verdichtungsraums abdecken könnten, nur in geringem Ausmaß auf diese Zielgruppe orientiert zu sein. Die vor längerer Zeit einsetzende Diskussion um die Beteiligung eines bundesdeutschen Medienkonzerns an einem grenznahen RLP in Sarreguemines, 15 km von Saarbrücken, im Hinblick auf ein saarländisches Verbreitungsgebiet, ist mittlerweile wieder verstummt. Die mit dem Vormarsch der Netzwerke einhergehende Zentralisierung der RLP und deren Ausrichtung auf den eigenen Nationalstaat, scheint keine engere, transnationale Kooperation im regionalen Kontext zu bewirken. Ist aufgrund der größeren Mobilität und damit auch der zunehmenden Heterogenisierung der Bevölkerung im lothringischen Grenzraum sowie des damit einhergehenden Rückgangs der Zweisprachigkeit eine abnehmende Nachfrage nach deutschsprachigen Programmen zu erwarten? Führt dies zu einer stärkeren Ausrichtung auf die französischsprachigen und damit nationalen Medien? Die Veränderungen im technischen Bereich sowie die Entwicklung der elektronischen Medienlandschaft lassen die Befürchtung nicht unbegründet erscheinen, daß die jeweiligen zentripetalen Kräfte in Zukunft an Bedeutung zunehmen und damit den Bemühungen im grenzübergreifenden regionalen Kontext um eine engere Zusammenarbeit zuwiderlaufen werden.

Anmerkungen

(1) Dabei handelt es sich um einen entlang der Staatsgrenze verlaufenden, in diesem Gebiet rund 30 km tiefen Streifen, der zum Inneren des französischen Staatsgebiets durch die sogenannte Sprachgrenze abgegrenzt wird. Hier sind neben dem Französischen auch germanophone Dialekte vertreten (vgl. z.B. HAUBRICHS 1987).
(2) „Radios locales d'initiative privée", das ist die offizielle Bezeichnung für die (zuvor) auch als „radios pirates", „stations locales", „radios de proximité" etc. bezeichneten Lokalstationen.
(3) Damit ist RMC die einzige Peripheriestation, die neben einem UKW-Sender, der auf Monaco beschränkt ist, von einem Standort innerhalbs Frankreichs sendet. Mitterrand bezeichnete dieses Radio daher als „ersten französischen Piratensender" (übersetzt nach: CAZENAVE 1984, S. 97).

Hiermit sei auch allen Gesprächspartnern, insbesondere den SR-Mitarbeitern Herrn cand. phil. M. Kessler, Herrn B. Gilgen, Herrn H.-H. Schmidt und Herrn A. Buchholz für ihre Bemühungen beim Zustandekommen dieses Beitrags vielmals gedankt.

Literatur

ARD-Jahrbuch 1987, Hamburg 1987.
Bulletin de l'Idate. — Nr. 7 (1982).
L'Audiovisuel. Cahiers Français. — Nr. 227, juillet-septembre 1986.
CAZENAVE, F.: Les radios libres, Paris, 2. Aufl., 1984.
Cenod-Tv Cable: Informationsmaterial, Metz, o.J..
DBP (Deutsche Bundespost): Informationsmaterial zum Breitbandverteilnetz Saarbrücken, o.O. Dez. 1988.

Der Spiegel: Medien: Späte Rache. — 25 (1988), S. 106-107.
Dokumente: Nationale Netze saugen Lokal-Radios auf. — 44 (1988), S. 219-220.
Dossiers de l'audiovisuel. Les archives de la radio. — Nr. 9, septembre-octobre 1986.
ELLGER, C.: Informationssektor und räumliche Entwicklung — dargestellt am Beispiel Baden-Württembergs. Tübingen 1988 (Tübinger Geographische Studien, H. 99).
FUCHS, V.: Auswirkungen des kommerziellen Fernsehprogramms auf das Inserenten- und Rezipientenverhalten, Mainz 1987 (Magisterarbeit, Universität Mainz).
GILGEN, B.: RTL Plus — ... sag mir wo die Seher sind. — Blickpunkte, Mainz, H. 8 (1984), S. 7-13.
GRÄF, P.: Information und Kommunikation als Elemente der Raumstruktur, Kallmünz/ Regensburg 1988 (Münchner Studien zur Sozial- und Wirtschaftsgeographie, Bd. 34).
GRAMM, M.: Hierarchien und Reichweiten von grenzüberschreitend raumbezogenen Informationen am Beispiel der Euregio Maas-Rhein. — In: HÜTTEROTH, W.-D./ BECKER, H.: *Verhandlungen des 45. Deutschen Geographentags in Berlin 1985*, Stuttgart 1987, S. 322-327.
HAUBRICHS, W.: Germanophone Dialekte in Lothringen. — In: BRÜCHER, W./FRANKE, P.R. (Hrsg.): Probleme von Grenzregionen: Das Beispiel Saar-Lor-Lux-Raum, Saarbrücken 1987, S. 99-121.
HAUCH-FLECK, M. L.: Angriff aus dem All. — Die Zeit, Nr. 6 vom 03.02.1989.
Informationen zur Raumentwicklung: Räumliche Wirkungen neuer Medien, Bonn 1982.
Institut für Sozialforschung und Sozialwissenschaft: Saarländischer Rundfunk 1972. Hörer und Seher beiderseits der Grenze, Saarbrücken 1972. Zitiert in: SCHMIDT, R.H.: Grenzüberschreitende Publizistik in Rundfunk, Tagespresse und Zeitschriften der Großregion Saarland-Westpfalz-Lothringen-Luxemburg-Trier — Spiegel und Motor der Zusammenarbeit, Darmstadt 1978, S. 54.
KLEINSCHMAGER, R.: Les ondes courent les rives du Rhin. — Libération, 05.05.1989.
KORDEY, N./KORTE, W.B.: Raumwirksame Anwendungen der Telematik. — Geographische Rundschau 41 (1989), S. 291-297.
La lettre de la DATAR.- Nr.116 (1988).
Le Figaro: La TV transfrontalière: une réalité pour six millions de Français. — 19.07.1988.
Media-Marketing: ARW-Medientreff '87. — ARW-Report 7 (1987).
-: Werbefernsehmarkt Saarland 1985-1987. — ARW-Report 2 (1988). S. 275-310.
Médiamétrie, septembre-octobre 1988.
Media-Perspektiven: Zur Mediensituation in der BRD. Basisdaten 1987, 1987.
MINGHI, J.V.: Television Preference and Nationality in a boundary region. — Sociological Inquiry 1963, 33, S. 165-179.
Neue Medien. Jahrbuch, Hamburg 1988.
Norddeutscher Rundfunk: Hörfunk- und Fernsehsender in der Bundesrepublik Deutschland einschließlich Berlin (West). Stand 01.01.1988, Wedel o.J.
OPD (Oberpostdirektion): Pressemitteilung zum aktuellen Stand der Verkabelung im Saarland vom 30.06.1988, Saarbrücken 1988.
RASCHKE, S.: Medien an der Grenze. — In: SCHILLING, H. et al. (Hrsg.): Leben an der Grenze, Frankfurt 1986 (Schriftenreihe des Instituts für Kulturanthropologie und Europäische Ethnologie der Universität Frankfurt am Main, Bd. 25) S. 275-311.
SCHMIDT, R.H.: Grenzüberschreitende Publizistik in Rundfunk, Tagespresse und Zeitschriften der Großregion Saarland-Westpfalz-Lothringen-Luxemburg-Trier — Spiegel und Motor der Zusammenarbeit, Darmstadt 1978.
SEVRIN, R.: A propos de la région frontière: un quotidien franco-belge. — Les Facultés Catholiques de l'Université de Lille, 27 (1970), S. 465-470.
SR-INTENDANZ: Deutsch-französische Programmaktivitäten im Hörfunk, Unveröffentl. Manuskript, o.O., o.J.
TIEVANT, S. (Hrsg.): Les radios de proximité. La Documentation Française, Paris 1986.

Industrielle Entwicklung im Saarland zwischen Fremdbestimmung und endogenen Potentialen und Hemmnissen

Verantwortlicher Redakteur: Dietrich Soyez

Einführung

Deutschlands *Montanrevieren* ist seit mehr als einem Jahrhundert die Rolle von *Motoren der industriellen und gesellschaftlichen Entwicklung* zugefallen. Um so verständlicher ist es, daß man hier die immer häufiger zu findende, an sich wertfreie Bezeichnung „*Paläoindustrie*" — gemeint sind u.a. die Eisen- und Stahlindustrie sowie der Kohlenbergbau — nicht sehr schätzt; sie scheint das, was einmal Reichtum und Stolz der Reviere ausmachte, in eine Fossilienablage zu verweisen.

Es hilft aber nicht, die Augen davor zu verschließen, daß die Entwicklungen der letzten 15 Jahre für die genannten Branchen zu tiefen Zäsuren geführt haben: schmerzliche Schrumpfungsprozesse und ein drastischer Bedeutungsverlust sind nur die auffälligsten äußeren Merkmale, und es hat den Anschein, als ob diese Entwicklung noch nicht abgeschlossen sei.

Wichtige Ursachen für diese in allen Industriestaaten charakteristischen Abläufe liegen in technologischen, sozialen und wirtschaftlichen Entwicklungen, die weit oberhalb regionaler oder auch nationaler Ebenen ablaufen: Eigenverantwortlichkeit weicht einer immer höheren *Fremdbestimmung*. Den betroffenen Marktwirtschaften, Politikbereichen oder Unternehmen bleibt oft nichts anderes übrig, als angemessene *Anpassungsstrategien* zu entwickeln. Die Fähigkeit hierzu allerdings ist regional und branchenspezifisch sehr unterschiedlich ausgeprägt: Infrastrukturelle, organisatorische oder auch mental bedingte Entwicklungsvorteile einer früheren Epoche erweisen sich plötzlich angesichts neuer Herausforderungen — oder künstlich durch die Politik gesetzter Rahmenbedingungen — als für Umstellungsprozesse hinderliche „Altlasten".

Oft jedoch zeigt es sich, und dies wird bei alten Revieren vielfach unterschätzt, daß der *Problemdruck* zu zukunftsträchtigen *neuen Entwicklungsansätzen* führen kann. Tragfähig sind hier häufig solche Ideen, Produkte oder Verfahren, die einen klaren Bezug zum „*alten*" Know-how der Region oder auch zu ihrer *Problemstruktur* (z.B. Umweltbelastung) aufweisen.

Was hier sehr abstrakt formuliert scheint, ist genau der Rahmen, in den die folgenden Beiträge zu stellen sind und für den sie — wenn auch nicht umfassend — zahlreiche empirische Belege liefern.

Peter Dörrenbächer zeichnet einleitend die räumlichen Auswirkungen selbstgewählter oder aufgezwungener Strategieänderungen der Saarbergwerke AG nach. Es wird deutlich, welche Probleme und Anpassungsleistungen sich insbesondere aus der Tatsache ergeben, daß hier ein öffentliches Unternehmen nicht nur wirtschaftliche, sondern auch arbeitsmarkt- und regionalpolitische Funktionen zu erfüllen hat, während es gleichzeitig nicht steuerbaren exogenen Impulsen unterliegt.

Aus einer ähnlichen Perspektive analysiert Wolfgang Brücher die jüngste Entwicklung in der Eisen- und Stahlindustrie des Saarlandes, wobei deutliche Unterschiede zwischen verschiedenen Unternehmen zu Tage treten. Wichtig ist hier auch der Nachweis der zunehmenden Internationalisierung heute noch produzierender Unternehmensverbünde. Interessant im Vergleich zu der vorher behandelten Saarbergwerke AG ist die Erkenntnis, daß so mancher privatwirtschaftlich geführte Stahlkonzern nicht zu vergleichbaren innovativen Anpassungsleistungen in der Lage war wie dieses Staatsunternehmen, gelten doch diese gemeinhin als schwerfälliger und weniger risikobereit.

Die dann folgenden Beiträge bilden thematisch eine Einheit, ergänzen aber zugleich die vorangehenden Ausführungen um wichtige Aspekte: Paul Jost skizziert zunächst wichtige strukturelle Eckdaten der Ausgangslage nach dem Zweiten Weltkrieg und erläutert vor diesem Hintergrund den Beitrag der räumlichen Planung zum industriellen Strukturwandel. Möglichkeiten und Grenzen hier gegebener Steuerungsmechanismen werden verdeutlicht. Volker Giersch konkretisiert die ablaufende Umstrukturierung mit aussagekräftigen Daten und zahlreichen Beispielen. Er vermag dadurch gleichzeitig einige der negativen Vorurteile über die heutige Industriestruktur im Saarland zu korrigieren. Weiter bestehende problematische Teilbereiche werden nicht verkannt.

Alle diese Ausführungen belegen eindrucksvoll Fremdbestimmung auf der einen und einheimische Entwicklungspotentiale auf der anderen Seite. Der von Dietrich Soyez verfaßte Beitrag nimmt nur den letztgenannten Sachverhalt aus einer zunächst kurios erscheinenden Perspektive auf: Es geht um die Attraktivität eines großen Industrieunternehmens auf externe Besucher, ein Phänomen, das man mit der noch sehr ungewohnt erscheinenden Bezeichnung des *Industrietourismus* fassen kann. Die große, auch wirtschaftliche, Bedeutung des hier feststellbaren Besucherreiseverkehrs wird augenscheinlich, ein ganz spezifisches und im Saarland generell noch wenig genutztes einheimisches Potential zeichnet sich ab.

SOYEZ, D./BRÜCHER, W./FLIEDNER, D./LÖFFLER, E./QUASTEN, H./WAGNER, J. M. (Hrsg.):
Das Saarland. Bd. 1: Beharrung und Wandel in einem peripheren Grenzraum, Saarbrücken
1989 (Arbeiten aus dem Geographischen Institut der Universität des Saarlandes, Bd. 36).

Entwicklung und räumliche Organisation der Saarbergwerke AG

Peter Dörrenbächer

Im vorliegenden Beitrag soll die Entwicklung und räumliche Organisation der Saarbergwerke AG, dem größten Unternehmen des Saarlandes, als unternehmerischer Anpassungsprozeß auf externen Druck dargestellt werden.

1. Die Bedeutung von Unternehmen für die Organisation des Raumes

Seit den Arbeiten von MCNEE hat das *Unternehmen* als Forschungsobjekt der Industriegeographie eine immer bedeutendere Stellung erlangt. Unternehmen werden als wichtigste Institutionen des urban-industriellen „genre de vie" aufgefaßt (MCNEE 1958, S. 321 f.).

Als organisierte Systeme verarbeiten und übertragen sie *externe Impulse* im Rahmen *strategischer Planung* und *struktureller Anpassung* und beeinflussen dadurch zugleich ihre Umgebung. Damit leisten Unternehmen einen wesentlichen Beitrag zur *räumlichen Musterbildung* (vgl. KING 1969, S. 595, MCNEE 1974, S. 49). Um diesen Beitrag zur räumlichen Musterbildung erfassen zu können, muß das unternehmerische Verhalten vor dem Hintergrund der staatlichen, sozialen, wirtschaftlichen, kulturellen u. a. Einflußfaktoren unterschiedlichster Maßstabsebenen analysiert werden (vgl. z.B. MAIER/WEBER 1979, S. 92, SCHAMP 1984, S. 72 f.). Die unternehmerische Organisation des Raumes muß also vor dem Hintergrund dieser im Unternehmen konvergierenden Einflußfaktoren analysiert werden.

Das Unternehmen hat raum-zeitliche und sachliche *Konflikte* zu lösen. Sie ergeben sich aus der Diskrepanz zwischen Anforderungen der Unternehmensumwelt an das Unternehmen und dessen eigenen Zielsetzungen. Eine Abstimmung dieser unterschiedlichen Zielsysteme wird dadurch erschwert, daß diese und externe Rahmenbedingungen (Markt, Politik, Technik) einem steten Wandel unterliegen. Insofern läßt sich die unternehmerische Organisation des Raumes nur aus der Darstellung unternehmerischer Anpassungsprozesse über einen längeren Zeitraum hinweg verstehen (vgl. z.B. WOOD 1978, S. 145, KRUMME 1981, S. 329).

2. Die Verzahnung unternehmerischer, politischer und ökonomischer Prozesse am Beispiel der Entwicklung der Saarbergwerke AG

Eine unternehmensbezogene Perspektive bei der Darstellung industriegeographischer Strukturen im Saarland bietet sich aus folgenden Gründen an: Noch heute stellen der *Bergbau* und die *eisenschaffende Industrie* wichtige *Grundpfeiler* der saarländischen Wirtschaft dar. Beide Industriezweige werden von wenigen *Großunternehmen* dominiert. Der Bergbau im Saarland wird — sieht man von einzelnen zahlenmäßig unbedeutenden Privatgruben (1) ab — allein von der Saarbergwerke AG (vielfach auch einfach SAARBERG genannt) betrieben. Die jüngere Entwicklung läßt sich in drei Zeitschnitten eindrucksvoll belegen: 1960, ein Jahr nach der wirtschaftlichen Rückgliederung des Saarlandes in das Wirtschaftssystem der Bundesrepublik Deutschland, waren 56% der industriell Beschäftigten im Bergbau und in der eisenschaffenden Industrie tätig (*Stat. Amt d. Saarlandes* 1961). 1974, also nach der ersten Kohlekrise und vor der Stahlkrise, waren in beiden Bereichen noch knapp 37% der Industriebeschäftigten vertreten (*Stat. Amt d. Saarlandes* 1975). Heute nun arbeiten — trotz des Verlustes von 58 000 Arbeitsplätzen in Bergbau und eisenschaffender Industrie seit 1960 und der z.T. erfolgreichen Bemühungen um eine strukturelle Erweiterung der Saarwirtschaft — immer noch ca. 30% der Industriebeschäftigten des Saarlandes im Bergbau und in der Eisen- und Stahlindustrie (*Stat. Amt d. Saarlandes* 1989).

Diese *strukturelle Einseitigkeit* der saarländischen Wirtschaft hat vor allem historisch-politische Gründe. Die wechselnde Zugehörigkeit des grenznahen Saarreviers zu verschiedenen politischen und volkswirtschaftlichen Systemen verhinderte eine Erweiterung der industriellen Struktur (zu den Hintergründen vgl. den Beitrag REITEL). Die Produktion marktnaher Erzeugnisse blieb nicht zuletzt wegen der Ungewißheit über die politische Zukunft des Saarreviers stark unterentwickelt. So erhielt das Saarland nach dem zweiten Weltkrieg nur einen relativ geringen Anteil an ERP-Mitteln (vgl. MÜLLER 1967, S. 15). Dies hatte zur Folge, daß die technische Entwicklung der eisenschaffenden Industrie zurückblieb. Bis zur Übernahme der Saarbergwerke AG im Jahre 1957 durch die Bundesrepublik Deutschland (74%) und das Saarland (26%) unterblieb zugleich eine konsequente vertikale Expansion des Bergbaus in die Erzeugung marktnaher *Kohleveredelungsprodukte*.

Eine *strukturelle Diversifizierung* der Saarwirtschaft kam erst Ende der 60er Jahre in Gang (vgl. Beiträge GIERSCH, JOST), so daß das wirtschaftliche Schicksal des Saarlandes lange auf das engste mit der Entwicklung des Bergbaus (und damit der Saarbergwerke AG) und der eisenschaffenden Industrie verbunden blieb. Dies erwies sich seit dem Einsetzen der Kohlekrise Ende der 50er Jahre als besonders kritisch.

Der Bedeutungsverlust des Steinkohlenbergbaus konnte von anderen Industriebereichen kaum kompensiert werden (siehe z.B. SIEVERT/STREIT 1964, S. 262 ff.). Den staatseigenen Saarbergwerken kam damit die Aufgabe zu, selbst einen Beitrag zur *regionalen Strukturverbesserung* zu leisten. Diese wurde von der Landespolitik angesichts der zuvor lange bestehenden Hochkonjunktur und deutlicher Interessenkonflikte mit der Eisen-und Stahlindustrie nur wenig gefördert (vgl. Beitrag JOST). Erst nach der Konjunkturkrise von 1966/67, die die Strukturschwäche der saarländischen Wirtschaft überdeutlich werden ließ, betrieb man eine aktive Sanierung der Saarwirtschaft (z.B. *Strukturprogramm Saar* 1969, *Minister für Wirtschaft, Verkehr und Landwirtschaft* 1969). In der Zeit der Hochkonjunktur Ende der 60er Jahre bis etwa zur ersten Energiekrise 1973/74 konnten die im Strukturprogramm Saar formulierten Ziele weitgehend durch Industrieansiedlungen erreicht werden, obwohl auch hier an der Erhaltung der dominierenden Montanindustrie festgehalten wurde. Der konjunkturelle Einbruch nach der ersten Ölkrise, aber auch eine verstärkte Hinwendung in Billiglohnländer bei der Errichtung von industriellen Zweigwerken, erzwang dann schließlich eine Neuformulierung der wirtschaftspolitischen Zielsetzungen.

Stand bei der früheren Ansiedlungspolitik der *Beschäftigungseffekt* im Vordergrund, so sollte nun vor allem das *Niveau* und die *Stabilitität* der Arbeitsplätze erhöht werden (vgl. *Saarland* 1976). Gleichzeitig erhielt die heimische Steinkohle mit der Ölkrise eine Aufwertung. Für den bis dahin schrumpfenden Bergbau sah man wieder eine Zukunftsperspektive.

Seit der ersten Ölkrise war die Entwicklung der Saarbergwerke durch Turbulenzen auf dem Energiemarkt gekennzeichnet. Eine langfristige *Kohleförderplanung* war für die Saarbergwerke angesichts der sprunghaften Entwicklung des Weltenergiemarktes nahezu unmöglich:

— zwischen 1974 und 1979 entstand ein zunehmendes Überangebot an Steinkohle,
— Ende der 70er/Anfang der 80er Jahre ergab sich eine erneute Verknappung an primären Energieträgern (zweite Energiekrise),
— kurze Zeit später schließlich wurde man von einem erneuten Überangebot an Energierohstoffen und deren Preisverfall überrascht.

Insgesamt kann festgestellt werden, daß sich die Handlungsbedingungen der Saarbergwerke in der jüngeren Vergangenheit so schnell veränderten, daß eine angemessene technische, betriebswirtschaftliche und arbeitsmarktpolitische Anpassung schwierig war. Nur unter Berücksichtigung dieser Tatsache kann das raumbezogene Verhalten dieses Unternehmens verstanden werden.

3. Die räumliche Organisation der Saarbergwerke als Resultat unternehmerischer Anpassungsprozesse an exogene und endogene Einflüsse — Versuch einer Phasengliederung

3.1. Von der einsetzenden Kohlekrise überlagerte Unternehmensstrategie (1957-1963)

Im Jahre 1957 förderte das Unternehmen an 18 Grubenstandorten 16,3 Mio. t Steinkohle und beschäftigte annähernd 65 000 Mitarbeiter (SCHUSTER/WREDE 1982). Nicht zuletzt infolge der historisch-politischen Bedingungen an der Saar war der Unternehmensbereich *Kohleveredelung* (Verkokung, Verstromung, Kohlechemie) gegenüber anderen Bergbaurevieren stark *unterentwickelt*. Weitere Entwicklungshemmnisse ergaben sich für den saarländischen Bergbau (und die eisenschaffende Industrie) aus der ungünstigen *Standortlage* (Fehlen eines leistungsfähigen Wasserstraßenanschlusses, Grenzlage) und aus der mehrfach wechselnden Zugehörigkeit zu verschiedenen politischen und wirtschaftlichen Systemen. Mit kräftiger finanzieller Unterstützung der neuen Anteilseigner Bundesrepublik Deutschland und Saarland entwickelten die Saarbergwerke Ende der 50er Jahre ein *Kohleveredlungsprogramm*. Primäres Ziel war es dabei, die Erlössituation des Unternehmens durch einen forcierten Ausbau der Kokerei- und Kraftwerkskapazitäten zu verbessern (*Schacht & Heim* 10/1957, 1/1958).

Die noch 1957 für die Jahre 1965/66 angestrebte Fördersteigerung auf ca. 19 Mio. t (LENHARTZ/BIEHL 1982, S. 69) wurde schon ab 1958 von der einsetzenden Kohlekrise, deren Dauer zu jener Zeit nicht absehbar war, überlagert. Genau die gleichen Maßnahmen, die ursprünglich eine Erhöhung der Förderung erlauben sollten, wurden nun zur *Anpassung* an die sinkende Kohlenachfrage durchgeführt:

— Rationalisierung durch Betriebskonzentration unter Tage,
— Schaffung grösserer Fördereinheiten,
—Bau der Großschachtanlage Warndt [19] (2).

Vor allem im östlichen Flügel des Kohlenreviers betriebene Förderanlagen ([18], [11] im Jahre 1959) mit geringerer Produktivität wurden aufgegeben. Das Kohleveredelungsprogramm diente nun dem primären Ziel, den Absatz der Förderung zu stabilisieren. Folgende Projekte wurden realisiert:

— Kraftwerk St. Barbara [22],
— Kraftwerk Fenne [20] (Ausbau und Erneuerung),
— Kraftwerk Weiher [21] (Bau zweier Kraftwerksblöcke zu je 150 MW) und
— Kokerei Fürstenhausen [24], die durch einen unter der Saar verlaufenden Versorgungstunnel mit der Grube Luisenthal [3] verbunden war (zur Bedeutung dieses Tunnels für Standortwahl und -durchsetzung vgl. QUASTEN/SOYEZ 1976).

Mit der Saarländischen Fernwärmegesellschaft [28] erfolgte der Einstieg in den *Wärmemarkt*, um den vom Strukturwandel besonders betroffenen Markt der Privathaushalte zu stabilisieren. Dies sollte darüberhinaus durch offensives Marketing (Ausstellungen, Kundenberatung, aktive Preispolitik) erreicht werden.

Eine Ausweitung der Unternehmensaktivitäten in *bergbaufremde* Bereiche, die von der Krise nicht betroffen waren, fand jedoch noch nicht statt. Zwar wurden schon zu jener Zeit Überlegungen angestellt, die Basis des Unternehmens durch Umstrukturierung zu erweitern. Dies wurde seinerzeit aus folgenden Gründen noch nicht realisiert:

— Ungewißheit über die Dauer und das Ausmaß der Kohlekrise,
— lange Planungs- und Vorbereitungszeiten für Investitionen in den angestrebten Grundstoffindustrien,
— hoher Finanzmittelbedarf für die ins Auge gefaßten Projekte.

Damit brachte diese erste Entwicklungsphase der Saarbergwerke zwar umfangreiche Verlegungen der Belegschaft stillgelegter Gruben mit sich. An der Struktur jedoch und dem regionalen Beschäftigungsmuster des Unternehmens änderte sich wenig.

3.2. Schaffung langfristiger Rahmenbedingungen (Generalplanung) und Diversifizierung (1963-1969)

Ab Anfang der 60er Jahre zeichnete sich die Dauerhaftigkeit der Kohlekrise ab. Damit wurde für Saarberg unter betriebswirtschaftlichen, aber auch unter strukturpolitischen Gesichtspunkten eine eingreifende Neuordnung dringlich. Da im Bergbau die Förderkapazität kurzfristig nicht massiv reduziert (oder erhöht) werden kann, war es notwendig, die Kohleförderung im Rahmen einer langfristigen Vorausplanung an die sich abzeichnende Marktentwicklung anzupassen. Mit einer langfristigen Förderplanung sollten darüber hinaus die tiefgreifenden Auswirkungen der Kohlekrise auf den saarländischen Arbeitsmarkt in geordnete Bahnen gelenkt werden.

Mit dem *Generalplan I* (1963-1968) sollte die Förderung auf 13 Mio. t/a und auf sieben Verbundschachtanlagen konzentriert werden (Verbund von [4] mit [19]; [9] mit [12/13]; [17] und [16] mit [12/13]; [5] mit [3]). Parallel dazu wurde im Jahre 1963 die Unternehmenszielsetzung neu formuliert und eine *Diversifizierung* des bisher reinen Bergbauunternehmens angestrebt (*Schacht & Heim* 8/1963, S. 6 f.):

Durch den Einstieg in die *Rohölverarbeitung* und den Vertrieb von Erdölprodukten (Bau der Saarland-Raffinerie)[38] in Saarbrücken-Klarenthal und den Erwerb der FRISIA Erdölwerke AG in Emden (mit Ausbau des FRISIA-Tankstellennetzes) versuchte Saarberg, an diesem mit der Kohle konkurrierenden expansiven Markt zu partizipieren. Gemeinsam mit dem lothringischen Bergbauunternehmen HBL (Houillères du Bassin de Lorraine) wurde das *Saar-Lor-Chemieprojekt* aufgebaut. Dabei entstand mit der Saarland-Raffinerie [38] auf deutscher Seite, einem Ammoniaksynthesewerk in Carling/Lothringen [39] und einem Harnstoff-Düngemittelwerk [40] am saarländischen Moselufer eine *grenzüberschreitende Verbundwirtschaft*. Ziel dieses in jener Zeit vielzitierten europäischen Großprojektes war es, einen stabilen und ertragsstarken Produktionsschwerpunkt für die beiden Bergbauunternehmen Saarberg und HBL zu schaffen. Gleichzeitig sollte mit diesem Projekt die bisher einseitige Wirtschaftsstruktur des saarländisch-lothringischen Grenzraumes verbessert werden. Den Saarbergwerken wurde hierdurch eine Führungsrolle beim strukturellen Umbau der saarländischen Wirtschaft zugeschrieben (vgl. SIEVERT/STREIT 1964). Es wurde erwartet, daß Saarberg die erforderlichen Finanzmittel bei gleichzeitiger Aufschiebung von Ertragszielen aufbringe (IHK 1966, S. 20). Die Beteiligung an Gesellschaften anderer Industriebranchen (Saar-Gummiwerk in Büschfeld [42], Dowidat-Werk in Hasborn/Saar (Gesenkschmiede) [44] und die Errichtung der Petrocarbona (Hart- und Weichschaumerzeugnisse für den Bau- und Möbelmarkt) [43] auf dem Gelände der stillgelegten Grube St. Barbara [18] hatten ebenfalls sowohl betriebswirtschaftliche als auch strukturpolitische Gründe.

Mit diesen Beteiligungen und der späteren vollständigen Übernahme des Saar-Gummiwerks und des Dowidat-Werks durch Saarberg konnte die Beschäftigung im industriell unterentwickelten nördlichen Saarland nicht nur gesichert, sondern sogar erweitert werden.

Der Eintritt Saarbergs in diese neuen Produktions- und Marktbereiche erwies sich als äußerst problematisch und forderte von dem Unternehmen und dessen Gesellschaftern enorme finanzielle Opfer.

3.3. Entwicklung Saarbergs zu einem integrierten Konzern — Reorganisation und Konsolidierung der bergbaufremden Unternehmensbereiche (1970-1973)

Die Entwicklung der Saarbergwerke wurde in der ersten Hälfte der 70er Jahre vor allem durch die *Reorganisation* des Unternehmens und durch die in Angriff genommene *Konsolidierung der bergbaufremden Unternehmensaktivitäten* bestimmt.

Die vorangegangene Diversifizierungsphase des Unternehmens hatte dazu geführt, daß die Belegschaft zwar auf etwa 30 000 Personen gesunken war. Von diesen waren jedoch immer noch 80% im Bergbau beschäftigt, die aber nur zu etwas mehr als der Hälfte zum Unternehmensumsatz beitrugen (vgl. SCHUSTER/ WREDE 1982, S. 38). Eine Anpassung der Organisationsstruktur an die veränderte Aufgabenstellung des Unternehmens war also notwendig. Die bis dahin bestehende *funktionale* Gliederung des Unternehmens wurde durch eine *Spartenorganisation* abgelöst. Diese weitgehend voneinander unabhängig handelnden, ergebnisverantwortlichen Sparten „Kohle", „Kraftwirtschaft und Kokereien", „chemische und technische Erzeugnisse" (diese wurde später aufgelöst) und „Handel" (diese wurde 1971 gegründet) sollten eine flexiblere Anpassung an die Marktverhältnisse erlauben. Zentrale funktionale Ressorts („Finanzen und Verwaltung", „Arbeits- und Sozialwesen"), das dem Vorstandsvorsitzenden zugeordnete neu geschaffene integrierte Planungs- und Kontrollsystem, die Zentralstatistik, Auswertung, Berichterstattung und EDV hatten Koordinations-, Kontroll-, Dienstleistungs- und Stabsfunktion.

Durch die Einführung der jährlich den Marktverhältnissen angepaßten *operativen Fünfjahresplanung* wurde erstmals ausdrücklich ein verbindlicher Entscheidungsrahmen formuliert. Er orientierte sich an der nun jährlich vorgelegten Umweltprognose und an den Zielen der neugeschaffenen „Zentralen Unternehmensplanung". Langfristige Ziele wurden in der strategischen Zehnjahresplanung festgelegt.

Auf der ersten die verschiedenen Unternehmensbereiche integrierenden Konzerntagung 1973 wurde die strategische Zielsetzung für die kommenden zehn Jahre wie folgt formuliert: „Entwicklung Saarbergs von einem Steinkohlenbergbauunternehmen mit Aktivitäten außerhalb des Montanbereichs zu einem integrierten Konzern mit dem Schwerpunkt Energie und Energieanwendung" (SAARBERG 2/1973, S. 7). Diese Zielsetzung sollte in zwei Phasen umgesetzt werden:

— Konsolidierung des bergbaufremden Beteiligungsbereiches,
— Expansion in entwicklungsfähigen Industrien mit kleinem Risikofaktor.

Das in den 60er Jahren mit französischen Partnerunternehmen aufgebaute *grenzüberschreitende Chemieprojekt* erwies sich für Saarberg aus mehreren Gründen als sehr *verlustbringend*: Gegen die Interessen der etablierten Chemiekonzerne war ein Markteintritt schwierig; die Produkte der Saar-Lor-Chemie, Ammoniak und Harnstoff, erzielten Erlöse, die weit unter den Gestehungskosten lagen, da auf diesen Produktmärkten mittlerweile große Überkapazitäten bestanden; auf den Produkten des Projektes schließlich ließ sich nur eine kurze

Produktkette aufbauen. Hinzu kamen noch technische Anlaufschwierigkeiten (vgl. SCHUSTER/WREDE 1982, S. 46).

Der Aufbau eines leistungsfähigen und für Saarberg gewinnbringenden Chemieprojektes hätte nach damaligen Berechnungen weitere Aufwendungen in Höhe von 600 bis 800 Mio. DM erfordert (SAARBERG 1/1972, S. 5). Vor diesem Hintergrund gab Saarberg seine Anteile am Ammoniakwerk [39] und am Harnstoffdüngemittelwerk [40] an die CdF-Chimie (Charbonnages de France) ab und erhielt im Gegenzug eine 9,77% Beteiligung an dieser Holdinggesellschaft. Die Weiterbeschäftigung der Belegschaft wurde von der CdF-Chimie garantiert. Das Engagement in der Chemie brachte den Saarbergwerken Verluste in Höhe eines dreistelligen Millionenbetrages.

Während somit das Ziel gescheitert war, mit Hilfe dieser Aktivitäten die Ertragslage des Unternehmens zu verbessern, konnten jedoch im strukturschwachen Moselraum neue Industriearbeitsplätze geschaffen werden.

Ähnlich gestaltete sich die Entwicklung des von Saarberg und der Hoechst AG in Neunkirchen errichteten Folienwerkes [45]. Hierbei wurden in dem von der Bergbaukrise besonders getroffenen östlichen Revier dringend benötigte Arbeitsplätze geschaffen. Die aufgrund technischer Probleme nicht zustande gekommene Verflechtung mit dem im Saar-Lor-Chemieprojekt integrierten Steam-Cracker in Carling, aber auch ungünstige Marktbedingungen, veranlaßten Saarberg 1973 nach nur knapp vier Jahren dazu, die Beteiligung an dem Folienwerk wieder abzugeben. Das Folienwerk wurde von der Hoechst-Tochtergesellschaft Kalle komplett übernommen und zwischenzeitlich mehrfach erweitert. Ebenso wurde die von Saarberg in Bexbach/Saar aufgebaute Tochtergesellschaft Petrocarbona [43] veräußert, nachdem für diese ein Käufer gefunden wurde, der die Gesellschaft besser als Saarberg mit seinen anderen Aktivitäten integrieren konnte. Auch er gab eine Garantie auf Weiterbeschäftigung der Belegschaft. Markteintrittsbarrieren und die ungünstige Erlösentwicklung hatten dieses Unternehmen von Anfang an belastet.

Während sich Saarberg zu jener Zeit fast vollständig aus seinen Chemie- und Mineralölaktivitäten (einschl. der FRISIA AG mit ihrer Raffinerie in Emden und über 600 Tankstellen) zurückzog, expandierte das Unternehmen in den 70er Jahren vor allem im *Produktbereich „Werkzeuge"* (Übernahme von außerhalb des Saarlandes gelegenen Unternehmen wie Dowidat, Belzer, Fette u. a.). Hier wurde eine Möglichkeit gesehen, neue Aktivitäten mit relativ geringem Risiko zu entfalten (vgl. SAARBERG 6/7/1971, S. 5). Es handelte sich in der Regel um Familienunternehmen, welche aufgrund des strukturellen Wandels in ihrer Branche zu umfangreichen Investitionen gezwungen waren und/oder für welche im Ausland Übernahmeinteressen bestanden. Aus *strukturpolitischen Gründen* war man staatlicherseits daran interessiert, daß die betreffenden Firmen von einheimischen Unternehmen übernommen wurden, die mit der für die zukünftigen Aufgaben erforderlichen Finanzkraft ausgestattet waren. Durch diese Übernahmen wurde Saarberg *größter Werkzeughersteller* der Bundesrepublik Deutschland und verfügte über ein Netz weltweiter Produktionsstandorte und Niederlassungen. Ebenfalls unter strukturpolitischen Gesichtspunkten wurden zwei saarländische Unternehmen übernommen:

— MABAG [46](Klimatechnik und Anlagenbau) in Sulzbach mit Produktionseinrichtungen im nördlichen Saarland; sie wurde von Saarberg am neuen Standort St.Ingbert erweitert,
— GEMA (Gesellschaft für Maschinen- und Apparatebau)[47] in St.Ingbert; ihre Aktivitäten wurden mit denen der Saarberg-Tochtergesellschaft Fette, Schwarzenbek, verknüpft.

Die von Saarberg verfolgte Erweiterung der Aktivitäten in bergbaufremden Bereichen muß aber auch vor dem Hintergrund des weiterhin labilen Steinkohlenmarktes gesehen werden. So ging der Kohleabsatz in der Zeit von 1970 bis 1973 von 12,0 Mio. t auf 9,4 Mio. t zurück. Nur mit Hilfe öffentlicher Mittel konnten die Kohlemengen abgesetzt werden, die in dem mit den saarländischen Hütten 1970 abgeschlossenen Liefervertrag vereinbart worden waren. Ebenso waren staatliche Unterstützungsmaßnahmen erforderlich, um die im Saarvertrag festgelegten Kohlemengen nach Frankreich abzusetzen. Ein weiteres Problem stellte immer noch der süddeutsche Kohlenmarkt dar, der in den 70er Jahren um knapp die Hälfte schrumpfte. Die weiterhin wenig aussichtsreiche Lage auf dem Kohlenmarkt machte die konsequente Fortsetzung einer *Förderreduzierung, -konzentration und -rationalisierung* notwendig. Der *Generalplan II* (1968-1974) sah ab 1970 eine Konzentration der Kohleförderung auf *fünf Schachtanlagen* ([1], [3], [8], [12/13], [19]) und eine Reduzierung der Förderung auf 10,5 Mio. t vor. Ab 1973 sollte die Förderung auf nur noch vier Standorte ([1], [3], [12/13], [19]) konzentriert werden und 9 bis 9,5 Mio. t betragen.

Folgende Rationalisierungsmaßnahmen erlaubten zwischen 1970 und 1973 eine Erhöhung der *Schichtleistung* von 3 632 kg/MS (kg pro Mann und Schicht) auf 4 047 kg/MS und eine Reduzierung der Bergbaubelegschaft von 14 309 auf 10 462 Mann:

— Erhöhung der Betriebspunktförderung,
— Konzentration der Förderstandorte,
— Ausrichtungsmaßnahmen zum Anschluß an die effizient zu betreibenden Abbaufelder stillgelegter Gruben,
— logistische Optimierung der Strecken- und Materialförderung.

In der *Produktivität* eroberte Saarberg damit seine führende Stellung unter den bundesdeutschen Bergbaugesellschaften zurück.

In die gleiche Phase fällt, daß man dem Ausbau der saarbergeigenen *Kraftwerkskapazität* zur Sicherung des Kohlenabsatzes höchste Priorität einräumte. Protestaktionen der Bevölkerung an den vorgesehenen Kraftwerkstandorten gegen die zu befürchtenden Umweltbelastungen verzögerten die Standortwahl und die Genehmigungsverfahren (SOYEZ 1988). Dies führte dazu, daß sich Saarberg an Forschungs- und Entwicklungsarbeiten im Bereich der Umwelttechnologie und deren Vermarktung beteiligte (s.u.).

Die Anfang der 70er Jahre eingeführte Spartenorganisation manifestierte sich je nach Sparte in Form unterschiedlicher *Standortsysteme*: Die Bergbau- und Kohleveredelungsaktivitäten (Koks- und Stromerzeugung) beschränkten sich auf das saarländische Steinkohlenrevier. Die in Saarbrücken ansässige Fernwärme-Tochtergesellschaft [28] baute ihre Tätigkeiten im gesamten Bundesgebiet weiter aus. Die Standorte der in der Sparte „Technische Erzeugnisse" vereinten, zuvor selbständigen Unternehmen der Werkzeug- und Gummibranche dagegen sind vor allem im Saarland und im Bergischen Land konzentriert. Durch Übernahme der Winschermann Handelsgruppe (Sitz in Düsseldorf) und Verknüpfung mit einer schon früher erworbenen Handelsunternehmensgruppe wurde ein flächendeckendes Netz marktnaher Absatzstandorte geschaffen.

3.4. Neue Aufgaben für die Kohle nach den Energiekrisen der 70er Jahre (1974-1982)

Nach der Energiekrise von 1973/74 erfuhr die bis dahin vom strukturellen Wandel auf dem Energiemarkt negativ betroffene heimische Steinkohle wieder eine Aufwertung. Entgegen der zwischenzeitlich vorgesehenen Reduzierung der Förderung auf rd. 8 Mio. t wurde nun eine *Stabilisierung* auf dem Niveau von 9-9,5 Mio. t angestrebt. Der schon 1968/69 erfolgte Beschluß, die Grube Camphausen [7] stillzulegen, war 1970 infolge der damals vorübergehenden Knappheit an Fettkohle zunächst zurückgestellt worden, sollte dann aber endgültig bis Ende 1973 realisiert werden. Nun wurde die Stillegung erneut aufgeschoben. Im Rahmen der Fortschreibung des Energieprogramms der Bundesregierung vom Herbst 1974 und des Dritten Verstromungsgesetzes wurde ein Kraftwerksneubauprogramm von 6 000 MW in der BR Deutschland aufgestellt, wobei zwei Kohlekraftwerke im Saarland gebaut werden sollten. Bis 1980 sollten in der Bundesrepublik Deutschland jährlich 33 Mio. t heimische Steinkohle bei der Verstromung zum Einsatz kommen. Angesichts des steigenden Ölpreises wurde dem Absatz von Energieträgern auf Kohlebasis langfristig gute Perspektiven eingeräumt. Deshalb nahm Saarberg folgende Kohle- und Energieforschungsprojekte in Angriff:

— Kohlevergasung,
— Kohleverflüssigung,
— Kraftwerkstechnologie,
— Kokereitechnologie und
— Bergbautechnik.

Daneben betätigte sich Saarberg seit dieser Zeit im Bereich der *Uranexploration*. Weil auf dem Kohlenmarkt nach 1974 infolge der Wirtschaftsrezession und der einsetzenden Stahlkrise erneut ein Überangebot bestand, sollten die beabsichtigten Forschungsprojekte von nun an nicht nur einen Beitrag zur größeren Energieversorgungssicherheit der Bundesrepublik Deutschland leisten, sondern auch den zukünftigen Kohleabsatz stabilisieren. Während der Ausbau der Kraftwerkskapazität (z.B. mit dem Großkraftwerk Bexbach) erfolgreich abgeschlossen werden konnte, müssen die übrigen zukunftsorientierten kohletechnologischen Aktivitäten vor dem Hintergrund der ungewissen Preisentwicklung auf dem Energiemarkt vorsichtig bewertet werden.

Was die Kohleförderung und den Absatz betrifft, kam der von der Bundesregierung 1974 in der Krise geschaffenen Nationalen Steinkohlenreserve von 10 Mio. t (später 15 Mio. t) Steinkohle eine bedeutende *Pufferfunktion* zu.

Trotz der den Bergbau belastenden Entwicklung konnte Saarberg ab Mitte der 70er Jahre erstmals positive Jahresabschlüsse erzielen. Zum einen hatte sich die Erlössituation infolge höherer Energiepreise verbessert, zum anderen wirkten sich die vielfältigen staatlichen Unterstützungsmaßnahmen und eine durch die Anteilseigner ermöglichte Kapitalerhöhung positiv auf das Unternehmensergebnis aus. Wesentlich für diese Entwicklung war schließlich die massive Steigerung der Schichtleistung auf zwischenzeitlich 5 000 kg/MS, mit der Saarberg seine Anfang der 70er Jahre wiedergewonnene führende Stellung unter den bundesdeutschen Steinkohlerevieren behauptete.

Im Rahmen des 1977 von der Bundesregierung aufgelegten Energieforschungsprogramms beteiligte sich Saarberg, z.T. über eigens zu diesem Zweck gegründete Tochtergesellschaften, unter anderem an folgenden FuE-Projekten (=Forschungs- und Entwicklungsprojekte):

— Bau einer Demonstrationsanlage zur Kohledruckvergasung (Saarberg-Dr. C. Otto, Ges. f. Kohledruckvergasung) in Völklingen-Fürstenhausen [37],
— Bau einer Pilotanlage zur Kohleverflüssigung (GfK), ebenfalls in Völklingen-Fürstenhausen [36],
— Rohstoffprospektion und -exploration durch die Saarberg-Interplan und Saarberg-Interplan Uran ([34], [35]),
— Bergbautechnik,
— Kokereitechnologie, ebenfalls durch Saarberg-Interplan [34],
— Kraftwerkstechnologie, wie beim Bau des Modellkraftwerkes in Völklingen-Fenne [20],
— Bau der Fernwärmeschiene Saar (durch die Saarberg-Fernwärme GmbH und deren Tochtergesellschaften)([28], [30]),
— Umwelttechnologien, wie der Entwicklung von Rauchgasentschwefelungsanlagen, zuerst beim Bau der saarbergeigenen Kraftwerke, und spätere Vermarktung dieser Technologien durch die Saarberg-Hölter Umwelttechnik.

Nach der zweiten Energiekrise von 1979 wurde die kurzfristige *Steigerung der Förderkapazität* als notwendig erachtet. Innerhalb von zwei bis vier Jahren sollte die Förderung auf 12 Mio. t (möglicherweise sogar auf 15 Mio.) gesteigert werden (SAARBERG 3/1979, S. 7). Dies hatte enorme Investitionsaufwendungen zur Folge. Nur weil man die von den Grubenstillegungen der 60er Jahre betroffenen Abbaufelder an die neugeschaffenen Verbundschachtanlagen anschloß und damit weiter zugänglich hielt, war überhaupt eine kurzfristige Fördersteigerung möglich.

Angesichts großer Anstrengungen zur Einsparung von Energie sowie des konjunkturellen Abschwungs Anfang der 80er Jahre waren die expansiven Förderplanungen der Saarbergwerke und die aufgenommenen FuE-Aktivitäten im Bereich der Kohletechnologie von einer großen Ungewißheit gekennzeichnet. Durch die Beteiligung an ausländischen Steinkohlebergbauaktivitäten (USA, Australien) konnte die Produktionskapazität kurzfristig und kostengünstig erhöht werden. Darüberhinaus boten diese Auslandsaktivitäten angesichts der damaligen Kursentwicklung des US-Dollars eine Möglichkeit, die Ertragsentwicklung der Saarbergwerke positiv zu beeinflussen.

Die Tochtergesellschaften des Werkzeugbereiches wurden unter dem Dach der in Saarbrücken angesiedelten Holdinggesellschaft Saarberg-Intertool zusammengefaßt. Ziel dieser Dachgesellschaft war es, die Tätigkeiten der verschiedenen Tochtergesellschaften zu koordinieren und Synergievorteile zu fördern.

Legende zu Abb. 2

Räumliche Verteilung

	im Betrieb der Saarbergwerke AG/des Saarberg-Konzerns oder unter wesentlicher Beteiligung Saarbergs	von Saarberg aufgegebene und von anderen Gesellschaften weiterbetriebene Anlagen und Einrichtungen	von Saarberg stillgelegte/aufgegebene Anlagen/Einrichtungen
Kohlegruben	◇		◇
Kraftwerke	□		□
Kokereien	◇		◇
Fernwärme, Müllentsorgung	△		
Kohletechnologie, Uran, Umwelttechnologie, Engineering, F & E	▽	▽	
Erdölverarbeitung, Chemie	◎	◎	◎
Technische Erzeugnisse (Gummi, Kunststoffe, Werkzeuge, Anlagenbau)	○	○	
Produktverflechtungen zwischen Anlagen	→	→	
Folgenutzungen am Standort stillgelegter Anlagen	⬭		

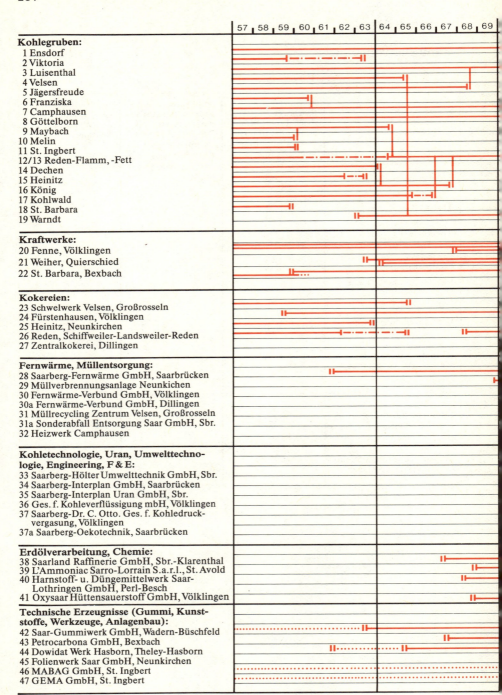

Abb. 1: Wesentliche Anlagen und Einrichtungen der Saarbergwerke AG und des Saarberg-Konzerns im Saarland (ohne Aktivitäten der Sparte Handel) – Ze

215

tprofil.

Abb. 2: Wesentliche Anlagen und Einrichtungen der Saarbergwerke AG des Saarberg-Konzerns im Saarland (ohne Aktivitäten der Spart

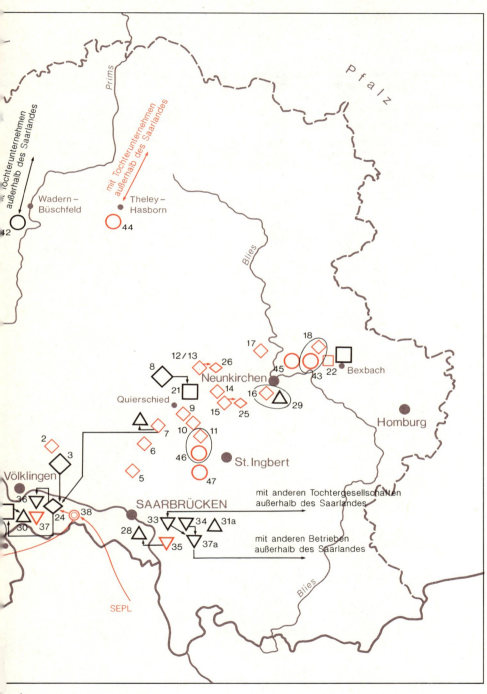

Handel) - räumliche Verteilung.

◀ Legende zu Abb. 1

Zeitprofil

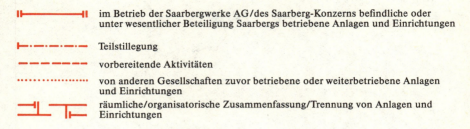

im Betrieb der Saarbergwerke AG/des Saarberg-Konzerns befindliche oder unter wesentlicher Beteiligung Saarbergs betriebene Anlagen und Einrichtungen

Teilstillegung

vorbereitende Aktivitäten

von anderen Gesellschaften zuvor betriebene oder weiterbetriebene Anlagen und Einrichtungen

räumliche/organisatorische Zusammenfassung/Trennung von Anlagen und Einrichtungen

Etwa gleichzeitig wurde der Handelsbereich abgrundet. Die zuvor in Düsseldorf angesiedelte Winschermann GmbH wurde nach Saarbrücken verlegt und in Saarberg Oel und Handel (SOHAG) umbenannt.

Damit waren die wichtigen kohlebezogenen energietechnologischen Tätigkeiten Saarbergs, aber auch die koordinierenden und dispositiven Tätigkeiten in den bergbaufremden Unternehmensbereichen im Saarland konzentriert. Neben diesen Leitgesellschafen in den Bereichen Handel und Werkzeuge hatten folgende Engineering betreibenden und forschungsorientierten Gesellschaften des Saarberg-Konzerns ihren Sitz in Saarbrücken: Saarberg-Interplan [34], Saarberg-Interplan-Uran [35], Saarberg-Hölter [33], Saarberg-Dr. C. Otto [37] und die GfK (Gesellschaft für Kohleverflüssigung) [36]. Diese gingen z.T. aus Fachabteilungen der Saarbergwerke hervor. Durch die räumliche Nähe dieser Gesellschaften zur Konzernmuttergesellschaft und durch die z.T. schon bei der Gründung dieser Gesellschaften bestehenden personellen Beziehungen war es möglich, die komplexen FuE-und Engineering-Tätigkeiten im energietechnologischen Bereich besser zu koordinieren. Im Raum Völklingen-Fenne/Fürstenhausen entstand ein *Energiezentrum*, in dem unterschiedliche Einrichtungen Saarbergs durch einen *Verbundbetrieb* miteinander verknüpft wurden. Auf engem Raum entstand dort ein komplexes System von Anlagen: Kohlengrube, Kraftwerk, Kokerei, Raffinerie, Fernwärmeversorgungseinrichtungen, Kohleverflüssigungs- und -vergasungsanlage, Sauerstoffwerk. Diese Anlagen sind Zeugnisse der jeweils unterschiedlichen Anpassung Saarbergs an die sich im Laufe der Zeit immer wieder verändernden Bedingungen auf dem Energiemarkt.

Auf der einen Seite stellten die FuE-Projekte eine Bereicherung der immer noch einseitigen Wirtschaftsstruktur des Saarlandes dar. Auf der anderen Seite war die Zukunftsperspektive dieser Projekte angesichts der starken Turbulenzen auf dem Energiemarkt sehr ungewiß. Denn die meisten dieser Aktivitäten waren als öffentlich unterstützte Forschungsprojekte politisch und wirtschaftlich nur solange durchsetzbar, wie die angespannte Lage und das hohe Preisniveau auf dem Energiemarkt anhielt.

3.5. Räumliche Konzentration des Bergbaus, Bereinigung des bergbaufremden Unternehmensbereiches und Abrundung des Zyklus Kohleproduktion-Kohleverwendung-Kohleveredelung-Entsorgung (nach 1982)

Schon ab etwa 1980/81 wurde die expansive Förderplanung im bundesdeutschen Steinkohlenbergbau in Frage gestellt. Spätestens seit 1982 wurde sie aufgegeben. Auf dem Energiemarkt geriet die Steinkohle aus mehreren Gründen unter immer stärkeren Druck. Zu nennen sind hier:

— negative Wirtschaftskonjunktur am Anfang der 80er Jahre,
— erfolgreiche Energiesparmaßnahmen,
— wachsender Anteil der Kernenergie an der Stromerzeugung,
— sich weiter verschärfende Stahlkrise,
— unkoordinierte Ölförderpolitik der OPEC-Staaten mit einem daraus resultierendem Überangebot an Rohöl auf dem Weltmarkt und
— niedriger Weltmarktpreis für Energierohstoffe, mit dem die deutsche Steinkohle nicht konkurrieren konnte.

Die Förderplanung Saarbergs mußte deshalb 1982 nach unten korrigiert werden (SAARBERG 5/1982). Die Plangröße der in der Bundesrepublik zu fördernden Kohlenmenge wurde 1983 um 10 Mio. t gesenkt (FELDMANN/JAMME 1987). Bis zum Jahre 1985 wurde von der Bonner Kohlenrunde eine Förderung in Höhe von 83 Mio. t SKE (= Steinkohleneinheiten) anvisiert. Der Bergbau stand vor der Aufgabe, von einer zuvor langfristig angelegten Förderexpansion zu einer Schrumpfung überzugehen. Ein solcher Übergang ist im Bergbau immer problematisch. Die mit einer Förderplanung zwangsläufig verbundenen langfristigen Investitionen müssen bei einer plötzlichen Korrektur des Planzieles abgeschrieben werden (vgl. dazu BRINK u.a. 1981, S. 24, 32 ff., LENHARTZ/BIEHL 1986).

Durch den seit 1985 beschleunigten Rückgang der Kohlennachfrage, nicht zuletzt als Folge des Preisverfalls des Erdöls und des fallenden Dollarkurses, war selbst dieses reduzierte Förderziel nicht mehr aufrecht zu erhalten. Zwischen 1985 und 1988 fiel der Kohlenverbrauch in der BR Deutschland von 79,4 Mio. t SKE auf den historischen Tiefpunkt von 75,0 Mio. t SKE (vgl. *Saarbergwerke AG* 1989).

Abgesehen von den schon zuvor erwähnten Tendenzen auf dem Energiemarkt wurde der Kohleabsatz der Saarbergwerke noch durch andere Umstände negativ beeinflußt: So mußten die Kohlelieferungen an die französische Stromwirtschaft 1986 eingestellt werden, die vertragsmäßigen Lieferungen an die französische Stahlindustrie werden 1991 auslaufen, und schließlich hat sich der Kohleabsatz in die DDR in der jüngsten Zeit auf ein Minimum reduziert (vgl. *Saarbergwerke AG* 1989). Diese Umstände führten das Unternehmen 1987 zu der Annahme, daß der Absatz Saarbergs innerhalb von zwei Jahren auf deutlich weniger als 10 Mio. t fallen werde (*Saarbergwerke AG* 1987, S. 4). Diese Entwicklung konnte mit kurzfristigen Anpassungsmaßnahmen auf Dauer nicht bewältigt werden, so daß Saarberg langfristige Maßnahmen zur Förderreduzierung ins Auge faßte.

Am 11.12.87 hatte die Bonner Kohlenrunde einen Rahmen für die mittel- bis längerfristige Entwicklung der Kohleförderung in der BR Deutschland vorgegeben, indem bis 1995 von einer Förderreduzierung um 13-15 Mio. t ausgegangen wurde. Hieran sollte Saarberg sich mit etwa einer Mio. t beteiligen (SAARBERG 8/1987, S. 6). Damit war ein Rahmen für die weitere Förderplanung des Unternehmens gegeben. Am 11.04.88 hat der Aufsichtsrat der Saarbergwerke AG der vom Vorstand vorgelegten Konzeption für eine Förderreduzierung zugestimmt (*Saarbergwerke AG* 1988, S. 4). Diese sieht die Schaffung eines *„Verbundbergwerkes Ost"* vor, welches die Gruben Camphausen [7], Göttelborn [8] und Reden [12/13] miteinander verbindet. Mit der Schaffung dieses Verbundbergwerkes soll durch Offenhaltung der gesamten Lagerstätte der Zugriff auf die vorhandenen Kohlenvorräte gesichert und die Förderflexibilität erhöht werden. Durch Konzentration der Förderung und Aufbereitung am Standort Göttelborn soll die Produktivität erhöht werden. So wird davon ausgegangen, daß bei einer Förderreduktion der drei von der Maßnahme betroffenen Bergwerke um ein Drittel das Personal halbiert werden könne (*Saarbergwerke AG* 1988b, S. 7).

Bis 1995 wird Saarberg im Bergbaubereich die Beschäftigung von 14 730 (Stand Ende 1987) auf 10 920 und die Beschäftigung der Aktiengesellschaft von 23 200 (Stand Ende 1987) auf 17 920 reduzieren. Dies soll durch die im Bergbau anwendbare Anpassungsregelung und im Rahmen des natürlichen Abgangs von

Beschäftigten erfolgen (*Saarbergwerke AG* 1988b). Diese Konzentration des Kohleabbaus ist jedoch mit einer Reihe von ergebnisbelastenden Kostenfaktoren verbunden, wie z.B. außerplanmäßigen Abschreibungen für bestehende Anlagen, Sozialplanrückstellungen und notwendigen Baumaßnahmen für die Schaffung des Verbundbergwerkes Ost (Bau von Richtstrecken zwischen den drei zuvor selbstständigen Gruben, Schachtbau und Erweiterung der Aufbereitungsanlagen in Göttelborn). Insgesamt ist hier mit Kosten in Höhe von mehreren hundert Millionen DM zu rechnen (*Saarbergwerke AG* 1988a, 1988b, S. 6).

Angesichts des andauernden Protestes der revierfernen Bundesländer gegen die Unterstützung der Kohleverstromung (über den sogenannten Kohlepfennig) und der jüngsten Absicht der EG, diese Regelung zu stoppen, scheint es fraglich, ob die erst Ende 1987 formulierten kohlepolitischen Ziele überhaupt noch verwirklicht werden können. Weiterhin unklar ist, welche Anschlußregelung für den bis 1995 geltenden sogenannten Jahrhundertvertrag erreicht werden kann, der den Kohleabsatz an die industrielle Kraftwirtschaft, dem bedeutendsten Kohleabnehmer, regelt. Damit erscheint die Zukunft des Bergbaus und der Saarbergwerke AG noch ungewisser als schon in der Vergangenheit.

Angesichts der oben aufgezeigten jüngeren Entwicklung auf dem Energiemarkt gerieten die in den 70er Jahren aufgenommenen FuE-Projekte Kohleverflüssigung und -vergasung zunehmend in Gefahr. Eine von Saarberg favorisierte großtechnische Anlage zur Kohleverflüssigung, welche einen starken Beschäftigungsimpuls für den Bergbau hätte darstellen können, war schon Anfang der 80er Jahre nicht mehr zu realisieren. Schon zuvor gab der Gelsenberg-Konzern seine Beteiligung an der Gesellschaft für Kohleverflüssigung (GfK) wieder an die Saarbergwerke zurück. Die GfK setzte die Entwicklung ihres Pyrosolverfahrens mit Hilfe öffentlicher Finanzmittel fort. Im März 1989 gab Saarberg schließlich bekannt, daß man die Tätigkeiten im Bereich der Kohleverflüssigung beenden wolle, da mittelfristig keine Absatzperspektiven für diese Technologie bestehen würden. Die Aktivitäten im Bereich Kohlevergasung wurden schon Anfang 1985 an die Krupp-Koppers GmbH abgegeben.

Die problematische Entwicklung der bergbaufremden Aktivitäten, der hohe Kapitalbedarf für die Restrukturierung und Konzentration des Bergbaus, aber auch veränderte politische Rahmenbedingungen seit Anfang der 80er Jahre veranlaßten Saarberg dann, den *energie- und bergbaufremden Beteiligungsbereich zu bereinigen*. Mit der im Jahre 1986 erfolgten Abgabe der beiden Werkzeugfirmen Sitzmann & Heinlein GmbH, Zirndorf, und R. Stock AG, Berlin, wurde der Rückzug aus dem Werkzeugbereich eingeleitet. Er wurde im Jahre 1988 mit dem Verkauf der Wilhelm Fette GmbH, Schwarzenbek, und der Belzer-Dowidat GmbH Werkzeug-Union, Wuppertal, zu der auch das im Saarland gelegene Dowidat-Werk in Hasborn [44] gehörte, abgeschlossen. Fast alle Gesellschaften des Werkzeugbereiches belasteten das Ergebnis Saarbergs trotz der zuvor durchgeführten Reorganisation und Restrukturierung dieses Unternehmensbereiches. Darüber hinaus kam ihnen in der Strategieplanung des Unternehmens keine Funktion mehr zu.

Wegen der veränderten Bedingungen auf dem Erdölmarkt entstanden während der 80er Jahre in der Bundesrepublik hohe *Überkapazitäten* im Raffineriebereich. Für den Weiterbetrieb der Saarland-Raffinerie bestanden keine

Zukunftsperspektiven mehr. Im März 1984 faßte Saarberg daher den Beschluß, Mitte 1985 die Saarland-Raffinerie [38] zu schließen. Schon zuvor hatten sich die französischen Partner aus der Saarland-Raffinerie zurückgezogen (*Saarbergwerke AG* 1986, SCHUSTER/WREDE 1982, S. 66).

Im Frühjahr 1989 wurden schließlich die der Saarberg Oel und Handel GmbH zugeordneten Beteiligungen im Mineralölbereich abgegeben: Der Veba-Konzern übernahm die Saarberganteile an der Raffinerie Neustadt und an der Deutschen Erdölexplorationsgesellschaft DEMINEX.

Aufgrund eines Überflusses an Natururan auf dem Weltmarkt und sicherlich auch wegen der ungewissen Zukunftsperspektiven der Kernenergie in der Bundesrepublik gab Saarberg 1988 sein Engagement in der Uranexploration auf. Diese wurde von der Saarberg-Interplan Uran GmbH [35] und deren Tochtergesellschaften sowohl im Inland als auch im Ausland (z. B. in Kanada, Australien, Sambia) betrieben.

Heute konzentriert sich Saarberg im bergbaufremden Bereich auf die Entwicklung solcher Produkte, die eine sofortige oder baldige Vermarktung erlauben:

Die *Kohleveredelung* im engeren Sinne (Verstromung, Verkokung und Fernwärme) bildet den ersten sogenannten *operativen Ring* um die eigentlichen Bergbautätigkeiten. Allein in den eigenen Kraftwerken werden zur Zeit 37% (3,8 Mio. t) der Förderung abgesetzt (SAARBERG 4/1988, S. 4). Der Ausbau der *Fernwärmeschienen* Saar-Ost und -West ([30], [30a]) und deren spätere Verbindung stellt ein weiteres wichtiges Tätigkeitsfeld im Bereich der Kohleveredelung dar (vgl. Beitrag BRÜCHER). In der Anfang der 80er Jahre in Dillingen erbauten Zentralkokerei Saar [27] wurde das von den Saarbergwerken und der Saarberg-Interplan [34] entwickelte *Stampfverfahren* erstmals großtechnisch angewandt. Es erlaubt einen höheren Einsatz gasreicher (Saar-)Kohle. Mit der Zentralkokerei wurde eine Referenzanlage erbaut, die es der Saarberg-Interplan [34] erlaubt, die von ihr entwickelte Technologie international zu vermarkten.

Die Installation der von Saarberg-Hölter Umwelttechnik [33] entwickelten *Rauchgasreinigungsanlagen* in eigenen und in Beteiligungskraftwerken und Müllverbrennungsanlagen, ermöglichte eine Partizipation an dem Markt, der durch die 1983 in Kraft getretene Großfeuerungsanlagenverordnung geschaffen wurde. Ähnliches gilt für den Eintritt in den internationalen Markt, z.B. über Kooperations- und Lizenzverträge. So hat die Saarberg-Hölter-Lurgi GmbH im Juni 1989 mit einer tschechischen Gesellschaft die Vereinbarung getroffen, gemeinsam ein Tochterunternehmen zu gründen. Dieses soll den tschechischen Markt bedienen und die technische Umsetzung der dortigen Umweltschutzbestimmungen unterstützen.

Angesichts der in der Bundesrepublik zu Ende gehenden Umrüstungswelle von Kohlekraftwerken mit Rauchgasreinigungsanlagen hat Saarberg seine umwelttechnologischen Tätigkeiten um den Bereich der *Entsorgung* erweitert. Entsprechende Technologien sollen in Zukunft einen *zweiten operativen Ring* um die bergbaubezogenen Aktivitäten entstehen lassen. Erste Schritte in diese Richtung wurden schon Ende der 70er Jahre unternommen, als die Saarberg-Fernwärme GmbH [28] den Auftrag zum Bau und Betrieb einer vom BMFT geförderten Abfallverwertungsanlage in Dußlingen bei Tübingen erhielt. 1983 wurde die Energas, Gesellschaft zur Energieerzeugung aus Kohle und Müll GmbH,

Berlin, als Tochtergesellschaft der Saarberg-Hölter Umwelttechnik [33] gegründet. Ihr Ziel ist die Entwicklung und der Bau einer integrierten Anlage zur Müllentsorgung und Energieversorgung. Mit der gemeinsamen Beteiligung des Saarlandes und der Saarberg-Fernwärme GmbH [28] an der 1987 gegründeten SES Sonderabfall Entsorgung Saar GmbH [31a], Saarbrücken, ist Saarberg im Saarland in die *Abfallwirtschaft* eingetreten. Am Standort der ehemaligen Grube Velsen [4] entsteht ein *Müllrecycling-Zentrum* (31), wo Müll kompostiert und verbrannt werden soll. Die bei der Verbrennung freiwerdende Energie soll als Fernwärme und Strom ausgekoppelt werden.

Die verschiedenen umwelttechnologischen Aktivitäten der einzelnen Saarberg-Tochtergesellschaften (wie Saarberg-Interplan, Saarberg-Hölter Umwelttechnik, Saarberg-Hölter-Lurgi, Saarberg-Fernwärme u.a.) sollen in Zukunft unter dem Dach einer eigenen Gesellschaft, der *Saarberg-Oekotechnik* (SOTEC) [37a], zusammengefaßt und weiterentwickelt werden (vgl. SAARBERG 1/2/ 1989).

Das Müllentsorgungszentrum Velsen, die Saarberg-Oekotechnik GmbH und die Saarberg-Fernwärme GmbH mit ihren Tochtergesellschaften stellen mit den traditionellen Bergbaubetrieben die zentralen Einrichtungen dar, mit denen die in der jüngsten Zeit neu definierte strategische Zielsetzung umgesetzt werden soll: Abrundung des traditionellen Zyklus Kohleproduktion, Kohleverwendung und Kohleveredelung durch Integration der Entsorgung und Energietechnik (SAARBERG 4/1988, S. 5).

4. Zusammenfassung

Einleitend wurde auf die Bedeutung von Unternehmen für die Organisation des Raumes und auf das darin begründete Interesse an unternehmensbezogenen Untersuchungen seitens der Industriegeographie verwiesen.

Wie die Darstellung der Entwicklung Saarbergs zeigt, hat die *unternehmerische Tätigkeit der Saarbergwerke seit ihrem Bestehen die räumliche Struktur des saarländischen Wirtschaftsraumes stark geprägt*. Die sich im Raum manifestierenden unternehmerischen Entscheidungen waren immer das Resultat einer Anpassung an veränderte unternehmensexterne und -interne Bedingungen. Weiter konnte gezeigt werden, daß unternehmensexterne und -interne Bedingungen nie voneinander losgelöst wirksam waren und daß raumorganisierendes Verhalten von Unternehmen nur als über längere Zeiträume hinweg ablaufender Prozeß erfaßt und beurteilt werden kann. Es wurde deutlich, daß im Rahmen der unternehmerischen Anpassung Stimuli verschiedener *Maßstabsebenen* der Unternehmensumwelt koordiniert und räumlich organisiert werden:

— globale Maßstabsebene: Entwicklung des Weltenergiemarktes, Rohstoffpreisentwicklung, Weltwirtschaftskonjunktur (z.B. Weltstahlmarktentwicklung),
— nationale Maßstabsebene: staatliche Energiepolitik, nationale Wirtschaftsstrukturpolitik, Umweltpolitik usw.,
— regionale Maßstabsebene: regionale Strukturpolitik,
— lokale Maßstabsebene: Flächennutzungs- und Gemeindeentwicklungsplanung im administrativ-planerischen Bereich sowie — aus sozialer Sicht — die

von der Tätigkeit des Unternehmens direkt betroffenen Individuen und Gruppen (Arbeitnehmervertreter, Mitarbeiterhaushalte, sich formierende Interessengruppen, wie Bürgerinitiativen).

Angesichts der dramatischen Veränderungen auf dem Energiemarkt fand eine quantitative und räumliche Konzentration der Bergbauaktivitäten mit gravierenden Auswirkungen auf den saarländischen Arbeitsmarkt statt. Unter betriebswirtschaftlichen und strukturpolitischen Gesichtspunkten aufgenommene Aktivitäten in bergbaufremden Bereichen (Chemie- und Werkzeugaktivitäten) können insofern als gescheitert angesehen werden, als sie nicht zu einer Verbesserung der schlechten Ertragslage des Unternehmens führten. Unter strukturpolitischen Gesichtspunkten müssen sie jedoch positiver beurteilt werden. Sie leisteten einen, wenn auch begrenzten, Beitrag zur Erweiterung der bisher sehr einseitigen saarländischen Wirtschaftsstruktur.

Endgültige Stillegungen von Anlagen beschränkten sich im wesentlichen auf Grubenbetriebe, Kokereien und die Saarland-Raffinerie. Die weitere Zugriffsmöglichkeit auf stillgelegte Abbaufelder wurde im Rahmen der Konzentration des Bergbaus durch die Errichtung von Verbundbergwerken gesichert.

Mit dem z.Zt. angestrebten Zyklus *Kohleproduktion, Kohleverwertung, Kohleveredelung und Entsorgung* soll der für die saarländische Wirtschaft nach wie vor bedeutende Bergbau als Kernbereich des Unternehmens stabilisiert werden. Die Anlagen des energie- und umwelttechnischen Unternehmensbereiches (z.B. Modellkraftwerk, Fernwärmeschiene, Zentralkokerei), die vor allem an der Industrieachse im mittleren Saartal liegen, haben als Referenzanlagen zum Teil *Modellcharakter*. Sie sind Ansatzpunkte für die weitere über das Saarland hinausgehende Vermarktung der von Saarberg entwickelten Technologien. Das Anpassungsverhalten Saarbergs an den Strukturwandel unterscheidet sich damit grundlegend von jenem der saarländischen Eisen- und Stahlindustrie. Während diese in verschiedene Unternehmen segmentiert war und teilweise vom Ausland aus kontrolliert wird, orientierte sich das Verhalten der staatseigenen Saarbergwerke mit ihrem Sitz in Saarbrücken immer stärker an den regional- und beschäftigungspolitischen Problemen und Anforderungen des Saarlandes (vgl. DÖRRENBÄCHER/BIERBRAUER/BRÜCHER 1988).

Anmerkung

(1) Im saarländischen Bergbau ist der Terminus „Zeche" unüblich. Es werden nur die Bezeichnungen „Bergwerk" oder „Grube" benutzt.
(2) Die im folgenden Text nach Betriebsanlagen und Unternehmen genannten Ziffern in eckigen Klammern entsprechen den Angaben in Abb. 1 und Abb. 2.

Literatur

BRINK, H.J. u.a.: Die Anpassungspolitik im Steinkohlenbergbau unter besonderer Berücksichtigung der Lagerhaltung. Entwickelt auf der Basis eines saarländischen Steinkohlenbergwerks, Essen 1981 (Bergbau, Rohstoffe, Energie, Schriften über wirtschaftliche und organisatorische Probleme bei der Gewinnung und Verwertung mineralischer Rohstoffe, Bd. 19).

DÖRRENBÄCHER, P./BIERBRAUER F./BRÜCHER W.: The External and Internal Influence on Coal Mining and Steel Industry in the Saarland/FRG. — Zeitschr. für Wirtschaftsgeographie 32 (1988), S. 209-221.

FELDMANN, J./JAMME H.P.: Der Kohlenmarkt der Europäischen Gemeinschaft zwischen Ölpreissturz und Dollarverfall — Fakten, Trends, Ausblick. — Glückauf 123 (1987), S. 291-299.

IHK (Industrie- und Handelskammer des Saarlandes): Saarwirtschaft. Jahresbericht der Industrie- und Handelskammer des Saarlandes, Saarbrücken (jährlich).

KING, L.J.: The Analysis of Spatial Form and its Relations to Geographic Theory.—Annals of the Ass. of Amer. Geogr. 59 (1969), S. 573-595.

KRUMME, G.: Making It Abroad: The Evolution of Volkswagen's North American Production Plans.—In: HAMILTON, F.E.I./LINGE, G.J.R. (Hrsg.): Industry and Industrial Environment. Vol. II: International Industrial Systems, Chichester 1981, S. 329-356.

LENHARTZ, R./BIEHL H.R.: Grundzüge der Unternehmenspolitik. Rückblick und Ausblick.—In: *Saarbergwerke AG*: 25 Jahre Saarbergwerke AG 1957-1982, Saarbrücken 1982, S. 69-78 (Saarberg-Schriftenreihe, Bd. 2).

-: Unternehmerische Konzeption der Steinkohle. — Glückauf 122 (1986), S. 760-763.

MAIER, J./WEBER J.: Räumliche Aktivitäten von Unternehmen im ländlichen Raum. — Geogr. Rundsch. 31 (1979), S. 90-101.

MCNEE, R.B.: Functional Geography of the Firm. With an Illustrative Case Study from the Petroleum Industry. — Economic Geography 34 (1958), S. 321-337.

-: A Systems Approach of Understanding the Geographic Behavior of Organizations, Especially Large Organizations.—In: HAMILTON, F.E.I. (Hrsg.): Spatial Perspectives on Industrial Organization and Decision-Making, London 1974, S. 47-75.

Minister für Wirtschaft, Verkehr und Landwirtschaft: Aktionsprogramm Saarland-Westpfalz, Teilbereich Saarland, Saarbrücken 1969.

MÜLLER, H.J.: Probleme der Wirtschaftsstruktur des Saarlandes, Luxemburg 1967 (Europäische Gemeinschaft für Kohle und Stahl. Hohe Behörde: Regional- und wirtschaftspolitische Studienreihe, 2, Entwicklungs- und Umstellungsprobleme, IX).

QUASTEN, H./SOYEZ, D.: Völklingen-Fenne: Probleme industrieller Expansion in Wohnsiedlungsnähe. — Berichte zur Deutschen Landeskunde, 50 (1976), S. 245-284.

SAARBERG, Zeitschrift des Saarberg-Konzerns (Saarbergwerke AG, Saarbrücken).

Saarbergwerke AG: Die Entwicklung der Saarbergwerke AG in den Jahren 1958-1984, Saarbrücken 1986 (Saarberg-Zeittafel, zusammengestellt von D. SLOTTA)(als Manuskript vervielfältigt).

-: Bericht über das Geschäftsjahr 1986, Saarbrücken 1987.

-: Bericht über das Geschäftsjahr 1987, Saarbrücken 1988 (=1988a).

-: Projekt Verbundbergwerk Ost, Saarbrücken 1988 (als Manuskript vervielfältigt) (= 1988b).

-: Bericht über das Geschäftsjahr 1988, Saarbrücken 1989.

Saarland. Der Chef der Staatskanzlei: Saarland. Standpunkte Nr. 1 (01.06.76).

Schacht und Heim, Werkszeitung der Saarbergwerke AG, Saarbrücken (monatlich).

SCHAMP, E.W.: Plädoyer für eine politisch-ökonomische Wirtschaftsgeographie. — In: GRUBER, G. u.a. (Hrsg.): Wirtschaftsgeographie und Wirtschaftswissenschaften. 5. Frankfurter Wirtschaftsgeographische Symposium, 28. Oktober 1983, Frankfurt 1984 (Frankfurter Wirtschafts- und Sozialgeographische Schriften, Heft 46).

SCHUSTER, G./WREDE H.G.: 25 Jahre Saarbergwerke Aktiengesellschaft. — In: Saarbergwerke AG: 25 Jahre Saarbergwerke Aktiengesellschaft 1957-1982, Saarbrücken 1982, S. 7-68 (Saarberg-Schriftenreihe, Bd. 2).
SIEVERT, O./STREIT M.: Entwicklungsaussichten der Saarwirtschaft im deutschen und westeuropäischen Wirtschaftsraum, Saarbrücken 1964.
SOYEZ, D.: Industriell bedingte Umweltbelastung und Nutzungskonflikte: Kraftwerksprojekte im Saarland. — In: GAEBE, W. (Hrsg.): *Handbuch des Geographieunterrichts*, Bd. 3, „Industrie und Raum", Köln 1988, S. 198-211.
Stat. Amt d. Saarlandes: Die saarländische Industrie im Jahre 1960, Saarbrücken 1961 (Saarland in Zahlen, Heft 18).
-: Industrie, Bau, Handwerk und Energiewirtschaft im Jahre 1974, Saarbrücken 1975 (Saarland in Zahlen, Heft 94).
-: Produzierendes Gewerbe 1987, Saarbrücken 1989 (Saarland in Zahlen, Heft 148).
Strukturprogramm Saar. Möglichkeiten einer aktiven Sanierung der Saarwirtschaft. Ansatzpunkte, Maßnahmen, Kosten. vorgelegt von der Planungsgruppe beim Ministerpräsidenten des Saarlandes, Saarbrücken 1969.
WOOD, P.A.: Industrial Organization, Location and Planning. — Regional Studies 12 (1978), S. 143-152.

SOYEZ, D./BRÜCHER, W./FLIEDNER, D./LÖFFLER, E./QUASTEN, H./WAGNER, J. M. (Hrsg.):
Das Saarland. Bd. 1: Beharrung und Wandel in einem peripheren Grenzraum, Saarbrücken
1989 (Arbeiten aus dem Geographischen Institut der Universität des Saarlandes, Bd. 36).

Struktur- und Standortveränderungen der saarländischen Eisen- und Stahlindustrie unter dem Druck der Krise

Wolfgang Brücher

1. Vorbemerkung

Es erscheint unpassend, mitten in einem *Wiederaufschwung* der saarländischen Eisen- und Stahlindustrie über deren *Krise* und ihre Auswirkungen zu schreiben. Doch sollte das seit 1988 herrschende, möglicherweise nur kurze Konjunkturhoch nicht über die anhaltende Gefährdung der Branche hinwegtäuschen. Für diese kann es nur um abgesicherte Kontinuität in gefestigten Strukturen gehen, keinesfalls um die Utopie einer Renaissance.

Gerade die Entwicklung im Saarland zeigt neben dem Untergang von Hütten oder spektakulären Rettungsaktionen auch erfolgreiche, aber kaum wahrgenommene *Anpassungsstrategien*. Dies macht eine differenziertere Betrachtung notwendig, die nach Unternehmen trennen und auch das Argument des ungünstigen Standraums Saarland relativieren muß. So betraf die unmittelbar nach dem Stahlboom von 1974 einsetzende Rezession ganz überwiegend die damals noch bestehenden integrierten Hüttenwerke in Neunkirchen (Neunkircher Eisenwerke = NE), in Völklingen und im westlichen Saarbrücker Stadtteil Burbach, von denen die beiden letzteren seit 1971 in den „Stahlwerken Röchling-Burbach" (SRB) vereinigt waren. Die Dillinger Hüttenwerke AG (= DH) dagegen wurde nur kurz, eher randlich erfaßt. Völlig verschont blieb die Halberger Hütte (= HH): Sie ist in der Bundesrepublik Deutschland die einzige Großgießerei mit eigener Roheisengewinnung, fertigt aber keinen Stahl (Abb. 1). Weniger betroffen blieb auch das Werk in Bous (zwischen Völklingen und Saarlouis), eine Elektrostahlschmelze mit angeschlossenem Walzwerk zur Herstellung nahtloser Röhren.

2. Die Stahlkrise

Bei der Betrachtung der Stahlkrise ist deshalb grundsätzlich zu unterscheiden zwischen ihren quantitativ für das ganze Saarland gemittelten Auswirkungen und den *äußerst unterschiedlichen Resultaten in den einzelnen Unternehmen*. Gegenüber dem Boomjahr 1974 war die Produktion von Roheisen, Rohstahl und Walzstahl im Saarland 1977 um jeweils 29%, 31% und 38% gesunken, in der Bundesrepublik „nur" um ein Viertel. Besonders heftig wirkte sich die Stahlkrise im Saarland wegen der hier gegebenen gewerblichen Monostruktur aus, denn trotz beachtlicher Ansiedlungserfolge anderer Branchen in den 60er Jahren arbeiteten 1970 noch fast 74 000, d.h. 44% aller Industriebeschäftigten, im Montanbereich, davon knapp über 47 000 (28%) allein in der Eisen- und Stahlindustrie (= Eisen- und Stahlwerke, Gießereien, Ziehereien) — 1987 waren es nur noch 47 000 (35%) bzw. 23 000 (17%). Das Saarland wurde das Bundesland mit der höchsten Arbeitslosenquote, die 1985 mit 13,4% ihre Spitze erreichte (IHK 1982, 1988). Hinzu kommt, daß der Umsatz/Jahr/Beschäftigten der Hüttenwerke vor den Umstrukturierungen (s.u.) kontinuierlich um etwa 25 000,- DM unter dem Mittel der Bundesrepublik lag (*Stahl u. Eisen* 1979, S. 870).

Die DH, deren Flachprodukte seit langem einen stabilen Markt haben und relativ gute Preise erzielen, erlitt in ihrer Stahlerzeugung nur einen kurzen, heftigen Einschnitt bis zu -31,1%/a (1977) verglichen mit 1974, konnte dieses höchste Niveau aber schon bald darauf fast wieder erreichen. Sehr ähnlich verlief die Entwicklung der NE, nur mußten diese wegen der fallenden Preise hohe Verluste für ihre Lang- und Massenstähle hinnehmen. Schlimmer noch erging es den SRB in Völklingen und Burbach, denn neben den Verlusten aus denselben Gründen wurde dort auch der einschneidendste und kontinuierlichste Produktionsrückgang verzeichnet, von 1974 bis 1980 um 41,8% (IHK 1982; vgl. Abb. 2).

Begründet liegt die Stahlkrise, die also vor allem die Hüttenunternehmen NE und SRB traf, im Saarland wie in den anderen westeuropäischen Revieren zunächst in einer allgemeinen Entwicklung. Diese hatte sich schon in den 1960er Jahren abgezeichnet, wurde dann aber durch das außergewöhnliche Jahr 1974 verdeckt: Aus ehemaligen Abnehmern in Übersee wurden billiger anbietende Konkurrenten, vor allem im Massenstahlbereich. Gerade die kurze, täuschende Hochkonjunktur für Stahl 1974 hatte weltweit — wenn auch nicht in allen saarländischen Hütten — zu hohen Investitionen geführt, die danach *Überkapazitäten* bedeuteten: 1981 lag die Welterzeugung mit rund 700 Mio. t weit unter den erwarteten 840 Mio. t (IHK 1977, S. 11), nicht zuletzt aufgrund der zunehmenden Verwendung von Ersatzstoffen (Aluminium, Plastik etc.) und der Einsparung von Stahl durch verbesserte Qualitäten. Auch verleiteten die Verkaufserfolge von 1974 dazu, überholte Produktionseinrichtungen zu erhalten oder dringende Rationalisierungen zu verzögern. Außerdem kam es zu Marktverschiebungen zugunsten von Flachprodukten zu hohen Preisen — davon profitierte die Dillinger Hütte —, während das Überangebot an Massen- und Langprodukten den darauf spezialisierten Unternehmen SRB und NE zum Verhängnis wurde.

Es gab aber *zusätzliche Gründe, die speziell das Saarland betrafen*. Zunächst die *historisch bedingte Benachteiligung*: Die mehrmals wechselnde Zugehörigkeit zum deutschen oder französischen Wirtschaftsraum seit 1918 hatte die Entwicklung immer wieder unterbrochen (vgl. hierzu den Beitrag REITEL). Auch behinderte die politisch-militärische Unsicherheit im Grenzraum die Ansiedlung von Industrien, die nicht direkt an die Kohle- und Erzlagerstätten gebunden waren. Während der französischen Wirtschaftshoheit (1945-1959) standen die Saarhütten unter Zwangsverwaltung und konnten sich bei geringer staatlicher Investitionsförderung nur langsam erholen. Danach bedeutete die Umorientierung auf den bundesdeutschen Markt mit seiner etablierten, mächtigen Konkurrenz erneute Schwierigkeiten.

Besondere Beachtung erfahren die *abseitige Binnenlage* ohne Wasserstraße und die daraus resultierenden erhöhten Transportkosten. Diese entlastende, auch medienwirksame Begründung trifft in solch generalisierter Form nicht zu. Negativ wirkt sich zweifellos die Distanz zu den Märkten aus, also zu den Standorten der Metallverarbeitung, da nur ein geringer Teil des Rohstahls an saarländische Fabriken geliefert wird. Nachteilig im Vergleich zum Ruhrgebiet bleibt auch die zusätzliche Transportstrecke für Überseeerze. Die Standortungunst war aber bisher nur partiell durch das Fehlen der Wasserstraße bedingt, da ein großer Teil der Mehrkosten auf der Schiene durch Sondertarife der Bundesbahn (zunächst sogenannte „Als-Ob-Tarife", dann „Unterstützungstarife") aufgefangen oder verschleiert wurde. Diese haben nicht die Stahlunternehmen, sondern den Bundesbahnhaushalt belastet, den Staat also, und zwar 1969-85 mit über 400 Mio. DM (GEORGI 1985, S. 500). Dabei sollte hier nicht unerwähnt bleiben, daß der verspätete, vielleicht zu späte *Saarausbau* offensichtlich regionalpolitisch verschuldet war: Schon zwei Wochen nach dem politischen Anschluß, im Januar 1957, soll die Bonner Regierung die Kanalisierung der Saar angeboten haben, aber auf das Desinteresse der saarländischen Regierung gestoßen sein (vgl. HELLWIG 1987, S. 284). Über ein Jahrzehnt schwankte man dann zwischen einer Entscheidung für die Kanalisierung der Saar oder für einen direkt zum Rhein zu grabenden „Saar-Pfalz-Kanal". Selbst nach den definitiven Beschlüssen, die Saar auszubauen (1973/74), kam es mehrfach zu Verzögerungen des Projekts, ja zeitweise wurde ernsthaft bezweifelt, ob es jemals fertiggestellt würde. Offenbar gab es aber ab 1985 den nötigen Zeitdruck, als nämlich die Sondertarife endgültig aufgehoben wurden: 18 Jahre nach Baubeginn, 1987, fuhr das erste Schiff von Dillingen zur Mosel! Das Projekt hatte nicht nur über 1,5 Milliarden DM gekostet, sondern wegen der allzu langen Unsicherheit auch die Investitionsbereitschaft im Saarland gebremst.

An der größeren Distanz ändert jedoch die fertige Wasserstraße nichts. Wunder darf man deshalb von der Kanalisierung der Saar nicht erwarten — man schaue nur ins benachbarte lothringische Revier, das schon seit 1965 über die kanalisierte Mosel von Rotterdam und dem Ruhrgebiet versorgt werden kann und trotzdem mit einer noch heftigeren Krise kämpfen muß. Ein entscheidendes Argument gegen die Begründung der Krise mit den Negativfaktoren „Transportkosten" und „fehlende Wasserstraße" ist schließlich die Tatsache, daß die Dillinger Hütte offenbar nicht nennenswert darunter gelitten hat.

3. Unternehmensspezifische Entwicklung

Gewichtigere Gründe für die schwache Produktivität der Hütten in Völklingen, Neunkirchen und Burbach haben dagegen im *Verhalten der Unternehmen* gelegen. So blieben die Produktionseinheiten allzu lange zersplittert und wesentlich kleiner als in den anderen Revieren. Es fehlte an unternehmerischer Initiative; die IHK des Saarlandes (1977, S. 2) sprach sogar „von den in mancher Beziehung in ihren überkommenen Strukturen erstarrten Saarhütten". Ähnliche Vorwürfe kamen von gewerkschaftlicher Seite (vgl. JUDITH/PETERS 1980). Schon früh war der traditionelle Standortvorteil, nämlich die Nähe zu Kohle und Erz, unwirksam geworden, denn ohne Subventionen wäre importierte Kohle seit langem billiger als die aus Eigenförderung. Die Minette erlag der Konkurrenz der Reicherze aus Übersee. Diese grundlegend veränderte Situation verlangte nach Konzentration und Vergrößerung der Produktionseinheiten und -standorte, verbunden mit Modernisierung und Rationalisierung. In diese Richtung zielte schon 1964 eine Reihe von Vorschlägen der DH, nämlich u.a. die damals vier integrierten Saarhütten zu höchstens zwei Einheiten zusammenzulegen; das hätte bedeutet 4-6 moderne Großhochöfen statt 18, 5-6 Sauerstoff-Konverter statt 37 Thomas-Birnen und Siemens-Martin-Öfen sowie 8-10 Walzstraßen statt 32 (IHK 1977, S. 8)!

Aber erst Mitte der 80er Jahre ist diese Vision realisiert worden. Man hatte allzu lange an Eigeninteressen festgehalten und sich auch nicht auf eine standortmäßige Trennung von Produktionsschritten (wie z.B. heute zwischen Dillingen und Völklingen, vgl. Abb. 1) noch auf die optimalen Kapazitäten der Produktionseinheiten einigen können. Es wäre sinnvoller gewesen, das moderne Völklinger Stahlwerk schon damals und mit kleinerer Kapazität zu bauen, anstatt die alten Thomas-Konverter zunächst auf Sauerstoff umzurüsten (sogenanntes OBM-Verfahren), um sie später doch abzureißen. Jedoch schienen die Anteilseigner der SRB an einem neuen Stahlwerk nicht interessiert zu sein; sein Bau wurde erst durch die Arbeitnehmer über einen Beschluß des SRB-Aufsichtsrats regelrecht erzwungen (JUDITH/PETERS 1980, S. 46). So zogen sich solche Diskussionen und die Beseitigung der zersplitterten Eigentumsverhältnisse — letztere wohl das Hauptproblem — fast durch die gesamten 70er Jahre. Ähnlich wie beim Saarausbau bremste auch dieser Schwebezustand den Investitionswillen.

Erst Ende der 70er Jahre begann die verzögerte *Restrukturierung* der Eisen-und Stahlindustrie, bei der drei Aspekte zu unterscheiden sind:
— die Fusion von Unternehmen und Standortkonzentrationen der Produktion, damit verbundene
— technologische Veränderungen und Innovationen und
— die Rolle des Staates, der EG und der grenzübergreifenden Unternehmensverflechtungen.

1978 erklärte sich die ARBED, Miteigentümer der SRB, als einziges Unternehmen zu einer Sanierung der SRB und des NE bereit; sie übernahm den 50%-Anteil der Familie Röchling an den SRB und 97% des Kapitals des NE. Unter dem Druck der inzwischen noch verschärften Krise kam es 1982 zu deren *Vollfusion* im Unternehmen „ARBED-Saarstahl". Überleben konnte dieses jedoch nur noch dank außergewöhnlich hoher öffentlicher Stützung (s.u.) und bei drastischer, heute noch anhaltender Reduzierung der Belegschaft (Abb. 2) auf bisher rund 9 000 Mitarbeiter (Ende 1988), d.h. auf weniger als ein Drittel der Ausgangssituation Mitte der 70er Jahre (*Der Hüttenmann* 1986, Nr. 5). Schließlich mußte 1986 die ARBED selbst ihre Anteile bis auf 24% senken, Bund und Land übertrugen 76% einem Treuhänder; das Saarland wurde de facto zum provisorischen Eigentümer des nun „Saarstahl Völklingen" genannten Unternehmens. Dies geschah in der Hoffnung auf eine spätere Vereinigung von Saarstahl Völklingen mit der Dillinger Hütte, die schließlich im April 1989 verwirklicht wurde (s.u.).

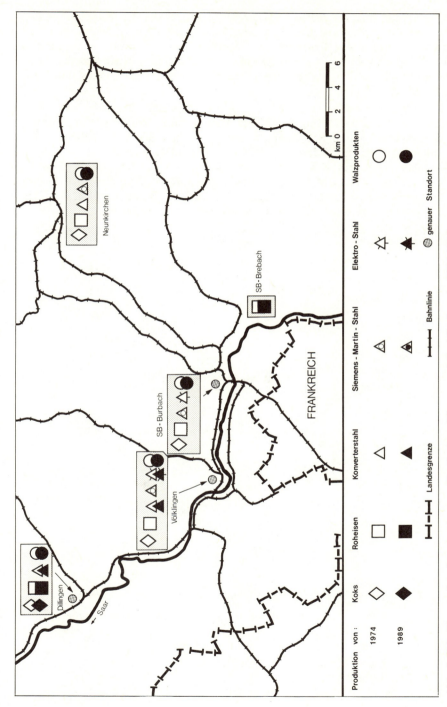

Abb. 1: Die Umstrukturierung der saarländischen Eisen- und Stahlindustrie 1974-1986.

1978 war man trotz schlechter Lage davon ausgegangen, den Anteil an der europäischen Rohstahlerzeugung mit dem neuen Großunternehmen langfristig halten zu können. Auf dieser optimistischen Basis wurde — mit Zustimmung von Bundes- und Landesregierung — unter Einbeziehung der DH ein Konzept für die Neuordnung der Produktionskapazitäten entworfen und durchgeführt (vgl. Abb. 1):

— Die kanalisierte Saar wurde 1987 als *Großschiffahrtsstraße* europäischer Norm von der Mosel bis Dillingen eröffnet. Davon war die künftige Konzentration der Verkokung und Roheisengewinnung auf den Standort Dillingen (s.u.) abhängig gemacht worden. Bereits 1981 hatte die DH berechnet, daß das für sie erwartete Transportaufkommen von 4,8 Mio. t/a auf dem Wasserweg eine Einsparung von 23,2 Mio. DM/a erbringen würde (*Us'Hütt* 1/1982). Allerdings darf nun, da eine Konkurrenz gegeben ist, auch die Bundesbahn wieder Tarife anbieten, die sich an denen des Schifftransports orientieren.

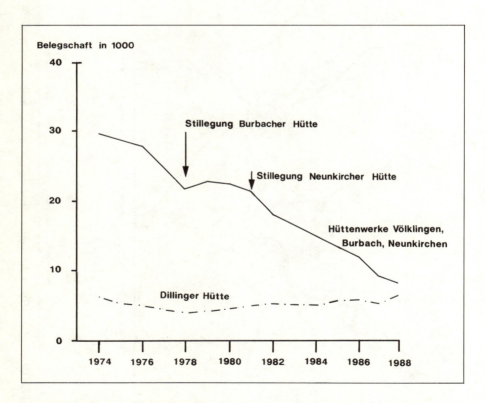

Abb. 2: Die Entwicklung der Beschäftigung in der saarländischen Eisen- und Stahlindustrie 1974-1988 (Quellen: ARBED-Saarstahl GmbH 1986; Auskunft IHK Saarbrücken 1989).

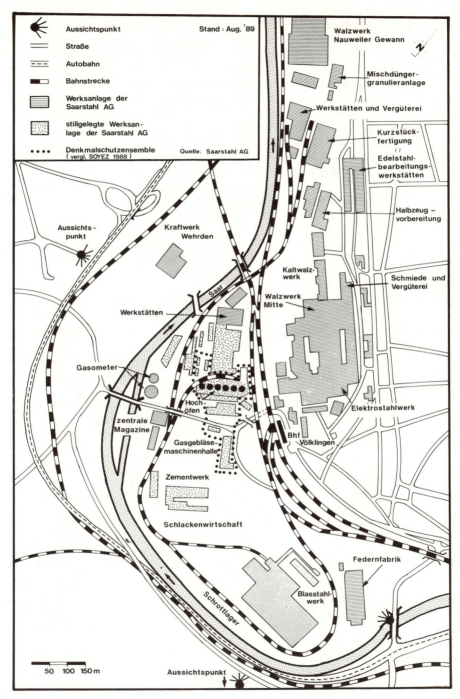

Abb. 3: Die Völklinger Hütte.

— 1984 wurde unmittelbar neben der DH die neue *Zentralkokerei Saar* (ZKS) in Betrieb genommen. Diese entstand — eine seltene Ausnahme — als Gemeinschaftsunternehmen von Bergwerken und Hütten, nämlich der Saarbergwerke (49%), der DH (25,5%) und der ARBED-Saarstahl (25,5%). Sie ist auf der Welt die größte Kokerei, die mit dem Stampfverfahren arbeitet, und hat eine Kapazität von 1,4 Mio. t/a (Dr. J. Echterhoff, ZKS, freundl. mündl. Ausk.). Außer ihr produziert heute nur noch die Saarberg-Kokerei in Völklingen-Fürstenhausen, nachdem alle Hüttenkokereien stillgelegt wurden.
— 1981 gründeten die DH und ARBED-Saarstahl zu gleichen Anteilen die *„Roheisengesellschaft Saar"* (ROGESA). Sie hat ihren Standort auf dem Gelände der DH und ist mit der benachbarten Zentralkokerei direkt an den 1988 eröffneten Hafen angeschlossen. Die ROGESA übernahm die Hochöfen der DH und erhielt 1986 einen Großhochofen mit 11 m Gestelldurchmesser und 6050 t Tageskapazität. Seit den Stillegungen der sechs Hochöfen in Völklingen im selben Jahr verbleibt — neben der kleinen Halberger Hütte — Dillingen *als einziger Roheisenstandort* im Saarland. Die Gesamterzeugung sank von 5,5 Mio. t (1974) auf 3,6 Mio. t (1987) (IHK 1988). Die Kosten für den neuen Hochofen der ROGESA und die Zentralkokerei beliefen sich auf rund 1 Mrd. DM.
— Nach Aufgabe der Werke in Burbach (1978) und Neunkirchen (1980/81) fiel im selben Zeitraum die gesamte Stahlproduktion von 6,4 Mio. auf 4,0 Mio. t/a. Heute wird das Roheisen der ROGESA per Torpedowagons nach Thionville zur SOLLAC (s.u.), zum eigenen Stahlwerk der DH und zum *neuen Blasstahlwerk in Völklingen* (mit je 2 bzw. 3 Oxygenkonvertern) transportiert. Dieses Kernstück des Sanierungskonzepts für die Hütten in Neunkirchen, Burbach und Völklingen verlangte Investitionen in Höhe von über 1,5 Mrd. DM.
— An allen Standorten verbleiben Walzwerke bzw. Drahtstraßen. Sie verarbeiteten 1987 noch 3,0 Mio. t gegenüber 4,7 Mio. t (1974) (IHK 1988).

4. Räumliche Effekte der Umstrukturierung

Im traditionellen Stahlrevier an der Saar vollzog sich somit ein geradezu „klassischer" *Konzentrationsprozeß*. Zum einen richtete er sich in charakteristischer Weise „flußabwärts", d.h. im Hinblick auf die erwartete Saarkanalisierung auf den transportkostengünstigsten Standort Dillingen (Abb. 1), etwa vergleichbar mit dem „Rückzug" der Eisen- und Stahlindustrie von der Ruhr zum Rhein oder in Lothringen aus den Seitentälern Orne und Fensch zur schiffbaren Mosel. Mehr noch orientierte sich der Konzentrationsprozeß aber an der Dillinger Hütte selbst, die sich als einziges stabiles Unternehmen behauptet hatte, und er konnte nur dank ihrer Einbeziehung realisiert werden.

In *Neunkirchen* arbeiten heute noch zwei Walzstraßen mit ca. 850 Beschäftigten. Das Gelände der ehemaligen Kokerei wurde zugeschüttet und darf wegen Verseuchung des Untergrundes keiner anderen Nutzung zugeführt werden. Von den „Neunkircher Eisenwerken" zeugen nur noch zwei Hochofenruinen (vgl. Abb. 4), der riesige Gasbehälter und ein Wasserturm, Symbole einstigen Reichtums mitten in einer Stadt, die mit einer besonders hohen Arbeitslosenquote

(1986 in der Stadt selbst und ihrem engeren Einzugsbereich: ca. 17%) belastet ist. Ob der umfangreiche Einzelhandelskomplex, der auf dem ehemaligen Werksgelände entsteht, Abhilfe bringen wird, muß sich noch erweisen. Das Stumm-Denkmal steht heute schon vor dieser Kulisse als bloße Erinnerung an die „Eisenzeit".

Die Hütte in *Burbach* ereilte das gleiche Schicksal. Hier fertigt nur noch das Drahtwerk (1987: 850 Besch.). Burbach ist jedoch keine isolierte, vom Schicksal der Hütte abhängige Stadt wie einst Neunkirchen, sondern ein westlicher Stadtteil von Saarbrücken, das als Regierungssitz, Universitätsstadt und selbst über die Grenze ausstrahlendes Einzelhandelszentrum von der Stahlkrise nur indirekt betroffen wurde.

Völklingen ist nur teilweise mit Neunkirchen vergleichbar. Auch hier herrscht einseitige Abhängigkeit von der Hütte, die vor der Restrukturierung überdies mehr als doppelt so groß war wie die Neunkircher Eisenwerke. Die Stadt erleidet zwar in vollem Ausmaß die Krise mit Massenarbeitslosigkeit (1986 in der Stadt selbst und ihrem engeren Einzugsbereich: ca. 19%), doch wurden nur die Anlagen der Rohstoffphase stillgelegt (v.a. Kokerei und Hochöfen), während das moderne Blasstahlwerk als einer der Eckpfeiler des Sanierungskonzeptes errichtet wurde (Abb. 3, 5).

Demgegenüber hat *Dillingen* die günstigste Position. Es überlebt als einziger *integrierter Hüttenstandort* und wird mit der Saarkanalisierung von den niedrigsten Transportkosten profitieren. Zudem scheint der Markt auch langfristig vorteilhaft für die Flachprodukte der DH zu bleiben. Selbst die Beschäftigtenzahl konnte im gesamten Zeitraum weitgehend stabil gehalten werden (Abb. 2). Eine Standortaufwertung bedeutete der Bau der Zentralkokerei und des modernen Großhochofens (1986). Nicht zu vergessen ist aber auch der Standort in *Randlage* zum traditionellen Revier, der geprägt ist durch die Dynamik weiterverarbeitender Industrien. Darunter ist vor allem das seit 1970 produzierende Ford-Werk in Saarlouis zu nennen, das mit heute rund 8 000 Beschäftigten in absehbarer Zeit voraussichtlich die größte Produktionsstätte an der Saar sein wird.

Die *Halberger Hütte* am Ostrand von Saarbrücken wird wegen ihrer geringeren Größe (1989: 2 900 Besch.) und als reiner Roheisenproduzent (250 000 t/a) und -verarbeiter bei der Betrachtung der Eisen- und Stahlindustrie häufig nicht beachtet. Sie bildet jedoch ein stabiles Element innerhalb der Branche (s.u.).

5. Technologische Innovationen und Anpassungen der Eisen- und Stahlindustrie

Die geschilderte Neuordnung der Saarhütten war letztlich eine *erzwungene Anpassung*, die vor allem die zu (ARBED-)Saarstahl fusionierten Hüttenunternehmen betraf. Sie hatten es allzu lange an Initiative und Kreativität fehlen lassen, um durch technologische Modernisierung die wirtschaftliche Situation und die Standortbedingungen zu verbessern. Dies gelang dagegen der Dillinger Hütte und der Halberger Hütte.

Die *Halberger Hütte* stellte zu Beginn der 60er Jahre ihre Produktion von Rohren aus Grauguß auf sogenanntes *Duktileisen* um. Dieses ist zwar nicht so dauerhaft, hat aber ein geringeres Gewicht als Stahl und stahlähnliche Eigenschaften. Daraus lassen sich relativ biegsame Rohre herstellen, die auch höhere Belastung durch Fahrzeuge aushalten als Graugußrohre und deshalb in geringerer Tiefe unter der Straßendecke verlegt werden können. Man benötigt für Duktileisen ein besonders reines, schwefelarmes Erz. Da die lothringischen Minette-Erze nicht die erforderliche Qualität besitzen, stellte die HH schon ab Mitte der 60er Jahre den Bezug ein – fast zwei Jahrzehnte vor der letzten Minette-Lieferung ins Saarland! Heute verarbeitet die HH Hämatit-Erz aus Brasilien. Da diese Sorte wesentlich eisenhaltiger (63% Fe) ist als das Minette-Erz (ca. 30%), erlaubte die Umstellung auch eine bedeutende Rationalisierung, nämlich die Schließung von 2 der 5 kleinen Hochöfen.

Zur Absicherung ihrer Position vollzog die HH Ende der 50er Jahre außerdem einen wichtigen Schritt zur *Diversifizierung*: Sie erzeugt seitdem, neben Rohren, auch Maschinengußteile für Automobile, u.a. Motorblöcke, Zylinderköpfe und Bremstrommeln; fast in jedem in der Bundesrepublik Deutschland hergestellten Kraftfahrzeug stecken Teile aus der HH. Im Maschinengußbereich versucht man, der harten Konkurrenz und den Transportkostennachteilen durch ständige Produktverbesserung zu begegnen: neue Gießverfahren bei Motorblöcken, Guß von Sicherheitsteilen, Substitution von Materialien, z.B. von Stahl bei Kurbelwellen etc. Dies erklärt u.a. den Neubau einer Gieß- und Formanlage für Motorblöcke und einer Putzstraße für Motorblöcke, die nun in den Automobilwerken direkt eingebaut werden können. Somit beliefert die HH zwei völlig getrennte Bereiche, das *Baugewerbe* und die *Kfz-Zulieferindustrie*, und ist dadurch weniger konjunkturabhängig (BIERBRAUER 1985 u. frdl. mdl. Auskunft).

Auch die *Dillinger Hütte* stellte sich bis 1972, lange vor den anderen Hütten, auf ausländische Hämatiterze um. Außerdem erneuerte man schon früh den Roheisenbereich durch den Bau einer Bandbegichtungsanlage (1960) und den Bau eines neuen Großhochofens mit 10 m Gestelldurchmesser (1974), der lange der größte an der Saar bleiben sollte. Im Stahl- und Walzwerkbereich beschloß man nicht nur den Schritt zu größeren und moderneren Anlagen – 1968 wurde das erste Oxygenblasstahlwerk im Saarland errichtet, 1972 ein Grobblechwalzwerk –

Abb. 4: Abriß des Neunkircher Eisenwerks: Beseitigung der Reste des Dampfkraftwerks (links im Hintergrund Hochofen Nr. VII mit seiner stadtbildprägenden Silhouette) (Foto Th. Görlinger, 1985). ▶

Abb. 5: Das Blasstahlwerk in Völklingen der Saarstahl AG. Ende 1980 in Betrieb gegangen, eines der modernsten Blasstahlwerke Europas (Qualitäts- und Edelstähle, drei 150 t-Konverter, Pfannenmetallurgie, vier Stranggießanlagen). Der Neubau des Blasstahlwerkes in Völklingen erforderte einen Investitionsaufwand von rund 750 Mio. DM, davon für Maßnahmen des Umweltschutzes rund 60 Mio. DM (Werksfoto Saarstahl AG, Völklingen). ▶

Abb. 4/5: Ende und Neubeginn in der Eisen- und Stahlindustrie.

sondern wagte sogar bahnbrechende Vorstöße: In der DH wurde 1961 weltweit erstmals das *Stranggießverfahren* praktiziert – der Traum des Hüttenmannes war erreicht: das Produzieren „in einer Hitze".

Mit dem Ziel rationeller Arbeitsteilung wurde die DH 1948 Anteilseigner (25%) der Société Lorraine de Laminage Continu (SOLLAC) bei Thionville/ Mosel (ca. 50 km von Dillingen entfernt). Dieser Schritt wurde durch die traditionellen Bindungen der DH an das Nachbarland (Gründung 1685 durch den Marquis de Léconcourt), vor allem aber über die französische Aktienmehrheit erleichtert. Die SOLLAC verarbeitet Roheisen von der DH zu Stahl, diesen zu Fein- und Weißblechen, was wiederum der DH erlaubte, ihre Fein- und Weißblechproduktion in Dillingen stillzulegen (1966, 1971) und ihre Aktivitäten allein auf Grobbleche und Stahlguß zu konzentrieren. Seit der Inbetriebnahme (1985) eines Walzgerüsts (für 5,5 m breite Bleche!) mit dem größten Walzenständer der Welt besitzt die DH eines der leistungsfähigsten Grobblechwalzwerke. So bleibt die DH selbst spezialisiert und konkurrenzstark im Bereich Grobbleche, behält aber über die SOLLAC-Beteiligung auch Einfluß auf die Fein- und Weißblechherstellung. Beteiligt ist die DH außerdem an einem Röhrenwerk in Dillingen sowie, über die SOLLAC, an dem einzigen Blechdosenhersteller in Frankreich und an einer lothringischen Blechlackiererei, also an weiterverarbeitenden Unternehmen (*Dillinger Hütte AG* 1985).

6. Externe Einflüsse

Neben diesen Initiativen der Unternehmen erfolgten Einflüsse von außen durch den Bund und die Europäische Gemeinschaft, aber auch über Verflechtungen mit ausländischen Unternehmen und ausländischem Kapital. Technologische Anpassung, Restrukturierung und Standortkonzentration der Saarhütten verliefen keineswegs immer koordiniert mit den Maßnahmen des Bundes und, noch weniger, der EG. Dabei ist die Bonner Regierung weitgehend an die Richtlinien und Verordnungen der EG gebunden. Zu betonen ist, daß die Umstrukturierung nur mit *massiver finanzieller Beteiligung des Bundes und der Banken* finanziert werden konnte und daß (ARBED-)Saarstahl ohne mehrfache Hilfsmaßnahmen des Bundes keinesfalls hätte überleben können. Dabei wurden von der saarländischen Landesregierung wertvolle Vermittlerdienste geleistet (dagegen hatte das Großherzogtum Luxemburg schon bei der Fusion von ARBED-Saarstahl 1982 jegliche künftige Finanzhilfe abgelehnt). Allerdings zeigte sich die Abhängigkeit des Unternehmens – und indirekt auch des finanzschwachen Saarlandes – vom Bund nicht nur in jenen Finanzhilfen, sondern auch, wenn die Bonner Regierung die Saarkanalisierung oder Hilfsgelder in Frage stellte oder verzögerte. Insgesamt flossen an ARBED-Saarstahl von 1978 bis 1984 externe Hilfen in Höhe von rund 3,2 Mrd DM bedingt rückzahlbarer Zuschüsse und Bürgschaften; auch danach mußte die öffentliche Unterstützung noch fortgesetzt werden.

Demgegenüber hat die Politik der Europäischen Gemeinschaft für Kohle und Stahl (EGKS) die Situation der saarländischen Stahlindustrie erheblich erschwert, vor allem durch die Verordnung von *Produktions- und Lieferquoten*, an die sich bekanntlich keineswegs alle Mitglieder gehalten haben (vgl. IHK 1982, S. 17).

Als gravierend für den Restrukturierungsprozeß der Saarhütten erwies sich vor allem die Regelung der Produktionsquoten, denn die EGKS senkte diese für ARBED-Saarstahl auf einer Berechnungsbasis für die damaligen Stahlwerke, die just zuvor, nämlich durch die Schließung des Stahlwerks Burbach, bereits etwa 20% ihrer Kapazität eingebüßt hatten. Die Regelung der Produktionsquoten erzwang also eine *zusätzliche Reduzierung*. Für das im selben Zeitraum in Betrieb gehende neue Blasstahlwerk Völklingen bedeutete dies zunächst einen erheblichen Mangel an Auslastung (IHK 1982, S. 45).

Bleibt schließlich die Frage, ob aus der *dominierenden ausländischen Kapitalbeteiligung* — heute befinden sich die Saarhütten weitgehend in französischer Hand — *Einflüsse auf ihre (zukünftigen) Struktur- und Standortveränderungen erwachsen:*

Die *Halberger Hütte* ist eine GmbH nach deutschem Recht und seit Beginn der 70er Jahre zu 100% Tochter des französischen Unternehmens Pont-à-Mousson. Sein Stammbetrieb liegt in der gleichnamigen lothringischen Stadt, seine Hauptverwaltung in Nancy; es gehört zu Saint-Gobain, einem der größten Mischkonzerne Frankreichs mit Sitz in Paris. Weder dessen Verstaatlichung (1982) noch die seitdem erfolgte Reprivatisierung hatten Folgewirkungen auf die HH. Zwar muß sich diese den generellen Konzernstrategien anpassen, über die in Paris und Nancy entschieden wird. Auch arbeiten HH und Pont-à-Mousson in einer Forschungseinrichtung in Frankreich zusammen. Die direkten Markt-, Finanzierungs- und Investitionsentscheidungen werden jedoch von beiden unabhängig gefällt, zumal die Märkte für die Rohrproduktion getrennt sind. De facto unterscheidet sich die HH nicht von einem Unternehmen mit deutscher Kapitalmehrheit (frdl. mdl. Auskunft Firmenleitung der HH, 1987).

Die *Dillinger Hütte*, älteste Aktiengesellschaft Deutschlands, wird zwar nach deutschem Recht geführt, jedoch seit langem mehrheitlich von französischem Kapital getragen. Hauptaktionär sind die nach der Verstaatlichung der französischen Stahlindustrie (1982) zusammengelegten Konzerne SACILOR (ehem. de Wendel) und USINOR. Verbunden ist USINOR-SACILOR mit der DH auch über das gemeinsame Tochterunternehmen SOLLAC bei Thionville und über das gemeinsame Hüttenunternehmen SOLMER in Fos-sur-Rhône bei Marseille. Zwar hatte auch in diesem Fall die Verstaatlichung keine nennenswerten Konsequenzen für das in der Bundesrepublik Deutschland ansässige Unternehmen DH, doch darf man davon ausgehen, daß die wegweisenden Entscheidungen nicht allein an der Saar, sondern ebenso in Paris getroffen werden. So auch in der jüngsten, umwälzenden Strukturveränderung in der saarländischen Stahlindustrie: Im April 1989 trug man der seit einigen Jahren funktionierenden Steuerung von Saarstahl Völklingen durch die DH Rechnung, indem man, was einer Fusion nahekommt, beide Unternehmen in einer *Holding* mit Sitz in Dillingen zusammenfaßte. Sie hat die Rechtsform einer Aktiengesellschaft, der „Dillinger Hütte Saarstahl AG". Die DH und Saarstahl unterstehen ihr als Töchter und behalten ihre Spezialisierung auf Flachprodukte bzw. Langprodukte bei. Dominierender Kapitaleigner ist der französische Staatskonzern USINOR-SACILOR mit 70% Anteil, 2,5% verbleiben bei der ARBED, 27,5% gehören dem Saarland, also dem deutschen Staat; seitdem wird allerdings eine Privatisierung des saarländischen Anteils angestrebt (Saarbrücker Zeitung, 21.04.1989 ff.).

Solche *grenzübergreifenden Unternehmen* sind schon seit langem die richtungweisenden Vorläufer für Verflechtungen auf europäischer Ebene. Der regionale und nationale Charakter der Wirtschaft verschwindet zusehends. Mit der Öffnung des Binnenmarktes ab 1993 wird die Frage nach etwaigen ausländischen „Einmischungen" in die saarländische Wirtschaft ohnehin hinfällig. Aber auch rückblickend sollen die Einwirkungen von jenseits der Grenze nicht überschätzt werden. Dabei dominieren allerdings die positiven Einflüsse, denn die Stabilität der Unternehmen DH und HH wurde vorwiegend erreicht durch kluges Marktverhalten, rechtzeitige Innovationen und technologische Anpassung sowie, nicht zuletzt, durch Abstimmung und absichernde Zusammenarbeit (vgl. DH-SACILOR-SOLLAC) mit den französischen Kapitaleignern. Den einstigen, überwiegend deutschen Anteilseignern der Unternehmen, die zu dem Sorgenkind Saarstahl schrumpften, kann dies kaum bescheinigt werden.

Exkursionshinweise

Auf der Fahrt von Saarbrücken nach Saargemünd über die B 51 quert man die Anlagen der Halberger Hütte, unverkennbar durch ihr großes Rohrlager und die kleinen Hochöfen. Besser sehen kann man diese vom Ende einer Sackgasse (Stummstraße), am Fuß des Halbergs, wo mit einer kleinen (säkularisierten) Kirche, Arbeiterhäusern und Werksanlagen noch die Reste eines typischen Ensembles der Gründerzeit erhalten sind. Auf dem Gipfel des Halbergs, z.T. noch in der einstigen Residenz von Carl Ferdinand von Stumm, befindet sich heute der Saarländische Rundfunk.

Einen günstigen Aussichtspunkt für die gesamte Dillinger Hütte gibt es nicht. Auf der Prims-Brücke im W des Werksgeländes steht man unmittelbar vor dem Hochofen von 1974, neben dem auch die alte Kokerei lag; im Hintergrund erhebt sich der neue Hochofen (1986). Einigermaßen überblicken läßt sich die Zentralkokerei vom Parkplatz des Einkaufszentrums an der Kreuzung L 51/A 8.

Ein Panorama (s. „Aussichtspunkt" in Abb. 3) imposanter Industrielandschaft öffnet sich in Völklingen vom neuen Gewerbegebiet unmittelbar neben den Kühltürmen an der AB-Anschlußstelle Völklingen-Wehrden. Direkt gegenüber liegen das Kohle-Kraftwerk Wehrden und die seit 1986 stillgelegten Anlagen (Hochöfen, Kokerei etc.). Von dem über 800 m langen Walzwerk (am oberen Rand von Abb. 3 angeschnitten) ragt gerade noch das Ende hinter dem Schlackenberg hervor. Das Blasstahlwerk, dessen blauer Anstrich langsam unter Industriepatina verschwindet, erhebt sich in 2 km Entfernung und kann besser von der Straßenbrücke über die Autobahn beobachtet werden. Abb. 3 soll dem Betrachter den Vergleich ermöglichen zwischen dem alten integrierten Hüttenwerk und dem heute auf Stahl- und Walzwerke reduzierten Komplex. Zur Zeit wird der Vorschlag diskutiert, die stillgelegten Anlagen mit der eindrucksvollen Hochofenreihe in ein Industriemuseum umzuwandeln (vgl. SOYEZ 1988).

Was von der Burbacher Hütte erhalten blieb — ein Drahtwerk und offene Lagerhallen — läßt sich von der im N vorbeiführenden Hoch-Str. und — allenfalls im raschen Vorbeifahren — von der AB auf der anderen Saarseite erfassen. Auch von den Neunkircher Eisenwerken zeugen nur noch zwei Hochofenruinen, ein Gasbehälter, eine alte Maschinenhalle und ein Jugendstil-Wasserturm. Von den Hochöfen steht der westliche unter Denkmalschutz, jedoch wurden hier noch keine Erhaltungsinvestitionen getätigt; der stadtnähere östliche Hochofen wird z.Zt. aus Mitteln der Städtebauförderung als Zeugnis der Industriekultur restauriert. Im zentrumsnahen Bereich des aufgegebenen Hüttengeländes entsteht 1988/89 ein ausgedehnter Einzelhandelskomplex. Sehr einprägsam ist der Blick von der im S des Hüttenwerks ansteigenden Straße: im Vordergrund das sich stark verändernde Stadtzentrum mit den genannten Relikten und einer Zeile unter Denkmalschutz gestellter Häuschen von Hüttenarbeitern; neben den Hochöfen Freiflächen, auf denen die Kokerei stand; weiter nach links zieht sich das Gelände des ehemaligen Bergwerks König, an das neben bewaldeten Bergehalden und einem alten Fördergerüst auch noch einige umgewidmete Backsteinbauten erinnern. Das ehemalige Grubenkraftwerk bezieht heute seine Wärme aus einer Müllverbrennungsanlage und erzeugt auch Fernwärme für die Stadt. Die Erfolge von neuen Werksansiedlungen auf den unter hohen Kosten hergerichteten Industrie- und Gewerbeflächen des ehemaligen Grubengeländes sind bescheiden geblieben.

Literatur

ARBED-Saarstahl GmbH: Der Weg der Restrukturierung. Die gesellschaftliche Neuordnung des Unternehmens. – *Der Hüttenmann* 40 (1986), Werkszeitung der ARBED-Saarstahl GmbH, Völklingen, Nr. 5, S. 2-5.

ARBED u. Stahlwerke Röchling-Burbach: Das neue Blasstahlwerk in Völklingen, o.O. o.J. (ca. 1981).

BIERBRAUER, F.: Technologischer Wandel und Raumwirksamkeit. Die Umstellung in den saarländischen Hüttenwerken von Minetteerzen auf Überseeerze, Saarbrücken 1985 (Diplomarbeit, Fachrichtung Geographie, Universität des Saarlandes).

Dillinger Hüttenwerke AG: 300 Jahre Aktiengesellschaft der Dillinger Hüttenwerke, Dillingen/Saar 1985.

DÖRRENBÄCHER, P./BIERBRAUER, F./BRÜCHER, W.: The external and internal influences on coal mining and steel industry in the Saarland/FRG. – Zeitschr. f. Wirtschaftsgeogr. 32 (1988), S. 209-221.

ECKART, K.: Die Eisen- und Stahlindustrie in den beiden deutschen Staaten, Stuttgart 1988 (Erdkundliches Wissen, H. 37).

GEORGI, H.: Die Lehre aus den Saartarifen. – Saarwirtschaft (1985), S. 500 u. 502.

HELLWIG, F.: Der Ausbau der Saar zur Großschiffahrtsstraße. – Saarheimat 31 (1987), S. 283-286.

IHK (Industrie und Handelskammer des Saarlandes): Saarwirtschaft, Saarbrücken (jährlich).

JUDITH, R./PETERS, J.: Krise der Stahlindustrie – Krise einer Region. – In: JUDITH, R. u.a.: Die Krise der Stahlindustrie – Krise einer Region. Das Beispiel Saarland, Köln 1980 (Qualifizierte Mitbestimmung in Theorie und Praxis, 4), S. 15-57.

LATZ, R.E.: Gegenwart und Zukunftschancen der deutschen Stahlindustrie. Eine Betrachtung der Wettbewerbslage der deutschen Stahlindustrie mit exemplarischem Einfluß der Saar-Stahlindustrie, Frankfurt a.M. 1978.

REITEL, F.: Krise und Zukunft des Montandreiecks Saar-Lor-Lux, Frankfurt a.M. u.a. 1980.

ROLSHOVEN, H./NEU, TH.: 100 Jahre Montanwirtschaft in der Großregion Saar-Lor-Lux-Westpfalz-Trier. – Erzmetall, 41 (1981), S. 239-248.

ROSENSTOCK, H.G./REGNITTER, F./KÜPPERSBUSCH, H.: Das neue Blasstahlwerk der Stahlwerke Röchling-Burbach in Völklingen. – Stahl und Eisen, 102 (1982), S. 403-410.

Saarbrücker Zeitung, Saarbrücken (täglich).

SOYEZ, D: Das amerikanische Industriemuseum 'Sloss Furnaces' – ein Modell für das Saarland? – In: ANNALES, 1 (1988), S. 59-68 (Forschungsmagazin der Universität des Saarlandes).

Stahl und Eisen, Zeitschr. f. d. Herstellung und Verarbeitung von Eisen und Stahl (vierzehntäglich).

Us'Hütt, Werkszeitschrift der Dillinger Hütte AG.

SOYEZ, D./BRÜCHER, W./FLIEDNER, D./LÖFFLER, E./QUASTEN, H./WAGNER, J. M. (Hrsg.):
Das Saarland. Bd. 1: Beharrung und Wandel in einem peripheren Grenzraum, Saarbrücken
1989 (Arbeiten aus dem Geographischen Institut der Universität des Saarlandes, Bd. 36).

Industrielle Entwicklung und räumliche Planung im Saarland

Paul Jost

1. Die strukturelle Ausgangslage nach dem 2. Weltkrieg

1.1. Montanregion Saar

Betrachtet man das nach dem 2. Weltkrieg entstandene Saarland in dem endgültigen, 1949 gefundenen Gebietszuschnitt aus wirtschaftsgeographischer Sicht, so wird deutlich, daß hier eine fast ausschließlich *auf der Montanindustrie basierende Wirtschaftsregion* staatliche Einheit geworden war. Wie schon das Saargebiet 1920 umfaßt es das saarländische Steinkohlenrevier, die darauf gegründeten Standorte der Eisen- und Stahlindustrie sowie deren erste Weiterverarbeitungsstufe. Im Raum Merzig ist die Region wie schon 1920 um die Standorte der *Keramischen Industrie* ergänzt. Sie sind zwar nicht wie die saarländische Stahlindustrie auf die Steinkohle gegründet, haben aber bis zur Ausbreitung des Erdgases in den sechziger Jahren in Anbetracht ihres hohen Primärenergieverbrauchs von der Nähe des Steinkohlenreviers erheblich profitiert.

Die Gebietserweiterung, die gegenüber den Grenzen von 1920 nach dem Zweiten Weltkrieg vorgenommen worden ist, zielte im wesentlichen darauf, das sehr ausgedehnte *Pendlereinzugsgebiet* der Arbeitskräfte dieses Industrieviers möglichst umfassend einzugliedern (zu den politischen Hintergründen vgl. den Beitrag REITEL).

Die industrielle Grundlage des neu gebildeten Territoriums war zwar durch den Krieg nicht unerheblich beschädigt, aber relativ rasch wieder in Gang zu bringen. Der strukturell besonders gewichtige Steinkohlenbergbau hatte den Krieg nahezu unversehrt überstanden. Entscheidend für das rasche Wiederaufleben der industriellen Aktivitäten aber war die Tatsache, daß keine *Demontagen* stattfanden, was ohne Zweifel der staatsrechtlichen Konstruktion zu verdanken war. Wenngleich der Verzicht der Alliierten auf Demontagen den wirtschaftlichen Wiederbeginn erleichterte und zugleich beschleunigte, so ist er andererseits verantwortlich dafür, daß die Produktion mit einer durchweg veralteten, während des Krieges nur zur Kapazitätserweiterung erneuerten Ausrüstung in Gang gebracht werden mußte. Die demontierte deutsche Industrie hingegen konnte, wenn auch verspätet, so aber doch mit vielfach modernisierter Ausrüstung anlaufen.

Die strukturellen Verhältnisse, welche die Landesplanung beim Beginn ihrer Nachkriegstätigkeit vorfand, sollen anhand der Ergebnisse der *Volks-, Berufs- und*

Arbeitsstättenzählung vom 14.11.1951 dargestellt werden. Zwar hatte im Saarland schon am 20.10.1946, also kurz nach Amtsantritt der Regierungskommission, eine Großzählung stattgefunden, die die Nachkriegsverhältnisse anderthalb Jahre nach Beendigung des Krieges abbildete. Bevölkerung und Wirtschaft aber waren zu dieser Zeit noch so sehr von unmittelbaren Kriegseinwirkungen geprägt, daß ein darauf basierendes Bild die wahre strukturelle Ausgangslage nur stark verzerrt wiedergeben würde.

Am 14.11.1951 zählte das Saarland 955 413 Einwohner (1), das waren nur gut 6% mehr als 1939 auf dem gleichen Territorium. Diese im Vergleich zum Bundesgebiet außerordentlich geringe Zunahme ist vor allem darauf zurückzuführen, daß das Saarland bis dahin — es war in der Zeit, als die gewaltigen Ströme von *Flüchtlingen* und *Vertriebenen* das Bundesgebiet überfluteten — fast keine Personen aus diesen Gruppen aufgenommen hatte, da es faktisch von Deutschland abgetrennt war. Deren Zahl ist zwar nicht mehr zu ermitteln, da im Saarland für Flüchtlinge und Vertriebene kein eigener rechtlicher Status wie im Bundesgebiet begründet worden war. Daß ihre Zahl nur wenige Tausend betragen haben kann, hat die Volkszählung 1951 dadurch indirekt belegt, daß sie die Bevölkerung nach ihrer Staatsangehörigkeit erfaßte. Zwar gab es zu diesem Zeitpunkt 34 183 Personen mit deutscher Staatsangehörigkeit, von denen die Hälfte erst nach 1945 im Saarland ansässig war. Aber schon deren Geschlechterverhältnis — 11 500 männliche und 5 601 weibliche Personen — ist ein Indiz dafür, daß es sich hierbei nur teilweise um Flüchtlinge und Vertriebene gehandelt haben kann. Es muß vielmehr angenommen werden, daß ein Großteil dieser Personengruppe aus Arbeitskräften bestand, die nach dem Krieg aus Deutschland angeworben worden waren und denen eine restriktive Staatsangehörigkeitsregelung die saarländische Staatsbürgerschaft verweigert hatte.

1.2. Raumstrukturelle Befunde

Bei 410 554 Erwerbspersonen hatte das Saarland 1951 eine *Erwerbsquote* von nur 43,0%, obgleich die Land- und Forstwirtschaft zu jener Zeit noch 61 289 Erwerbspersonen, davon 42 122 Frauen, beschäftigte. Für eine Montanregion, deren Industriestruktur wenig Frauenarbeitsplätze aufwies, gab es somit verhältnismäßig viele Erwerbsmöglichkeiten für Frauen.

Diesem *Erwerbspotential* standen im Saarland 338 575 Arbeitsplätze in nichtlandwirtschaftlichen Arbeitsstätten, 61 288 in der Land- und Forstwirtschaft sowie 10 500 in häuslichen Diensten gegenüber. Als sog. *„Grenzgänger"* waren 5 866 Erwerbspersonen tätig, während 7 519 außerhalb des Saarlandes, größtenteils in Rheinland-Pfalz wohnhafte Erwerbspersonen als sog. *„Saargänger"* im Saarland beschäftigt waren. Die Zahl der registrierten Arbeitslosen betrug mit 4 319 weniger als 2% der abhängig Beschäftigten. Es ergab sich somit für das Jahr 1951 folgende *Arbeitsmarktbilanz*:

Saarländische Erwerbspersonen	410 554
— Auspendler nach außerhalb des Saarlandes	5 866
	404 688
— Registrierte Arbeitslose	4 319
	400 369
Einpendler von außerhalb des Saarlandes	7 519
Im Saarland tätige Erwerbspersonen	407 888
Beschäftigte in nichtlandwirtschaftlichen Arbeitsstätten	338 575
Landwirtschaftliche Erwerbspersonen	61 288
Häusliche Dienste	10 500
Inländische Beschäftigungsfälle insgesamt (2)	410 363

Schon wenige Jahre nach dem Krieg hatte das Saarland demnach wieder eine Erwerbsbasis, die mindestens *mengenmäßig* ausreichte, um die eigene Erwerbsbevölkerung zu beschäftigen. Dies steht ganz im Gegensatz zu manchen anderen, von Flüchtlingen überfüllten, von Kriegszerstörungen und nachfolgenden Demontagen in ihrer Erwerbsbasis geschwächten Industrierevieren Nachkriegsdeutschlands. Die — zunächst nicht in Erscheinung tretenden — *Schwächen* dieser strukturellen Ausgangsbasis waren demnach nicht in der Arbeitsmarktbilanz angelegt, sondern vor allem in der sektoralen *Einseitigkeit* der Erwerbsbasis und der für ein Land der Schwerindustrie *ungenügenden Verkehrsinfrastruktur*. Die sektorale Aufteilung der Beschäftigen 1951 geht aus Tab. 1 hervor.

Deutet man die damalige Wirtschaftsstruktur in räumlich-funktionaler Sicht, dann springt zunächst die heute nahezu umgekehrte Relation Basisbereich/Folgebereich ins Auge. Sie betrug 1951 61,7 : 38,3%. Für den Basisbereich ist der für ein so dicht besiedeltes Land — damals 372 Einwohner je km² — hohe Anteil der Landwirtschaft ein auffallendes Strukturmerkmal.

Die geringe landwirtschaftliche Nutzfläche — 135 237 ha — und die vergleichsweise geringe Intensität der Bebauung zwingen zu dem Schluß, daß nur ein kleiner Teil der 61 288 Erwerbspersonen in der Land- und Forstwirtschaft Vollarbeitskräfte gewesen sind. Ein starkes Indiz dafür ist auch die Gliederung der landwirtschaftlichen Erwerbspersonen nach Stellung im Beruf: Zwei Drittel waren mithelfende Familienangehörige, ein knappes Drittel Selbständige. Angestellte und Arbeiter machten gerade 2% aus — das typische Strukturbild einer hochgradig im *Nebenerwerb* betriebenen Landwirtschaft.

Von der gewerblich-industriellen Basis stellte die *Montanindustrie* mit einem deutlichen Übergewicht des *Bergbaus* einen überragenden Anteil: 53,7% aller gewerblich Beschäftigten hatten dort ihren Arbeitsplatz, auf die Industrie bezogen waren es sogar zwei Drittel. Von den sonstigen Branchen waren nur noch die Eisen- und Metallwarenerzeugung, die Holzverarbeitung, das Bekleidungsgewerbe, der Maschinenbau, der Stahlbau und die feinkeramische Industrie von nennenswerter Bedeutung.

Tab. 1: Beschäftigungsfälle nach Branchen im Saarland am 14.11.1951.

Branchen	Beschäftigungsfälle absolut	%
Land- u. Forstwirtschaft	61 288	14,9
Bergbau, Gewinnung und Verarbeitung von Steinen u. Erden, Energiewirtschaft	72 162	17,6
darunter:		
Steinkohlenbergbau	64 391	15,7
Gewinnung und Verarbeitung von Steinen und Erden	4 753	1,2
Energiewirtschaft	2 998	0,7
Eisen- und Metallerzeugung und -verarbeitung	72 106	17,6
darunter:		
Eisen- und Stahlindustrie	42 117	10,3
Stahlbau	6 657	1,6
Maschinenbau	7 225	1,8
Eisen- und Metallwarenerzeugung	9 859	2,4
Übrige verarbeitende Gewerbe	47 740	11,6
darunter:		
Feinkeramische u. Glasindustrie	5 770	1,4
Holzverarbeitung	9 287	2,3
Bekleidungsgewerbe	8 248	2,0
Mühlen, Nährmittel, Stärke- und Futtermittelindustrie	6 656	1,6
Fleisch- und Fischverarbeitung	4 557	1,1
Bau-, Ausbau- und Bauhilfsgewerbe	32 346	7,9
Handel, Geld- und Versicherungsgewerbe	46 392	11,3
Dienstleistungen (in Arbeitsstätten)	12 676	3,1
Häusliche Dienstleistungen	10 500	2,6
Verkehrswirtschaft	23 470	5,7
Öffentl. Dienste und Dienstleistungen im öffentl. Interesse	31 483	7,7
	410 363	100,0

Kohlenbergbau und Stahlindustrie, die beherrschenden Säulen der damaligen Wirtschaft des Landes, waren dadurch gekennzeichnet, daß sie ihre Produkte mit einem verhältnismäßig *geringen Grad von Weiterverarbeitung* bzw. *Veredelung* über verhältnismäßig große Entfernungen absetzen mußten (und dies fast ausschließlich auf Landverkehrsmitteln). Diese Verhältnisse hätten eigentlich einen starken ökonomischen Druck in Richtung auf einen hohen Verarbeitungs- bzw. Veredelungsgrad ausüben sollen. Die mehrfache *Umorientierung* des Landes auf jeweils verschiedene Märkte hatte es aber — jedenfalls bis zu diesem Zeitpunkt — verhindert, diesen Druck strukturell umzusetzen.

Im Gegensatz zur starken Agglomeration der industriellen Aktivitäten im Kern des Verdichtungsraumes war die *Siedlungsstruktur* durch auffallend breite *Streuung* geprägt. Auch im Verdichtungsraum hatten sich nur wenige Siedlungen mit mehr als 10 000 Einwohnern ausgebildet: Ein Konglomerat von Siedlungen mittlerer Größe in engen Abständen, spinnwebartig entlang überörtlicher Straßen in die freie Landschaft ausgreifend und vielfach in Gemengelage mit stark emittierenden Betrieben, nur von wenigen großen Siedlungen überragt — das waren die siedlungsstrukturellen Dominanten des Verdichtungsraumes, die sich nach außen, in den ländlichen Raum hinein, nur allmählich abschwächten. So gab es auch damals schon nur im äußersten Südosten (Bliesgau), Nordwesten (Saargau) und entlang der nördlichen Landesgrenze extrem ländliche Siedlungsverhältnisse mit intakten bäuerlichen Siedlungen und relativ weit entfernten zentralen Orten.

Zwangsläufige Folge der mangelnden Kongruenz von Siedlungs- und räumlicher Wirtschaftsstruktur war ein außerordentlich starker *Berufspendelverkehr*, und zwar sowohl in Bezug auf den Pendleranteil an den Erwerbspersonen (1951: 44,9%) als auch bezüglich der Pendlerentfernungen und Reisezeiten.

In *verkehrlicher Hinsicht* waren außer dem Fehlen einer leistungsfähigen Wasserstraße zwei Tatsachen bestimmend: Es gab keine Autobahn, und auch die großströmigen Fernverbindungen im Schienenpersonenverkehr umfuhren das Saarland. Lediglich im mittleren Reiseverkehr bestanden Anschlüsse an diese Fernverbindungen.

Die Unzulänglichkeit im Schienenpersonenverkehr fiel umso mehr ins Gewicht, als Saarbrücken auch seine früheren Flugverbindungen verloren hatte.

2. Ansätze zu einem Gesamtkonzept

Diese industrielle Ausgangsbasis hatte praktisch eine *Vollbeschäftigung* herbeigeführt. Somit war das Bedürfnis, die einseitige Industriestruktur aufzulockern, so lange zweitrangig, wie die Montanindustrie wenn schon nicht florierte, so doch eine auskömmliche Erwerbsbasis für die gegenüber Zuwanderungen aus den deutschen Ostgebieten stark abgeschirmte Landesbevölkerung bot. Die 1958 einsetzende *Kohlenkrise* änderte diese Ausgangsbasis grundlegend.

2.1. Strukturpolitische Konflikte

Nachdem die Kohlenkrise als grundlegendes und dauerhaftes strukturelles Ereignis erkannt war, setzte sich in der Landesplanung früher als in manchen anderen Ressorts die Erkenntnis durch, daß die Wirtschaftsstruktur des Landes grundlegend zu ändern sei: Die erheblichen Freisetzungen im Bergbau — zwischen 1958 und 1975 verringerte sich die Belegschaft der Saarbergwerke jährlich um 2 500 Beschäftigte — ließen langfristig ein um so größeres *Arbeitsplatzdefizit* befürchten, als im Bereich der Landwirtschaft ähnlich große Arbeitsplatzverluste zu erwarten waren. Nach Auffassung der Landesplanung war diese Entwicklung nur durch eine gigantische *Umstrukturierung* der Erwerbsgrundlagen aufzufangen. Sie konnte ohne ein erhebliches, räumlich abgestimmtes Angebot an Flächen für die Ansiedlung einer Vielzahl von Industriebetrieben mit zusammen zehntausenden von Arbeitsplätzen nicht bewältigt werden. Die Landesplanung begriff diese Aufgabe nicht nur als eine Arbeit, die ihr durch widrige wirtschaftsstrukturelle Prozesse aufgezwungen war. Sie sah darin auch die raumordnungspolitisch reizvolle Chance, nicht nur einen mengen- und wertmäßigen Ausgleich für die schwindende Erwerbsbasis zu erreichen, sondern auch mit Hilfe des erhofften Ansiedlungspotentials eine günstigere räumliche Zuordnung von Erwerbsbevölkerung und Arbeitsplätzen zu bewirken und so wirtschaftsstrukturelle Notwendigkeiten mit raumordnungspolitischen Intentionen zu verbinden.

Zunächst aber wurde diese Auffassung der Landesplanung durch die tonangebenden Unternehmensgruppen — es waren insbesondere der Bergbau, die Stahlindustrie, die weiterverarbeitende Eisenindustrie und die Feinkeramik — blockiert. Hauptargumente waren, es gebe weit und breit keine Arbeitslosigkeit und der Belegschaftsabbau im Bergbau werde durch großzügige Frühpensionierung mit hohen Abfindungen abgefedert, somit wirtschafts- und sozialverträglich vollzogen; schließlich treffe der in Gang befindliche Abbau landwirtschaftlicher Erwerbstätigkeit in erster Linie mithelfende Familienangehörige mit geringem Einkommen und sei wirtschaftlich von untergeordneter Bedeutung.

Diese Widerstandslinie wurde bis zur Rezession 1966/67 durch die Landesregierung teils widerstrebend, teils aus Überzeugung akzeptiert. Die Folge war, daß mancher potentielle Ansiedlungsinteressent, darunter auch Großunternehmen wachstumsträchtiger Branchen, abgeschreckt worden ist und sich anderswo niedergelassen hat. Es ist daher nicht verwunderlich, daß die Ansiedlungsbilanz der ersten Hälfte der 60er Jahre trotz lebhafter industrieller Dynamik im Bundesgebiet für das Saarland insgesamt nicht nur bescheiden ist, sondern daß darin auch Betriebe mit hohem Frauenanteil und geringer Arbeitsproduktivität ebenso wie solche der bundesweit damals schon stagnierenden Textilindustrie ein hohes Gewicht hatten — von ihnen existieren die meisten heute längst nicht mehr.

Wenngleich es der Landesplanung in dieser Zeit nicht gelang, sich innerhalb der Ressorts mit ihrer strukturpolitischen Auffassung durchzusetzen, so konnte sie doch immerhin die Einsicht vermitteln, es sei notwendig, die Strukturprobleme des Landes durch externe Gutachter aufhellen zu lassen.

Mit der Vergabe eines Gutachterauftrages an Prof. Gerhard Isenberg Ende 1962 wollte die Landesplanung die wirtschaftlichen Strukturprobleme des Saarlandes aus analytischer und prognostischer Sicht beleuchten lassen. Anfang 1964 lagen die Ergebnisse für das Saarland insgesamt vor (ISENBERG 1968). ISENBERG prognostizierte auf der Grundlage des von ihm selbst entwickelten *Tragfähigkeitskonzeptes* (ISENBERG 1953) für den Montansektor und die Landwirtschaft bis zum Zieljahr 1975 *Arbeitsplatzverluste* zwischen — je nach Variante — 54 000 und 32 000 Beschäftigten. Weitere Gutachten mit gleicher Zielsetzung wurden in der

Folge von unterschiedlichen Verfassern vorgelegt (SIEVERT/STREIT 1964, TIETZ 1965, MÜLLER 1966). Wenngleich von diesen Sachverständigen nur die Prognose von J.H. MÜLLER ein ähnlich düsteres Zukunftsbild der Saarwirtschaft zeichnete (3), während SIEVERT/STREIT und TIETZ zu relativ optimistischen Ergebnissen kamen, wurde die Auffassung mindestens der politischen Meinungsführer von den pessimistischen Prognosen geprägt. Das von der Montanunion in Auftrag gegebene, mit hohem publizistischem Aufwand der Öffentlichkeit vorgestellte Gutachten von J.H. MÜLLER dürfte dabei nicht zuletzt deshalb meinungsprägend gewesen sein, weil es zu dem Zeitpunkt in die Öffentlichkeit kam, als die erste Rezession der Saarwirtschaft nach dem Krieg die Strukturschwächen des Saarlandes für jedermann offenbarte. Unter dem Eindruck dieses Meinungswandels über die Zukunftsaussichten der Region ließ sich der bisherige Widerstand gegen eine auf Neuansiedlungen von Industriebetrieben im großen Stil gerichtete Politik nicht mehr aufrechterhalten.

2.2. Räumliche Konzeption zur industriellen Entwicklung

Sobald die Landesplanung mit dem Saarländischen Landesplanungsgesetz vom 17. Mai 1964 eine gesetzliche Grundlage für ihre Arbeit erhalten hatte, ging sie mit ganzer Kraft daran, eine *räumliche Konzeption für die industrielle Entwicklung* zu entwerfen.

Das Gesetz verpflichtete die Landesplanung, alle Entwicklungsabsichten, so auch die für die industrielle Entwicklung, in ein alle raumbedeutsamen Bereiche umfassendes *Raumordnungsprogramm* einzubinden. Seine Aufstellung hätte schon des fachübergreifenden Anspruches wegen mehrere Jahre beansprucht. Die Dringlichkeit der industriellen Entwicklungsaufgaben erforderte daher andere Wege, die es ermöglichen würden, schneller zu einer Konzeption zu kommen. Die Landesplanung begann daher noch 1964, das ganze Land systematisch nach geeigneten Industriestandorten und konkreten Ansiedlungsflächen zu durchforsten.

Das Ergebnis dieser Arbeit war der sogenannte *Industrieflächenatlas*, eine zusammenfassende Darstellung von insgesamt 50 größeren, für Industrieansiedlung geeigneten Flächen, dargestellt in Karten im Maßstab 1:25 000. Der Atlas enthielt dazu Texte mit Angaben über Bodenbeschaffenheit, Eigentumsverhältnisse, derzeitige Nutzung, Infrastruktur und Erwerbspotential im Einzugsbereich sowie die planungsrechtliche Situation für jede Fläche. Diese sollten der Landesplanung ermöglichen, die potentiellen Ansiedlungsflächen in ihr Bewertungssystem einzustellen. Ebenso sollten sie den interessierten Unternehmen ebenso wie den das Ansiedlungsgeschäft abwickelnden Stellen (vor allem Wirtschaftsminister, regionale Wirtschaftsförderungsgesellschaften) die für die Niederlassungsentscheidung wichtigen Informationen vermitteln.

In der räumlichen Gesamtschau bilden die ausgewählten Industrieflächen zusammen mit vorhandenen Standorten ein System von 17 *Schwerpunkträumen* unterschiedlichen Ansiedlungsbedarfes und unterschiedlicher Standortqualität, das später Eingang in das Raumordnungsprogramm finden sollte.

Wie oben angedeutet, schlug die Landesregierung unter dem Eindruck der Rezession 1966/67, spätestens aber mit ihrem Memorandum vom 10. April 1967, den strukturpolitischen Kurs ein, den die Landesplanung seit Jahren empfohlen und mit ihrer Industrieflächenatlas räumlich vorbereitet hatte. In diesem Memorandum bekannte die Landesregierung, daß auf der Basis des Jahres 1960 etwa 70 000 neue Industriearbeitsplätze bis 1980 erforderlich seien, um die bereits eingetretenen und die noch zu erwartenden Arbeitsplatzverluste auszugleichen sowie dem natürlichen Zuwachs an Arbeitskräften Erwerbsmöglichkeiten im Land bieten zu können. Sie nahm an, 20 000 Arbeitsplätze seien durch bereits erfolgte Ansiedlungen gesichert oder vorbereitet worden (*Das Saarland...* 1967, S. 31-33)(4).

Mit Beginn des Konjunkturaufschwungs 1968 erhielt die nach dem Memorandum auf breiter Front eröffnete *Ansiedlungsoffensive* einen enormen Auftrieb. In weniger als drei Jahren wurden entsprechend dem im Industrieflächenatlas vorbereiteten Standortkonzept Industriebetriebe angesiedelt, die nach Beendigung der Aufbauphase zusammen über 30 000 Arbeitsplätze zählten. Das war nicht nur *mengenmäßig* ein großer strukturpolitischer Durchbruch. Auch die *Branchenmischung* der angesiedelten Betriebe — es waren vorwiegend Betriebe der Investitionsgüterindustrie mit einem deutlichen Übergewicht des Fahrzeugbaus einschließlich Zulieferer — berechtigte zu der Hoffnung, die gravierenden Probleme der Saarwirtschaft dauerhaft lösen zu können, wenn dieser Weg nur konsequent fortgesetzt werde (vgl. hierzu näher den Beitrag GIERSCH).

Dieser Erfolg — er sollte sich später als nicht wiederholbar erweisen — war nur möglich, weil das Industrieflächenkonzept der Landesplanung in kürzester Zeit von den Gemeinden bauplanungsrechtlich umgesetzt, die Flächen erschlossen und von den Ansiedlungsstellen in durchweg gute Hände gebracht worden waren. Gelegentlich auftretende Grunderwerbsschwierigkeiten konnten mit Hilfe des Kohleanpassungsgesetzes überwunden werden.

Ein zweiter Punkt ist bemerkenswert: Das Konzept der Landesplanung war bereits in voller Umsetzung begriffen, ehe es durch Verkündung des Raumordnungsprogramms überhaupt verbindlich wurde. Hier zeigt sich, daß informelle Landesplanung sich durchsetzen kann, wenn der Zeitgeist auf ihrer Seite steht.

Die im Industrieflächenatlas niedergelegte räumliche Konzeption für die industrielle Entwicklung wurde in das Raumordnungsprogramm aufgenommen, das in zwei Teilen verabschiedet wurde: Der I. Allgemeine Teil wurde am 10. Oktober 1967 vom Kabinett beschlossen und im Januar 1969 im Amtsblatt des Saarlandes bekanntgemacht. Aber erst der II. Besondere Teil — er wurde am 28. April 1970 vom Kabinett beschlossen und kurz darauf im Amtsblatt verkündet — breitete in seinem Kapitel A die Industriestandortkonzeption des Industrieflächenatlasses programmatisch aus. Die dort konkretisierten 17 industriellen Schwerpunkträume wurden in einer dreistufigen *Rangskala* fixiert. Sie war das Ergebnis eines Prozesses, in dem zwei Sachverhalte gegeneinander abgewogen worden waren: einerseits die aufgrund technisch/wirtschaftlicher Erwägung abgeleitete Standortqualität, andererseits das Ansiedlungsbedürfnis, das anhand von Freisetzungsquoten in den Teilräumen des Landes geschätzt wurde. Schon vor Erlaß des Raumordnungsprogrammes gab es in Brennpunkten der Entwicklung das unabweisbare Bedürfnis, den Städten und Gemeinden als Trägern der Bauleitplanung die Ziele der Raumordnung und Landesplanung konkreter aufzuzeigen, als dies in dem naturgemäß relativ abstrakten Raumordnungsprogramm möglich gewesen wäre. Um diesem Bedürfnis abzuhelfen, hat die Landesplanung in zwei Fällen von der im Landesplanungsgesetz eingeräumten Möglichkeit Gebrauch gemacht, *Raumordnungsteilpläne* auch für *Teile* des Landes zu erstellen. So hat sie, vorwiegend um die erwartete industrielle Entwicklung *raumverträglich* zu gestalten und die dadurch initiierte städtebauliche Entwicklung harmonisch in die Gesamtentwicklung des Landes einzufügen, zwei Raumordnungsteilpläne erlassen, nämlich

— St.Wendel (21. Oktober 1966) und
— Obermosel (16. Juli 1968).

In drei weiteren Teilräumen des Landes bereiteten sich Industrieansiedlungen vor (Saarbrücken-Süd, Völklingen/Klarenthal) oder es standen ganz erhebliche Arbeitsplatzverluste an, die wenigstens teilweise durch industrielle Neuansiedlungen ausgeglichen werden sollten (Neunkirchen — Homburg). In diesen Teilräumen konnten die auftretenden Planungsbedürfnisse raumverträglich befriedigt werden, ohne daß die eingeleiteten Verfahren zur Aufstellung von Raumordnungsteilplänen — sie waren immerhin bis zum Referentenentwurf gediehen — zum Abschluß gebracht werden mußten: Die in den Entwürfen jeweils dargelegten Ziele der Raumordnung und Landesplanung wurden in den nachfolgenden Planungsstufen umgesetzt, ohne daß die Ziele jemals Verbindlichkeit im Sinne des Landesplanungsgesetzes erlangt haben — ein weiterer Beleg für die Wirksamkeit informeller Landesplanung.

Die rapide Verschärfung des *Konfliktes* zwischen *Industrie und Umweltschutz* in den siebziger Jahren hat dann den Bereich der fachübergreifenden räumlichen Planung in besonderem Maße betroffen: Die im Landesplanungsgesetz von 1978 verankerten Grundsätze der Raumordnung verpflichten die Landesplanung, Gesichtspunkte der Umwelt in verstärktem Maße in die Interessenabwägung einzubringen, die sie ihren Entscheidungen zugrunde legt.

Die verbindliche Festlegung und Konkretisierung der im Raumordnungsprogramm bestimmten industriellen Schwerpunkträume wurde einem *Landesentwicklungsplan* übertragen — so heißen die Pläne der Raumordnung neuen Rechts, die die Raumordnungspläne/-teilpläne alten Rechts ablösten. Dieser ordnet die für Industrie vorzuhaltenden und zu sichernden Flächen — sie heißen *gewerbliche Vorranggebiete* — in ein System von Vorranggebieten ein, die ausschließlich oder vorwiegend Freiraumfunktionen wahrzunehmen haben (ökologische, wasserwirtschaftliche, forstwirtschaftliche, landwirtschaftliche Vorranggebiete und Erholungsvorranggebiete). Wegen des dominierenden Bezugs der für die industrielle Entwicklung festgelegten gewerblichen Vorranggebiete zu den umweltbetonten Vorranggebieten erhielt dieser Plan die Bezeichnung „Landesentwicklungsplan Umwelt (Flächenvorsorge für Freiraumfunktionen, Industrie und Gewerbe)". Er wurde am 18. Dezember 1979 vom Ministerrat genehmigt.

Dieser Plan legte innerhalb der im Raumordnungsprogramm bestimmten 17 Schwerpunkträume der Industrie eine große Zahl von gewerblichen Vorranggebieten unterschiedlicher Größe und Einschränkungen im Maßstab 1:100 000 fest, wobei die angestrebte Zahl der Industriebeschäftigten für jeden Schwerpunktraum — unter Angabe der 1977 besetzten industriellen Arbeitsplätze — innerhalb einer bestimmten Bandbreite bestimmt wurde. Das Zahlenwerk ist dabei sowohl an der Größe und Qualität der Vorranggebiete als auch an den

Entwicklungsaussichten der jeweils vorhandenen Industrie so orientiert, daß langfristig Vollbeschäftigung für die saarländische Erwerbsbevölkerung ohne Abwanderung erreichbar ist.

Für den Bergbau war dabei mit Stagnation, für die Stahlindustrie mit einem Rückgang um 10 000 Beschäftigte bis 1990 gerechnet worden. Einige wenige, allerdings große Flächen wurden der Montanindustrie oder Großvorhaben vorbehalten.

Kurz zuvor, nämlich am 08. Mai 1979 war der Landesentwicklungsplan „Siedlung (Wohnen)" erlassen worden. Mit dem Bestreben, die Siedlungstätigkeit vorrangig auf Siedlungsachsen zu konzentrieren und die nur schwach besiedelten Achsenzwischenräume vom Siedlungsgeschehen weitgehend freizuhalten, hatte dieser Plan zwar ein anderes Aufgabenfeld. Eine Beziehung zur Industrieflächenplanung bestand aber insoweit, als er bei der räumlichen Verteilung des geplanten Siedlungsgeschehens auf die vorhandenen Orte neben Gesichtspunkten der *infrastrukturellen Ausstattung* auch die *Erreichbarkeit* von Arbeitsplätzen ins Kalkül einbezog.

3. Umsetzung des Konzeptes und Realität

3.1. Die Bewältigung der Kohlenkrise

Die durch die Landesplanung vorbereitete, mit Beginn des Konjunkturaufschwungs 1968 anlaufende Ansiedlungswelle hatte in kürzester Zeit ein in mehrfacher Hinsicht erfreuliches Ergebnis: Die neu angesiedelten Industriebetriebe haben einmal viele neue Arbeitsplätze — nach Beendigung der Aufbauphase gut 30 000 — ins Land gebracht. Sie waren imstande, den bis Mitte der siebziger Jahre im Bergbau erlittenen Verlust an Arbeitsplätzen — 40 000 — in etwa auszugleichen. Hier ist zu berücksichtigen, daß in dem Zeitraum, in dem der Steinkohlenbergbau um rund zwei Drittel seiner Ausgangsbeschäftigung dezimiert wurde, sich eine nachhaltige strukturelle Veränderung der Beschäftigung dergestalt vollzogen hat, daß der *Dienstleistungssektor* einen erheblich höheren Anteil der Gesamtbeschäftigung auf sich gezogen hat (mit noch steigender Tendenz). In sektoraler Hinsicht ist deshalb die ehedem beängstigend hohe Abhängigkeit der Wirtschaft des Landes vom Kohlebergbau durch neue Industriebetriebe, vorwiegend im Investitionsgüterbereich, erheblich vermindert worden.

Schließlich hat die Ansiedlungswelle auch eine von der Landesplanung ausdrücklich beabsichtigte, im System der industriellen Schwerpunkträume vorgezeichnete *Dezentralisierung* in dem Sinne erreicht, daß die industrielle Bedeutung der außerhalb des Verdichtungsraumes Saar gelegenen Landesteile erheblich gestiegen ist. Allerdings ist diese strukturelle Auflockerung zum größten Teil auf die Schrumpfung der industriellen Basis im Verdichtungsraum zurückzuführen, weniger darauf, daß die außerhalb des Verdichtungsraumes gelegenen Standorte entsprechende Arbeitsplatzgewinne verzeichnen konnten. Die Kohlenkrise konnte so durch eine außerordentlich erfolgreiche Ansiedlungspolitik wenigstens raumstrukturell halbwegs bewältigt werden, so lange das Land von weiteren Einbrüchen im industriellen Sektor verschont blieb und das einheimische Erwerbspotential nahezu stagnierte. Dennoch hat die Bewältigung der

Kohlenkrise den Landeshaushalt, aber auch so manchen Kommunalhaushalt, bis an die Grenzen gefordert, was in der dann folgenden Stahlkrise die fiskalischen Kräfte zur Bewältigung erheblich einschränkte.

3.2. Die Stahlkrise

In der zweiten Hälfte der siebziger Jahre setzten zwei gegenläufige Entwicklungen ein: Das Erwerbspotential des Landes vergrößerte sich erheblich, und der europäische Stahlmarkt geriet so sehr unter Druck, daß nicht nur die Produktion, sondern auch die Beschäftigung in noch stärkerem Maße zurückgenommen werden mußte (vgl. hierzu den Beitrag BRÜCHER).

Beide Entwicklungen kamen nicht ganz unerwartet. Was den Zuwachs an Erwerbspotential anging, so war er der Art und dem Umfang nach zutreffend im Teil I des Landesentwicklungsprogramms von 1975 – wesentlicher Inhalt war eine Zielprojektion von Bevölkerung und Erwerbspotential bis 1985 – erkannt worden. Die Stahlkrise dagegen war in dieser Schärfe weder innerhalb noch außerhalb des Saarlandes vorhergesehen worden. Die 1973 als Grundlage für das 1975 von Bund und Ländern gemeinsam aufgestellte Bundesraumordnungsprogramm von der Prognos AG, Basel, erarbeitete Raumordnungsprognose schätzte immerhin einen Verlust von 10 000 Arbeitsplätzen für die saarländische Stahlindustrie voraus, d.h. von einem Viertel der damaligen Beschäftigtenzahl. Diese von der Realität schließlich noch weit übertroffene Prognose wurde seinerzeit umso unwilliger aufgenommen, als die Prognos AG mit dieser Auffassung im Kreis professioneller Prognostiker ziemlich allein stand: Die Stahlindustrie im Saarland und in Europa insgesamt produzierte zu diesem Zeitpunkt ihr Rekordergebnis (1974).

Inzwischen hat die Stahlindustrie im Saarland mehr als den doppelten Verlust an Arbeitsplätzen erlitten. Dieser Verlust vollzog sich durch soziale Abfederung ohne allzu große Kaufkrafteinbußen der ausgeschiedenen Arbeitnehmer, so daß sich die Auswirkungen im Folgebereich in Grenzen hielten. Dennoch hat er den durch die Anstrengungen zur Überwindung der Kohlenkrise bereits überbeanspruchten Landeshaushalt so stark mitgenommen, daß er aus eigener Kraft nicht mehr funktionsfähig werden kann. Diesen durch die Stahlkrise ausgelösten Aderlaß konnte die saarländische Wirtschaft bei weitem nicht mehr ausgleichen, zumal industrielle Neuansiedlungen in dieser Zeit kaum noch stattfanden und die Wachstumsmöglichkeiten des Dienstleistungsbereichs durch die Schrumpfung im industriellen Sektor gegenüber Regionen mit relativ günstiger Entwicklung eingeschränkt waren.

In Anbetracht des wachsenden Erwerbspotentials konnte eine erhebliche *Arbeitslosigkeit*, die 1985 mit 13,4% den Höchststand erreichte und seither nur wenig abgenommen hat, nicht verhindert werden. Das unter Status-quo-Bedingungen im Landesentwicklungsprogramm Saar, Teil II, Wirtschaft, für 1990 geschätzte Arbeitsplatzdefizit in Höhe von 56 000 Stellen konnte folglich nur geringfügig unterschritten werden. Die Arbeitslosenzahl, die jahresdurchschnittlich 1984 erstmalig die Grenze von 50 000 überstiegen hatte, wird zwar 1989 wieder unter diese Schwelle fallen. Zum Arbeitsplatzdefizit im Sinne des Landesentwicklungsprogramms müssen aber mindestens die Beschäftigen in Arbeitsbeschaffungsmaßnahmen – 1988 waren es 3 721 – hinzugerechnet werden. Folglich ist die derzeit im Saarland vorhandene *strukturelle Unterbeschäftigung* deutlich höher als die Zahl der registrierten Arbeitslosen, und dies im siebten Jahr einer konjunkturellen Aufwärtsentwicklung, die insgesamt zwar verhalten war, aber auch die Beschäftigung im Saarland außerhalb des Montanbereiches erhöht hat.

Die Stahlkrise ist demnach regionalpolitisch im Gegensatz zur Kohlenkrise der sechziger Jahre im wesentlichen unbewältigt geblieben.

4. Perspektiven

Trotz erfreulicher Ansätze in einigen Bereichen der Investitionsgüterindustrie ist die Anpassung der Montanindustrie an die langfristigen Rahmenbedingungen noch längst nicht gelungen. Auch die derzeit günstige Konjunktur, die der saarländischen Stahlindustrie einen zweistelligen Produktionszuwachs und sogar nach langen Verlustjahren wieder Gewinn beschert hat, darf nicht den Blick auf die Notwendigkeit verstellen, daß der Personalabbau, wenn auch stark gemildert, fortgeführt werden muß.

Nach anderthalb Jahrzehnten relativ konstanter Beschäftigung steht auch der Saarbergbau vor der Notwendigkeit, die Produktion zu senken und die Belegschaft nach eigenen Plänen um gut 5 000 Beschäftigte zurückzunehmen — dies unter der vergleichsweise optimistischen Annahme, daß

— die *Stabilisierung* der saarländischen Stahlindustrie gelingt und
— die *Kohlevorrangpolitik* der Bundesregierung aufrechterhalten werden kann.

Mit der Neuordnung der Unternehmensstruktur im Frühjahr 1989 hat die saarländische Stahlindustrie wenigstens den institutionellen Rahmen für die Bewältigung der letzten Etappe ihres Umstrukturierungsprozesses geschaffen. Für die langfristige Sicherung der Kokskohleproduktion sind damit günstige Voraussetzungen geschaffen.

Deutlich ungünstiger muß die langfristige Aufrechterhaltung der Kohlevorrangpolitik beurteilt werden. Wenn sich 1993 die derzeit noch wirksamen europäischen Binnengrenzen für den freien Austausch von Gütern und Dienstleistungen öffnen werden, dürfte es schwer fallen, dem erheblich billigeren Atomstrom aus anderen EG-Ländern, insbesondere aus Frankreich, den Absatz auf deutschem Territorium zu versagen bzw. ein Strompreissystem aufrechtzuerhalten, das den Einsatz der Primärenergie Steinkohle hochgradig begünstigt. Sollte dieses unter dem Namen Jahrhundertvertrag bekannt gewordene System dem europäischen Binnenmarkt zum Opfer fallen, dann dürfte der erforderliche Abbau von Arbeitsplätzen im Bergbau — mit entsprechenden Folgewirkungen in vor- und nachgelagerten Wirtschaftszweigen — erheblich größer ausfallen als derzeit von den Saarbergwerken geplant.

Auf alle diese Eventualitäten wird sich die Landesplanung in ihrer *Standort- und Flächensicherungspolitik* einzustellen haben. In der 2. Änderung des Landesentwicklungsplanes „Umwelt" vom 7. Juni 1989 wurde schon ein 200 ha großes gewerbliches Vorranggebiet mit Vorrang für die Montanindustrie im Schwerpunktraum der Industrie Neunkirchen aufgegeben, ebenso wurde der Großvorhabensvorbehalt eines gewerblichen Vorranggebietes im Schwerpunktraum der Industrie Saarlouis räumlich eingeschränkt (es handelt sich hier um die größte für Industrie im Saarland festgelegte, noch besetzbare Fläche). In der bevorstehenden grundlegenden Fortschreibung dieses Planes wird man dessen Flächenkonzept mit der Zielsetzung neu überdenken müssen, daß ein Arbeitsplatzdefizit von künftig über 50 000 zu beseitigen sein wird, von dem etwa die Hälfte der Industrie zugehören dürfte.

Anmerkungen

(1) Diese und die folgenden statistischen Angaben sind entnommen dem *Statistischen Handbuch für das Saarland* (1955).
(2) Mit „Beschäftigungsfällen" wird hier die Summe der nach verschiedenen Konzepten erfaßten Erwerbspersonen und Beschäftigten bezeichnet
(3) Das Gutachten von MÜLLER hatte Mitte 1980 zum Prognoseendpunkt gewählt, ist insoweit mit der Arbeit von ISENBERG also nicht voll vergleichbar. Es prognostizierte bis 1980 einen Arbeitsplatzverlust im Montanbereich zwischen 40 000 und 50 000, in der Landwirtschaft von 20 000. Die Schrumpfungen in der Stahlindustrie wurden hier zutreffend, die im Bergbau zu hoch eingeschätzt, was in Anbetracht der – unvorhersehbaren – Ölpreissteigerungen von 1973 und 1979 verständlich ist.
(4) Die Schätzung der bereits erzielten Ansiedlungserfolge erwies sich als um ca. 5 000 Arbeitsplätze überhöht, da ein ernsthafter leistungsfähiger Ansiedlungsinteressent, der seine gesamte Wankelmotorenfertigung im Raume Saarlouis-Überherrn konzentrieren wollte, diese Entwicklungslinie aufgab, als die Ölpreiserhöhung ab 1973 den Wankelmotor wegen seines höheren Treibstoffverbrauchs wirtschaftlich uninteressant werden ließ.

Literatur

Das Saarland, 10 Jahre nach seiner Eingliederung in die Bundesrepublik Deutschland, Bilanz und Aufgaben, Saarbrücken 1967.
ISENBERG, G.: Tragfähigkeit und Wirtschaftsstruktur, Bremen-Horn, 1953.
 –: Die künftige Entwicklung der Existenzgrundlagen des Saarlandes und deren räumliche Konsequenzen, Saarbrücken 1968.
MÜLLER, J.H.: Probleme der Wirtschaftsstruktur des Saarlandes, Freiburg 1966.
SIEVERT, O./STREIT, M.: Entwicklungsaussichten der Saarwirtschaft im deutschen und westeuropäischen Wirtschaftsraum, Saarbrücken 1964.
Statistisches Handbuch für das Saarland, Saarbrücken 1955.
TIETZ, B.: Die sozialökonomische Entwicklung im Saarland und in der Stadt Saarbrücken bis zum Jahr 1975, Saarbrücken 1965.

SOYEZ, D./BRÜCHER, W./FLIEDNER, D./LÖFFLER, E./QUASTEN, H./WAGNER, J. M. (Hrsg.): Das Saarland. Bd. 1: Beharrung und Wandel in einem peripheren Grenzraum, Saarbrücken 1989 (Arbeiten aus dem Geographischen Institut der Universität des Saarlandes, Bd. 36).

Saarwirtschaft im Wandel: Vom Montanstandort zu einer modernen Industrieregion

Volker Giersch

1. Schwierige Ausgangslage

Für all jene, die sich mit regionalwirtschaftlichen Problemen und Entwicklungsstrategien befassen, ist das Saarland ein hochinteressantes Studienobjekt. Kaum ein anderer Wirtschaftsraum sah sich in vergleichbarer Zeitfolge durch ähnlich *gravierende Struktur- und Arbeitsmarktprobleme* herausgefordert. Nach der wirtschaftlichen Eingliederung in die Bundesrepublik waren es zunächst die Probleme der Umstellung vom französischen auf das deutsche Wirtschaftssystem, dann tiefgreifende Anpassungskrisen in den strukturprägenden Branchen Bergbau und Stahlindustrie; immerhin stellten diese Montanindustrien Anfang der sechziger Jahre noch mehr als die Hälfte der industriellen Arbeitsplätze an der Saar.

Die Struktur- und Arbeitsmarktprobleme, die sich aus den Montankrisen ergaben, sind weithin bekannt, ebenso die unzureichende Infrastrukturausstattung des Landes zu Beginn der 60er Jahre. Weit weniger bekannt ist, daß das jüngste deutsche Bundesland die einschneidenden Krisen bei Kohle und Stahl überraschend gut bewältigen konnte: Durch die Ansiedlung und spätere Erweiterung leistungsfähiger Betriebe der industriellen Weiterverarbeitung entstanden in den drei Dekaden zwischen 1959 und 1989 rund 45 000 neue Arbeitsplätze. Damit konnte der Verlust von über 57 000 Arbeitsplätzen bei Gruben und Hütten zu einem wesentlichen Teil ausgeglichen werden. Wachstumskraft, Innovationsfähigkeit und Struktur der Saarwirtschaft sind heute weitaus günstiger einzuschätzen, als es dem verbreiteten Negativbild über das Land entspricht (Tab. 1, 2).

Allerdings hat das Saarland — bedingt durch die anhaltenden Probleme in der Stahlindustrie und die neuerlichen Schwierigkeiten im Bergbau — nach wie vor gravierende regionalwirtschaftliche Probleme zu lösen. Die Arbeitslosenquote liegt mit gegenwärtig 11,8% rund drei Prozentpunkte über dem Bundesdurchschnitt. Die Wanderungsbilanz schließt negativ ab; die Erwerbsbeteiligung ist vor allem bei den Frauen spürbar niedriger als auf Bundesebene.

Die schwierige Arbeitsmarktlage an der Saar wurde und wird allerdings wesentlich durch *Sonderentwicklungen* auf der Nachfrageseite des Arbeitsmarktes bestimmt. Zum einen war der Zuwachs an Jugendlichen, die in den 80er Jahren Ausbildungs- und Arbeitsplätze nachfragten, im Saarland infolge relativ hoher Geburtenraten vor dem „Pillenknick" außergewöhnlich stark. Zum anderen näherte sich die Erwerbsquote der Frauen im Zuge des Strukturwandels schrittweise dem Bundeswert an. Im Ergebnis stieg die Nachfrage nach Arbeitsplätzen im Saarland fühlbar stärker an als bundesweit.

Als schwere Hypothek erweist sich zunehmend auch die außergewöhnlich hohe *Verschuldung* des Landes, die den regionalpolitischen Handlungsspielraum stark einengt. Die beträchtlichen finanziellen Aufwendungen zur Flankierung der Anpassungsprozesse in der Montanindustrie haben die Finanzkraft des Landes überfordert:

— der Schuldenstand hat sich in den zurückliegenden sieben Jahren verdreifacht und liegt gegenwärtig bei rund zehn Milliarden DM,

Tab. 1: Strukturdaten des Saarlandes.

	1960	1970	1987
Wohnbevölkerung (in 1 000 Einw.)	1 060	1 121	1 040
Geburtenüberschuß/-defizit	+ 9 652	+ 395	- 1 801
Erwerbspersonen	410 554*	434 706	451 300
Erwerbsquote in %	43,0*	40,5	43,1
Industriebeschäftigte je 1 000 Einw.	165	151	130
Industriebetriebe	711	680	589
Industriebeschäftigte Bergbau Verarbeitendes Gewerbe	174 897 55 752 119 145	169 024 26 931 142 093	135 522 23 815 111 707
Umsatz (in Mio. DM)	4 522,9	8 351,1	24 977,0
Auslandsumsatz (in Mio. DM)	1 638,7	2 523,6	8 071,6
Steinkohlenförderung (1 000 t)	16 234	10 554	10 695
Rohstahlproduktion (1 000 t)	3 779	5 413	4 003
Stromerzeugung (Mio. kWh)	2 427	4 683	5 948
Energieverbrauch (1 000 t SKE)	7 116	8 209	6 279,6
Außenhandel: Einfuhr (Mio. DM) Ausfuhr (Mio. DM)	1 470 1 841	2 414 2 680	5 220 9 107

*Angaben für das Jahr 1961
Quelle: Innovatives Saarland

— von den Steuereinnahmen des Landes wird inzwischen fast ein Viertel ausschließlich für die Bezahlung der Schuldzinsen aufgebraucht,
— die Pro-Kopf-Verschuldung liegt fast doppelt so hoch wie im Durchschnitt der übrigen Flächenstaaten in der Bundesrepublik.

Tab. 2: Wichtige Strukturmerkmale des Saarlandes im Bundesvergleich.

	Saarland	Bundesrepublik
Einwohner je km² (am 31.12.1987)	405	247
Bruttoinlandsprodukt (BIP) je Einwohner (1987) in DM	28 950	32 902
Erwerbsquote (1986) in % — insgesamt — Männer — Frauen	43,6 59,8 28,8	47,9 60,6 36,3
Arbeitslosenquote (1988) in % — insgesamt — Männer — Frauen	11,9 11,3 13,1	9,7 7,8 10,0
Anteil am BIP (1987) in % — Land- und Forstwirtschaft — Waren produzierendes Gewerbe — Handel und Verkehr — Staat, private Haushalte — sonstige Dienstleistungen	0,5 44,6 16,2 13,0 25,7	1,5 41,2 14,1 16,2 27,0
Industriebeschäftigte je 1000 Einw. 1987	130	115
Exportquote (Anteil des Auslandsumsatzes am Gesamtumsatz, 1987)	32,3	29,6

Quelle: Amtliche Statistik, eigene Berechnungen.

2. Positive ökonomische Bilanz seit 1970

Die Arbeitsmarkt- und Finanzschwäche überschatten im Bewußtsein der Öffentlichkeit allzu sehr die positiven Seiten der saarländischen Wirtschaftsentwicklung. Insgesamt fällt die Bilanz für die 70er und 80er Jahre weitaus besser aus, als es etwa die Arbeitslosenzahlen und Wanderungssalden vermuten lassen. Bei

Wirtschaftswachstum und Industriebeschäftigung konnte sich das Saarland im Reigen der Bundesländer spätestens seit 1970 behaupten:

— Das Bruttoinlandsprodukt stieg seit 1970 stärker als in der Bundesrepublik insgesamt (preisbereinigter Zuwachs Saar: +40,3%, Bund: +38,6%).
— Die Nettoproduktion der Industrie wuchs seit 1977 an der Saar rascher als diejenige der Bundesindustrie.
— Bundesweit ging seit 1970 jeder fünfte, im Saarland nur jeder sechste Industriearbeitsplatz verloren. Der Industriebesatz, d. h. die Zahl der industriellen Arbeitsplätze je 1 000 Einwohner, liegt im Saarland nach wie vor deutlich über dem Bundesdurchschnitt. Der Abstand zum Bund hat sich seit 1970 sogar noch vergrößert. Trotz der enormen Arbeitsplatzverluste in der Montanindustrie kam es im Saarland also nicht zu einem drastischen Einbruch der gewerblich-industriellen Basis.
— Bei den Arbeitnehmereinkommen hat sich der Abstand zum Bund seit 1970 erheblich verringert: Bei den Gehältern sank die Differenz auf weniger als die Hälfte, bei den Löhnen auf weniger als ein Drittel des ursprünglichen Wertes (Abstand heute: 1,5% bzw. 2,5%).
— Bemerkenswert ist das Ausmaß des Strukturwandels: Während im Jahr 1959 noch rund 56 Prozent der Industriebeschäftigten bei Gruben und Hütten arbeiteten, sind es heute kaum mehr als 30 Prozent (siehe Tab. 3).

Auch der Vergleich mit den übrigen 87 bundesdeutschen Raumordnungsregionen bestätigt, daß das wirtschaftliche Bild des Saarlandes nicht überwiegend dunkle Farben, sondern zugleich viele helle Partien aufweist. Dabei zeigt sich, daß das Saarland bei einer Vielzahl von Wirtschaftsdaten relativ gut abschneidet, vor allem gegenüber anderen altindustrialisierten Regionen wie dem Ruhrgebiet oder Bremen. Bei Wirtschaftswachstum und Berufsausbildung liegt es gar im Vorderfeld der Regionen.

2.1. Erfolge in der Industrieansiedlung

Grundlage für die schrittweise Bewältigung der Strukturprobleme waren beispielhafte *Ansiedlungserfolge*, vor allem in der Zeitspanne zwischen 1968 und 1973. Insgesamt konnten an der Saar seit der wirtschaftlichen Eingliederung deutlich mehr als 200 Industriebetriebe angesiedelt werden, die heute über 45 000 Mitarbeiter beschäftigen. Fast jeder dritte Industriebeschäftigte arbeitet gegenwärtig in einem nach 1960 angesiedelten Betrieb. Ansiedlungsschwerpunkte waren genau jene Industriebereiche, die im Saarland noch in den frühen 60er Jahren stark unterrepäsentiert waren: die Investitions- und Verbrauchsgüterindustrien, in denen mehr als 80% der neugeschaffenen Arbeitsplätze entstanden.

Auf die Ansiedlungswelle, die Mitte der 70er Jahre abebbte, folgte eine Phase, in der viele der neuangesiedelten Betriebe schrittweise erweitert wurden. Die Expansion vor allem der Zweigbetriebe und Tochterunternehmen ließ Tausende neuer Arbeitsplätze entstehen und bestätigte damit die Richtigkeit der ursprünglichen Standortentscheidung.

Tab. 3: Die Beschäftigungsstruktur der Industrie

Wirtschaftszweig	1960 [1]		1988 [2]	
	Bund %	Saar %	Bund %	Saar %
Steinkohlenbergbau	7,6	31,9	2,2	16,8
Verarbeitendes Gewerbe	92,4	68,1	97,2	83,2
Grundstoff- und Produktionsgütergewerbe darunter:	21,3	33,6	19,0	22,8
Gewinnung u. Verarbeitung von Steinen und Erden	3,2	1,3	2,1	1,0
Eisenschaffende Industrie	4,4	24,1	2,6	12,3
Gießerei	1,8	3,2	1,4	3,1
Ziehereien und Kaltwalzwerke [3]	0,9	1,3	0,3	1,5
Chemische Industrie	5,8	1,3	8,2	0,9
Gummiverarbeitung	1,4	-	1,4	3,2
Investitionsgüter produzierendes Gewerbe darunter:	40,0	18,7	53,4	44,2
Stahl- und Leichtmetallbau	2,7	5,1	2,6	5,5
Maschinenbau	12,0	5,3	13,9	9,1
Straßenfahrzeugbau	5,1	0,5	12,2	15,6
Elektrotechnik	10,4	2,6	13,9	6,4
Stahlverformung	1,7	2,3	1,2	2,1
Herstellung von EBM-Waren	5,0	2,7	4,3	3,0
Verbrauchsgüter produzierendes Gewerbe davon:	24,8	11,4	18,6	10,8
Holzverarbeitung [4]	2,8	1,4	2,7	0,7
Herstellung von Kunststoffwaren	1,1	-	3,4	1,4
Bekleidungsgewerbe	4,3	2,4	2,4	2,1
Feinkeramik, Druckereien, Sonstige	8,9	7,6	7,0	6,1
Nahrungs- und Genußmittelgewerbe	7,8	4,5	6,3	5,3
Bergbau und Verarbeitendes Gewerbe insgesamt	100,0	100,0	100,0	100,0

[1] Industriebetriebe mit 10 und mehr Beschäftigten (Industriebericht).
[2] Bergbau und Verarbeitendes Gewerbe, Betriebe von Unternehmen mit im allgemeinen 20 und mehr Beschäftigten. Beim Vergleich mit 1960 und 1970 sind methodische Änderungen in der Statistik zu berücksichtigen.
[3] 1987 nur Drahtziehereien.
[4] 1987 ohne Fertigteilbau.
Quellen: Statistisches Amt des Saarlandes, Statistisches Bundesamt, eigene Berechnungen.

2.2. Saarindustrie mit neuen Schwerpunkten

Im Zuge des Strukturwandels haben Gruben, Hütten und montanverwandte Branchen immer weiter an Gewicht verloren. Zur *tragenden Säule* von Konjunktur und Wachstum an der Saar haben sich dagegen die *Investitionsgüterindustrien* entwickelt. Dort sind seit 1960 mehr als 23 000 Arbeitsplätze neu entstanden, vornehmlich im *Fahrzeugbau* und in seinen Zulieferindustrien. Beispielhaft stehen für diesen neuen Schwerpunkt neben dem Ford-Werk, das Ende der 60er Jahre in Saarlouis angesiedelt wurde, so namhafte Firmen wie Bosch, Eberspächer, Pebra und ZF-Getriebe. Sie fertigen in modernen Produktionsstätten hochwertige Komponenten für Automobile aller Art: Dieseleinspritzpumpen, Schalldämpfer, Abgasreinigungsanlagen, Profiltürrahmen, Stoßfänger und Automatikgetriebe. Hinzu kommen Fertigungsstätten größerer Reifenhersteller wie Michelin, Kléber-Colombes sowie mittelständische Unternehmen, die zu den Ausrüstern der Automobilindustrie zählen. Insgesamt hängt heute im Saarland jeder fünfte Arbeitsplatz direkt oder indirekt vom Automobil ab.

Als Investitionsgüterbranchen mit Gewicht sind schließlich der Stahlbau, der Maschinenbau, die Elektrotechnik, die Stahlverformung und die EBM-Industrie zu nennen.

Weitere Schwerpunkte der Saarindustrie bilden die *Verbrauchsgüterindustrien* mit Europas größtem Keramikhersteller, Villeroy & Boch, der heute in 17 Produktionsstätten in Deutschland, Frankreich und Luxemburg knapp 12 000 Mitarbeiter beschäftigt, sowie die Nahrungs- und Genußmittelindustrien. Hier bestimmen Fleischwarenhersteller, Brauereien und die Hersteller von Süß- und Backwaren die Struktur.

2.3. Hoher Anteil von Zweigbetrieben und Tochterunternehmen

Ein charakteristisches *Strukturmerkmal* der Saarindustrie ist der hohe Anteil von *Tochterunternehmen* und *Zweigwerken*. Beide Betriebstypen stellen in den Nicht-Montanbereichen der Saarindustrie derzeit rund zwei Drittel der Arbeitsplätze. Die Frage, wie dieser Umstand zu werten ist, stand lange Jahre im Brennpunkt der regionalpolitischen Diskussion an der Saar. Negativbegriffe wie „verlängerte Werkbänke" und „Rucksackbetriebe" sollten zum Ausdruck bringen, daß es sich um Betriebe handelt, die in konjunkturellen Schwächephasen in besonderem Maße ihre Produktion zurückfahren oder gar von Stillegung bedroht sind.

Befürchtungen dieser Art haben sich im großen und ganzen nicht bestätigt. Einige Betriebe der Textil- und Bekleidungsindustrie, die im Verlauf der frühen 60er Jahre angesiedelt und wenige Jahre später wieder stillgelegt wurden, blieben die Ausnahme. Bei ihnen handelte es sich um arbeitsintensive Fertigungsstätten mit hohem Frauenanteil und geringen Anforderungen an die Qualifikation der Arbeitskräfte. Diese Betriebe hatten in einem Hochlohnland wie der Bundesrepublik bereits damals keine ökonomische Perspektive.

Von dieser Ausnahme abgesehen sind die im Saarland errichteten Zweigbetriebe und Tochterunternehmen überwiegend positiv zu beurteilen. Den Schwerpunkt bilden kapitalintensive Produktionsstätten der Investitionsgüterindustrie, die überdurchschnittliche Persistenz und relativ hohe Stabilität im Konjunkturverlauf ausweisen. Mehr noch: viele von ihnen sind im Laufe der 70er und 80er Jahre schrittweise erweitert worden und haben das industrielle Wachstum an der Saar maßgeblich getragen.

Allerdings darf nicht übersehen werden, daß für diese Betriebe wichtige *unternehmerische Entscheidungen* in Hauptverwaltungen/Unternehmenszentralen *außerhalb* der Region fallen („ferngesteuerte Betriebe"). Da Management-, Planungs-, Forschungs- und Entwicklungsaufgaben in Zweigbetrieben und Tochterunternehmen nur eingeschränkt wahrgenommen werden, ist der Anteil hochwertiger Arbeitsplätze relativ gering.

Eine Analyse der neuen Betriebe an der Saar hat ergeben, daß die *Produktionsverflechtung* mit dem Mutterunternehmen ein signifikantes Kriterium für die regionalwirtschaftliche Beurteilung von Zweigbetrieben ist. Die höchsten Stillegungsrisiken, die geringste Konjunkturstabilität, das niedrigste Qualifikationsniveau der Arbeitskräfte und die im Durchschnitt geringste Lohnsumme je Beschäftigten weisen jene Betriebe auf, die die *gleichen Produkte* herstellen wie andere Betriebe der Unternehmensgruppe (*Parallelwerke*). Spürbar günstiger liegen, gemessen an den genannten Kriterien, Betriebe, die praktisch eine Produktionsstufe im Fertigungsprogramm der Unternehmensgruppe bilden (*Stufenwerke*). Die besten Werte erreichten Betriebe, die ein *eigenständiges Produktprogramm* fertigen. Diese Betriebe nehmen in relativ starkem Umfang neben der Produktionsfunktion auch sogenannte „Headquarter-Funktionen", d.h. Management-, Planungs- und FuE-Aufgaben wahr. Der Anteil qualifizierter Angestellter ist entsprechend hoch, und die Firmenentwicklung hängt weniger von den strategischen Überlegungen der Konzerne ab als vom Markterfolg der im Betrieb erzeugten Produkte.

Positiv zu werten ist vor diesem Hintergrund, daß die Parallelwerke im Saarland mit weniger als 20% ein relativ niedriges, die übrigen beiden Gruppen hingegen ein relativ hohes Strukturgewicht erreichen. Entsprechend gut schneiden die im Saarland angesiedelten Betriebe im Vergleich mit den Neuansiedlungen anderer Fördergebiete ab.

2.4. Regionale Wirtschaftsförderung mit Wirkung

Entscheidende Bedeutung für die Ansiedlungserfolge an der Saar kam dem gezielten Ausbau der *regionalen Wirtschaftsförderung* zu (vgl. hierzu auch Beitrag JOST). Er begann in den Jahren 1966/67, als die scharfe Rezession die strukturellen Schwächen an Saar und Ruhr in vollem Ausmaß bloßlegte. Damals entschloß sich die Bundesregierung, ihre Konjunkturpolitik durch ein besonderes Infrastrukturprogramm für Ruhr, Saar und Zonenrandgebiet zu flankieren. Vorrangiges Ziel dieses Programms waren Ankauf und Erschließung von Industriegelände. Ferner wurden Investitionen zur Schaffung neuer Arbeitsplätze in den Steinkohlenbergbaugebieten durch Investitionsprämien und zinsgünstige Kredite um bis zu 15% verbilligt. Im Aufwind der Konjunktur führten diese Maßnahmen ab 1968/69 rasch zu guten Ansiedlungserfolgen.

Bedeutsam für die Ausrichtung der saarländischen Wirtschaftspolitik in den späten 60er und frühen 70er Jahren war das Saar-Memorandum von 1967. Ziel dieses Memorandums war es, Bundesregierung und Bundestag von der Notwendigkeit zusätzlicher Hilfsmaßnahmen für das Saarland zu überzeugen. Über Art und Umfang geeigneter Maßnahmen gab es eingehende Beratungen zwischen den zuständigen Ressorts von Bundes- und Landesregierung.

Ergebnis war ein sorgfältig ausgearbeitetes *Aktionsprogramm zur Verbesserung der saarländischen Wirtschaftsstruktur.* Dieses Programm zielte darauf ab, im Saarland bis Ende 1973 rund 25 000 industrielle Arbeitsplätze durch Erweiterung bestehender und Ansiedlung neuer Betriebe zu schaffen. Dahinter stand die Erwartung, daß die Erweiterung der industriellen Basis einen etwa gleich großen Arbeitsplatzzuwachs im Dienstleistungsbereich bewirken würde.

Neben zahlreichen Maßnahmen zur Verbesserung der Standortbedingungen — u.a. Industriegeländeerschließung, Ausbau der Verkehrsinfrastruktur, Errichtung von Berufsbildungszentren, Ausbau von Fremdenverkehrsgebieten, Einrichtung von Naherholungszentren — sah das Aktionsprogramm attraktive finanzielle Anreize für Ansiedlungs- und Erweiterungsinvestitionen vor. Diese Anreize waren auf räumliche Schwerpunkte konzentriert und erreichten in übergeordneten Schwerpunkten einen Subventionswert von 20% und in gewerblichen Schwerpunkten von 15% der Investitionskosten. Investitionen zur Rationalisierung von Betriebsstätten konnten landesweit um 10% verbilligt werden.

Diese im Aktionsprogramm verankerte Konzeption wurde in ihren Grundzügen bis heute beibehalten. Sie erhielt jedoch im Jahre 1972 mit dem Gesetz über die Gemeinschaftsaufgabe „Verbesserung der regionalen Wirtschaftsstruktur" eine neue rechtliche und finanzielle Grundlage und wird seither von Bund und Ländern gemeinsam getragen. Das gesamte Saarland ist seither Fördergebiet im Rahmen der Gemeinschaftsaufgabe.

In den sieben B-Schwerpunkten (Homburg, Neunkirchen, Nonnweiler, Saarbrücken mit Völklingen, Saarlouis, St.Ingbert, St.Wendel und Wadern) und den zwei C-Schwerpunkten Lebach und Merzig können Zuschüsse von 18% bzw. 15% der Investitionssumme gewährt werden. Zudem erhält das Saarland seit mehreren Jahren erhebliche Mittel aus dem *Europäischen Regionalfond.*

Eine umfangreiche Befragung der neuen Saarbetriebe (vgl. GEORGI/GIERSCH 1977) hat ergeben, daß die finanziellen Anreize für arbeitsplatzschaffende Investitionen im Saarland vergleichsweise wirksam waren. Denn vielfach konkurrierte das Saarland im Ansiedlungswettbewerb der Regionen mit gleichfalls hochverdichteten industrialisierten Wirtschaftsräumen, die aufgrund ihrer guten Infrastrukturausstattung und ihrer gesunden Wirtschaftsstruktur nicht zu den Fördergebieten zählten. In dieser Konkurrenzsituation wurden die Investitionszulagen und -zuschüsse vergleichsweise häufig zum ausschlaggebenden Faktor für eine Standortentscheidung zugunsten des Saarlandes. Hinzu kam, daß die primären Standortanforderungen — gut ausgebaute wirtschaftsnahe Infrastruktur, qualifizierte industrieerfahrene Arbeitskräfte, Nähe zu den Bezugs- und Absatzmärkten — an der Saar besser als in den meisten ländlichen Fördergebieten erfüllt waren.

Von Einfluß waren die Investitionsanreize auch auf die Erweiterung der Zweigwerke und Tochterunternehmen. Im Vorfeld der Entscheidungen ging es häufig auch um die Frage, ob der saarländische Betrieb oder ein anderer Betrieb des Unternehmens ausgebaut werden soll. Ebenso wie bei Ansiedlungsentscheidungen gaben die Zuschüsse und Zulagen in diesen Fällen oft den Ausschlag zugunsten des Standortes Saar.

Auch bei der Gründung und Erweiterung heimischer Unternehmen zeigten die Investitionsanreize Wirkung. In vielen Fällen ist es erst mit ihrer Hilfe gelungen, eine tragfähige Finanzierung zu sichern, insbesondere bei jungen und rasch expandierenden Firmen mit dünner Eigenkapitaldecke.

2.5. Ein Problem: Reduzierung der Regionalförderung

Einen erheblichen Rückschlag für die saarländischen Bemühungen um neue Arbeitsplätze bedeutet es, daß die regionale Investitionszulage der Steuerreform zum Opfer gefallen ist. Zwar kann die Zulage im Rahmen der gültigen Höchstsätze durch Zuschüsse ersetzt werden. Doch schlagen diese — da steuerpflichtig — bei den Betrieben kaum halb so stark zu Buche wie die steuerfreie Zulage. Nimmt man die vom Planungsausschuß der Gemeinschaftsaufgabe beschlossene Kürzung der Förderhöchstsätze hinzu, so ergibt sich gegenüber früheren Jahren eine drastische Absenkung des Förderniveaus. Für Erweiterungsinvestitionen vermindert sich der Wert der Regionalförderung — nach Steuern gerechnet — praktisch um die Hälfte.

Sorge bereitet im Saarland auch der ausufernde *Subventionswettlauf* der Länder in der Mittelstandsförderung. Seit Jahren gewähren finanzstarke Bundesländer wie Baden-Württemberg, Bayern und Nordrhein-Westfalen ihrer mittelständischen Wirtschaft im Rahmen landeseigener Investitions-, Innovations- oder Exportförderung höhere Zuschüsse, billigere Darlehen und günstigere Beteiligungen an, als dies für finanzschwächere Länder wie das Saarland tragbar ist. Im Ergebnis wird das regionale Präferenzgefälle der Gemeinschaftsaufgabe zunehmend durch ein gegenläufiges Konditionengefälle in der Länderförderung überlagert.

Das Saarland wird künftig nur dann an die strukturpolitischen Erfolge der Vergangenheit anknüpfen können, wenn es im Konsens zwischen Bund und Ländern bald gelingt, zu einer schlüssigen, wirksamen und bundesweit abgestimmten Regionalförderung zurückzukehren, in die auch die Förderaktivitäten der Länder einzubinden sind.

2.6. Stetige Aufwertung des Standortes

Entscheidende Voraussetzung für die Bewältigung der saarländischen Wirtschafts- und Strukturprobleme war und ist eine stetige *Verbesserung der Standortbedingungen*. In den zurückliegenden drei Jahrzehnten sind auf diesem Wege — mit zum Teil kräftiger Unterstützung des Bundes — ansehnliche Fortschritte erzielt worden.

Dies gilt zunächst für den Ausbau der *Verkehrswege*. Die Ausgangslage war dabei alles andere als gut. Bis in die 60er Jahre hinein gab es vom Saarland aus nicht eine einzige durchgehende Autobahnverbindung zu den benachbarten deutschen und französischen Industriezentren. Erst Mitte der 60er Jahre war der erste vollständige Autobahnanschluß hergestellt: die Anbindung an die A 6 nach Mannheim über Kaiserslautern. Es folgten Verbindungen nach Metz, Paris und Straßburg sowie nach Koblenz und Köln. Hinzu kommt, daß das Saarland mittlerweile über eine sehr gute innere Verkehrserschließung verfügt.

Beachtliche Fortschritte sind auch bei den Verbindungen im Schienenverkehr und beim Anschluß an das Luftverkehrsnetz erzielt worden. Im Jahre 1970 wurde

Saarbrücken elfter und jüngster deutscher Verkehrsflughafen. Gleichzeitig erfolgte die Anerkennung als internationaler Verkehrsflughafen. Im Linienverkehr bestehen heute tägliche Verbindungen nach Frankfurt, Düsseldorf, München, Berlin und Hamburg. Verbindungen von Saarbrücken nach Hannover und Köln sind geplant. Im Charterverkehr können die Hauptferienziele direkt von Saarbrücken aus erreicht werden.

Für das Frachtkostenniveau ist von Bedeutung, daß das Saarland Ende 1987 über die zu einer *Großschiffahrtsstraße* ausgebaute Saar an das europäische Wasserstraßennetz angeschlossen wurde. In Dillingen ist ein moderner Industriehafen in Betrieb genommen worden.

Im ganzen gesehen ist das Saarland durch den Ausbau der Verkehrsinfrastruktur ein gutes Stück vom nationalen Rand in die Mitte der Europäischen Gemeinschaft gerückt. Die „ökonomischen" Entfernungen zu den europäischen Wirtschaftszentren, die weit mehr als die räumlichen Entfernungen in das Standortkalkül der Unternehmen eingehen, sind merklich zusammengeschmolzen — eine wichtige Voraussetzung dafür, daß sich der Wirtschaftsstandort Saarland in einem vollendeten europäischen Binnenmarkt erfolgreich behaupten kann.

2.7. Hoher Stellenwert für Aus- und Weiterbildung

Viel investiert hat das Saarland auch in die *berufliche Qualifikation* der Arbeitskräfte. In den zurückliegenden beiden Jahrzehnten wurde ein Netz leistungsfähiger Berufsbildungszentren mit modernen technischen Einrichtungen aufgebaut. Auch die Wirtschaft investiert stark in die berufliche Ausbildung: Gemessen an der Zahl der Auszubildenden je hundert Beschäftigte liegt das Saarland seit Jahren in der Spitzengruppe der Bundesländer. Neben die Erstausbildung ist ein System der „Weiterbildung in dualer Form" getreten, das Modellcharakter beanspruchen kann; hier werden insbesondere Fertigkeiten vermittelt, wie sie an CNC-, CAD- und SPS-Arbeitsplätzen benötigt werden.

Heute zählen die hohe Qualifikation und die Verfügbarkeit industrieerfahrener Arbeitskräfte zu den wichtigsten Faktoren, die für den Standort Saarland sprechen. Wie Unternehmensbefragungen zeigen, ist es für neue und expandierende Betriebe an der Saar leichter als in den meisten anderen Verdichtungsräumen, geeignete Fachkräfte zu finden.

3. Schwerpunkte zukünftiger Strukturpolitik

3.1. Wachstumsimpulse durch Forschungsausbau und Technologietransfer

Wichtige Impulse für Strukturwandel und Beschäftigung werden an der Saar von einer *intensiveren Zusammenarbeit zwischen Wirtschaft und Wissenschaft* erwartet. An den saarländischen Hochschulen und in deren Umfeld werden wirtschaftsnahe Forschungsschwerpunkte aufgebaut und neue ingenieurwissenschaftliche Studiengänge eingerichtet. Dabei wird jenen Bereichen Priorität eingeräumt, die Berührungspunkte zur Saarwirtschaft aufweisen und zudem die Chance bieten, aus bereits vorhandenen Ansätzen Schwerpunkte mit überregionaler Ausstrahlung zu entwickeln.

Seit Jahren schon investiert das Saarland wie kaum ein anderes Bundesland in seine Hochschulen. Bei den Wissenschaftsaufwendungen je Einwohner liegt es an der Spitze aller Flächenstaaten. Die jährlichen Ausgaben des Landes für Investitionen im Hochschulbereich haben sich gegenüber früheren Jahren vervierfacht.

Eckpfeiler der saarländischen Ausbauplanung sind gemäß diesen Kriterien: Informatik, Künstliche Intelligenz, Elektrotechnik, Medizintechnik, Materialforschung und Umweltwissenschaften. Hervorzuheben ist die Informatik mit einem Leistungsstand, der bereits heute weit über die nationalen Grenzen hinaus Beachtung findet.

Neben Universität und Fachhochschule gab es im Saarland bis 1987 nur ein außeruniversitäres Forschungsinstitut mit überregionaler Ausstrahlung: das Fraunhofer Institut für zerstörungfreie Prüfverfahren. Mittlerweile sind eine Reihe weiterer Einrichtungen gegründet worden oder in der Planung. Zu nennen sind beispielsweise: das im Aufbau befindliche „Deutsche Zentrum für Künstliche Intelligenz" mit Standorten in Kaiserslautern und Saarbrücken, das „Institut für Neue Materialien", die Errichtung eines Max-Planck-Instituts für Informatik sowie der Ausbau des Fraunhofer Instituts um die Bereiche Medizintechnik und mikrozerstörungsfreie Prüfverfahren.

Trotz allem ist die Basis an wirtschaftsnaher Forschung im Saarland bislang noch schmal. Um so wichtiger ist es, die Zusammenarbeit mit Forschungseinrichtungen in anderen Regionen intensiv zu nutzen. Interessante Kooperationsmöglichkeiten für die Wirtschaft bieten nicht zuletzt die Hochschulen in den angrenzenden Wirtschaftsräumen: in Kaiserslautern, Metz und Nancy. Dies wird in dem von den Industrie- und Handelskammern herausgegebenen „Saar-Lor-Lux-Forschungs-Handbuch" dokumentiert, das zugleich auch die grenzüberschreitende Zusammenarbeit zwischen Wissenschaft und Wirtschaft fördern soll.

Flankierend zur Stärkung der wirtschaftsnahen Forschung und Lehre wurden an der Saar *Beratungs- und Transfereinrichtungen* geschaffen, die saarländische Betriebe bei der Entwicklung neuer Produkte und Verfahren unterstützen. Die Zentrale für Produktivität und Technologie Saar e.V., die bei der Industrie- und Handelskammer des Saarlandes angesiedelt ist und überwiegend von Land und EG finanziert wird, wurde zu einer Anlaufstelle und Serviceeinrichtung für Betriebsberatung, Innovationsförderung, Techologietransfer und Weiterbildung ausgebaut. Universität und Fachhochschule haben mit Unterstützung des Landes Kontaktstellen für Technologietransfer eingerichtet.

3.2. Die Chance Europa

Hoffnungen auf weitere Fortschritte beim Wandel der Wirtschaftsstruktur und beim Abbau der Arbeitslosigkeit verbinden sich im Saarland vor allem mit der Vollendung des *europäischen Binnenmarktes*. Allerdings werden dem Land die Früchte der fortschreitenden Marktintegration nicht einfach in den Schoß fallen. Vielmehr gilt es, die nächsten Jahre intensiv zur weiteren Aufwertung des Standortes zu nutzen. Hierzu gehört in jedem Falle, die noch vorhandenen Lücken in der überregionalen Verkehrsanbindung möglichst rasch zu schließen. Priorität muß dabei der Einbindung des Landes in das im Aufbau befindliche europäische Schienenschnellverkehrsnetz und der Fertigstellung der Autobahn nach Luxemburg eingeräumt werden. Zudem ist der Ausbau der wirtschaftsnahen Forschung und Lehre an den saarländischen Hochschulen und in deren Umfeld konsequent fortzusetzen. Von Dringlichkeit ist auch, daß sich das Land bei der Unternehmensbesteuerung (Gewerbesteuerhebesätze) und bei den öffentlich beeinflußten Kosten für Ver- und Entsorgung nicht vom Niveau konkurrierender Standorte abkoppelt.

Um die für eine aktive Sanierung notwendige Zukunftsvorsorge leisten zu können, braucht das Land dringend und nachhaltig finanzielle Unterstützung von außen. Es ist heute mehr denn je auf die solidarische Hilfe des Bundes, der übrigen Bundesländer und der Europäischen Gemeinschaften angewiesen. Wird diese Hilfe gewährt, hat die Saarwirtschaft gute Chancen, sich in den kommenden Jahrzehnten erfolgreich auf dem europäischen Binnenmarkt zu behaupten.

Literatur

GEORGI, H.-P./GIERSCH, V..: Neue Betriebe an der Saar, Saarbrücken 1977.
Industrie- und Handelskammer des Saarlandes: Jahresberichte, Saarbrücken 1973 ff.
Industrie- und Handelskammer von Lothringen, Luxemburg, dem Saarland, Trier sowie IRI a.s.b.l. Luxemburg: Saar-Lor-Lux-Forschungs-Handbuch, Saarbrücken 1986.
Minister für Wirtschaft: Aktionsprogramm Saarland – Westpfalz, Teilbereich Saarland, Saarbrücken 1969.
Prognos AG: Untersuchung der wirtschaftlichen Entwicklungsmöglichkeiten des Saarlandes zur Vorbereitung einer „Integrierten Entwicklungsmaßnahme" (IEM) bei der Europäischen Gemeinschaft, Basel 1986 (Gutachten im Auftrag des Ministers für Wirtschaft des Saarlandes).
Regierung des Saarlandes: Saar-Memorandum, Saarbrücken 1986.
Saarland – Chef der Staatskanzlei: Landesentwicklungsprogramm Saar, Teil 2: Wirtschaft 1990, Saarbrücken 1984.
Zentrale für Produktivität und Technologie Saar e.V.: Innovatives Saarland, Saarbrücken 1987.

SOYEZ, D./BRÜCHER, W./FLIEDNER, D./LÖFFLER, E./QUASTEN, H./WAGNER, J. M. (Hrsg.):
Das Saarland. Bd. 1: Beharrung und Wandel in einem peripheren Grenzraum, Saarbrücken
1989 (Arbeiten aus dem Geographischen Institut der Universität des Saarlandes, Bd. 36).

Zur Anziehungskraft industrieller Produktionsstätten auf externe Besucher: Das Beispiel Villeroy & Boch in Mettlach, Saar

Dietrich Soyez

1. Einführung

1.1. Problemstellung und Zielsetzung

Seit Jahrzehnten ist bekannt, daß ein erheblicher Anteil des durch Ortsfremde verursachten Reiseverkehrs („Fremdenverkehr") von den Typen *„Besichtigungstourismus"* und *„Geschäftsreiseverkehr"* eingenommen wird. Schon CHRISTALLER (1955) hat darauf hingewiesen, daß wirtschaftliche Anlagen und Einrichtungen ebenso zu den Standorten des Fremdenverkehrs zu zählen sind wie attraktive Landschaften oder geschichtliche Denkstätten. JÜLG (1965) hat hier vermerkt, daß im Geschäftsreiseverkehr so mancher große Industriebetrieb pro Jahr ebenso viele Besucher empfängt wie größere Kurorte.

Trotz dieser frühen Erkenntnisse sind bis heute weder diese *Typen räumlicher Mobilität* noch ihr *Ablauf* und ihre *Wirkungen* in den einschlägigen Disziplinen konsequent thematisiert worden (1). Diese Lücke wird dadurch natürlich auch in den geographischen Synopsen jüngeren Datums deutlich, z.B. MAIER (1982), KULINAT/STEINECKE (1984) oder WOLF/JURCZEK (1986).

Ein wichtiger Grund für die bisher geringe Beachtung des Themenfeldes ist, daß das Interesse der Geographie seit längerem auf die Felder „Erholungsverkehr" und „Freizeitverhalten/-verkehr" gerichtet ist und gleichzeitig nach allgemeiner Auffassung „Freizeit und Erholung" und „industrielle Nutzungen" sich gegenseitig geradezu ausschließen (2).

Hier beginnen sich jedoch in jüngster Zeit Einstellungen und Forschungsperspektiven zu wandeln. Ein guter Beleg ist, daß in verschiedenen Sprachräumen der Terminus *„Industrietourismus"* (engl. „industrial tourism", franz. „tourisme industriel") nahezu gleichzeitig aufgetreten ist (der nach Kenntnis des Verf. früheste Beleg, wenn auch ohne Definitionsversuch, ist DUPONT 1979) (3): in einer ersten Näherung kann man darunter solche Formen räumlicher Mobilität verstehen, die durch die Anziehungskraft ehemaliger oder in Betrieb befindlicher Industrien auf externe Besucher ausgelöst werden (ausgenommen werden somit die Reisen solcher Personen, die für das Funktionieren der Betriebe erforderlich sind, vgl. SOYEZ 1986).

Eine Erweiterung traditioneller Ansätze um diese Themenfelder ist nicht nur für die Geographie des Freizeit- und Fremdenverkehrs von Bedeutung, sondern auch für die Wirtschafts- und speziell die Industriegeographie. Systematische, regionale und angewandte Fragestellungen ergeben sich gleichermaßen. Empirische Daten fehlen jedoch bis heute nahezu völlig oder sind — etwa in Form interner Stellungnahmen oder Gutachten — nicht allgemein zugänglich. Vor diesem Hintergrund ist es vordringlich, über die verschiedensten Ausprägungen von Industrietourismus und nahestehende Mobilitätstypen gezielte Fallstudien anzufertigen (zu zwei Fallbeispielen, die sich speziell auf die Anziehungskraft von *Industriereliken* beziehen, vgl. BOHLIN 1987, SOYEZ 1988, GERMER 1989, dazu auch WEILER 1984).

Vor dem Hintergrund der geschilderten grundsätzlichen Problematik ist es gerade im Saarland reizvoll, ein Fallbeispiel relevanter Größenordnung zu untersuchen. Die Wahl fiel auf das Keramik-Unternehmen Villeroy & Boch (Mettlach). Aufgrund seiner Bedeutung im regionalen Rahmen, seiner hohen Besucherzahlen und seiner differenzierten Besucherstruktur sind wesentliche Aufschlüsse im hier angesprochenen Themenfeld zu erwarten. Ein Unternehmen der Montanindustrie wäre die Alternative gewesen. Es erschien jedoch fraglich, ob ein solches Beispiel angesichts der wesentlich niedrigeren Besucherzahlen und vor allem einer deutlich homogeneren Besucherstruktur aus regionaler und fachspezifischer Sicht ebenso ergiebig gewesen wäre.

Aus *regionaler Sicht* ist das Beispiel Villeroy & Boch wegen seiner möglichen Signalfunktion für den „Fremdenverkehrsraum Saar" von Bedeutung: Unter dem Eindruck des jüngsten strukturellen Wandels in der Montanindustrie sind seit Ende der 60er Jahre erhebliche Anstrengungen unternommen worden, das Fremdenverkehrsgewerbe allgemein zu fördern und in einigen Regionen systematischer zu entwickeln (vor allem im Nordsaarland, vgl. auch Beitrag GIERSCH). Ziel war es nicht nur, in strukturschwachen Räumen neue Arbeitsplätze zu schaffen. Mehr oder weniger unausgesprochen erhoffte man sich von solchen Maßnahmen und den dadurch ausgelösten Entwicklungen, das traditionell von der Montanindustrie und ihren negativen Auswirkungen geprägte Image des Bundeslandes positiv beeinflussen zu können, insbesonders natürlich bei Besuchern aus anderen Bundesländern. In dieser Absicht stellt nun die saarlandspezifische Werbung in der Regel solche Standortfaktoren heraus, die in anderen Bundesländern ebenso oder in noch attraktiverer Ausprägung vorhanden sind: Waldlandschaften, Seen, freizeit- und erholungsbezogene Infrastruktur und Gastronomie (man vergleiche hierzu etwa die entsprechenden Plakate und Broschüren der Fremdenverkehrsorganisationen und staatlicher Stellen). Hinweise auf das in der *Geschichtlichkeit* oder *Präsenz saarländischer Industrielandschaften liegende touristische Potential* hingegen werden in Fremdenverkehrskreisen in der Regel vermieden, teilweise sogar als fatal für die angestrebte Imagestrategie empfunden (4).

Gerade aus der saarländischen Perspektive ist es deshalb dringlich, auf ein Beispiel industrieller Selbstdarstellung mit erheblichen Binnen- und Außenwirkungen zu verweisen, das in seinen Entwicklungsmöglichkeiten noch lange nicht ausgeschöpft scheint. Es könnte zudem Vorbild für entsprechende Strategien auf Landesebene werden.

Aus *fachspezifischer Sicht* ist das gewählte Fallbeispiel geeignet, die methodologische und terminologische Diskussion anzuregen: Die Forschungsperspektive des Industrietourismus ist in die traditionelle Geographie des Freizeit- und Fremdenverkehrs erst noch zu integrieren. Dies wird keine leichte Aufgabe sein, denn die unterschiedlichen Ausprägungen von Industrietourismus betreffen eine Reihe von Typen, deren Abgrenzung und Zuordnung je nach den zugrundeliegenden fachlichen Positionen bis heute umstritten sind (vgl. hierzu im einzelnen die einleitenden Abschnitte der oben genannten Synopsen aus jüngerer Zeit). Auch ist es ungeklärt, wie unterschiedliche Aspekte des Sachverhalts Industrietourismus innerhalb von Wirtschafts- und Industriegeographie aufgenommen werden können, etwa unter dem Oberthema der Standortwirkungsanalytik.

Aus diesen Perspektiven liegt das besondere Interesse des Fallbeispiels Villeroy & Boch einmal darin, daß sich hier die Typen, Aktivitätsformen und Verhaltensweisen von Besuchern durchdringen, die traditionell völlig verschiedenen Feldern zugeordnet werden, etwa in den Bereichen „Geschäftsreiseverkehr", „Tourismus" und „Freizeitverhalten". Zum anderen kann verdeutlicht werden, welche *(Fern-)Wirkung* vom Unternehmen auch in dieser Hinsicht ausgeht und wie die hierdurch ausgelösten Prozesse dieses selbst, seinen Standort und dessen Umgebung zu beeinflussen beginnen.

Vor diesem Hintergrund können die Ziele des Beitrags wie folgt formuliert werden:
— Darstellung von Angebots-, Besucher- und Ablaufsmerkmalen des Reiseverkehrs im Unternehmensbereich am Standort Mettlach,
— Hinweise auf standörtliche Auswirkungen der festgestellten Sachverhalte und
— Problematisierung des Terminus „Industrietourismus" und seiner unterschiedlichen Ausprägungen.

1.2. Die Villeroy & Boch AG

(überwiegend nach werkseigenen Angaben, vgl. *Villeroy & Boch* 1987)

Die Villeroy & Boch AG ist zwar kein im engeren Sinne multinationales, aber eindeutig ein internationales Unternehmen: Mit 17 Produktionsstätten in Deutschland, Frankreich und Luxemburg sowie zahlreichen Auslandsniederlassungen und Vertriebsgesellschaften in Europa, Nordamerika und Australien und weltweit rund 11 500 Beschäftigten, ist es heute das bedeutendste Keramik-Unternehmen in Europa. Zugleich bildet es mit etwa 5 100 im Saarland Beschäftigten einen der Grundpfeiler der industriellen Struktur des Bundeslandes. Der konsolidierte Umsatz der Unternehmensgruppe betrug 1988 insgesamt mehr als 1,3 Mrd. DM.

Sitz des Unternehmens (Generaldirektion) ist seit 1809 die ehemalige Benediktinerabtei in Mettlach; zugleich liegen in dieser Stadt die Werke *Mosaikfabrik Mettlach, Sanitärfabrik Mettlach* und *Faiencerie Mettlach*. Übrige Produktionsstätten im Saarland befinden sich in der Stadt Merzig mit je einer weiteren *Fliesen- und Sanitärfabrik* sowie in Wadgassen mit der *Cristallerie* (Abb. 1). Die folgenden Ausführungen beziehen sich ausschließlich auf den Standort Mettlach.

1.3. Grundlagen und Probleme der Datenerhebung (5)

Hauptgrundlage der in der Folge vorgestellten Daten sind die Anmeldelisten aus dem Jahre 1988, die in der Abteilung Besucherorganisation (Abt. BO) der Generaldirektion in Mettlach geführt werden. Darüber hinaus waren die in der Verantwortlichkeit der einzelnen Werke im Saarland erhobenen Besucherzahlen verfügbar.

Ursprünglich war beabsichtigt, auch noch die Zahlen der beiden vorangegangenen Jahre einzubeziehen, jedoch erwies sich dies aus erfassungstechnischen Gründen als zu schwierig. Eine Befragung von Besuchern – selbst in Form einer begrenzteren Stichprobenerhebung – mußte für die hier angestrebte Ersterfassung aus Zeitgründen von vornherein ausgeschlossen werden.

Da mit dieser Vorgehensweise auch die wichtigsten methodischen Begrenzungen von Datenerhebung und Auswertung zusammenhängen, sind die Prinzipien der Aufnahme und damit verbundene Probleme im Anhang näher erläutert.

Trotz derartiger – zur Zeit nicht überwindbarer – Erhebungsmängel dürften die Ergebnisse der Studie bestehende Grundstrukturen und Trends richtig wiedergeben.

2. Der Besichtigungs- und Geschäftsreiseverkehr bei der Villeroy & Boch AG am Standort Mettlach

2.1. Angebotsstruktur

Als ein Unternehmen, das mit Vertrieb und Endverbrauchern einen engen Kontakt halten muß, hat es seit jeher dem Empfang und der Betreuung von Besuchern ein besonderes Gewicht gegeben. Im Laufe der Zeit entwickelte sich eine sehr breite Angebotspalette, um externe Besucher beherbergen, verköstigen und informieren zu können. Im Bereich des Unternehmens in Mettlach sind die folgenden Stätten für externe Besucher zugänglich oder speziell für diese hergerichtet worden (Abb. 2):

Werke
— Faiencerie
— Sanitärfabrik
— Mosaikfabrik

Besichtigungen in diesen Produktionsstätten werden in der Regel nur ausgewiesenen Fachbesuchern ermöglicht, überwiegend also den Geschäftspartnern des Unternehmens. Diese Restriktion wurde in den 70er Jahren unumgänglich, als der ständig steigende Besucherstrom zu Sicherheitsproblemen und kostentreibenden Behinderungen der Produktionsabläufe führte.

Ausstellungen
— Mosaikfabrik (Produkte Fliesen, Sanitärkeramik)
— Sanitärfabrik (Produkte Sanitärkeramik in vollständigen Kollektionen, z.B. vollständig ausgestatteten Badezimmern)
— Keravision (neben dem Videotheater, s.u., die Produkte Geschirr, Kristall, Sanitärkeramik, Fliesen)

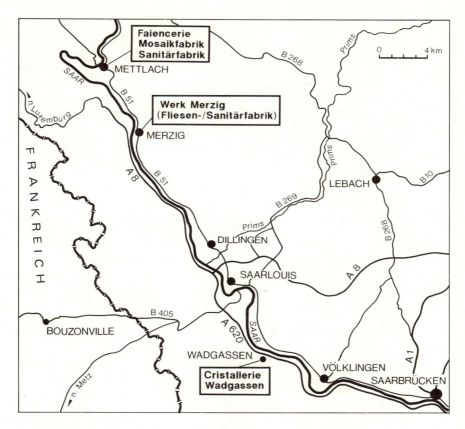

Abb. 1: Produktionsstätten der Villeroy & Boch AG im Saarland.

Die Ausstellungen sind allen Besuchern zugänglich. Die Besuchsmöglichkeiten in den oben genannten Werken werden jedoch fast ausschließlich von Endverbrauchern (Handel, Handwerk, Architekten, Bauherren u.a.) genutzt.

Verkaufsstätten
Im Ortskern Mettlach befinden sich sechs Verkaufsstätten für Geschirr- und Kristallprodukte überwiegend aus der Unternehmensgruppe Villeroy & Boch. Nur eines dieser Geschäfte, der Belegschaftsladen nämlich (direkt an der Saarbrücke), wird vom Unternehmen selbst geführt. Hier können Angehörige des Unternehmens die Produkte Geschirr und Kristall verbilligt und nur gegen

Vorlage eines Belegschaftsausweises einkaufen. Vier weitere Verkaufsstätten, die allen Kunden offen stehen, werden von der Fa. A. Baltes geführt, mit der Villeroy & Boch eine besondere Form der Zusammenarbeit verbindet. Hier wird der Umsatz überwiegend mit sog. *Mischwahl* gemacht, das sind in der Hauptsache Produkte zweiter Wahl, die mit erster Wahl ergänzt werden. Aus verkaufstaktischen Gründen ist der Verkauf dieses Warentyps auf das Saarland begrenzt. Im übrigen Bundesgebiet wird Mischwahl nur zu besonderen Anlässen im Sonderverkauf zugelassen, z.B. bei Firmenjubiläen.

Ein Stand mit begrenztem Angebot an Porzellan und Kristall, hauptsächlich mit der Funktion des Andenkenverkaufs, ist den Ausstellungsräumen der Keravision zugeordnet.

Information, Animation, Vorführungen

Schwerpunkt des Angebots für externe Besucher ist die in der ehemaligen Benediktinerabtei gelegene *Keravision*. Ihre Einrichtung ist eine direkte Reaktion des Unternehmens, um ein vor allem seit den 70er Jahren sprunghaft wachsendes Besucherinteresse in einer zeitgemäßen Form auffangen zu können.

Vorrangiges Ziel ist es, das Unternehmen in einer geeigneten Weise darzustellen und gleichzeitig die Produktionsstätten den eigentlichen *Fachbesuchern* vorbehalten zu können. Die Keravision wurde im Juni 1982 eröffnet und weist seitdem steil ansteigende Besucherzahlen auf. Im Jahre 1988 wurden sie erstmals auf deutlich mehr als 100 000 Besucher geschätzt (vgl. dazu näher 2.2.), ein weiteres Wachstum zeichnet sich für 1989 ab.

Herzstück der Keravision ist ein *Videotheater*, in dem den Besuchern unter Einsatz verschiedener audio-visueller Mittel Eckdaten der Geschichte des Unternehmens, seine Bedeutung im regionalen Rahmen sowie die wichtigsten Produktionsverfahren und Produktgruppen nähergebracht werden.

Neben den schon erwähnten Ausstellungen sind zudem noch mehrere Arbeitsplätze aufgebaut, in denen die grundlegenden handwerklichen Fähigkeiten dargestellt werden, auf denen das Unternehmen aufbaut: Bei der Arbeit zu beobachten sind z.B. eine Geschirrmalerin und ein Kupferstecher oder -drucker.

Unternehmenseigene Gästehäuser und Restaurants

Geschäftspartner und übrige geladene Gäste des Unternehmens werden, soweit die Kapazität ausreicht, in eigenen Gästehäusern untergebracht: Schloß Saareck, ehemaliger Sitz der Familie von Boch, in einem Park auf der linken Saarseite gelegen, sowie das Haus 'Nancy' in der Nähe des Bahnhofs in Mettlach. Hier liegen in dem sog. Saalbau auch die Belegschaftskantine sowie zwei weitere Räume, in denen größere Besuchergruppen speisen können.

Keramik-Museum Schloß Ziegelberg

Schloß Ziegelberg, Ende der 1870er Jahre fertiggestellt, ist ein weiterer ehemaliger Wohnsitz der Familie von Boch. Nach wechselvollem Schicksal vor allem seit den späten 1930er Jahren wurde der Bau 1979 als Keramikmuseum eingerichtet. In zahlreichen Exponaten, nicht nur aus der Produktion des Unternehmens, wird die Geschichte der Keramik in vielen Facetten veranschaulicht. Im gleichen Gebäude hat die Gemeinde Mettlach eine Tagungsstätte und ein Restaurant angesiedelt.

Übrige Angebote im Unternehmensbereich

In Merzig (Zentrallager) steht dem interessierten Besucher ein weiterer Ausstellungsraum für Geschirr und Kristall offen. Die Cristallerie Wadgassen schließlich ist speziell für Besucher so angelegt, daß alle Produktionsverfahren aus nächster Nähe beobachtet werden können. Auch hier ist ein Ausstellungs- und Verkaufsraum angegliedert. Entsprechend dem Arrangement in Mettlach befindet sich auch in Wadgassen eine unternehmensexterne Verkaufsstätte, in der Kristallprodukte zu Sonderkonditionen angeboten werden.

Alle genannten Angebote für externe Besucher werden in jüngerer Zeit zunehmend systematischer in die bestehende touristische Angebotsstruktur des Großraums eingebunden. Dies gilt vor allem für die Koppelung mit der *Personenschiffahrt* auf Saar und Mosel, die seit der Fertigstellung der Großschiffahrtsstraße Saar bis Dillingen einen neuen Aufschwung zu nehmen scheint.

2.2. Besucherstruktur und -abläufe

Nach den der Abt. BO vorliegenden Daten wurden im Jahre 1988 in den genannten Werken in Mettlach sowie in der Keravision etwa 141 000 Besucher erfaßt (davon deutlich mehr als 100 000 in der Keravision, Schätzwert). Hier muß jedoch unterstrichen werden, daß zahlreiche *Mehrfacherfassungen* vorliegen, da viele der Besucher an mindestens zwei Stellen gezählt werden. So besuchen viele der anreisenden Besichtigungstouristen sowohl die Keravision als auch das Keramikmuseum Schloß Ziegelberg, und die Geschäftsreisenden (s.u.) sehen in der Regel mehr als ein Werk und dazu vielfach noch die Keravision (im Werk Merzig wurden 1988 noch einmal 4 720 und in der Cristallerie Wadgassen 3 175 Besucher registriert).

Im folgenden werden bezüglich der Keravision grundsätzlich nicht die Schätzdaten des Personals im Vorführraum verwendet, sondern die um knapp die Hälfte niedriger liegenden Zahlen, die in den Anmeldelisten belegt sind.

2.2.1. Besucheraufkommen und räumliche Verteilung in Mettlach

Aus Abb. 2 geht hervor, daß die Keravision bei allen Besichtigungen quantitativ die größte Rolle spielt. Mit weitem Abstand folgt das Keramikmuseum, und nochmals deutlich geringer weil streng reguliert, – ist der Besuch der verschiedenen Werke. Schon allein aus den Globalzahlen ist ersichtlich, welche personellen und infrastrukturellen Kapazitäten das Unternehmen vorhalten muß, um diesen Besucherzustrom zu bewältigen.

Das Bild des Besucheraufkommens in der Innenstadt von Mettlach wäre unvollständig, wenn an dieser Stelle nicht noch einmal speziell der Einkaufstourismus erwähnt würde, obwohl er sich quantitativ nicht genau belegen läßt. Aufgrund von Schätzungen an typischen Stichtagen muß angenommen werden, daß die Zahl der Einkaufstouristen pro Jahr, die gezielt eine oder mehrere der soeben genannten Verkaufsstätten anfahren, ein Mehrfaches des Besucheraufkommens der Keravision beträgt. Nur ein Teil dieser Einkaufstouristen nimmt demnach die im übrigen bestehenden Besichtigungsmöglichkeiten wahr. Ein

Abb. 2:

Besucheraufkommen (1988) bei der Villeroy & Boch AG sowie (industrie-) touristische Angebotsstruktur in der Innenstadt von Mettlach (Quellen: Besucherzahlen für die Produktionsstätten nach Werksangaben, für die Keravision nach den Anmeldungsbüchern der Abt. BO, vgl. dazu Anmerkungen im Anhang; eigene Luftbildinterpretation mit Geländekontrollen, Sommer 1989) (Luftbild-Nr. 9154, Bildflug 1987, Freigabe-Nr. 5/87).

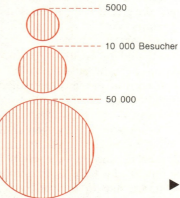

5000

10 000 Besucher

50 000

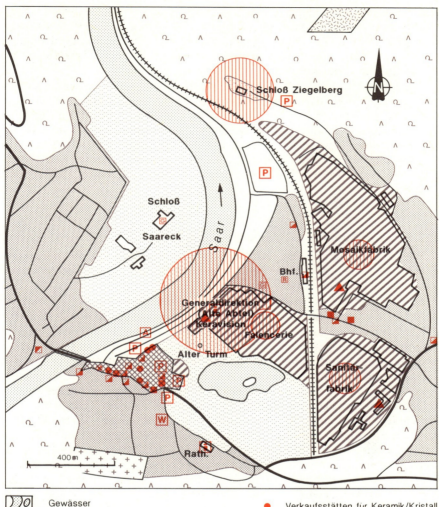

)))◐	Gewässer
⤴	Straßen, Bahnlinie
⌂	wichtige Gebäude (Auswahl)
▩	Kernstadt
░	Wohnsiedlungsbereiche (vereinzelt auch Standorte von Handel, Handwerk, Gewerbe und öffentl. Einrichtungen)
▨	Werke/Werksgelände der Villeroy & Boch AG
⋰	Parkanlage (allgemein zugänglich)
+ +	Friedhof
∧ ∩	Wald
▥	Landwirtschaftliche Nutzfläche (mit Brachland)
●	Verkaufsstätten für Keramik/Kristall (allgemein zugänglich)
⊗	V&B-Belegschaftsladen
◪	Restaurant, Café, Imbiß
■	Hotel mit Restaurant
◪	Hotel Garni
G	V&B-Gästehaus (teilweise mit Restaurant),
R	V&B-Kantine/Restaurant
▲	V&B-Produktausstellung
A	Anlegestelle (Personenschiffahrt)
P	öffentl. Parkplatz
i	Touristeninformation
W	öffentl. WC

Blick auf die vor den Läden parkenden Autokennzeichen belegt, daß der Einzugsbereich zwar schwerpunktmäßig im südwestdeutschen und ostfranzösischen Raum liegt, jedoch sind Fahrzeuge aus dem ganzen übrigen Deutschland, den Benelux- und den Alpenländern zu sehen. Genauere Daten wären nur durch eine aufwendige Erhebung zu erhalten.

Insgesamt läßt sich feststellen, daß ein relativ kleiner Bereich der Innenstadt von Mettlach pro Tag durchschnittlich von mehreren hundert ortsfremden Besuchern angefahren wird, in Spitzenzeiten von mehreren tausend. Ihre Präsenz dürfte im wesentlichen durch Anwesenheit und Angebote des Keramik-Unternehmens erklärt werden, wenn auch die Attraktivität sonstiger touristischer Produkte und Sehenswürdigkeiten im Großraum hier mit Sicherheit hineinspielt (Erholungsraum Naturpark Saar-Hunsrück, Mosel, Luxemburg, Saarschleife u.a.m.).

2.2.2. Struktur und zeitliche Verteilung des Besucheraufkommens der Keravision

Wie im Anhang erläutert, ermöglichen es die bei der Abt. BO aufgenommenen Daten, die Besucher der Keravision nach 'Besucherkategorie', 'Anlaß des Besuchs' und 'Vermittler' grob zuzuordnen.

Abb. 3 zeigt, wie sich die unterschiedenen Besucherkategorien im Wochenrhythmus über das Jahr 1988 verteilen (Grundgesamtheit = 55 469 Personen).

Zunächst ist festzustellen, daß nahezu 2/3 aller Besucher *Besichtigungstouristen* sind. Darunter werden in der vorliegenden Studie ortsfremde Besucher verstanden, die — unabhängig von Kriterien wie Aufenthaltsdauer oder Übernachtung — das Besichtigungsangebot des Unternehmens wahrnehmen, ohne daß sie aber einer der im folgenden unterschiedenen Gruppen zugeordnet werden können. Die Besichtigungstouristen setzen sich aus Urlaubern, Teilnehmern von Betriebsausflügen und Naherholungsuchenden zusammen. Viele der hier aktuellen Aktivitäten sind eindeutig dem *Freizeitbereich* zuzuordnen.

In sehr deutlichem Abstand folgt mit etwa 16% die Gruppe der *Schüler, Auszubildenden und Studenten*. Hier handelt es sich überwiegend um Teilnehmer an *Schul- und Klassenausflügen*. Thematisch können sehr enge Bindungen an das Unternehmen vorliegen ('Studienfahrten' im engeren Sinne, etwa als 'Einführung in die Arbeitswelt' oder Vermittlung von Fachinformationen für angehende Installateure oder Hotelfachleute). In der Regel allerdings dürfte der traditionelle *Besichtigungsausflug* vorliegen.

Nur geringfügig kleiner — und damit von erstaunlicher Bedeutung - ist mit etwa 12% die Gruppe der *Kunden* des Unternehmens. Unter diese Bezeichnung fallen unternehmensintern alle Besucher, die in irgendeinem engeren Zusammenhang mit Villeroy & Boch stehen. Dies können Geschäftspartner, Vertriebsangestellte, Groß- und Einzelhändler oder Architekten sein. Sie kommen in der Regel auf Einladung einzelner Sparten oder Abteilungen für zwei oder drei Tage nach Mettlach. Oft bringen sie ihre Angehörigen mit und nutzen die Tage vor Ort zu einem Besuch, bei dem sich *berufliche Inanspruchnahme* (etwa Diskussion neuer Kollektionen, Vertragsverhandlungen), *Besichtigungsaktivitäten mit Fachbezügen* und *reines Freizeitverhalten* auf kaum zu trennende Weise durchdringen.

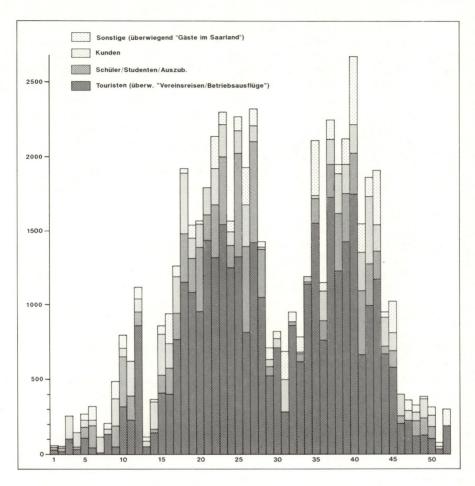

Abb. 3: Keravision (Villeroy & Boch, Mettlach): Besucherstruktur und -verteilung im Jahresgang 1988 (nach Wochen) (Quelle: eigene Erhebungen auf der Basis der Anmeldungsbücher der Abt. BO).

Eine vierte Gruppe mit deutlich weniger als 10% des Gesamtaufkommens ist in der Darstellung als *Sonstige* ausgewiesen. Hierbei handelt es sich überwiegend um Besucher, die sich aus verschiedenen Anlässen im Saarland aufhalten und die Gelegenheit wahrnehmen, sich über Aktivitäten und Produkte des Unternehmens zu informieren (sog. *„Gäste im Saarland")*.

Bei allen unterschiedenen Gruppen sind deutliche Abhängigkeiten vom Jahresgang zu erkennen. Frühsommer und Herbst sind *Hochsaison* mit zwischen 1 500 und 2 500 Besuchern pro Woche, wobei in dieser Zeit die Touristen überwiegen.

Unterbrochen werden diese Besucherspitzen von einem Einbruch im Sommer, bei dem die Abhängigkeit von der Ferienzeit deutlich ist (ähnlich bei den Osterferien). Dies ist ein sehr deutlicher Hinweis darauf, daß es sich hier um Reise- und Freizeitaktivitäten handelt, die an normale Arbeitsperioden und Werktage gebunden sind und im wesentlichen ihrer Auflockerung dienen. Hier zeigt sich ein wesentlicher Unterschied zu vergleichbaren Zeit- und Distanzmustern (s.u.) des traditionellen Ausflugsverkehrs (vgl. KULINAT/STEINECKE 1984, S. 54 ff.). Von November bis Februar sinkt der Strom der Besucher auf 300 pro Woche und deutlich darunter. In dieser Zeit sind die Anteile der vier Besucherkategorien relativ gleich verteilt.

Im Frühsommer ist der Anteil der Jugendlichen (hier vor allem Schüler) sehr hoch, Frühsommer und Herbst werden auch von den Kunden gerne zu einem Besuch bei Villeroy & Boch genutzt.

Sortiert man den vorliegenden Datensatz nach dem *Vermittler* der Besuche, so wird deutlich, daß etwa 70% aus einer privaten Direktanfrage oder Initiative resultieren, fast 14% werden von Angehörigen des Unternehmens vermittelt oder initiiert, und zu je etwa 7% stehen Reisebüros oder saarländische Organisationen (Behörden, Unternehmen) hinter den Reisen. Durch überproportionale Anteile im Jahresgang sind gekennzeichnet:
— die Vermittlung durch Reisebüros während des gesamten Sommers,
— unternehmensinitiierte Reisen von April bis Oktober (außer Juli/August) und ein
— auffälliger Anteil der Vermittlung von Gästen im Saarland in den Monaten Juni sowie September bis November.

Erst die Analyse weiterer Jahre wird zeigen, ob hier generelle Trends vorliegen.

2.2.3. Differenzierung des Besucheraufkommens der Keravision nach Herkunftsgebieten (Abb. 4)

Im Hinblick auf die Vergleichbarkeit mit anderen Typen des Freizeit- und Fremdenverkehrs und — auf längere Sicht — auch auf die Erarbeitung generalisierbarer Ergebnisse ist es interessant zu wissen, inwieweit sich beim Besuch von industriellen Anlagen ein *zentral-peripheres Gefälle* bemerkbar macht und welche *Reichweiten* der Anziehungskraft festzustellen sind. Weitere Fragen sind dann, ob es besonders *distanzempfindliche Besucherkategorien* gibt und wie sich dies im Jahresgang des Besucheraufkommens widerspiegelt.

Alle Fragen lassen sich auf der Basis von Abb. 4 relativ klar beantworten, wenn auch die Gründe für die hier bestehenden Muster nicht im einzelnen bekannt sind. Im vorliegenden Beitrag ist in dieser Hinsicht lediglich eine deskriptive Darstellung beabsichtigt, die die Grundlage für eindringendere Analysen sowie für regionale und systematische Vergleiche legen soll (aufgrund fehlender Herkunftsangaben bei einem Teil der Daten ist die Grundgesamtheit bei dieser Darstellung wesentlich kleiner als bei den vorher besprochenen: mit 35 945 Personen liegt sie bei knapp über 60% des Gesamtdatensatzes).

Zunächst einmal ist deutlich, daß zumindest auf der Aggregationsebene der Bundesländer klare raumdistanzielle Abhängigkeiten bestehen: Die beiden

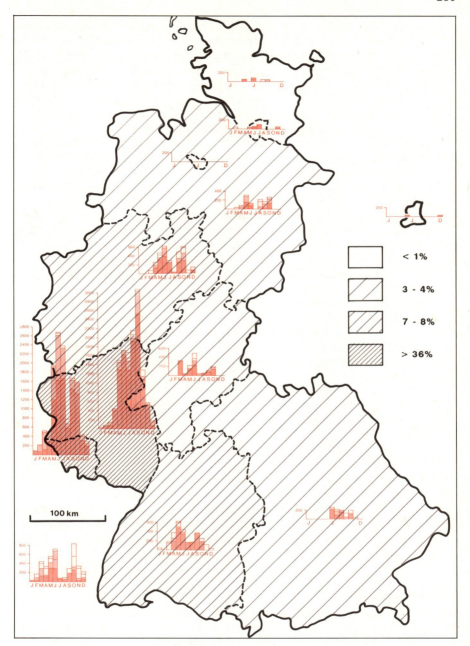

Abb. 4: Keravision (Villeroy & Boch, Mettlach): Regionale Herkunft der Besucher im Jahresgang 1988 (nach Monaten auf Bundeslandbasis, dazu für Berlin und Frankreich) (Quelle: eigene Erhebungen auf der Basis der Anmeldungsbücher der Abt. BO).

Länder Saarland und Rheinland-Pfalz stellen mit 36,6% bzw. 36,5% aller Besucher den Hauptanteil. Baden-Württemberg und Nordrhein-Westfalen haben jeweils Anteile um 8%, Niedersachsen, Hessen und Bayern jeweils zwischen 3% und 4%. Die Stadtstaaten, Schleswig-Holstein sowie Berlin fallen zahlenmäßig nicht ins Gewicht. Dies belegt die starke regionale Verankerung sowohl des Unternehmens als auch des Interesses an diesem, sicherlich verstärkt durch die relativ leichte Zugänglichkeit aus dem Saarland und Rheinland-Pfalz, bei kaum mehr als ein bis zwei Autostunden Fahrzeit für die einfache Fahrt.

Der Blick auf die Darstellung der Besuchertypen läßt deutliche Unterschiede hervortreten. Bei fast allen Ländern mit nennenswerten Anteilen wird die Masse der Besucher von den *Besichtigungstouristen* eingenommen. Eine Sonderstellung nimmt einmal das Saarland ein, aus dem ein sehr hoher Anteil von Schülern, Auszubildenden und Studenten kommt, zum anderen Niedersachsen und Bayern, die eine relativ gleiche Verteilung unterschiedlicher Gruppen zeigen. Im Vergleich zum Saarland ist der aus Rheinland-Pfalz kommende Anteil von Schülern und Auszubildenden — vom Monat September abgesehen — schon deutlich geringer, noch weniger reisen aus Baden-Württemberg an. Vor allem bei Schul- und Klassenfahrten ist somit eine ausgeprägte Distanzempfindlichkeit vorhanden.

Umgekehrt ist der geringe Anteil von Kunden aus dem Saarland auffällig und zugleich verständlich, denn bei dieser Gruppe spielt außerhalb des Saarlandes die Distanz keine wesentliche Rolle mehr, ein Sachverhalt, der auch in der Herkunft der Besucher aus Frankreich auffällt. Viele dieser Reisen sind Dienst- oder Geschäftsreisen, und auch die Kosten vor Ort werden zumindest teilweise vom Unternehmen übernommen.

Der hohe Anteil von Kunden aus dem Nachbarland Frankreich hängt jedoch auch damit zusammen, daß das Unternehmen hier mehrere Produktionsstätten und ein dichtes Vertriebsnetz besitzt.

2.3. Standörtliche Auswirkungen

Die Auswirkungen der dargestellten Prozesse auf das Unternehmen selbst, auf Standort und Standraum sind nach den bisher vorliegenden Kenntnissen als beträchtlich anzusehen, wurden jedoch noch nicht systematisch untersucht. In der Folge wird vor diesem Hintergrund lediglich angestrebt, auf einige der Wirkungen hinzuweisen, die durch den industriebezogenen Besucherreiseverkehr in Mettlach ausgelöst werden.

2.3.1. Unternehmensbereich

Das ständige, in diesem Ausmaß von niemandem erwartete Wachstum des Besucherstromes in den letzten Jahren hat das Unternehmen und einzelne seiner Untergliederungen vor erhebliche strukturbezogene und organisatorische Aufgaben gestellt.

Im Geschäftsreiseverkehr muß grundsätzlich neu bewertet und entschieden werden, welche Empfangskapazitäten vor allem im Bereich der unternehmenseigenen Gästehäuser auf längere Sicht bereitgestellt werden müssen. Schon jetzt wird bei der Unterbringung und Versorgung der Gäste in erheblichem Maß auf das im Raum ansässige Hotel- und Gaststättengewerbe zurückgegriffen. Es bleibt aber eine grundsätzliche Schwierigkeit: Auf der einen Seite möchte man möglichst vielen seiner Gäste einen angenehmen Aufenthalt in einem Rahmen bieten, der eindeutig als *unternehmensintern* identifiziert wird — hier wird die Vermittlung einer öffentlichkeitswirksamen *„corporate identity"* für wichtig gehalten —, auf der anderen Seite ist das Vorhalten größerer Kapazitäten in mehreren Einheiten nicht nur aus Investitions- und Betriebskostengründen problematisch; es spielt auch eine Rolle, daß es schwer ist, überall den gleichen — oder von den Gästen als gleichwertig empfundenen — Rahmen zu schaffen; zudem ist leicht nachvollziehbar, daß jede Entscheidung in diesem Bereich vom ortsansässigen Hotel- und Gaststättengewerbe sehr aufmerksam verfolgt wird.

Jeder Besuch bindet unternehmensintern erhebliche Kräfte: Ablauf und Inhalt sind jeweils in Absprache mit den betroffenen Abteilungen oder auch unternehmensexternen Stellen detailliert vorzuplanen, qualifizierte mehrsprachige Führer müssen bereitstehen, die Fahrbereitschaft ist in Anspruch genommen.

Die Problematik des übrigen Besucherverkehrs, vor allem im Zusammenhang mit der Keravision, ist wieder anders gelagert. Innerhalb von nur fünf Jahren hat sich die Besucherzahl von knapp über 50 000 (1983) auf deutlich über 100 000 (1988) verdoppelt. Dieser Zustrom muß bewältigt werden mit Organisationsstrukturen und -abläufen sowie mit räumlichen Kapazitäten und teilweise auch Exponaten, die seit Anfang der 1980er Jahre weitgehend unverändert geblieben sind. Nicht nur im Hinblick auf einen reibungslosen Ablauf, sondern vor allem aus der Sicht der Selbstdarstellung des Unternehmens ist man hier an einem kritischen Punkt angelangt: Will man weiter auf diese Art von Öffentlichkeitsarbeit setzen und das ohne jeden Zweifel vorhandene Interessenpotential nutzen, so bedarf es hier einer konzeptionellen, strukturellen und organisatorischen Umgestaltung.

Die Grundlagen hierfür sind durch Vorstandsbeschlüsse inzwischen vorbereitet. Durch die Verlagerung eines Teils der Produktion von Mettlach nach Merzig wird in der Generaldirektion neuer Raum für die Keravision gewonnen, der dann für eine Neugestaltung von Vorführräumen, Exponaten und nicht zuletzt auch Zugangsmöglichkeiten genutzt werden kann.

2.3.2. Mettlach und Umgebung

Die aus räumlicher Sicht ohne Zweifel wichtigste Folge der beschriebenen Entwicklung ist eine zunehmende Anpassung des kleinen Stadtkerns an Bedürfnisse und Erwartungen, die mit dem durch Villeroy & Boch bewirkten Besucherverkehr zusammenhängen.

Mitausgelöst — und teilweise ermöglicht — wurde diese Umgestaltung durch die Baumaßnahmen, die im Zusammenhang mit der Saarkanalisierung durchgeführt wurden. Durch eine Verlegung der Saar in westliche Richtung wurde Platz gewonnen für einen neuen Uferstraßenabschnitt, an dem eine Anlegestelle der Saarschiffahrt eingerichtet wurde. Die alte Durchgangsstraße gewann die Hauptfunktion eines Zubringers zu den Werken von Villeroy & Boch, zudem entstanden vor der Generaldirektion und weiter nördlich eine große Zahl von zusätzlichen Parkplätzen für Werksangehörige und Besucher. Hinter die zur Saar gerichtete Häuserzeile mit vier der genannten Verkaufsstätten wurde eine Tiefgarage mit 48 Plätzen gelegt. Ihr Dach wird als Terrasse genutzt, teilweise besteht ein direkter Zugang zu Einzelhandelsgeschäften. Auch der davor gelegene Marktplatz dient — wie an jedem beliebigen Werktag an den Autokennzeichen zu sehen ist — überwiegend als Parkplatz für den Besucherverkehr von Villeroy & Boch. Auch andere Renovierungs- und Neubautätigkeiten im übrigen Stadtkern können in diesem Zusammenhang gesehen werden, vor allem die jüngst erfolgte Fertigstellung eines neuen Hotels am östlichen Ortseingang.

Der regionalwirtschaftliche Effekt des durch das Unternehmen ausgelösten Besucherreiseverkehrs in Mettlach und Umgebung muß als bedeutend angesehen werden, jedoch liegen hierüber keine veröffentlichten Daten vor. Einzelhandel, Hotel- und Gastronomiegewerbe spüren jedoch immer deutlicher die von dieser Entwicklung ausgehenden Impulse. Ähnliches zeichnet sich für die Verknüpfung mit der Saarschiffahrt ab. Ein bewußtes gemeinsames Marketing etwa von Unternehmen, Touristikbranche und Region ist jedoch noch nicht gegeben.

Deutlich ist aber auch, daß bei dem zu erwartenden Ansteigen des Besucherreiseverkehrs selbst nach den jetzt erfolgten Umbauten erhebliche Probleme bestehen bleiben, vor allem in Hinblick auf die Verkehrssituation (Mangel an Parkplätzen, vor allem auch für große Reisebusse, Überlagerung von Werks- und Besucherverkehr zu Spitzenzeiten, Lärm- und Abgasbelastung im Ortskern und entlang der Saar) sowie die für einen solchen Personenandrang erforderlichen infrastrukturellen Einrichtungen. Hier bestehende Probleme werden nur durch eine enge Zusammenarbeit von Unternehmen, Stadt und Land zu lösen sein.

3. Schlußdiskussion

Das Beispiel Villeroy & Boch in Mettlach belegt, daß von industriellen Produktionsstätten und damit verbundenen Einrichtungen auf externe Besucher eine große regionale und überregionale Anziehungskraft ausgehen kann, wobei im hier beschriebenen Beispiel natürlich die Produktpalette des Anbieters eindeutig attraktivitätssteigernd ist. Es ist deutlich, daß den Interessen des Unternehmens an Imagepflege und Verkaufsstimulation ebenso ausgeprägte Besichtigungs- und Konsuminteressen sehr unterschiedlicher Besucherkategorien entsprechen, Geschäftspartner und Kunden des Unternehmens eingeschlossen.

Aber nicht nur Unternehmen und Besucher sind Nutznießer angebotener und nachgefragter Leistungen. Das Image des Unternehmens und die Attraktivität seines Besichtigungs- und Produktangebots werden von anderen Unternehmen im Saarland, seinen Behörden, übrigen Institutionen und politischen Kreisen konsequent dazu genutzt, Image und Attraktivität auch der Gesamtregion zu verbessern, indem im Saarland anwesende Gäste im Rahmen ihrer offiziellen oder privaten Besuchsprogramme nach Mettlach vermittelt werden.

Ergebnis dieser Entwicklung in den letzten Jahren ist ein sehr komplexes Bild von *Motivkreisen, Besucherkategorien* und *Reisetypen* (Abb. 5 zeigt eine Synopse

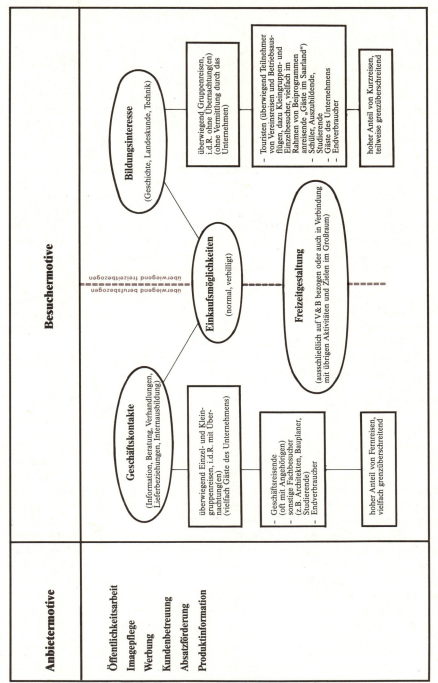

Abb. 5: Industrietourismus in Mettlach: Motivkreise, Besucherkategorien und Reisetypen.

wichtiger Merkmale), was eine Reihe von Zuordnungs- und Terminologiefragen aufwirft. Einige Aspekte seien angesprochen.

Zunächst ist zu unterstreichen, daß bei Villeroy & Boch in Mettlach Besuchertypen zusammentreffen, die sonst sehr verschiedene Anziehungspunkte für Freizeit- und Fremdenverkehr aufsuchen: Man findet Staatsbesucher neben Tagesausflüglern, Geschäftsreisende neben Erholungsurlaubern, Einkaufstouristen neben Schülern örtlicher Bildungseinrichtungen... Dies deutet zugleich an, daß eine große Spannweite verschiedener Formen von Freizeit- und Fremdenverkehr vertreten ist: Naherholung und Studienreise, Jahresurlaub und Geschäftsverkehr, Freizeitgestaltung und Beiprogramm von anderen Aktivitäten...

Wichtiger noch ist die Erkenntnis, daß weder räumlich noch zeitlich eine eindeutige Trennung zwischen den üblicherweise unterschiedenen Aktivitätsformen der Besucher vorgenommen werden kann. Dies ist insbesondere beim Geschäftsreiseverkehr der Fall: Von einem Augenblick zum anderen – und vielfach am gleichen Platz – wird aus dem verhandelnden Geschäftspartner des Unternehmens ein Urlauber oder Einkaufstourist, und genau diese Mischung ist offensichtlich auch ein mitentscheidendes Reisemotiv. Diese Rollenwechsel verdeutlichen, wie wenig vielfach noch so sorgfältig erstellte Terminologien den vollen Umfang der Wirklichkeit einzufangen vermögen.

Vor diesem Hintergrund wird offensichtlich, daß manche, aber längst nicht alle spezifischen Besucherkategorien mit einer angemessenen Bezeichnung bisher gebräuchlicher Fremdenverkehrsterminologien zu fassen sind. Der Besucherreiseverkehr bei industriellen Produktionsstätten entzieht sich *insgesamt* jedoch einer *eindeutigen Zuordnungsmöglichkeit*.

Allen externen Besuchern gemeinsam ist aber, daß sie von einem Industrieunternehmen angezogen werden und mehrheitlich für dessen direktes Funktionieren keine wichtige Rolle spielen, wenn auch auf lange Sicht ihr Verhalten als Händler, Endverbraucher oder politisch-wirtschaftliche Entscheidungsträger von Bedeutung sein kann. Damit wird der einleitend genannten Definition für *Industrietourismus* entsprochen, obwohl dies aus terminologischer Sicht nicht unproblematisch ist: So sollte eigentlich von *Tourismus* erst gesprochen werden, wenn mindestens eine Übernachtung gegeben ist – und dies ist bei Villeroy & Boch mehrheitlich nur für die *Geschäftsreisenden* der Fall, bei denen die Freizeit- oder Erholungskomponente jedoch in der Regel nicht im Vordergrund steht; letzteres hingegen ist bei der Mehrzahl der *Besichtigungstouristen* der Fall, von denen aber wiederum nur eine Minderheit mehr als einige Stunden vor Ort verbringt. In Ermangelung eines anderen praktikablen Terminus und auch in Anpassung an die international gebräuchlichen Entsprechungen „*industrial tourism*" und „*tourisme industriel*" wird deshalb für den Besucherreiseverkehr bei Villeroy & Boch – und dementsprechend bei anderen industriellen Produktionsstätten – die Sammelbezeichnung *Industrietourismus* vorgeschlagen. Bei jeder Aufgliederung hieran beteiligter Besuchergruppen kann dann je nach Forschungsperspektive und Untersuchungsziel auf einen der üblichen spezifischeren Termini zurückgegriffen werden (wie z.B. *Geschäftsreiseverkehr, Naherholung* usw.).

Von derartigen terminologischen Überlegungen unberührt bleiben zwei wichtige Schlußfolgerungen: Bei dem durch Industrieunternehmen, durch deren Produktionsstätten und gegebenenfalls auch durch deren Produkte angezogenen externen Besucherreiseverkehr handelt es sich um einen Sachverhalt mit erheblichen wirtschaftlichen, sozialen und räumlichen Wirkungen. Sie strahlen auch in viele andere, jedoch weniger leicht faßbare Bereiche aus (Politik, Bildung, regionale Identifikation u.a.). Sie alle sind, soweit räumliche Implikationen bestehen, Forschungsgegenstand der Geographie. Das behandelte Beispiel zeigt zudem, welche Bedeutung eine überlegte Inwertsetzung des touristischen Potentials saarländischer Industrielandschaften gewinnen könnte.

Anmerkungen

(1) Erst nach Abschluß des vorliegenden Beitrags ist mir die Arbeit von SCHMIDT (1988) zur Kenntnis gebracht worden. Sie stellt eine erste weitergehende Auseinandersetzung mit sowohl dem Terminus „Industrietourismus" (wenn auch in der Schreibweise „Industrie-Tourismus") als auch mit dessen konkreten Inwertsetzungsmöglichkeiten auf regionaler Ebene dar. SCHMIDT bezieht zu Recht auch den Geschäftsreiseverkehr in seine Studie mit ein, wobei dessen Bedeutung in den näher untersuchten Gemeinden gut belegt werden kann. Ebenfalls aus Franken stammt der anregende Versuch, auf der Basis vorhandener oder zu entwickelnder industrietouristischer Potentiale *konkrete Tourenvorschläge* zu machen (MAIER 1989).
(2) Erst in jüngerer Zeit ist man auf die große Bedeutung auch des Kongreß- und Geschäftsreiseverkehrs (einschl. des Messewesens, MÖLLER 1989) aufmerksam geworden, in dem sich ebenfalls fließende Übergänge zu Freizeit- und Erholungsverhalten feststellen lassen.
(3) Für den Hinweis auf diese Fundstelle danke ich Herrn Priv. Doz. Dr. I. Eberle, Geogr. Inst. d. Univ. Mainz.
(4) Nicht selten wird öffentlich beklagt, jede Erwähnung des Terminus „Industrietourismus" mache erhebliche Anstrengungen in der Imagepflege zunichte... Es sei deswegen hier unterstrichen, daß in einem jüngst vorgestellten Gutachten zur Fremdenverkehrsentwicklung im Saarland vorgeschlagen wird, die im industriegeschichtlichen Erbe des Saarlandes liegenden Potentiale systematisch zu nutzen (*Deutsches Wirtschaftswissenschaftliches Institut für Fremdenverkehr...* 1988).
(5) Der Villeroy & Boch AG, insbesondere den Herren Luitwin Gisbert von Boch-Galhau, Vorstandsvorsitzender, und Wendelin von Boch-Galhau, Mitglied des Vorstandes und Leiter der Sparte 'Geschirr/Kristall' (Inland), sei sehr herzlich für die Möglichkeit gedankt, Originalunterlagen der Abteilung Besucherorganisation in der Generaldirektion auswerten zu können.

Exkursionshinweise

Einen ersten Eindruck von der Bedeutung des unternehmensbezogenen Reiseverkehrs in Mettlach kann man bei einem kurzen Rundgang in der Innenstadt von der Saarbrücke über den Marktplatz bis hin zur Generaldirektion des Unternehmens in der alten Benediktinerabtei gewinnen.

Für die Vereinbarung von Besichtigungsterminen wende man sich an die Abteilung Besucherorganisation des Unternehmens, Tel. (06864) 81-250. Die Keravision (mit der angeschlossenen Ausstellung) ist in der Regel das ganze Jahr hindurch an Werktagen geöffnet: von 8.00 – 12.30 Uhr und 14.00 – 17.00 Uhr, samstags von 9.00 – 13.00 Uhr, im Sommerhalbjahr samstags von 9.00 – 17.00 Uhr durchgehend.

Das Keramik-Museum Ziegelberg ist im Sommerhalbjahr täglich (außer Montag) geöffnet: von 9.00 – 12.30 Uhr und 14.00 – 17.30 Uhr, sonntags von 10.30 – 12.30 Uhr und 14.00 – 18.00 Uhr.

Von Ende November bis Anfang März ist das Museum samstags bis montags geschlossen. Anmeldungen und Auskünfte: Tel. (06846) 81294.

Die Cristallerie in Wadgassen ist von Montag bis Freitag zwischen 9.00 Uhr und 15.00 Uhr für Besichtigungen geöffnet. Führungen nur nach Voranmeldung Tel. (06834) 41095.

Anhang

Bemerkungen zur Erhebungsmethodik

Die in der Abt. BO geführten Anmeldelisten sind von ihrer Funktion her vor allem Grundlage der täglichen Routinearbeit. Sie dienen – von Ausnahmefällen abgesehen – keinen speziellen unternehmensinternen Auswertungszielen.

Angesichts der gegebenen Aufnahmekapazitäten in den einzelnen Werken, Gästehäusern und Ausstellungen erlauben die Listen eine zweckmäßige Verteilung oder Steuerung bei der Anmeldung. Genaue Angaben über Herkunft der Besucher, Ziele und Programmgestaltung werden nur bei geschäftlich veranlaßten Besuchen ('Kunden' im internen Sprachgebrauch) aufgenommen. Dies ist im Hinblick auf häufige Programmänderungen, Rückfragen und unternehmensinterne Kostenzuordnungen unerläßlich. Ähnlich genaue Angaben liegen für alle Teilnehmer von Betriebsbesichtigungen sowie die Besucher vor, die sich *schriftlich* anmelden.

Bei den quantitativ wichtigsten Anmeldungen für die Keravision werden in der Regel die folgenen Mindestangaben aufgenommen:

— Name des Besuchers (der Gruppe, der Institution, des Verantwortlichen),
— Herkunftsort,
— gewünschte Sprache für Führung oder Film-/Videoton (Deutsch, Französisch, Englisch),
— Zahl der Teilnehmer.

Ein großer Teil dieser Anmeldungen aber geschieht sehr kurzfristig, telefonisch und in Perioden großer Arbeitsbelastung für die Mitarbeiter der Abt. BO (in Spitzenzeiten sind beide Telefonanschlüsse der Abteilung praktisch ununterbrochen belegt). Dies führt dazu, daß immer wieder Teile dieser Mindestangaben fehlen und auch im Nachhinein nicht mehr rekonstruierbar sind. *Hier liegt die Erklärung dafür, daß die vorstehenden Abbildungen unterschiedliche Grundgesamtheiten aufweisen können, obwohl sie auf den gleichen Datensatz zurückgehen.*

Im Hinblick auf die seit Jahren eingespielten Anmelde- und Einlaßroutinen für die Keravision sind noch die folgenden Sachverhalte zu unterstreichen:

— nur ein Teil der Besucher wird überhaupt durch eine Anmeldung erfaßt; die überschlägigen Zählungen, die in der Keravision zusätzlich vorgenommen werden, weisen eine fast doppelt so hohe Besucherzahl auf, als sie in der Abt. BO dokumentiert ist. In der vorliegenden Studie werden *ausschließlich die angemeldeten Besucher* berücksichtigt,

— es gibt keine genaue Kontrolle, ob die Zahl der angemeldeten Besucher (etwa in einer größeren Gruppe) mit der Zahl der dann tatsächlich Angereisten übereinstimmt; nach den Erfahrungen der Abt. BO ist dies zumindest in der Größenordnung der Fall. In der vorliegenden Studie mußte aus praktischen Gründen angenommen werden, daß es hier keine größeren Diskrepanzen gibt, und es wurde immer auf die bei der Anmeldung genannte Zahl zurückgegriffen (bei ungenauen Angaben — etwa: eine Gruppe mit 40-50 Teilnehmern — wurde *immer die niedrigere Zahl verwendet*).

Die Vorgehensweise bei der Datenerhebung war wie folgt: nach einer ersten Durchsicht der Anmeldelisten wurde eine Reihe von Kategorien gebildet, die im Hinblick auf die Möglichkeiten und Mängel des vorliegenden Datensatzes vertretbar erschien. Es waren dies:

Besuchsziel: Keravision, Museum Ziegelberg, Ausstellungen, Sanitärfabrik, Faiencerie, Mosaikfabrik, Werk Merzig, Cristallerie, Sonstiges;

Besucherkategorie: Tourist, Kunde, Schüler(in), Student(in), Auszubildende(r), VIP, Gast im Saarland, Sonstiges;

Anlaß: Studienfahrt, Geschäftsreise, privater Ausflug, Vereinsreise, Rahmenprogramm, Sonstiges;

Vermittler: Villeroy & Boch, privat, Reisebüro, saarl. Organisation, saarl. Behörde, saarl. Unternehmen, Sonstiges;

Hinzu wurden erhoben: Laufende Nummer, Datum, Woche, Anzahl, Sprache, Postleitzahl, Ort, Bundesland, Ausland. Auf dieser Grundlage wurde dann jedes einzelne „Anmeldungsereignis" getrennt nach den unterschiedenen Merkmalen erfaßt. Wo immer dies auf der Basis von Hilfsdaten (vor allem Korrespondenz) oder mit der Unterstützung der Abt. BO (vor allem im Hinblick auf 'Kunden' des Unternehmens) möglich war, wurden die Angaben bei den Blöcken Besucherkategorie, Anlaß und Vermittler für jedes Anmeldeereignis festgehalten. Das *Grundprinzip* war dabei, daß *alle Angaben außer der Ausprägung 'Tourist' belegt sein mußten oder wahrscheinlich zu machen waren*.

Routinemäßig vorausgesetzt — falls nicht anders belegt — wurden dann die folgenden Koppelungen:

— 'Tourist': 'privater Ausflug'/'Vereinsreise'/Vermittlung 'privat'
— 'Kunde': 'Geschäftsreise'/Vermittlung 'Villeroy & Boch'
— 'Schüler'/'Studenten'/'Auszubildende': 'Studienfahrt'.

Die hierdurch verursachten Beschränkungen in der Aussagekraft der Erhebung sind bei einer differenzierteren Analyse der Ergebnisse zu beachten.

Literatur

BOHLIN, M.: Ekomuseum Bergslagen. Utvärdering av museets besökare 1986, Borlänge 1987 (Rapporter & Meddelanden, Nr. 1 der Högskolan i Falun/Borlänge, Turismlinjen).

BOIVIN, M./MATTHEWS L./GIRARDVILLE J.-M. L.: Le tourisme industriel, Québec 1982 (Service Analyse et Programmation, DGT/MICT).

Deutsches Wirtschaftswissenschaftliches Institut für Fremdenverkehr an der Universität München (DWF): Konzept für die Fremdenverkehrsentwicklung im Saarland, o.O. 1988 (Kurzfassung, als Manuskript vervielfältigt).

CHRISTALLER, W.: Beiträge zu einer Geographie des Fremdenverkehrs. — Erdkunde, 9 (1955), S. 1-7.

DUPONT, CH.: Vocabulaire du tourisme, Montréal 1979.

GERMER, S.: Sloss Furnaces National Historic Landmark, Birmingham, AL (USA) - Adaptive re-use of an industrial site: possibilities and limitations, Saarbrücken 1989 (Diplomarbeit, Fachrichtung Geographie, Universität des Saarlandes).

JÜLG, F.: Praktische Hinweise für wissenschaftliche Arbeiten in der Fremdenverkehrsgeographie. – In: H. BAUMGARTNER u.a. (Hrsg.) Festschrift Leopold G. Scheidl zum 60. Geburtstag, I. Teil, Wien 1965, S. 56-67.

KULINAT, K./STEINECKE A.: Geographie des Freizeit- und Fremdenverkehrs, Darmstadt 1984 (Wissenschaftliche Buchgesellschaft, Erträge der Forschung, Bd. 212).

MAIER, J.: Geographie der Freizeitstandorte und des Freizeitverhaltens. – In: *Sozial- und Wirtschaftsgeographie* 2, München 1982, S. 160-273 (Harms Handbuch der Geographie).

MAIER, J. (Hrsg.): *Industrie-Tourismus in Oberfranken 2: Versuch einer Tourenplanung*, Bayreuth 1989 (Arbeitsmaterialien zur Raumordnung und Raumplanung, Lehrstuhl Wirtschaftsgeographie und Regionalplanung, Univ. Bayreuth, H. 79).

MÖLLER, H.: Das deutsche Messe- und Ausstellungswesen. Standortstrukturen und räumliche Entwicklung seit dem 19. Jahrhundert, Trier 1989 (Forschungen zur deutschen Landeskunde, Bd. 231).

SCHMIDT, D.: Industrie-Tourismus: Möglichkeiten und Grenzen einer Anwendung auf ausgewählte Gemeinden der Landkreise Coburg, Kronach und Lichtenfels, Bayreuth 1988 (Arbeitsmaterialien zur Raumordnung und Raumplanung, Lehrstuhl Wirtschaftsgeographie und Regionalplanung, Univ. Bayreuth, H. 63).

SOYEZ, D.: Industrietourismus. – Erdkunde, 40 (1986), S. 105-111.

- : Das amerikanische Industriemuseum 'Sloss Furnaces' – ein Modell für das Saarland? - In: ANNALES, 1 (1988), S. 59-68 (Forschungsmagazin der Universität des Saarlandes).

Villeroy & Boch: Geschäftsbericht 1987, Mettlach 1987.

WEILER, J.: Reusing our working past for recreation and tourism. – Recreation Canada, April 1984, S. 36-41.

WOLF, K./JURCZEK, P.: Geographie der Freizeit und des Tourismus, Stuttgart 1986 (UTB für Wissenschaft: Uni Taschenbücher 381).

Wege zur Erhaltung der Identität saarländischer Landschaften

Verantwortlicher Redakteur: Heinz Quasten

Einführung

In den Jahrzehnten nach dem Zweiten Weltkrieg haben die Landschaften in der Bundesrepublik Deutschland eine Umgestaltung in einer Intensität erfahren, die das Maß der Veränderungen durch Kriegszerstörungen weit in den Schatten stellt. Es waren nicht nur neue Techniken in der industriellen Produktion, im Verkehrswesen, in der Landbewirtschaftung u. a. dafür ausschlaggebend. Der sehr stark gestiegene Wohlstand, der es erlaubte, vieles grundlegend zu modernisieren, Altes durch Neues zu ersetzen und in einem vorher nicht gekannten Maße zusätzlich neu zu bauen, hat erheblich dazu beigetragen. Und nicht zuletzt hat die Entwicklung anderer Lebensbedürfnisse mit anderen Ansprüchen an die besiedelten und unbesiedelten Teile der Landschaften einen Einfluß gehabt.

Gegenüber früheren Fortentwicklungen, die es ja immer gegeben hat, unterscheidet sich die Nachkriegsentwicklung durch dreierlei:

Es ist erstens die *Quantität pro Zeiteinheit,* in der Neuerungen stattfinden. Man vergegenwärtige sich z. B., daß die Siedlungsfläche im Saarland sich seit Ende des Krieges verdoppelt hat, in dieser kurzen Zeitspanne also ebenso große Flächen überbaut worden sind wie in den vorausgegangenen zweitausend Jahren Siedlungsgeschichte, eine „Siedlungsexplosion".

Es ist zweitens das *Allumfassende der Umgestaltungen,* das nichts ausläßt. Wurden in früheren Epochen in der Regel nur einzelne Elemente der Landschaften im Zuge von Anpassungen an neue Bedürfnisse o. ä. verändert und dieses häufig auch nur in relativ kleinräumigen Bereichen — etwa im Verlaufe der Ausbildung von Industriegebieten —, so umfaßt die moderne Umgestaltung alle materiellen Bereiche aller Landschaften. In den Siedlungen z. B. sind es ja nicht etwa nur die Gebäude und Verkehrswege, die umgestaltet werden. Es sind auch z. B. die Freiflächen, die Gärten, die Gartenwinfriedungen, ja selbst die einzelnen Pflanzenarten in den Gärten. Buchstäblich nichts bleibt von der Modernisierung verschont.

Und drittens ist für die Nachkriegsentwicklung typisch, daß sie sich *überall* in gleicher Weise abspielt. Die an jedem Ort vorhandene Verfügbarkeit über alle Arten von industriell gefertigten Baumaterialien, die über die Medien bis in den letzten Winkel vermittelten Vorstellungen über „modernes" Wohnen, Bauen und Gestalten, auch der Verlust des noch in den ersten Jahrzehnten des 20. Jh. gepflegten Leitbildes einer regionalbezogenen Baukultur und Landschaftsgestaltung und deren Ersatz durch die Maxime vieler Architekten und anderer Entscheidungsträger, jeden modischen Gag aufnehmen zu müssen, hat zu einer starken Nivellierung unserer Landschaften geführt. Die *regionale Unterscheidbar-*

keit der Landschaften ist einer immer differenzierteren Unterscheidbarkeit bestimmter Elemente *nach dem Zeitpunkt ihrer Entstehung* gewichen. An die Stelle einer Vielfalt an Landschaften ist die Einheitslandschaft mit einer Vielfalt an immer neu hinzukommenden Elementen getreten, ein kunterbuntes Einerlei.

Unseren Kulturlandschaften drohen die letzten Reste ihrer Unverwechselbarkeit abhanden zu kommen, ihrer Identität verloren zu gehen. Es verstärken sich aber die Bemühungen, diesen Prozeß aufzuhalten. Davon handeln die folgenden Aufsätze.

Die beiden ersten Beiträge von Jochen Kubiniok und Hans-Michael Weicken sowie Christa Goedicke und Ernst Löffler hängen thematisch zusammen und behandeln Aspekte der Landschaftsentwicklung aus physikalisch-geographischer Sicht. Sie zeigen auf, daß das Landschaftselement Relief keineswegs so stabil ist, wie man es gemeinhin annimmt, daß vielmehr vor allem unter anthropogenem Einfluß das Kleinrelief innerhalb kurzer Zeiträume merklich verändert wird.

Auch der folgende Beitrag von Jutta Bauer hat die Oberflächenformen zum Gegenstand, setzt aber wertend unter dem Aspekt ihrer Erhaltung an. Hier wird ein im allgemeinen vernachlässigter Teil des Naturschutzes, der geomorphologische Naturschutz, behandelt, der nicht weniger wichtig ist als der biologische.

Delf Slotta behandelt mit den Bergehalden des Steinkohlenbergbaus ein charakteristisches Element der industriellen Kulturlandschaft, zeigt die historische Entwicklung der verschiedenen Haldentypen auf und weist darauf hin, daß auch sie ein kulturelles Erbe im Kohlenrevier darstellen.

Am Beispiel eines Dorfes im nordwestlichen Saarland zeichnet Heinz Quasten eine Dorferneuerung nach, die sich planmäßig unter dem Aspekt der Erhaltung der dörflichen Identität vollzog. Es werden die Planungsprinzipien erläutert und dargestellt, daß die „erhaltende Dorferneuerung" auf große Akzeptanz in der Bevölkerung stößt und durch die Maßnahmen im Zuge von Dorferneuerung durchaus auch gewünschte soziale Effekte ausgelöst werden können.

Im letzten Beitrag dieses Themenblocks diskutiert Marlen Dittmann die Problematik der Identitätserhaltung einer kleinen Stadt im Zuge ihrer Sanierung. Sie wertet das reiche kulturelle Erbe Blieskastels hoch, ohne zu vergessen, daß eine Stadt — auch im Sinne der Erhaltung des kulturellen Erbes — funktionieren muß und nicht allein Denkmal sein kann. Ihre abwertende Kritik zielt daher nicht auf Abstriche, die sich die Denkmalpflege im Interesse der notwendigen Funktionalität gefallen lassen muß, sondern auf Details, die ohne wirtschaftliche Einschränkungen auch besser hätten gelöst werden können.

Leider können hier nur einige Beispiele für die breitgefächerten Bemühungen behandelt werden, die es im Saarland mit dem Ziel der Identitätserhaltung seiner Landschaften gibt. Es sei nur auf den Bereich der Industriedenkmalpflege, der Landschaftsplanung oder weiterer Bereiche des Naturschutzes hingewiesen. Es gibt Anzeichen dafür, daß diese Bemühungen vor allem in jüngerer Zeit auf große Akzeptanz in der Bevölkerung stoßen. Sie kommen dem Bedürfnis der Menschen, sich mit ihrem Lebensraum identifizieren zu wollen, entgegen.

SOYEZ, D./BRÜCHER, W./FLIEDNER, D./LÖFFLER, E./QUASTEN, H./WAGNER, J. M. (Hrsg.): Das Saarland. Bd. 1: Beharrung und Wandel in einem peripheren Grenzraum, Saarbrücken 1989 (Arbeiten aus dem Geographischen Institut der Universität des Saarlandes, Bd. 36).

Anthropogene Relief- und Bodenveränderungen im Saarland — dargestellt an Beispielen aus dem östlichen Bliesgau und dem Prims-Blies-Hügelland

Jochen Kubiniok und Hans-Michael Weicken

1. Problematik der anthropogenen Relief- und Bodenveränderung im Saarland

Das Bild unserer heutigen Kulturlandschaft ist das Ergebnis eines seit Jahrtausenden andauernden Entwicklungs- und Änderungsprozesses, der mit der Inkulturnahme und Rodung der Wälder einsetzte. Die durch den Eingriff des Menschen in den Naturhaushalt hervorgerufenen Änderungen äußern sich — gemessen an dem vergleichsweise raschen Wandel der Siedlungs- und Nutzungsformen — meist viel weniger augenfällig und sind oft nur aus ihren mittelbaren Wirkungen zu erschließen. In besonderem Maße trifft dies für viele *anthropogen* verursachte Relief- und Bodenveränderungen zu.

Im Saarland und in angrenzenden Gebieten sind vom Menschen verursachte Bodenveränderungen bis in ältere Epochen der Kulturlandschaftsgeschichte zurückzuverfolgen.

Erste Hinweise liefern die mächtigen *Auelehmdecken*, die die *Talböden* aller größeren saarländischen Flüsse aufbauen.

Wie im übrigen Mitteleuropa sind sie als *korrelate Sedimente verstärkter Bodenabtragung* im Gefolge weitflächiger *Rodungsmaßnahmen* zu deuten (vgl. u.a. RICHTER 1980, RICHTER/SPERLING 1976). Detaillierte Untersuchungen fehlen allerdings bislang im Saarland. Immerhin sind aus den bis zu 6 m mächtigen Auelehmen des Saartales in 3-4 m Tiefe römische Münzen und Artefakte überliefert. Dies beweist, daß die Bildung der Auelehme zu großen Teilen erst seit den Haupt-Rodungsperioden stattfand (ZANDSTRA 1954).

Sehr viel besser können im Saarland anthropogene Bodenveränderungen aus neuerer Zeit belegt werden. So ist insbesondere durch die grundlegenden Untersuchungen von HARD (u.a 1964, 1970), der umfangreiches Archivmaterial auswertete, für die Westpfalz, das südliche Saarland und Lothringen ein *exzessiver Anstieg* der Bodenerosion zwischen 1760 und 1850 festzustellen. HARD sieht die Hauptursachen einmal in der starken *Bevölkerungszunahme* jener Zeit, die zu einer Ausdehnung des Ackerbaus auch auf steilere Hanglagen zwang, zum anderen in der seichten, Oberflächenabfluß begünstigenden *Pflugtechnik* sowie schließlich dem Wandel von der extensiven Feld-Weide-Wechselwirtschaft zur *zelgengebundenen Dreifelderwirtschaft*. Bei diesem Nutzungssystem wurden riesige Schläge angelegt, die das Niederschlagswasser in einem großen Einzugsgebiet sammelten und in wenigen Tiefenlinien gebündelt abführten. Dadurch rissen besonders auf den ungeschützten Brachflächen oft mehrere Meter tiefe *Erosionsgräben* (Gullies) ein, die die Ackerflur verheerten und für eine weitere Nutzung unbrauchbar machten.

Entsprechende Formen — von der bäuerlichen Bevölkerung als *„Glamen"* bezeichnet — sind in den von HARD untersuchten Gebieten, aber auch im nördlichen Saarland, von Gras oder Gebüsch überwachsen oder unter Aufforstungen verborgen bis heute nahezu unversehrt erhalten. Im Ackerland dagegen wurden sie zu *Dellen* verpflügt, die den Hängen ein charakteristisches waschbrettartiges Aussehen verleihen.

Die mit der Rinnenerosion zu korrelierenden Ablagerungen bilden am Ausgang der Gullysysteme mehr oder minder deutliche *Schwemmfächer*. Feinmaterial konnte auch bis in größere Täler transportiert und dort als Auelehm akkumuliert werden.

Mit dem Übergang zur *Fruchtwechselwirtschaft* und der *Vergrünlandung* in der 2. Hälfte des 19. Jahrhunderts ließ die Grabenerosion nach, doch kommt es bis in jüngste Zeit immer wieder zum Einreißen tieferer Rinnen. HARD (1968) beschreibt hierfür ein eindrucksvolles Beispiel aus dem Warndt, wo sich an einem im Vogesensandstein gelegenen Hang innerhalb kaum eines Monats bis 20 m lange Gräben von 0,8-1,1 m Tiefe und 1,4-3,2 m Breite entwickelten.

Sicherlich treten derartig auffallende Formen der Bodenerosion heutzutage relativ selten auf und werden darüber hinaus mit den in der modernen Landwirtschaft eingesetzten Großgeräten rasch beseitigt. Dies bedeutet jedoch keineswegs, daß die Bodenabtragung im Saarland gegenwärtig zu vernachlässigen ist. Sie vollzieht sich nur weniger spektakulär und zeigt sich in erster Linie in einem dichten Geflecht meist weniger Zentimeter bis Dezimeter tiefer Rillen und Rinnen, die vor allem im Frühjahr und Herbst auf den brachliegenden oder frisch eingesäten Parzellen vielerorts zu beobachten sind. Besonders anfällig für diesen Prozeß der *„schleichenden"* Bodenerosion sind im Saarland die schluffig-feinsandigen Böden des Rotliegenden und des Buntsandsteins.

Die sich hierdurch im Laufe der Jahrhunderte summierenden Erosionsschäden werden vor allem in einer *Verkürzung* oder *Umbildung* der *natürlichen Bodenprofile* deutlich. LARRES (1985) ist dieser Frage exemplarisch im Vorderen Bliesgau nachgegangen. Sie hat für das Einzugsgebiet eines kleinen, im oberen Buntsandstein und Unteren Muschelkalk gelegenen Tälchens anhand von Bodenkartierungen feststellen können, daß die Böden dort selbst bei geringer Hangneigung stark degradiert und an vielen Stellen bereits vollständig abgetragen sind.

Einige Aspekte der hier skizzierten Thematik werden im folgenden an zwei Beispielen aus dem östlichen und nördlichen Saarland dargestellt.

2. Geländebefunde und Laborergebnisse aus exemplarischen Teilräumen

2.1. Webenheim/Wattweiler

Der zunächst vorgestellte Beispielraum, das Gebiet um Webenheim/Wattweiler (östlicher Bliesgau) ist vor allem geeignet, eine Vorstellung über das Ausmaß historischer und rezenter Bodenerosionsvorgänge und ihre Auswirkungen auf das Landschaftsbild zu vermitteln (vgl. Abb. 3).

Die Ausläufer des Zweibrücker Hügellandes bilden hier zwischen Bliestal im Westen und Hainbuchertal im Osten einen flachen Riedelzug, der aus Gesteinen des Oberen Buntsandsteins und des Unteren Muschelkalks aufgebaut ist. Er wird durch relativ kurze, aber tiefe Talgründe (Bandlergrund, Bollmergrund, Langental u.a.) gegliedert, die mit zumeist zirkusartigen Talschlüssen in die Hochfläche zurückgreifen.

Ein besonderes Landschaftselement stellen die zahlreichen, einige Meter bis Dekameter tiefen Erosionseinschnitte dar. In typischer Weise sind sie vor allem an den zur Blies exponierten Hängen oberhalb von Webenheim entwickelt und besitzen dort in den widerständigen Schichten des Voltzien- und des Muschelsandsteins teilweise schluchtartigen Charakter. Die größten dieser Formen sind auf der Karte mit eigenen Namen (Engelsklamm, Christenklamm, Gunterstal) bezeichnet.

Nur die steileren Talflanken und tiefere Erosionskerben sind von Wald oder Buschwerk bedeckt. Ansonsten unterliegt das ganze Gebiet intensiver landwirtschaftlicher Nutzung, wobei die ehemals kleinparzellierte Flur in den letzten Jahren bereinigt und zu großen Schlägen zusammengefaßt wurde. In Frühjahr und Herbst kann hier auf den frisch gepflügten Feldern regelmäßig Bodenerosion beobachtet werden. Sie vollzieht sich vorzugsweise flächenhaft, geht in größeren Hangmulden mit entsprechendem Einzugsgebiet jedoch rasch in Rinnenspülung über. Häufige Ansatzstellen linearer Erosion bilden verdichtete *Schlepperspuren* und senkrecht zum Hang laufende *Ackerfurchen*. Immer wieder reißen dabei auch größere Erosionsgräben bis zu 1 m Tiefe ein. Das verlagerte Bodenmaterial wird an den flacheren Unterhängen in kleinen Schwemmfächern akkumuliert, verfüllt aber auch z.T. die Oberläufe kleinerer Nebenflüsse und Bäche. Die meisten Erosionsformen bleiben kaum lange erhalten. Spätestens mit der Bodenbearbeitung werden kleinere Rinnen zugepflügt, tiefere Gullies oft mit Fremdmaterial verfüllt. Weithin sichtbar ist dies auf den Ackerflächen zwischen Webenheim und Wattweiler, wo Erosionsgräben im Unteren Muschelkalk mit rotem Buntsandsteinschutt plombiert sind.

Als Folge dieser sich Jahr für Jahr wiederholenden Vorgänge ist auf allen steileren Hängen eine deutliche *Verkürzung des ursprünglichen Bodenprofils* eingetreten. An vielen Stellen verläuft die Pflugsohle bereits im Anstehenden, was besonders dort augenfällig ist, wo die hellen Wellenkalke des Unteren Muschelkalkes aufgepflügt sind.

Bodenverluste in einer derartigen Größenordnung sind mit einer verstärkten Bodenabtragung in den vergangenen Jahren allein nicht zu erklären, sondern sicherlich zu größeren Teilen das Ergebnis intensiver Bodenabtragung in historischer Zeit. Gerade im Gebiet um Webenheim ist dies gut dokumentiert. So konnte bereits ZANDSTRA (1954) zeigen, daß von den oberhalb des Ortes gelegenen Klammen ausgedehnte Schwemmfächer ins Tal der Blies ziehen, die sich mit deren letztkaltzeitlichen Aufschüttungen verzahnen, teils aber auch holozäne Auesedimente überlagern und damit durchaus recht jung sein können.

DACHROTH/MENZEL (1979) haben den Schwemmkegel des Gunterstales genauer untersucht und hier über 10 m mächtige Schuttmassen erbohrt, die aus einem Gemisch von schluffigen und tonigen Sanden mit wechselnden Anteilen aus groben Buntsandstein- und Muschelsandsteinkomponenten bestehen. Sie unterscheiden zwei *Schwemmfächergenerationen*, die durch die unterschiedliche Neigung ihrer Oberflächen auch im Gelände deutlich zu erkennen sind:

— ein älterer Schwemmfächer des Gunterstales, der mit ca. 3° nach Westen einfällt, wurde gegen Ende der letzten Kaltzeit unter periglazialen Klimabedingungen ins Bliestal geschüttet und wird dort von rund 3 m mächtigen Auelehmen bedeckt.

— ein kleinerer und nur 2° geneigter jüngerer Schwemmkegel holozänen Alters ist mit deutlichen Kanten in den älteren eingeschnitten. Er baut sich aus Umlagerungsprodukten des älteren Kegels auf, wird aber auch von Material gespeist, das neu von den Oberhängen angeliefert wurde.

DACHROTH/MENZEL (1979) führen die Bildung der Schwemmfächer bei Webenheim auf *murenartige Massentransporte* zurück, bei denen lockeres Verwitterungsmaterial an den Hängen nach starker Durchfeuchtung mobilisiert und als unsortiertes Gemisch aus Wasser, Sand und Lehm sowie grobem Verwitterungsschutt hangabwärts in Bewegung gesetzt wurde. Formungsprozesse dieser Art fanden in unserem Raum vor allem unter den periglazialen Klimabedingungen der letzten Kaltzeit statt, konnten in eingeschränktem Umfang aber offensichtlich auch im Holozän ablaufen.

Analoge zweigliedrige Abfolgen wie in Webenheim stellten DACHROTH/ MENZEL (1979) am Ausgang des Bandlergrundes und bei Schwarzenacker fest, hier vor allem deshalb interessant, weil die auf dem spätwürmzeitlichen älteren Schuttfächer angelegte *römische Siedlung* von einer bis zu 2 m mächtigen jüngeren Schuttgeneration überdeckt wird. Die Zuschüttung dürfte nach datierbaren Mauerresten im 18. Jahrhundert erfolgt sein und damit in den Zeitraum fallen, der — wie oben erwähnt — durch eine deutliche Zunahme der Grabenerosion im gesamten Saarland und seinen Nachbarräumen gekennzeichnet ist.

Für den jüngeren Schwemmfächer des Bandlergrundes hat dies VOGT (1953) mit Hilfe von Akten des Staatsarchivs Speyer aus dem Jahre 1770 nachgewiesen, in denen katastrophale Abtragungsvorgänge nach Gewitterregen und eine Verschüttung von Wiesen und Äckern am Talausgang erwähnt sind (vgl. auch HARD 1963). Die korrelaten Erosionsformen findet man heute gut erhalten unter Wald als scharf eingeschnittene, bis mehrere Meter tiefe Rinnen an den steilen Buntsandsteinhängen des Bandlergrundes und entlang des Bliestales nördlich von Webenheim.

2.1.1. Langental

Auf eindrucksvolle Zeugnisse *mehrphasiger* Erosion und Akkumulation in historischer Zeit stößt man im Langental, einem kleinen, aus westlicher Richtung kommenden Nebentälchens des Hainbucher Tales. Dieser rund 1 500 m lange Talgrund setzt unterhalb einer steilen von Schaumkalken begrenzten Quellmulde im Bereich der Muschelkalk-Buntsandsteingrenze mit zwei markanten Erosionsschluchten an, die sich nach kurzer Laufstrecke zu einem Kerb- bzw. Kerbsohlental vereinigen. Im Unterlauf weitet sich das Langental recht unvermittelt zu einem typischen Buntsandsteinkastentälchen mit einer flachen, durchschnittlich 50 m breiten Wiesentalsohle, die von bewaldeten Steilhängen flankiert wird.

Im Unterschied zu anderen Talgründen gleicher Größenordnung der Umgebung enthält das Langental in seinen oberen und mittleren Abschnitten gut erhaltene Reste einer älteren *Talverschüttung*. Sie setzt unmittelbar am Beginn der Taleinschnitte mit deutlichen Terrassenleisten an und dehnt sich am Zusammentritt der beiden Oberlaufäste zu einer über 70 m breiten Aufschüttungsfläche aus, in die der heutige Bach bis zu 6 m eingeschnitten ist. Talabwärts nähert sich die Füllung mit ihrer Oberfläche dem rezenten Talboden immer mehr an und klingt dort aus, wo das Langental im Unterlauf Kastentalcharakter annimmt.

Was auf den ersten Blick wie eine pleistozäne Füllung aussieht, erweist sich bei genauerer Untersuchung als *holozäne* Verschüttung, die — durch Aufgrabungen und Bohrungen belegt — bis zu 5 m mächtig wird.

Sie liegt teils anstehendem Buntsandstein, teils periglazialen Ablagerungen der letzten Kaltzeit auf und besteht in ihren unteren Abschnitten aus einem meist recht dicht gepackten Schutt, der überwiegend kantige, in eine lehmige bis sandige Matrix eingebettete Muschelsandstein- und Buntsandsteinkomponenten enthält. Nach oben folgen skelettärmere lehmige Sande, sandige Lehme und schluffig-tonige Lehme von rötlichbrauner bis braungrauer Farbe. In allen Teilen der Füllung ist organisches Material nachweisbar. Die Grenze zum Liegenden wird auch in Bohrungen deutlich sichtbar, da sowohl der Buntsandstein, wie auch die pleistozänen Sedimente etwas weniger bindig und sehr viel dichter gelagert sind und außerdem den charakteristischen braunroten Buntsandstein-Farbton aufweisen.

Die Geländebefunde sprechen für einen Aufschüttungskörper, der relativ rasch im Verlauf einiger weniger katastrophaler Abtragungsereignisse entstand. Es ist leicht vorstellbar, daß in Zeiten, als das Ackerland bis unmittelbar an den Rand des Langentales ausgedehnt war, die über Oberem Buntsandstein und Unterem Muschelkalk entwickelten Lockersubstrate aus lehmigen und schluffigen Feinsanden nach starken Niederschlägen mit Wasser gesättigt *instabil* wurden und *spontan* in ein breiartiges Fließen gerieten. Sie wanderten als regelrechte *Schlammströme* über die steilen Talanfänge des Langentales in dessen Ober- und Mittellauf und plombierten diese. Wo ihre Schubkraft am Beginn des Unterlaufes erlahmte, laufen sie mit flacher Stirn aus.

Gestützt wird die Vorstellung einer einphasigen Akkumulation durch die Ergebnisse einer *Phosphatuntersuchung*. Im Ah-Horizont des auf der Füllung entwickelten Bodens liegen die P_2O_5-Gehalte (DDL) bei 6,6 mg/100 g Boden.

Danach fallen die Werte in den darunter folgenden Schichten zunächst stark ab (0,6-2,7 mg P_2O_5), steigen aber in etwa 3,5 m Tiefe wieder deutlich an (5,1-7,9 mg P_2O_5) und erreichen dann nahe der Aufschüttungsbasis mit 13,9 mg P_2O_5 ihr Maximum. Dieser Befund ist am einfachsten damit zu erklären, daß von der Abtragung zuerst erfaßtes Oberbodenmaterial im Akkumulationsgebiet zuunterst liegt und anschließend immer phosphatärmeres Material aus tieferen Horizonten und Schichten des Abtragungsgebietes sedimentiert wurde.

Insgesamt entspricht der Transport- und Aufschüttungsmechanismus der Füllung dem Bild, das MENZEL/DACHROTH (1979) für die Entstehung der zur Blies gerichteten Murschübe im Raum Webenheim zeichnen, und wie dort dürfte der Vorgang ins ausgehende 18. Jahrhundert zu datieren sein.

In der Folgezeit hat sich der Bach des Langentales bis zu 6 m in die alte Füllung eingeschnitten und diese teilweise wieder ausgeräumt.

Wenig über der heutigen Bachsohle ist ein jüngeres Aufschüttungsniveau erkennbar, das am Zusammenfluß der beiden Oberlaufäste und unterhalb davon einige Meter breit wird und mit Beginn des Unterlaufs in den sich weitenden Talboden übergeht.

Auf dieses jüngere Niveau sind eine Reihe kerb- bis muldenförmiger Erosionsfurchen eingestellt, die besonders auf der südexponierten Talflanke des Langentales die ältere Füllung stark überformt haben und im Offenland in Dellensysteme überleiten. Sie sind einerseits das Ergebnis linearer Fließwassererosion, andererseits – und häufig in Kombination hiermit – auch auf gravitative Verlagerung lehmig-toniger Substrate der älteren Füllung bei starker Wassersättigung zurückzuführen.

Besonders ausgeprägt ist eine Form, der streckenweise die saarländische Landesgrenze folgt. Hier hat sich unterhalb einer tiefen, rückschreitend in den anstehenden Buntsandstein eingeschnittenen Erosionskerbe ein kleiner Schwemmfächer ausgebildet, der auf das Niveau der jüngeren Talfüllung zieht. Er besteht ähnlich wie die ältere Füllung, in die er mit scharfen Kanten eingesenkt ist, aus lehmigen Sanden bis sandig-tonigen Lehmen, enthält jedoch insgesamt weniger Grobmaterial, dagegen in größerer Anzahl organische Reste. Seine Phosphatgehalte liegen zwischen 5,8 und 6,7 mg P_2O_5 und entsprechen damit den Werten, die im Ah der älteren Füllung ermittelt wurden.

Das Alter des Schwemmfächers und damit zugleich der jungen Talfüllung sowie der zeitlich korrespondierenden Erosionsformen, welche die ältere Talfüllung überprägen, läßt sich anhand verschiedener Kriterien grob abschätzen.

Aufgrund seiner frischen Formen und kaum vorhandener Bodenbildung ist er sicherlich als eine recht junge Aufschüttung anzusprechen. Gegenwärtig unterliegt er allerdings keiner stärkeren Weiterbildung, denn der nahezu geschlossene Streifen aus Grünland und Wald, der den Taleinschnitt des Langentales umgibt, verhindert, daß aus den umliegenden Feldern erodiertes Bodenmaterial in größerem Umfange eingetragen wird.

Diese Situation bestand den ältesten topographischen Karten 1:25 000 zufolge bereits im 2. Jahrzehnt dieses Jahrhunderts. Der Schwemmfächer dürfte demnach in das ausgehende 19. Jahrhundert zu datieren sein. Wie alte Flurkarten erkennen lassen, reichte zu dieser Zeit das Ackerland noch bis unmittelbar an den Rand des Taleinschnitts. Wohl als Konsequenz eines oder mehrerer kräftiger Erosionsereignisse wurden die am stärksten gefährdeten Flächen zu Beginn dieses Jahrhunderts aufgegeben und in Grünland überführt.

2.1.2. Christenklamm

In der Christenklamm östlich von Webenheim bieten sich günstige Möglichkeiten zur Datierung der jüngeren Talverschüttungen. Die tief in den oberen Buntsandstein eingeschnittene Erosionsschlucht besitzt eine Füllung, deren morphologische Ausprägung an den jungen Schwemmfächer des Langentales erinnert. Sie hat streckenweise eine 10-15 m breite Aufschüttungssohle entwickelt, in die sich der heutige, die Christenklamm episodisch durchfließende Bach in jüngster Zeit bis zu 2 m eintieft. 3-4 m oberhalb des heutigen Talbodens sind Reste einer älteren holozänen Verschüttung nachzuweisen, die vermutlich mit der älteren Holozänfüllung des Langentales korrelierbar sind.

Die Materialzusammensetzung der jungen Talfüllung, deren Mächtigkeit an verschiedenen Stellen mit über 3 m erbohrt wurde, ist recht heterogen. Sie besteht aus meist deutlich geschichteten sandigen bis schluffig-tonigen Lehmen, lehmigen Sanden und kiesigen Sanden, die sich in raschem Wechsel miteinander verzahnen und häufig Blatt- und kleine Holzreste enthalten.

Mit Hilfe zweier *Grenzsteine*, die Anfang der 1920er Jahre zur Markierung der Grenze zwischen dem Saargebiet und dem Deutschen Reich in die Füllung gesetzt wurden, läßt sich deren Alter genauer bestimmen und darüber hinaus der Nachweis führen, daß Prozesse der „schleichenden" Bodenerosion bis in die Gegenwart andauern.

Wie Abb. 1 zeigt, wurde einer der beiden Grenzsteine (443b) seit seiner Errichtung um fast 50 cm einsedimentiert und ragt lediglich noch als kleiner Rest aus der Füllung. Bei dem ca. 60 m südwestlich unterhalb der Einmündung einer kleinen Nebenschlucht gesetzten Grenzstein erreicht die Akkumulation sogar eine Mächtigkeit von mehr als 100 cm, so daß der Stein vollständig verschüttet und erst durch die junge Bacherosion wieder freigelegt wurde.

Für die Christenklamm kann damit belegt werden, daß ihre Füllung größtenteils vor 1920 aufgeschüttet wurde. Der Beginn der Akkumulation dürfte vermutlich im Zusammenhang mit stärkeren Erosionsereignissen in der 2. Hälfte des 19. Jahrhunderts stehen, wie dies für den jungen Schwemmfächer im Langental postuliert werden kann.

Im Profil bei Grenzstein 443b wurden verschiedene Proben der Christenklammfüllung auf den Phosphat- und Bleigehalt untersucht. Ganz deutlich ist in den obersten 20 cm der nach Errichtung des Grenzsteins abgelagerten Sedimente eine Erhöhung des P_2O_5-Gehaltes (11,2-13,8 mg/100 g) gegenüber dem Liegenden nachweisbar, wo in vergleichbaren lehmigen Substraten die Werte zwischen 5,3 und 8,2 mg P_2O_5 schwanken und damit Phosphatgehalten entsprechen, die für die Sedimente des jungen Schwemmfächers im Langental und den auf dessen älterer Füllung entwickelten Böden ermittelt wurden. Da die Phosphatdüngung in der Bundesrepublik Deutschland seit Ende der 1950er Jahre, im Saarland seit Mitte der 1960er Jahre, stark ansteigt (*Statistisches Bundesamt* 1987), kann angenommen werden, daß die Sedimentation in der Christenklamm mindestens bis in diese Zeit reichte.

Zu einem ähnlichen Ergebnis führt die Untersuchung der *Bleigehalte*. Sowohl in den obersten Abschnitten der Christenklammfüllung als auch in den Ap-Horizonten der Böden in direkter Umgebung der Christenklamm kann eine Bleianreicherung beobachtet werden. Die Bleikonzentrationen erreichen in den Ap-Horizonten vereinzelt bis zu 100 ppm, während das anstehende Gestein Bleigehalte zwischen 0 und 15 ppm aufweist. Die Bleikonzentrationen in den obersten 20 cm der Christenklammsedimente weisen mit 20-22 ppm vergleichbare Werte wie der Großteil der Ap-Horizonte auf. Diese Bleianreicherung kann wohl kaum anders als anthropogen interpretiert werden. Sie ist sehr wahrscheinlich Folge eines *äolischen* Eintrags in Zusammenhang mit dem Anstieg der Bleiemission, der seit dem Beginn des KFZ-Booms in den 60er Jahren beobachtet wird.

Die rezente Zerschneidung der jungen Christenklammfüllung ist auf eine erhöhte Wasserführung zurückzuführen und dürfte in erster Linie auf die Mitte bis Ende der 70er Jahre im Raum Webenheim durchgeführte Flurbereinigung zurückgehen. Die Veränderung der landwirtschaftlichen Nutzung sowie die Vergrößerung der Ackerparzellen führten zu einem erhöhten Oberflächenabfluß und lassen den Bach nach Starkregenereignissen schlagartig anschwellen, was eine verstärkte Tiefenerosion zur Folge hat.

2.2. Prims-Blies-Hügelland

Die durch den Prozeß der „schleichenden" Bodenerosion hervorgerufenen Veränderungen der *Standorteigenschaften* des Bodens können durch den Vergleich zwischen ackerbaulich und forstwirtschaftlich genutzten Flächen untersucht werden. Ein gutes Beispiel liegt aus dem Prims-Blieshügelland von den Wirtschaftsflächen des Hofgutes Imsbach vor (siehe auch Abb. 2).

In diesem Gebiet kann die Landnutzungsgeschichte mit Hilfe historischer Karten bis zum Beginn des 19. Jahrhunderts zurückverfolgt werden. Aufgrund der Kartenauswertung wurden auf dem nordwestlichen Hang des Mandelbachtales ca. 500 m südwestlich der Bruderborn-Quelle zwei unmittelbar benachbarte Gebiete ausgegliedert, von denen seit ca. 200 Jahren das eine ackerbaulich, das andere forstwirtschaftlich genutzt wird. Beide Gebiete sind im gleichen Ausgangsgestein angelegt und auch von ihrer Reliefsituation nahezu identisch. Der Oberhang ist bei einer Hanglänge von 90 bis 110 m jeweils von 5° bis 7° geneigt, der ca. 50 m lange Mittelhang mit 10° bis 12° etwas steiler, und der Hangfuß besitzt eine Neigung von etwa 3° bei einer Länge von ca. 40 m. Da die direkte Nachbarschaft der beiden Gebiete klimatische Unterschiede ausschließt, müssen Abweichungen in der Bodenentwicklung vor allem auf eine verschiedenartige Nutzung zurückzuführen sein.

Wie eine Bodenkartierung ergab, sind in dem sandigen bis lehmig-sandigem Substrat dieses Gebietes saure Braunerden entwickelt. Auf dem Oberhang unter Wald baut sich das Profil in der Regel aus einer 5 cm mächtigen Streuauflage, gefolgt von einem 10 cm mächtigen Ah- und 40 cm mächtigen Bv-Horizont auf. Im Bodenprofil des steileren Mittelhanges verringert sich die Mächtigkeit des Bv-Horizontes auf 20 cm. Am Hangfuß folgt ein bis 50 cm mächtiges Kolluvium. Dieses kann nicht ausschließlich als Folge von Kahlschlägen während der minde-

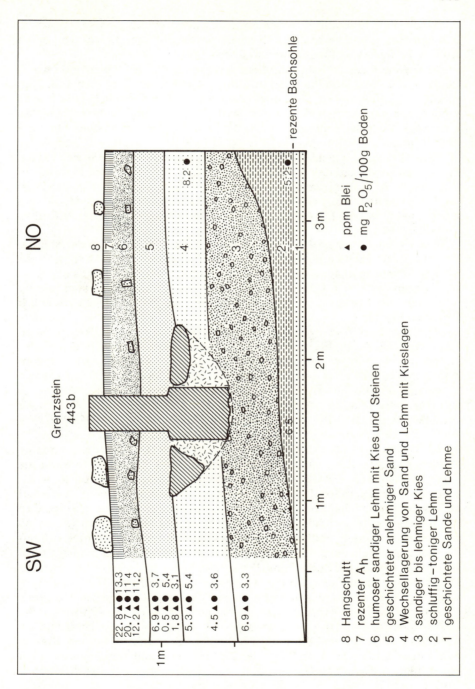

Abb. 1: Aufschluß junge Talfüllung Christenklamm.

stens 200-jährigen forstlichen Nutzung angesehen werden, sondern ist vermutlich auch auf eine ackerbauliche Tätigkeit zurückzuführen, die vor dem durch historische Karten erfaßten Zeitraum liegt.

Im Gegensatz zu den Bodenprofilen unter Wald fehlt den Böden unter Ackerland am Ober- und Mittelhang der Bv-Horizont vollständig. Der 15 cm bis 25 cm mächtige Ap-Horizont liegt hier direkt dem anstehenden Gestein auf und besitzt einen um ca. 10% höheren Skelettanteil als der Boden in vergleichbarer Hangposition unter Wald. Das Solum (Ah + Bv) der vergleichbaren Waldböden hingegen beträgt 30 cm bis 50 cm.

Diese Befunde zeigen, daß die ackerbaulich genutzten Böden in den letzten 200 Jahren in verstärktem Maße erodiert wurden. Das bis 90 cm Mächtigkeit erreichende Kolluvium am Fuß des ackerbaulich genutzten Hanges bestätigt dies. Auch heute (zuletzt November 1988) kann beobachtet werden, daß sich am Ober- und Mittelhang der Ackerparzelle nach Starkregen bis 20 cm tiefe Rinnen ausbilden.

Der Bodenverlust am Oberhang, geschätzt aus dem Vergleich der Solums- bzw. Ap-Mächtigkeit beträgt etwa 20 cm. Dies ist jedoch nur ein Mindestbetrag, denn wie der bedeutend höhere Bodenskelettanteil unter Acker zeigt, konnte die Mächtigkeit des Ap-Horizontes nur durch Aufpflügen von anstehendem Gestein aufrechterhalten werden; die tatsächlichen Bodenverluste sind wahrscheinlich bedeutend höher.

Anthropogene Bodenveränderungen spiegeln sich nicht allein in einer Kappung der Bodenprofile, sondern auch im *Nährstoffhaushalt* der Böden wieder. Die Böden der forstwirtschaftlich genutzten Parzelle weisen im Ah-Horizont P_2O_5 Gehalte (DDL) von 3-5 mg/100 g Boden, im Bv-Horizont P_2O_5-Gehalte von 1,0-0,6 mg/100 g Boden auf. Die Ph-Werte (KCL) schwanken hierbei zwischen 3,6 (Bv-Horizont) und 2,9 (Ah-Horizont) und die Kationenaustauschkapazität (Mehlich) zwischen 13-20 mval/100 g Boden im Ah-Horizont und 8-16 mval/100 g Boden im Bv-Horizont.

Im Vergleich zu den Ah-Horizonten weisen die P_2O_5-Gehalte der Ap-Horizonte der ackerbaulich genutzten Parzelle um das 4- bis 5fach erhöhte Werte auf. Berücksichtigt man, daß die Ah-Horizonte nur eine Mächtigkeit von ca. 10 cm und die unterlagernden Bv-Horizonte einen noch niedrigeren P_2O_5-Gehalt aufweisen, so ist die Zunahme des Phosphatgehaltes in der ackerbaulich genutzten Parzelle noch höher einzustufen. Diese deutlich erhöhten Werte sind nur durch *Düngung* zu erklären. Ein Teil der zugeführten Düngemittel wird mit den Bodenpartikeln durch Erosion an den Hangfuß verfrachtet. Dies spiegelt sich in den P_2O_5-Werten des Kolluviums (15 mg/100 g Boden bis in 80 cm Tiefe) wieder. Da einjährige Nutzpflanzen in der Hauptsache nur bis in eine Tiefe von 30 cm wurzeln, tragen diese Düngemittel nicht mehr zur Produktionssteigerung bei.

Analog zu den P_2O_5-Gehalten verhalten sich auch die Ph-Werte. Sie schwanken in den Ap-Horizonten zwischen 3,6 und 4,5 und liegen damit deutlich über den Werten, die im Solum des Waldstandortes gemessen wurden. Dies ist zum einen durch eine Aufkalkung der Ackerparzelle und zum anderen durch einen höheren Gehalt an Huminsäuren in den Ah-Horizonten der Waldböden bedingt.

Die Anreicherung von Phosphat sowie die Erhöhung des Ph-Wertes in den

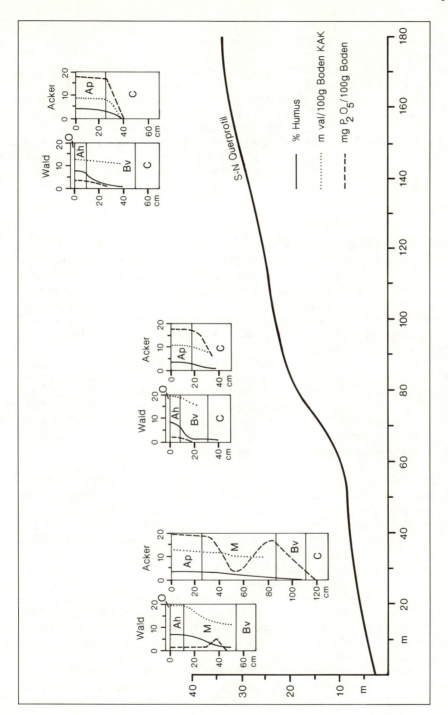

Abb. 2: Vergleich Bodenentwicklung Acker-Wald (Hofgut Imsbach).

Böden der Ackerparzelle steht im Gegensatz zu der Verarmung dieser Böden an Humus und ihrer Fähigkeit Nährstoffe zu speichern.

Der Humusgehalt der Ap-Horizonte weist mit Werten zwischen 1,9% und 3,5% ähnliche Gehalte auf wie die Bv-Horizonte unter Wald. Unter Berücksichtigung der hohen Humusgehalte der Ah-Horizonte von ca. 8% sind die Ap-Horizonte vergleichsweise humusarm. Die Werte für die Austauschkapazität liegen in den Ap-Horizonten zwischen 8 und 14 mval/100 g Boden. Diese sind in etwa den Werten der Bv-Horizonte unter Wald vergleichbar, liegen jedoch niedriger als die Werte der Ah-Horizonte. Die Abnahme der Austauschkapazität gegenüber den Waldstandorten erklärt sich zum einen durch eine Abnahme des Humusgehaltes in den Ackerböden, zum anderen durch ein Aufpflügen des tonarmen Ausgangsgesteins.

3. Zusammenfassung der Ergebnisse

Die hier vorgestellten Beispiele aus dem östlichen Bliesgau und Prims-Blies-Hügelland lassen auf vielen ackerbaulich genutzten Standorten des Saarlandes eine z.T. erhebliche *Bodendegradation durch Erosion* erkennen. Sie dokumentiert sich, wie im Vergleich Acker/Wald aufgezeigt, u.a. in verkürzten Bodenprofilen, einer Abnahme von Kationenaustauschkapazität und Humusgehalt sowie einer Erhöhung des Bodenskelettanteils, und ist das Ergebnis einer oft jahrhundertelangen agrarischen Tätigkeit.

Die korrelaten Sedimente der Bodenerosion sind vielerorts als Kolluvien in den Oberläufen der die Ackerflächen entwässernden Bäche akkumuliert. Zumeist verläuft die Bodenabtragung wenig spektakulär und besitzt „schleichenden" Charakter, doch kommt es immer wieder zu einer Intensivierung der Vorgänge, wenn der Ackerbau auf erosionsanfällige Steillagen ausgedehnt, die Flurgliederung ungünstig verändert oder neue, die Bodenerosion begünstigende Feldfrüchte und Fruchtfolgen eingeführt werden (RICHTER 1980).

Im Saarland ist eine exzessive Zunahme der Gullyerosion aus der Zeit zwischen 1760 und 1850 überliefert, die deutlich sichtbare Spuren im Landschaftsbild hinterließ. Ältere Phasen verstärkten Bodenabtrags, wie sie anderenorts in Mitteleuropa nachgewiesen und mit den Hauptrodungsperioden korreliert werden, sind demgegenüber bislang nicht genau zu erfassen.

Für den Raum Webenheim ist im ausgehenden 19. Jahrhundert mit einem erneuten Aufleben bodenerosiver Vorgänge zu rechnen. Auch gegenwärtig zeichnet sich hier eine deutliche Steigerung ab, die wohl in erster Linie auf *Maßnahmen der Flurbereinigung* zurückgeht.

Rezente Bodenerosionsvorgänge finden im allgemeinen nur wenig Beachtung. Von den betroffenen Landwirten werden sie häufig als unvermeidliche Folge einer ökonomisch notwendigen intensiven Bodenbewirtschaftung in Kauf genommen. Hier wird jedoch nicht bedacht, daß hierdurch langfristig die *Ertragfähigkeit* des Bodens verringert wird.

Die Gründe für dieses geringe Problembewußtsein liegen u.a. wohl darin, daß es die heutige Mechanisierung der Landwirtschaft erlaubt, Erosionsschäden auf den Feldern leicht zu beseitigen und sich außerdem Verluste an mineralischen und organischen Nährstoffen kurzfristig durch zusätzliche Düngung ausgleichen lassen. Die hierdurch bedingten Nährstoffkonzentrationen in den agrarisch genutzten Böden übersteigen den natürlichen Nährstoffgehalt oft um ein Vielfaches.

In welchem Umfang der Düngemittelverbrauch in den letzten Jahrzehnten angestiegen ist, macht ein Zahlenvergleich deutlich: So wurden in der BRD 1950/51 nur 25,6 kg Stickstoff und 28,3 kg P_2O_5/ha LN eingesetzt, während es 1986/87 131,5 kg Stickstoff und 56,9 kg P_2O_5/ha LN waren (*Statistisches Bundesamt* 1987).

Die u.a. zur Kompensation von Erosionsschäden immer höheren Düngegaben bedeuten nicht nur einen *negativen Kostenfaktor* für die landwirtschaftliche Produktion. Sie werden, wie dies an den erhöhten P_2O_5- und Humusgehalten der jüngsten Kolluvien deutlich wird, in verstärktem Umfang zusammen mit dem abgespülten Bodenmaterial akkumuliert. Teilweise gelangen sie aber auch bis in die Vorfluter und tragen dort zur *Gewässereutrophierung* bei.

Die Bodenerosion ist damit nicht allein ein Problem der Landwirtschaft, sondern mit ihren externen Folgen wirkt sie sich auch nachteilig in anderen Bereichen der natürlichen Umwelt aus.

In den vergangenen Jahren sind die Bedeutung des Bodens als zentrales Umweltmedium und seine Gefährdung durch die moderne Industriegesellschaft zunehmend in den Mittelpunkt der umweltpolitischen Diskussion gerückt. Auf der Grundlage des 1985 von der Bundesregierung verabschiedeten *Bodenschutzkonzeptes* wurde inzwischen von der Saarländischen Landesregierung der Entwurf eines *Bodenschutzprogramms* vorgestellt (DEGRO 1988). Sein Schwerpunkt liegt auf der für industrielle Ballungsräume wie das Saarland vordringlich zu lösenden Problematik von *Altlasten* und *Schadstoffimmissionen*. Demgegenüber treten Maßnahmen, die zum Schutz des Bodens vor weiterer *Abtragung* erforderlich sind, in den Hintergrund. Das saarländische Bodenschutzprogramm sieht hier neben landwirtschaftlichen Versuchen zur Verminderung der Erosion die Erstellung von Erosionskarten vor. Voruntersuchungen wurden bereits vom Geologischen Landesamt des Saarlandes im Saar-Pfalz-Kreis durchgeführt (FETZER/KUNZ 1988).

Als erster Schritt zum Schutz des Bodens vor weiterer Abtragung erscheint eine Kartierung besonders gefährdeter Gebiete sinnvoll. Hierzu müssen die in der *Bodenabtragsgleichung* (WISCHMEIER/SMITH 1978) aufgeführten Parameter Regenerosivität, Erosionsanfälligkeit, Hangneigung und Hanglänge, Bodenbewirtschaftungsfaktor und Erosionsschutzfaktor möglichst flächendeckend erfaßt werden.

Der R-Faktor (*Regenerosivität*) für das gesamte Saarland ist bereits in der Fachrichtung Geographie der Universität des Saarlandes ermittelt worden (vgl. Beitrag GOEDICKE/LÖFFLER). Der K-Faktor (pedogen bedingte *Erosionsanfälligkeit*) wird z.Zt. im Rahmen mehrerer Diplomarbeiten für typische Böden des Saarlandes erarbeitet. Die Erfassung von Hanglänge und Hangneigung ist ohne zeitaufwendige Geländearbeit mit Hilfe topographischer Karten und Luftbilder möglich. Klammert man die Faktoren Bodenbewirtschaftung und Erosionsschutz aus (sie sind rein anthropogen bedingt und können sich kurzfristig deutlich verändern), so ist die Erstellung einer Karte der potentiellen, nur durch die relevanten Geofaktoren bedingten Erosionsgefährdung möglich. Sie wäre eine wichtige Planungsgrundlage für gezielte Maßnahmen zum Schutz des Bodens vor weiterer Abtragung.

Exkursionshinweise

Zur Vertiefung der im vorliegenden Beitrag behandelten Thematik bietet sich eine Exkursion im Raum Webenheim - Wattweiler an. Folgende im Text ausführlich erläuterten Standorte, die sich im Rahmen einer etwa halbtägigen Fußwanderung zu einer gemeinsamen Rundroute verbinden lassen, werden vorgeschlagen (vgl. Abb 3):

1. Langental, auf dem rezenten Talboden auslaufende ältere holozäne Füllung.
2. Langental, von der nördlichen Talflanke abkommender und auf die jüngere holozäne Füllung eingestellter Schwemmfächer.
3. Langental, breitflächig entwickelte und vom heutigen Bach bis zu 6m zerschnittene ältere holozäne Füllung.
4. Langental, nördlicher Oberlaufast mit Kalktuffkissen und durch jüngere Zerschneidung überformter älterer holozäner Füllung.
5. Bandlergrund, tiefe Erosionsrinnen am Talschluß aus dem Ende des 18. Jahrhunderts.
6. Bandlergrund, Reste des pleistozänen und holozänen Schwemmfächers am Talausgang.
7. Gunterstal, Blick auf pleistozänen und holozänen Schwemmfächer.
8. Christenklamm, im 20. Jahrhundert verschüttete und durch rezente Bacherosion freigelegte Grenzsteine.

Literatur

DACHROTH, W./MENZEL, E.: Alte Muren im Bliestal (östliches Saarland). — Mittl. Pollichia, 67 (1979), S. 44-55.

DEGRO, W.: Bodenschutzprogramm für das Saarland. — In: *Universitätstag Bodenbelastung-Bodenschutz*, 6. Mai 1988 Saarbrücken, Saarbrücken 1988, S. 152-165.

FETZER, K.D./KUNZ, S.: Erosionsgefährdung im südlichen Saar-Pfalz-Kreis — eine Bestandsaufnahme. — In: *Universitätstag Bodenbelastung-Bodenschutz*, 6. Mai 1988 Saarbrücken, Saarbrücken 1988, S. 125-151.

HARD, G.: Zur historischen Bodenerosion. — Zeitschr. für die Geschichte der Saargegend, 15 (1963), S. 209-219.

-: Kalktriften zwischen Westrich und Metzer Land, Heidelberg 1964 (Arbeiten aus dem Geographischen Institut der Universität des Saarlandes, Bd. 7).

-: Grabenreißen im Vogesensandstein. Rezente und fossile Formen der Bodenerosion im „mittelsaarländischen Waldland". — Ber. z. dt. Landeskunde 40 (1968), S. 81-91.

-: Exzessive Bodenerosion um und nach 1800. — Erdkunde, 24 (1970), S. 290-308.

LARRES, K.: Untersuchungen zur Bodenerosion in einem saarländischen Buntsandstein-Muschelkalk-Gebiet (dargestellt am Beispiel des Höllscheider Tales/Bliesgau), Saarbrücken 1985 (Diplomarbeit, Fachrichtung Geographie, Universität des Saarlandes).

RICHTER, G.: Über das Bodenerosionsproblem in Mitteleuropa. — Ber. z. dt. Landeskunde, 54 (1980), S.1-37. RICHTER, G./SPERLING, W. (Hrsg.): Bodenerosion in Mitteleuropa, Darmstadt 1976 (Wege der Forschung, Bd. 430).

Statistisches Bundesamt: Fachserie 4, Reihe S. 8 Düngemittelerzeugung und -versorgung, Wiesbaden 1987.

VOGT, J.: Erosion des sols et techniques de culture en climat tempéré maritime de transition (France et Allemagne). — Revue de Géomorphologie dynamique, 4 (1953), S. 157-183.

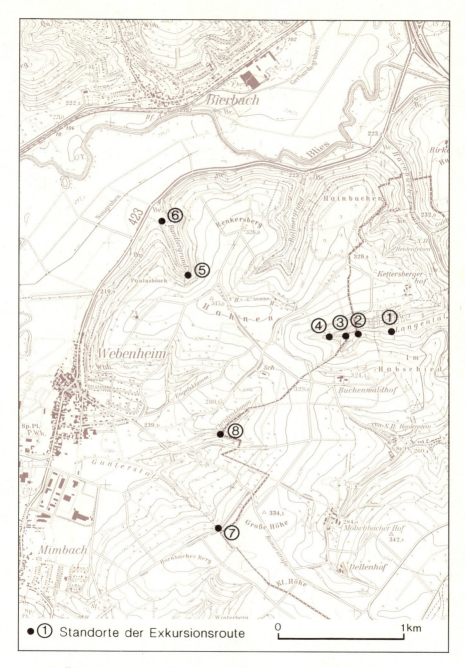

Abb. 3: Übersichtskarte Exkursionsgebiet östlich Webenheim.

WISCHMEIER, W.H./SMITH, D.D.: Predicting rainfall erosion losses — A guide to conservation planning, Washington D.C. 1978 (USDA, Agricultural Handbook No. 537).

ZANDSTRA, K.J.: Die jungquartäre morphologische Entwicklung des Saartales.—Erdkunde, 8 (1954), S.276-285.

SOYEZ, D./BRÜCHER, W./FLIEDNER, D./LÖFFLER, E./QUASTEN, H./WAGNER, J. M. (Hrsg.):
Das Saarland. Bd. 1: Beharrung und Wandel in einem peripheren Grenzraum, Saarbrücken
1989 (Arbeiten aus dem Geographischen Institut der Universität des Saarlandes, Bd. 36).

Die Erosivität der Niederschläge im Saarland

Christa Goedicke und Ernst Löffler

1. Einleitung

Zum Abschätzen der *Bodenerosionsgefahr* stellt die *Erosivität der Niederschläge* einen der wichtigsten Faktoren dar. Diese Erosivität ist ein Maß der *Energie*, die bei Niederschlagsereignissen entwickelt wird und hängt primär von der *Niederschlagsintensität* ab. Richtungsweisende Methoden zur quantitativen Erfassung der Erosivität der Niederschläge wurden in den USA durch WISCHMEIER und seine Mitarbeiter in langer Forschungsarbeit entwickelt (siehe WISCHMEIER/SMITH 1978) und werden heute in mehr oder weniger modifizierter Form weltweit angewendet. In Deutschland sind es vor allem SCHWERTMANN und Mitarbeiter (zuletzt 1987), die sich seit längerem mit dem Problem der Erosivität der Niederschläge befassen. Bisher liegen veröffentlichte Informationen über die Erosivität der Niederschläge für Bayern (ROGLER/SCHWERTMANN 1981, SCHWERTMANN/VOGL/KAINZ 1987) und Hessen (MOLLENHAUER u.a. 1987) vor. Im folgenden wird über die Erfassung der Erosivität der Niederschläge im *Saarland* berichtet, die am Lehrstuhl für Physikalische Geographie der Universität des Saarlandes durchgeführt wurde (GOEDICKE 1987).

2. Erfassung der Niederschlagsintensität

Die Methode der Ermittlung der Erosivität geht auf die Arbeiten von WISCHMEIER/SMITH (1978) zurück und soll hier nur stichwortartig behandelt werden, da darüber bereits ausreichend Material vorliegt (vgl. SCHWERTMANN/VOGL/KAINZ 1987). Die Erosivität eines Niederschlagsereignisses errechnet sich aus der gesamten kinetischen Energie des Niederschlagsereignisses (E) multipliziert mit der maximalen 30-Minuten-Intensität (I_{30}) des Niederschlags. Hierzu wird die auf einem Regenschreiber aufgezeichnete Niederschlagskurve in Abschnitte gleicher Intensität (I_i) zerlegt, die zu jedem Abschnitt gehörige Niederschlagsmenge (N_i) ermittelt und nach Gleichung (1) die kinetische Energie des Niederschlags dieses Abschnitts (E_i) errechnet.

(1) $E_i = (11{,}89 + 8{,}73 \log I_i) \, N_i \, 10^{-3}$

Die E_i-Werte werden für das gesamte Niederschlagsereignis aufsummiert und mit der maximalen 30-Minuten-Intensität des Niederschlags (I_{30}) multipliziert (Gleichung 2). Unter der 30-Minuten-Intensität versteht man das Doppelte der maximalen Niederschlagsmenge, die innerhalb von 30 Minuten fällt.

(2) $E = \Sigma E_i \, I_{30}$

Die so erhaltenden E-Werte werden für das gesamte Jahr aufaddiert und ergeben den R-Wert; den für die Allgemeine Bodenabtragsgleichung wichtigen R-Faktor erhält man aus dem Mittel aller Jahres-R-Werte die über einen längeren Meßzeitraum gesammelt wurden.

In Abwandlung des von WISCHMEIER verwendeten Schwellenwertes für einen erosionswirksamen Niederschlag von 12,7 mm (5 inch) Niederschlag wurde von SCHWERTMANN/VOGL/KAINZ (1987) ein Wert von 10 mm angesetzt. Entsprechend werden Einzelregen von weniger als 10 mm nur dann berücksichtigt, wenn ihre 30-Minuten-Intensität (I_{30}) mehr als 10 mm/h beträgt. Ein Niederschlag von beispielsweise 8 mm wird nur dann berücksichtigt, wenn mindestens 5 mm davon (d.h. $I_{30} = 10$) innerhalb einer halben Stunde fallen.

Für das Saarland wurden die Niederschlagsmessungen von den 4 Stationen, die mit Regenschreibern ausgerüstet sind (Tholey, Berus, Ensheim, St. Arnual), über einen Meßzeitraum von 10 Jahren (1975-1984) bzw. 7 im Falle von St.Arnual (1976-1982) ausgewertet.

3. Niederschlagsverteilung im Saarland

Großklimatisch gesehen gehört das Saarland zum *ozeanischen (subatlantischen) Klimatyp*, gekennzeichnet durch ganzjährig vorherschenden zyklonalen Witterungseinfluß und relativ gemäßigte Temperaturen, die im Sommer durchschnittlich 18-19° C., im Winter etwas über 0° C. erreichen.

Die jährlichen Niederschläge steigen relativ gleichmäßig von rund 700 mm im Südwesten im Bereich des Saartals bis auf rund 1 000 mm im Nordosten entlang des Hunsrücksüdrands (Schwarzwälder Hochwald) an. Die Niederschläge erreichen im Frühwinter mit monatlichen Werten von 80-90 mm ein Maximum; ein zweites Maximum mit Niederschlägen um 75 mm liegt in den Sommermonaten Juli/August. Frühjahr und Herbst weisen etwas geringere Niederschläge auf, die jedoch nicht unter 60 mm fallen (Abb. 1).

4. Erosivität der Niederschläge

Innerhalb des Meßzeitraums wurden für die 4 Stationen insgesamt 751 Niederschlagsereignisse, die die oben ausgeführten Voraussetzungen eines erosiven Niederschlags erfüllen, registriert. Das entspricht rund 20 erosiven Niederschlägen pro Station und Jahr. Die einzelnen E-Werte schwankten ganz erheblich von einem *Minimalwert* von 0,2 bis zu einem *Extremwert* von 85,4 E-Einheiten. Dieser höchste Extremwert wurde allerdings bei der Berechnung des R-Faktors nicht berücksichtigt, da er wahrscheinlich seltener als einmal innerhalb von 30 Jahren auftritt. Etwas über 50% alle Werte liegen jedoch im unteren Bereich zwischen 0,2 und 1,4 E-Einheiten. Trotz der starken Schwankungen der E-Werte und der entsprechenden Schwankungen der jährlichen R-Werte innerhalb einer Station, pendeln sich die R-Faktoren der einzelnen Stationen nach rund 5-6 Jahren auf ihren jeweiligen Endwert ein. Auch die Unterschiede von Station zu Station nehmen mit längerer Meßperiode deutlich ab, und *es zeigt sich klar, daß die Erosivität der Niederschläge im Saarland keine größeren regionalen Unterschiede*

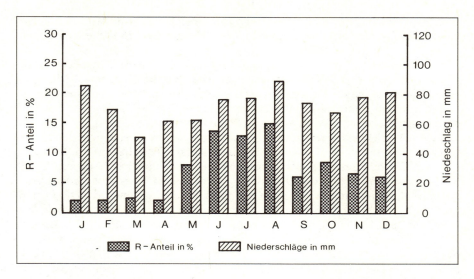

Abb. 1: Mittlerer Jahres-R-Anteil in % und langjähriger Gesamtniederschlag für die saarländischen Stationen.

aufweist (Tab.1). Die R-Faktoren schwanken lediglich um rund 10 Einheiten. Auch die Schwankungen der einzelnen Jahres R-Werte sind relativ gering und liegen mit Variationskoeffizienten zwischen 36-48% wesentlich unter den für Bayern ermittelten Schwankungen (VK bis 90%).

Was die *jahreszeitlichen Schwankungen des R-Werts anbetrifft, so zeigt sich deutlich, daß die Erosivität der Niederschläge im Sommer trotz geringeren Gesamtniederschlags wesentlich höher ist als in den Wintermonaten* (Abb. 1). Die höchsten R-Werte werden in Ensheim und St. Arnual im Juli, in Berus im Juni und in Tholey im August erreicht. Sowohl bei den beiden letztgenannten Stationen als auch bei Ensheim setzt allerdings die verstärkte sommerliche Erosivität bereits im Mai ein, so daß für diese Gebiete wegen der geringeren Bodenbedeckung im Frühsommer mit einer stärkeren Bodenabtragung gerechnet werden muß. Das Niederschlagsminimum im Spätwinter und Frühjahr fällt verständlicherweise mit der Zeit geringster Erosivität zusammen (Abb. 1).

5. Eigenschaften erosiver Regen im Saarland im Vergleich zu Bayern

Vergleicht man die im Saarland gewonnenen Daten über die Eigenschaften erosiver Regen mit den für Bayern publizierten Werten, so fällt auf (Tab. 1), daß die Erosivität der Niederschläge in Bayern selbstverständlich aufgrund der größeren Flächenausdehnung wesentlich größeren Schwankungen unterworfen ist. Bemerkenswert ist jedoch, daß Stationen mit ähnlichen R-Faktoren in Bayern deutlich niedrigere Gesamtniederschläge (z.B. Würzburg, Hof, Weiden,

Bamberg), solche mit ähnlichen Gesamtniederschlägen (z.B. München-Riem, Passau, Mühldorf/Inn) höhere R-Faktoren als die saarländischen Stationen aufweisen.

Erstaunlich ist auch, daß sowohl die Anzahl (Z) als auch die Dauer der saarländischen erosiven Regen (Te) über den bayerischen Werte liegen, obwohl die mittleren Niederschlagmengen der erosiven Regen (Ne) in etwa übereinstimmen. Dies deutet auf weniger intensive Niederschlagsereignisse im Saarland hin, was auch durch die geringeren I_{30}-Werte und Qe-Werte (mittlere Energie pro Fläche und Zeiteinheit) bestätigt wird. Die Gesamtenergie des erosiven Niederschlags (ER) und der erosive Gesamtjahresniederschlag (N_R) liegen im Saarland aufgrund der höheren Anzahl an erosiven Ereignissen höher als in Bayern. Letztlich entscheidend für die Erosivität der Niederschläge ist jedoch die Niederschlagsintensität (I_{30}), die im Saarland deutlich geringer ist. Der Grund hierfür liegt sicherlich an dem relativ geringeren Anteil, den Sommerniederschläge im Saarland am Gesamtniederschlag ausmachen (Saarland 48%, Bayern 58%). Aus diesem Grund können zwar die von ROGLER/SCHWERTMANN (1981) für Bayern aufgestellten Beziehungen zwischen Sommerniederschlag (N_S) und R-Faktor (R) (R = −1,48 + 0,141 N_S) auch auf das Saarland übertragen werden, nicht aber die Beziehungen zwischen dem Gesamtniederschlag (G_N) und dem R-Faktor (R = −1,77 + 0,083 G_N). Im letzteren Fall würden die Werte viel zu hoch ausfallen, denn die winterlichen Niederschläge sind wesentlich weniger erosiv, obwohl sie die sommerlichen an Gesamtmenge übertreffen.

Insgesamt kann festgestellt werden, daß sich die saarländischen Werte gut in das bisher für die Bundesrepublik Deutschland ermittelte Gesamtbild einordnen. Der etwas westlicheren und damit stärker ozeanisch beeinflußten Lage des Saarlandes wird durch die geringere Bedeutung von konvektiven Starkregen und damit der generell geringeren Erosivität der Niederschläge Rechnung getragen.

Tab. 1: Eigenschaften erosiver Regen von 4 Wetterstationen im Saarland im Vergleich zu einer Auswahl bayerischer Stationen (Daten der bayer. Stationen aus ROGLER/SCHWERTMANN 1981). ▶

313

	N	Z	N_R	N_R/N	Ne	T	Te	ER	Ee	Qe	I_{30}	Re	R
SAARLAND													
Ensheim	878,8	20,3	358	0,41	17,6	276	13,6	6,00	295	21,6	8,5	3,0	62,7
Tholey	1016,7	21,1	375	0,37	17,8	284	13,5	6,35	301	22,3	8,2	2,8	59,8
Berus	917,6	19,2	332	0,36	17,3	258	13,5	5,49	286	21,2	8,1	2,8	54,5
St. Arnual	911,6	20,7	327	0,36	15,3	254	12,2	5,29	256	21,0	7,6	2,5	51,6
BAYERN													
München/Riem	879,5	19,8	343	0,39	17,3	220	11,1	6,00	303	27,3	10,8	4,1	81,8
Passau	925,0	20,4	354	0,36	17,3	224	11,0	5,93	291	26,4	9,4	3,3	76,0
Mühldorf/Inn	911,0	18,4	328	0,36	17,8	195	10,6	5,60	304	28,7	10,0	4,0	78,0
Würzburg	641,2	14,1	218	0,34	15,4	124	8,8	3,83	272	30,9	10,1	3,5	48,9
Hof	723,3	13,5	217	0,30	16,1	118	8,8	3,98	296	33,6	11,5	4,5	61,0
Weiden	674,2	14,4	209	0,31	14,5	115	8,8	3,80	264	33,0	11,4	3,8	54,7
Bamberg	625,0	11,8	175	0,28	14,8	96	8,1	3,27	276	34,1	11,3	4,4	51,6
Coburg	687,8	14,9	227	0,33	15,2	119	8,0	4,21	283	35,4	12,2	4,3	64,6

N = Gesamtjahresniederschlag (mm)
Z = Zahl erosiver Regen pro Jahr
N_R = erosiver Gesamtjahresniederschlag (mm)
$N_{R/N}$ = Verhältnis der erosiven Niederschlagsmenge zum Gesamtniederschlag
Ne = mittl. Niederschlagsmenge eines Einzelregens (mm)
T = Gesamtdauer erosiver Niederschläge pro Jahr (h)
Te = durchschn. Dauer eines Einzelniederschlags (h)
ER = Gesamtenergie des N_R pro Jahr (kJ m^{-2})
Ee = mittl. Energie eines Einzelregens (J m^{-2})
Qe = mittl.Energie pro Fläche und Zeiteinheit (J m^{-2} h^{-2})
I_{30} = mittl. max. 30 Min. Intens. erosiver Regen (mm h^{-1})
Re = mittl. R- Einzelwert, (kJ m^{-2})
R = R-Faktor (kJ m^{-2} h^{-1})

Literatur

GOEDICKE, CHR.: Die Erosivität der Niederschläge im Saarland, Saarbrücken 1987 (Diplomarbeit, Fachrichtung Geographie, Universität des Saarlandes).

MOLLENHAUER, K./RATHJEN, C. L./CHRISTIANSEN, TH./ERPENBECK, CHR.: Zur Erosivität der Niederschläge in Hessen. — Mitteilungen Dtsch. Bodenkundl. Gesellsch., 55/II, (1987), S. 925-930.

ROGLER, H./SCHWERTMANN, U.: Erosivität der Niederschläge und Isoerodentkarte Bayerns. — Zeitschrift f. Kulturtechnik und Flurbereinigung 22, (1981), S. 99-112.

SCHWERTMANN, U./VOGL, W./KAINZ, M.: Bodenerosion durch Wasser, Stuttgart 1987.

WISCHMEIER, W.H./SMITH, D.D.: Predicting rainfall erosion losses — a guide to conservation planning. — USDA, Agric. Handb. No. 537, (1978).

SOYEZ, D./BRÜCHER, W./FLIEDNER, D./LÖFFLER, E./QUASTEN, H./WAGNER, J. M. (Hrsg.): Das Saarland. Bd. 1: Beharrung und Wandel in einem peripheren Grenzraum, Saarbrücken 1989 (Arbeiten aus dem Geographischen Institut der Universität des Saarlandes, Bd. 36).

Geomorphologisch orientierter Naturschutz
Ein Beitrag zum Konzept eines integrierten Landschaftsschutzes — Fallstudie Landkreis St.Wendel

Jutta Bauer

1. Was ist geomorphologisch orientierter Naturschutz?

Der Charakter einer Landschaft wird in starkem Maße durch den „unterliegenden" *geomorphologischen Formenschatz* bestimmt. Landformen und ihre typischen Vergesellschaftungen sind dabei nicht nur selbst unmittelbar *landschaftsprägend*. Sie haben darüber hinaus einen wesentlichen Einfluß auf die Ausbildung anderer Faktoren, die das *Landschaftsbild* und die *Landschaftsdynamik* bestimmen, z.B. natürliche Vegetation, Böden, Oberflächengewässer und Realnutzung.

Als abiotisches Element im „System Natur und Landschaft" galten Landformen lange Zeit als weder *schutzbedürftig* noch *schutzwürdig*. Sie schienen nicht zerstörbar und damit auch nicht gefährdet. In einem zudem überwiegend von Biologen getragenen Naturschutz fanden in der Bundesrepublik Deutschland morphologische Aspekte bislang auch kaum Beachtung. Ganz anders ist die Situation z.B. in Schweden und in der Schweiz, wo die Einbeziehung von Landformen in die Naturschutz- und Planungspraxis bereits eine gewisse Tradition aufweist (SOYEZ 1982a, 1982b, *Eidgenössisches Departement des Innern* 1977).

Charakteristisch für die Entwicklung im Naturschutz in jüngster Zeit ist eine Umorientierung von einem *sektoralen* hin zu einem stärker *integrierten* Ansatz von Umweltschutz, Naturschutz und Landschaftspflege. Kennzeichnend hierfür ist u.a. der Übergang vom reinen *Artenschutz* zum *Biotopschutz*. In diesem Kontext beginnt sich nun langsam auch bei uns ein Bewußtsein für die Bedeutung *geomorphologischer* Sachverhalte auszubilden (ALBERS u.a. 1982).

Dazu trägt sicherlich auch die Tatsache bei, daß die Zerstörbarkeit — und tatsächliche Zerstörung — von Landformen immer offensichtlicher wird. Hier sollte man nicht nur an *Großprojekte* wie die Anlage von Megaterrassen für den Weinbau, die Verfüllung von Tälern mit Grubenberge (vgl. hierzu Beitrag SLOTTA) oder die Umwandlung von Flußlandschaften in Kanalstraßen denken (vgl. hierzu die Beiträge im zweiten Band: „Die Saar — eine Flußlandschaft verändert ihr Gesicht"). Es ist vor allem die *Vielzahl kleiner Veränderungen*, die Schritt für Schritt zu einer sichtbaren habituellen *Landschaftsverarmung durch Landformenverlust* führt und zugleich durch den *Verlust von Lebens- und Erlebnisraum* die ökologische und visuelle Verarmung der Umwelt zur Folge hat.

Es ist deshalb notwendig — und lange überfällig — morphologische Sachverhalte in landschaftsrelevante Entscheidungsprozesse einzubeziehen. Dies ist nicht ohne Probleme: Auf Grund des Desinteresses an diesen Fragestellungen, das selbst bei den eigentlich zuständigen Fachleuten in der Geographie (und hier insbesondere der Geomorphologie) über Jahrzehnte hinweg festzustellen ist, bestehen beschwerliche methodische und auch organisatorische *Defizite* für die Erstellung eines praktikablen, anwendungsorientierten Handlungskonzeptes.

Die Arbeit am geomorphologisch orientierten Naturschutz muß daher parallel eine Reihe von Zielen verfolgen:

Zunächst einmal besteht eine schwierige Aufgabe darin, eine breitere Öffentlichkeit sowie die Vertreter des traditionellen, biologisch orientierten Naturschutzes über die Bedeutung der Erhaltung von Landformen zu informieren: als Element und Regelfaktor im System Landschaft, als Zeugnis erdgeschichtlicher Entwicklungsabläufe und schließlich als prägende Bestandteile für Landschaftsgestalt und Landschaftsbild. Spezifischere fachbezogene Aufgaben sind:

— Erarbeitung eines operationellen methodischen Instrumentariums für die *Erfassung* und *Bewertung* schutzwürdiger Landformen,
— Formulierung konkreter Vorschläge für die *Erhaltung* besonders schutzwürdiger Objekte und Bereiche im Rahmen eines *repräsentativen Schutzgebietssystems* und schließlich
— Präzisierung von Vorgaben zur Sicherung des geomorphologischen Formenschatzes, indem *formenspezifische Nutzungsprioritäten* und *-restriktionen* festgelegt werden.

Im folgenden wird ein Ansatz vorgestellt, mit dessen Hilfe es möglich ist, diese Ziele kurz- und mittelfristig umzusetzen.

Dies wird am Beispiel des Landkreises St. Wendel im nordöstlichen Saarland belegt (eine ausführliche Darstellung von Methodik und Ergebnissen ist zu finden in BAUER 1986, zur spezifischeren Umsetzung des Ansatzes auf Großformen vgl. BAUER/SOYEZ 1988).

Schließlich werden Hinweise für eine *Übersichtsexkursion* zu Geomorphologie und geomorphologisch orientiertem Naturschutz im Kreis St. Wendel gegeben. Sie sollen das „Einsehen" und „Eindenken" in den Themenbereich erleichtern.

2. Wie arbeitet der geomorphologisch orientierte Naturschutz?

Grundlage jeder Argumentation für die Erhaltung von Landformen und Landformengesellschaften sowie jeglicher Maßnahmen zu ihrer Sicherung bildet eine gezielte wissenschaftliche Untersuchung.

Auf Grund der Vielfalt bereits vorhandener Information in unserem Raum — Literatur, Karten, Luftbilder etc. — ist in der Regel keine langwierige *Neuaufnahme* im Gelände erforderlich. Vielfach ist es schon ausreichend, die vorhandenen Materialien nach festgelegten Arbeitsschritten zu sichten und zu bewerten sowie durch gezielte Feldarbeiten zu ergänzen. Diese Tatsache ist deshalb von besonderer Bedeutung, weil erste Handlungskonzepte für den geomorphologisch orientierten Naturschutz möglichst bald verfügbar sein müssen, damit man nicht

Gefahr läuft, Ansprüche nur noch auf solche Restflächen geltend machen zu können, die aus der Sicht einflußreicher Nutzer uninteressant sind.

An die Methodik einer solchen Untersuchung sind folgende Anforderungen zu stellen:
— systematische, flächendeckende Erfassung charakteristischer Einzelformen und Formenvergesellschaftungen,
— nach einheitlichen Kriterien durchgeführte quantitative Bewertung,
— Ableitung konkreter Maßnahmenvorschläge und Handlungsprioritäten,
— umfassende Dokumentation der einzelnen Untersuchungsschritte (dieser letzte Schritt ist wichtig, damit der Ansatz nachvollziehbar bleibt und es möglich ist, das Landforminventar später zu erweitern oder auf anderem Maßstabsniveau und/oder mit veränderter Zielsetzung neu zu bewerten).

2.1. Arbeitsschritte

2.1.1. Inventarisierung

Erster Arbeitsschritt ist die Erfassung der *charakteristischen Landformentypen* des Untersuchungsgebiets. Darunter werden die Formen verstanden, die
— in charakteristischer Weise die erdgeschichtliche Entwicklung des Untersuchungsgebietes widerspiegeln (einschließlich der reliefverändernden Eingriffe des Menschen),
— prägende Bedeutung für das Landschaftsbild haben,
— von großer Aussagekraft für geomorphologische Forschung und Lehre sind.

Eine formale Begrenzung für die Größe der Formentypen wird dabei nicht gesetzt. Es wird aber angestrebt, auf der Basis der verfügbaren Materialien und der Geländeaufnahme die Objekte der ausgewählten Formentypen möglichst vollständig zu erfassen (dies ist natürlich nur auf den Ebenen von Makro- und Mesoformen sinnvoll). Eine nachträgliche Ergänzung des Inventars um weitere Formentypen und Objekte ist jederzeit möglich.

In einem nächsten Schritt werden aus zu erkennenden typischen Vergesellschaftungen von Einzelformen *„Morphologische Typenräume"* abgeleitet. Sie sind von besonderer Bedeutung für die Ableitung von Nutzungsprioritäten und -restriktionen mit dem Ziel, den (morphologiebezogenen) Gesamtcharakter der Landschaft zu erhalten.

Die Ergebnisse der Inventarisierung werden in Karten und Listen festgehalten.

2.1.2. Bewertung

Der *Grad der Schutzbedeutung* und die *Priorität der Erhaltung* der erfaßten Objekte werden mit Hilfe einer *Punktskala* bewertet. Eine angemessene Skepsis gegenüber dem Versuch der Quantifizierung von Sachverhalten, die nicht im eigentlichen Sinne meßbar sind, ist angebracht. Wenn aber sowohl Bewertungskriterien als auch Bewertungsschema offengelegt sind und zugleich das formale Informationsniveau berücksichtigt wird, bildet eine solche Quantifizierung für die angestrebte anwendungsorientierte Umsetzung jedoch einen geeigneten An-

satz. Die Bewertung der einzelnen Objekte erfolgt anhand folgender Kriterien:
— Repräsentanz, wissenschaftliche Bedeutung und Naturnähe für die Schutzbedeutung,
— Frequenz und aktuelle/potentielle Gefährdung für Schutzbedürftigkeit sowie
— Stabilität für Fragen der Schutzmöglichkeit.

2.1.3. Klassifizierung

Um über die ermittelten abstrakten Punktwerte hinaus zu direkt umsetzungsfähigen Aussagen zu kommen, wird nach der Bewertung eine Klassifizierung durchgeführt. Sie stellt die Bewertungsergebnisse in den *regionalen Kontext* des Untersuchungsraumes und gibt Anhaltspunkte für konkrete Vorgaben zur Sicherung schutzwürdiger Objekte. Dabei werden die folgenden Kategorien unterschieden:

Schutzbedeutung

Klasse I — Bedeutung über das Untersuchungsgebiet hinaus
Klasse II — Bedeutung für das Untersuchungsgebiet
Klasse III — Bedeutung für Teile des Untersuchungsgebietes,

und

Schutzbedürftigkeit

Klasse I — kurzfristig schutzbedürftig
Klasse II — mittelfristig schutzbedürftig
Klasse III — langfristig schutzbedürftig

2.1.4. Vorgabe konkreter Maßnahmen

Hauptziel des geomorphologisch orientierten Naturschutzes ist der Aufbau eines *repräsentativen Schutzgebietssystems* für charakteristische Landformen und Landformenbereiche. Hierzu sind die am besten ausgeprägten oder erhaltenen Vertreter jedes Formentypes sowie typische Formenensembles ganz — oder in ausgewählten Teilbereichen — nachhaltig zu sichern. Darüber hinaus ist für alle als „potentiell schutzwürdig" erfaßten Objekte sowie für die „Morphologischen Typenräume" auf eine reliefverträgliche Nutzung, Planung und Entwicklung zu achten.

Empfehlungen für Maßnahmen zum Schutz von Landformen und Landformenbereichen dürfen sich dabei nicht allein auf Möglichkeiten des *konservierenden* Naturschutzes beschränken: Landformen weisen in den weitaus meisten Fällen eine breite *Nutzungsverträglichkeit* auf, d.h. die Erhaltung geomorphologischer Objekte schließt viele andere Nutzungen nicht aus (hier sind Landformen wesentlich unproblematischer als die meisten biologischen Systeme). Damit wird die Formulierung von Nutzungsprioritäten und -restriktionen als Planungsvorgaben zu einem wesentlichen Hilfsmittel des geomorphologisch orientierten Naturschutzes.

Wichtig für eine Verhinderung weiterer „unbewußter" Veränderung und Zerstörung von Landformen ist auch die anschauliche Vermittlung von Information zum Thema Geomorphologie und Naturschutz, z.B. im Rahmen von Diavorträgen, geführten Exkursionen oder Veröffentlichungen.

Eine Liste der Maßnahmen, die zur Sicherung von Landformen und Formengesellschaften vorgeschlagen werden können, umfaßt:
— Neuausweisungen als Naturdenkmal, Naturschutzgebiet, Landschaftsschutzgebiet oder Geschützter Landschaftsbestandteil,
— Konkretisierung bestehender Rechtsverordnungen für bereits geschützte Objekte oder Bereiche im Hinblick auf die gemorphologische Schutzwürdigkeit sowie die Formulierung spezieller Anforderungen zum Schutz der Landform,
— Berücksichtung objektspezifischer Sensibilitäten in sektoralen und querschnittsorientierten Planungen, z.B. durch Ausweisung spezieller Bereiche als „Ökologische Vorranggebiete" der Landesplanung,
— Informationen vor Ort, z.B. durch Aufstellen anschaulicher (jedoch dezenter) Erläuterungstafel am Objekt oder an ausgewählten Aussichtspunkten,
— Aufkauf kleinerer Flächen zur Einrichtung von Freilandlaboratorien.

2.1.5. Dokumentation der Ergebnisse

Die Ergebnisse der Untersuchung werden in Form eines Erläuterungsberichtes, in Karteikarten für jedes erfaßte Objekt sowie mit Hilfe von Karten dokumentiert. Alle Daten sind darüber hinaus in einem *Geographischen Informationssystem* zu erfassen, damit sie beliebig mit anderen Datensätzen, z.B. aus der Biotopkartierung, kombinierbar sind oder Suchprozeduren mit gezielt formulierten Rahmenbedingungen möglich werden.

In Zusammenarbeit mit Vertretern des biowissenschaftlich orientierten Naturschutzes sowie der Kulturlandschaftspflege läßt sich auf diese Grundlage gegenüber konkurrierenden Nutzungen gemeinsam für die Durchsetzung eines integrierten Natur- und Landschaftsschutzes argumentieren.

3. Wie sehen die Ergebnisse einer solchen Untersuchung konkret aus? Das Fallbeispiel Landkreis St. Wendel

Im Landkreis St. Wendel wurde eine Untersuchung nach dem beschriebenen Ansatz exemplarisch durchgeführt (BAUER 1986). Die administrative Einheit des Landkreises wurde dabei als Referenzraum für die Untersuchung gewählt, weil sie über eigene Möglichkeiten der Umsetzung der Ergebnisse in Planung und Naturschutzarbeit verfügt; von dieser „mittleren" Ebene lassen sich aber darüberhinaus auch relativ unproblematisch Ergebnisse auf höherer Ebene — z.B. des Bundeslandes — aggregieren sowie auf niedrigerer Ebene — z.B. der Gemeinde — durch ergänzende Untersuchungen differenzieren.

Ein kurzer Überblick über einige Ergebnisse der Untersuchung im Kreis St. Wendel soll das Konzept veranschaulichen und gleichzeitig Informationen für Exkursionen in diesem Raum vermitteln.

3.1. Die charakteristischen Merkmale des Formenschatzes

Aus morphologischer Sicht läßt sich die Landschaft im Landkreis St. Wendel kurz beschreiben als ein Gebiet tertiärer Verebnungen in verschiedenen Höhenlagen, die von magmatischen und quarzitischen Härtlingen überragt werden und die im Quartär durch die Täler der Blies, Nahe und Prims sowie deren Zuflüsse zerschnitten wurden (Abb. 1).

Über die Faktoren „natürliche Vegetation", „Boden", „Hangneigung" und „Exposition" bestimmen Gestein und Relief die in größeren zusammenhängenden Bereichen noch erhaltene traditionelle, eng an das Landschaftspotential angelehnte *Landnutzung* und das *Landschaftsbild*.

Gefährdungen für Bestand und Erscheinungsbild von Landformen und Landschaftscharakter ergeben sich — abhängig u. a. von der Größe der Form — vor allem durch die folgenden Prozesse: zunehmende Zersiedlung der Landschaft, Verbauung von Auebereichen, Verfüllung von Hohlformen, Abbau von Locker- und Festgesteinen sowie nicht standortgerechte Maßnahmen der Landwirtschaft — mit Folge der Bodenerosion — und der Forstwirtschaft (vor allem in Form landschaftsuntypischer Aufforstungen).

Als Ergebnis einer Landformenanalyse lassen sich die folgenden charakteristischen *Formentypen* im Landkreis ausgliedern:

Prozeßbereich „magmatisch-tektonisch":
— „Baumholderer Platte": eines der größten zusammenhängenden Vorkommen permischer Ergußgesteine in der Bundesrepublik Deutschland, mit seinem südlichen Ausläufer in den Landkreis hineinreichend,
— „Nohfelder Rhyolitmassiv": mehrere subvulkanisch angelegte Stöcke aus zähflüssigem Magma, nachträglich durch flächenhafte Erosion freigelegt,
— „Pseudoschichtstufe der Primsmulde" (LIEDTKE 1969, S. 35): Flanken einer variskisch streichenden geologischen Mulde aus widerständigem, magmatischem Gestein,
— Morphologisch bedeutsame Verwerfung: auffallende Geländestufen als Ergebnis eines tektonischen Versatzes,
— Härtlingskuppe: an das Vorhandensein widerständiger, im Vergleich zur Umgebung weniger stark abgetragener Gesteine gebundene Vollformen; im Untersuchungsgebiet in Form quarzitischer und magmatischer Härtlinge vorkommend.

Prozeßbereich „denudativ":
— Flachniveau: flachgewellte Flächen einer Höhenlage von 600 m, 500 m und 400 m.

Prozeßbereich „fluvial":
— Ausraum: weiträumig ausgebildete Hohlform in geologisch vorgegebener Zone weniger widerständigen Gesteins,
— Talformen, wie Muldental, Kerbtal, Talasymmetrie, Engtalstrecke, Sehnental, Erosionskerbe: jüngste großflächig entwickelte Reliefelemente im Untersuchungsgebiet; in ihrer Ausgestaltung insbesondere durch den schnellen Wechsel in der Widerständigkeit des Gesteinsuntergrundes sowie durch quartäre Klimawechsel geprägt,
— Formen des Talbodens, wie Flußterrassen, Flußschlingen: Formen des rezenten oder fossilen Talbodens als Ausdruck der Dynamik eines Flusses,

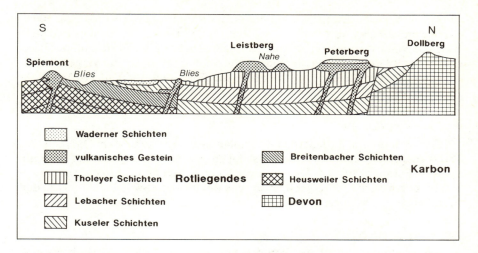

Abb. 1: Morphologisch-geologischer Schnitt durch den Landkreis St. Wendel (aus GÄRTNER 1968, S. 12, leicht verändert).

— Quelle: Grundwasseraustritt aus dem Untergrund an die Erdoberfläche, über ein Gewässer abfließend.

Prozeßbereich „kryogen":

— Ursprungsmulde: weitgespannte offene Hohlform; repräsentiert an pleistozäne Klimaverhältnisse angepaßte Form der Quellnische,
— Blockfeld: unregelmäßige, dichte bis lockere Verteilung von Gesteinsblöcken aus dem Anstehenden auf flachen bis mäßig steilen Hängen.

Prozeßbereich „strukturell":

— Felsbildung: isoliert herausragende Felsen oder Gesteinsrippen mit oft ungewöhnlich bizarrer Erscheinungsform.

Prozeßbereich „biogen":

— Moor: an Grundwasser oder Hangwasser gebundene, auf wasserstauendem Untergrund angelegte Vernässungsstelle mit anmoorigem Boden und charakteristischer Vegetation.

Prozeßbereich „anthropogen":

— Bodenerosion: rezente Erosionsform, vorwiegend auf ackerbaulich genutzten, zeitweise vegetationsfreien schwach bis mäßig geneigten Hängen,
— Ringwall, Pinge, Hohlweg, Halde: Oberflächenformen als Zeugnis reliefverändernder Eingriffe des Menschen sowie als letzte Gruppe:
— Aufschluß: natürlich oder künstlich entstandene Anschnitte, die Einblick in die tektonische Struktur und/oder den Aufbau und die Lagerung von Gesteinen und/oder formbildenden Prozesse geben.

Aus diesen charakteristischen Formentypen im Landkreis wurden 205 *potentiell schutzwürdige Einzelobjekte*, darunter z.B. 15 Härtlingskuppen, 21 Beispiele für Talassymetrien und 21 Aufschlüsse erfaßt. Zugleich lassen sich auf der Basis der Formentypen — insbesondere ihren typischen Häufungen und Vergesellschaftungen — für den Landkreis St. Wendel die folgenden *Morphologischen Typenräume* ableiten.

I. Nonnweiler Bergland

Der Typenraum umfaßt den Otzenhausener Ausraum, den Oberlauf der Prims, mehrere quarzitische Härtlingskuppen (z.B. Leyenberg) und weist Anteile an allen Flachniveaus auf. Morphologisch, geologisch und landschaftsbildräumlich leitet er von der Mittelgebirgszone des Rheinischen Schiefergebirges zu den permischen Sedimenten und Magmatiten der Saar-Saale-Senke über.

II. Primstaler Mulde

Der Typenraum bildet aus „Pseudoschichtstufe" und 500 m-Flachniveau eine habituell und visuell geschlossene Einheit, die nur durch das Tal der Prims nach außen geöffnet wird. Er repräsentiert wesentliche tektonische Prozesse der letzten Phase des permischen Vulkanismus im Referenzraum.

III. Nohfelden-Freisener Hügelland

Der Charakter des Typenraumes wird durch die geschlossene Verbreitung permischer Erstarrungsgesteine bestimmt, die mit überwiegend steiler Geländekante aus den Rotliegend-Sedimenten im 400 m-Niveau aufsteigen. Der Bereich umfaßt die Baumholderer Platte, das Nohfelder Rhyolitmassiv, das 400 m-Flachniveau, den Freisener Ausraum sowie die Täler von Nahe und Freisbach.

IV. Tholey-St.Wendeler Flachniveau

Bestimmendes Reliefelement im Typenraum ist die flachwellige Schnittfläche im 400 m-Niveau; über sie hinaus ragen — durch Bewaldung zusätzlich betont — langgestreckte und kegelförmige vulkanische Härtlinge, wie z.B. Schaumberg und Weiselberg; in die Verebnung eingelassen sind breite Talmulden und das weite Becken des St.Wendeler Ausraumes. Die Grenze zum Typenraum II ist durch das Dominieren des Reliefelement „Flachniveau" in diesem Typenraum eindeutig festgelegt.

3.2. Empfehlungen zur Umsetzung der Untersuchungsergebnisse

Auf der Basis der Untersuchung wurden u.a. die folgenden Vorschläge zur Sicherung des charakteristischen Formenschatzes im Landkreis gemacht:

— die Ausweisung von drei neuen Naturschutzgebieten (Bliesaue südlich Oberlinxweiler bis zur Kreisgrenze, Steinbruch am Steinberg und Erosionskerbe bei Urweiler),
— die Ausweisung von zehn gemorphologischen Naturdenkmalen (z.B. Rosette am Hellerberg, Hohlwegesystem am Belzet),

— die Neuausweisung oder Erweiterung von Landschaftsschutzgebietspartien zur Sicherung von Formenvergesellschaftungen (wie z.B. des Terrassensystems der Prims am Handenberg) und besonders prägnanter Ausschnitte der „Morphologischen Typenräume" sowie
— die Einsetzung der Schutzkategorie der Geschützten Naturdenkmale für kleinere Bachtäler (u.a. Gombachtal und Betzelbachtal) oder für das Pingenfeld der „Kloppbruchwies" bei Otzenhausen.

Für Objekte, die bereits geschützt sind oder in einem Schutzgebiet liegen, soll eine Präzisierung der Rechtsverordnung mit dem Ziel einer Sicherung der Landform erfolgen. Darüberhinaus sollten alle „potentiell schutzwürdigen" Objekte sowie die „Morphologischen Typenräume" im Ganzen eine Sicherung erfahren, indem die jeweils angegebenen form- oder formenbereichsspezifischen Sensibilitäten bei Planungen oder bei der Einleitung reliefverändernder Maßnahmen Berücksichtigung finden.

Der Ankauf einer kleinen Fläche östlich Oberthal zur Einrichtung eines Freilandlabors „Bodenerosionsforschung" wird vorgeschlagen. An ausgewählten Objekten und markanten Aussichtspunkten (z.B. auf dem Schaumberg-Turm) sind Informationstafeln zu morphologischen Objekten und Prozessen anzubringen. Zusätzlich wird empfohlen, die Durchführung von Exkursionen zur Geomorphologie des Landkreises in Zusammenarbeit mit Volkshochschule, Naturschutzverbänden o.ä. zu verstärken.

Exkursionshinweise

Als Übersichtsexkursion (vgl. Abb. 2) wird eine Gesamtstrecke von ca. 110 km mit den Anfangs- und Endpunkten Ottweiler und Dirmingen empfohlen (Bus-, PKW- oder Fahrradtour). Bei einer Etappengliederung bieten sich für Übernachtungen neben Hotels und Pensionen die Jugendherberge Tholey, zahlreiche Campingplätze oder auch Zimmer auf Bauernhöfen an.

Kartenmaterial: RV Auto- und Wanderkarte Nr.49, Saarland, Maßstab 1:75 000, TK 50 Blätter L 6306 Trier-Pfalzel, L 6308 Idar-Oberstein, L 6506 Lebach und L 6508 St.Wendel.

Fahrtstrecke (in (-) empfohlene Haltepunkte): Ottweiler — Niederlinxweiler — Oberlinxweiler (1) — St.Wendel (2) — Saal — Bubach (3) — Osterbrücken — Seitzweiler — Oberkirchen — Freisen (4) — Furschweiler — Hofeld (5) — Eisweiler — Walhausen — Türkismühle — Bosen — Schwarzenbach — Otzenhausen (6) — Kastel (7) — Primstal (8) — Tholey (9) — Dirmingen.

Erläuterung: Die Route führt durch alle Typenräume des Landkreises und ist dazu gedacht, einen ersten Überblick über die morphologischen Strukturen des Gebietes sowie einen Einblick in Fragen der Schutzwürdigkeit zu vermitteln.

Von Ottweiler aus über die B 41 durch das offene, breite Muldental der Blies in den Landkreis St.Wendel hinein.

(1) Bliesaue — Der Fluß zeigt in diesem Laufabschnitt eine starke Schlingenbildung in breiter Aue als Zeichen eines fast ausgeglichenen Längsprofils. Nach starken Regenfällen ist das Wasser mit Sedimenten des Rotliegenden aus dem Einzugsbereich braunrot gefärbt. Rezente fluviale Morphodynamik ist dann in Form von Unterunterspülungen und Uferrandabbrüchen v.a. in solchen Bereichen gut zu beobachten, die nicht durch bachbegleitende Vegetation gesichert sind. In Nähe der Ortslagen ist die Blies in langen Streckenstücken begradigt und verbaut. Da Brut- und Lebensraum zahlreicher Tierarten und Standort gefährdeter Pflanzengesellschaften, sollte die Aue nur im Bereich der Stichwege, die von der B 41 ab ein kurzes Stück in sie hineinführen, betreten werden!

Während das Gewässer im südlich anschließenden Landkreis Neunkirchen in einem Landschaftsschutzgebiet gelegen ist, ist der Fluß im Landkreis St.Wendel noch ohne Schutzstatus.

Kurz vor Oberlinxweiler verengt sich das Tal der Blies in der sogenannten „Linxweiler Pforte". Sie markiert den Eintritt ins „Saarländische Vulkangebiet".

(2) Linxweiler Pforte — die Verengung der Talquerschnittes an dieser Stelle ist dadurch bedingt, daß sich der Lauf des Flusses hier durch extrem widerständiges magmatisches Gestein, die Kuselite und Diorite des Steinberg- und Spiemont, hindurcharbeiten mußte. In einem Aufschluß östlich Oberlinxweiler, an der Straße nach Werschweiler, wird der „Hartstein" abgebaut; um das Erscheinungsbild des Massivs zu erhalten, wird dabei darauf geachtet, daß der Abbau die Kammlinie nicht angreift.

Durch St.Wendel, im Zentrum des St.Wendeler Ausraumes gelegen, über einen Anstieg auf das 400 m-Niveau beim Wendalinushof und über Niederkirchen-Saal ins Bubachtal.

(3) Bubachtal — das Bubachtal ist das am schönsten ausgebildete und in seiner Ausdrucksform am besten erhaltene Beispiel eines Kerbtales im Landkreis. Es ist außerdem ein ausgezeichnetes Beispiel dafür, wie eine Nutzung — in diesem Fall die extensive Streuobstnutzung auf den Hangbereichen — im gleichen Zuge Betonung und optimale Sicherung einer Landform sein kann.

Zurück auf die B 420; durch das Ostertal, umrahmt von den Flächenresten des 400 m-Flachniveaus, nach Oberkirchen. Die Nutzungsverteilung in diesem Gebiet ist eindeutiger Zeiger für den Gesteinsuntergrund: Landwirtschaft auf den relativ fruchtbaren Rotliegend-Sedimenten, Wald auf den flachgründigen Böden vulkanischer Härtlingskuppen. Prägnantes Beispiel hierfür sind u.a. Metzenberg, sowie Weiselberg, Mittelberg und Hochrech, die sich bei Oberkirchen deutlich über das Umland herausheben. Ein Abstecher zum „Steinernen Meer" am Südhang des Weiselberges mit Fußwanderung zum Aussichtspunkt auf dem Gipfel ist lohnenswert.

Nach Norden weiter zum Hellerberg.

(4) Hellerberg — bei klarem Wetter vom Steinbruch am Hellerberg östlich Freisen weiter Blick nach Süden über die Morphologischen Typenräume III und IV möglich. Der Hellerberg ist Teil der Baumholderer Platte, die sich nach Osten über Teufelskopf und Herzerberg weiterzieht. Auf der mittleren Berme des Steinbruches läßt sich ein seltenes, spektakuläres und bis heute in seiner Entstehung weitgehend ungeklärtes Phänomen vulkanischer Tätigkeit besichtigen: die „Rosette", eine kugelförmige, schalig angelegte Intrusion im magmatischen Gestein.

Über Freisen Richtung Reitscheid vorbei an den Härtlingen des Füsselberg und der Eiselkist sowie den östlichen Ausläufern des Nohfelder Rhyolitmassives nordwestlich Furschweiler nach Hofeld, fast im Zentrum des Landkreises gelegen.

(5) Burg Liebenburg — vom neu restaurierten Turm großartige Rundumsicht: im Westen und Nordwesten das Nohfelder Rhyolitmassiv mit Leißberg, Losenberg und Mom-Berg, die sich mit steiler Kante und betont flacher Oberfläche über Gronig und Oberthal erheben. An klaren Tagen läßt sich dahinter die Pseudoschichtstufe der Primsmulde ausmachen. Im Osten, Südosten und Süden ist das 400 m-Niveau mit den herauspräparierten Härtlingskuppen deutlich zu erkennen. Im Südwesten erhebt sich die Kuppe des Schaumberg bei Tholey fast wie ein echter Vulkan.

Über Hirstein Richtung Wolfersweiler und weiter über Walhausen nach Türkismühle und Eckelhausen; von dort Blick nach Süden über den Bostalsee, einen morphologisch-hydrologischen „Fremdkörper" im Landkreis, der keine natürlichen Seen aufweist.

Von Bosen nach Schwarzenbach. Der Anstieg westlich Bosen kennzeichnet den Übergang zur „Pseudoschichtstufe" der Primsmulde. Der flache zentrale Bereich der Mulde zeigt Reste der 500 m-Schnittfläche in der vor flächenhafter Abtragung schützenden Umrahmung der Muldenflanken. Bis vor etwa 20 Jahren intensiv landwirtschaftlich genutzt, wurde

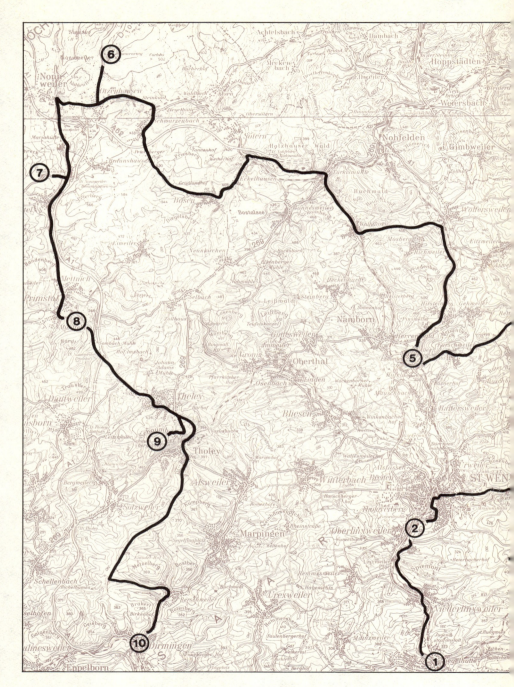

Abb. 2: Übersichtskarte mit Exkursionsroute und Haltepunkten.

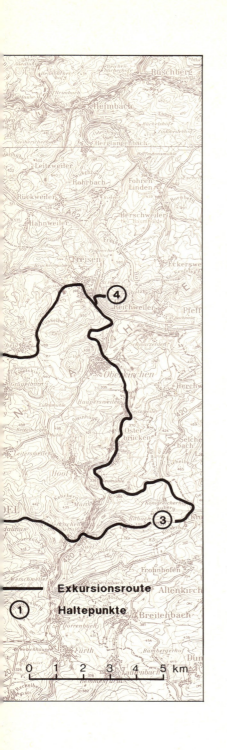

dieser Bereich danach mit Fichten aufgeforstet oder der natürlichen Sukzession überlassen. Die Muldenflanke bei Braunshausen wird auf Grund der Steilheit des Hanges als Skipiste genutzt. Eine extensive landwirtschaftliche Nutzung zur Wahrung des offenen Charakters des Landschaftselementes „Flachniveau" sowie eine standortgerechte Aufforstung an den Muldenflanken wären als optimale Nutzungen zur Sicherung dieser ungewöhnlichen Form anzusehen.

Auf der B 52 durch Steinkaul nach Otzenhausen.

(6) Hunnenring — Der Ringwall des Hunnenring, eine keltische Befestigungsanlage, wurde strategisch günstig auf dem Härtling (Taunusquarzit) des Dollberg errichtet. Das Baumaterial zur Errichtung der Steinwälle wurde aus den örtlichen Blockfeldern entnommen. Dieses größte und besterhaltene Beispiel des Formentyps nicht nur im Landkreis sondern im gesamten Saarland ist als Kulturdenkmal ausgewiesen.

Eine kurze Wanderung vom Hunnenring zum Nonnweiler Stausee, im Bereich zweier tief und schmal eingeschnittener Kerbtäler aufgestaut, verdeutlicht die Unterschiede in der Talbildung im widerständigen Quarzit und in den weichen Sedimenten des Rotliegenden im Bereich des Bostalsee.

Zurück nach Otzenhausen, von dort aus weiter Richtung Kastel.

(7) Höhe nördlich Kastel — von der Höhe nördlich Kastel eindrucksvoller Blick auf die Engtalstrecke der Prims im Eintritt in die nördliche „Pseudoschichtstufe" der Primsmulde sowie auf die gegenüberliegende Flanke. Auf der Weiterfahrt nach Süden entlang der Prims ergeben sich zahlreiche Einblicke in die Talaue und den gewundenen Lauf des Flußes. An manchen Streckenabschnitten ist der formbetonende und uferstabilisierende bachbegleitende Baumbestand noch erhalten. Verunstaltend wirken dagegen quer zum Talverlauf angelegte schmale Fichtenparzellen.

Durch die Ortslage Primstal auf die südöstliche Muldenflanke.

(8) Primsterrassen — Blick nach Norden auf das Primstal und das Knie der Prims bei Abbiegen ihres Laufs nach Westen, nun parallel zum Ausstreichen der widerständigen Gesteine. Über das Tal hinweg am gegenüberliegenden Hang eröffnet sich bei genauem Hinsehen ein Blick zurück in die Geschichte der Prims: über der rezenten Talaue zeigen sich am Westhang des Handenberg zwei Terrassen als Reste fossiler Fließniveaus. Die landwirtschaftlich genutzte Fläche auf dem höchsten Niveau kennzeichnet die tertiäre Ausgangsfläche. Auch im Falle dieses Formenensembles betont die traditionelle Nutzung die Landform: Wald an den Terrassenstufen, landwirtschaftliche Nutzung auf den Terrassenflächen.

Über Mettnich und Tholey weiter zum Schaumberg. Zum Rückblick auf die Exkursionsroute lohnt sich der Aufstieg auf den Turm.

(9) Schaumberg — über den flachen Nordhang, der den ehemaligen Schichtverlauf nachvollzieht, in den die flüssigen vulkanischen Schmelzen eingedrungen sind, auf die Kuppe des Härtlings. Vom Turm (vorher anrufen und erfragen, ob der Turm geöffnet ist: Tel.-Nr. 0 68 53-15 22) lassen sich die Eindrücke des Tages nochmals zurückverfolgen. Von diesem Aussichtspunkt zeigen sich aber auch besonders deutlich die Auswirkungen der einsetzenden Landschaftszersiedlung, die aus den alten Ortslagen vor allem in die Flachbereiche eingreift.

Von Theley aus dem Verlauf einer alten Römerstraße folgend auf der Wasserscheide zwischen Theel und Alsbach entlang über die Grenze des Landkreises nach Dirmingen.

Literatur

ALBERS, H.J. u.a.: Bald mehr Schutzmöglichkeiten für Zeugen der Erdgeschichte.—Mitteilungen der Landesanstalt für Ökologie, Landschaftsentwicklung und Forstplanung Nordrhein-Westfalen 7 (1982), S. 7-15.

BAUER, J.: Naturschutz aus geomorphologischer Sicht—Ein Konzept zur Inventarisierung, Bewertung und Sicherung schutzwürdiger Landformen, dargestellt am Beispiel des Landkreises St. Wendel, Saarbrücken 1986 (Diplomarbeit, Fachrichtung Geographie, Universität des Saarlandes).

BAUER, J./SOYEZ, D.: Schutzwürdige Großformen und morphologische Typenräume des Saarlandes—Pilotstudie Landkreis St. Wendel zur Erfassung und Bewertung von Landformen als ökologische Grundlagendaten für Zwecke der Raumplanung, Saarbrücken 1988 (Abschlußbericht an die Abteilung Landesplanung im Ministerium für Umwelt des Saarlandes).

Eidgenössisches Departement des Innern (Hrsg.): Bundesinventar der zu erhaltenden Landschaften und Naturdenkmale von nationaler Bedeutung (BLN-Inventar), Bern 1977.

GÄRTNER, P.: Die Landschaft des Kreises St. Wendel. — Landrat des Kreises St. Wendel (Hrsg.): Der Landkreis St. Wendel, St. Wendel 1968, S. 9-30.

LIEDTKE, H.: Geomorphologische Übersicht 1:300 000 (einschließlich Erläuterungsheft), Institut für Landeskunde im Saarland (Hrsg.): Geschichtlicher Atlas für das Land an der Saar, Saarbrücken 1967.

-: Grundzüge und Probleme der Oberflächenformen des Saarlandes und seiner Umgebung, Bonn-Bad Godesberg 1969 (Forschungen zur Deutschen Landeskunde, Bd. 183).

SOYEZ, D.: Geowissenschaften und Naturschutz — ein historischer Rückblick. — In: Akademie für Naturschutz und Landschaftspflege (Hrsg.), Laufener Seminarbeiträge 7 (1982), S. 9-20 (= 1982a).

-: Zur Problematik der Erfassung und Bewertung von Landformen für den geomorphologisch orientierten Naturschutz. — In: Akademie für Naturschutz und Landschaftspflege (Hrsg.), Laufener Seminarbeiträge 7 (1982), S. 21-43 (= 1982b).

SOYEZ, D./BRÜCHER, W./FLIEDNER, D./LÖFFLER, E./QUASTEN, H./WAGNER, J. M. (Hrsg.): Das Saarland. Bd. 1: Beharrung und Wandel in einem peripheren Grenzraum, Saarbrücken 1989 (Arbeiten aus dem Geographischen Institut der Universität des Saarlandes, Bd. 36).

Die räumlichen Auswirkungen der Bergeentsorgung im Saarkohlenwald

Delf Slotta

1. Problembeschreibung

Der Bergbau auf Steinkohlen hat im Saarland aufgrund der besonderen geologischen Verhältnisse schon sehr früh eingesetzt (KOLLING 1968, S. 73-77). Bodenfunde, beispielsweise aus römischer Zeit, und urkundliche Erwähnungen von Gewinnungsarbeiten wie im „Schöffenweistum zu Neumünster" von 1429 (SCHUSTER 1955, S. 1) belegen dies. Mit der 1754 durch Fürst Wilhelm-Heinrich zu Nassau-Saarbrücken erlassenen *„Allgemeinen Reservation"*, d.h. der rechtlich fundierten Inbesitznahme aller saarländischen Kohlengruben und Abbaufelder, tritt an die Stelle der planlosen Kohlengräberei am Flözausgehenden nunmehr ein kunstgerechter Abbau unter einheitlicher Leitung. Erst zu diesem Zeitpunkt beginnt also die systematische, wirtschaftliche und rationelle Steinkohlengewinnung im Land an der Saar (geschichtlicher Überblick bei SLOTTA 1979). Seitdem hat der Bergbau vor allem in der zwischen Saarbrücken und Neunkirchen gelegenen bergbaulichen Kernregion des Saarlandes, dem sogenannten *„Saarkohlenwald"* (vgl. SCHNEIDER, H. 1972), verschiedenartigste Wandlungsprozesse initiiert, die die historisch gewachsenen, präbergbaulichen Strukturen grundlegend verändert haben.

Bezüglich der Themenbereiche *„Reliefveränderung"* und *„Landschaftsentwicklung"* haben in erster Linie drei mit industriellen Aktivitäten zusammenhängende Eingriffe die raumspezifische Situation um- und neugestaltet. Die Steinkohlenwirtschaft leitete einen mit bedeutendem Landschaftsverbrauch und starken Zersiedlungserscheinungen verbundenen *Verkehrswege- und Siedlungsbau* ein (vgl. FEHN 1981), der Massenversetzungen beachtlicher Größenordnungen notwendig machte. Von noch größerer Raumrelevanz hingegen sind punktuell die auf direkte bergbauliche Tätigkeiten zurückführbaren Makroformen: einmal die großflächigen *Einebnungen von Landschaftsteilen* für die Betriebsgebäude und infrastrukturellen Einrichtungen der Gruben sowie zum anderen die *Vollformen der Bergeschüttungen*.

Die Entsorgung der *„Berge"*, worunter man die „nicht verwertbaren Bestandteile des Rohfördergutes" (*Bergbauhandbuch* 1983, S. 293) versteht, gewinnt im Saarbergbau vor allem seit den 20er Jahren unseres Jahrhunderts zunehmend an Bedeutung. Einmal ist infolge der fortschreitenden Technisierung und Mechanisierung im Untertagebereich der Bergeanteil an den Rohfördermengen von ca. 10%-15% in den 30er Jahren (KÖHLER 1986, S. 148) auf ca. 48% in 1985 gestiegen

(SLOTTA 1987, S. 105). Zum anderen sind die absoluten Mengen an zu entsorgenden Bergematerialien dramatisch gewachsen. Beides hat — dem technischen Entwicklungsstand der Steinkohlenwirtschaft jeweils entsprechend — zur Anwendung unterschiedlichster Bergentsorgungskonzeptionen geführt. Die entsprechend gestalteten *Bergeschüttungen* haben zwar die Reliefverhältnisse nicht flächenhaft umgestaltet, auch wurden Gesamtcharakter und Physiognomie des Saarkohlenwaldes nicht grundlegend verändert. Sie prägen jedoch häufig punktuell das Landschaftsbild.

In Anbetracht der Tatsache, daß die Problematik der Nutzung vorhandener Raumpotentiale vor allem in Agglomerationen mit starken Flächennutzungskonkurrenzen ständig dringlicher wird, ist die Thematik der Bergentsorgung in industriellen Ballungsräumen stärker zu beachten (vgl. RAWERT/KREBS 1982, SOYEZ 1986). Daraus läßt sich ableiten, daß es auch in Hinblick auf eine praxisorientierte Planung der zukünftigen Raumentwicklung notwendig ist, den Momentanzustand des Reliefs detailliert darzustellen sowie den bergbaubedingten Formenschatz und die anthropogen bedingten Formungsprozesse zu analysieren. Zudem stellt dieser Beitrag einen Versuch dar, die lokalisierbaren Bergeschüttungen zu beschreiben, entsprechend ihrer Merkmale und zeitlichen Entstehungsphasen zu kategorisieren sowie den Umfang der feststellbaren Reliefveränderungen grob zu bilanzieren.

2. Darstellung des im Saarkohlenwald lokalisierbaren bergbaubedingten Formenschatzes

Die Inhalte des Haldenatlasses (*Saarbergwerke AG* 1984) sowie die Ergebnisse einer im Jahr 1986 durchgeführten Inventarisierung des Bestandes an Bergeschüttungen im Saarkohlenwald (SLOTTA 1987, S. 125-127) belegen, daß die verschiedenen historischen Phasen und technischen Entwicklungsstadien des Steinkohlenbergbaus an der Saar die Schaffung unterschiedlichster Bergeschüttungen hervorgerufen haben. Im Hinblick auf *Alter, Form, Aufbau, Größe und Art des entsorgten Materials* sowie des angewandten *Schüttverfahrens* lassen sich *Typen von Bergekörpern* differenzieren, die im folgenden dargestellt werden sollen (vgl. auch SCHNEIDER 1984, SLOTTA 1988a).

2.1. „Pingen"

Pingen sind aufgrund der Einfachheit der angewandten Gewinnungsmethode, des geringen Einsatzes technischer Hilfsmittel im Abbau und der relativ geringen Menge des bewegten Materials (sowohl Kohlen als auch Abraum) als die charakteristischen Zeugnisse bzw. Reliktformen der frühen Phasen des Bergbaus, denen man den Zeitraum vom Mittelalter bis ins 18. Jahrhundert zuordnen kann, anzusprechen (RUTH 1973, S. 64-75, *Fachrichtung Geographie* 1983).

Pingen stellen Abbauorte dar, an denen, soweit manuell mit einfachem Gezähe möglich, solange nach Kohlen gegraben wurde, bis die Lagerstätte erschöpft war oder ein Abbau nicht mehr lohnte. Die Gewinnung setzte dabei an Stellen ein, wo entweder Kohlenbänke an der Erdoberfläche ausstrichen oder ihr oberflächennaher Verlauf bekannt war. Diese Tatsache erkärt auch das lineare

Verteilungsmuster und das vergesellschaftete Auftreten der Einzelformen (vgl. Abb. 10 im Beitrag WEBER-DICKS), die in der Regel alle der ausstreichenden Lagerstätte folgen und direkt aufsitzen.

Beim Graben von Pingen zur Gewinnung von Kohlen im Tagebau fällt kein Bergematerial im eigentlichen Sinne an. Vielmehr findet lediglich eine Materialumlagerung statt, bei der die dem Flöz aufliegenden Materialien zunächst abgegraben und anschließend seitlich der entstandenen Hohlform wiederum abgelagert werden.

2.2. Zungenhalden und Hangböschungshalden

Der Übergang vom Tage- zum Tiefbau zum Zweck der Lagerstättenerschließung, jeweils gekoppelt mit anderen bergbauspezifischen und sonstigen technischen Innovationen, leitet den Durchbruch des Steinkohlenbergbaus entschei-

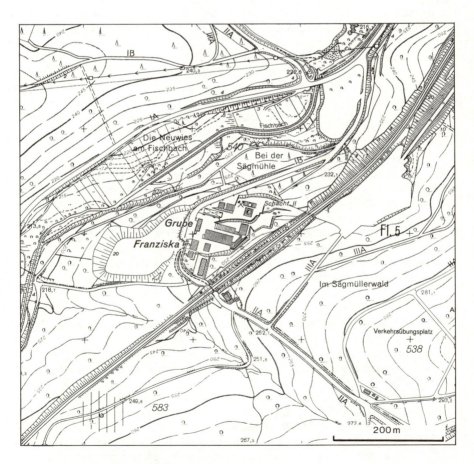

Abb. 1: Hangböschungshalde des Franziska-Schachtes der Grube Camphausen.

dend ein. Die Tatsache, daß sich nur geringe Anteile der bauwürdigen Kohlenvorkommen in unmittelbarer Oberflächennähe befinden, zwang die Betreiber der Gruben, die Entwicklung der Tiefbau- und Abteuftechniken zu forcieren und ständig zu verfeinern. Als Ergebnis dieser zunächst von den Fürsten zu Nassau-Saarbrücken, seit 1793 vom französischen Staat und seit 1815 vom Preußischen Bergfiskus geförderten Bestrebungen, ist die Einführung des *Stollenbaus* sowie der spätere Übergang zum *Schachtbau* zu verstehen.

Beim Stollenbau, bei dem die Grubenbaue entweder horizontal oder aber saiger in den Berg vorangetrieben werden, fallen erstmalig „Berge" im eigentlichen Sinne an. Es handelt sich dabei um relativ grobkörniges, unsortiertes und einen hohen Anteil an Deckgebirgsschichten enthaltendes Material. Dieses Bergematerial, das ausschließlich den bergtechnischen, untertägigen Vorarbeiten entstammt, wird als *„Grubenberge"* (LEININGER/SCHIEDER 1975) bezeichnet und nach der Trennung von der Kohle an der Tagesoberfläche in der Regel vor dem Stollenmundloch abgelagert. Die dabei entstehenden Schüttformen spricht RATHJENS (1979, S. 49) als *„Stollen mit vorgelagerter Plattform"* oder aber, falls die dem Stollenmundloch vorgelagerte Verebnung ein Gefälle aufweist, als *„Zungenhalde"* an.

Der Schachtbau, im Saarbergbau erstmals 1822 angewendet (SCHUSTER 1955, S. 21), und die vielfältigen Einsatzmöglichkeiten der Dampfkraft (Förderung, Wasserhaltung, etc.) führten zur Aufschließung immer tiefer gelegener Lagerstätten. Auch beim Abteufen eines Schachts fallen „Grubenberge" an, die aufgrund ihres Entstehungsortes häufig auch als „Schachtberge" bezeichnet werden. Sie wurden in Form sogenannten *„Hangböschungshalden"* (Abb. 1) entsorgt.

Hangböschungshalden entstehen durch das Stürzen des Abraums an einen Berghang, woraus sich eine sukzessive Verschiebung der Böschungen talabwärts ergibt. Diese Art von Bergeschüttung, die sich also an das ursprüngliche Relief anlehnt, liegt folglich auf fallendem Geländeniveau. Beispiele dieses Haldentyps finden sich u.a. an der *Kirschheck*-Schachtanlage der ehemaligen Grube Von der Heydt, an der Schachtanlage *Neuhaus* und am *Franziska*-Schacht des Bergwerks Camphausen, am Schacht *Erkershöhe* des Bergwerks Reden, am *Bildstock*-Schacht der ehemaligen Grube Heinitz sowie im Trenkelbachtal auf dem Areal der ehemaligen Grube Maybach.

2.3. Fischgrätenhalden

Diese Schüttungsmethode (Abb. 2), die ebenfalls einer frühen bergbaulichen Epoche entstammt, in der der zu bewältigende Bergeanfall aufgrund geringer Technisierung unter Tage sehr gering war, läßt sich heutzutage im Saarkohlenwald nur noch andeutungsweise erkennen und nachweisen (vgl. BARTLING/STRAUSS 1987, S. 514).

Nach der Schüttung eines Walls werden von einem zentralen Arm aus Seitenarme, die selten Höhen über zehn Meter erreichen, in unterschiedlichen Winkeln abgezweigt. Auf deren Grat werden die Förderwagen meist von Hand geschoben und die transportierte Berge anschließend beidseitig abgekippt. *Fischgrätenhalden* haben demzufolge bei relativ geringen Schüttmengen einen hohen Flächenbedarf. Beim entsorgten Material handelt es sich überwiegend um *Lese-*

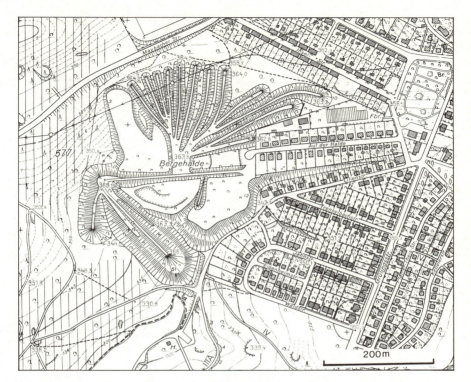

Abb 2: Fischgrätenhalde der ehemaligen Grube Helene Saufang, Friedrichsthal-Bildstock (nicht mehr existent).

(Hand-)berge. Das bedeutet, daß Kohle und Berge noch *manuell* voneinander getrennt werden mußten, eine automatisierte Aufbereitung war also noch nicht entwickelt. Entsprechend hoch, mit bis zu ca. 15%, sind die in diesen Bergeschüttungen vorhandenen *Restkohlenanteile*.

Die letzten charakteristischen Beispiele für derartige Fischgrätenhalden sind die Haldenkörper des ehemaligen Schachtes *Geisheck* der früheren Grube Heinitz sowie die zwischen Sulzbach-Schnappach und St.Ingbert gelegenen Fischgrätenhalden „*Schnappach-nördliche Straße*", die z.Zt. beide unter Wald liegen. Das bestes Beispiel dieses Haldentypus, die Fischgrätenhalden der *Grube Helene* in Friedrichsthal-Bildstock werden wegen der Ausweisung eines Gewerbegebietes seit 1986 abgegraben.

2.4. Tafelberghalden

Tafelberghalden (Abb. 3) stellen Bergekörper dar, die entweder über einer Ebene oder über einer Vollform aufgeschüttet werden und somit das präbergbauliche Relief deutlich überragen. Die Halde besitzt Böschungen nach allen Seiten hin und gipfelt in einer ebenen Fläche (dem Plateau), woraus sich das Profil eines Tafelberges ergibt. Häufig wird das dargestellte Grundschema dahingehend modifiziert, daß der Haldenkörper in der Seitenansicht durch die Einfügung von Terrassen (Bermen) die Gestalt mehrerer aufeinandergesetzter, sich verjüngender Tafelberge annimmt.

Beim Schüttmaterial handelt es sich überwiegend um *„Waschberge"*, die mit Korngrößen zwischen 0,75 mm und 10,00 mm (Feinwaschberge) sowie zwischen 10,00 mm und 150 mm (Grobwaschberge) feinkörniger und homogener ist als die bereits angesprochenen „Grubenberge". Korngröße und Zusammensetzung sind zurückzuführen auf verschiedenartige Aufbereitungsverfahren, wobei das

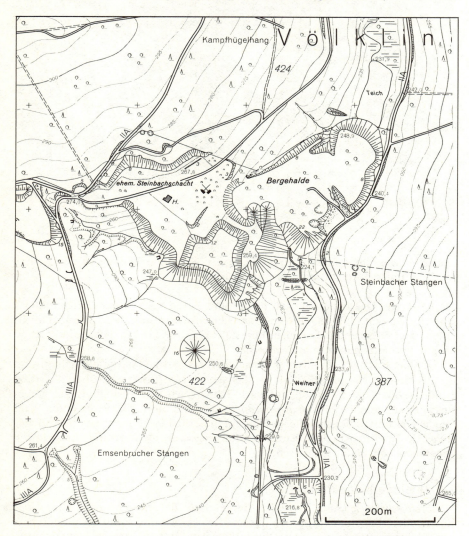

Abb 3: Tafelberghalde des Steinbach-Schachtes der ehemaligen Grube Von der Heydt.

Rohfördergut in Kohlenwäschen und Siebereien nach Kohlen und Berge unterschiedlicher Typen getrennt wird. SCHUSTER (1955, S. 24) nennt diesbezüglich 1845 als Jahr der erstmaligen Einführung solcher Kohlenwäschen im Saarbergbau.

Treffliche Beispiele von Tafelberghalden sind u.a. die Bergeschüttungen am *Steinbach-Schacht* der ehemaligen Grube Von der Heydt sowie der Haldenkörper am *Ostschacht Sulzbach*.

2.5. Spitzkegel- bzw. Kegelsturzhalden

Die Innovation des *Spitzkegels*, auch Sturzhalde genannt, basierte auf der Notwendigkeit, den seit den 20er Jahren des 20. Jahrhunderts ständig steigenden Bergeanfall auf möglichst kleiner Grundfläche unterzubringen. Daraus ergab sich die Schaffung eines Haldenkörpers mit extrem großen Böschungswinkeln (35 – 38 Grad) und enormen Schütthöhen (Abb. 5). Wegen seines kegelförmigen Habitus (Abb. 4) hebt sich dieser Haldentyp vom umgebenden Relief ab und wirkt landschaftsfremd. Er entsteht durch das radiäre Abkippen des über einen Schrägaufzug in Kippförderwagen transportierten Bergematerials vom jeweils höchsten Punkt aus. Verschiedentlich erfolgte die Beschickung auch über eine Bergetransportseilbahn. Seit den 70er Jahren kamen zudem Transportbänder zur Anwendung. Beim Bergematerial handelt es sich um Waschberge.

Spitzkegelhalden sind in unveränderter Gestalt nicht mehr anzutreffen. Zahlreiche Objekte zeigen jedoch noch einzelne charakteristische Merkmale dieser Bergeschüttungsmethode oder lassen das ursprüngliche Aussehen erahnen. Als

Abb. 4: Spitzkegelhalde der ehemaligen Grube Viktoria/Püttlingen.

Beispiele sind die teilweise bereits rekultivierten Haupthalden der ehemaligen Grubenbetriebe *Viktoria* (Püttlingen), *Dechen* (Neunkirchen-Heinitz), *Heinitz, Maybach, König* (Neunkirchen), *Kohlwald* (Wiebelskirchen) sowie die zwei alten Haupthalden des Bergwerks Reden bei der Siedlung *Madenfelderhof* zu nennen.

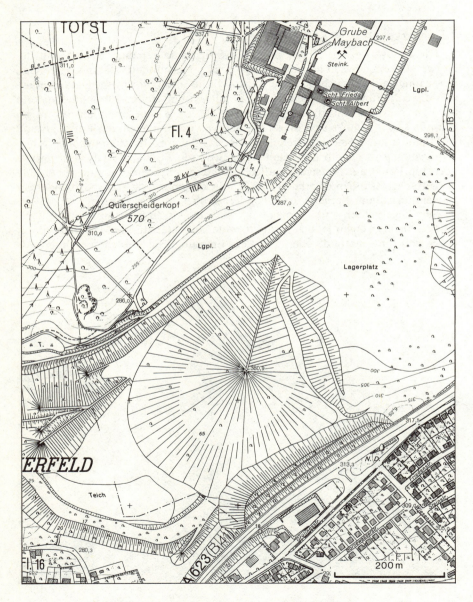

Abb. 5: Spitzkegelhalde der ehemaligen Grube Maybach.

2.6. Flotationsbergeabsinkweiher

Diese mit der Einführung der Naßaufbereitung im Saarbergbau um 1900 aufgekommene Form der Aufhaldung von Berge unterscheidet sich in vielfacher Weise von den bereits dargestellten und erläuterten Schüttungsformen. Die Füllungen der Absinkweiher bestehen ausschließlich aus *„Flotationsberge"* (auch „Kohlen- oder Klärschlamm" genannt). Sie ist mit einer Partikelgröße von unter 0,75 mm das feinkörnigste Material, das die Aufbereitungsanlagen verläßt. Da

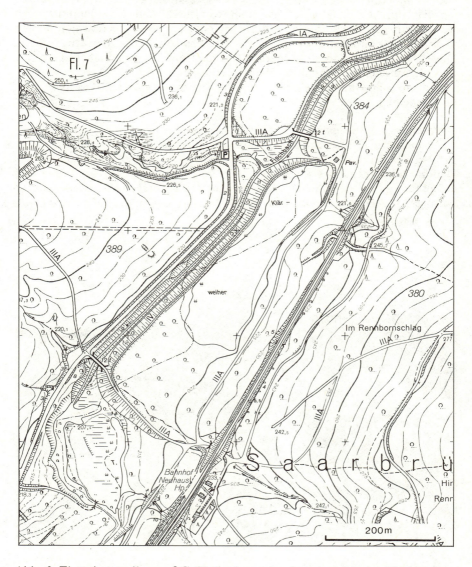

Abb. 6: Flotationsweiher auf Geländeniveau im Auenbereich des Fischbachs.

beim Waschvorgang der Rohförderung neben Bergen auch feinkörnige Kohlenbestandteile gelöst werden, befinden sich in den in die Flotationsweiher ausgebrachten Emulsionen teilweise noch hohe Konzentrationen von Restkohlen (anfänglich bis zu 10%).

Die Flotationsbergeabsinkweiher sind, um ein Auslaufen der Berge zu verhindern, zumeist allseitig von einem aus Gruben- und Waschbergen aufgebauten Damm umgeben (Abb. 6), in dessen Inneren ein Rohrleitungssystem mit zum Weiher hin schließbaren Einspülstutzen verlegt ist. Bei einigen Weihern wurde auf das durchgehende Leitungssystem verzichtet, und die Flotationsberge werden durch eine zentrale Auslaßöffnung entsorgt. Die ausgebrachten Bergen setzen sich anschließend am Grund des Beckens ab und trocknen langsam aus. Dieser Vorgang wird so oft wiederholt, bis die Dammkrone annähernd erreicht und die Aufnahmekapazität des Weihers somit erschöpft ist.

Entsprechend ihrer Lage im Relief lassen sich zwei Typen von Absinkweihern unterscheiden:

— *Flotationsbergeabsinkweiher auf Geländeniveau*
In diesem Fall liegt der Absinkweiher der ursprünglichen Oberfläche direkt auf. Vor der Beschickung des Weihers überragt also lediglich die Schüttung des Damms das vorgegebene Relief. Beispiele dieses Typs von Bergeschüttung sind die außer Betrieb befindlichen Absinkweiher *Kohlbachtal* des Bergwerks Göttelborn, der *Weiher 3* der ehemaligen Grube Jägersfreude in der Talaue des Fisch-

Abb. 7: Flotationsbergeabsinkweiher auf Bergeschüttung der Grube Luisenthal.

bachs, der Weiher der ehemaligen Grube *Viktoria* in Püttlingen sowie der Flotationsweiher der ehemaligen Grube *Kohlwald* bei Wiebelskirchen.

— *Flotationsweiher auf Bergeschüttung*
Hierbei wird der Absinkweiher auf einer bereits geschütteten Bergehalde angelegt (Abb. 7). Hat diese ihren geplanten Endzustand erreicht, wird sie präpariert und derart zusammengeschoben, daß auf ihrer Oberfläche ein Flotationsweiher Platz findet. Die Sohle des neuangelegten Absinkweihers befindet sich also deutlich über dem natürlichen Relief.

Bergeschüttungen dieses kombinierten und somit flächensparenden Verfahrens sind die *Richard*-Bergeschüttung des Bergwerks Luisenthal, der in Betrieb befindliche Absinkweiher auf der Halde des Bergwerks *Göttelborn* sowie die bereits gefüllten Weiher des Bergwerks *Camphausen* im Fischbachtal.

2.7. „Landschaftsbauwerke"

Seit den 50er Jahren dieses Jahrhunderts ist im deutschen Bergbau eine ständig fortschreitende Konzentration der Förderstandorte sowie eine kontinuierliche Steigerung der Effektivität der untertägigen Arbeiten zu verzeichnen. Diese Grundtendenzen haben auch bezüglich der Entsorgung der anfallenden Bergemengen die Erarbeitung neuer Richtlinien und die Entwicklung neuer Konzeptionen notwendig gemacht. Zwei Problemkreise spielten dabei eine zentrale Rolle. Die Strategie der Konzentration der Förderung in Verbundbergwerken führt in der Regel auch zu einer Ballung der Entsorgung des anfallenden Abraums an wenigen Standorten. Somit ist unvermeidlich mit beträchtlichen punktuellen Eingriffen in Natur und Landschaft zu rechnen. Die zunehmende Mechanisierung und Technisierung im Untertagebereich hat außerdem zu einer extremen Steigerung des Bergeanteils an der Rohförderung geführt. Dies hat, auch unter dem Druck des gewandelten Umweltbewußtseins, dazu geführt, daß neue Bergeschüttungsformen entwickelt werden mußten. Sie sollen vielfältigen ökonomischen, aber auch landespflegerischen Kriterien standhalten und zukünftigen Nutzungsansprüchen gerecht werden.

So wurden basierend auf und beginnend mit der 1951 angelaufenen *„Begrünungsaktion Ruhrkohlenbezirk"* in Nordrhein-Westfalen Grundsätze erarbeitet, wie das Haldenproblem übergreifend zu behandeln sei. Die vorgelegten landschaftsplanerischen Musterentwürfe für die Gestaltung der Bergeschüttungen versuchen, das Maß der Beeinträchtigung von Natur und Landschaft in erster Linie durch die Wahl eines geeigneten Standortes und durch die Ausformung, Gestaltung und Einbindung des Haldenkörpers in das umgebende Relief zu mindern. Bezüglich der Formgebung wurden folgende Grundsätze unterbreitet (vgl. *Siedlungsverband Ruhrkohlenbezirk* 1974, *Kommunalverband Ruhrgebiet* 1982):

— in der Durchführung der Empfehlung, daß Halden natürliche, wenn möglich in der umgebenden Landschaft vorhandene Formen aufnehmen sollen, lassen sich großflächige Halden besser der Umgebung anpassen als kleine Schüttflächen,
— eine Grundforderung für die Ausbildung des Bergekörpers ist das Auflösen streng geometrisch aufgebauter Raumfiguren,

- der Haldenkörper soll wechselnde Böschungsneigungen aufweisen,
- die Böschungen von Halden mit Neigungen steiler 1 : 4 sollen durch Wege und horizontale bzw. flachgeneigte Terrassen (Bermen) in geeignete Höhenabschnitte unterteilt werden,
- die Oberflächenneigungen sind abhängig von der Größe der entstehenden Schüttfläche und der geplanten Endnutzung,
- die Schütthöhe muß in Relation zur Grundfläche und zur Umgebung stehen.

Die in der Konzeption des Landschaftsbauwerks festgeschriebenen Grundsätze und Gestaltungsvorschläge haben auch die modernen Bergeschüttungsprojekte des Saarbergbaues mitbestimmt. Wichtig ist jedoch der Hinweis, daß die Unterschiede der natürlichen Oberflächenverhältnisse im Ruhrgebiet und im Saarkohlenwald eine Modifizierung der genannten Kriterien bedingen. Die Ausformungen der drei in Betrieb befindlichen Haupthalden der Bergwerke *Reden* (Abb. 8), *Göttelborn* und *Camphausen* verdeutlichen dieses.

Ähnlich dem Ruhrbergbau ist auch im saarländischen Steinkohlenbergbau eine Tendenz zur Schaffung großvolumiger Bergekörper feststellbar. Diese werden entweder über bestehenden Vollformen angelegt oder aber bedecken großflächig vorhandene Hohlformen wie Mulden, Senken oder Talabschnitte. Bezüglich der geplanten Schütthöhe wird versucht, diese dem natürlichen Relief anzupassen. Dieser Grundsatz wurde bislang weitgehend eingehalten. Auch die variable, ungeometrische Ausformung der Haldengrundrisse sowie die Integration unterschiedlicher Hangneigungswinkel belegen das Vorhaben, den Bergeschüttungen den landschaftsfremden Charakter weitestgehend zu nehmen.

Abb. 8: Als Landschaftsbauwerk ausgeformte Haupthalde der Grube Reden.

Dieses läßt sich sehr eindringlich an den Bergekörpern Reden und Göttelborn nachvollziehen, deren Formgebung in Grund und Aufriß später erfolgende Rekultivierungsmaßnahmen erleichtern werden.

Demgegenüber hat die Tatsache, daß das Gebiet zwischen Saarbrücken und Neunkirchen keine größeren zusammenhängenden ebenen Geländeteile aufweist, zur Anlage der Bergekörper über meist geringer Grundfläche geführt. Um möglichst große Bergemengen entsorgen zu können, werden die Böschungen und Hangpartien zumeist recht steil und die sie unterbrechenden Bermen in der Regel schmaler als im Ruhrgebiet ausgestaltet. Die momentan im Betrieb befindlichen Bergeschüttungen und die in der Zukunft vorgesehenen Bergeschüttungsvorhaben sind ausnahmslos als „Landschaftsbauwerk" projektiert. Dieses gilt sowohl für die *neue Bergehalde des Bergwerks Göttelborn auf dem Areal der ehemaligen Grube Maybach*, die seit Anfang 1988 gebaut wird, als auch für die *Erweiterung der Haupthalde Reden* über dem noch in Schüttung befindlichen Flotationsweiher Reden. Hingewiesen sei noch auf die Tatsache, daß aufgrund der gewachsenen Entfernung zwischen dem Ort der Förderung und Aufbereitung sowie der späteren Aufhaldung der Bergetransport zum größten Teil durch LKWs erfolgt.

3. Versuch einer quantitativen Analyse der bergbaulich bedingten Reliefveränderungen im Saarkohlenwald

Eine *Bilanzierung* der auf bergbauliche Aktivitäten zurückführbaren Reliefveränderungen ist äußerst schwierig. Zum einen, das gilt im besonderen für die Landschaftszustände des 18. und 19. Jahrhunderts, fehlt detailliertes und aussagekräftiges Kartenmaterial, zum anderen sind aber auch Daten, die z. B. eine volumenmäßige Quantifizierung bestimmter Veränderungsprozesse zuließen, nur bedingt verfügbar.

Nach Angaben der *Saarbergwerke AG* (1984) lassen sich im Bereich des Saarkohlenwaldes 58 Bergeschüttungsstandorte lokalisieren. Diese Zahl darf jedoch nicht mit der Gesamtzahl der Bergeschüttungen gleichgesetzt werden. Zum einen sind sämtliche Kleinhalden des frühen Tagebaus, die heute allesamt unter Wald liegen, und eine große Zahl schon lange nicht mehr genutzter Bergekörper nicht erfaßt. Zum anderen muß darauf verwiesen werden, daß häufig Halden und Flotationsweiher verschiedener Ausprägung zeitversetzt am gleichen Standort angelegt wurden, d.h. unterschiedliche anthropogen bedingte Reliefgenerationen geschaffen wurden. Oftmals sind Bergeschüttungen auch nachträglich überstürzt bzw. verändert worden, so z.B. im Rahmen von Rekultivierungsmaßnahmen. Neuerdings werden sogar ganze Haldenkörper oder bestimmte Haldenabschnitte abgetragen, etwa zum Zweck der Restkohlen- oder „Rote Erde"-Gewinnung.

Die Grundflächen der 58 Bergeschüttungen, von denen sich 1984 elf noch in Betrieb befanden, geben die Saarbergwerke AG mit ca. 375 ha an. Davon wurden ca. 145 ha noch bergbaulich genutzt. Die Gesamtflächenbilanz des Saarkohlenwaldes weist ungefähr 58% bewaldete Flächen, 10% landwirtschaftliche Nutzflächen (einschließlich Brachen), 29% besiedelte bzw. überbaute Flächen (Verkehrswege, etc.), 1% Wasserflächen und ca. 2% Flächen aus, die von Bergeschüttungen eingenommen werden. Dieser relativ geringe Anteil muß jedoch differenziert gewertet werden. Zum einen überformen bestimmte Bergeschüttungstypen, z.B. die Hangböschungshalden, nur ganz geringe Grundflächen von ca. 1 ha, während neuartige Bergeschüttungen, wie beispielsweise die Landschaftsbauwerke Reden und Göttelborn, ca. 35 ha überlagern. Zum anderen weist das räumliche Verteilungsmuster der Bergekörper innerhalb des Saarkohlenwaldes Bereiche mit z.T. sehr großer *Bergeschüttungsdichte* aus. Besonders die unmittelbare Umgebung von Neunkirchen, Landsweiler-Reden, Heiligenwald, Friedrichsthal und Heinitz zeigen in dieser Hinsicht ein stark bergbaulich geprägtes Landschaftsbild.

Die punktuelle Beeinträchtigung von Natur und Landschaft wird besonders im Vergleich historischer und aktueller Landschaftsprofile augenfällig. Die Darstellung der Reliefverhältnisse im Bereich des Landschaftsbauwerks Göttelborn, das die alte Tageoberfläche bis zu 120 m überragt und mit 429 m (Stand: 1987) dem natürlichen Kulminationspunkt des Saarkohlenwaldes („Göttelborner Höhe", 444 m) nunmehr sehr nahe kommt, verdeutlichen dies (Abb. 9, 10).

Abb. 9: Bergeschüttung der Grube Göttelborn.

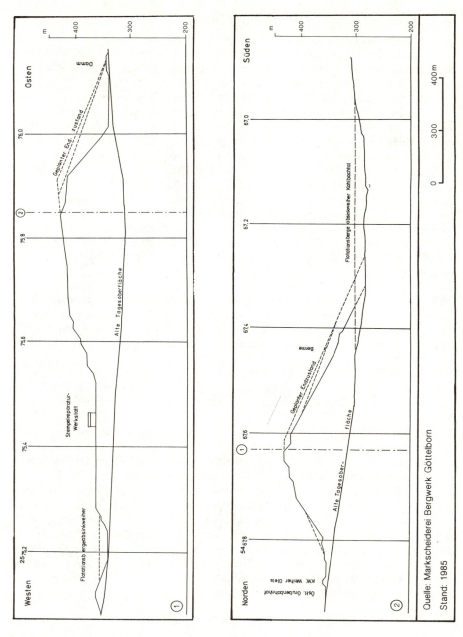

Abb. 10: Bergbaulich bedingte Reliefveränderung im Bereich der Grube Göttelborn.

4. Zusammenfassung und Ausblick

Die Thematik der anthropogen bedingten Reliefveränderung hat bis heute in vielen Teilbereichen nur wenig Beachtung gefunden. Anhand der Problematik der Bergeentsorgung ist versucht worden, die außergewöhnliche *Raumwirksamkeit* menschlicher, in diesem Fall industrieller, Aktivitäten darzustellen. Dabei ist deutlich geworden, daß die Raumwirksamkeit der Bergeentsorgung in den verschiedenen *bergbaulichen Entwicklungsphasen* sehr unterschiedlich einzuschätzen ist. Jedoch allein die Tatsache, daß die vier im Bereich des Saarkohlenwaldes gelegenen Bergwerke der Saarbergwerke AG 1985 9,63 Mio. t Berge zu entsorgen hatten (dies entspricht einem Volumen von 6,17 Mio. m^3), verdeutlicht Größenordnung und Aktualität dieser Problematik.

Die heutige Kulturlandschaft des Saarkohlenwaldes hat durch die geschilderten historischen und aktuellen Formungsprozesse Veränderungen erfahren, die in ihrer Komplexität noch nicht ansatzweise geklärt sind. Wenn auch der vorliegende Beitrag bestimmte Aspekte, wie z.B. den entstandenen Formenschatz, ansatzweise vermittelt hat, so müssen im Themenfeld „Bergeentsorgung" und „Landschaftswandel" noch zahlreiche Problembereiche detailliert erfaßt und analysiert werden.

Sie verdienen deswegen besondere Aufmerksamkeit, weil Antworten auf die Fragen, wie mit den bereits geschütteten und zukünftig zu erwartenden Bergemengen zu verfahren ist, dringend benötigt werden. Diese Antworten können nur in interdisziplinärer Zusammenarbeit erbracht werden. Ohne auf Einzelheiten eingehen zu wollen, deutet sich an, daß ein besonderer Schwerpunkt dabei auf der Erarbeitung *alternativer Entsorgungskonzepte* sowie der *Verbesserung* bereits entwickelter und angewendeter Verfahren zu liegen hat. Die Versatztechnik z.B., die das Verfüllen der beim Abbau von Lagerstätten entstandenen Hohlräume ermöglicht (*Bergbaulexikon* 1988, S. 369), bietet hier besondere Perspektiven.

Die zukunftsorientierte Sichtweise des Bergeproblems sollte jedoch auch eine historische und erhaltende Komponente nicht ausschließen. Allein schon die ständig wachsende Monotonie und die drohenden Nivellierungstendenzen in unseren Kulturlandschaften rechtfertigen diesen Anspruch. Der von LIEDTKE (1963, S. 93) für Teile des Saarkohlenwaldes gewählte Begriff der „Bergbaulandschaft" ist heute, knapp 25 Jahre nach Erscheinen seiner Arbeit, auf das saarländische Kohlenrevier nur noch bedingt anwendbar. Doch auch Halden sind Zeugen der industriellen Vergangenheit und der Industriekultur, und damit Informationsträger über die Industrie-, Wirtschafts- und Sozialgeschichte dieses Raumes (vgl. WAGENBRETH 1973, SLOTTA 1988b). Die Frage der Erhaltung bestimmter charakteristischer Einzelobjekte mit besonderer geschichtlicher, technischer oder landeskultureller Aussagekraft hat somit ebenfalls ihre Berechtigung.

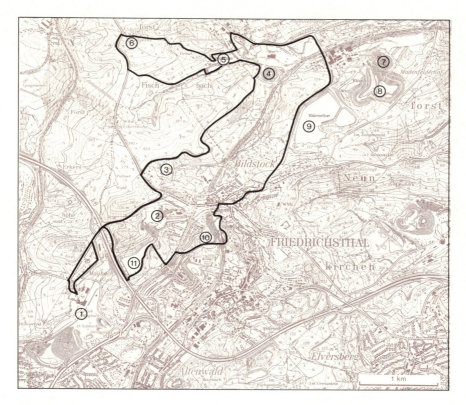

Abb. 11: Exkursionsroute.

Exkursionshinweise

Die angesprochenen Typen von Bergeschüttungen lassen sich auf einer Exkursion im Raum Bildstock aufzeigen. Ein entsprechender Routenvorschlag geht aus Abb. 11 hervor. Die Nummern repräsentativer Halte- oder Aussichtspunkte entsprechen den Nummern auf der Karte):

1. Areal der ehemaligen Grube Maybach: Spitzkegelhalde und Schüttung des „Landschaftsbauwerkes Göttelborn".
2. Reste der Fischgrätenhalde der ehemaligen Grube Helene zu Friedrichtal-Bildstock.
3. Hangböschungshalde des Schachts Erkershöhe.
4. Rekultivierte Spitzkegelhalde der ehemaligen Grube Itzenplitz (Reden-Flamm).
5. Itzenplitzer Weiher: Ehemaliger Flotationsweiher der Grube Itzenplitz, diente anschließend der Wasserhaltung der Grube Reden, heute Naherholungsgebiet.
6. Pingenfelder und andere Reliktformen des Bergbaus.
7. Die zwei historischen Haupthalden der Grube Reden, beide als Spitzkegel ausgestaltet. Heute vollständig begrünt.
8. Aktuelle Bergeschüttung der Grube Reden, als „Landschaftsbauwerk" konzipiert.
9. In Betrieb befindlicher Flotationbergeabsinkweiher der Grube Reden.
10. Tafelberghalde der ehemaligen Grube Helene zu Friedrichsthal Bildstock.
11. Saufangweiher: Ehemaliger Flotationsbergeabsinkweiher der Grube Maybach, heute Naherholungsgebiet.

Literatur

BARTLING, H./STRAUSS, H.: Umweltrelevante und vegetationskundliche Überlegungen zu Bergehalden im Saarland. – Natur und Landschaft 62 (1987) 12, S. 512-516.
Bergbauhandbuch, Essen 1983.
Bergbaulexikon, Essen 1988.
FEHN, K.: Preußische Siedlungspolitik im saarländischen Bergbaurevier (1816-1919), Saarbrücken 1981 (Veröffentlichungen des Instituts für Landeskunde im Saarland, Bd. 31).
Fachrichtung Geographie, Universität des Saarlandes: Bergbaureliktе im Raum Heiligenwald, Saarbrücken 1983 (Bericht über ein Geländepraktikum, als Manuskript vervielfältigt).
KÖHLER, W.: Wie auf Bergehalden und Absinkweihern neue Lebensräume entstehen. – Saarbrücker Bergmannskalender, 113 (1986), S. 147-158.
KOLLING, A.: Früher Bergbau im Saarland – auf Eisen und Kupfererz, aber auch schon auf Kohle. – Saarbrücker Bergmannskalender, 95 (1968), S. 73-77.
Kommunalverband Ruhrgebiet: Bergeentsorgung und Umweltschutz, Essen 1982.
LEININGER, D./SCHIEDER, T.: Die Verwertung von Wasch- und von Grubenbergen. – Glückauf, 111 (1975) 19, S. 904-908.
LIEDTKE, H.: Luftbild: Bergbaulandschaft zwischen Saarbrücken und Neunkirchen. – Die Erde, 94 (1963), S. 93-97.
RATHJENS, C.: Die Formung der Erdoberfläche unter dem Einfluß des Menschen, Stuttgart 1979.
RAWERT, H./KREBS, G.: Bergehalden als Raumnutzungsproblem. – Glückauf, 118 (1982) 13, S. 710-713.
RUTH, K.H.: Von der planlosen Kohlengräberei zum Steinkohlenbergbau an der Saar. – Saarbrücker Bergmannskalender, 100 (1973), S. 64-75.
Saarbergwerke AG: Haldenatlas, Saarbrücken 1984.
SCHNEIDER, H.: Die naturräumlichen Einheiten auf Blatt 159 Saarbrücken, Bonn/Bad Godesberg 1972.
SCHNEIDER, R.: Die Standorteigenschaften und die Begrünung der Bergehalden und Absinkweiher des Steinkohlenbergbaus im Saarland, Saarbrücken 1984 (Diplomarbeit, Fachrichtung Geographie, Universität des Saarlandes).
SCHUSTER, G.: 200 Jahre Bergbau an der Saar (1754-1954), Bielefeld 1955 (Manuskript).
Siedlungsverband Ruhrkohlenbezirk: Grüne Halden im Ruhrgebiet – Tagungsbericht der internationalen Fachtagung „Halden im Ruhrgebiet und ihre Integrierung in die Landschaft", Essen 1974.
SLOTTA, D.: Die Auswirkungen des Steinkohlenbergbaus auf das Relief des Saarkohlenwaldes, Saarbrücken 1987 (Diplomarbeit, Fachrichtung Geographie, Universität des Saarlandes).
-: Bergeschüttungen zwischen Saarbrücken und Neunkirchen. – Saarbrücker Bergmannskalender, 115 (1988), S. 129-140 (= 1988a).
-: Zum landeskulturellen Wert und zur Erhaltung von Bergeschüttungen – Ergebnisse einer Analyse in der industriellen Kernregion des Saarlandes. – Der Anschnitt, 40 (1988) 1-2, S. 20-29 (= 1988b).
SLOTTA, R.: Förderturm und Bergmannshaus, Saarbrücken 1979.
SOYEZ, D.: Zur Problematik der Ressourcensicherung auf ehemaligen Bergbauflächen im Saarland. – In: *Deutscher Verband für Angewandte Geographie* (Hrsg.): Bergbau und Umwelt, Bochum 1986, S. 63-68 (Material zur Angewandten Geographie, Bd. 12).
WAGENBRETH, O.: Zur landeskulturellen Erhaltung von Bergbauhalden. – Geographische Berichte, 68 (1973), S. 196-205.

SOYEZ, D./BRÜCHER, W./FLIEDNER, D./LÖFFLER, E./QUASTEN, H./WAGNER, J. M. (Hrsg.):
Das Saarland. Bd. 1: Beharrung und Wandel in einem peripheren Grenzraum, Saarbrücken
1989 (Arbeiten aus dem Geographischen Institut der Universität des Saarlandes, Bd. 36).

Dorferneuerung in Wochern

Heinz Quasten

1. Das Konzept der „erhaltenden Dorferneuerung"

Im ländlichen Raum vollzieht sich seit mehreren Jahrzehnten ein eingreifender wirtschaftlicher und sozialer *Strukturwandel*. Zusammen mit sich ändernden Bedürfnisssen und Ansprüchen der Dorfbevölkerung hat er zu *Veränderungen* und z.T. zu einem *völligen Verlust von Merkmalen* geführt, die ehemals unseren Dörfern eigen waren:

— das charakteristische, unverwechselbare Dorfbild erfährt tiefgreifende Veränderungen, da vielfach Gestaltungsvorbilder aus dem städtischen Bereich übertragen werden,
— das Dorf verliert zusehends seine Bedeutung als wirtschaftliche Existenzgrundlage für seine Bewohner,
— die soziale Einbindung der Bewohner in die Dorfgemeinschaft schwächt sich ab,
— die Identifikation der Bewohner mit ihrem eigenen dörflichen Lebensraum wird geringer, wobei der Verlust der Unverwechselbarkeit und Individualität des Dorfbildes und damit die Unterscheidbarkeit des eigenen Dorfes von anderen u.a. ein auslösender Faktor ist,
— die Uniformierung des Dorfbildes bewirkt auch, daß die emotionalen Bedürfnisse „Orientierung" und „ästhetisches Empfinden" nicht mehr in einem wünschenswerten Maße befriedigt werden können.

Ziel der Dorferneuerung ist es, den Veränderungsprozeß — da wo es möglich und sinnvoll ist — in eine Richtung umzulenken, die die Dörfer vor weitreichenden *Fehlentwicklungen* bewahrt und ihnen das an eigenen Merkmalen wiedergibt, was bereits fahrlässig aufgegeben wurde. Dabei kann das angestrebte Ziel der Dorferneuerung vernünftigerweise nicht in der ganzheitlichen Erhaltung des augenblicklichen oder der Wiederherstellung eines früheren Zustandes liegen. Dorferneuerung muß vielmehr darauf abzielen, die Lebensbedingungen durch Steuerung des Veränderungsprozesses zu verbessern, einerseits in Anpassung an die geänderten Bedürfnisse der Bewohner und andererseits an die historisch gewachsenen Strukturen der Dörfer.

Dorferneuerung muß als eine Entwicklungsaufgabe angesehen werden, zu deren Leitziel die *„erhaltende Dorferneuerung"* geworden ist. Dies beinhaltet die Intention, der jeweiligen historisch gewachsenen Dorfstruktur und deren Merkmalen im Rahmen von Erneuerungsmaßnahmen besondere Beachtung zu schenken. Die Motive dazu sind:

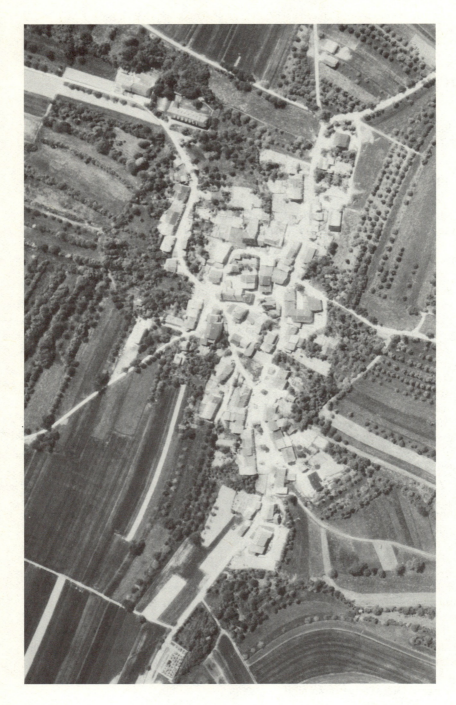

Abb 1: Wochern im Luftbild 1977 (Luftbild-Nr. 2203, freigegeben unter Nr. 4/77) (Norden an der linken Bildkante).

— die Erhaltung eines ästhetischen Dorfbildes,
— die Vermeidung der Nivellierung der Dorfgestalt und damit die Erhaltung der landschaftstypischen Vielfalt der Dörfer,
— die Erhaltung von Identifikations- und Orientierungsmöglichkeiten für die Bewohner,
— die Befriedigung vielfältiger sozialer Bedürfnisse der heutigen und folgender Generationen,
— die Erhaltung des Dorfes als Ausdruck der Selbstverwirklichung vieler Generationen und als gewachsenes Kulturgut.

Man kann dies in die eine Bezeichnung zusammenfassen: *Erhaltung der Identität der Dörfer.*

Erhalten bedeutet keine grundsätzliche Absage an alle Änderungen, denn ein sozialer, wirtschaftlicher und physiognomischer Wandel der Dorfstruktur kann und soll nicht verhindert werden. Aber die Entwicklung sollte so erfolgen, daß die gewachsenen Strukturen nicht zerstört werden.

Es ist sicher nicht vermessen, wenn die *Siedlungsgeographie*, die sich wissenschaftlich mit der Genese ländlicher Siedlungen und der Analyse ihrer baulichen, sozioökonomischen und anderer Strukturen befaßt, in der Dorferneuerung ein angewandtes Betätigungsfeld für sich sieht. Damit soll nicht behauptet werden, sie könne dies allein; in Kooperation mit anderen Disziplinen kann sie aber sicher einen wichtigen Beitrag leisten. Es ist daher bedauerlich, daß von Seiten der Kulturgeographie diese Aufgabe in nur geringem Umfange thematisiert wird. G. Henkel (Essen) ist einer der wenigen Hochschullehrer in der deutschen Geographie, die sich verdienstvollerweise dieser Problematik angenommen haben.

In dem Dörfchen Wochern, das im Nordwestzipfel des Saarlandes in der Gemeinde Perl liegt und 150 Einwohner (1989) aufweist, wurde seit 1982 eine Dorferneuerung nach dem Leitziel der „erhaltenden Dorferneuerung" unter geographischer Federführung geplant und realisiert. Das Dorf weist viele Züge auf, die für die Siedlungen des peripheren ländlichen Raumes typisch sind, aber auch manche Individualität, die es nur in Wochern gibt. Beide Aspekte sind bei der Planung berücksichtigt worden. Heute scheint es so, als ob Wochern auf einen guten Weg gekommen ist. Die Entwicklung seit dem Beginn der Dorferneuerung wird im folgenden geschildert.

2. Die Ausgangssituation

2.1. Zur Geschichte

Wochern liegt in einer Geländemulde, die östlich begrenzt wird durch eine Bruchstufe des Muschelkalks. Zwei Bäche haben die Mulde in die weichen Gesteinen des Keupers hineingesenkt. Sie entwässern in die kaum 3 km entfernte Mosel, deren Hauptterrassenschotter zusammen mit quartären Lehmen den unterhalb der Stufe liegenden Teil der Gemarkung bestimmen.

Dieser Raum ist *uraltes Siedlungsland*. Römische Siedlungsreste an mehreren Stellen in der Gemarkung sowie römische Wege- und Straßentrassen in Ortsnähe weisen darauf hin, daß die Gemarkung und die Ortslage bereits in den ersten

Jahrhunderten n.Chr. dauernd besiedelt waren. Der vorgermanische Name beweist jedoch *keine Siedlungskontinuität*. Der Name des Baches wurde auf die Siedlung übertragen, von der anzunehmen ist, daß sie in der Zeit des mittelalterlichen Ausbaus entstand.

1084 wird „Wochera" zum ersten Mal urkundlich genannt. Damals gehört es zumindest teilweise zur Grundherrschaft des Benediktinerklosters Rettel bei Sierck an der Mosel. Anfang des 15. Jh. fällt dieser Besitz durch Verkauf an das Herzogtum Lothringen. Spätestens im 12. Jh. gibt es aber bereits einen zweiten Grundherrn in Wochern, die Benediktinerabtei St. Maximin vor Trier.

Im 30jährigen Krieg wird das Dorf von seinen Bewohnern verlassen, und es wird vermutlich weitgehend zerstört. In der Nachkriegszeit wiederbesiedelt, erlebte es seither eine wechselvolle Territorialgeschichte: In der zweiten Hälfte des 17. Jh. ist es Teil eines lothringisch-luxemburgischen Kondominiums. Der lothringische Teil fällt 1766 nach dem Tode des letzten Regenten Lothringens mit dem übrigen Herzogtum an Frankreich, wird aber wenig später im Zuge von Grenzverhandlungen an das Herzogtum Luxemburg abgetreten. Seit 1769 gehört das Dorf damit zu den österreichischen Niederlanden. 1795 von französischen Truppen besetzt und 1801 an Frankreich abgetreten, fällt Wochern 1816 nach dem Zweiten Pariser Frieden an Preußen. Nach dem Ersten Weltkrieg verbleibt es außerhalb des Saargebietes und gehört zum Kreis Saarburg im Regierungsbezirk Trier. 1948 wird es in das unter französischer Verwaltung stehende Saarland eingegliedert und mit diesem 1957 in die Bundesrepublik.

Die *Baugeschichte Wocherns* im Mittelalter und in der Frühneuzeit ist nicht im einzelnen nachvollziehbar. Die Kapelle, die mit dem umgebenden alten Friedhof und der Ringmauer im Zentrum des Dorfes liegt, wird 1569 erwähnt. Vermutlich gab es schon im 16. Jh. fünf Höfe, die nach dem 30jährigen Krieg wieder auflebten und als Besteuerungseinheiten noch bis zum Ende des 18. Jh. ihre Bedeutung

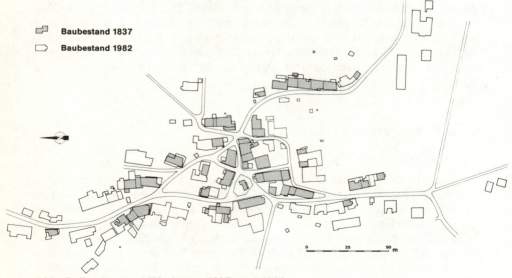

Abb. 2: Baubestand Wocherns 1837 und 1982.

behielten. Im Laufe des 18. Jh. sind durch Erbteilungen weitere Hofstellen hinzugekommen. 1786 werden 176 Einwohner gezählt, fast ebenso viele wie 1982.

Die preußische Katasteraufnahme von 1837 (siehe Abb. 2) zeigt, daß das Dorf in seiner baulichen Struktur damals bereits so angelegt ist, wie es sich heute darbietet. Im Kernbereich hat sich die Bebauung bisher nur noch wenig verdichtet. Hinzugekommen, vor allem noch im 19. Jahrhundert, sind Gebäude insbesondere an der das Dorf nord-südlich durchziehenden Nikolausstraße und an den Ortseingängen.

Zur selben Zeit hat das Dorf auch bereits seine maximale Bevölkerungszahl aufzuweisen. Bis zur Jahrhundertwende bleibt sie bei rund 270 nahezu konstant. Das bedeutet, daß in der Periode der starken Bevölkerungszunahme in dem sich entwickelnden saarländischen Industrierevier 50 km weiter im Süden aus Wochern eine permanente Abwanderung stattgefunden haben muß. Seit der Jahrhundertwende bis 1939 nahm die Bevölkerung auf 210, bis 1968 auf 200 ab. 1982 hatte Wochern 163 Einwohner.

2.2. Die sozioökonomische Umstrukturierung

Wochern war bis nach dem Zweiten Weltkrieg ein Bauerndorf. 1948 gab es im Dorf 36 landwirtschaftliche Betriebe, von denen nur einer nebenberuflich bewirtschaftet wurde. Rund zwei Drittel der Bewohner lebten von der Landwirtschaft, die übrigen zum großen Teil von typisch dörflichen Einrichtungen. Es gab fünf Handwerksbetriebe, ein Kolonialwarengeschäft, eine Gaststätte, ein Fuhrunternehmen und die Volksschule.

1982 stellte sich die Situation völlig anders dar. Von den landwirtschaftlichen Betrieben waren noch acht *Vollerwerbsbetriebe* übriggeblieben. Nur noch rund 15% der Bevölkerung lebte von der Landwirtschaft. Die Nebenerwerbslandwirtschaft spielte noch eine Rolle, diente aber vorwiegend der Eigenversorgung. Sämtliche genannten nichtlandwirtschaftlichen Arbeitsstätten waren aufgegeben worden. Mehr zufällig hatte sich ein Industriefotograf im Dorf niedergelassen, so daß es eine einzige nichtlandwirtschaftliche Arbeitsstätte gab. Wochern war funktional ein *Auspendlerdorf* geworden, dessen berufstätige Bevölkerung überwiegend auswärts ihr Einkommen verdiente.

Vom innerörtlichen Arbeitsplatzangebot her war es allerdings nach wie vor ein Bauerndorf. Aber nicht nur unter diesem Aspekt konnte man 1982 — wenigstens relativ — Wochern als ein solches bezeichnen. Kaum irgendwo im Saarland gab es noch ein Dorf, in dem auf nur rund 20 Einwohner ein landwirtschaftlicher Vollerwerbsbetrieb entfiel. Und kaum irgendwo im Saarland prägte die Landwirtschaft auch physiognomisch noch so stark ein Dorf, wie dies in Wochern der Fall war.

Die Umorientierung auf nichtlandwirtschaftliche Arbeitsplätze außerhalb des Dorfes war aber nicht die einzige gravierende Strukturveränderung im Dorf innerhalb der dreieinhalb Jahrzehnte nach dem Ende des Krieges.

Die *Versorgung* der Dorfbevölkerung wurde entscheidend geschwächt. Dabei ist nicht z.B. an die Schmiede, die beiden Stellmachereien und den Fuhrbetrieb für den Milchtransport gedacht, die aufgegeben worden waren, weil ihre Dienste nicht mehr benötigt wurden. Es gilt vielmehr für Einrichtungen, deren ökonomische Auslastung infolge der geringen Bevölkerungszahl nicht mehr gewährleistet war: Im Zuge der *Kommunalreform* verlor Wochern seine gemeindliche

Selbständigkeit und sogar das Recht, einen eigenen Ortsrat zu bilden. Die Volksschule wurde aufgelöst und die Kinder in die Grund- und Hauptschule nach Perl geschickt. Der Kolonialwarenladen erlag der Konkurrenz von Supermärkten anderenorts. Die nebenerwerblich betriebene Poststelle wurde eingestellt. Und — besonders gravierend — die Gaststätte wurde geschlossen. So makaber es klingt: der Friedhof blieb als einzige öffentlich betriebene Einrichtung in Wochern erhalten.

Wie nicht anders zu erwarten, war infolge der geringen Bevölkerungszahl auch das System des öffentlichen Personennahverkehrs nur mangelhaft ausgebildet. Kulturveranstaltungen — sieht man von der Kirmes ab — konnten schon mangels eines Raumangebotes nicht stattfinden.

Es kam ein kommunalpolitisch ganz unverständliches Phänomen hinzu: in Wochern wurde kein wenn auch noch so bescheidenes Neubaugebiet ausgewiesen. Das hatte zur Folge, daß wegen nicht verfügbarer Baulücken im Dorf neubauwillige, junge Leute Bauplätze in Nachbarorten, vor allem in Perl und Besch, erwarben und wegzogen.

Die Konsequenzen für das Dorf aus dieser Entwicklung muß man als katastrophal bezeichnen. Dies gilt vor allem für den Zeitraum ab etwa 1970. Die Bevölkerung nahm von 205 in 1970 (Volkszählung) auf 163 in 1982 (eigene Erhebung) ab. Das ist eine Abnahme um rund 40 Personen entspr. 20% innerhalb eines Zeitraumes von kaum mehr als einem Jahrzehnt. Die prozentuale Abnahme ist fast ebenso groß, wie sie in dem Zeitraum 1875 bis 1970 (271 — 205, entspr. 24%), also fast einem Jahrhundert, betragen hat. Dabei hat allerdings nicht nur die *Abwanderung* aus dem Dorf sondern auch die *Änderung des generativen Verhaltens* eine Rolle gespielt. Entscheidend war aber, daß gerade solche Menschen abwanderten, die im Alter zwischen 20 und 40 Jahren den Nachwuchs im Dorf hätten sicherstellen können. Ganz deutlich kommt dies in der Altersstruktur der Dorfbevölkerung zum Ausdruck. 1961 gab es noch 54 Kinder im Alter bis zu 15 Jahren (29,0% der Bevölkerung), 1980 nur noch 21 (12,8% der Bevölkerung). Der Anteil der Über-65jährigen hatte sich im selben Zeitraum von 11,3% auf 18,4% deutlich erhöht.

1982 war abzuschätzen, daß Wochern bei Fortsetzung dieses Trends im Jahre 2000 weniger als 100 Einwohner haben würde. Eine detailliertere Abschätzung unter Berücksichtigung der individuellen Haushaltssituationen kam zu noch drastischeren Ergebnissen. Es ließ sich voraussehen, daß die Jugendlichen, die sich 1982 in einer qualifizierten Berufsausbildung befanden, zum Teil abwandern würden, weil sie wahrscheinlich keinen angemessenen Arbeitsplatz in der näheren Umgebung finden würden. Unter der weiteren Annahme einer durchschnittlichen Lebenserwartung der Wocherner Bevölkerung ließ sich abschätzen, daß nach 20 Jahren in Wochern fast jedes zweite Wohngebäude leerstünde, wenn keine Zuwanderung erfolgen würde. Dies verdeutlichte die Situation des Dorfes in erschreckender Weise.

2.3. Die Haltung der Dorfbevölkerung

Um die Haltung der Bevölkerung zu ihrem Dorf und ihre Bedürfnisse und Erwartungen zu erfahren, wurden 1982 im Rahmen der Dorferneuerungsplanung zwei *Befragungen* durchgeführt. Die erste wandte sich an die Vorstände aller 46 Haushalte; es gab nur eine Verweigerung. Die zweite war eine Repräsentativbefragung, in der aus einer systematisch geordneten Einwohnerliste im Zufallsverfahren jede vierte Person ab einem Alter von 16 Jahren in die Stichprobe gezogen wurde; es wurden 32 Personen befragt, Verweigerungen gab es nicht. Von den Ergebnissen der Befragungen seien folgende kurz genannt:

Das Fehlen von Arbeitsplätzen im Dorf selbst wurde nicht als Defizit empfunden. Pendeln zu auswärtigen Arbeitsplätzen in der näheren Umgebung wurde als selbstverständlich akzeptiert.

Die objektiv sehr schlechte Versorgung durch den öffentlichen Personennahverkehr gab wenig Anlaß zur Kritik, wohl wegen der sehr hohen Ausstattung der Haushalte mit Pkws. Selbst von den Personen, die auf den Bus angewiesen waren

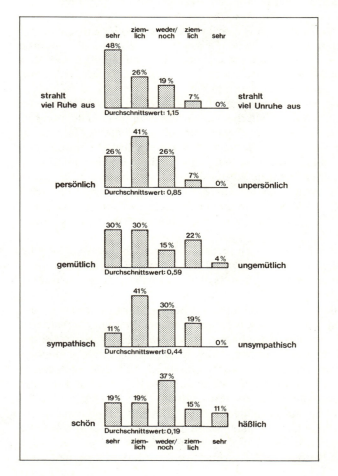

Abb. 3:
Die Beurteilung des Dorfes durch die Bewohner 1982.

(22% der Befragten), hielten mehr als die Hälfte die bestehenden Verbindungen für ausreichend.

Auch das Fehlen von Kindergarten und Schule sowie eines kulturellen Angebotes in Wochern konnte nicht als besonderer Unzufriedenheitsfaktor festgestellt werden.

Mit den Einkaufsmöglichkeiten waren mehr als die Hälfte der Befragten zufrieden, ein erheblicher Teil allerdings auch unzufrieden. Im Dorf gibt es keinen Einkaufsladen mehr. Wochern wird aber in kurzen Abständen von ambulanten Händlern (Bäcker, Metzger, Lebensmittelhändler) angefahren. 60% der Befragten kauften bei ihnen ein; nur sehr wenige Personen deckten allerdings ihren gesamten Lebensmittelbedarf bei ihnen. Die relativ hohe Zufriedenheit mit den Einkaufsmöglichkeiten dürfte wohl auch darauf zurückzuführen sein, daß infolge der hohen privaten Motorisierung viele Handels- und Dienstleistungseinrichtungen, die es in Wochern nie gab, heute gegenüber früher viel bequemer erreichbar sind.

Es ist bemerkenswert, daß der Faktor „*Aussehen des Dorfes*" derjenige ist, der insgesamt am stärksten zur *persönlichen Unzufriedenheit* der Befragten beitrug. Fast von jedem zweiten Befragten wurde er als einer von zwei Unzufriedenheitsgründen genannt. Wenn das „Aussehen des Dorfes" stärker als etwa die Faktoren „fehlende Arbeitsplätze", „Verkehrsversorgung" oder „Einkaufsmöglichkeiten" als negativ gewertet wurde, kommt darin auch zum Ausdruck, daß dieser Faktor für die Bevölkerung eine sehr große Bedeutung hat.

Bei der Beurteilung des Dorfes durch die Bewohner nach der Technik des *semantischen Differentials* (Abb. 3) fällt die Antwortenverteilung bei dem Gegensatzpaar „schön — häßlich" besonders auf und macht die ambivalente Haltung der Bevölkerung zum Aussehen des Dorfes deutlich. Über ein Drittel der Befragten wollte sich nicht zwischen „schön" und „häßlich" entscheiden; etwa gleichviele tendierten zu „schön", aber über ein Viertel zu „häßlich". In diesem Ergebnis kommt offenbar zum Ausdruck, daß der Zustand der Verwahrlosung zahlreicher Objekte im Dorf (siehe z.B. Abb. 11) von einem Teil der Bevölkerung als häßlich empfunden wurde, während ein anderer Teil die dahinterstehende Substanz als schön empfand.

Auf die Frage „Wodurch könnte sich Ihrer Meinung nach das Aussehen des Dorfes nachteilig verändern?" gab ein Drittel der Befragten, die sich zu dieser Frage äußerten, lapidar an, das Aussehen des Dorfes könne sich gar nicht mehr weiter verschlechtern.

Es ist zu vermuten, daß die insgesamt negative Beurteilung des Aussehens des Dorfes nicht nur aus den persönlichen Eindrücken der Befragten resultierte. Dazu dürfte auch das *schlechte Image* beigetragen haben, das Wochern bei der Bevölkerung der umliegenden Orte hatte. Das Dorf galt als zurückgeblieben, schmutzig und unattraktiv. Nicht selten wurden die Wocherner deswegen gehänselt, etwa in dem Stil: „Warum fliegen die Vögel auf dem Rücken, wenn sie über Wochern fliegen? — Damit sie das Drecknest nicht ansehen müssen."

Unter den Faktoren, die zur besonderen *Zufriedenheit* der Bevölkerung mit ihrem Lebensraum beitrugen, ist an erster Stelle der Komplex „*Natur und Landschaft*" zu nennen, der von fast 90% der Befragten als von „ziemlich großer Bedeutung" oder „sehr großer Bedeutung" bezeichnet wurde. Für die Dorferneuerung im engeren Sinne relevant war die Feststellung, daß ein hoher Anteil der Befragten als sehr positives Landschaftselement die *Obstbäume* bezeichneten, die den Dorfsaum Wocherns in besonderer Weise prägen. Auf den Faktor „Natur und Landschaft" in der Beurteilung der Wocherner Bevölkerung soll hier nicht detaillierter eingegangen werden.

Die zweithöchste Zahl der Nennungen für persönliche Zufriedenheit mit der dörflichen Situation entfiel auf den Faktor „Kontakte und Beziehungen zu anderen Dorfbewohnern", gleichviel wie auf den Faktor „eigenes Haus oder eigene Wohnung", allerdings deutlich weniger als auf den Faktor „Natur und Landschaft". Danach befragt, was denn ihrer Meinung nach für die Wocherner Bevölkerung insgesamt wohl vor allem zur Zufriedenheit mit ihrem Dorf beitrage, nannten nur 16% der Befragten die sozialen Beziehungen. Man muß dies wohl so interpretieren, daß zwar für ziemlich viele Menschen die Kontakte zu anderen wichtig und befriedigend sind, man allerdings überwiegend meint, daß es damit insgesamt im Dorf nicht sonderlich gut bestellt sei. Tatsächlich war in vielen Gesprächen zu erfahren, daß es zahlreiche, z.T. langandauernde Rivalitäten, Auseinandersetzungen oder gegenseitiges Meiden im Dorf gäbe. Ob dieses allerdings in Wochern ausgeprägter vorhanden war als in anderen Dörfern derselben Größenordnung, ist kaum zu beurteilen.

Im Kontext dieser Thematik, bei der es auch um Kontaktmöglichkeiten ging, wurde deutlich, welch wichtige Rolle ein *Dorfgasthaus* spielt. Auf die Frage nach gewünschten Einrichtungen im Dorf rangierte der Wunsch nach einem Gasthaus weitaus an der Spitze. Darin kommt einmal mehr die große Bedeutung eines Gasthauses für ein Dorf zum Ausdruck, die als Stätte der Pflege informeller sozialer Beziehungen unersetzlich ist.

Danach befragt, was denn in Wochern besonders dringend verbessert werden müßte, ergab sich folgende Reihenfolge der Wünsche:

— Verbesserung des schlechten Straßenzustandes,
— Renovierung alter Bausubstanz,
— Behebung des schmutzigen Aussehens des Dorfes,
— Gestaltung öffentlicher Flächen.

Mit maximal je 6% der Nennungen rangierten spezielle Probleme des Verkehrs, der Flurbereinigung, der Versorgung und persönlicher Belange am Ende der Skala. Ein Befragter wollte Wochern am liebsten völlig modernisieren.

2.4. Das Planungskonzept

Der Rat der Gemeinde Perl beauftragte 1981 den Verfasser dieses Beitrages damit, einen Dorferneuerungsplan für Wochern zu erstellen. Bis dahin war für keinen der 14 Orte der Gemeinde eine solche Planung in Auftrag gegeben worden, wenn man von den „vorbereitenden Untersuchungen" nach Städtebauförderungsgesetz für den Gemeindehauptort Perl absieht. Es muß angenommen werden, daß die Entscheidung des Gemeinderates, gerade für Wochern einen Dorferneuerungsplan anfertigen zu lasssen, aus der Annahme resultierte, es handele sich um ein besonderes Problemdorf innerhalb der Gemeinde.

Erste Schritte für die Planung waren *Bestandsanalysen*, deren Ergebnisse in den vorausgehenden Abschnitten teilweise behandelt worden sind.

Aus den Analysen wurden folgende *Planungskonzepte* entwickelt:
1. Das wichtigste Ziel der Dorfentwicklung Wocherns muß darin gesehen werden, eine weitere *Bevölkerungsabnahme* verbunden mit einer Überalterung der Restbevölkerung zu *verhindern*. Bevölkerungsabnahme und Überalterung würden nämlich wahrscheinlich zu einem positiven Rückkoppelungsprozeß führen: Bevölkerungsabnahme bewirkt Gebäudeaufgabe, ruinöse Gebäude bewirken Attraktivitätsverlust, Attraktivitätsverlust bewirkt weitere Bevölkerungsabwanderung usw.
2. Die Schaffung neuer Arbeitsplätze im Dorf, eine wesentliche Verbesserung der Struktur des öffentlichen Personennahverkehrs sowie die Schaffung neuer Versorgungseinrichtungen für die Bevölkerung können Teilziele sein, denen allerdings nur sehr begrenzt Realisierungschancen eingeräumt werden. Eine *Stabilisierung* der verbliebenen Arbeitsplätze in der *Landwirtschaft* sowie eine Stabilisierung der Nebenerwerbslandwirtschaften sind anzustreben.
3. Eine Chance, eigentlich die einzig erkennbare, wird dem Dorf allerdings eingeräumt: *attraktiver Wohnplatz* zu werden, um dadurch einen künftigen Wegzug in dem bis dahin festgestellten Umfang einzudämmen und einen Zuzug zu bewirken, z.B. dadurch, daß auswärtige Ehepartner ins Dorf gezogen werden, anstatt zu ihnen oder mit ihnen nach auswärts zu ziehen.
4. Die *Zunahme der Wohnattraktivität* kann durch folgende Maßnahmen erreicht werden:
   — Behebung der von der Dorfbevölkerung als solche empfundenen Mißstände im Dorf,
   — Herausstellung der eigenen Identität des Dorfes und Stärkung der Identifizierung der Bevölkerung mit ihrem Dorf,
   — Erhaltung, wenn nicht sogar Verbesserung, des Komplexes „Natur und Landschaft",
   — Stabilisierung, möglichst Verbesserung, des sozialen Eingebundenseins des Einzelnen in die Dorfgemeinschaft.
5. Wochern ist ein Dorf mit einer ungewöhnlichen Fülle an erhaltenem *Kulturgut* und eines der in seiner überlieferten Baustruktur am wenigsten modern überformten Dörfer unseres Raumes. Seine künftige Entwicklung ist daher — über die Belange der eigenen Bevölkerung hinaus — daran zu orientieren, daß dieses Dorf als Zeugnis der geschichtlichen Entwicklung im Interesse der Bevölkerung des größeren Raumes und kommender Generationen in seiner Unverwechselbarkeit erhalten bleibt.

Nach Einschätzung der Haltung der Dorfbevölkerung und nach den Intentionen des beauftragten Planers konnten die ersten beiden Punkte unter 4, erst recht Punkt 5, am besten realisiert werden durch eine Dorferneuerung nach dem Konzept der „erhaltenden Dorferneuerung".

3. Die Planrealisierung

3.1. Drei Einstiegsprojekte und andere öffentliche Maßnahmen

Baumaßnahmen im Rahmen einer Dorferneuerung entfallen sowohl auf den öffentlichen als auch auf den privaten Bereich. Sämtliche dieser Maßnahmen sollten so gesteuert werden, daß sie dem Ziel der Dorferneuerung entsprechen.

Der Planer ging von der *ersten These* aus, daß wünschenswerte private Maßnahmen um so leichter ausgelöst und um so zielorientierter durchgeführt werden würden, je qualitätsvoller im Sinne der Zielsetzung öffentliche Maßnahmen als *Vorleistungen* für die Dorferneuerung erbracht würden. Da die gewünschten privaten Maßnahmen unter der Zielsetzung der weitgehenden Erhaltung der überlieferten Baustruktur vor allem die Instandsetzung und Restaurierung alter Bausubstanz betreffen, ging der Planer von der *zweiten These* aus, daß einer ersten beispielhaften Restaurierung im Dorf Modellcharakter zukommen und diese dadurch anregend und zugleich stilbildend wirken müsse.

Damit stand zugleich die zunächst *abstrakte Strategie der Dorferneuerung* fest: qualitätsvolle öffentliche Vorleistung und Restaurierung eines alten Gebäudes zur Auslösung privater Maßnahmen.

Zu Beginn der Arbeiten zur Dorferneuerung war die Instandsetzung der Nikolausstraße, der das ganze Dorf durchziehenden Hauptverkehrsachse, für die zuständige Straßenbaubehörde beschlossene Sache. Alte Pläne einer Dorfumgehung waren nicht mehr in der Diskussion.

Für den Planer war klar, daß die *Gestaltung des Straßenausbaus* zunächst und unmittelbar Maßstäbe setzen würde für den Umgang der Anwohner mit ihren eigenen, angrenzenden Hausvorflächen. Ihm war auch klar, daß die Qualität der öffentlichen Maßnahme „Straßenausbau Nikolausstraße" den Maßstab für den gesamten Prozeß „Dorferneuerung Wochern" setzen würde. Dies galt besonders deswegen, weil es die erste größere öffentliche Maßnahme seit der kommunalen Neugliederung zehn Jahre zuvor sein sollte und zugleich eine öffentliche Maßnahme, die nicht nur in der Wunschliste der Wochener Bevölkerung ganz oben stand, sondern von ihr auch seit langem angemahnt worden war.

Eine zweite öffentliche Maßnahme war insofern bereits eingeleitet worden, als die Gemeinde Perl ein Grundstück im Dorfkern erworben hatte, um darauf einen kleinen *Dorfplatz* anzulegen. Dieser Maßnahme mußte daher eine entsprechende Bedeutung zugemessen werden. Da das Grundstück unmittelbar an die auszubauende Straße angrenzte, war es naheliegend, beide Maßnahmen planerisch, womöglich auch bautechnisch und finanziell, zu koppeln.

Als Objekt für die *Restaurierung* eines alten Hauses bot sich ein Gebäude an, das sich ideal als Modell eignete: ein fast einhundertfünfzig Jahre altes, nicht mehr bewohntes Bauernhaus, das nahezu in Originalsubstanz erhalten war und das genau dem vorgesehenen Dorfplatz im Ortskern gegenüberlag und damit nicht nur in hohem Maße ortsbildprägend war, sondern auch gestalterisch in die Neuanlage von Straße und Platz einbezogen werden konnte. Das Haus war allerdings mit einem starken Handicap belastet: es war von den Eigentümern so gut wie verkauft und sollte abgerissen werden.

Die *konkrete Strategie der Dorferneuerung* in Wochern mußte also zunächst darin bestehen, die beiden öffentlichen Maßnahmen Straßenausbau und Dorfplatz in ihrer Gestaltung möglichst optimal im Sinne der „erhaltenden Dorferneuerung" zu beeinflussen sowie das in Frage stehende Bauernhaus vor dem Abriß zu retten und seine stilgerechte Restaurierung zu fördern.

3.1.1. Der Ausbau der Nikolausstraße

Die ins Auge fallende, für saarländische Verhältnisse ungewöhnliche bäuerlich-dörfliche Struktur Wocherns veranlaßte die Straßenbaubehörde, für die „Ortsdurchfahrt Wochern" nicht einen standardisierten Ausbau der Straße vorzusehen sondern einen speziellen, der Dorfstruktur besonders angepaßten. Da die unbeschädigte Erhaltung des Kapellenhügels mit seiner Ringmauer, die ein wichtiges Kulturdenkmal darstellt, die Baupläne tangierte, wurde der Straßenausbau Wocherns im *Landesdenkmalrat* behandelt. Ihm berichtete der Leiter der Straßenbaubehörde, „die jetzige Planung sehe eine Fahrbahnbreite von 4,50 m mit beiderseits zwei Randstreifen vor, die nur durch Rinnen, nicht durch hohe Bordsteine von dem Fahrdamm abgesetzt sein sollten", er wünsche aber noch eine Abstimmung mit dem Dorfplaner (Niederschrift der Sitzung des Landesdenkmalrates vom 25.11.1980, S. 7). Dies war das *erste Konzept eines dorfgerechten Straßenausbaus im Saarland*.

Es entwickelte sich eine sehr gute Kooperation zwischen den Straßenbauern und dem Planer, die vor allem in zahlreichen Ortsterminen zu folgenden Detaillösungen führte:

— Die Straße wurde an keiner Stelle begradigt, sondern auf der vorhandenen Trasse ausgebaut. Damit entfiel ein *Eingriff in die Gebäudesubstanz*. Im Zuge des Straßenausbaus wurde lediglich ein straßenseitiger Anbau am Gebäude Nikolausstr. 9 abgerissen, der in unpassender Weise an die Fassade des Hauses angeklebt war.

— Auf die Einhaltung des *Regelquerschnitts* — 4,50 m Fahrbahnbreite — wurde an solchen Stellen verzichtet, wo die vorhandene Bausubstanz es gebot, die Fahrbahn zu verengen. Sie wurde abschnittsweise bis auf eine Breite von 3,75 m zurückgenommen.

— Aus demselben Grunde wurde an entsprechenden Stellen auf den Ausbau von beiderseitigen *Gehwegen* verzichtet und nur einseitig ein Gehweg angelegt.

— In einigen Bereichen wurden *straßenbegrenzende Mauern* von Gärten, Wiesen und sonstigen nichtüberbauten Flächen zurückversetzt, um eine ausreichende Breite der Straße zu gewährleisten. Sämtliche Mauern wurden in *Natursteinmauerwerk* aus Kalkstein neuerrichtet.

— Eine langandauernde Diskussion entwickelte sich um die Zurückversetzung der *Kirchhofsmauer am Kapellenhügel* (Abb. 4). Der Landeskonservator und der Landesdenkmalrat forderten zunächst, sie in ihrem Verlauf unberührt zu lassen, weil es sich bei dem Wocherner Kapellenhügel um einen der letzten im Saarland erhaltenen Kirchhofshügel mit begrenzender Mauer handelt. Dabei war nicht die Substanz der Mauer entscheidend — sie war nach schweren Beschädigungen im Krieg unsachgemäß instandgesetzt und verputzt worden — sondern der überlieferte Parzellenzuschnitt des Kirchhofes. Der schließlich gefundene, auch von der Dorfbevölkerung getragene Kompromiß führte zu einer Zurückversetzung der Kirchhofsmauer entlang der Nikolausstraße um etwa einen Meter. Damit wurde die Anlage eines einseitigen Gehweges an

Abb. 4: Kapellenhügel von Süden 1981.

Abb. 5: Kapellenhügel von Süden 1986.

dieser Stelle möglich. Als Ausgleichsmaßnahme wurde die gesamte Mauer um den alten Friedhof vom Putz befreit und restauriert. Der alte Mauerverlauf ist in der Fahrbahndecke durch ein Pflasterband markiert und so nachvollziehbar. Es kann als sicher gelten, daß man heute den Rückversatz nicht mehr durchführen, sondern vielmehr eine Verengung der Fahrbahn an dieser Stelle als willkommene Geschwindigkeitsbremse im Verlaufe der „zu schnell gewordenen" Straße betrachten würde.

— Als Material für die *Fahrbahndecke* wurde Asphaltbeton vereinbart, der in einer Oberflächennachbehandlung durch eine Schicht mit hellem, gebrochenem Kies abgedeckt werden sollte. Diese grobe, helle Oberfläche sollte ein an die straßenbegrenzenden Gebäude und Mauern besser angepaßtes Erscheinungsbild abgeben als ein dunkles Asphaltband.

Bisher ist diese Oberflächennachbehandlung nicht erfolgt, weil die Schicht mit gebrochenem Kies zu Hufverletzungen bei Rindern führen kann. Sie ist bis zum Abschluß des Flurbereinigungsverfahrens zurückgestellt worden. Dann wird es keinen Viehtrieb mehr über die Nikolausstraße geben, weil sich die Weiden der landwirtschaftlichen Betriebe hinter den Bauernhöfen befinden werden.

— Das Angebot der Straßenbaubehörde, die beiderseitigen *Vollrinnen* in Naturpflasterung auszuführen, wurde von ihr an die Bedingung geknüpft, daß dann auch die Gemeinde die in ihrer Baulast liegenden, begleitenden Gehwege in Naturpflaster ausbauen müsse. Dies war von der Gemeinde finanziell nicht realisierbar. Die Gemeinde erklärte sich aber bereit, im engeren Dorfkern von oberhalb des Kapellenhügels bis unterhalb des vorgesehenen Dorfplatzes die Gehwege in Naturpflaster auszubauen. Dort sind heute die Begleitflächen der Fahrbahn naturgepflastert. Im Verlaufe des zeitlich von Norden nach Süden durchgeführten Ausbaus der Straße entschloß sich die Straßenbaubehörde, ihr Prinzip aufzugeben. Daher sind die Vollrinnen über den Kapellenhügel hinaus bis zum südlichen Dorfeingang naturgepflastert, die Gehwege dort jedoch in Betonpflaster ausgeführt. Im Vergleich zum Dorfkern fällt die Ausbauart im nördlichen Straßenabschnitt mit Betonfertigteilen in den Rinnen und Betonpflaster in den Gehwegen qualitativ stark ab (siehe Abb. 6).

Was die „kulturelle Qualität" des Naturpflasters besonders ausmacht, ist das verwendete Material. Nach vielen Bemühungen gelang es, *Muschelkalkpflaster* aus einem Steinbruch im benachbarten Nennig zu beziehen, ein Material, das nicht nur visuell zu den Natursteinmauern paßt, sondern auch das traditionelle Pflastermaterial darstellt, das an einigen Stellen im Dorf noch in Hausvorflächen erhalten ist. Es ist vor allem dem für den Straßenausbau verantwortlichen Ingenieur, Herrn Rosport, zu verdanken, daß nach langen Verhandlungen in Wochern doch in Muschelkalk gepflastert wurde.

Als Verlegeart des Naturpflasters für die Gehwege war streifiges Pflaster in ortstypischer Weise vorgesehen. Dies konnte allerdings nur in manchen Bereichen realisiert werden, weil für Flächen, die von modernen landwirtschaftlichen Schleppern befahren werden, diese Verlegeart statisch nicht ausreicht und stattdessen Segmentbögen verlegt werden mußten.

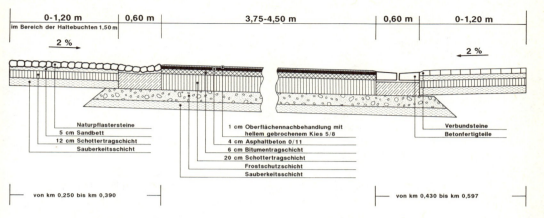

Abb. 6: Querschnitte der neuen Ortsdurchfahrt Wochern.

Das Konzept, die Hauptstraße des Dorfes in ihrer Trassierung zu erhalten, die Randbebauung zu schonen und, soweit sachlich und finanziell vertretbar, traditionelles Natursteinmaterial zu verwenden, konnte weitgehend realisiert werden. Die Bauarbeiten, die auch die Erneuerung von Kanälen einschlossen, begannen im Juni 1982 und zogen sich bis zum Oktober 1983 hin. Allein die Arbeiten an der Kirchhofsmauer zwischen Mai und September 1983 dauerten fast ein halbes Jahr.

Abb. 7: Nikolausstraße von unterhalb der Kapelle nach Norden 1986.

3.1.2. Der Dorfplatz

Zeitlich fast parallel zum Ausbau der Nikolausstraße wurde das zweite öffentliche Projekt, die Anlegung eines Dorfplatzes, verwirklicht. Im Gegensatz zum ersten, dessen Baulast — bis auf die Gehwege — ausschließlich beim Land lag, war das zweite ein Beitrag der Gemeinde für das Dorf, wobei allerdings über Zuschüsse im Rahmen der Flurbereinigung wieder erhebliche Landes- und Bundesmittel in das Projekt einflossen. Außerdem tangierte ein Teil der Maßnahme den Straßenbau, so daß für diesen Teil eine Mischfinanzierung zwischen Gemeinde und Flurbereinigungsbehörde einerseits und der Straßenbaubehörde andererseits möglich wurde.

Sehr zentral im Dorf gelegen gab es ein Grundstück in der Größe von rund 500 m², das nie überbaut war. Der Grund muß in der schwierigen Topographie gesucht werden. Die beiden Schenkel des dreieckigen Grundstückes werden von der Nikolaus- und der Bernhardstraße gebildet. Entlang der dritten, südlichen Seite steigt das Gelände auf einer Horizontaldistanz von 32 m um 4,50 m an. Es handelt sich also um ein schiefgestelltes Dreieck, das für die Anlage eines landwirtschaftlichen Anwesens auch von der geringen Größe her nicht geeignet war. 1982 bot sich dieses Grundstück als Brachfläche dar (Abb. 9).

Die Gemeinde Perl erwarb es mit dem Ziel, auf ihm einen kleinen Dorfplatz anzulegen. Bis dahin gab es in Wochern keinen derartigen Platz. Er hätte auch solange kaum eine Funktion gehabt, wie die Straßen im Dorf u.a. auch die Flächen darstellten, die der Kommunikation dienten. Das ist heute wegen des motorisierten Verkehrs nur noch eingeschränkt möglich. Tatsächlich dient der Platz nach seiner Fertigstellung, wenn auch nicht überwältigend stark genutzt, dem Treffen von Dorfbewohnern und dem Spielen der Kinder. Die Wocherner Kirmes findet hier und auf der angrenzenden Nikolausstraße statt. Immer wieder sieht man auch Gruppen von Besuchern, die auf dem Platz z.B. picknicken. Er wird also der vorgesehenen Funktion gerecht.

Der Dorfplaner entwickelte mit seinen Mitarbeitern ein Gestaltungskonzept mit folgenden Merkmalen:

— Infolge der Topographie verbietet es sich, eine einzige Platzfläche anzulegen. Wenn diese nämlich erträglich eben sein soll, um darauf ein Kirmeszelt oder Tische und Bänke aufzustellen, muß die Fläche im südlichen Bereich gegen die Bernhard- und/oder Nikolausstraße zu durch hohe Mauern abgegrenzt werden. Die Planung sieht stattdessen zwei in der Höhe um 1,20 m *versetzte Platzflächen* vor, denen auch unterschiedliche Funktionen zugedacht sind: Die untere Fläche, rund 230 m² groß, soll die Einrichtungen der Kirmes und sonstiger Veranstaltungen aufnehmen können; die sehr kleine obere, mit 60 m² nur ein Viertel so groß, soll eher der täglichen Unterhaltung dienen.

— Der Höhenunterschied im Südteil des Geländes wird durch zwei *Mauern*, gegen die Nikolausstraße und zwischen den Flächenniveaus, überwunden, denen sich jeweils hangaufwärts ein leicht geböschter Pflanzstreifen anschließt, der ebenfalls einen kleinen Teil des Gefälles auffängt.

— Abgesehen von einem randlichen Pflanzstreifen wird die Südbegrenzung des Platzes durch einen *Pfad* zwischen Nikolaus- und Bernhardstraße gebildet, der allerdings in den Platzflächen nicht als gesonderte Trasse ausgebildet ist,

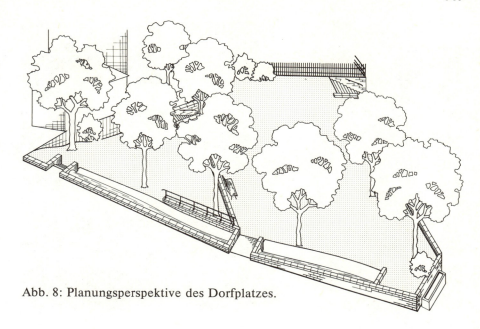

Abb. 8: Planungsperspektive des Dorfplatzes.

sondern lediglich in je einer Treppe sichtbar wird, die in die Mauern und die obere Böschung eingelassen sind. Dieser Pfad erschließt den Platz oben und unten an der Südseite, dient aber auch der kurzen Gehverbindung vom Oberdorf zur Bushaltestelle an der Nikolausstraße und bringt zudem Passanten auf den Platz, die dort nicht verweilen wollen.
— Zwischen der Bernhardstraße und der oberen Platzfläche ist die *Trasse für den Dorfbach* und eine Brücke im Zuge des erwähnten Pfades vorgesehen (siehe Abb. 8). Auf diesen Teil des Projektes wird unter Punkt 5 noch eingegangen.
— Als *Baumaterial* werden lediglich zwei sichtbare Materialien verwendet: Muschelkalkbruchstein für Mauern und Treppen sowie Muschelkalksplitt für die Platzflächen. Damit wird ortsübliches Material aufgenommen. In den Mauern wird der Bruchstein in der ortsüblichen Form des unregelmäßigen Schichtenmauerwerkes vermauert.
— Auf der südlichen Grenze wird der Platz durch einen ortsüblichen *Lattenzaun* gegen das benachbarte Gartengrundstück abgegrenzt.
— Auf den Platzflächen werden einige *Bäume* gepflanzt, jeweils randlich, damit die Nutzung nicht eingeschränkt wird. Es wird die Linde ausgewählt, die im größeren Raum um Wochern der typische Baum des Dorfes auf öffentlichen Flächen ist.
— Auf dem südlichen Randstreifen und den Böschungen werden ausschließlich *Sträucher und Stauden* verwendet, die einheimisch und/oder aus dem regionaltypischen Bauerngarten entnommen sind. Als einzige immergrüne Pflanzen sind Efeu und Buchs vorgesehen; Koniferen fehlen.

Abb. 9: Fläche des späteren Dorfplatzes 1981.

Abb. 10: Dorfplatz 1986.

— Am Einmündungsbereich der Bernhard- in die Nikolausstraße, wo seit Menschengedenken ein *Brunnentrog* steht, soll dieser erhalten bleiben oder durch einen entsprechenden Sandsteintrog ersetzt werden.
— Die an der südwestlichen Ecke des Grundstücks befindliche *Telefonzelle* läßt sich nicht befriedigend in den geplanten Platz integrieren. Sie soll daher auf die gegenüberliegende Seite der Nikolausstraße in eine auszusparende Mauernische hinein versetzt werden.

Das Konzept der Gestaltung des Dorfplatzes besteht also darin, ihn in seiner Dimension, in seinen Materialien und in deren Verwendung auf den *individuellen Charakter des Dorfes* zu beziehen. Der Splittbelag betont z.B. das bescheiden *dörfliche Gesicht* des Platzes. Auf jedes vorstellbare „dekorative" Element wird verzichtet. Er soll bewußt *nichtstädtisch* erscheinen.

Die Bauausführungsplanung und die Bauaufsicht wurden dem Kreisbauamt in Merzig übertragen. Auf die Anlegung der Bachtrasse wurde leider verzichtet. Im übrigen ist der Platz bis auf geringe Details entsprechend der beschriebenen Planung realisiert worden. Die störenden und nach Ansicht des Planers wegen der zwischenliegenden Böschungen überflüssigen Metallgeländer wurden zur Vermeidung eines Haftungsausschlusses durch den Gemeindeversicherungsverband angebracht. Die Bepflanzung wurde nach einer Detailplanung von Heidemarie Quasten vorgenommen.

Der Dorfplatz wurde 1984 fertiggestellt, dem Jahr, in dem Wochern die 900. Wiederkehr seiner ersten urkundlichen Erwähnung feierte.

3.1.3. Redens Haus

Dem dritten Einstiegsprojekt maß der Dorfplaner eine ganz besondere Bedeutung zu, speziell als anregendes Beispiel für die Dorfbewohner bezüglich des Umgangs mit ihren Häusern: der Restaurierung des Hauses Nikolausstraße 13 direkt gegenüber dem jetzigen Dorfplatz, das seit Generationen nach seinem Erbauer Redens Haus genannt wird.

Das sehr exponiert gelagerte, durch eine relativ tiefe Hausvorfläche von der Nikolausstraße abgesetzte Bauernhaus gehört zum Typ des *Lothringerhauses*. Es weist zwar keine „Dreiraumtiefe" auf, wie das klassische Lothringerhaus mit seiner unbelichteten Küche zwischen straßenseitiger und rückseitiger Kammer; dies ist wegen des späten Bauzeitpunktes 1842 auch nicht zu erwarten. Aber die typischen, von außen sichtbaren Merkmale des Lothringerhauses sind sämtlich ausgebildet: der Charakter des Einhauses mit Wohn- und Wirtschaftsteil unter einem Dach mit durchgehendem First, die zweigeschossige Steinbauweise mit einem Drempelgeschoß und den darin befindlichen Luftluken über dem Wohnteil sowie die flache Dachneigung, ehemals kombiniert mit einer Eindeckung in Hohlziegeln (Mönch-Nonne-Deckung).

Dieses Haus befand sich zum Zeitpunkt des Planungsbeginns in einem jämmerlichen Zustand (Abb. 11). Es war seit Jahren unbewohnt, die hintere Dachfläche war teilweise eingebrochen, der Torbogen und das darüber befindliche, bereits stark ausgebeulte Mauerwerk drohten einzustürzen, alle übrigen Bauteile befanden sich in sehr schlechtem Zustand, das Untergeschoß war stark durchnäßt. Das Haus war so gut wie auf Abbruch verkauft. Von den Eigentümern, einer viel-

Abb. 11: Redens Haus 1981.

Abb. 12: Redens Haus 1985.

köpfigen Erbengemeinschaft, hatten lediglich zwei Beteiligte ihre Unterschrift unter den Kaufvertrag verweigert. Es war beabsichtigt, an der Stelle des Hauses ein modernes Wohnhaus mit Wirtschaftsteil eines bäuerlichen Betriebes zu errichten.

Jeder, der heute das Ensemble des Dorfplatzes mit der umgebenden Bebauung auf sich wirken läßt, wird sich der Ansicht anschließen müssen, daß die Aufgabe dieses Hauses an dieser Stelle und sein Ersatz durch einen Neubau einen außerordentlichen Verlust für das Dorfbild bedeutet hätten, vom Verlust des Hauses als Einzeldenkmal ganz abgesehen (Abb. 12).

Aus der Sicht der Dorfplanung war das Bauernhaus *unverzichtbar*. Es wurden daher sofort Lösungswege zur Erhaltung gesucht. Mit Unterstützung durch die Oberste Flurbereinigungsbehörde gelang es, das Haus in *öffentliches Eigentum* zu bringen und schließlich einen privaten Interessenten zu finden, der sich kaufvertraglich verpflichtete, das Gebäude stilgerecht zu restaurieren. Kein Wocherner war zur Übernahme bereit; das Haus wurde von Famlie Horst Güth aus Saarbrücken erworben, die es als Wochenend- und Ferienhaus nutzen wollte. Es wurde in kurzer Zeit mit erheblichem finanziellen Aufwand instandgesetzt. Die Restaurierung muß, bis auf die Dacheindeckung mit nostalgischen Ziegeln und den Bruch des Firstes, als vorbildlich bezeichnet werden. Dies schließt auch die Gestaltung der Hausvorfläche und den Umgang mit der Gliederung und den Baudetails im Inneren des Hauses ein. Das Haus wurde daher bei den ersten Durchgängen des Wettbewerbs „Saarländische Bauernhäuser — Zeugnisse unserer Heimat" 1984 und des internationalen Saar-Lor-Lux-Bauernhauswettbewerbs 1985 jeweils mit einem ersten Preis ausgezeichnet.

3.1.4. Weitere öffentliche Maßnahmen

Ähnlich bedeutende öffentliche Maßnahmen, wie sie der Ausbau der Nikolausstraße einschließlich der Restaurierung der Kirchhofsmauer und die Anlage des Dorfplatzes darstellten, gab es in der Folgezeit nicht mehr. Vor allem im Zuge des noch andauernden Flurbereinigungsverfahrens wurde aber eine Reihe von kleineren Maßnahmen durchgeführt, die in ihrer Summe einen wesentlichen Beitrag zur Aufwertung des Dorfes geleistet haben. Es seien genannt:

— Ersatz zweier stark beschädigter Brunnentröge in der unteren Feldstraße,
— Ersatz der Straßenbeleuchtung im Dorfkern, die aus über die Straße gespannten Neonröhrenlampen bestand, durch vorwiegend an Hauswänden befestigte Schirmlampen,
— Restaurierung aller Feld- und Dorfkreuze, eine Aktion, die 1989 noch andauert,
— Anlage eines Fußweges entlang dem Mühlenbach unterhalb der Feldstraße,
— Straßenausbau einer Abzweigung von der Bernhardstraße in Höhe des Dorfplatzes mit der Neuerrichtung einer langen Gartenmauer aus Kalkbruchstein,
— Anpflanzung von Bäumen, z.B. entlang der Straße am nördlichen Ortsausgang.

3.2. Die Einbindung der Wocherner Bevölkerung

3.2.1. Die „Bürgerbeteiligung"

Die planerische Begleitung der beschriebenen Einstiegsprojekte und der weiteren öffentlichen Maßnahmen stellte die eine Seite der Dorferneuerung dar. Die *Einbindung der Bevölkerung* in den Dorfentwicklungsprozeß war die andere.

Im Rahmen der Dorferneuerung wurde eine Veranstaltung zur „Bürgerbeteiligung" in Wochern durchgeführt, bei der der Planer seine Vorstellungen vortrug, um darüber mit der Bevölkerung zu diskutieren. Es handelte sich um eine gutbesuchte Veranstaltung in der Scheune von Redens Haus, die sich allerdings dadurch auszeichnete, daß daran ausgerechnet die Dorfbevölkerung nur in sehr geringer Zahl teilnahm. Aus der Sicht der Wocherner war dies wohl eher eine Veranstaltung für die Gemeinderäte, Planungsleute der Kreisverwaltung u.a., die in der Tat die Mehrheit der Anwesenden stellten. So kann Bürgerbeteiligung nicht stattfinden und die Bevölkerung nicht zur aktiven Beteiligung an der Dorferneuerung gewonnen werden.

Nach den Erfahrungen in Wochern kann auf andere Weise allerdings Bürgerbeteiligung und -motivation sehr effektiv sein. Das Entscheidende dabei scheint es zu sein, den Menschen das Gefühl zu vermitteln, daß der Planer auch an ihren individuellen Meinungen und Wünschen interessiert ist. Das muß er auch sein, wenn er ein Interesse daran hat, daß seine Planung umgesetzt wird. Ist letzteres nicht gegeben, was häufig genug der Fall zu sein scheint, mag eine Bürgerbeteiligung, um der Form zu genügen, in Form von Versammlungen stattfinden.

Die *erste entscheidende Einbeziehung der Bevölkerung* in die Dorferneuerung stellten die eingangs erwähnten beiden *Befragungen* dar, bei denen jeder Haushalt von Mitarbeitern an der Planung ein- bis zweimal aufgesucht wurde. Dabei wurden nicht nur die Fragen aus den Interviewbögen gestellt und beantwortet. Die Befragten wollten selbstverständlich auch wissen, warum man ihre Meinung erfahren wolle, was denn geplant sei, was sie mit ihrem Haus anstellen sollten u.ä. Vor allem fühlten sie sich ernst genommen, was insbesondere auch am engagierten Interesse der Interviewer lag. Diese Unterhaltungen konnten in Wochern, dem Dorf mit der vermutlich höchsten Schnapsbrennerdichte Deutschlands, kaum irgendwo ohne Selbstgebrannten vonstattengehen, so daß die Leistungsfähigkeit der Interviewer an den Nachmittagen regelmäßig beeinträchtigt war. Es liegt aber auf der Hand, daß man in einem individuellen Gespräch bei einem Glas Schnaps eine wesentlich effektivere „Bürgerbeteiligung" praktizieren kann, als bei einem öffentliche Vortrag, in dem Pläne gezeigt werden und die meisten Zuhörer nicht couragiert genug sind, ihre Meinung zu sagen oder ihre Wünsche vorzutragen.

Die *zweite Art der Beteiligung der Bevölkerung* Wocherns an der Entwicklung der Planung verlief über eine Reihe von Personen im Dorf, die in besonderer Weise an den Konzepten interessiert waren. Die Gespräche zwischen ihnen und dem Planer waren — abgesehen von einigen Beratungen im Ortsrat und im Vorstand der Teilnehmergemeinschaft des Flurbereinigungsverfahrens — sämtlich *informell*: zwischen Tür und Angel, im Dorf, in der Stube bei einem Besuch, auf der Kirmes oder auf dem Feld. In diesen Gesprächen flossen viele Informationen hin und her, die einerseits in die Planung eingehen konnten, andererseits an viele andere Personen weitergegeben wurden und zu einem allgemein hohen Informationsstand über die Dorferneuerungsplanung im Dorf beitrugen.

Schließlich gab es später zahlreiche Kontakte und damit eine gegenseitige Beteiligung an der Dorferneuerung zwischen vielen Wochernern und dem Planer, die aus der *Bitte um Beratung*, meistens bei Vorhaben an den eigenen Häusern, resultierten. Es ging um die Dacheindeckung oder die Farbe am Haus, neue Fenster oder alte Türklinken, das Ausfüllen von Antragsformularen oder den Entwurf einer Gedenktafel für die Gefallenen. Leider konnten die Beratungen, die natürlich nicht Gegenstand des Auftrages für den Dorferneuerungsplan waren, nur in einem viel geringeren Maße geleistet werden, als sie nachgefragt wurden. Dies hätte einer noch wesentlich häufigeren Anwesenheit des Planers im Dorf bedurft, als es sie ohnehin schon gab. Für beide Seiten war dies nicht befriedigend. Dorferneuerung verlangt eine enge Kontakthaltung des Planers mit der Dorfbevölkerung, die Auftragsbestandteil sein muß, über lange Zeit hinweg. Es ist unverantwortlich, Motivation und Engagement bei einer Bevölkerung zu wecken und sie anschließend weitgehend alleine zu lassen, wenn sie Beratung und Hilfe braucht. Manches ist daher in Wochern auch nicht so gut gelaufen, wie es unter anderen Umständen möglich gewesen wäre.

3.2.2. Die Wirksamkeit der Einstiegsprojekte

Die Strategie, die *öffentlichen Baumaßnahmen* als *Vorleistungen* in besonders qualitätsvoller Weise im Sinne der Zielsetzung zu gestalten, um auf diese Weise private Maßnahmen auszulösen und sie in die gewünschte Richtung zu steuern, hat sich als wirkungsvoll erwiesen. Der Ausbau der Nikolausstraße und die Anlage des Dorfplatzes, deren Realisierung sich über einen Zeitraum von fast zwei Jahren hinzog, haben in außerordentlichem Maße das Bewußtsein der Dorfbevölkerung beeinflußt hat. Dies gilt in dreierlei Hinsicht:

1. Der finanziell vergleichsweise aufwendige Ausbau der Straße hat das *Selbstbewußtsein* der Dorfbevölkerung sehr gestärkt. Nach vielen Jahren des Eindrucks, für sie, in diesem abseitigen Dorf, interessiere sich niemand, wurden nun Mittel investiert, die weit über das hinausgingen, was bei einer normalen Reparatur einer Dorfstraße üblich war. Die Anlage des Dorfplatzes unter starker finanzieller Beteiligung der Gemeinde, von der sich die Wocherner bis dahin eher vernachlässigt fühlten, wirkte verstärkend. Die wohl anfänglich vorhandene Überraschung wich einer allgemeinen Befriedigung. Die Wertschätzung des Dorfes bei Außenstehenden setzte sich in ein Selbstwertgefühl um.
2. Der Ausbau von Straße und Dorfplatz hat in starkem Maße bei der Wocherner Bevölkerung *stilbildend* gewirkt. War zunächst wohl — wie überall — weitgehend die Meinung vorherrschend, eine vor allem gut befahrbare Straße sei vonnöten, so setzte sich allmählich die Einsicht durch, daß neben der Funktionalität auch die Gestaltung von großem Belang ist. Das Konzept, traditionelle Formen und Materialien aufzunehmen, kam der wohl eher konservativen Haltung der noch stark im Bäuerlichen verhafteten Bevölkerung entgegen. Modischer Schnickschnack, wie er nicht selten auch in Dörfern bei der Gestaltung von „Wohnstraßen" o.ä. praktiziert wird, wäre wohl weniger akzeptiert worden.

Anfänglich gab es bei den Anliegern gegen den Ausbau der Gehwege in Naturpflaster im Kernbereich Widerstand, weil befürchtet wurde, dieses sei nur mit erhöhtem Aufwand sauber zu halten. Er währte nur kurz, weil die Qualität überzeugte. Unmut kam dagegen bald bei Anliegern des nördlichen Bauabschnittes auf, die sich wegen des „billigen" Betonausbaus von Rinne und Gehweg benachteiligt fühlten.

3. Im Zusammenhang mit dem Ausbau von Straße und Platz wurde – mindestens bei einem Teil der Bevölkerung – eine Einsicht geweckt, die im allgemeinen nur sehr schwer vermittelbar ist: daß es nämlich wie bei dem stilvollen Umgang mit Straßen, Mauern und Zäunen, wie vorgeführt, auch bei Häusern, Hausvorflächen, Gärten u.ä. darauf ankommt, auch die *kleinsten Details* stilgerecht zu behandeln.

Ohne Zweifel ist der Ausbau der Nikolausstraße und die Anlage des Dorfplatzes in Wochern für viele Bewohner des Dorfes in diesem Sinne zu einem *Schlüsselerlebnis* geworden.

Entgegen den Erwartungen ist die Restaurierung von Redens Haus von der Bevölkerung des Dorfes eher reserviert aufgenommen worden. Zwar nahm man mit Genugtuung zur Kenntnis, daß aus dem Schandfleck des Dorfes nun eine Zierde geworden war. Einen *Nachahmungseffekt* löste die Restaurierung aber zunächst nicht aus. Man war vielmehr der Meinung, daß sich so etwas eben nur ein reicher Städter leisten könne, der im übrigen ja auch gar nicht in diesem Hause wohnen müsse, sondern sich nur – vorzugsweise im Sommer – zum Spaß in den für modernes Wohnen ungünstig geschnittenen und zu niedrigen Räumen aufhalten wolle. Erst als mit einer Verzögerung von ca. zwei Jahren auch Leute aus Wochern damit begannen, ihre Häuser zu restaurieren, gewann das Güth'sche Haus insofern Einfluß, als es als Maßstab für Restaurierungsqualität diente.

3.2.3. Die privaten Maßnahmen

Beim Ausbau der Nikolausstraße war von vornherein damit zu rechnen, daß sie unmittelbar private Baumaßnahmen auslösen würde. Das war deswegen sehr naheliegend, weil ein Straßenausbau sich selten exakt auf dem Niveau der alten Straße bewegt und exakt die alte Trasse einhält. Es werden daher in der Regel die straßenseitigen Randbereiche vieler Privatgrundstücke von den Baumaßnahmen tangiert. Die ordnungsgemäße, vor allem niveaugleiche Wiederanbindung privater Grundstücke an die öffentliche Verkehrsfläche ist von der Straßenbaubehörde sicherzustellen. Viele Hausbesitzer nehmen die Gelegenheit wahr, ihre Hausvorfläche nun insgesamt instandzusetzen, zumal wenn ein Teil der Kosten, etwa bei Niveauangleichungen, von dem öffentlichen Bauträger übernommen wird. In der Regel besteht die Straßenbaubehörde nicht darauf, den alten Zustand wieder herzustellen, sondern geht auf die speziellen Gestaltungswünsche der Hauseigentümer ein, wenn dies nicht mit Mehrkosten für die öffentliche Kasse verbunden ist. In Wochern war dieses Phänomen umso mehr zu erwarten, als der Straßenausbau mit Kanalarbeiten, dem Anlegen neuer Gehwege und dem Wegfall der Bordsteine ein besonders gründlicher werden sollte mit erheblichen Auswirkungen auf private Anliegerflächen.

Aus der Sicht der Dorfplanung wurde daher dem Straßenausbau sehr große Bedeutung über das eigentliche Verkehrsband hinaus zugemessen und immer wieder darauf hingewiesen, daß die Art und Qualität des Ausbaus voraussichtlich von großem Belang auch für die künftige Gestaltung vieler privater Hausvorflächen sein werde. Die Entscheidung, auf einem großen Teil der Ausbaustrecke Vollrinne und Gehweg in Betonplatten und billigem Betonpflaster auszubauen war daher zu bedauern. Tatsächlich sind auf allen Privatgrundstücken, die an einen betongepflasterten Gehweg anschließen, die neuhergestellten Hausvorflächen in demselben billigen Betonpflaster ausgeführt worden. Im Bereich naturgepflasterter Gehwege ist dagegen nur auf einem einzigen Grundstück Betonpflaster in der Hausvorfläche neu verlegt worden. Auf mehreren Grundstücken wurde dagegen Naturpflaster oder Splitt verwendet. Auch darin kommt die hohe Bedeutung der Qualität öffentlicher Vorleistungen zum Ausdruck.

Die privaten Tiefbaumaßnahmen fanden bald eine Fortsetzung in zunächst einfachen *Instandsetzungen* an den Häusern. Neuanstriche und Verputze waren die ersten Anzeichen dafür, daß sich nun auch die Dorfbewohner an der Revitalisierung des Dorfes beteiligen wollten. Nicht zuletzt hat die Information über staatliche Zuschüsse dazu den Anstoß gegeben. Dieser Effekt verstärkte sich zusehends, als die ersten Zuschüsse eingetroffen waren und sich diese Kunde schnell im Dorf verbreitete. Wie ausschlaggebend die Zuschüsse, die immerhin 30% der Kosten ausmachen, für private Investitionsentscheidungen waren, ist nicht nachprüfbar. Vermutlich waren sie hoch. Daß aber nicht sie allein die Aktivitäten auslösten, geht aus der Tatsache hervor, daß diese Zuschüsse ja für alle ländlichen Siedlungen im Saarland zur Verfügung stehen, kein anderes Dorf aber auch nur annähernd in solch starkem Maße davon Gebrauch machte wie Wochern.

Auf die einzelnen Maßnahmen, die vor allem in der Restaurierung von alten Häusern oder wenigstens Teilrestaurierungen bestanden, kann hier nicht näher eingegangen werden. In der kurzen Schilderung einer Wanderung durchs Dorf am Ende dieses Beitrages wird auf einige Beispiele hingewiesen. Es ließ sich eine Reihe interessanter Beobachtungen beim Vorgang der das Dorf erfassenden Restaurierungswelle machen: das allmählich aufkommende geschärfte Stilempfinden im Umgang mit Baumaterialien und -formen, Vorbild- und Nachahmeeffekte sowie eine Reihe dorfsoziologisch interessanter Phänomene.

Nur nebenbei sei darauf hingewiesen, daß die sehr umfangreichen Investitionen, die in den letzten Jahren im privaten Bereich getätigt wurden, über die anteiligen Rückflüsse in Form von Steuern u.a. in öffentliche Kassen zur *Amortisierung der öffentlichen Aufwendungen* nicht unerheblich beigetragen haben.

4. Der Dorfwettbewerb

Es ist schon angedeutet worden, daß die aufwendigen öffentlichen Maßnahmen im Dorf das Selbstwertgefühl der Bewohner insgesamt gesteigert hatten. Um so mehr gilt dies für diejenigen, die nun auch ihren eigenen Beitrag zur sichtbaren Revitalisierung des Dorfes geleistet hatten. Die beschriebene Ambivalenz in der Haltung der Bevölkerung bezüglich des Aussehens ihres Dorfes zwischen schön und häßlich, die in den frühen Befragungen festgestellt worden war, wich bald der eindeutigen Meinung, Wochern sei ein ganz besonders schönes Dorf. Es ließ sich förmlich spüren, daß Stolz auf ihren Ort entstanden war.

Nicht zuletzt trug dazu bei, daß das Dorf, für das sich früher niemand interessiert hatte, nun eine *zunehmende Aufmerksamkeit* auf sich zog. Zeitungen, Rundfunk und Fernsehen berichteten über die Dorferneuerung und stellten die Bau- und Restaurierungsmaßnahmen als vorbildlich heraus. Beim Einkaufen und in den Gaststätten in den Nachbardörfern, bei der Arbeit an den auswärtigen Arbeitsplätzen, von Verwandten und Bekannten wurden die Wocherner auf ihr Dorf angesprochen. Manche kamen und schauten sich die Fortschritte an. Was es nie gegeben hatte: Besuchergruppen kamen in Bussen angereist, um das Dorf zu besichtigen. Es liegt auf der Hand, daß das immens gestiegene Prestige des Dorfes die Bewohner nicht unbeeindruckt ließ.

Zu einer Kulmination der Gefühle geriet die erste Teilnahme Wocherns am Wettbewerb „Unser Dorf soll schöner werden" 1987.

Bei den Vorbereitungen war zum ersten Mal die *Dorfgemeinschaft insgesamt* und *alleine* gefordert. Denn was sich bis dahin im Dorf getan hatte, war entweder Privatangelegenheit der einzelnen Haushalte gewesen, oder aber — wenn auch unter Beteiligung vor allem der Funktionsträger im Dorf — doch in starkem Maße von außen bestimmt. Gemeinschaftsaktionen — sieht man einmal von der Kirmes ab, die vor allem von der Feuerwehr als einzigem örtlichen Verein ausgerichtet wird — waren ungeübt, und es erforderte einige Überredungskünste, um Wochern zur Teilnahme am Wettbewerb zu bewegen.

Wochern wurde auf Anhieb Sieger im Landkreis Merzig-Wadern und rückte damit für die Bewertung auf *Landesebene* auf. Diesem Erfolg, der für viele wohl doch überraschend kam, folgte eine starke Solidarisierung, und die Bemühungen, das Dorf der Landesjury optimal zu präsentieren, nahm wochenlang alle Aufmerksamkeit in Anspruch. Die Präsentation, die im Vergleich zu anderen, langjährigen Wettbewerbsteilnehmern wenig routiniert ausfiel, zeichnete sich durch eine große Beteiligung der Bevölkerung und einen geradezu herzlichen Empfang der Landesjury aus. Die Mischung aus Aufregung, Stolz und Freude, die den Wochernern anzumerken war, und eine überwältigende Gastfreundschaft ließ das große Engagement, das dahinter steckte, nicht im Verborgenen. Der Besuch Wocherns durch die Landesjury fand am letzten von drei Bereisungstagen vormittags statt, so daß noch am selben Tag das Landesergebnis verkündet wurde. Viele Wocherner warteten den ganzen Tag auf dem Dorfplatz die Bekanntgabe ab. Was im Saarland noch nie passiert war: ein Dorf, das zum ersten Mal am Wettbewerb teilnahm, errang eine von zwei Goldmedaillen. Es ist unbeschreiblich, was sich nach Bekanntwerden dieses Ergebnisses in Wochern abspielte. Das Wort Jubel ist einfach zu schwach.

Mit diesem Ergebnis rückte Wochern auf die Ebene der *Bundesbewertung* auf und errang auf Bundesebene eine Silbermedaille. Mehr als 50 Personen, ein Drittel der Gesamtbevölkerung, darunter einige aus dem benachbarten Tettingen-Butzdorf, reisten im Januar 1988 nach Berlin, um die Medaille in Empfang zu nehmen. Daß die Feier in Berlin ähnlich wie die bei Erringung der Landesgoldmedaille ausfiel, versteht sich von selbst.

Der Einfluß dieses sich monatelang hinziehenden Wettbewerbes und vor allem des Erfolges auf die soziale Situation des Dorfes kann nicht hoch genug eingeschätzt werden. Das ganz neue *Gemeinschaftserlebnis* hat Beziehungen wiederentstehen lassen, die jahrzehntelang abgebrochen waren, bei vielen

Verantwortung für die Dorfgemeinschaft begründet, die es vorher nicht gab, und zu einer bis dahin nicht gekannten allgemeinen Identifizierung der Menschen mit ihrem Dorf beigetragen. Man sollte so etwas erlebt haben, bevor man — wie manche dies immer noch glauben tun zu müssen — den Wettbewerb „Unser Dorf soll schöner werden" als Blumenkübelwettbewerb lächerlich zu machen versucht.

1989 nahm Wochern am Wettbewerb nicht teil; 1991 wird es sich wieder mit anderen Dörfern messen.

Man sollte auf die Frage, ob einer oder mehreren Personen besondere Verdienste für ihr Engagement bei der Entwicklung Wocherns in den vergangenen Jahren zukommen, eigentlich keine Namen nennen, weil dies nicht vergleichbar oder gar meßbar ist.

Hier wird trotzdem ein Name genannt: Peter Gehl, stellvertretender Ortsvorsteher im gemeinsamen Ortsrat Tettingen-Butzdorf-Wochern, hat in den vergangenen Jahren seine ganze Kraft in den Dienst seines Dorfes Wochern gestellt und unendlich viel geleistet. Er ist Ende 1988 unerwartet gestorben.

5. Die Fortsetzung der Dorferneuerung

Dorferneuerung ist eine fortdauernde Aufgabe. Aber sie kann nicht über lange Zeit mit derselben Intensität und immer neuen Projekten betrieben werden. Der Phase eines sehr stürmischen Aufbruchs ist im öffentlichen und privaten Bereich eine Phase der ruhigeren Entwicklung gefolgt.

Manche öffentliche Maßnahmen sollte man aus ökonomischen Gründen im Zuge notwendig werdender Instandsetzungen oder anderer Baumaßnahmen erst im Laufe der Zeit realisieren, z.B. Verbesserung des Straßenausbaus, Verkabelung von Freileitungen u.a.

Einige Maßnahmen sollten jedoch noch im Rahmen des *Flurbereinigungsverfahrens* durchgeführt werden. Die wichtigsten setzen bodenordnerische Maßnahmen voraus und bieten sich daher für eine Regelung im Verfahren an:

— Ausweisung eines kleinen Neubaugebietes im Bereich der hinteren Bernhardstraße,
— Trassierung und Ausbau von Wegstrecken, die die gesamte Länge des Mühlenbaches und den Ortsrand mit Anbindung an die innerörtlichen Straßen erschließen,
— Gestaltungsverbesserung der vier Ortseingänge,
— Komplettierung des Dorfrahmens aus Obstbaumbeständen, der ein sehr charakteristisches Element Wocherns darstellt und im allgemeinen selten geworden ist.

Eine weitere Ergänzung des Baumbestandes im Dorf sowie der gut ins Ortsbild passenden Schirmlampen der Straßenbeleuchtung über den Dorfkern hinaus sollten auch nicht hinausgeschoben werden.

Auch in der *Feldflur* sind, neben Maßnahmen der Agrarstrukturverbesserung, Erhaltungs-, Gestaltungs- und Erschließungsmaßnahmen erwünscht: z.B. die Komplettierung des Weidenbestandes und die Rekonstruktion der Zuleitungsgräben der ehemaligen Wiesenbewässerung am Bescher Bach; die Erhaltung, Instandsetzung und Erschließung von Lesesteinwällen und Trockenmauern in der Feldflur als selten gewordenen Relikten traditioneller Bodennutzungssysteme; die Rekultivierung einer Hochspannungstrasse; das Anpflanzen von Feldgehölzen und Obstbäumen entlang von Feldwirtschaftswegen und der Gemarkungsgrenze.

Auf eine vom Planer vorgeschlagene öffentliche Maßnahme, die bisher nicht realisiert wurde, sei noch hingewiesen: Der Mühlenbach, der bei der historischen Betrachtung bereits erwähnt wurde, verlief bis vor einigen Jahrzehnten von seiner stark schüttenden Quelle an der oberen Feldstraße aus offen durchs Dorf. Heute ist er ab der unteren Feldstraße bis außerhalb der Bebauung im Bescher Tal verrohrt. Damit ist ein wichtiges Element Wocherns, das wegen der ehemals vorhandenen Mühlen auch einen historischen Aspekt hat, unter Straßen verschwunden. Es ist anzustreben, den Bach in Teilen wieder *offenzulegen*.

Heute wird das klare Bachwasser mit Abwässern vermischt. Man wird die Wässer trennen müssen, um eine Klärung des Abwassers zu ermöglichen. In der unteren Nikolausstraße ist bereits ein zweites Kanalrohr für diesen Zweck verlegt worden. Statt nun von dem Einleitungspunkt des Baches in die Kanalisation bis zur Nikolausstraße ebenfalls einen weiteren Kanal unter die Straße zu verlegen, um auch auf dieser Strecke die beiden Wässer zu trennen, sollte der Bach oberirdisch geführt werden. Der bereits liegende Kanal stünde dann für das Abwasser zur Verfügung. Da sich auf diese Weise die Alternative stellt, entweder erneut den Bach zu verrohren oder ihn wieder offen durchs Dorf zu führen, in jedem Falle also beträchtliche öffentliche Mittel bereitgestellt werden müssen, bietet sich die Offenlegung geradezu an. Sie wäre nicht nur wegen der speziellen Bedeutung des Baches für die Dorfgeschichte erwünscht und würde wieder ein Stück erlebbarer Historie darstellen. Ein Dorfbach ist auch ohne diesen historischen Hintergrund ein außerordentlich belebendes Element in einem Dorf, das besonders mit dem noch weitgehend bäuerlichen Charakter Wocherns sehr gut harmonieren würde.

Die vorgesehene Trassenführung für den offengelegten Bach kann hier nicht im einzelnen dargestellt und begründet werden. Für einen Teil der Trasse ist jedenfalls die östliche Begrenzung des Dorfplatzes vorgesehen. Es ist schade, daß im Zuge des Platzausbaus nicht bereits eine Vorleistung in Form eines kurzen Trassenausbaus erbracht worden ist.

Auch für den privaten Bereich wird es in Zukunft vor allem darauf ankommen, notwendige Instandsetzungen, Bauergänzungen u.ä. mit demselben engagierten Verantwortungsbewußtsein für das Dorfganze zu betreiben, wie es in den letzten Jahren geschehen ist. Bei einigen Gebäuden im Dorf stehen solche Instandsetzungen schon jetzt dringend an.

Besonders befriedigend ist es zu sehen, daß über öffentliche, im wesentlichen bauliche Maßnahmen und dadurch ausgelöste oder wenigstens beeinflußte private Maßnahmen soziale Effekte erzielt worden sind, die sich einer direkten Planung entziehen, aber das wichtigste Ziel der Dorferneuerung darstellen. Daß die Wocherner heute stolz auf ihr Dorf sind, gerne dort leben und ein hohes Maß an Verantwortung für einander entwickelt haben, ist wichtiger als die Veränderung im Dorfbild. Es ist die Voraussetzung dafür, daß das Dorf weiterlebt, und damit auch die Vorrausetzung für die dauernde Erhaltung der materiellen Substanz.

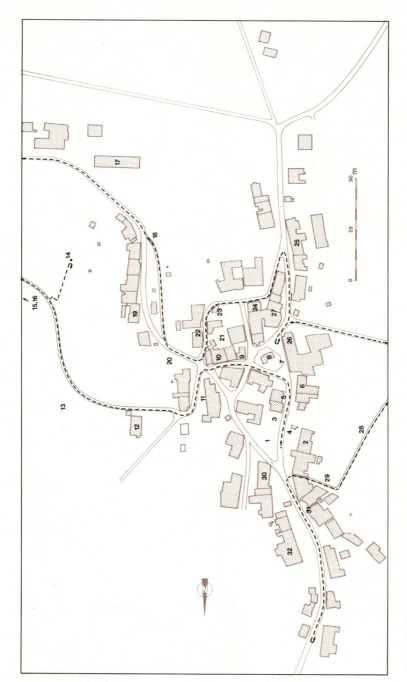

Abb. 13: Wanderungsvorschlag durch Wochern.

Exkursionshinweise

Ein Gang durchs Dorf beginnt am neuen *Dorfplatz*. Auf diesen (1) und auf das restaurierte Lothringer Bauernhaus, *Redens Haus* (2), wurde schon hingewiesen.

Es geht zunächst nach Süden, die Nikolaustraße hinauf. Anschließend an den Dorfplatz ist links ein *Garten* (3) zu sehen, der in der Beetaufteilung und der Nutzung dem traditionellen Bauerngarten entspricht: Viertelung in vier Beete, Kombination von Nutz- und Zierpflanzen, eingezäunt mit dem traditionellen Lattenzaun.

Rechts der Straße befindet sich an der Südgrenze des Grundstücks von Redens Haus ein altes *Kelterhaus* (4), das mit den traditionellen lothringischen Hohlziegeln gedeckt ist. Der Hauseigentümer gestattet jedem, sich hier unterzustellen, wenn er auf den Bus wartet. Auf diese Weise konnte es vermieden werden, an der Bushaltestelle eines jener häßlichen Wartehäuschen aufzustellen, die häufig die Dorfbilder verunzieren. Gleich anschließend, parallel zur Straße, steht eine im Zuge des Straßenausbaus zurückversetzte Mauer aus Muschelkalkstein. Die *Telefonzelle*, die sich früher freistehend auf der linken Straßenseite befand, ist in eine zu diesem Zwecke geschaffene Mauernische hineingebaut und damit weitgehend als optisch störendes Element eliminiert worden.

Hinter dem Haus auf der linken Seite (Nr. 16) befindet sich wieder eine im Zuge des Straßenausbaus zurückversetzte Mauer mit einem aufgesetzten Lattenzaun traditioneller Form (5) (s. Abb. 7). Es ist ein *Hühnerpferch*, bei dem das Entfliegen des Federviehs durch ein oben abschließendes weitmaschiges Drahtnetz verhindert wird: eine visuell befriedigendere Lösung als der vorher vorhandene hohe Maschendrahtzaun.

Gegenüber befindet sich auf der rechten Seite der Straße (Nr. 9) ein *Bauernhaus* ungewöhnlichen Typs: ein klassisches Einhaus mit nebeneinanderliegendem Wohn- und Wirtschaftsteil, bei dem allerdings der Wohnteil dreigeschossig ausgebildet ist (6). Es muß sich bei dem dritten Geschoß um eine sekundäre Aufstockung handeln, deren Grund und Zeitpunkt bisher unbekannt sind. Sehr schön ist das Türgewände mit einem reich geschmückten Sturz, der neben der Angabe des Baujahres 1842 u.a. rautenförmige Sonnenradmotive enthält. Der Wohnteil ist z.Zt. (Sommer 1989) ungenutzt und steht zum Verkauf an. Restauriert könnte dieses Haus zu einem markanten Merkmal des Dorfkerns werden. Schon jetzt bemerkenswert ist die Hausvorfläche: Im Zuge des Straßenausbaus wurde die Fahrbahndecke gegenüber der alten angehoben; in der ebenfalls angehobenen Haustürzuwegung wurde das ehemals dreifach vorhandene Sonnenradmotiv im Pflaster rekonstruiert. Nach dieser öffentlichen Vorleistung ließ es sich der Hauseigentümer nicht nehmen, den Rest der Hausvorfläche mit Kalksplitt stilgerecht herzurichten und eine Kastanie als Hausbaum zu pflanzen.

Bevor man nach links in den Donatusring abbiegt, der hier unter einem geschlossenen Kronendach älterer Bäume verläuft, erkennt man in der Fahrbahndecke der Nikolaustraße den Verlauf der Kirchhofsmauer vor der Rückversetzung in Form eines Pflasterbandes (7). Die *Kirchhofsmauer* präsentiert sich in der 1983 restaurierten und von Putz befreiten Form.

Am Ende der Kirchhofsmauer biegt man nach rechts in den uralten Friedhof ein, der die kleine Kapelle umgibt und noch auf eine angemessene Gestaltung wartet. Die den Heiligen Nikolaus und Bernhard geweihte *Kapelle* (8) ist das älteste Gebäude des Dorfes. 1569 ist sie als zur Parrei Besch gehörend genannt. Der Chor enthält ein spätgotisches Maßwerk, das zu einem Bau gehörte, der zu diesem Zeitpunkt bestand. 1789 wurde die gotische Kapelle, die für die gewachsene Bevölkerungszahl (mit 180 höher als heute) nicht mehr ausreichte, um ein zwei Achsen umfassendes Kirchenschiff vergrößert. Im Inneren werden vier Heiligenfiguren verwahrt, die aus dem 18. Jahrhundert stammen. Auch das hölzerne Kruzifix an der äußeren Ostwand wird dem 18. Jahrhundert zugeschrieben. Die Gedenktafel für die Gefallenen der beiden Weltkriege wurde 1986 vom Dorf gestiftet.

Beim Austritt auf den Friedhof schaut man auf das Eckhaus Donatusring 10, die *alte Wocherner Schule* (9), wie die Inschrift auf dem Türsturz berichtet. Das vor 1837 gebaute Schulhaus wurde 1955 außer Dienst gestellt. Heute ist die alte Schule Ferienhaus eines Saarbrücker Rechtsanwalts, der es liebevoll pflegt. Die grün imitierten Fenstersprossen stammen noch aus der Zeit vor der Dorferneuerung und werden hoffentlich bald verschwinden.

Gegenüber dem sehr heruntergekommenen und verunstalteten Haus Nr. 7 schließt sich an die alte Schule ein ebensolches, zugehöriges Wirtschaftsgebäude an, das eine sorgfältige Restaurierung verdient. Früher gehörte es zu dem dahinterliegenden Gebäude und ist auch von dessen Hof aus zugänglich.

Dieses folgende Gebäude, der *Dundeshof* (10), dürfte mit großer Wahrscheinlichkeit ein Nachfolgebau jenes Hofes sein, der zur Zeit der ersten urkundlichen Erwähnung des Dorfes 1084 zur Grundherrschaft des Klosters Rettel in Lothringen gehörte. Das reich profilierte Türgewände mit dem wappengeschmückten Türsturz von 1767 und dem gesprengten Segmentgiebel mit der Heiligennische ist ein bauhistorisches Kleinod im Dorf. Bis 1983 war auch die Tür aus dieser Zeit noch vorhanden, bis sie in einer stürmischen Gewitternacht ausgebaut und gestohlen wurde. Die Eigentümer des Dundeshofes, die Familie Mersch, hat dankenswerterweise nach Fotos eine Kopie der alten Tür anfertigen lassen. Auch die schöne und typische Haustür von 1904 und die alten Fenster prägen das Haus positiv.

Der Weg führt nach links in die obere Bernhardstraße. Im Haus Nr. 5 auf der linken Seite ist eine *Haustür* aus dem 19. Jh. zu sehen (11), die jahrzehntelang achtlos im Stall stand und vor kurzem sorgfältig restauriert wieder ihren alten Platz eingenommen hat. Auch an diesem Haus sind die alten Fenster bemerkenswert. Die gegenüber liegende Scheune ist 1821 erbaut worden und weist das Sonnenradmotiv in Schlußstein und Kämpfer des Torbogens auf.

Nach einer Rechtsbiegung erscheint das 1955 bezogene und bereits 1968 wieder aufgegebene „neue" *Schulhaus* (12). Die Wocherner Kinder werden seither nach Perl in die Grund- und Hauptschule gefahren. In diesem Haus befindet sich heute das Atelier eines Fotografen.

Der Weg am neuen Schulhaus vorbei steigt jetzt deutlich an. Geomorphologisch befindet man sich nun in der Bruchstufe des Muschelkalks, die sich am östlichen Dorfrand deutlich bemerkbar macht. An dieser Verwerfung ist die westliche Gesteinsscholle abgesunken, so daß der Boden der Mulde, in die das Dorf eingebettet ist, von jüngeren Gesteinen des Keupers mit auflagernden Lehmen und Moselschottern gebildet wird. Die landwirtschaftlichen Parzellen im Hang sind wegen des Gefälles mit modernen landwirtschaftlichen Maschinen kaum noch zu beackern und werden daher als Weiden genutzt. Auf ehemalige Ackernutzung weisen die dicht beieinanderliegenden, heute überwachsenen *Lesesteinwälle* hin (13). Jahrhundertelang haben die Bauern das Material von ihren steinigen Äckern aufgelesen und in Wällen aufgehäuft. Fast überall im Saarland sind diese Relikte ehemaliger Ackerwirtschaft verschwunden, weil das Material für den Straßenbau u. a. verwendet werden konnte. In Wochern sollte man sie als kulturhistorische Dokumente und als Sonderbiotope erhalten.

Hinter der Wegebiegung nach links kann man nach rechts auf eine Weide treten. Wenn man in der alten Wegerichtung etwas weitergeht und einen Lesesteinwall überquert, erreicht man einen Punkt, der den besten *Blick über das Dorf* bis hinunter ins Moseltal mit den Weinbergen auf der luxemburgischen Seite bietet (14). Störend fallen vor allem die doch zahlreichen Eternitdächer auf. Sie werden hoffentlich im Laufe der Zeit angemesseneren Dachdeckungen weichen. Die Dachlandschaft ist heterogen. Die Dachneigung ist im allgemeinen gering. Nur bei jüngeren Häusern sind die Dächer etwas steiler, ohne allerdings die größeren Dachneigungen zu erreichen, wie sie im überwiegenden Teil des Saarlandes üblich sind. Hier macht sich lothringischer Einfluß bemerkbar. Die ursprüngliche Deckung der flachen Dächer bestand aus Hohlziegeln, die nur noch auf einigen alten Wirtschaftsgebäuden vorhanden sind oder in den letzten Jahren wieder aufgelegt wurden. Nicht selten ist allerdings auch die Eindeckung mit Schiefer, vermutlich jünger, ein Hinweis auch auf die Nähe des Hunsrücks, wo seit jeher Schiefer gebrochen wird. Die naturroten Falzziegel stammen aus diesem Jahrhundert, vor allem aus der Nachkriegszeit.

Im Zuge der Flurbereinigung wird die Strecke, die man bis zu diesem Aussichtspunkt über die Weide genommen hat, als Weg ausgebaut werden, der in gerader Richtung weiterlaufend wieder die Stufe hinunter zur oberen Feldstraße führen soll. Z.Zt. ist dieser Abstieg nicht möglich, so daß man bis zum bestehenden Weg zurückgehen muß. Man folgt ihm nach rechts in östlicher Richtung. Es ist ein sehr schöner, beiderseits dicht bewachsener Weg. Nach 100 m ist auf der rechten Seite wieder einer der typischen Lesesteinwälle zu sehen. Beim Austritt auf das Feld sind links, wieder stark überwachsen, weitere Relikte alter Bewirtschaftung sichtbar. Hier sind Lesesteine nicht zu Wällen zusammengetragen, sondern sorgfältig zu *Trockenmauern* aufgeschichtet worden (15). Unter dem Gebüsch verbirgt sich eine durch die Mauern kammerartig aufgeteilte Flur. Bis vor einigen Jahrzehnten gab es hier Gärten, die inzwischen aufgegeben worden sind.

Auf der Höhe folgt man dem Weg noch 150 m, bis man nach Durchquerung eines Gebüschstreifens auf einen schmalen Pfad trifft, der nach rechts den Hang hinunterführt. Man quert eine seit Jahrzehnten *brachliegende Fläche* (16), die botanisch dem Halbtrockenrasen zuzurechnen ist und sich im Stadium einer natürlichen Sukzession befindet.

Man trifft auf einen Feldweg, dem man 50 m nach rechts folgt, um dann nach links abbiegend in das Borger Tal hinunterzugehen. Auf einem Hang halblinks ist einer der beiden Weinberge auf Wocherner Bann zu sehen. Es geht in westlicher Richtung wieder auf das Dorf zu.

Hinter dem ersten Haus auf der linken Seite wird ein eigenartig anmutendes Gebäude sichtbar, das so gar nicht ins Dorf zu passen scheint (17). Das 15-achsige Haus mit einem auffallenden, säulengeschmückten Eingang ist Anfang der 1940er Jahre als „*Erbhof*" im Zuge der nationalsozialistischen dörflichen „Neuordnung" gebaut worden. Wie aus vielen anderen Dörfern des Saarlandes sollte auch aus Wochern ein Teil der kleinbäuerlichen Bevölkerung ausgesiedelt werden, um mit ihr das „deutsche Bauerntum" in eroberte Gebiete in Lothringen und im europäischen Osten zu tragen. Nur einige Bauernfamilien sollten auf ausreichend großem Besitz zurückbleiben. Diese Entwicklung ist nicht eingetreten. Der Wocherner Erbhof wurde nach dem Kriege zu einer Jugendherberge umgebaut, hatte dann eine Reihe anderer Funktionen, bis er vor einigen Jahren in das Eigentum von Städtern überging, die ihn als freilich viel zu großes Wochenendhaus nutzen.

Wenig weiter, gegenüber dem Haus Feldstraße 6, kann man über eine schmale Treppe zum *Mühlenbach* hinuntersteigen (18), der kurz vorher in einer gleichmäßig und stark schüttenden Quelle entspringt. Der natürliche Bach floß auf der Talsohle, die heute von Gärten eingenommen wird. Vermutlich im 18. Jh. wurde er in ein künstliches, hangparallel geführtes Bett geleitet, um unterhalb im Dorf drei Mühlen zu betreiben. Auf einem Pfad kann man am Mühlenbach entlanggehen, bis er beim Erreichen der unteren Feldstraße leider in die Kanalisation geleitet wird.

Beim Blick von diesem Punkt in die Feldstraße zurück fällt ein *Bauernhaus* auf (Nr. 2) (19), das über 150 Jahre alt und wenig modernisiert ist. Es ist seit langem unbewohnt und wäre es wert, restauriert und wieder genutzt zu werden. Ein Kuriosum stellt das moderne Haus Nr. 1 dar, das um 1975 gebaut und nie bewohnt wurde.

An der rechten Seite der abwärts führenden Feldstraße stehen an einem alten Brunnenstandort zwei neue *Sandsteintröge* (20), die im Rahmen der Dorferneuerung an die Stelle der sehr stark beschädigten alten Tröge gesetzt worden sind. Man blickt auf das auffällige, giebelständige Haus Donatusring 6, das ebenfalls eine schöne Haustür vermutlich aus dem Jahre 1910, als das Haus wohl umgebaut worden ist (das Haus bestand schon 1837), aufweist.

Hier biegt man nach links in den Donatusring ein. Es lohnt sich ein Blick in den *Hofraum des Dundeshofes* (21). Die beiden Scheunentore in den rückwärtigen Wirtschaftsgebäuden weisen auf die vormalige Zweiherrigkeit des Anwesens hin. Das Gehöft, das einen landwirtschaftlichen Vollerwerbsbetrieb beherbergt, ist im Laufe von Jahren liebevoll restauriert worden. Der kleine Schuppen neben dem Tor wurde wieder mit alten Hohlziegeln eingedeckt, die bei der Instandsetzung eines anderen Daches angefallen waren. Der durch seinen desolaten Zustand auffallende Gebäudeteil der hinteren rechten Hofbegrenzung gehört eigentumsrechtlich nicht zum Betrieb.

Gegenüber dem Dundeshof gibt es in einem Durchgang eine Hintertür zum Haus Donatusring 4, die ein sehr schönes *Gewände* hat (22). Es ist zweifellos älter, als es die Jahreszahl 1905 im Sturz der vorderen Haustür angibt, die wiederum nicht den Zeitpunkt des Baus des Hauses, das nach der Urkatasterkarte ebenfalls 1837 bereits bestand, sondern den eines Umbaus angibt. Das alte Türgewände, das leider durch den Anstrich mit falscher, inzwischen entfernter Farbe stark beschädigt wurde, ist reich dekoriert. Der mächtige Sturz ist mit rautenförmigen Sonnenradmotiven verziert. Leider ist die Tür durch ein Plastikdach verunstaltet.

Desolat ist auch der *Schuppen hinter dem Dundeshof* mit einer auffallend großen, alten Kelter auf der rechten Seite der Straße (23), dessen Dach, das ebenfalls noch mit den originalen Ziegeln gedeckt war, vor einigen Jahren eingestürzt ist. Angesichts des großen Engagements der meisten Einwohner, ihr Dorf zu einem besonders schönen zu machen, ist es schade, daß einige von ihnen ihr Eigentum, trotz der angebotenen Unterstützung mit öffentlichen Mitteln, verkommen lassen. Nach der Rechtskurve bei diesem Schuppen kann der schöne Hausgarten auf der rechten Straßenseite hinter der Kalksteinmauer wieder versöhnen.

Sehr originell ist das *Eckhaus* hinter der Straßeneinmündung von rechts, ein firstseitig sehr langes, traufseitig schmales Haus, das mit der geringen Dachneigung und den Luftluken typisch lothringischen Charakter hat (24). Es ist leider ebenfalls in einem desolaten Zustand.

Kurz nach der Linksabbiegung erreicht man die obere Nikolausstraße und stößt auf ein großes Bauernhaus, das bis vor einigen Jahren auch die *Gastwirtschaft* des Dorfes beherbergte (25). Leider ist sie geschlossen worden, und damit ging eine sehr wichtige dörfliche Einrichtung verloren. Dieses Haus eines landwirtschaftlichen Vollerwerbsbetriebes ist in einer Reihe von Details sehr originell (etwa die Kellerzugänge, der Hausbrunnen, das Treppengeländer, die Haus- und die Stalltür, Fenster und Fensterläden). Dasselbe gilt für den Hausbesitzer, Herrn Fonck sen. Ohne allzu großen Aufwand wäre dieses Haus in ein Schmuckstück des Dorfes zu verwandeln.

Man biegt nach rechts in die Nikolausstraße ein und trifft an der Einmündung der Straße von Besch auf das *Haus Franziskus* aus dem Jahre 1851 (26). Hier wirtschaftet einer der größten bäuerlichen Betriebe des Dorfes mit angeschlossener Brennerei. Die naturgepflasterte Hofeinfahrt, die großen Nußbäume, der Hausbrunnen vor der Giebelwand eines kleinen Schuppens, all dies stellt eine sympathische Eingangssituation für den Bereich des engeren Dorfkerns dar, der hier beginnt. Die Restaurierung des Hauses wurde 1986 mit einem dritten Preis im saarländischen Bauernhauswettbewerb gewürdigt. Hervorzuheben sind die Instandsetzung des Schieferdaches, die Erhaltung der alten Fenster und die Restaurierung einer sehr originellen Haustür, die, in den 50er Jahren durch eine moderne ersetzt, jahrzehntelang als Stalltür diente, bis sie 1985 restauriert wieder ihren alten Platz einnehmen konnte. Vor dem Haus stehend befindet man sich an der Stelle, die wegen der Zurückversetzung der *Kirchhofsmauer* jahrelang umstritten war. An den Wänden zweier Gebäude sind Lampen der neuen *Straßenbeleuchtung* im Dorfkern angebracht.

Man folgt nicht der Nikolausstraße weiter, sondern wendet sich zurück und biegt nach rechts in die Straße nach Besch ein. Rückblickend ist eine sehr reizvolle *Dorfeingangssituation* zu sehen, mit den kleinteilig gegliederten Wirtschaftsgebäuden der Nikolausstraße, auf die man schaut (27). Sie ist leider in den letzten Jahren durch Vernachlässigung der Dächer und den Einbau eines überdimensionalen Blechtores beeinträchtigt worden.

Nach etwa 120 m biegt man hinter einem Fahrsilo an der Straße nach rechts in einen Feldweg ein und durchwandert ihn bis zum Ende. Hier ist ein noch völlig intakter *Dorfrand* zu erleben (28): Hinter den Gebäuden, die mit ihren Fassaden an der Nikolausstraße liegen, befinden sich meist kleinere Hausgärten, daran schließt sich die obstbaumbestandenen, hausnahen Weiden an, die schließlich in die Feldflur übergehen. Dieser Rahmen um das Dorf, der hier fast geschlossen vorhanden ist, zeichnet Wochern ganz besonders vor fast allen anderen saarländischen Dörfern aus.

Wo der Weg auf ein Gebäude stößt, biegt nach rechts ein kleiner *Pfad* ab (29). Er führt, sehr idyllisch, über einige Stufen hinab und als enges Gäßchen zwischen zwei Gebäuden hindurch wieder auf die Nikolausstraße in Höhe des Dorfplatzes.

Auf der gegenüberliegenden Seite (Nr. 18) befindet sich das *Haus Strasser*, ebenfalls ein landwirtschaftlicher Vollerwerbsbetrieb mit angeschlossener Brennerei (30). Hier ist im Zuge der Dorferneuerung wieder einen Hausbaum auf die Hausvorfläche gepflanzt worden, obwohl sie für das Abstellen landwirtschaftlichen Gerätes genutzt wird.

Der Weg führt nach links zur unteren Nikolausstraße. Die *kleinteilig gegliederten Wohn-und Wirtschaftsgebäude* auf der linken Straßenseite, die durch vielfaches An- und Umbauen im Laufe ihrer Geschichte ganz verwinkelt geraten sind, machen einen besonderen Reiz aus (31). Haus Nr. 17 weist eine besonders schöne Haustür aus der Mitte des 19. Jh. auf, die das Sonnenradmotiv in vielfältiger Abwandlung zeigt.

Das *Haus Denzer* auf der gegenüberliegenden Straßenseite (Nr. 26), ebenfalls ein großer bäuerlicher Vollerwerbsbetrieb, ist im Wohnteil überhöht und weist dort das einzige Mahsarddach auf, das es in Wochern gibt (32). Wie viele andere ist es in Schiefer gedeckt. Vor allem hier im Unterdorf prägen große Nußbäume das Straßenbild, ein besonders prächtiges Exemplar vor dem Haus Denzer. Die zum Haus gehörende Brennerei liegt auf der linken Straßenseite und ist mindestens während des Winterhalbjahres fast ständig in Betrieb, so daß man einen Blick hinein werfen kann.

Unterhalb der Brennerei liegt auf der linken Seite das *Haus Jeger* (Nr. 23), das besonders interessant ist, weil es im Rahmen der Dorferneuerung eine Gestaltung erfahren hat, wie sie ohne die Entwicklung Wocherns in den letzten Jahren nicht stattgefunden hätte. Das Haus liegt an exponierter Stelle im Dorf (33), denn es prägt — in der Achse der Eingangsstraße von Norden liegend — sehr stark die Ortseingangssituation mit. Das Haus sollte abgerissen und durch einen um etwa 10 bis 15 m nach hinten verschobenen Neubau ersetzt werden. Damit wäre eine empfindliche Lücke in die Straßenfront gerissen worden. Die Eigentümerfamilie ließ sich von der Bedeutung ihres Hauses für das Dorf und von seinem individuellen Wert als Lothringerhaus überzeugen und deckte den zusätzlichen Raumbedarf durch einen Anbau an das bestehende Haus. Die beiden linken Fensterachsen gegen die Denzer'sche Brennerei zu markieren den Anbau. Er ist stilvoll an das alte Gebäude angepaßt worden, so wie man seit jeher Gebäudevergrößerungen vorgenommen hat. Das Haus hätte an Originalität gewonnen, wenn man im Zuge der Restaurierung und des Anbaus die Luftluken über dem Wohnteil, die unter Putz verborgen liegen, wieder geöffnet hätte.

Vielleicht wird man nach Vollzug einer neuen Bodenordnung im Rahmen des Flurbereinigungsverfahrens von hier aus hinter den Gärten zur oberen Bernhardstraße wandern können oder durch die Wiesen des oberen Bescher Tales mit den interessanten Relikten der alten Wiesenbewässerung wieder zur Dorfmitte. Bisher gibt es diese Möglichkeit noch nicht, so daß man über die Nikolausstraße zum Dorfplatz zurückgelangt.

SOYEZ, D./BRÜCHER, W./FLIEDNER, D./LÖFFLER, E./QUASTEN, H./WAGNER, J. M. (Hrsg.): Das Saarland. Bd. 1: Beharrung und Wandel in einem peripheren Grenzraum, Saarbrücken 1989 (Arbeiten aus dem Geographischen Institut der Universität des Saarlandes, Bd. 36).

Stadtsanierung im Saarland — Stadtentwicklung im Spannungsfeld von Denkmalpflege und Sanierung am Beispiel von Blieskastel

Marlen Dittmann

Die Stadt Blieskastel, Wallfahrts- und staatlich anerkannter Kneippkurort mit 6 600 Einwohnern ohne die der eingemeindeten Dörfer, liegt im landschaftlich reizvollen Tal der Blies, nahe der französischen Grenze. Blieskastel ist eine alte Stadt, was seine lange Geschichte angeht. Es ist auch eine alte Stadt, was die überlieferte Grundrißgestaltung und die Bausubstanz des Stadtkerns betrifft. Unmodern ist die Stadt zwischenzeitlich geworden, nicht auf der Höhe der Zeit. Eine *Stadtsanierung* soll das beheben. Werden da die richtigen Wege eingeschlagen? Soll es das Ziel sein, Blieskastel zu einem Allerwelts-„Unterzentrum mit teilweise ausgebildeten mittelzentralen Funktionen" zu machen? Besteht da nicht die Gefahr, daß dem Saarland ein wichtiges Stück Kulturgut verloren geht? Blieskastel ist nicht der einzige Ort im Saarland, bei dem sich diese Frage heute stellt. Es ist aber wahrscheinlich das Städtchen im Saarland, an dem sich diese Problematik z.Zt. am deutlichsten aufzeigen läßt.

1. Zur Geschichte der Stadt

Obgleich von römischen Siedlungen umgeben — Schwarzenacker, Bliesbruck, Saargemünd — ist für Blieskastel selbst ein römischer Ursprung nicht nachgewiesen. Seit dem 10. Jh. ist die Grafschaft Bliesgau als Lehen der Bischöfe von Metz bekannt. Ende des 11. Jh. ist die Burg „Castellum ad Blesam" beurkundet. Der Ort Blieskastel wird 1243 zum ersten Mal erwähnt. 1343 wird getrennt von „Burg, Stadt, Tal und Amt Castel" gesprochen (1).

Die Stadt diente der Vorverteidigung der Burg. Ihre Lage an einer Straßenkreuzung verlieh ihr eine gewisse Bedeutung. Eine wirtschaftliche Vorrangstellung innerhalb ihres Umlandes, die ein merkliches Anwachsen der Bevölkerung ermöglicht hätte, war damit aber nicht verbunden.

1337 verkaufte der Bischof von Metz die „Anwartschaft auf die Landeshoheit an das Kurfürsten- und Erzbistum Trier", blieb aber kirchlicher Oberherr. Die Familie von der Leyen, die „zum vornehmsten Uradel im Trierischen Raum" gehörte, wurde 1472 als „Burgsassen belehnt" und errichtete „'von newen die Ritterburg uff das Vorgebürg uff der Bliessen samt userem trierischem Gehäuß in demselben Schloß'".

1522 plünderte Franz von Sickingen die Grafschaft, und hundert Jahre später, während des 30-jährigen Krieges, verwüsteten die Schweden Stadt und Land.

Die Familie von der Leyen kaufte 1660 den Ort. Sie errichtete erneut eine Burg auf dem Schloßbergfelsen, zu dessen Füßen sich in einer Senke zwischen Schloßberg und Hanfelsen die kleine Siedlung ausbreitete. Ab 1770 ließ Graf Franz Karl von der Leyen die Burg umbauen, um seine Residenz von Koblenz dorthin zu verlegen. Durch Kauf und Tausch war er in den Besitz eines weitgehend geschlossenen, wenn auch kleinen Territoriums gekommen, das den überwiegenden Teil des Bliesgaus umfaßte und auch St.Ingbert einschloß. Blieskastel wurde nach Saarbrücker und Zweibrücker Vorbild zu einer Residenz mit Schloß, Lustgärten und Lusthäusern sowie einer planmäßig in die Bliesaue hinein erweiterten Stadt mit typisch barocken Attributen ausgebaut. Nach dem Tode des Grafen 1775 setzte seine Frau Maria Anna, genannt Marianne, das begonnene Werk fort.

Damit begann für Blieskastel eine kulturelle und wirtschaftliche Blütezeit. Der große Schwung in der Entwicklung wird durch folgende Daten deutlich: 1651, nach den Zerstörungen im 30-jährigen Krieg, hatte der Ort 4 Wohnhäuser; 1698 waren es 28; in 60 Jahren bis 1761 stieg die Zahl auf 80; in den drei Jahrzehnten bis 1792 nahm die Zahl der Wohnhäuser dann um mehr als hundert auf 185 zu (MUCH 1975, S. 8-11). Seither sind in der Kernstadt nur wenige hinzugekommen.

Die französische Revolution setzte diesem Aufschwung ein jähes Ende. Marianne mußte 1791 vor den Revolutionstruppen fliehen. Das Schloß wurde zerstört und auf Abbruch verkauft. In der Wiener Schlußakte von 1815 wurde Blieskastel der bayerischen Rheinpfalz zugeschlagen.

Während des ganzen 19. Jh. lag Blieskastel im Windschatten der wirtschaftlichen und kulturellen Entwicklungen des in dieser Zeit sich herausbildenden Saarreviers. Erst 1879 wurde die Stadt an die Eisenbahnlinie Homburg-Saargemünd, die heute an der Staatsgrenze endet, angeschlossen und damit durch eine moderne Verkehrsverbindung an das Revier angebunden.

Nach den beiden Weltkriegen war Blieskastel in das Saargebiet bzw. das Saarland eingegliedert. Auch im 20. Jh. war seine wirtschaftliche Entwicklung, trotz einiger kleiner Industrieansiedlungen am Rande der Stadt, eher bescheiden. Die Stadt blieb in der Bausubstanz die behäbige Residenzstadt der Fürsten von der Leyen. Gerade die Bedeutung seines kulturellen Erbes aber hebt Blieskastel aus den anderen Städten des weiteren Umlandes hervor.

So war es nicht Bürgerstolz sondern vielmehr die wirtschaftliche Stagnation, die bis heute die Stadtstruktur des 18. Jh. im wesentlichen erhalten hat. Im Nachhinein kann sich Blieskastel glücklich schätzen. Wie nirgendwo anders im Saarland wird beim Durchwandern der kleinen Altstadt mit ihren 154 Einzeldenkmälern — der höchsten Dichte, die es im Lande gibt — Geschichte so lebendig.

2. Die Stadtgestalt

In der Stadtbaukunst wird häufig von „gewachsenen" und „geplanten" Städten gesprochen. In Blieskastel stoßen beide Typen unmittelbar aneinander.

Die *„gewachsene Stadt"* umfaßt den unteren Teil der Schloßbergstraße, die Alte Pfarrgasse, die Brunnengasse und die Straße An der Stadtmauer sowie den mittleren Abschnitt der Kardinal-Wendel-Straße, der Hauptstraße des alten

Stadtkerns. Von den drei Stadttoren ist keines erhalten geblieben. Die ehemalige Lage der „Altpforte", der „Mühlpforte" und der „Talpforte" ist aber ungefähr bekannt. Die Straßenzüge passen sich der Topographie an. Die Häuser sind eng an eine Felsstufe gebaut. So entstanden winklige Gassen, kleine Plätze, schmale Durchgänge. Die meisten Gebäude stammen aus der ersten Hälfte des 18. Jh. Das älteste Gebäude, Kardinal-Wendel-Str. 40., läßt sich sogar in das Jahr 1596 datieren. Der Herkulesbrunnen entstand 1691. Abb. 1 zeigt den Stadtgrundriß kurz vor der Verlegung der von der Leyen'schen Residenz nach Blieskastel.

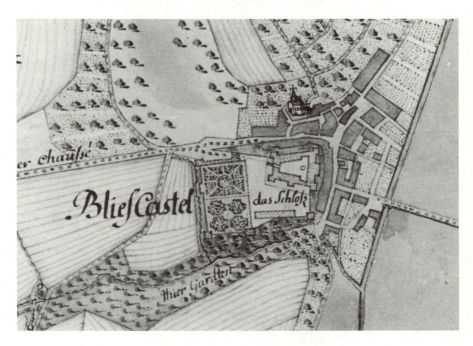

Abb. 1: Stadtplan von Blieskastel aus dem Jahre 1762 (2).

Wenn die Bebauung dieses frühneuzeitlichen Teils der Stadt heute auch sehr viel uneinheitlicher ist als zur Zeit der von der Leyen und ihrer barocken Planungen, so läßt sich dennoch ein Grundtypus erkennen. Es ist das niedrige, zweigeschossige, traufständige, verputzte Haus (Abb. 2). Giebelständige Häuser sind die Ausnahme, sind bedingt durch die besondere Situation. So ist z.B. das Haus Schloßbergstraße 8 Endpunkt einer Sichtachse, das Haus Kardinal-Wendel-Straße 50 betont eine Straßenecke.

Bereits zu Beginn des 18. Jh. gab es im alten Stadtkern keine freien Bauplätze mehr. So baute man vor den Stadttoren. Dennoch, erst mit dem Schloßumbau ab 1773 begann eine planmäßige Ausdehnung größeren Umfangs.

Die Bebauung der Schloßbergstraße macht dies sichtbar. In der westlichen Verlängerung weitet sie sich allmählich aus, nach einem akzentuierten Knick verengt sie sich wieder (siehe Abb. 11). Dies ist nicht topographisch bedingt,

Abb. 2: Typisches Wohnhaus des frühen und mittleren 18. Jh. in der frühneuzeitlichen Stadt, Kardinal-Wendel-Str. 58.

sondern als deutlicher Hinweis auf die Bedeutung dieser Stelle geplant. Denn damit wird sowohl die gegenüberliegende Schloßeinfahrt betont, als auch die Wohnstatt des obersten Amtmannes der Grafschaft, das „Kleine Schlößchen", aus dem „authentischen barocken Ensemble" (*Denkmalliste* 1986, S. 1103) herausgehoben. Gleichzeitig bleibt die „Gruppe der sog. Hofratshäuser mit dem 'Kleinen Schlößchen' durch Portalscheinarchitektur sowie durchlaufende Geschoß- und Kranzgesimse einer geschlossenen Straßenfront streng eingebunden" (GÖTZ 1985, S. 142) (siehe Abb. 3). Die architektonische Ausbildung der oberen Schloßbergstraße ist ein hervorragendes Beispiel für die Fähigkeit barocker Architekten, den „genius loci" des Ortes aufzunehmen, ihn mit ihren eigenen Vorstellungen zu vereinen und daraus ein Gesamtkunstwerk zu schaffen.

Im weiteren Verlauf nach Westen finden sich auf der rechten Seite der Schloß-bergstraße „eine Reihe einfacher Häuser von Hofbediensteten", auf der linken neben dem Franziskanerkloster mit anschließendem Konventgebäude die Schloßkirche. Sie ist ein bemerkenswerter, wenn auch „einfacher Saalbau mit eingezogenem Chor" und einer „aufwendigen Fassade" im Westen, geplant von Peter Reheis, einem Stengelschüler, und von 1776 bis 1781 in einem „reduzierten" Programm erbaut (*Denkmalliste* 1986, S. 1105).

Abb. 3: Schloßbergstraße mit Hofratshäusern (vorne) und 'Kleinem Schlößchen' (hinten).

Die *„geplante" Stadterweiterung* im Osten beschränkt sich dagegen nicht auf einen einzigen Straßenzug, sondern grenzt großflächig an die Häuser der Kardinal-Wendel-Straße an und führt diese in beide Richtungen weiter. Eine rechtwinklige Blockbebauung um Parade- und Luitpoldplatz sowie beidseitig der Zweibrückerstraße, Von-der-Leyen-Straße und Gerbergasse, mit klarer Gliederung der architektonischen Massen und einheitlicher Bauweise, ist ihr Kennzeichen. Heute sind zwar eine Reihe von Bauten entstellt, vor allem durch das Herausbrechen breitgelagerter Schaufensterfronten im Erdgeschoß und das Anbringen von Vordächern, auch durch die Beseitigung von Fenstersprossen und -läden und durch den Einbau von Aluminiumhaustüren. Trotzdem läßt sich der Grundtypus des Hauses noch ablesen: ein traufständiger, zweigeschossiger, fünfachsiger Bau mit Kellern im hohen Sockelgeschoß und einem symmetrisch plazierten, tief ins Hausinnere gezogenen und nur über Eingangsstufen erreichbaren Portal, dessen Abschlußfeld bis zum Gurtgesims reicht. Besonders an der Ostseite der Von-der-Leyen-Straße gibt es gute Beispiele für diesen Typus (Abb. 4).

Barocker Sinn für Repräsentation spiegelt sich auch in der landschaftlichen Erschließung der Stadt. Quer durch die Bliesaue, durch eine Baumallee markiert, führte die „via triumphalis" (LÜTH 1987, S. 8), die Zweibrückerstraße, direkt auf das stadtbildbeherrschende Schloß zu. Auch heute noch kann man diese repräsentative Silhouette bei der Einfahrt aus Richtung Zweibrücken/Homburg wahrnehmen, obgleich das in der französischen Revolution zerstörte Schloß durch einen unproportionierten, viel zu wuchtig und breit geratenen Schulbau ersetzt wurde, der eine Stellvertreterfunktion übernehmen muß.

Abb. 4: Typisches Wohnhaus des späten 18. Jh. in der barocken Stadterweiterung, Von-der-Leyen-Straße 26.

Von der gesamten großzügigen Schloßanlage sind neben Teilen der Mauer und Resten der ehemaligen Schloßtreppe (*Denkmalliste* 1986, S.1106) nur der *Lange Bau* – die sogenannte „*Orangerie"* – erhalten (Abb. 5). Sein Baumeister ist bis heute unbekannt (3). Die Aufgabe dieses „wenig tiefe(n), zweigeschossig(n)", fünfachsigen Baues – geplant waren zwölf Achsen – ist noch unklar. Man vermutete hier die Orangerie. Aber dagegen „spricht alles: die ehedem offene Arkadenhalle des Erdgeschosses, die geringe Raumtiefe, die Höhe des Untergeschosses". Wahrscheinlicher ist eine Zweckbestimmung als „Galerie", wie man sie im französischen Schloßbau des 16. und 17. Jh. häufig findet, und „die Verwendung als Ballhaus", besonders, da der „obere Saalraum nicht unterteilt war" (Götz 1985, S. 135-136).

Abb. 5: Der Lange Bau, die sog. „Orangerie".

Die „Orangerie" ist nicht nur „das bedeutendste Beispiel deutscher Architektur des 17. Jahrhunderts im Saarland" (*Denkmalliste* 1986, S. 1117) sondern auch „ein in der ganzen deutschen Baukunst des 16./17. Jahrhunderts seltenes Beispiel einer höfischen Gartenarchitektur" (Götz 1985, S. 135-136). Mit ihr als eng verbunden anzusehen ist der Schloßgarten, der sich ehemals in zwei Terrassen vor der Arkadenfront ausbreitete (siehe Abb. 1). Die obere Terrasse wurde in jüngster Zeit neu gestaltet, die untere ist heute überbaut.

Beim Eintritt in die Stadt von Osten flankieren die Zweibrückerstraße zwei miteinander korrespondierende Bauten: der „Blieskasteler Hof" (1784 bis 1786 erbaut) und das jetzige Rathaus, ehemals Oberamts-, Witwen-, Waisen-, Markthaus und Kaserne. Die Hauptschauseite dieses Gebäudes ist seine mit einem „flachen, dennoch wohldifferenzierten Relief" (Götz 1985, S. 142) geschmückte südliche Giebelfassade. Es wurde 1774/75 von Christian Ludwig Hautt errichtet. Nur wenige Mehrzweckbauten dieser Art, die ehedem gleichzeitig so verschiedenen Aufgaben zu dienen hatten, sind erhalten. So kommt ihm schon von daher große Bedeutung zu.

Die Längsseite des Rathauses begrenzt den baumbestandenen, heute als Parkplatz genutzten und durch einen Imbißkiosk verunstalteten *Paradeplatz*. Die architektonische Form der gegenüber liegenden Bauten, die Straßenfront der Von-der-Leyen-Straße, korrespondiert mit dem Rathaus. Ursprünglich waren auch die Häuser an den Schmalseiten aufeinander bezogen und verhalfen damit dem Platz zu einer geschlosseneren Wirkung. Das im historisierenden Stil errichtete Gebäude der Volksbank von 1966 ersetzt den Vorgängerbau an der südlichen Platzseite.

Der Von-der-Leyen-Straße fehlt im Süden ein architektonischer Abschluß. Am entgegengesetzten Ende stößt sie auf den Luitpoldplatz. Dieser, ehemals breit gelagert, wurde von der niemals vollendeten und Anfang des 19. Jh. abgetragenen Stiftskirche begrenzt. Heute durchquert ihn die Bliestalstraße, und erst jenseits von ihr bildet das Amtsgericht von 1951 die Platzwand. Damit erhält der Platz entgegen der ursprünglichen Anlage eine Längsrichtung, die seine Geschlossenheit stört. Der mit einem kleinen Turm herausgehobene Eingangsbereich des Gerichtsgebäudes — unverständlicherweise nur ungefähr in der Achse der Von-der-Leyen-Straße — ist für eine Platz- und Straßendominante viel zu schwach.

Einige kleinere Gewerbeansiedlungen am Stadtrand, die „Modernisierungen" der 1950er und 1960er Jahre sowie die gesichtslosen, teilweise häßlichen Neubauten als Ersatz für, übrigens nicht durch Kriegseinwirkungen, zerstörte Altbausubstanz können dennoch nicht den geschlossenen Stadteindruck zerstören, obwohl sie leider keinerlei Rücksicht auf historische Proportionen, Details und Charakteristiken nehmen.

Eine Ausweitung der Bebauung in das Bliestal hinein verhinderten die jährlichen Überschwemmungen und schwierige Bodenverhältnisse. Diese hatten schon bedingt, daß die Bauten des Barock alle auf Pfählen mit Eichenrosten gründen. Die Ausweisung neuer Wohngebiete auf der entgegengesetzten Seite der alten Stadt, den Hanberg hinauf, führte zur Flucht der Bewohner in Villen vom Typ „Schwarzwaldhaus", die keineswegs in der Tradition regionalen saarländischen Bauens stehen.

Das Desinteresse an der alten Stadt wuchs, leerstehende Wohnungen und dem Zerfall überlassene Häuser waren und sind die Folge. Die schlechte Anbindung durch öffentliche Verkehrsmittel ließ den privaten Autoverkehr ständig zunehmen. Dies führte zur Überlastung der engen Straßen und zu Parkplatzproblemen. Dies alles, verbunden noch mit wirtschaftlichen Defiziten, hätte die Altstadt Blieskastels ruinieren können. Es zu verhindern, beschloß der Stadtrat 1978 ihre Sanierung.

In DEHIOS Rede von 1901 „Was wird aus dem Heidelberger Schloß werden?" heißt es: „Von vornherein versteht es sich von selbst, daß die Heidelberger Schloßruine, wenn man sie sich selbst überläßt, nicht in alle Zeiten unverändert in ihrem jetzigen Zustand verharren kann: unwiderstehlich, wenn auch langsam, werden die Elemente an ihrer Auflösung arbeiten, das ist ein Schicksal, dem ein jedes Bauwerk eigentlich schon vom Momente seiner Vollendung an, entgegengeht" (DEHIO 1988, S. 34). Gleiches gilt für ein Stadtbauwerk, das im Falle Blieskastel zwar noch keine Ruine ist, dennoch dem Verfall preisgegeben, wenn keine bauliche und wirtschaftliche Sanierung durchgeführt würde.

Voraussetzung jeder Revitalisierung ist eine Bestandsaufnahme, aus der die notwendigen Maßnahmen abgeleitet werden können. Die amtliche Denkmalpflege hat durch die Aufstellung der Denkmalliste ihren Beitrag geleistet. „Vorbereitende Untersuchungen" — nötig, um eine Sanierung nach dem damals noch geltenden Städtebauförderungsgesetz durchzuführen — waren der Einstieg der Stadtverwaltung.

3. Die denkmalschutzrechtliche Situation

Nach dem saarländischen Denkmalschutzgesetz ist es Aufgabe von Denkmalschutz und Denkmalpflege, „die Kulturdenkmäler als Zeugnisse menschlicher Geschichte und örtlicher Eigenart zu schützen und zu erhalten; insbesondere soll deren Zustand überwacht, gepflegt und wiederhergestellt werden" (§ 1 Abs. 1). Es lassen sich „Einzeldenkmäler", „Ensembles" und „Denkmalschutzgebiete" unterscheiden.

In Blieskastel stehen 154 *Einzeldenkmäler* unter Schutz. Desweiteren sind die gesamte Altstadt sowie die Klosteranlage „Auf dem Han", die evangelische Kirche „Auf der Agd" und der Ortskern Lautzkirchens — eines schon früh eingemeindeten Dorfes nördlich der Altstadt — als *Ensembles* ausgewiesen. Mit dem Begriff „Ensemble" will das Gesetz ein „Gruppendenkmal schützen, dessen Aussagen weniger aus dem Einzelteil als aus dem Gruppenzusammenhang der Teile erwächst und verständlich wird. Nicht jeder Teil des Ensembles muß, für sich gesehen, Denkmalwert haben. Es genügt, wenn er als Teil den Zusammenhang der übrigen Denkmalsubstanz stützt" (*Denkmalliste* 1986, S. 1102).

Darüberhinaus ist die Altstadt mit allen Grünanlagen und Gärten als *Denkmalschutzgebiet* ausgewiesen worden, weil für die Stadt das Umfeld und die stadträumlichen Zusammenhänge außerordentlich wichtig sind. Nach dem Denkmalschutzgesetz (§ 3 Abs. 1) können „bauliche Gesamtanlagen, kennzeichnende Ortsbilder und Ortsgrundrisse, historische Parkanlagen und Gräberfelder sowie historische Wirtschaftsflächen und -anlagen ... zu Denkmalschutzgebieten erklärt werden". Ein solches raumübergreifendes Denkmalschutzgebiet soll Zusammenhänge verdeutlichen, wie z.B. den, daß die Stadt nicht ohne das Land, auf das sie sich bezieht, existieren kann.

So sind in Blieskastel „Einzeldenkmal und Ensemble ... Bestandteile eines Denkmalschutzgebietes, das neben den Gebäuden die Stadtstruktur und ihre naturräumlichen Rahmenbedingungen ebenso schützt wie geschichtlich geprägte, oft unsichtbare Beziehungen. Die schützenswerten Eigenschaften sind nicht an die originale materielle Substanz gebunden, sondern an geprägte geschichtliche Beziehungen, Strukturen und Bilder. Diese können durch Denkmäler konkretisiert werden, müssen es aber nicht" (LÜTH 1987, S. 9). Folglich dürfen alle Veränderungen im Bereich des Denkmalschutzgebietes Blieskastels, auch solche außerhalb von Einzeldenkmälern, nur im Einvernehmen mit der Denkmalfachbehörde vorgenommen werden.

Akzeptieren viele Bürger die Einschränkungen ihrer individuellen Verfügungsgewalt über ihr Eigentum schon nicht, wenn es sich dabei um ein Denkmal handelt, wieviel schwerer ist es, ihnen verständlich zu machen, daß sie im Denkmalschutzgebiet Auflagen akzeptieren müssen, auch wenn die betreffenden Objekte gar keine Denkmäler sind.

Für Blieskastel als bisher einzigem saarländischen Ort ist eine vollständige *Denkmalliste*, die allerdings jederzeit verändert werden kann, erstellt worden. Durch die Veröffentlichung haben alle interessierten Bürger Zugang zu ihr. Dennoch werden immer wieder Eingriffe in die Denkmalsubstanz durch Hausbesitzer vorgenommen, sei es aus tatsächlicher, sei es aus vorgeschobener Unwissenheit. Allein das Wissen um den Denkmalschutz eines Hauses genügt nicht. Die Kenntnis der damit verbundenen Konsequenzen muß vermittelt und vor allem einsichtig gemacht werden. Es muß aufgezeigt werden, daß die Einschränkungen in der persönlichen Verfügungsgewalt über das Eigentum dadurch ausgeglichen werden, daß mit einer Renovierung unter denkmalpflegerischen Gesichtspunkten der materielle Wert eines Hauses erhalten oder sogar gesteigert werden kann. Vor allem aber muß der Respekt vor dem kulturellen und geschichtlichen Wert und die Liebe zu einem denkmalgeschützten Haus geweckt werden. Dies alles sollte in Blieskastel in einem noch stärkeren Maße als bisher geleistet werden.

Die Erhaltung eines Stadtdenkmals sprengt den Rahmen konventioneller Denkmalpflege, weil nicht nur bauliche, sondern auch soziale und ökonomische Strukturen erhalten und verbessert werden müssen. Denkmalpflege kann hier nicht isoliert betrachtet werden. Sie muß sich einbinden in den komplexen Bereich der umfassenden *Stadtentwicklung*. Sie muß daher Kompromisse eingehen können und Verständnis zeigen für die unterschiedlichsten Interessenlagen.

4. Die „Vorbereitenden Untersuchungen" als Bestandsaufnahme

Auf der Basis der „Vorbereitenden Untersuchungen" wurde 1981 das *Sanierungsgebiet „Stadtmitte Blieskastel"* förmlich festgelegt und 1984 erweitert. 1986 verabschiedete der Stadtrat einen *Sanierungsrahmenplan* sowie „Richtlinien zur Förderung von Modernisierungs- und Instandsetzungsmaßnahmen privater Gebäude innerhalb des förmlich festgelegten Sanierungsgebietes" und „Örtliche Bauvorschriften zur Gestaltung, zum Schutze und zur Erhaltung des historischen Orts- und Straßenbildes", letztere in Nachfolge einer bereits 1973 aufgestellten Ortssatzung, die aber von Hausbesitzern wenig beachtet und deren Durchsetzung von den zuständigen Behörden kaum betrieben wurde.

Die „Vorbereitenden Untersuchungen" stellten erhebliche „bauliche, hygienische und strukturelle Mängel" im gesamten Altstadtbereich Blieskastels fest. Zum Zeitpunkt ihrer Erstellung war zwar ein Denkmalschutzgebiet noch nicht ausgewiesen, und nur wenige Bauten standen unter Schutz, gleichwohl kannten die Verfasser die große Bedeutung der historischen Bausubstanz (vgl. GSS 1980, S. 6 u. 28). Die Merkmale der barocken Bauten beschreiben sie und weisen auf Stilbrüche hin (GSS 1980, S. 27). Dennoch wurden gestalterische und denkmalpflegerische Schäden nicht als „Mängel" eingestuft und die Forderung, sie zu beseitigen, nicht ausdrücklich erhoben. Die aufgedeckten sogenannten „Mißstände" sind nach Auffassung der Verfasser der Untersuchung mit den Zielvorstellungen für die Stadt — eine zentralörtliche Versorgung mit öffentlichen und privaten Dienstleistungen über die Stadtgrenzen hinaus zu gewährleisten, zum bevorzugten Standort sowohl für das Wohnen als auch das Gewerbe aufzusteigen und als Kur- und Erholungsort mit attraktiver Ausstattung zu gelten — nicht in Einklang zu bringen (GSS 1980, S. 10). Aufgabe einer Sanierung sollte es daher sein, den historischen Baubestand zu erhalten, gleichzeitig aber neue Funktionen und heutige Nutzungsmöglichkeiten zu stärken.

Im einzelnen ermittelte die Untersuchung folgendes Bild: Der frühneuzeitliche Teil der Altstadt dient seit je dem Wohnen und soll diese Funktion auch behalten. Handwerk und Gewerbe spielen hier nur eine untergeordnete Rolle (GSS 1980, S. 17). Bedingt durch die Topographie und die weitgehende Überbauung der Grundstücke ist ein großer Teil der Gebäude nur schlecht belichtet und belüftet. Zumeist fehlt jeglicher Komfort in den Häusern, so daß sie von einkommensschwachen Bevölkerungsschichten bewohnt und wenig gepflegt werden, teilweise auch leerstehen. Ungefähr die Hälfte der Wohngebäude befindet sich in einem schlechten Bauzustand (GSS 1980, S. 44). Für einen Teil der Häuser soll sogar ein möglicher Abriß überprüft werden (GSS 1980, S. 25).

Die Erfassung von Mißständen ist planungsnotwendig. Die daraus gezogene Konsequenz des Abbruchs ist allerdings bei solchen Häusern unverständlich, die — wenn auch zum Zeitpunkt der Untersuchung noch nicht formal als Denkmäler ausgewiesen — von Fachleuten in ihrer historischen Bedeutung hätten erkannt werden müssen.

Der barocke Teil der Altstadt soll nach Auffassung der Verfasser der Untersuchung Handels- und Dienstleistungszentrum einer Mittelstadt bleiben bzw. erst wieder werden, denn augenblicklich sei ein „geordneter Funktionsablauf nicht mehr möglich". Gewerbeflächen werden dringend benötigt, aber auf Grund des historischen Stadtgefüges sind die Erweiterungsmöglichkeiten sehr begrenzt, die Grundstücke stark überbaut, Erschließung, Andienung und Parken bereiten große Schwierigkeiten.

Zur Verbesserung der „Entwicklungsmöglichkeiten von Handel, Handwerk und Dienstleistungsbetrieben" wird wieder zunächst Abriß vorgeschlagen, Hoferschließungen und Entkernungen der Blockinnenbereiche durch Abriß von Nebengebäuden. Zu verbinden sei dies mit der Auslagerung flächenintensiver Betriebe (GSS 1980, S. 45 ff.)

Weiter empfiehlt die Untersuchung die Anlage eines „innerstädtischen Fußwegenetzes" und Maßnahmen der Verkehrsberuhigung. Der Fehlbedarf von ca. 245 errechneten Parkplätzen wird als „städtebaulicher Mißstand" angesehen, da ein „wesentlicher Bestandteil eines funktionierenden Stadtzentrums ... in der Bewältigung des ruhenden Verkehrs" liege (GSS 1980, S. 48).

Insgesamt schlagen die „Vorbereitenden Untersuchungen" auch für Blieskastel das vielerorts bereits praktizierte Sanierungsrezept vor: *Abriß, Modernisierung der Gebäude, Auskernung der Grundstücke, Verlagerung störender Betriebe, Verkehrsberuhigung und Schaffung von Parkplätzen.* Dieses Rezept ist mit einer Reihe negativer Konsequenzen behaftet: z.B. sind die Mieten modernisierter Gebäude für die Mieter häufig nicht mehr tragbar — hierauf weist die Untersuchung allerdings auch hin (GSS 1980, S. 34) —, alteingesessene Betriebe können ihren Kundenstamm verlieren, Einkäufer können Geschäfte nicht mehr anfahren und bleiben weg. *Daß dieses Rezept für die historische Altstadt von Blieskastel unangemessen ist, liegt auf der Hand.*

5. Denkmalpflege und Sanierung im Konflikt

Blieskastels Altstadt ist gleichzusetzen mit dem funktionalen Stadtzentrum. Diese Altstadt steht nun als Ganzes unter Denkmalschutz und ist auch als Ganzes als Sanierungsgebiet ausgewiesen, eine einmalige Situation im Saarland. Selbstverständlich läßt sich dies nicht ohne Schwierigkeiten vereinbaren. Die Ziele weichen voneinander ab, sind teilweise sogar *konträr.*

Sanierung bedeutet immer Behebung von Mißständen baulicher, struktureller oder sozialer Art. Für den Denkmalschützer aber können diese sogenannten „Mißstände" einen bedeutenden kulturhistorischen Wert darstellen, der in seiner überkommenen Art unbedingt zu erhalten ist. Der Denkmalpfleger möchte nicht nur das Äußere eines Hauses, sondern u.U. auch die typische innere Raumaufteilung bewahren. Dagegen steht die unter Sanierungsaspekten gewünschte Erzielung eines Neuheitswertes durch Anpassung an moderne technische Ausstattung und sanitäre Verhältnisse. Bei einer Sanierung mit staatlicher Unterstützung wird erwartet, daß wenigstens eine annähernde Angleichung an die Standards des sozialen Wohnungsbaus erreicht wird. Das ist aus der Sicht des Denkmalschutzes oft nicht möglich.

Im Widerspruch zu den Wünschen der Denkmalpflege stehen häufig auch die *Sicherheitsnormen* unserer Baubestimmungen, z.B. was den Feuer-, Lärm- und Wärmeschutz angeht. Sie können in Altbauten ohne große Eingriffe in die Struktur nur teilweise oder gar nicht erreicht werden. Eine vollständige Anpassung an die Normen würde bei vielen Bauten einer Zerstörung der historischen Substanz gleichkommen.

Ähnliches gilt auch für den Außenraum. Ein dichtbebautes Wohngebiet, das Geschoß- oder Grundflächenwerte eines Kerngebietes erreicht, kann auf Grund unserer Baubestimmungen nicht akzeptiert werden. Es ist zu entkernen, auch unter Opferung reizvoller, verwinkelter Innenhöfe, die die Denkmalpflege gerne erhalten hätte. Dieses Problem ist nur durch Änderung der Baugesetze zu lösen.

Denkmalschutz ist nicht möglich ohne Beschränkung des Privateigentums und individueller Nutzung. Er ist auch nicht möglich ohne Beschränkung der Verkehrs- und Arbeitsinteressen. Aber Denkmalschutz geht nicht in jedem Falle allen anderen Interessen im Range vor. Es müssen Abwägungen vorgenommen werden. Ob ökonomische Interessen dem Denkmalschutz unter- oder überzuordnen sind, ist für jeden Einzelbau und jeden Hausbesitzer neu und individuell abzuwägen. Entsprechendes gilt für das Gesamtdenkmal Altstadt. Das

Ergebnis des Abwägungsprozesses muß ein verbindliches Gesamtkonzept sein, daß von allen Seiten getragen wird.

In Blieskastel scheint ein solches Gesamtkonzept noch nicht gefunden zu sein. Dies gilt vor allem für die Verwendung der Sanierungsmittel, die von Land und Bund zur Verfügung gestellt werden. Der Landeskonservator wünscht die Priorität ihres Einsatzes bei der Restaurierung und Revitalisierung des Baubestandes der Altstadt. Die Stadt hält ihre Verwendung für Planungsarbeiten, Begrünungsmaßnahmen und Behebung der Verkehrsprobleme für wichtiger.

6. Die Maßnahmen der öffentlichen Hand

Bis vor wenigen Jahren führte eine Hauptverkehrsstraße, die Kardinal-Wendel-Straße, quer durch den Altstadtbereich. Sie hatte ein erhebliches Verkehrsaufkommen aufzuweisen. Die dadurch ausgelösten Erschütterungen schadeten den Bauten, der Lärm und die schlechte Luft den Menschen.

Inzwischen ist der Verkehr umgeleitet, die Kardinal-Wendel-Straße zwischen Schloßberg- und Bliesgaustraße zur *Fußgängerzone* zurückgebaut, gepflastert und mit der üblichen, hier allerdings sparsam eingesetzten Möblierung aus Blumenkübeln und Bänken versehen. Zweifelsohne ist diese Fußgängerzone ein Gewinn für die Stadt. Doch hätte nicht eine verkehrsberuhigte Zone gereicht? Zumindest sollte sie für das Anfahren von Wohnungen und Geschäften freigegeben werden. Zur Straße gehört seit jeher der Verkehr. Ihn ganz zu verbannen, ist eine Unsitte erst der letzten Jahrzehnte. Nun kommt vielen der alte Marktplatz öde und leer vor, und der Ruf nach mehr Möblierung und Bäumen wird laut.

Die ehemaligen *Bürgersteige* sind durch andersgeartete Pflasterung markiert und durch Abflußrinnen von der eigentlichen Straße bzw. den Plätzen getrennt. Indem aber die Hochborde beseitigt und der gesamte Freiraum zwischen den Gebäuden nivelliert wurde, haben sich die Raumproportionen verändert. Ein Vergleich des heutigen Zustandes mit jenem auf alten Fotos abgebildeten macht die Veränderung deutlich. Er zeigt auch, daß die heutige „kunstvolle" Pflasterornamentik völlig überflüssig ist. Warum griff man bei der Auswahl des Pflastermaterials und der Verlegeweise nicht auf die alten Beispiele zurück? Wo früher eine leichte Geländesteigung einen gleichmäßigen Gang ermöglichte, werden heute unregelmäßige Treppenabsätze zu Stolperfallen. Anfang und Ende der Fußgängerzone finden keinen optischen Halt; eine prägnante Torbildung, wie in der barocken Planung mit der Einfahrt in die Stadt, wurde nicht geschaffen. Allerdings sind die heutigen Begrenzungen noch nicht die endgültigen der Fußgängerzone.

Erfreulich aber ist, daß diese dennoch reizvolle innerstädtische Freifläche, auf der Herkules- und Schlangenbrunnen Anziehungspunkte bilden (Abb. 6), von der Bevölkerung angenommen wird. Menschen ruhen auf Bänken aus und beobachten das Treiben, Kinder spielen, samstags findet ein Gemüsemarkt statt, Cafés und Gaststätten nutzen sie zur Bewirtung ihrer Gäste, Geschäfte sehen in ihr eine erweiterte Ladenfläche, so daß sie wieder die Funktion eines Wirtschaftshofes ausübt.

In einem ursprünglichen Konzept war um die beiden Brunnen eine *Baumbepflanzung* vorgesehen. Der gesamte Altstadtbereich sollte mit Einzelbäumen,

Abb. 6: Alter Markt mit Schlangenbrunnen.

Baumalleen und Baumgruppen rasterartig durchgrünt werden. Daß dabei ein Baum mitten auf einer Straßenkreuzung gepflanzt werden sollte, mag als Planungspanne betrachtet werden. Eine Realisierung dieses Konzeptes würde aber eine entscheidende Veränderung im Stadtbild Blieskastels bedeuten. Die „durchgrünte Stadt" ist eine Leitvorstellung unserer Zeit. Noch entscheidender aber ist, daß diese Grünpflanzungen die wertvollen Gebäude verstellen, die räumlichen Strukturen verändern würden und das Stadtbild nicht mehr allein von der Architektur geprägt würde. Der Einspruch des Landeskonservators vermochte diese überflüssige und schädliche Durchgrünung bis heute zu verhindern.

Zwei wichtige öffentliche Gebäude wurden in den letzten Jahren restauriert. Das *Rathaus* am Paradeplatz wurde instandgesetzt und mit einem Anstrich versehen, der dem originalen entsprechen soll.

Von größerer Bedeutung ist die Restaurierung des Langen Baus, der *Orangerie*. Sie war lange Zeit zu Wohnzwecken mißbraucht worden, dann leerstehend und stark verkommen. Die Restaurierung des Gebäudes und der Gartenanlage auf der oberen Terrasse nahm das Land als Eigentümer des Anwesens vor und investierte einen Betrag von 4 Mio. DM. Bei den Restaurierungsarbeiten wurden neue Befunde zur Baugeschichte entdeckt, die noch ausgewertet werden müssen. Fundamente, Mauerwerk, Decken und das Dach des Baues waren erneuerungsbedürftig. Die zugemauerten Arkaden sind nun wieder geöffnet und als solche erkennbar, allerdings verglast, um das Erdgeschoß nutzen zu können. Eine Eingangshalle und ein gläserner Treppenturm mit einer gewendelten Stahltreppe erschließen nunmehr den Bau an seiner Rückfront. Alt und neu sind durch Bauformen und -materialien klar voneinander abgesetzt. Ohne konkretes

Nutzungskonzept restauriert, hatte man längere Zeit keine rechte Verwendung für den Bau. Dennoch bekam die Orangerie eine behäbige, gemäßigt moderne, leicht rustikale Innenausstattung. Inzwischen hat die Stadt den Bau gepachtet und veranstaltet hier Konzerte, Vorträge, Ausstellungen, Feste usw.

Abgesehen von der Fortsetzung baulicher Maßnahmen vor allem im Tiefbaubereich — der Stadtkern wurde z.B. glücklicherweise vom Durchgangsverkehr entlastet — besteht die wichtige Aufgabe der Stadtverwaltung vor allem in der *organisatorischen Abwicklung der Sanierung*.

Die Ordnung der Privatgrundstücke und die Pflege ihrer Bauten muß die Stadt dem einzelnen Bürger überlassen. Der Erfolg hängt im wesentlichen von dessen Einsicht und Initiative, nicht zuletzt auch von dessen finanziellen Möglichkeiten ab. Die Verantwortung für das Baugeschehen liegt dennoch bei Rat und Verwaltung. Mit der Aufstellung eines Sanierungsrahmenplanes, mit der Gestaltungssatzung, mit der Einrichtung eines Bürgerberatungsbüros, nicht zuletzt auch mit finanziellen Zuschüssen bei privaten Sanierungen tragen sie dem Rechnung. Ist dies ausreichend? Die Stadt lehnt die Aufstellung von Bebauungsplänen für die Altstadt, die sich die Denkmalpflege zumindest für Teilbereiche wünscht, ab. Sie verweist auf den rechtskräftigen *Sanierungsrahmenplan*. Bebauungspläne sind in der Tat ein wenig geeignetes Instrument für die Bewältigung der Probleme der Altstadt. In ihnen sind die überbaubaren und nichtüberbaubaren Grundstücksflächen, Maß und Art ihrer Nutzung, zum Abriß freizugebende Bauten usw. verbindlich festzuschreiben, und sie unterliegen der Anwendung der Baunutzungsverordnung mit ihren strengen Vorschriften, die im Altbaubestand nur selten einzuhalten sind. Gegenüber einem Bebauungsplan hat der Sanierungsrahmenplan auch den Vorteil, daß im Detail ohne aufwendiges Verfahren Änderungen vorgenommen werden können.

Darin liegt aber auch ein entscheidender Nachteil. Er ist erstens vergleichsweise rechtsunsicher, weil seine Inhalte nicht auf Dauer verbindlich sind. Und er bietet zweitens die Möglichkeit, individuelle Interessen einzelner Bürger — auch ungerechtfertigte — zu berücksichtigen. Er ist also leicht zu mißbrauchen. Ein Rahmenplan ist daher nur akzeptabel, wenn er von Rat und Verwaltung ernstgenommen, aber auch von den betroffenen Bürgern respektiert und akzeptiert wird.

Ein weiterer Nachteil des Rahmenplanes liegt darin, daß auf seiner Basis manche erwünschten Entwicklungen rechtlich nicht durchgesetzt oder unerwünschte verhindert werden können. Erklärtes Ziel Blieskastels ist es, Fremdenverkehrsort mit überregionaler Bedeutung zu werden. Dazu gehört z.B. die räumliche Steuerung der Ansiedlung von Hotels, Gaststätten und Restaurants. Das läßt der Rahmenplan nur schwer zu. Auf seiner Basis ist nicht einmal die Einrichtung einer Kneipe in einem Wohngebiet zu verhindern, wenn die baulichen und hygienischen Voraussetzungen gegeben sind. Wie kann die Anzahl der Gaststätten gesteuert werden, was notwendig ist, wenn man die Entwicklung der Stadt zu einem Amüsierbetrieb verhindern will? Wie will die Stadt die Einrichtung von Videotheken, Spielhallen usw. in den Griff bekommen? Es bleibt noch abzuwarten, ob Blieskastel mit dem Instrument des Sanierungsrahmenplans gut fährt.

Ob ein Bebauungsplan eines der größten baulichen Probleme der Altstadt lösen könnte, ist fraglich: Es ist der fast verfallene, aber im wesentlichen aus

Einzeldenkmälern bestehende Einmündungsbereich der Alten Pfarrgasse in die Schloßbergstraße (Abb. 7). Zu allererst ist dies ein finanzielles Problem. Die Sanierung dieser Bausubstanz ist einem Privatmann, trotz relativ hoher Zuschüsse aus Denkmalpflege- und Sanierungsmitteln, nicht zuzumuten. Aufgabe der Stadt wäre es, hier selbst tätig zu werden, auch um eventuellen Spekulationen vorzubeugen.

Abb. 7: Verfallende Gebäudesubstanz in der Alten Pfarrgasse.

Schlecht bestellt ist es in Blieskastel mit der *Ahndung* eindeutig *rechtswidriger Maßnahmen* von Privatpersonen. Die Durchführung von Baumaßnahmen ohne die notwendige Genehmigung ist keineswegs selten. Kürzlich wurde in einer Nacht- und Nebelaktion über ein Wochenende ein unter Denkmalschutz stehendes Haus im Inneren völlig entkernt. Das behördliche Untersagen weiterer Arbeiten rettete den verlorenen wertvollen Denkmalbestand nicht mehr. Es wäre zu überlegen, in derartigen Fällen so massive Bußgelder zu verhängen, daß für andere eine Wiederholung solchen Vorgehens absolut unattraktiv ist.

7. Private Restaurierungsmaßnahmen

Ein Stadtbild, das während vieler Jahre wenig gepflegt und vernachlässigt wurde, kann nicht in kurzer Zeit wieder hergestellt werden. Es bedarf eines langen Umdenkungsprozesses. Einen wichtigen Beitrag leistet der „Blieskasteler Förderverein für Stadtgeschichtsforschung und Denkmalpflege" mit der Verleihung von Plaketten für vorbildlich restaurierte und modernisierte Häuser.

Den größten Anreiz zur Nachahmung allerdings liefert wohl die gelungene Restaurierung selbst, wie sie sich z.B. im Haus *Kardinal-Wendel-Str. 49*, dem Eckhaus gegen den Markt direkt am Schlangenbrunnen, heute den Bewohnern und Betrachtern darbietet (siehe Abb. 8). Sie ist auch beispielhaft für die erfolgreiche Zusammenarbeit aller Beteiligten: den Bauherren, dem Architekten Elmar Kraemer, den Bauaufsichtsbehörden und der Denkmalpflege.

Abb. 8: Restauriertes Haus Kardinal-Wendel-Straße 49, Eckhaus am Alten Markt.

Die viel zu weit gespannten Vorstellungen der Bauherren über die Nutzungsmöglichkeiten konnte der Architekt auf ein zu verwirklichendes Maß zurückführen. Ein erforderlicher Anbau in der Kardinal-Wendel-Straße wurde von ihm mit viel Fingerspitzengefühl dem anschließenden Gebäude angepaßt. Die Bauaufsicht willigte in die Erschließung zweier Häuser durch ein gemeinsames Treppenhaus ein. Obgleich der Einbau großer, übereckgehender Schaufenster im Erdgeschoß in früheren Jahren der Statik des Hauses erheblichen Schaden zugefügt hatte, gelang es, den größten Teil der tragenden Holzkonstruktion, die nur an wenigen Stellen durch Stahlträger unterstützt werden mußte, zu bewahren. Eine in den 50er Jahren eingebaute hölzerne Zimmerinnendekoration wurde sorgfältig aufgearbeitet, zu verändernde Rauminnenmaße ihr angepaßt.

Die Erdgeschoßfassade wirkt heute wieder geschlossen, trotz der Unterbrechung durch schmale, hochrechteckige, gerahmte Schaufenster. Die symmetrisch angelegte Ladentür wiederholt den Typus des Blieskasteler Portals. Stufen führen auf den ins Hausinnere verlegten Eingang zu. Die formalen Elemente der barocken Hausfassade sind hier zwar aufgenommen, dennoch verleugnen Erdgeschoß und Anbau ihre Wiederherstellung im Jahre 1987 nicht. Die kontroversen Vorstellungen über die farbige Fassung des Gebäudes zwischen den Bauherren und dem Landeskonservator ließen sich zufriedenstellend lösen: die Wandflächen sind strahlend gelb, die rahmenden Elemente, Gewände und Eckpilaster, leuchtend weiß.

Das fast neue, schwarze Ziegeldach wurde mit finanzieller Unterstützung durch die Stadt gegen ein stilgerechtes, naturrotes Biberschwanzdach ausgetauscht. Bei einem ursprünglich nicht geplanten und auch nicht vom Architekten zu verantwortenden Ausbau des Daches wurde leider auf die Belichtung durch liegende Fenster nicht verzichtet. Sie sind laut Ortssatzung nur in Ausnahmefällen auf nichteinsehbaren Dachflächen erlaubt. Dies trifft bei der Betrachtung aus der Straßenperspektive in diesem Falle auch zu. Nur – zur Schönheit von Blieskastel gehört auch seine *Dachlandschaft*. Sie macht in ihrer immer noch vorhandenen Geschlossenheit geradezu einen großen Teil der Besonderheit der Stadt aus, die man bei einem Blick vom Schloß- oder Hanberg hinunter erleben und bewundern kann. Von hier aus wirken aufgerissene Dachflächen ungemein störend. Die Sünden, die in den Erdgeschossen durch den Einbau großer Schaufenster begangen wurden, wiederholen sich in den Dächern.

Wie unproportioniert, wie störend und zerstörend ein Dach wirken kann, läßt sich leicht am Gebäude der Kreissparkasse feststellen. Aber hier erlebt man es nicht nur aus der Draufsicht. Dieser viel zu hohe Bau mit seinem klotzigen Dach, dem der feine Schwung der alten Dächer fehlt, schiebt sich aufdringlich in die Ansicht des Paradeplatzes.

Auch wenn in einer Stadt wie Blieskastel alle städtebaulichen Planungen und Maßnahmen von der historischen Stadtgestalt des Ensembles und vom denkmalpflegerischen Wert des Einzeldenkmales her beurteilt werden müssen, kann und darf der ökonomische Faktor nicht vernachlässigt werden. Denn nur eine wirtschaftlich gesunde Stadt kann auf Dauer die wertvolle Baustruktur erhalten. Anderenfalls würde sie zu einer leeren Hülle verkommen und bald zur Ruine verfallen. Das „unerbittliche Gesetz der Denkmalpflege, daß im Grunde nur erhalten werden kann, was einen sinnvollen Zweck hat, also in seiner ursprünglichen oder auch in neuer Form genutzt wird" (*Katalog* 1975, S.35), gilt auch für Blieskastel.

Ein großer wirtschaftlicher Pluspunkt für die Stadt könnte der *Fremdenverkehr* werden. Trotz staatlicher Anerkennung als Kneippkurort, eindrucksvoller landschaftlicher Umgebung und der kulturhistorisch wertvollen Bauten ist Blieskastel als Fremdenverkehrszentrum bis jetzt nur wenig entwickelt, dies auch trotz der großen Zahl von Kurgästen in den Bliestalkliniken. Für andere Gäste oder Touristen aber fehlen Übernachtungsmöglichkeiten.

Neuerdings gibt es wieder einige Fremdenzimmer in dem aus dem 17. Jh. stammenden *„Hotel zur Post"* (Abb. 9) dessen Renovierung im Sommer 1989 abgeschlossen wurde. An herausragender Stelle liegend, im einzigen Kreuzungsbereich der frühneuzeitlichen Stadt, kommt diesem Bau große Bedeutung zu.

Um so bedauerlicher ist es, daß zumindest die äußere Restaurierung nicht den Vorstellungen der Denkmalpflege entspricht. Ein nicht zu erhaltendes Nebengebäude in der Poststraße wurde abgerissen und als Betonbau wieder errichtet. Das heute nur vorgeblendete Fachwerk stammt zwar zum Teil vom Ursprungsbau, war an diesem aber bis zu den jetzigen Baumaßnahmen von einer verputzten Backsteinmauer verdeckt.

Abb. 9: Vorgeblendetes Fachwerk beim „Hotel zur Post", Poststraße.

Solch nichtsichtbares Fachwerk kommt häufiger vor, entweder weil es von Anfang an nur konstruktiven Zwecken dienen und nicht sichtbar sein sollte, oder weil aus repräsentativen, auch modischen Gründen zu einem späteren Zeitpunkt eine verputzte Fassade gewünscht wurde. Das Problem, freizulegen oder verputzt zu lassen, lösen die Konservatoren individuell je nach dem Erhaltungszustand und dem Stellenwert des Gebäudes im Gesamtgefüge der Stadt. Hier am Übergang von der „gewachsenen" zur „geplanten" Stadt stört Fachwerk. Es verändert das überkommene Bild der Stadt und ist nach Auffassung des Landeskonservators weder typisch für den Barock noch typisch für das frühneuzeitliche Blieskastel. Tatsächlich fand man bisher erst in wenigen Häusern Wände aus Fachwerk, allerdings nirgendwo auf Sicht angelegtes. Das schließt aber weitere zukünftige Funde, wie sie in anderen saarländischen Orten auch gemacht wurden, nicht aus. Deswegen steht keineswegs endgültig fest, daß Fachwerk untypisch für das frühneuzeitliche Blieskastel ist. Rein konstruktives Fachwerk sollte aber versteckt bleiben. Sichtfachwerk findet sich in einigen Hausgiebeln. Ein solches Beispiel bildet auch der Giebel am Hauptgebäude des Hotels zur Post. Er gehört zum ursprünglichen Bestand.

Nicht weil an dieser Stelle „untypisch" ist somit die Fachwerkfassade des Anbaus des Hotels zur Post vor allem abzulehnen, sondern weil sie heute einem Betonbau nur vorgeblendet wurde. Dies versucht jeder Denkmalpfleger zu verhindern.

Vielleicht versöhnt der liebevolle Innenausbau, der auch bereitwillig getragene, hohe finanzielle Belastungen mit sich brachte, mit dem Hauseigentümer, der dennoch auf dem Fachwerk beharrte.

Im Hof des Hotels erschloß ein Turm mit einer Wendeltreppe — vermutet wurde in ihm ein Wehrturm der alten Stadtbefestigung — die oberen Etagen. Die Baupolizei, die auch den Einbau sehr teurer Feuerschutztüren zur Auflage machte, verbot diesen Zugang. So konnte der Turm nur erhalten werden, indem er mit einer neuen Betontreppe ummantelt wurde. Wie bei anderen Bausanierungen in Blieskastel auch mußten Fundamente unterfangen und die Statik verbessert werden. Die dabei entstehenden Kosten sind im voraus nur nach sorgfältigsten Untersuchungen genau abzuschätzen. Dies wird aber von Architekten und Bauherren oftmals versäumt, so daß bei den Arbeiten häufig unerwartet hohe Kosten entstehen.

Eine alte verglaste Holzgalerie, die viel zum Reiz des Innenhofes beiträgt, wurde sorgfältig wiederhergestellt. Die alten Raumaufteilungen im Innern wurden bewahrt und der Einbau sanitärer Einrichtungen den Räumen mit all ihren Ecken, Winkeln und Schrägen angepaßt.

Die geplante Erweiterung des *„Blieskasteler Hofes"*, eines seit Jahren nicht mehr genutzten Restaurants und Hotels am südlichen Ende des Paradeplatzes, verspricht gerade in seiner äußeren Erscheinung die Belange der Denkmalpflege mehr zu respektieren (Abb. 10). Nach einem Bauwettbewerb ist das Projekt gerade in der Planungsphase. Wird das vorgesehene Programm verwirklicht, besäße Blieskastel damit endlich die nötige Bettenkapazität, um kleinere Kongresse durchführen zu können.

Wettbewerbe im Rahmen des Denkmalschutzes wurden bisher nur wenige ausgeschrieben. Blieskastel ist in dieser Hinsicht ein zu lobendes Vorbild. Wettbewerbsaufgabe im Falle des „Blieskasteler Hofes" war es, die Hotelkapazität wesentlich zu erhöhen, dabei aber den barocken Bau mit seinem östlichen Anbau voll zu erhalten und in seiner architektonischen Aussage nicht zu beeinträchtigen, eine lange Bruchsteinmauer an der östlichen Grundstücksgrenze und den alten Baumbestand in die Planung einzubeziehen sowie eine Verbindung zur benachbarten Festhalle aus den 50er Jahren herzustellen.

Abb. 10: Plan von M. Volf für die Erweiterung des Hotels „Blieskasteler Hof".

Der Wettbewerbsgewinner, der Saarbrücker Architekt Miroslav Volf, löst diese Aufgabe mit typischen Blieskasteler Gestaltungselementen. Durch die Bebauung der Grundstücksgrenze schafft er einen weiteren „barocken" Block, gleichzeitig einen Innenhof, von dem aus die Hotelzimmer entweder ebenerdig oder über verglaste Galerien und offene Laubengänge in den Geschossen erreichbar sind. Die Bruchsteinmauer wird in die neue Ostfassade einbezogen, aber plastisch von ihr abgesetzt. Spannung entsteht durch den Rhythmen- und Formenwechsel der Fensterreihen in Erd- und Obergeschossen. Verschiedenartige Fenster mit unterschiedlichen Aufteilungen nehmen jeweils Bezug auf jene der Altbauten, mit denen sie korrespondieren. Aus dem Inneren heraus werden sich Blickachsen sowohl zum Paradeplatz als auch zu der neuzugestaltenden Freifläche hinter der Volksbank und über diese hinaus zur Evangelischen Kirche „Auf der Agd" ergeben.

Die Festhalle soll auch weiterhin als ein Bau der 50er Jahre erkennbar bleiben. Der Einbau von Fensteröffnungen und einem Oberlichtband in der östlichen Wand, damit das Halleninnere mehr Licht erhält, werden den Bau nicht entscheidend verändern.

Volfs geplante Vergrößerung des „Blieskasteler Hofes" verspricht ein eigenständiger Bau zu werden, der trotz moderner Formen und Materialien den Maßstab des Barock nicht sprengt, der Vielfalt des Stadtbildes verpflichtet ist und den Weg für weitere Entwicklungen weist.

Abb. 11: Besichtigungshinweise für die Blieskasteler Altstadt. ▶

1. Festhalle aus den 1950er Jahren
2. Blieskasteler Hof, erbaut 1784-86
3. Volksbank, erbaut 1966, ursprünglich Stirnbau zum Paradeplatz wie Nr. 7
4. Rathaus, erbaut 1774/75
5. Paradeplatz
6. Mit Rathaus korrespondierende Bauten vom Ende des 18. Jh.
7. Stirnbauten zum Paradeplatz vom Ende des 18. Jh.
8. Neubau der Kreissparkasse
9. Typisches Blieskasteler Wohnhaus vom Ende des 18. Jh.
10. Von-der-Leyen-Str. 25, Ladeneinbau des 19. Jh.
11. Luitpold-Platz
12. Amtsgericht, erbaut 1951
13. Kardinal-Wendel-Str. 61, vornehmes Blieskasteler Wohnhaus, erbaut um 1790
14. Kardinal-Wendel-Str. 58, typisches Wohnhaus des 18. Jh., restaurierungsbedürftig
15. Kardinal-Wendel-Str. 49, Ecke Alter Markt, vorbildlich restaurierter Bau, Anbau in der Kardinal-Wendel-Str. 1987
16. Schlangenbrunnen auf dem Alten Markt, errichtet 1804
17. Kardinal-Wendel-Str. 25/27, interessanter Bau des 18. Jh., vom Verfall bedroht
18. Herkules-Brunnen, errichtet 1691
19. verwinkelte Gassen der frühneuzeitlichen Stadt
20. Alte Pfarrgasse/Schloßbergstr., vom Verfall bedrohte Bauten der frühneuzeitlichen Stadt
21. Schloßbergstr. 36-42, „Hofratshäuser", erbaut 1770-77, Nr. 40 im Saarland einmalig
22. Schloßbergstr. 48, „Kleines Schlößchen", erbaut 1776/77
23. ehemaliges Franziskaner-Kloster, erbaut um 1776
24. Schloßkirche, erbaut um 1780
25. Langer Bau, sogenannte „Orangerie", erbaut um 1670, nach 1980 vollständig restauriert
26. Gartenanlage, um 1985 nachempfunden neugestaltet
27. Schulbau, erbaut in den 1940er Jahren, Stellvertreter für das Schloß
28. Reste der Schloßmauer
29. Schloßbergstraße 11, erbaut 1749, typischer Bau der ersten Hälfte des 18. Jh.
30. Kardinal-Wendel-Str. 12, Hotel zur Post, Bau des 17. Jh., restauriert, Anbau in der Poststraße 1989
31. Kardinal-Wendel-Str. 15, erbaut 1756, bedeutendes Eingangsportal
32. Zweibrücker Str. 15, erbaut um 1790, durch Ladeneinbau verunstaltet
33. Zweibrücker Str. 13, Pendant zu Nr. 32, jedoch erhalten, typisches Blieskasteler Wohnhaus der barocken Stadterweiterung

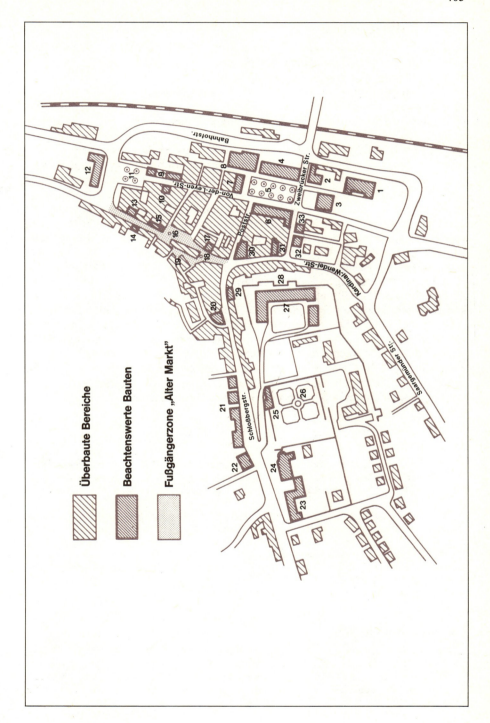

8. Zukunftsaufgaben

Denkmalpflege und Sanierung stehen unter dem gleichen Leitziel der Stadterhaltung. Dieses bedeutet nicht nur Stadtbewahrung sondern auch Stadtentwicklung. Beides hatte viele Jahre lang in Blieskastel nicht stattgefunden.

Die Sanierung des Stadtkerns erzwingt eine geordnete bauliche Weiterentwicklung auch außerhalb des Kerns. Dem wurde von der Verwaltung durch das Aufstellen von Bebauungsplänen Rechnung getragen. Sie ermöglichen Investitionen, schützen den erhaltenswerten Baubestand und enthalten konkrete Hinweise, z.B. auf die spätere Verkehrsführung. Der Durchgangsverkehr soll teilweise auf das künftig nicht mehr benötigte Gleis der Bundesbahn verlegt werden, damit die Bliesgaustraße und ihr Einmündungsbereich in die Bahnhofstraße entlastet und das jetzt isoliert stehende Finanzamt mehr an die Altstadt angebunden werden. Zum anderen soll auf dem ehemaligen Industriegelände entlang der südlichen Ausfallstraße ein durchgrünter, locker bebauter Gewerbepark geschaffen werden. Historisierende Grundriß- und Bauformen an dieser Stelle würden das Stadtdenkmal Blieskastels pervertieren und sollten nicht in Betracht gezogen werden. Am Rande des Gewerbeparks wird ein wohl leider zu hohes und zu massiges Altersheim errichtet werden.

Das für das Stadtbild aber entscheidendere Bauwerk ist ein geplantes Kleinkaufhaus mit einzelnen Geschäften, das Abschlußriegel und Straßendominante der Von-der-Leyen-Straße werden soll. Hierfür sucht die Stadt z.Zt. einen Investor. Dieser Bau, nicht gebunden an einen Vorgänger, auf freiem Gelände ohne unmittelbare Nachbarn, aber dem Stadtbild und der Geschichte Blieskastels verpflichtet, hat die Chance, gute Architektur des 20. Jahrhunderts in der Stadt zu verankern und damit ein Wegweiser zu sein. Dann hätten in Blieskastel nicht nur die Vergangenheit sondern auch die Gegenwart eine Zukunft.

Anmerkungen

(1) Die historischen Daten sind der Abhandlung von MUCH 1975, S. 5-11, entnommen.
(2) Stadtplan von Blieskastel aus dem 'Abriß über die Hoheits-Gränzen zwischen der Hoch-Fürstlich=Pfaltz=Zweybrückisch=und der Hoch-Graefflich=Leyischen Jurisdiction' von 1762, aus MUCH 1975, Abb. 2.
(3) Nach Untersuchungen von M. Vonhoff scheint der Baumeister identifiziert zu sein. Diese Untersuchungen sind bisher nicht publiziert.

Die Autorin dankt dem Landeskonservator, Herrn J. P. Lüth, Herrn J. Krancher, Bauamt Blieskastel, Herrn Prof. Dr. H. Quasten sowie den Architekten Elmar Kraemer und Miroslav Volf für die freundliche Unterstützung.

Literatur und Quellen

DEHIO, G.: Was wird aus dem Heidelberger Schloß werden? — In: Anon. (Hrsg.): DEHIO, G./RIEGL, A.: Konservieren nicht restaurieren, Streitschriften zur Denkmalpflege um 1900, Braunschweig 1988, S. 34-42 (Wiederabdruck einer Rede Dehios von 1901).
Denkmalliste Blieskastel. — In: *Amtsblatt des Saarlandes* Nr. 51, Saarbrücken 1986, S. 1101-1122.

GÖTZ, W.: Ein Überblick über die barocke Baukunst. – In: STAERK, D. (Hrsg.): Das Saarlandbuch, Saarbrücken 1985, S. 135-149.
GSS (Gemeinnützige Saarländische Sanierungsträgergesellschaft): Stadt Blieskastel, Vorbereitende Untersuchungen nach Städtebauförderungsgesetz, o.O. 1980.
Katalog: Wanderausstellung 1975-1976 „Eine Zukunft für unsere Vergangenheit, Denkmalschutz und Denkmalpflege in der Bundesrepublik Deutschland", München 1975.
LÜTH, J.P.: Blieskastel – Wünsche der Denkmalpflege für eine alte und junge Stadt. – Saarpfalz Nr. 2. Homburg 1987, S. 4-13.
MUCH, F.J.: Blieskastel, Blieskastel 1975.

Fotos: Christina und Marlen Dittmann.

Verzeichnis der Autorinnen und Autoren

Aust, Bruno
Dr., Akad. Oberrat, Fachrichtung Geographie, Universität des Saarlandes, Saarbrücken

Bauer, Jutta
Dipl.-Geogr., Wiss. Mitarbeiterin, Fachrichtung Geographie, Universität des Saarlandes, Saarbrücken

Brücher, Wolfgang
Dr., Prof., Fachrichtung Geographie, Universität des Saarlandes, Saarbrücken

Dittmann, Marlen
Dipl.-Ing., Architektin, Saarbrücken

Dörrenbächer, Peter
Dipl.-Geogr., Wiss. Mitarbeiter, Fachrichtung Geographie, Universität des Saarlandes, Saarbrücken

Fliedner, Dietrich
Dr., Prof., Fachrichtung Geographie, Universität des Saarlandes, Saarbrücken

Giersch, Volker
Dipl.-Volkswirt, Industrie- und Handelskammer des Saarlandes, Saarbrücken, Saarbrücken

Goedicke, Christa
Dipl.-Geogr., Ministerium für Umwelt, Saarbrücken

Habicht, Werner
Dr., Akad. Oberrat, Fachrichtung Geographie, Universität des Saarlandes, Saarbrücken

Jost, Paul
Dr., Min.-Rat, Ministerium für Umwelt, Saarbrücken

Kubiniok, Jochen
Dr., Wiss. Mitarbeiter, Fachrichtung Geographie, Universität des Saarlandes, Saarbrücken

Löffler, Ernst
Dr., Prof., Fachrichtung Geographie, Universität des Saarlandes, Saarbrücken

Morbach, Ferdinand
Dipl.-Kaufm., Wiesbaden

Quasten, Heinz
Dr., Prof., Fachrichtung Geographie, Universität des Saarlandes, Saarbrücken

Reitel, François
Docteur-ès-Lettres, Prof., Département de Géographie, Université de Metz, Frankreich

Riedel, Heiko
Dipl.-Geogr., Dipl.-Psych., Wiss. Mitarbeiter, Fachrichtung Geographie, Universität des Saarlandes, Saarbrücken

Slotta, Delf
Dipl.-Geogr., Ministerium für Umwelt, Saarbrücken

Soyez, Dietrich
Dr., Prof., Fachrichtung Geographie, Universität des Saarlandes, Saarbrücken

Weber-Dicks, Petra
Dipl.-Geogr., Wiss. Mitarbeiterin, Fachrichtung Geographie, Universität des Saarlandes, Saarbrücken

Weicken, Hans-Michael
Dr., Akad. Rat, Fachrichtung Geographie, Universität des Saarlandes

Arbeiten aus dem Geographischen Institut der Universität des Saarlandes

Band 1: CHAMPIER, L.: La Sarre. Essai d'interprétation géopolitique. 72 S., 10 Fig. — CHAMPIER, L.: Les principaux types de paysages humains en Sarre. 6 S., 6 Abb. — FISCHER, F.: Bemerkungen zur Morphologie der Hochflächen zwischen der unteren Saar und der Mosel. 7 S., 1 Karte, 2 Abb. — RIED, H.: Beiträge zur Kenntnis der Ortslage Saarbrückens. 12 S., 1 Karte — Saarbrücken 1956 (vergriffen)

Band 2: FISCHER, F.: Beiträge zur Morphologie des Flußsystems der Saar. 92 S., 26 Abb., 2 Tab. — Saarbrücken 1957 (vergriffen)

Band 3: RIED, H.: Die Siedlungs- und Funktionsentwicklung der Stadt Saarbrücken. 185 S., 7 Abb., 23 Fig. — Saarbrücken 1958 (vergriffen)

Band 4: RATHJENS, C.: Menschliche Einflüsse auf die Gestaltung und Entwicklung der Tharr. Ein Beitrag zur Frage der anthropogenen Landschaftsentwicklung im Trockengebiet. 36 S., 2 Karten, 8 Abb. — CHAMPIER, L.: La paysannerie française au milieu du XXe siècle. 22 S., 3 Fig. — CHAMPIER, L. und FISCHER, F.: La poche karstique de Hirschland (Moselle). Etude morphopédologique. 7 S., 1 Fig. — Saarbrücken 1959, DM 6,-

Band 5: BORCHERDT, CH.: Fruchtfolgesysteme und Marktorientierung als gestaltende Kräfte der Agrarlandschaft in Bayern. 292 S., 42 Abb. — Kallmünz 1960, DM 26,-

Band 6: RATHJENS, C.: Probleme der anthropogenen Landschaftsgestaltung und der Klimaänderungen in historischer Zeit in den Trockengebieten der Erde. 10 S. — BORCHERDT, CH.: Die Innovation als agrargeographische Regelerscheinung. 38 S., 38 Abb. — CHAMPIER, L.: Die Wirtschaft der Länder des Zollvereins nach der französischen Untersuchung von 1867. 32 S. — CHAMPIER, L.: Etudes agraires en Bourgogne méridional. L'importance de l'exploitation dans l'étude du milieu rural. 41 S., 13 Fig.— BORCHERDT, CH. und SCHÜLKE, H.: Die Marktorte im Saarland. 11 S., 1 Karte — LEINER, D.: Die Aufforstung landwirtschaftlicher Nutzflächen im Saarland in geographischer Sicht. 6 S. — Saarbrücken 1961 (vergriffen)

Band 7: HARD, G.: Kalktriften zwischen Westrich und Metzer Land. Geographische Untersuchungen an Trocken- und Halbtrockenrasen, Trockenwäldern und Trockengebüschen. 176 S., 1 Karte, 3 Abb., 28 Fig. — Heidelberg 1964, DM 19,80

Band 8: Beiträge zur Landeskunde des Saarlandes I.
SORG, W.: Grundlagen einer Klimakunde des Saarlandes nach den Messungen von 1949-1960. 30 S., 8 Abb. — LIEDTKE, SH.: Geologisch-morphologischer Überblick über das Gebiet an der Mosel zwischen Sierck und Remich. 21 S., 6 Abb. — JENTSCH, CH.: Einige Daten zur Bevölkerungsgeographie des Saargaues und der Nachbargebiete. 13 S., 10 Abb.— BORCHERDT, CH.: Die agrargeographischen Wesenszüge des nördlichen Saar-Mosel-Gaues. 37 S., 7 Abb. — JENTSCH, CH.: Die

Bevölkerungsverhältnisse des Birkenfelder Landes zwischen 1817 und 1961. 23 S., 13 Abb. – GROSS, M.: Die Nahrungsmittelindustrie im Saarland. Eine wirtschaftsgeographische Untersuchung der gegenwärtigen Situation. 10 S. – BORCHERDT, CH.: Eine Arbeit über die Erholungsgebiete im Saarland. 4 S., 1 Abb. – Heidelberg 1965, DM 18,-

Band 9: Beiträge zur Landeskunde des Saarlandes II.
BERNATH, V.: Landwirtschaftliche Spezialkulturen im mittleren Saartal. 160 S., 11 Abb. – Saarbrücken 1965 (vergriffen)

Band 10: RATHJENS, C.: Kulturgeographischer Wandel und Entwicklungsfragen zwischen Turan und dem Arabischen Meer. 17 S., 2 Abb. – JENTSCH, CH.: Typen der Agrarlandschaft im zentralen und östlichen Afghanistan. 46 S., 15 Abb. – Saarbrücken 1966 (vergriffen)

Band 11: SCHÜLKE, H.: Morphologische Untersuchungen an bretonischen, vergleichsweise auch an korsischen Meeresbuchten. Ein Beitrag zum Riaproblem. 192 S., 28 Abb. – Saarbrücken 1968, DM 18,-

Band 12: WEYAND, H.: Untersuchungen zur Entwicklung saarländischer Dörfer und ihrer Fluren mit besonderer Berücksichtigung der Gemeinde Schiffweiler. 215 S., 15 Karten, 53 Abb. – Saarbrücken 1970 (vergriffen)

Band 13: QUASTEN, H.: Die Wirtschaftsformation der Schwerindustrie im Luxemburger Minett. 268 S., 76 Abb. – Saarbrücken, 1970, DM 26,-

Band 14: BORN, M., LEE, D.R. und RANDELL, J.R.: Ländliche Siedlungen im nordöstlichen Sudan. 92 S., 29 Karten, 12 Abb., 6 Tab. – Saarbrücken 1971, DM 15,-

Band 15: SCHÜLKE, H.: Abtragungserscheinungen auf quartären Küstensedimenten Korsikas mit besonderer Berücksichtigung der Oberflächenverdichtung. 72 S., 24 Abb., 10 Fig. – Saarbrücken 1972, DM 10,-

Band 16: KROESCH, V.: Die Sierra de Gata. Ein Beitrag zur Abgrenzung submediterraner und eumediterraner Räume auf der Iberischen Halbinsel. 109 S., 3 Karten, 28 Abb. – Saarbrücken 1972, DM 12,-

Band 17: DEUTSCH, K.: Kulturlandschaftswandel im Kraichgau und Oberen Nahebergland. 200 S., 23 Abb. – Saarbrücken 1973, DM 20,-

Band 18: SCHMITHÜSEN, J.: Landschaft und Vegetation. Gesammelte Aufsätze von 1934 bis 1971. 543 S., 32 Karten, 50 Abb. – Saarbrücken 1974, DM 70,-

Band 19: FLIEDNER, D.: Der Aufbau der vorspanischen Siedlungs- und Wirtschaftslandschaft im Kulturraum der Pueblo Indianer. Eine historisch-geographische Interpretation wüstgefallener Ortsstellen und Feldflächen im Jemez-Gebiet, New Mexico (USA). 63 S., 31 Abb. – Saarbrücken 1974, DM 17,-

Band 20: PAULY, J.: Völklingen. Studien zur Wirtschafts-, Sozial- und Siedlungsstruktur einer saarländischen Industriestadt. 229 S., 8 Karten, 28 Abb. – Saarbrücken 1975, DM 32,-

Band 21: FLIEDNER, D.: Die Kolonisierung New Mexicos durch die Spanier. 106 S., 18 Abb., 25 Fig. — Saarbrücken 1975, DM 15,-

Band 22: EBERLE, I.: Der Pfälzer Wald als Erholungsgebiet unter besonderer Berücksichtigung des Naherholungsverkehrs. 303 S., 38 Karten — Saarbrücken 1976, DM 42,-

Band 23: HERRESTHAL, M.: Die landschaftsräumliche Gliederung des indischen Subkontinents. 173 S., 9 Karten — Saarbrücken 1976, DM 23,-

Band 24: MATHEY, H.: Tourrettes-sur-Loup. Siedlungs- und wirtschaftsgeographische Auswirkungen des Fremdenverkehrs im Hinterland der westlichen Côte d'Azur. 232 S., 5 Karten, 29 Abb., 22 Tab. — Saarbrücken 1977, DM 32,-

Band 25: BRÜSER, G.: Die Landwirtschaftsformationen in Alta Extremadura. 125 S., 4 Karten, 30 Abb., 11 Tab. — Saarbrücken 1977, DM 17,-

Band 26: PREUSSER, H.: Die Hochweidewirtschaft in den Vogesen. Jüngere Entwicklungstendenzen und heutige Struktur. 100 S., 30 Abb., 6 Tab. — Saarbrücken 1978, DM 14,-

Band 27: HABICHT, W.: Dorf und Bauernhaus im deutschsprachigen Lothringen und im Saarland. 452 S., 35 Karten, 57 Abb., 40 Fig., 19 Tab. — Saarbrücken 1980, DM 40,-

Band 28: QUASTEN, H.: Zur Deskription und Erklärung von räumlichen Siedlungsmustern — erläutert an Beispielen aus Israel (im Druck)

Band 29: Höhengrenzen in Hochgebirgen. Vorträge und Diskussionen eines DFG-Rundgespräches am 15. und 16. Mai 1979, herausgeben von CH. JENTSCH und H. LIEDTKE; Carl Rathjens zum 65. Geburtstag. 398 S., 19 Karten, 5 Abb., 48 Fig., 18 Tab. — Saarbrücken 1981, DM 60,-

Band 30: PREDIGER, A.: Neuerung und Erhaltung im ländlichen Raum (1830 - 1970). Eine sozialgeographische Untersuchung im Stadt-Umland-Bereich westlich von Saarlouis. 262 S., 18 Karten, 13 Abb., 15 Tab. — Saarbrücken 1986, DM 32,-

Band 31: FLIEDNER, D.: Society in Space and Time, 291 pp., 27 fig., 3 tab., index — Saarbrücken 1981, DM 30,-

Band 32: STRUNK, H.: Zur pleistozänen Reliefentwicklung talferner Areale der Eifel-Nordabdachung. 116 S., 28 Abb., 11 Fotos, 3 Tab., Tabellenanhang. — Saarbrücken 1982, DM 18,-

Band 33: LEINENBACH, C.: Die Rolle der Automobilindustrie im Industrialisierungsprozeß von Kolumbien und Venezuela. Ökonomische, soziale und räumliche Aspekte. 346 S., 87 Abb., 56 Tab. — Saarbrücken 1984, DM 52,-

Band 34: FLIEDNER, D.: Umrisse einer Theorie des Raumes. Eine Untersuchung aus historisch-geographischem Blickwinkel. 114 S., 3 Abb., 3 Tab. — Saarbrücken 1984, DM 18,-

Band 35: SOYEZ, D.: Ressourcenverknappung und Konflikt. Entstehung und Raumwirksamkeit mit Beispielen aus dem mittelschwedischen Industriegebiet. 345 S., 58 Abb., 10 Tab. — Saarbrücken 1985, DM 55,-

Band 36: Das Saarland. Bd. 1: Beharrung und Wandel in einem peripheren Grenzraum, herausgegeben aus Anlaß des 47. Deutschen Geographentages in Saarbrücken von D. SOYEZ, W. BRÜCHER, D. FLIEDNER, E. LÖFFLER, H. QUASTEN und J. M. WAGNER. 408 S., – Saarbrücken 1989, DM 48,-

Band 37: Das Saarland. Bd. 2: Die Saar – eine Flußlandschaft verändert ihr Gesicht, herausgegeben aus Anlaß des 47. Deutschen Geographentages in Saarbrücken von D. SOYEZ, W. BRÜCHER, D. FLIEDNER, E. LÖFFLER, H. QUASTEN und J. M. WAGNER. 203 S., – Saarbrücken 1989, DM 24,-

Arbeiten aus dem Geographischen Institut der Universität des Saarlandes

Sonderserie:

Sonderband 1: LIEDTKE, H.: Die geomorphologische Entwicklung der Oberflächenformen des Pfälzer Waldes und seiner Randgebiete. 232 S., 48 Abb., 6 Bilder. – Saarbrücken 1968, DM 30,-

Sonderband 2: FAUTZ, B.: Die Entwicklung neuseeländischer Kulturlandschaften, untersucht in vier ausgewählten Farmregionen. 160 S., 32 Fotos, 28 Ktn., 1 Farbkt. – Saarbrücken 1970, DM 30,-

Sonderheft 3: FLIEDNER, D.: Physical Space and Process Theory. 44 pp., 7 fig., 4 tab. – Saarbrücken 1980, DM 5,-

Sonderheft 4: AUST, B.: Die staatliche Raumplanung im Gebiet der Saar-Lor-Lux-Regionalkommission. 98 S., 1 Kte., 9 Fig. – Saarbrücken 1983, DM 19,-

Sonderheft 5: PREUSSER, H.: Der Ausbruch des Mount St. Helens 1980 – Administrative Reaktionen und ihre räumlichen Auswirkungen. 102 S., 13 Abb., 3 Tab. – Saarbrücken 1985, DM 12.-

Bezug und wissenschaftlicher Schriftentausch:

Fachrichtung Geographie
Universität des Saarlandes
D – 6600 Saarbrücken

Federal Republic of Germany
République Fédérale d'Allemagne